巾帼力量
女性精英群体探微
（1931—1945）

宋青红 ○著

上海远东出版社

图书在版编目（CIP）数据

巾帼力量：女性精英群体探微：1931—1945 / 宋青
红著. —上海：上海远东出版社，2024
ISBN 978-7-5476-1985-8

Ⅰ.①巾… Ⅱ.①宋… Ⅲ.①妇女—人物研究—中国
—1931—1945 Ⅳ.①K828.5

中国国家版本馆 CIP 数据核字（2024）第 040407 号

选题策划 陈占宏
责任编辑 陈占宏
封面设计 朱 婷

本书为 2013 年国家社科青年基金项目"抗战时期的女性精英群体研究"
（项目编号：13CZS036）的最终成果

巾帼力量：女性精英群体探微（1931—1945）

宋青红 著

出 版 上海远东出版社
　　　　　（201101　上海市闵行区号景路 159 弄 C 座）
发 行 上海人民出版社发行中心
印 刷 上海信老印刷厂
开 本 710×1000 1/16
印 张 35.5
字 数 580,000
版 次 2024 年 12 月第 1 版
印 次 2024 年 12 月第 1 次印刷
ISBN 978-7-5476-1985-8/K·201
定 价 158.00 元

序 一

改革开放以来,围绕社会性别,特别是以女性为核心议题的讨论,在社会各界引发了广泛关注。这一领域内的相关理论构建与方法探索均取得了长足的发展。与此同时,也有学人坚持探索兼具社会性别学和历史学交叉视野的社会性别史研究。即将付梓的宋青红博士的新著《巾帼力量:女性精英群体探微(1931—1945)》,便是作者多年来致力于社会性别史研究的最新成果。本书主要聚焦抗战时期中国女性精英群体,通过女性精英发表的一系列关于抗战和妇女运动、民族解放运动的言论,以及她们所投身的战时各项工作的实践,展现了女性精英群体的家国情怀、崇高信念,以及她们力图解决的战时女性问题的重要性、复杂性和长期性,进而丰富了抗战史领域的研究成果,值得读者的关注。

与仅限于单个女性精英或特定党派身份女性精英为对象的著述不同,宋青红博士这部著作中的研究对象"女性精英群体",站位于"全民族"的高度,包含了抗战时期各党各派、各界各方面的女性精英,既有邓颖超、蔡畅、康克清等共产党的妇女领袖,也有宋美龄、宋蔼龄、谭祥、李德全、郑毓秀、陆寒波等国民党妇女领袖以及妇运干部;有被誉为"20世纪最伟大女性"的宋庆龄,也包括吴贻芳、史良、沈兹九、雷洁琼等社会各界的女性专家、学者、名流。全书仅列入章节目录的女性精英就有20余人,而在行文中记有其主要思想主张、事业、经历的女性人物,不下百余位,是一部典型的战时女性精英的群像谱。

围绕各位战时女性精英,本书一方面努力挖掘和掌握海内外档案机构典藏的相关资料,另一方面爬梳汇集各大报刊、日记、书信、回忆录、个人传记等新旧已刊史料中的有关内容,在此基础上梳理出基本的史实并构建叙事,从而对于诸多女性精英的生卒年份、籍贯、家庭环境、学历知识背景、职业事业、言论著述等,均有详略不等的叙述。本书中的女性精英并非高高在上、不食人间烟火,而是与广大普通女性一样,形象朴实丰满,有着各自的家庭婚姻生活与相应的人际关系。她们保持着与社会各方面的联系,尤其是注重与女性大众的接触乃至互动。

本书中战时女性精英的活动地域空间不分南北和东西,既有陕甘宁边区抗日根据地及其他各抗日根据地,也有大后方各省区的主要城镇和乡村,并涉及诸多行业。战时政治场域作为本书重点关注所在,如以专门篇幅叙述国民参政会中的女性精英,包括女性参政员的遴选产生、变化和主要参政活动,尤其是较全面地介绍了战时历次国民参政会期间女参政员提出的 90 余项议案,内容涉及政治、经济、教育、文化、卫生、战争动员与女性问题等方面。又如在战时妇女宪政运动方面,本书分别介绍了中国妇女宪政座谈会和各地妇女宪政座谈会、重庆妇女宪政研究会及中国妇女宪政研究会的基本情况,以及各党派妇女领袖对于妇女宪政问题的共识和分歧。而有关诸多女性精英参与当时党派色彩更为鲜明的妇女界庐山谈话会以及中国妇女慰劳总会、新运妇女指导委员会的一系列活动,也是值得细细品读的。此外,在战时女性精英中起主导作用的金陵女子文理学院、华南女子文理学院和重庆女子师范学院等战时女子教育名校,以及女性精英创办和主持的《妇女月刊》《妇女生活》等战时妇女名刊,都有所涉及。本书中的有关内容在史料和史实等方面,也都有不少新的看点。

就整体而言,抗战时期的女性精英群体研究有着诸多待拓展和深入的课题,诸如女性精英与战时重大事件的决策,战时军政机构的性别构成,以及女性精英与战时社会经济运行、战地服务、战地救护、医疗、难童养育、慈善救济等方面,均有待于更紧密地结合抗战时期主要领域的变迁,对其进行更为深入的专门性研究。从本书和已经发表的多篇论文来看,宋青红博士会在该领域继续努力,向读者提供新的研究成果。

吴景平

2024 年 7 月

序 二

我第一次认识宋博士，是 2014 年她到台湾"中央研究院"近代史研究所做学术访问时，当时可能因为时间短暂，我们几乎不曾有过学术之外的交流。这期间，宋博士潜心地进行史料的搜集，特别是整天浸淫在台湾"近史所"、中国国民党党史馆、"国史馆"等单位的图书馆与档案馆。因为档案馆史料搜集不易，宋博士孜孜矻矻地筛选史料，而这批史料也成为她撰写本书的亮点。

宋博士陆续发表的论文《抗战时期国民党妇女工作成效探析：以国民党女党员呼请设立妇运机构为中心》与专著《抗日战争与女性动员：新运妇女指导委员会研究》，其中史料不乏来自当时在台湾各档案馆搜集到的珍宝。至于本书《巾帼力量：女性精英群体探微（1931—1945）》，宋博士除充分掌握全球档案机构典藏的战时女性精英的资料外，还挖掘报纸、期刊、自传、回忆录、书信等原始史料。尤其值得一提的是，本书作者认为，抗战时期的妇女精英群体应该是由各党各派各界，甚至无党派的妇女代表所构成，因此，书中提到的女性精英，涵括抗战时期共产党、国民党、中间党派的女性领袖，也包括社会各界妇女专家、学者、名流。换言之，本书涉及的有国统区、陕甘宁边区的妇女领袖，也有各抗日根据地的女性精英群体。这就是本书与先前研究最大的不同，宋博士超越前人，全方位地考察了抗日战争时期各类型的精英女性。

本书共分成七章，分别是：中共女性精英与抗日战争、知名进步女性与抗日战争、女性精英与战时中国女子大学教育、女性精英与战时妇女文化教育工作、女性精英与战时妇女运动、战时女性精英与各地妇女运动、战时妇女界与女性精英人际网络。全书围绕着人物、群体、刊物和组织，包括耳熟能详的邓颖超、丁玲、蔡畅、宋庆龄、史良、刘清扬、雷洁琼、曹孟君、俞庆棠、胡惇五、沈骊英、吴贻芳、王世静、沈兹九、季洪、彭子冈、陆寒波、王立明、吕云章、刘蘅静、陈逸云、伍智梅、陶玄等女性精英,另外有金陵女子文理学院、华南女子文理学院、战时重庆女子师范学院、妇女期刊《妇女月刊》《女声》《职业妇女》《福建妇女》。本书不但观察上层精英女性在战争时期的个人魅力与能量,也分析她们的人际网络关系,读者可从中看到战争如何影响且改变精英女性的思维与行动,她们如何经由政党、国家权力和社会组织,以及借由男性来展现自身的权利,从事战时动员女性的工作,同时,也可读到她们给自己与群众带来何种影响。毋庸置疑,对于以上问题,本书均作了细致分析。

从研究理论来说,性别研究是跨学科的研究,包括妇女研究、男性研究、酷儿研究。本书主要是性别研究领域中的妇女史研究,作者关注的是战时的精英女性,但也留意性别身份与政治的关系。此外,多年来,研究妇女史的学者大多着眼于女性是否在其所处的位置有所变动,在大范围上包括家庭、教育、社会与国家,小范围则有校园、运动场、教堂、市场、医院等。不少研究者通过这些范畴,颠覆过去女性缺乏自主性与能动性的说法。本书成功地从战时女性精英的身上找到了答案。

由于性别研究重视的不只是多元性别,还注意区域、阶级、种族、国籍等,所以,作为该研究领域中的妇女研究,也可把上面的指标列入考虑。本书"战时女性精英与各地妇女运动"一章,正是以区域研究的视角,审视战时女性精英如何开展地方的妇女运动。唯当时应战争所需,各地区陆续出版刊物,《福建妇女》只是其中一种,若能增加其他地区的妇女刊物,应更为完备。另外,阶级也可列入考察。不可否认,"战时女性精英与各地妇女运动"对福建妇女的响应有较多着墨,呈现了福建上层精英女性与底层女性的互动。针对这一点,值得日后延伸研究,特别是关于被动员的农村妇女在战时的活动与反思。

无论如何,因抗日战争而构成的性别与政治的群体研究,颇具深意。更何况,本书海纳百川,既能拓宽读者的知识视野,又为从事比较史研究的读者提供了研究架构。至于作者拟对国民党女性精英进行专门研究,并单独成书予以介绍,值得读者们翘首以盼。

游鉴明

2024 年 7 月 7 日

目 录

绪　论

一、概念与论题

抗日战争是中华民族争取民族生存和国家独立自由的一场搏斗。当时中国以农村社会为基础,武器粗劣、军队训练落后,而日本却是个工商业进步、军队装备精良的现代化国家。中国与日本的这场对抗,必然是伤亡惨重,而要争取抗战胜利,唯有全民团结,坚持抗日的意志才能获胜。在这场战争中,中国广大女性响应中国共产党团结抗日的方针,以"地无分南北,年无分老幼,无论何人皆有守土抗战之责"的决心,积极投入对敌抗战的行列。

近代以来,随着废缠足、兴女学,女子教育和妇女参政运动的发展,妇女运动取得了一定的进展。然而随着近代女权运动的发展,有人指斥晚近妇女运动只是自私地向男性争权夺利,而不对国家、民族、社会有所付出和贡献。通过对抗战时期妇女运动的探讨,我们可以看到妇女们不计危险、艰苦、辛勤和牺牲,投身对敌抗战的阵营。抗战时期的女性精英群体更为妇女动员和妇女工作作出了杰出贡献,对国家、民族和社会付出数倍于传统妇女的努力。

抗战时期女性作为一个广泛的群体,学术界已取得了一定的研究成果。近年社会性别的研究视角提醒我们,对于女性文本及女性的实践关注,有助于揭开长期以来被封藏在国家话语以及男性知识权力话语的各种叙事文本之中的女性主体性与能动性,这已成为中国妇女史研究的重点话题。同时女性精英相较于普通女性而言,既能在近代大众媒体尤其是女性史中被记载,又由于她们显赫的地位,其声音相较于其他女性更多地被保留了下来,她们对民族国家的贡献、她们对在民族国家危机下女性命运与国家命运的关注和思考,值得我们重视与借鉴。对于抗战时期的女性精英群体的研究,涉及妇女解放与民族国家解放的宏观话语,也涉及女性自主性与主体性,以及社会制度对女性解放的束缚与限制等问题。

琼·斯科特(Joan Scott)的《社会性别:一个有效的历史分析范畴》促使研究者从仅对妇女的思考中走出来,走向更为复杂的社会性别关系和社会性别权力的关注,从而走出男女二元对立的思维模式。① 在民族国家的话语之下,抗战时期的妇女精英群体相较于男性精英群体而言,成为一个相对独立的群体,这一群体内部有着较为密切的联系,对外被看成是代表中国人口半数的性别群体。在抗战过程中,女性精英群体积极领导和动员广大妇女共赴国难,参与战时妇女工作,同时为女性权益奔走呼号。

抗战时期,女性精英群体通过共同参与战时的各项妇女工作和抗战工作,从而形成较为紧密的联系。与男性精英相比,女性精英群体有着对于男女平等的基本诉求,在抗战时期通过开展妇女参政运动、妇女宪政运动、妇女职业运动等争取女性权利。她们由于抗战的需要走出家门,有了一个相对广泛的活动舞台,也有了寻求自身解放的空间。相较于男性群体对于民族国家的解放,女性群体还有着自身对于妇女解放的诉求。而抗战时期的妇女精英群体如果从一个政治概念出发,应该是由各党各派各界甚至无党派的政治势力中妇女代表所构成,从这个意义上说,抗战时期的妇女精英群体内部既有因为妇女的自身诉求而形成的女性群体,也有因抗日民族统一战线的需要而构成的一个性别与政治的群体。换言之,抗战时期的妇女精英群体,不是单纯为了实现妇女自身解放而结成的性别群体,而是同时为谋求抗战胜利、实现民族国家独立,在抗日民族统一战线背景下相互合作的女性群体。抗战时期的妇女精英群体是性别群体与政治群体的有机结合。

值得指出的,抗战时期的妇女精英群体,不仅仅是一个性别群体,还是一个政治群体,各党派在响应抗日民族统一战线的要求下,在坚持抗战第一理念下进行了合作。当然,在合作的过程中,既有团结,也有一些内部的龃龉。在抗战的情境下,女性广泛地出现在抗日的舞台上,出现在前方男性的视野中,男性怎样看待抗战中从事救济、慰劳与战地服务的女性群体,这也是一个值得关注、思考的问题。抗战时期的女性精英形成一定的人际关系网络,从而推动了抗战时期的女性动员,也充分体现了战时女性的主体性和能动性。她们不仅通过女性,也通过政党、

---

① 贺萧、王政:《中国历史:社会性别分析的一个有用的范畴》,《社会科学》2008 年第 12 期。

国家权力和社会组织,并通过男性来延展自身的权利。

　　笔者在前人研究的基础上,充分挖掘报纸、期刊、档案、自传、回忆录、书信等原始史料,重点围绕抗战时期各党各派各界妇女参与的妇女工作和妇女运动,讨论上层知识女性、妇女运动领袖、各党派妇女干部、妇女名流及各行各业的妇女专业人士在民族危亡关头的主要活动及抗战经历。笔者还梳理了主要女性精英,如共产党方面的罗琼等人,国民党方面的唐国桢、沈慧莲、钱用和、刘蘅静、陈逸云,救国会的史良、刘清扬、曹孟君,民主党派代表刘王立明、雷洁琼等人,基督教会的张蔼真、陈纪彝,教育界的吴贻芳、俞庆棠,水稻专家沈骊英等。在抗战期间参与的主要活动与实际作为,探究女性精英群体在战时舞台上所扮演的角色和作用,分析其相互间的权力关系网络。

　　这些女性精英受过良好的教育,有些具有良好的家庭背景,在社会上担任重要职务,具有一技专长,有着重要的社会地位。在民族危机与社会救亡的紧要关头,她们投身于妇女动员和抗战工作的大舞台,思索国家与人类的共同命运与出路。她们在抗战的舞台上施展拳脚,发挥主观能动作用,积极影响到广大妇女甚至是男性群体。尤为重要的是,她们在民族危机的紧要关头,在大是大非面前有着明晰的判断力,有所为而又有所不为,她们对于民族国家的前途与出路有清醒的认识,对于抗战有积极的贡献。

　　这些女性精英群体中,有毕业于美国哥伦比亚大学的俞庆棠(教育学博士)、钱用和①、刘蘅静、高君珊、许雅丽、罗有节(文学硕士)、陈纪彝(教育学硕士),毕业于美国密歇根大学的张维桢、吴贻芳、王世静(化学硕士),毕业于美国约翰霍布金斯医学院的陈翠贞②,毕业于日本早稻田大学政治经济学部经济系的陈建晨,毕业于巴黎大学的郑毓秀(法学博士)等,毕业于英国伦敦大学的曾宝荪(理科学士)、张肖梅(经济学博士),毕业于美国芝加哥大学医学院的伍智梅等。她们或具有一技专长,或具有重要的社会地位和影响力,或具有长期开展妇女运动的工作经验和领导能力,或具有重要的学历和社会活动能力,在抗战的大背景下积极投身了抗战。

---

　　① 钱用和(1897—1990),字韵荷,江苏常熟人。先后毕业于北京女子高等师范学校、哥伦比亚大学,曾任教于上海暨南大学。1931 年 7 月,应宋美龄征召,担任国民革命军遗族女校校务主任,后担任国民革命军遗族学校与女校校董会秘书、主任秘书及校董会董事,成为宋美龄之私人秘书。
　　② 陈翠贞(1898—1958),儿科专家,1920 年毕业于美国俄亥俄州卫斯理大学,获学士学位,后转入霍布金斯大学医学院,获医学博士学位。回国后历任北京协和医学院讲师、中央大学医学院副教授、上海医学院教授兼中山医院儿科主任等职。

作为女性这一主体身份,女性精英在抗战时期不仅关注战争动员、女性动员、抗战救国、服务国家等民族国家的宏大话语,而且关注在战时情况下的女性权利问题。换言之,女性精英们作为女性的主体身份,在民族国家的宏大叙事话语体系之下,对于女性的权利进行了积极的思考和探索。为解决传统社会所延续下来的对于女性的歧视问题,抗战时期女性精英对于两性问题相关议题予以关注,以求实现男女平权。在中共妇女运动领袖们看来,中国近代的女性问题,并不仅仅是单纯的两性关系的问题,也不是单独依靠中国女性经济独立就可以解决,女性问题的根本解决需要社会制度系统性的革新与变化。

本书主要聚焦的是抗战时期的女性精英发表的一系列关于抗战和妇女运动、民族解放运动的言论,以及妇女工作的实践,战争影响之下女性的生活情境。换言之,本书主要聚焦抗战时期的女性精英与民族解放战争、妇女运动的关系,一方面讨论女性对战争的贡献,另一方面研究战争对女性的影响。

在战争对女性的影响方面,张玉法指出,抗战时期妇女在直接领导作战、参与战斗、投入情报工作中,也曾有过杰出的表现。不过妇女在军中的工作,主要还是支持性质的,包括护理、运输、通信、文书等,以补军中的人力不足。[1] 事实上,女性在军中的处境不容乐观,但是她们克服了困难,扮演了重要的角色。

除了直接参与战争的女性精英,还有大量在后方从事妇女慰劳、妇女生产、儿童保育、妇女训练、妇女联络、捐款献金等服务工作的女性精英。这一时期涌现了战时儿童保育会、中国妇女慰劳总会、新运妇女指导委员会等大大小小 819 个妇女组织。[2] 同时在战争的情况下,作为女性精英的妇运领导者,有不少是女性主义者,她们对近代女性主义的发展产生过重要的影响。比如民国史上著名的妇女运动家刘王立明、吕云章等人,她们在抗战的大舞台上有过突出的表现,其女性主义的思想及实践丰富了中国女性主义的理论与实践。

在民族危机与社会救亡的历史舞台上,既有罗琼等共产党妇女干部,也有宋氏三姊妹、谭祥等国民党政要夫人;既有刘蘅静、陈逸云、伍智梅、陶玄等国民党妇女干部,也有像沈骊英、俞庆棠、胡惇五、高君珊、张肖梅这样的专家学者;既有史

---

[1] 张玉法:《战争对中国妇女的影响(1937—1949)》,《近代中国妇女史研究》2009 年第 17 期,第 157—174 页。

[2] 据梁惠锦研究,抗战时期的妇女组织有 570 个,若将其大大小小的分会计算在内,共有 819 个妇女组织。梁惠锦:《抗战时期的妇女组织》,见鲍家麟:《中国妇女史论集选刊》,台湾稻乡出版社 1991 年版,第 379—380 页。

良、刘清扬这样的左派进步女性,也有张蔼真、陈纪彝等女基督徒,曾宝荪、刘王立明、吴贻芳这样的妇女名流。这些女性大多经过五四新文化运动的洗礼,接受过良好的教育,在民族危亡的紧要关头,广泛地活跃于抗战救亡的历史舞台,或从事妇女慰劳、儿童保育等战时救亡工作,或发挥自己专业优势服务抗战,甚至直接到前线从事妇女战地服务工作。她们在国家危难关头,充分发挥其聪明才智,为推动中华民族抗日战争胜利作出了重要的贡献。她们广泛参与战时妇女工作,以其自身的微薄力量贡献于民族国家的同时,对女性自身权利予以必要的关注。由于国民党女性精英的研究需累积更多相关素材,笔者拟另辟研究领域,以单独成书予以介绍。

在民族危机与社会救亡的大背景下,女性精英走出家庭,广泛地活跃于抗战救亡的舞台上,她们在服务国家、服从抗战的同时,充分发挥其主观能动性,依靠其聪明才智及人际关系对战时政治及权力结构起了相当作用。受制于史料文献的限制,以往对这些女性精英缺乏细致的考察。近年来,社会性别研究特别强调对女性的主体性和能动性的关注,对于揭开长久以来被封装在中国男性知识和各种权力精英的叙事性文本中的女性能动性和主体性,已经成为中国女性史研究的重点。对抗战时期女性精英群体的研究涉及对于共产党妇女政策及战时贡献,也涉及国民党政权及其内外重大政策的评价,无论对于抗日战争历史、民国妇女史,还是对于整个抗战时期国共关系的研究都具有非常重要的意义。

二、学术回顾

1. 妇女/社会性别史研究成果

近年,社会性别史的研究成果不断出现,须藤瑞代从思想史上考察清末民国初"女权"这一历史概念的深刻内涵及变迁过程。[①] 陈姃湲的《从东亚看近代中国妇女教育:知识分子对"贤妻良母"的改造》一书,探讨近代中国妇女教育中"贤妻良母"的概念及近代中国知识分子对"贤妻良母"的改造,认为作为女子教育理念而讨论的"贤妻良母"是一个复杂的概念,受日本女子教育的影响极深。[②] 陶飞亚

---

① ［日］须藤瑞代:《中国"女权"概念的变迁:清末民国初的人权和社会性别》,社会科学文献出版社2010年版,第13页。
② 陈姃湲:《从东亚看近代中国妇女教育:知识分子对"贤妻良母"的改造》,台湾稻乡出版社2005年版,第120页。

从文献资料、社会组织、社会运动、女传教士、女基督徒等方面探讨近代中国妇女与基督教之关系。[1]

女性史学界越来越注重对女性主体性及女性自身诉求的讨论。Bobby Siu 的研究突显女性在面对帝国主义的军事、经济侵略所表现出来的主体意识及反抗，同时对比国共两党妇女动员的方法策略及导致的不同结果。[2] 柯临清(Christina Kelley Gilmartin)不仅关注在共产党政治形成过程中及国民革命过程中，女党员在妇女运动中的作用，更关注共产党及革命群众组织内部男女两性权力关系如何影响和制约革命运动的发展：一方面革命给妇女带来"解放"，另一方面传统的父权观念和实践在共产党内依然持续存在着。[3] 以上研究探讨在历次政治运动中女性的声音，突显社会性别机制如何影响、参与塑造并限制政治运动的过程，然而鲜有系统关注战时的女性精英及其活动的研究。

王政在《五四女性：口述与文本的历史》一书中，通过口述访谈和文本阐述，介绍几位具有代表性的女体育家、女律师、女编辑、女教师和女职业革命者的生命故事，述说近代女性独立的心路历程。在书中，王政也提到对女性精英研究和关注得不够，特别关注到妇女作为社会变革的能动者(agents)角色。[4] 汤尼·白露(Tani E Barlow)将女性放到女性内部来看，并考虑其与阶级或阶层的关系，考察历史上的主体妇女、作为国家范畴的"妇女"、殖民现代性中的"女性"、民族主义中的"妇女"、社会主义现代化视野下的"女性"以及后结构主义下的"女性"。[5] 陈雁的专著《性别与战争：上海 1932—1945》，从性别角度重新思考民族战争，探索战争对于中国社会尤其是对中国女性的影响，战争与解放所包含的复杂历史脉络与多样的社会面相等。[6]

关于女性主体性的研究，黄慧的《抗战动员视野下女性主体意识的研究》(安徽大学 2016 年硕士学位论文)将抗战动员和女性主体意识兴起相结合进行研究，探讨抗战动员时期政府、精英人士和普通民众对女性主体意识的认识和反应，视

---

① 陶飞亚：《性别与历史：近代中国妇女与基督教》，上海人民出版社 2006 年版。

② Bobby Siu, Women of China：Imperialism and Women's Resistance 1900—1949. Zed press,1982.

③ Christina Kelley Gilmartin, Engendering the Chinese Revolution：Radical Women, Communist Delia Davin, Woman — Work：Women and the Party in Revolutionary China, Oxford Press, 1976.

④ Wangzheng, Women in the Chinese Enlightenment：Oral and Textual Histories, University of California Press, 1999.

⑤ ［英］汤尼·白露：《中国女性主义思想史中的妇女问题》，上海人民出版社 2012 年版。

⑥ 陈雁：《性别与战争：上海 1932—1945》，社会科学文献出版社 2014 年版。

角独特、新颖,然而其对于女性主体意识的界定和指向不够明确,其较多从女性的民族意识出发,谈女性对于民族国家的认识,对于女性作为"女"人的自我意识,包括女性作为认识主体辨别主客体、对自身存在进行感受和评价的意识等内容涉及有限。宋少鹏的《民族主义与女权主义:民族国家观念的建构与女性个体国民身份确立》(《妇女研究论丛》2005 年第 6 期)探讨近代中国在塑造"国民"的过程中,如何形塑近代的社会性别,彰显了女性的主体性和能动性。

在妇女参政方面,1930 年前后,国外关于妇女参政的书籍被大量翻译、出版介绍到中国,如夏承尧的《各国妇女参政运动史》(上海启智书局 1929 年版),森口繁治著、刘絜敖译的《妇女参政运动》(商务印书馆 1932 年版)以及李藕丹的《世界各国妇女参政运动概述》(上海女子书店 1935 年版),影响了战前及抗战时期中国的妇女参政运动的进程。近年,学术界对于 20 世纪上半叶中国妇女参政运动的研究,以张玉法、李木兰(Louise Edwards)等人为代表。张玉法的《二十世纪前半期中国妇女参政权的演变》一文,分时段、区域梳理了晚清至整个民国时期妇女参政思想及妇女争取参政权的发展演变过程。[①] 澳大利亚学者李木兰的《性别、政治与民主:近代中国的妇女参政》(江苏人民出版社 2014 年版)探讨 20 世纪上半叶中国妇女的政治运动,讨论妇女活动家在争取妇女选举权运动中的能动作用和政治角色。她考察了战争对妇女参政的影响,认为抗日战争为中国妇女参政提供了一个"虚假的机会",战争并没有向妇女与正式政治力量和领导之间的根深蒂固的关系提出挑战。[②]

近代女性在生活方式及观念上发生重要转变,其间妇女报刊扮演着引领者和记录者的重要角色。对妇女期刊的研究方面,侯杰的《媒体·性别·抗战动员——以 20 世纪 30 年代〈世界日报〉副刊〈妇女界〉为中心》(《南开学报(哲学社会科学版)2010 年第 2 期》透过媒体与社会性别的双重视角,对《妇女界》所从事的抗战动员率先予以集中讨论。侯杰、傅懿的《女性主体性的媒体言说——对 20 世纪

　　① 张玉法:《二十世纪前半期中国妇女参政权的演变》,吕芳上主编:《无声之声Ⅰ:近代中国的妇女与国家(1600—1950)》,中央研究院近代史研究所 2003 年版,第 39—72 页。

　　② [澳]李木兰:《战争对现代中国妇女参政运动的影响:"危机女性"的问题》,见王政、陈雁主编,复旦-密歇根大学社会性别研究所编:《百年中国女权思潮研究》,复旦大学出版社 2005 年版,第 220—226 页。李木兰是研究中国妇女参政问题的专家,她的 Gender, Politics, and Democracy: Women's Suffrage in China 一书,系统地介绍了 20 世纪上半期中国妇女争取参政权的斗争,其中也提及国民参政会中的女参政员争取妇女代表权及代表名额所做的努力。李木兰认为:20 世纪上半叶中国妇女的参政运动,挑战了中国几百年来最基本的政治权力准则,通过公开要求女性的政治声音,妇女运动者推动了整个政治体制的民主进程。参见[澳]李木兰:《性别、政治与民主:近代中国的妇女参政》,方小平译,江苏人民出版社 2014 年版。

30 年代〈世界日报〉专刊〈妇女界〉的解读》[《安徽大学学报（哲学社会科学版）》2010 年第 4 期]通过研究《妇女界》对社会生活诸多方面以及对战争之下女性生命和主体性地位，指出该刊参与社会性别关系调整和构建，以及帮助读者构建女性的主体性的过程。李晓虹的《女性的声音——民国时期上海知识女性与大众传媒》（学林出版社 2008 年版）探讨知识女性与大众传媒的关系，以及中国知识女性话语的演变。许星星的《战争与女性：抗战时期〈广东妇女〉月刊研究》（暨南大学 2016 硕士学位论文）从《广东妇女》月刊概述、主要内容、宣传特色、女性形象建构等方面进行研究。

周叙琪的《1910—1920 年代都会新妇女生活风貌——以〈妇女杂志〉为分析实例》（台湾大学出版委员会 1996 年版）讨论男性知识分子利用妇女报刊，从教育、婚姻、服装、家事、育儿等方面来建构理想的妇女生活和形象。安樱的《从〈妇女生活〉到〈妇女专刊〉》（安徽大学 2010 年硕士学位论文）通过对 20 世纪 30 年代《申报》3 份女性副刊，即《妇女生活》《妇女园地》和《妇女专刊》对比研究，以展示 30 年代上海妇女生活，解读《申报》20 世纪 30 年代的改革及其发展变化，进而说明内战中独立于政党报刊之外的商业性报纸的生存境况。张淑贤的《20 世纪 30 年代中国女性的婚姻家庭问题——以〈女子月刊〉为中心》（河北大学 2011 年硕士学位论文），以《女子月刊》为中心探讨 20 世纪 30 年代中国女性的婚姻家庭问题。于明静的《抗战时期的女性与国家——以〈妇女生活〉杂志为分析实例》（华东师范大学 2006 年硕士学位论文）通过研究《妇女生活》杂志及相关女性群体，观察抗战时期女性与国家的关系的三个层面：就整体层而言，抗日战争的爆发令中国妇女与国家的关系更加紧密；从小部分知识女性的层面来看，虽然国家的控制力度加大，但女性获得了更多的言论空间和实际资源；从整个妇女史的层面来看，战时女性的言论打上了阶级和意识形态的烙印。此外，方晨以《女子月刊》为例探讨 20 世纪 30 年代都市女性问题，[1]游鉴明对 1915—1931 年《妇女杂志》与近代家政知识的建构进行研究，[2]还对 20 世纪 50 年代的《妇友》月刊进行研究。[3]

---

[1] 方晨：《20 世纪 30 年代都市女性问题研究：以〈女子月刊〉为中心》，上海师范大学 2013 年硕士学位论文。

[2] 游鉴明：《〈妇女杂志〉（1915—1931）对近代家政知识的建构：以食衣住为例》，收于《走向近代》编辑小组主编：《走向近代：国史发展与区域动向》，台湾东华书局 2004 年版，第 233—251 页。

[3] 游鉴明：《是为党国抑或是妇女？1950 年代的〈妇友〉月刊》，台湾"中央研究院"近代史研究所编：《近代中国妇女史研究》第 19 期，台湾"中央研究院"近代史研究所 2011 年版。

2. 战时妇女工作研究成果

在民族危亡与社会变迁的大背景下,各行各业的女性广泛投身于民族解放与妇女解放的战时妇女工作之中,对战时女性精英群体的研究,也离不开对战时妇女运动和妇女组织的关注。早在 1936 年,谈社英[①]就对近代中国的妇女运动进行梳理,可惜未能涉及全面抗日战争时期。[②] 早在 1965 年钱剑秋的《中国国民党妇女政策及妇女工作之研究》从妇女政策之沿革、妇女工作之研究、现阶段妇女工作之方针、扩展妇女工作之动向,对国民党的妇女政策和妇女工作进行大致的梳理,涉及抗战时期的妇女工作。陈三井主编的《近代中国妇女运动史》收录了海峡两岸和旅美学者妇女运动的研究成果,分五个专题论述了晚清及辛亥革命时期、五四时期、抗战前后、战后台湾地区及大陆的妇女运动发展情况,其中第三章“抗战前后的妇女运动”论述了国民党从建立政权至抗战结束期间的妇女工作,集中讨论了抗战期间的妇女政策、妇女组织、妇女干部训练以及妇女工作各方面的成绩。[③]

洪宜嫃的《中国国民党妇女工作之研究(1924—1949)》以国民党的妇女工作为研究主题,系统地梳理了 1924—1949 年国民党的妇女工作政策、组织及妇女工作的实践,借此理解政党为何要从事妇女觉醒工作,探讨由政党推动的妇女工作对妇女以及妇女运动的影响。她在第四章讨论了战时国民党如何利用组织和政策的力量推行战时妇女工作。[④] 张玉法的《战争对中国妇女的影响(1937—1949)》指出,在前线的女性可以直接领导作战、参与战斗、投入情报工作,也可以从事护理、运输、通信、文书等支持性质的工作,也可能因为体力较差、胆子较小成为军中被保护的对象,甚至不被部队诚心接纳。而生活在沦陷区或大后方的女性,因为战争自己的生活发生改变,或生命受到威胁,或长期离散造成家庭破裂,或因丈夫

---

① 谈社英(1891—1978),江苏无锡人,“凝静坚毅,才识恪敏,早年随侍其尊人善吾先生驰骛革命,濡染主义,弱冠后,志在报国,乃守贞不字,一心提倡女权,尽力妇运工作,五十年来勤力不懈”。赴台后担任台湾地区妇女团体正式代表。台湾妇联会台北分会宣传组长等职。谈社英提倡妇女运动,有《中国妇女运动通史》《妇运四十年》等著作。参见《谈社英传略及讣闻》,台湾“国史馆”藏个人史料,馆藏号:1280002000001A。
② 谈社英:《中国妇女运动通史》,南京妇女共鸣社 1936 年版。
③ 梁惠锦:《抗战前后的妇女运动》,见陈三井主编:《近代中国妇女运动史》,台湾近代中国出版社 2000 年版,第 255—402 页。
④ 洪宜嫃:《中国国民党妇女工作之研究(1924—1949)》,台湾“国史馆”2010 年版。

当兵承担全部家庭责任,并承受担心丈夫战死或受伤的心理压力。[①]

周蕾、刘宁元的《抗战时期中国妇女运动研究》(首都经济贸易大学出版社2016年版)以女性作为抗战的主体力量之一,以国共两党的妇女政策、妇女组织以及广大妇女群众抗战救亡的活动为论述中心,介绍抗战时期妇女参加民族解放战争的主要活动及历史过程,反映妇女投身抗战的历史脉络。对于抗战时期共产党的妇女运动的研究,张文灿的《解放的限界:中国共产党的妇女运动(1921—1949)》(中国政法大学出版社2013年版)在梳理1921—1949年中共的妇女解放运动发展历程的同时,揭示出妇女解放与阶级、民族解放运动之间内在的张力和界限。韩贺南、王向梅、李慧波的《中国妇女与抗日战争》(团结出版社2015年版),提醒我们关注女性与战争的复杂关系,关注女性在战时条件下如何处理政党、国家、民族、团体、家庭、个人之间的复杂关系,讨论女性在战时扮演的复杂角色等问题。

对抗战时期妇女运动及妇女运动工作者的关注,还可以放宽时间界限。柯惠铃的《近代中国革命运动中的妇女(1900—1920)》(山西教育出版社2012年版),以妇女与政治的联结为核心,探讨近代中国革命运动中的妇女。柯惠铃的《她来了:从五四新文化女权观,激起时代的妇女与革命,1920—1930》(台湾商务出版社2018年版)全面梳理20世纪20年代妇女运动,指出20世纪20—30年代是近代中国由"女权"走向"妇女运动"的重要年代,还介绍了后五四时期,中国女权、妇女解放运动从风起云涌的高潮跌到低谷,受政治拨弄的历史变化过程。游鉴明的《中国国民党改组后的妇女运动》(《台湾师范大学历史学报》1990年第18期,第343—398页)讨论中国国民党改组后国民党的妇女运动。

抗战时期出现了大量的妇女组织[②],全国性的妇女组织如新生活运动促进总会妇女指导委员会(简称:新运妇女指导委员会)、中国妇女慰劳总会、中国战时儿童保育会等吸引了大量杰出女性参与其中。对于抗战时期全国性的妇女组织,近年出现了大量的研究成果。夏蓉的研究利用民国各大报纸及妇女期刊,围绕新运妇女指导委员会与抗日战争展开论述,探讨了新运妇女指导委员会的组织发展演

---

① 张玉法:《战争对中国妇女的影响(1937—1949)》,《近代中国妇女史研究》2009年第17期,第157—174页。

② 据梁惠锦的研究,妇女团体名称有570个,加上支队达819个。参见梁惠锦:《抗战时期的妇女组织》,见鲍家麟编:《中国妇女史论集续集》,台湾稻香出版社1991年版,第379—380页。

变及其所领导的女性思潮。① 宋青红的《新生活运动促进总会妇女指导委员会研究(1938—1949)》(复旦大学 2012 年博士学位论文)聚焦新运妇女指导委员会的女性群体及其所开展的活动,试图重构新运妇女指导委员会的组织运行模式。宋翔的《抗战时期妇女新生活运动研究:以〈中央日报·妇女新运周刊〉为中心》(郑州大学 2014 年硕士学位论文),探讨新运妇女指导委员会的活动轨迹。此外,焦建新的《"妇指会"与中国抗战》(南京农业大学 2007 年硕士学位论文)和郭晓娜的《抗战时期中国共产党在"新生活运动"总会妇女指导委员会的工作》(中共中央党校 2007 年硕士学位论文)等都涉及对此组织的研究。王鑫的《抗战时期云南省妇女运动委员会研究》(云南师范大学 2014 年硕士学位论文)涉及抗战时期云南省妇女运动委员会的研究。

　　抗战时期另一全国性的妇女组织是中国战时儿童保育会。它是抗日战争时期重要的妇女组织之一,具有统一战线性质。对于战时儿童保育会的研究,张纯的《抗日战争时期战时儿童保育会研究》(团结出版社 2015 年版)以现代儿童观的视角,探讨战时儿童保育会的成立、变化以及结束的历史进程,以及在此基础上形成的战时儿童教养机构。另外如林佳桦的《"战时儿童保育会"之研究(1938—1946)》(台湾"中央"大学 2005 年硕士学位论文)、范蕾蕾的《抗战时期的儿童保育研究》(四川大学 2007 年硕士学位论文)、张丽萍的《"中国战时儿童保育会"保育事业研究:以川渝为重点考察》(西南大学 2010 年硕士学位论文)也讨论了战时儿童保育会。此外还有吉田咲纪的《战时儿童保育会与中国女性(1938—1946)》(华中师范大学 2011 年硕士学位论文)、于美丽的《抗战时期陕甘宁边区的儿童保育工作:以保育机构为中心》(中共中央党校 2014 年硕士学位论文)、程世利的《战时儿童保育院中的难童生活》(南京师范大学 2014 年硕士学位论文)等对战时儿童保育会进行了研究。

　　关于中国妇女慰劳总会的研究,有史立丽的《宋美龄与中国妇女慰劳自卫抗战将士总会》(《档案史料与研究》2002 年第 2 期)、黎秀娟的《抗战时期妇女慰劳总会研究》(西南大学 2015 年硕士学位论文)和高阿妮的《抗战时期陕西妇慰会研究》(四川师范大学 2012 年硕士学位论文)等。沈丽娅的《宋美龄战时妇女工作研究》(华中师范大学 2008 年硕士学位论文)讨论了抗战时期三个主要的全国性的

---

①　夏蓉:《妇女指导委员会与抗日战争》,人民出版社 2010 年版。

妇女组织及其所从事的战时妇女工作,指出宋美龄依靠其第一夫人的身份,以服务抗战为宗旨,依托众多的分支机构,灵活地开展战时妇女工作。

抗战时期,宋美龄召开的庐山妇女谈话会,妇女广泛参与纪念"三八"妇女节、妇女献金运动、妇女职业运动、妇女宪政运动等集体活动,此时的妇女精英群体成为一个区别于传统女性家庭角色的政治团体。对于抗战时期的妇女精英群体,李瑗的《宋美龄与第二次国共合作时期的妇女界统一战线》(《党史研究与教学》1993年第2期)、夏蓉的《宋美龄与抗战初期庐山妇女谈话会》(《民国档案》2004年第1期)讨论了妇女界统一战线的形成。郭美兰的《妇女界抗日统一战线的建立和特点》(《华中师范大学学报(哲学社会科学版)》1995年第5期)论述从"九一八"事变开始妇女抗日救亡活动到妇女界抗日民族统一战线形成的过程及特点,强调中国共产党在妇女界抗日统一战线建立过程中的组织、推动和领导作用。耿化敏的《中国共产党与妇女界抗日民族统一战线》(《北京行政学院学报》2015年第5期)强调抗战时期中国共产党在妇女统一战线形成过程中的作用和角色,以及中国共产党在维持妇女界统一战线工作中所从事的活动和作出的努力。

以上研究成果系统介绍了民族危机与社会救亡之下女性所组织和参与的妇女运动和妇女组织,然而已有的讨论多停留于对妇女工作政策、组织及妇女工作实践的研究,对于妇女工作中妇女干部以及她们的努力和扮演的角色关注不够。

3. 战时女性精英群体研究

对于战时的女性精英群体,台湾"中央研究院"近代史研究所致力于女性口述史工作,提供不同于主流男性诠释的女性视角与生活体验。游鉴明访问、吴美慧等记录的《走过两个时代的台湾职业妇女访问纪录》(台湾"中央研究院"近代史研究所2013年版),访问了历经两个不同时代和相异的社会结构下生活的7位职业妇女,记录她们的家世背景、求学经过、家庭生活和就业经历。该书不仅是研究台湾职业妇女的重要资料,且是20世纪台湾妇女的部分生活史。李丹柯的《女性、战争与回忆:35位重庆妇女的抗战讲述》(重庆出版社2015年版)记录了当年生活在重庆的50多位中国女性,聚焦她们的生命历程、战争体验和私人经历,探究战争对女性的生命的影响,以及女性如何通过抗争和忍耐来抵抗战争的残酷。同样受到战火影响的女性故事受到重视,罗久蓉、游鉴明、瞿海源访问,罗久蓉等人记录的《烽火岁月下的中国妇女访问纪录》(台湾"中央研究院"近代史研究所2004年版),通过9名妇女的访谈记录以及1名男性亲友的回忆,构建了与主流战争史有所不同的战时妇女的历史。

美国学者艾米莉·洪尼格的《姐妹与陌生人：上海棉纱厂女工，1919—1949》（江苏人民出版社 2006 年版）以 1919—1949 年上海的华商纱厂和外商纱厂中的女工为研究对象，探讨上海经济社会生活大背景下纱厂女工的生活、工作情形以及女工参与劳工运动的发展和转变情况。罗久蓉的《她的审判：近代中国国族与性别意义下的忠奸之辨》以 5 名女性的战争故事为蓝本，以性别、国族为经纬，从法律、政治、社会、经济等不同角度，解构其所处时代的女性意识、民族意识、政治意识。① 陈雁的《近代女性就业与职业妇女群体形成》，对近代上海的职业妇女群体包括女工、女职员、医疗文化机关从业人员、政府机关从业人员、娱乐机构从业人员和妓女等进行研究，指出近代上海女性就业人数和就业范围不断扩大和职业女性群体逐渐成熟，成为上海城市现代化进程的重要组成部分。② 对于女性群体，秦方以"女界"为切入点，探讨近代中国女性在国家民族话语、男女性别关系和中国传统精英文化等脉络互动中形成的身份建构和认同。③

海伦·M·施奈德指出，20 世纪 20 年代至 50 年代的家政学家认为家庭领域和公共领域并不存在明显的界限。她介绍了作为现代主妇，至少需要处理操持家务、理性消费、情绪管理、布置家庭等方面的工作，与传统妇女相比，现代主妇常用科学、效率、合理、秩序、卫生的工作态度与方法。此书探索了战时中国女性精英如何在支撑家庭的同时参与国家现代化的历史进程。④ 黄旭初的《清末民国初现代知识女性群体的形成——以传媒界女性为重点》（鲁东大学 2016 年硕士学位论文），以李惠仙、康同薇、潘璇、裘毓芳、陈撷芬、秋瑾、唐群英、吕碧城、汤国梨、张昭汉、张汉英等传媒界知识女性为重点，分析现代知识女性分子群体的形成过程及特点。李里的《1926—1928 年两湖妇运组织者群体研究》（华中师范大学 2008 年硕士学位论文），讨论两湖地区妇女运动组织者群体参与革命的过程，然而涉及的时段是在大革命时期。吴佳宝的《何处是归程：民国都市独身女性研究》（上海师范大学 2016 年硕士学位论文）关注独身女性群体，以妇女心态史和社会性别理论

---

① 罗久蓉：《她的审判：近代中国国族与性别意义下的忠奸之辨》，台湾"中央研究院"近代史研究所 2013 年版。

② 陈雁：《近代女性就业与职业妇女群体形成》，见王政、陈雁主编，复旦-密歇根大学社会性别研究所编：《百年中国女权思潮研究》，复旦大学出版社 2005 年版，第 346—363 页。

③ 秦方：《新词汇、新世界：清末民国初"女界"一词探析》，《清史研究》2014 第 4 期，第 89—99 页。

④ Helen M. Schneider, *Keeping the Nation's House: Domestic，Management and the Making of Modern China*，University of British Columbia Press，2011.

的研究方法出发,从女性主体和社会舆论两个维度探讨民国时期都市独身女性的生存环境、独身原因、生活状态、心态体验、社会舆论等,试图对女性独身是一种逃避还是反抗行为进行回答。

4. 相关女性精英个案研究

近代中国涌现出一大批杰出的女性精英人物,她们推动了近代中国社会和历史的发展,对中国产生了重要影响。但受限于史料,除对抗战时期的女性精英人物如邓颖超、宋庆龄、何香凝等的研究受到史学界的重视和关注外,对于其他杰出的女性人物的个案研究较为薄弱。以对宋庆龄的研究为例,相关研究成果非常丰富。专著方面有尚明轩主编的《宋庆龄年谱长编 1893—1948》(北京出版社2002 年版)、刘家泉的《宋庆龄传》(中国文联出版公司 1988 年版)、吕明灼的《宋庆龄传》(上海人民出版社 1988 年版)、盛永华的《宋庆龄论》(广东人民出版社1993 年版)、陈廷一的《宋庆龄全传》(青岛出版社 1996 年版)、耿可贵、张启蓉的《孙中山与宋庆龄》(浙江文艺出版社 1990 年版)、刘家泉的《宋庆龄流亡海外岁月》(中央文献出版社 1994 年版)、季鸿生的《宋庆龄与国共关系》(武汉出版社2003 年版)、徐锋华的《身份、组织与政治:宋庆龄和保盟·中福会研究(1938—1958)》(上海书店 2013 年版)等。在史料方面还出版有《宋庆龄选集》(中华书局1966 年版),宋庆龄基金会、中国福利会编的《宋庆龄书信集》(人民出版社 1999 年版)、上海宋庆龄故居纪念馆编的《宋庆龄书信选编》(上海辞书出版社 2012 年版)、宋庆龄编译的《宋庆龄自传》(华光出版社 1938 年版)等。

学界对邓颖超的研究,专著有中共中央文献研究室编的《邓颖超》(中央文献出版社 2004 年版)、金凤的《邓颖超传》(人民出版社 1993 年版)、吴琴的《邓颖超与何香凝》(华文出版社 2012 年版)等。而受制于史料的限制,学界对宋蔼龄的研究寥寥,仅有的几部专著不是将其与宋美龄、宋庆龄等宋氏家庭成员合传①,就是与孔祥熙合传②,或者是作为传记文学类的作品③。对宋蔼龄的研究有待充分挖掘

---

① [美]尤恩森著,赵云侠译:《宋氏三姐妹 宋蔼龄,宋庆龄,宋美龄》,世界知识出版社 1984 年版;[美]斯特林·西格雷夫:《宋家王朝:本世纪最杰出的家族传记》,内蒙古文化出版社 2001 年;[美]埃米莉·哈恩:《宋氏家族:父女,婚姻,家庭》,新华出版社 1985 年版;唐曼珍主编:《抗日烽火中的宋氏三姐妹》,中国社会科学出版社 1995 年版;陈廷一:《宋氏三姊妹全传》,青岛出版社 1998 年版。

② 闫肃,董峻峰:《孔祥熙和宋蔼龄》,中国档案出版社 1994 年版;陈廷一:《孔祥熙与宋蔼龄》,团结出版社 2004 年版;王松等:《孔祥熙和宋蔼龄》,河南人民出版社 1992 年版。

③ 杨者圣:《未加冕的女王宋蔼龄》,上海人民出版社 1994 年版。

原始史料,以便还原宋氏三姊妹对民国政治的重要影响。

　　关于对史良的研究,周天度、孙彩霞的《史良》(群言出版社 2013 年版)全面阐述了史良坎坷的一生和思想、情感历程。而史良自身也留下了回忆录①,学界对史良的研究正不断推进,如陈珊珊的《新中国初期史良的法制建设研究》(贵州师范大学 2014 年硕士学位论文)和朱博的《革命法制与民主宪政:史良法律思想探微》(西南政法大学 2010 年硕士学位论文)就史良的法律思想进行研究。对于抗战时期史良的研究,有许爱莲的《抗战时期的史良与妇女运动》(《历史教学问题》1996 年第 4 期)和周天度的《抗日战争时期的史良》(《近代史研究》1989 年第 3 期)等。

　　关于对何香凝的研究,陈姗的《何香凝年谱》(广西人民出版社 2016 年版)挖掘整理历史文献,介绍何香凝的生平经历、思想发展脉络及相关成就等。蔡瑞燕、刘斌的《宋庆龄与廖仲恺、何香凝一家》(中国社会科学出版社 2017 年版)梳理宋庆龄与廖仲恺、何香凝及其后人半个多世纪的交往历史。尚明轩的《何香凝传(增订版)》(民族出版社 2004 年版)对何香凝的身世、生平和业绩进行论述。相关论文有尚明轩的《何香凝与抗日战争》(《历史教学》1995 年第 9 期)、尚明轩的《论宋庆龄与何香凝》(《近代史研究》1993 年第 4 期)、程少珍的《何香凝与抗日民族解放战争》(《郑州大学学报(哲学社会科学版)》1992 年第 2 期)等。

　　关于对吴贻芳的研究,金一虹等的《吴贻芳的教育思想与实践》(江苏人民出版社 2005 年版)对吴贻芳教学与管理模式、吴贻芳女子高等教育的理想与践行等进行介绍。程斯辉、孙海英的《厚生务实　巾帼楷模:金陵女子大学校长吴贻芳》(山东教育出版社 2004 年版)对金陵女子大学校长吴贻芳的教育实践、教育成绩以及主要学术活动进行介绍。周和平的《永远的吴贻芳——纪念吴贻芳先生诞辰 120 周年》(江苏人民出版社 2013 年版)对吴贻芳的社会关系及个人经历进行介绍,力图展现一个完整、鲜活的吴贻芳形象。Mary Jo Waelchli 的《丰富的生活:玛蒂尔达·瑟斯顿,吴贻芳和金陵学院,1915—1951》(*Abundant life: Matilda Thurston*, *Wu Yifang and Ginling College*, 1915—1951, The Ohio State University, 2002)以及曾芳苗的《民国教会女子教育——"金陵女子文理学院"的个案研究(1915—1951)》(台湾"中央大学"历史研究所 2006 年硕士学位论文)对吴贻芳管理下的金陵女子

----

① 史良:《史良自述》,中国文史出版社 1987 年版。

文理学院进行个案研究。吴梓明的《从吴贻芳个案看个人成长与宗教信仰》从吴贻芳的个人成长与宗教信仰的角度,检视基督教的信仰对吴贻芳个人生活历程,包括成长、工作及人生态度的影响。[1]

有意思的是,任泉香、朱竑、李鹏的《近现代中国女性人才的地理分布和区域分异》(《地理学报》2007 年第 2 期)利用人才数量、类型和籍贯三个指标对活动于1840—1949 年期间的中国著名女性人物资料进行了统计和分析。有一些杰出女性近年逐渐为学界所注重,如针对张肖梅、曾宝荪、郑毓秀等人的研究。[2] 李德珠从社会性别的视角审视刘清扬作为"中国人"、"人"和"女人"的三重身份。[3] 然而受制于史料文献的限制,学界对于战时女性精英个案的研究成果相对薄弱,对于曾经活跃于战时民族危机与社会救亡舞台上的女性精英群体缺乏整体上的系统考察。

三、研究思路与主要内容

本书在坚持唯物史观的前提下,以历史学方法为主,充分挖掘海内外档案机构典藏战时女性精英的资料,汇集各大报刊、个人传记、回忆录、书信、日记、文史资料、史料汇编中有关战时女性精英的记载,梳理基本的史实发展过程。同时借鉴社会学、女性学、政治学等学科优势,充分运用社会性别理论和社会学关于人际关系的理论,探讨女性精英群体与她们背后男性之关系及互动,以及女性精英群体通过社会组织及身份政治,建立起一定的人际关系网络,从而建立起战时妇女动员的组织和模式,进而推动抗战救亡和各项社会动员、妇女动员工作的进展。

本书对抗战时期的女性精英群体的研究,涉及各党各派各界各方面的女性精英群体,既包括抗战时期的国民党妇女领袖及国民党妇女干部,也包括共产党的妇女领袖、中间党派妇运领袖;既包括各党各派妇女领袖,也包括社会各界妇女专

---

① 吴梓明:《从吴贻芳个案看个人成长与宗教信仰》,见陶飞亚:《性别与历史:近代中国妇女与基督教》,上海人民出版社 2006 年版,第 105—125 页。

② 参见肖可:《张肖梅经济思想研究》,贵州师范大学 2014 年硕士学位论文;王琳:《曾宝荪教育思想研究》,西华师范大学 2016 年硕士学位论文;赵晨欣:《郑毓秀的传奇一生》,华中师范大学 2016 年硕士学位论文;兰甲甲:《民国女记者彭子冈研究》,南京师范大学 2016 年硕士学位论文;李净昉:《刘王立明与民国时期中国妇女节制运动》,《史林》2005 年第 5 期;王惠姬:《刘王立明与民国初中国的妇女运动》,《中正历史学刊》2002 年第 5 期;等。

③ 李德珠:《"中国人""人"和"女人"——从社会性别视角审视刘清扬的三重身份》,见王政、陈雁主编,复旦-密歇根大学社会性别研究所编:《百年中国女权思潮研究》,复旦大学出版社 2005 年版,第 172—186 页。

家、学者、名流。既涉及国统区的妇女领袖、精英女性,也涉及陕甘宁边区抗日根据地及各抗日根据地的女性精英群体;既涉及从事妇女运动的女性精英人物,也涉及各行各业著名的女性专家学者;既有群体研究,也有典型个案的研究,力图全方位地考察抗战时期的女性精英群体。

抗战时期的女性精英在领导和动员妇女参加抗战工作,在对抗战形势的判断及政治形势的判断方面,在促进抗战时期国内各党各派各界各阶层妇女的团结合作方面,在服务抗战前线进行后方生产方面,在儿童保育、社会救济、前线慰劳、战地服务、乡村服务、妇女培训、妇女文化工作、妇女联络工作等方面,作出了积极的贡献,是赢得这场反对日本帝国主义侵略的民族解放战争的一支重要力量。

四、主要创新之处

(1) 在研究视角与方法上,以历史学方法为主,同时借鉴女性学、社会学、政治学等学科理论和方法进行综合研究,运用社会性别理论、人际关系理论等对战时女性精英人物言论及活动进行梳理,并注意探讨女性人物之主体性及男女两性之关系。

(2) 在资料文献上,课题史料相对扎实,充分挖掘海内外典藏之战时女性精英群体的档案文献、口述访谈、论著、回忆录、日记、书信、自传等各种史料,还原女性精英在战时的实践活动及思想言论。资料搜集过程中,笔者不仅前往中国国家图书馆、中国第二历史档案馆、南京图书馆、南京大学图书馆、上海图书馆、重庆图书馆、重庆市档案馆、陕西省档案馆、浙江省档案馆、复旦大学图书馆等国内档案资料文献馆藏机构查阅档案资料文献,而且多次前往台湾"中央研究院"近代史研究所档案馆、台湾"国史馆"、台湾中国国民党文化传播委员会党史馆、台湾"中央图书馆"、台湾"中央研究院"近代史研究所图书馆、台湾大学图书馆等台湾档案资料典藏机构查阅相关档案资料文献,还请人帮助代查美国斯坦福大学胡佛研究所档案馆、美国韦尔斯利学院档案馆馆藏"埃玛·德隆·米尔斯档案"。

(3) 在研究对象的选择上,对抗战时期的女性精英群体的研究,涉及各党各派各界各方面的女性精英群体,本书所涉及的女性精英,既涉及国统区的妇女领袖、精英女性,也涉及抗日根据地以及沦陷区的女性精英人物;既涉及从事妇女运动的女性精英人物,也涉及各行各业著名的女性专家学者;既有群体研究,也有典型个案的研究。在个案研究中,既考虑战时妇女活动或实践,也对其在战前及战后的经历,以及其个人家庭环境、学历职业、教育背景、个性特点等进行深入研究,以突显群体研究与个案研究的有机结合。

(4)在具体分析上,坚持论从史出的原则,在梳理已有资料文献的基础上,对女性精英人物的家庭环境、知识背景、学历结构、婚配关系、职业进行分析,以此梳理其在抗战时期的主要活动经历和言论思想,探讨女性精英在民族危机和社会救亡背景下所从事的社会和政治活动,以及所起的政治作用和角色。在此基础上,探讨女性之主体性及能动作用。

(5)在研究内容上,对于以往学术界较少关注的国民党女性精英群体进行了深入挖掘和梳理,较多地运用了台湾档案资料文献典藏机构的档案文献,特别是台湾"国史馆"军事委员会侍从室档案以及个人档案,台湾"党史馆"馆藏会议档案等档案资料。在具体内容上,不仅涉及女性精英在抗战时期的主要活动,也涉及其在战前及战后的相关活动和命运归宿。不仅涉及其学历知识背景、职业状况、党派属性、家庭生活、社会服务、职业生涯等广泛的内容,也涉及女性精英在抗战时期各种妇女运动的态度和状态,比如在妇女职业运动、妇女宪政运动、妇女参政运动中的表现,对于战时几次"妇女回家"论的态度;不仅涉及部分女性精英以自己的专业知识和技能在教育、科技、医疗等专业领域所发挥的作用,还涉及其主观感受和主体性地位。

第一章
中共女性精英与抗日战争

在国家危机、社会救亡之下,中国女性精英积极投入抗战救亡行列,从事儿童保育、妇女慰劳和生产等各项战时工作。广大女性被动员参加民族解放与国家解放的战时妇女工作,并被认为妇女解放与民族解放密切相关,相较于国民党妇女领袖一再强调女性服务于民族国家利益的战时动员,中共的妇女领袖比较多地关注妇女参加战时妇女工作的积极性和主动性,因而进行了不少实际地调查与研究工作,强调要改善妇女的生活状况,尤其是广大下层妇女的生活,进行必要的政治教育,以启发民族意识。

第一节 抗战时期中共妇运机构与妇女政策

一、抗战时期中共中央妇运机构

1937 年 12 月,中共中央政治局决定成立中共中央妇女运动委员会。1941 年 6 月由蔡畅任书记,常委有张琴秋(1914—1964)、帅孟奇(1897—1998)①、蔡畅(1900—1990)、李坚真(1907—1992)等人。为发展国统区的妇女工作,1937 年 12 月,中共中央在武汉建立长江局,以王明为书记,周恩来为副书记,由邓颖超等组成妇女工作委员会。② 1937 年 12 月 28 日,邓颖超指示动员广大妇女群众参加

---

① 帅孟奇(1897—1998),女,湖南汉寿人,曾任汉寿县委委员、江苏省委妇女部长、中共中央农民运动委员会政治秘书、陕甘宁边区政府党委委员兼物资局书记等职。

② 卢竞如:《南方局妇委领导的中上层妇女统战工作的片断回忆》,见中共重庆市委党史工作委员会编:《回忆南方局》,重庆出版社 1983 年版,第 125 页。

抗战工作。①

　　抗战进入相持阶段后,中共各级妇女运动领导机构相继成立。杨尚昆兼任书记的中共中央北方局妇委,委员包括邓小平夫人卓琳(1916—2009)、左权夫人刘志兰(1917—1992)和彭德怀夫人浦安修(1918—1991)等人,聂荣臻夫人张瑞华(1909—1995)②也曾担任中共中央北方局妇委书记。北方局妇委曾于1940年举办妇女干部培训班,培训了白玲、王泓、侯俊英等一大批妇女干部,学习内容以妇女解放和民族解放、军事常识、妇女工作、统一战线、党的政策等为主。③ 中共六届六中全会以后,还成立了北方分局妇委,由张瑞华担任书记;成立了陕甘宁边区党委妇委,由郭洪涛担任书记;成立了山东分局妇委,由史秀云担任书记;成立了东南局妇委,由李坚真担任书记。他们领导当地妇女开展了大量的抗日救亡工作。与此同时,中共安徽、湖北、浙江、河南、江苏、广东等省委妇女工作机构,琼崖、鄂豫皖区、苏皖区、鄂豫边区等抗日根据地妇女组织也逐步建立起来。

　　1943年3月20日,中共中央政治局决定合并中央妇女运动委员会等机构,成立中央民众运动委员会,蔡畅任副书记,下设妇女组。1945年8月,中央妇女运动委员会恢复,帅孟奇任秘书长,书记蔡畅,副书记邓颖超。为研究妇女运动,中共中央妇女运动委员会拟建立妇女运动材料研究室,搜集有关妇女运动的各种材料、书报等。④ 1939年6月1日,中共中央妇女运动委员会为动员广大妇女参加抗战建国事业,并方便积累与交流妇女工作经验,在陕甘宁边区创办《中国妇女》,用以指导与帮助各地妇女干部开展妇女文化工作。⑤ 该刊于1941年3月8日出版,至第2卷第10期停刊,共出版22期。该刊刊载了大量关于抗战时期中共中央妇女运动委员会开展妇女运动的文章和谈话,介绍了妇女参加抗战的主要情况。

　　1939年3月,中共中央南方局妇女运动委员会成立,其主要负责人是邓颖超,

---

　　① 中华全国妇女联合会妇女运动历史研究编:《中国妇女运动历史资料(1937—1945)》,中国妇女出版社1991年版,第12页。

　　② 张瑞华(1909—1995),女,河南信阳人,1938任晋察冀省委组织部干事、省委党校党总支书记。1939年夏,任中共北方分局组织部妇女工作委员会书记,著有《张瑞华文集》(北京体育大学出版社2007年版)。参见:石志群:《张瑞华·聂荣臻夫人传》,北京:中国文史出版社,2006年版。

　　③ 王照骞:《北方局妇委武乡训练班纪实》,中共武乡县委宣传部、中共武乡县委党史办公室编:《武乡烽火》(上册),1985年版,第290—294页。

　　④ 《中共中央妇女运动委员会征募书报启事》,中国妇女社编:《中国妇女》1940年第1卷第8期,第16页。

　　⑤ 佚名:《〈中国妇女〉一周年》,《中国妇女》,1940年第1卷第12期,第14页。

1940 年女兵在学习

资料来源:《东方画刊》1940 年第 2 卷第 12 期,第 12 页。

委员包括卢竞如(1904—1993)、廖似光(1911—2004)、陈奇雷、季洪①、范元甄(1921—2008)、徐克立、刘群先(1907—1942,秦邦宪夫人)、陈奇雪等人,其中卢竞如担任秘书。1940 年 10 月,南方局统一战线工作委员会成立,邓颖超担任妇女组组长,副组长张晓梅。南方局从事的妇女工作主要有:第一,本着反对分裂、团结抗战的原则,"既承认全国新生活妇女指导委员会,又争取领导机构中爱国力量占优势"。第二,抢救难童,组织儿童保育会,抢救了大量的儿童,"当年保育院的孩子有很多后来成长为我们党的骨干"。第三,到前线慰劳。"我们组织宣传队、慰问团,到前线慰劳伤员"。第四,广泛进行宣传教育,提高广大妇女抗日救国的觉悟和对共产党的认识。第五,做好上层妇女的统战工作,"解决好南方局和八路军重庆办事处工作地点等问题"。② 长江局妇委和南方局妇委坚决贯彻中共中央的

① 季洪,原名季宗卫、寄洪(1913—),崇明人,1932 年考入江苏松江女子中学高中师范科,1935 年加入南京妇女救国会,1936 年协助沈兹九编辑《妇女生活》杂志,1937 年 12 月加入中国共产党,成为邓颖超领导下单线联系的秘密党员。参见:《季洪传略》,季洪:《季洪电影经济文选》,中国文联出版社 1999 年版,第 546 页。

② 廖似光:《中共南方局领导的妇女运动概况》,中国人民政治协商会议西南地区文史资料协作会议编:《抗日民族统一战线在西南》,四川人民出版社 1990 年版,第 383—384 页。

方针、政策，在国统区广泛动员妇女群众参加抗战救亡工作，并参与中国妇女慰劳总会、战时儿童保育会、新运妇女指导委员会的工作。[①]

1940 年妇女缝制军衣

资料来源：《中华（上海）》1940 年第 85 期，第 27 页。

南方局主要从事妇女统战工作。在南方局妇女组推动下，曾产生统一战线的妇女组织——中国妇女联谊会。李德全[②]、史良、张晓梅[③]、胡子婴[④]、曹孟君、韩幽桐[⑤]、倪

① 罗瑞芳：《中共长江局、南方局妇委领导的妇女抗日救亡运动》，《档案与建设》2003 年第 6 期。

② 李德全（1896—1972），冯玉祥夫人，1935 年成立"南京女子学术研究会"，抗战时期参与发起组织中国战时儿育保育会，任副会长，1946 年受邓颖超委托，参加纽约世界妇女代表大会，1949 年当选全国妇联副主席。

③ 张晓梅（1911—1968），女，原名张锡珍，北京房山人。1925 年加入共青团，1928 年 9 月加入中国共产党。先后任怡和纱厂支部书记，中共沪东、沪西区委委员兼妇女部长，1933 年领导华北妇女救国会、北平妇女救国会等进步妇女团体。1939 年任中共南宁局统一战线工作委员会妇女组副组长，参加中国妇女联谊会工作。

④ 胡子婴（1909—1982），原名胡晓春，1929 年毕业于杭州女子师范学校，曾参加营救救国会七君子工作。1945 年参加发起成立中国民主建国会，任理事。1949 年出席第一届全国政协。

⑤ 韩幽桐（1908—1985），原名桂琴，法学家，张友渔夫人，黑龙江宁安人。1925 年考入省立吉林省立师范学校，1926 年加入共青团，后加入中国共产党，曾任《妇女之友》编辑部副主任，1938 年任西北联大教授、救国会常务理事。1945 年任中国妇女联谊会理事。

斐君①、罗叔章②、张敏凡、陆慧年③等后来都当选为理事,公推李德全为理事会主席。④

1937 年绥垣太原妇女看护队全体合影(吴希圣摄)

资料来源:《北晨画刊》1937 年第 11 卷第 12 期,第 1 页。

1939 年 7 月 19 日,中共中央南方局和南方局妇委致电广东、湖南、江西等省委妇委,指出南方各省今后的工作方针为:①坚持统战,正确开展妇女运动,用马列主义教育妇女;②工作的重心应移到各大城市及女性集中的场所,以及开展农村妇女运动的老区;③运用多种方式去组织与发展妇女运动,创新工作方法;④要培养和团结妇女干部,各省委及妇运工作者要全面认识现有的妇女干部,适当地分配和调剂,并勇敢地提拔。⑤

1940 年,延安妇女界宪政促进会致函宋美龄,希望进一步促进妇女的团结,称赞其领导全国妇女参加神圣的民族解放和妇女解放工作,创造出妇女在历史上的许多功绩,在儿童保育及伤兵服务等方面作出重要贡献,并请其今后不断给予指示。⑥

---

① 倪斐君(1912—1966),女,浙江镇海人,1933 年成为贺耀祖夫人,1938 年加入中国共产党,曾任甘肃妇女抗敌后援会主席、重庆难民妇女服务团团长,并协助宋庆龄从事社会福利救济事业,后任重庆中苏文化协会妇委会委员。

② 罗叔章(1898—1992),湖南岳阳人,1928 年暨南大学攻读政治经济学,1934 年 11 月加入中国共产党。上海沦陷后,辗转香港、广州、长沙等地从事抗日救国运动。1938 年 5 月,任湖北均县第一保育院院长,1949 年成为全国妇联常委。

③ 陆慧年,女,江苏太仓人,上海暨南大学毕业,1935 年加入共青团,1937 年转入中国共产党,曾任重庆《民主报》、上海《联合晚报》记者,1949 年后任《新华日报》记者,中国新闻社总编室主任、副社长。

④ 黄慧珠:《忆在国统区过"三八"》,四川省妇联妇运史研究室:《"三八"节历史资料选编》,1985 年,第 82 页。

⑤ 《中共中央南方局和南方局妇委关于目前南方妇女运动问题致粤、湘、赣等省委妇委并报中央书记处转中妇委电》,见南方局党史资料征集小组:《南方局党史资料群众工作》,重庆出版社 1990 年版,第 26 页。

⑥ 《延安妇女界宪政促进会致宋美龄先生函》,《中国妇女》1940 年第 9 期,第 13—21 页。

1938 年华南女子义勇军上前线

资料来源:《大美画报》1938 年第 5 期,第 2 页。

1940 年女兵深入淮安战地,在枪林弹雨中抢救伤员

资料来源:《中华(上海)》1940 年第 85 期,第 27 页。

　　1943 年延安举行"三八"节纪念活动,以生产为妇运新方向。3 月 9 日的《解放日报》头版报道了这一盛大纪念活动:

在延市五千妇女所举行之纪念会上,参加大会之妇女,多手织毛线,而一般农村妇女亦多随手做鞋补袜,虽然这是她们休息的日子,但她们仍然利用每一分钟进行生产,其劳动热忱,实予人以极深刻之印象。到会五千妇女中,半数为各机关、学校之妇女干部,半数则为农村家庭妇女。自上午十时起,整队的妇女干部与扶老携幼之农村妇女,即依南北两区分别向杨家岭大礼堂及边参会大礼堂前进。而当边区妇女劳动英雄马杏儿出现在街头时,以一睹劳动英雄为快的男女群众,拥塞道途,马杏儿每至一处,即为群众所包围,并纷纷与其握手致敬。党校、自然科学院、鲁艺等以妇女参加生产、学习马杏儿为题材的秧歌、活报剧及舞狮等,分别在两大礼堂前的广场上表演。马杏儿不停地笑着,杏儿的爸爸——马丕恩也不停地笑着,众人的眼睛也都向着马杏儿笑着。在杨家岭大礼堂所举行之纪念会,参加者主要为妇女干部。朱总司令在他的讲话中,特别号召妇女干部到财经部门去,朱总司令曾着重指出其政治意义,他说:"财经工作,乃抗战必胜,建国必成的基础。"并谓,妇女教育应以生产教育为主,懂得生产知识,才能建立新中国;同时,首先必须自己动手,管理革命家务。吴老讲了群众之生产动员,必须从和她们有关的实际生活中,加以组织与教育,把她们团结在生产战线上。曹专员特举吴堡妇女养蚕、纺织等生产为例,证明彼等所获之收入,并不逊于男子,因此吴堡民间丈夫欺负老婆的事情也就不常见了。唐专员并谓,延安分区今年将发展妇纺3.6万人至4万人,而且必须完成。不务正业的女二流子,我们不仅反对,且必加以干涉。妇联会副主任赵烽同志以谈家常的方式,和到会群众畅谈"求富贵"的方法,她特举马杏儿劳动生产的例子,通俗地告诉大家:"只要好好生产,财神爷自然就上门了。"朝鲜友人文周同志以非常羡慕之语调,寄意边区妇女努力生产,彼谓:此不仅为中国解放之必需,对于朝鲜革命之促成,亦将有极大的影响。

……

在边区参议会大礼堂,市妇联主任王胜波同志宣布开会。高岗同志就妇运问题,曾有重要指示,说明妇运必须从实际出发,如能发动边区妇女均各喂一猪、饲一羊,则边区全年即可增加财富十万万元。高岗同志特号召妇女热烈参加生产——织布、纺线、喂猪、饲羊等。如生产改善后一切妇、婴卫生等问题,也就自然可以跟着解决。李副主席着重说明妇女要真正提高社会地位,必须从生产入手,有了经济地位,才有真正的社会地位。谢副议长亦以马杏儿自己动手,建立经济基础,因而为众人所崇敬的故事,勉励边区妇女努力生产。两处大会,均在音乐声中,举行隆重的颁奖典礼,计受奖者有边区劳动英雄马杏儿、王老太太;延市妇女劳动英雄常英兰、白周、李敏华妈、曹万祥、冯二娃等七人,均分别奖以毛毯、毛巾、肥皂及衣料等。边区抗联会并奖给马杏儿锦旗一面,题为"生产战线上的旗帜",又各机关学校女同志亦纷纷赠礼物给马杏儿。两处大会直至傍晚六时始散。①

通过"三八"节纪念活动的方式,激发妇女巨大的能量,动员妇女从事战时生产。

二、战时中国共产党妇女政策与妇女工作

抗战开始以后,中国共产党对于妇女工作制定了一系列的政策。1937年9月在《妇女工作大纲》中明确规定,"以动员妇女力量参加抗战,争取抗战胜利为基本任务";注意团结各阶层妇女群众,对各阶层的妇女群众提出不同的工作要求;对已被日寇占领的区域、抗战区与邻近抗战区、大后方等不同地区的不同阶层的妇女,采取不同的方法与策略进行动员。② 1938年9月6日,《新华日报》发表社论号召动员广大农村妇女,强调动员农村妇女首先是农村救亡团体的责任,使她们能够以更多的时间和精力来从事救亡活动,使她们成为我国民族解放战争英勇队伍中的生力军。动员农村妇女可以采取家庭访问的形式,减轻农村妇女的家事负担,以适合农村妇女的生活习惯、政治认识和工作的要求。③

1939年3月3日,中共中央妇委指出,当前妇女运动工作的弱点表现在无组织,少觉悟,妇女干部对妇女工作的轻视,妇女不够团结,党对妇女工作的领导不够等方面。中共中央妇委强调,应广泛地建立广大妇女群众抗战建国工作的统一战线,要注意团结各党派、各阶级的妇女群众。中共中央妇委指出,应尽量将不同阶层、不同地域、不同能力和志趣的妇女组织起来,最大限度地组织和动员妇女群众,尽可能地提高妇女大众的文化水准、政治觉悟,并提高她们的工作能力;要培

---

① 《昨日纪念"三八"节,本市妇女盛大集会,马杏儿等七人受奖》,《解放日报》1943年3月9日第1版。
② 《妇女工作大纲》(1937年9月),见中华全国妇女联合会编:《中国妇女运动历史资料(1937—1945)》,中国妇女出版社1991年版,第1—7页。
③ 《动员广大农村妇女》(社论),《新华日报》1938年4月21日第1版。

1940 年妇女参加生产

资料来源:《东方画刊》1940 年第 2 卷第 12 期,第 12 页。

养和选拔妇女干部,吸收觉悟积极的妇女入党;注意改善妇女大众的生活,注意改善抗日军人家属的生活,适当地帮助解决妇女家庭问题;等等。在指示信中,中共中央妇委强调全党要注意妇女工作,指出要"与一切轻视妇女、侮辱妇女的行动和言论作坚持的严肃的恰当的斗争"①。

1937 年 9 月,陕甘宁边区党委通过《关于边区妇女群众组织的新决定》,指出战时妇女组织和动员工作,实行广泛的统一战线,必须以基本群众为核心,团结各阶级的妇女。② 1939 年 2 月 20 日,中共中央颁布了《关于开展妇女工作的决定》,指出要加强吸收女党员和培养妇女干部,要发挥中共党员妇女干部的作用,"建立与健全各级党的委员会下的妇女部与妇女运动委员会"③等。1939 年 4 月 7 日,中共中央妇委指示山东分局,要认真培养和教育广大的非党员的和党员的妇女干

① 《中共中央妇委关于目前妇女运动的方针和任务的指示信(1939 年 3 月 3 日)》,见中华全国妇女联合会编:《中国妇女运动历史资料(1937—1945)》,中国妇女出版社 1991 年版,第 141—143 页。

② 《陕甘宁边区党委关于边区妇女群众组织的新决定》(1939 年 9 月 13 日),见中华全国妇女联合会编:《中国妇女运动历史资料(1937—1945)》,中国妇女出版社 1991 年版,第 16 页。

③ 《中共中央关于开展妇女工作的决定》(1939 年 2 月 20 日),见中央档案馆编:《中共中央文件选集》,中共中央党校出版社 1986 年版,第 12 册,第 27 页。

部,在妇联会代表中要注意选举各方面有威望的妇女,要从妇女运动中吸收先进的妇女干部加入中国共产党的组织。①

1943年2月,中共中央制定《关于各抗日根据地目前妇女工作方针的决定》(简称《"四三"决定》),指出必须彻底转变妇女工作的作风与方法,要将动员妇女参加生产作为保护妇女切身利益的最中心环节;各地妇女组织要研究怎样使农村妇女有更大力量从事生产工作,应该研究怎样组织农村妇女集体和个体与集体进行生产工作;主张动员妇女参加生产,以实现经济丰裕和经济独立;号召清除轻视经济工作与生产工作的错误观点。②《"四三"决定》指出,抗日根据地的农村,只有从经济富裕与经济独立入手,才能提高妇女的文化水平和政治地位,才能改善农村妇女的生活。蔡畅在《迎接妇女工作的新方向》一文中指出,"最近中国共产党中央委员会《关于各抗日根据地目前妇女工作方针的决定》,检讨了过去妇女工作

1940年妇女界的总动员情形

资料来源:《中苏文化杂志》1940年第5卷第3期,第8页。

---

① 《中共中央妇委关于开展妇女工作问题给山东分局的指示(1939年4月7日)》,见中华全国妇女联合会编:《中国妇女运动历史资料(1937—1945)》,中国妇女出版社1991年版,第147页。

② 《中国共产党中央委员会关于各抗日根据地目前妇女工作方针的决定》(1943年2月26日),见中华全国妇女联合会编:《中国妇女运动历史资料(1937—1945)》,中国妇女出版社1991年版,第647页。

的缺点与错误,正确地指出了今后妇女工作的新方向、新作风"。她还指出,"要求我们每个妇女工作者,深刻认识经济建设对于坚持抗战、建设根据地的重要。而经济工作正是今天妇女对抗战贡献最大与最适宜的工作"。"应该看到广大妇女的努力生产,与壮丁上前线,同样是战斗的光荣任务。同时帮助妇女发展生产,又是'保护妇女切身利益最中心的环节'"。① 此后抗战时期的妇女动员从此前的各项妇女慰劳、救济、保育等工作转向以动员妇女参加生产工作为主。

1943 年,延安妇联会副主任赵烽在《延安县柳林区二乡的妇女生产》一文中指出,延安柳林区二乡的妇女生产情况有显著的进步,同时指出妇联要了解和掌握群众的需要,做合乎广大妇女群众利益的事情,要与妇女群众建立密切而巩固的联系,不能从主观形式出发,要做适合当地妇女群众的生产组织。② 在保障妇女权益方面,1939 年至 1943 年,抗日根据地相继颁布有关妇女运动和妇女生活的各种条例和决定,规定边区工人有言论、出版、集会、结社、参军、参政及抗日的自由,工人每日工作时间以 10 小时为原则,实行劳动保护等。③

1944 年,延安各界妇女"三八"节纪念大会号召:①要全面动员和发展妇女纺织工作;②妇女不仅要料理家事,还要成为男人生产的好帮手;③发展副业,要多养蚕、猪、鸡、羊;④过上好日子的前提是做到人人手不闲;⑤党政机关妇女干部应当学会管理银行、工厂、医药卫生、教育部门和合作社的工作;⑥表彰关中妇联主任张芝兰对妇女纺线织布的贡献、葭县纺织英雄模范工属冯桂英对纺纱织布的贡献、陇龙模范女村长杨生荣和安塞乡某主任刘桂英在妇女生产上的贡献。④

1945 年,中共中央妇委对抗日战争时期中国妇女运动进行初步总结,充分肯定了解放区妇女工作的成效:①普遍深入地发动广大妇女群众参战,从后方的勤务工作一直到火线上的工作;②妇女群众大批走上了生产战线,投入了各个生产部门,特别在纺织生产方面贡献很大;③解放区妇女群众普遍获得了参政权;④妇女获得了一定的经济地位;⑤在抗战中,培养和涌现了大批妇女工作干部。⑤

---

① 蔡畅:《迎接妇女工作的新方向》,《新华日报》1943 年 4 月 11 日第 4 版。
② 赵烽:《延安县柳林区二乡的妇女生产——妇女参加生产的典型,妇女工作新方向的体现》,《解放日报》1943 年 3 月 8 日第 4 版。
③ 河南省总工会、河南工运史料征编协作组:《晋冀鲁豫边区(河南部分)工运史料选编》,1988 年版,第 139 页。
④ 《延安各界"三八"妇女节纪念大会宣言》,《新华日报》1944 年 4 月 23 日第 4 版。
⑤ 《抗日战争时期中国妇女运动的初步总结和今后妇女工作的意见》(1945 年),中华全国妇女联合会编:《中国妇女运动历史资料(1937—1945)》,中国妇女出版社 1991 年版,第 758—760 页。

1940 年妇女积极参加生产

资料来源：《东方画刊》1940 年第 2 卷第 12 期，第 12 页。

1939 年后方女兵参加生产

资料来源：《自由谭》1939 年第 6 期，第 18—19 页。

抗战时期中共中央除动员妇女参加抗战工作外,也注重保障妇女的各项权益。1939年3月3日中共中央妇委颁布《关于目前妇女运动的方针和任务的指示信》,注意改善抗日军人家属的生活,适当地帮助家庭妇女解决困难和家庭纠纷,与轻视和侮辱妇女的言行作斗争,注意改善妇女大众的生活环境,提出减租减息、津贴抚恤、合理负担及慰劳、赈济、募捐等。[①]

1937 年山西的女兵

资料来源:《战斗画报》1937年第6期,第13页。

1939年至1943年,抗日根据地相继颁布有关妇女运动和妇女生活的各种条例和决定,如1941年11月1日公布、1943年9月29日修补颁布的《晋冀鲁豫地区劳工保护暂行条例》规定,包括女工在内的边区工人有言论、出版、集会、结社、参军、参政及抗日的自由,工人每日工作时间以10小时为原则,实行劳动保护等。[②] 1942年1月5日公布、1943年9月29日修补颁布的《晋冀鲁豫边区婚姻暂行条例》及1942年4月26日颁布的《晋冀鲁豫边区婚姻暂行条例施行细则》,[③]《晋冀鲁豫边区妨害婚姻治罪暂行条例》等,对女性的婚姻权益进行保护。[④] 1941年7月27日,晋察冀边区《关于保护政民妇女干部及其婴儿之决定》,规定酌量减少怀孕

① 《中央妇委关于目前妇女运动的方针和任务的指示信》(1939年3月3日),中华全国妇女联合会编:《中国妇女运动历史资料(1937—1945)》,中国妇女出版社1991年版,第138页。

② 河南省总工会、河南工运史料征编协作组:《晋冀鲁豫边区(河南部分)工运史料选编》,1988年版,第139页。

③ 孙晓梅主编:《中国近现代女性学术丛刊　续编　9　第29册》,线装书局2015年版,第607—610页。

④ 孙晓梅主编:《中国近现代女性学术丛刊　续编　9　第29册》,线装书局2015年版,第584页。

或携带婴儿的妇女干部的工作时间,或酌情改做轻便工作。① 1942年4月,陕甘宁边区通过《陕甘宁边区民政厅规定儿童妇女待遇办法》,规定优待孕期、产期和生理期妇女。②

三、抗战时期中共女性精英

抗战时期,中共妇女领袖成为女性精英群体的重要组成部分,她们响应中共关于动员妇女参加抗战工作和开展妇女界统一战线的号召,积极推动妇女动员工作和各项抗战工作。中共妇女领袖通过公共或秘密的方式,参加妇女工作和各项抗战事业,她们对于民族国家的前途有着深深的忧患意识,她们具有一定的妇女工作经验和较强的工作能力,在动员妇女参加抗战工作及党的妇女工作方面作出了积极的贡献。

1939年后方妇女捐献慰劳

资料来源:《自由谭》1939年第6期,第18—19页。

---

① 晋察冀北岳区妇女抗日斗争史料编辑组编:《晋察冀北岳区妇女抗日斗争史料》,内部资料,1985年版,第202页。

② 《陕甘宁边区民政厅规定儿童妇女待遇办法(1942年4月)》,中华全国妇女联合会编:《中国妇女运动历史资料(1937—1945)》,中国妇女出版社1991年版,第612页。

　　抗战时期的中共妇女领袖积极地参与战时妇女界发起的妇女宪政运动、妇女职业运动及妇女参政运动,对于推行抗战时期的民主化运动及妇女职业运动作出了积极的贡献。抗战时期的中共妇女领袖通过党的妇运机构或各类妇女组织形式的方式,通过人际关系开展工作和进行妇女工作。

　　抗战时期,为动员妇女参加抗战工作,执行党的妇女界统一战线政策,中共中央妇委、中共长江局妇委、中共南方局妇委、中共北方局妇委、中共陕甘宁边区党委妇委、中共山东分局妇委、中共东南局妇委以及各省妇女工作机构和各抗日根据地妇女组织的妇女工作机构纷纷成立。以邓颖超为首的南方局在动员妇女参加抗战工作,在实现妇女界的团结与统一方面,在与国民党及各民主党派的妇女统战工作方面,在妇女参政、儿童保育、妇女慰劳、文化工作等方面作出了积极的贡献。

1938 年的前线女兵(晓霞摄)

资料来源:《时事月报》1938 年第 18 卷第 2 期,第 1 页。

抗战时期,中共妇女领袖积极响应党的抗日民族统一战线的方针,响应动员妇女参加抗战工作的号召,对抗战时期党的发展、党的妇女工作及对于抗战作出了积极的贡献。这些党的妇女领袖和妇女工作者包括邓颖超、蔡畅、罗琼、张晓梅、左诵芬、罗叔章、区梦觉、韩幽桐、杜君慧、康克清、张琴秋、王汝琪、王昆源等人。抗战时期党的妇女工作前后有一些变化,在抗战前期主要是调动妇女参加战时妇女工作的积极性,这时的战时妇女工作主要是指战时妇女慰劳、救济、儿童保育、战地服务和农村妇女、征募献金和抗属服务等服务于抗战需要的保障性工作,而到了抗战中后期的妇女工作,主要是指动员妇女从事生产等工作。以 1943 年中共中央发表"四三"指示为标界,在 1943 年 2 月之后,妇女工作的重点转向了动员各阶层妇女参加各种战时生产劳动。

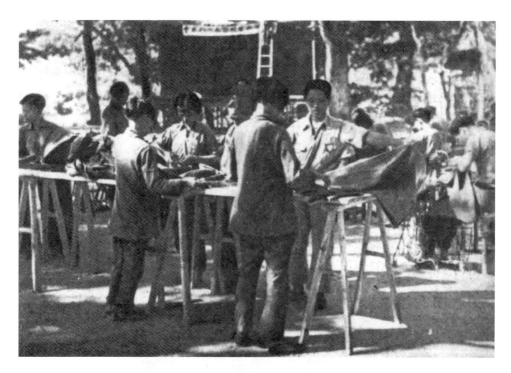

1940 年后方女兵缝制军衣

资料来源:《东方画刊》1940 年第 2 卷 第 12 期,第 12 页。

这些高层女性精英进一步训练中下层女性精英。女性参加八路军、新四军及各革命根据地队伍,要进行训练。比如延安中国女子大学,成为革命女战士的熔炉。延安女子学校的女生来自全国各个不同的角落(地区包括廿一省,并有台湾人)。她们有着不同的社会出身(有富贵家庭,有中小资产阶级家庭),不同的文化水准(有大学生、中学生,甚至只字不识但拥有丰富战斗经验的妇运干部),不同的年龄(平均在 18 岁至 22 岁之间,还有一个 41 岁的妈妈,一个 14 岁的小妹妹)及不同的信仰,但她们均拥有一颗献身革命、献身于妇女解放事业的坚强的心。"任环境给予她们重重的阻碍,但终不能稍减她们强烈的追求真理的热情。"①

1940 年战时妇女工作团
资料来源:《东方画刊》1940 年第 2 卷 第 12 期,第 12 页。

抗战时期党的妇女工作者积极进行战时妇女动员,从事战时妇女工作。从这些中共妇女领袖的言论及实践活动,大致可以了解到战时党的妇女工作特点。抗战时期党的妇女工作比较注重对中下层特别是普通女工和农村妇女的动员,中共所领导的战时妇女动员工作开展得非常细致,注重对妇女特别是下层妇女实际情况的调查研究,在调查研究的基础上,针对具体情况开展妇女工作,工作开展得非常细致,特别注重调动下层妇女群众参加抗战工作的积极性和主动性。中共妇女领袖的妇女运动观念是阶级观与妇女观、民族观的结合,中国共产党的妇女运动者认为妇女受压迫的根源在于其所处的阶级与社会地位,提倡妇女解放与阶级解放、民族解放同时进行,认为在抗战的特殊时期,只有民族和阶级获得解放,妇女自身的社会地位才能得到提高,才能实现妇女自身的解放。

---

① 郁文:《革命女战士的熔炉:延安中国女子大学》,《现实(上海 1939)》1939 年第 6 期,第 491 页。

第二节　邓颖超与抗日战争

讨论抗战时期的妇女领袖和女性精英及战时妇女工作、妇女参政运动,都不得不提到邓颖超。邓颖超(1904—1992),广西南宁人,中共杰出的妇女领袖,早年曾就读于天津平民女校,认识到"如果一位妇女要想过独立的生活,她必须能够保证有一个好的工作"。她憎恨中国的包办婚姻和对妇女的不公平待遇,认识到"如果一个女孩要想过独立生活和获得自由,那她就必须自食其力"。① 邓颖超毕业于天津第一女师,1919年参加五四运动,加入觉悟社,认识周恩来。她于1925年加入中国共产党,曾在江西苏区工作3年,并参加长征。

1939年国民参政会中的
中共唯一代表邓颖超
资料来源:《展望》1939年
第1期,第8页。

全民族抗战期间,邓颖超先到武汉,再到重庆,投入共产党组织的工作,与各党派妇女联系并建立友谊,其中包括宋蔼龄、宋庆龄、宋美龄、史良、沈兹九等人,她还会见了美国记者埃德加·斯诺、海伦·福斯特·斯诺等人。抗战期间,邓颖超担任八路军驻武汉办事处妇女工作领袖、中共中央长江局妇女工作委员会委员、中央南方局委员、战时儿童保育会常务理事等职。1938年到1940年,她代表共产党出席国民参政会,在武汉和重庆从事统一战线工作,力争扩大中国共产党的妇女基础和民众基础。抗战结束后,邓颖超在重庆、南京工作,她出席了1946年召开的"政治协商会议",后接替蔡畅成为中共中央妇女委员会秘书,开展土地革命工作。

抗战时期,邓颖超担任中共中央妇女运动委员会副书记、中共中央长江局妇女工作委员会委员、中共中央南方局妇女运动委员会主要负责人、妇女组组长、陕甘宁边区各界妇女救国联合会驻渝代表团团长等职。1938年5月代表中共方面参加了宋美龄在庐山召开的妇女界谈话会,1938年7月她还被选为国民参政会参政员。邓颖超对抗战时期党的妇女工作尤其是在国统区的妇女工作起着重要的作用,她与国统区的很多妇女党员干部有着密切的联系,她对她们的工作进行指

---

① 中央文献研究室第二编研部编著:《邓颖超自述》,解放军出版社2014年版,第2页。

导;她推动了抗战时期国统区的妇女界抗日民族统一战线的巩固和扩大。

一、邓颖超与抗战形势前途论述

1938 年 2 月,邓颖超在《反对日寇侵略与中国妇女》中,号召中国妇女团结起来,积极参加抗战工作。她指出只有在积极参加抗战中,中国妇女才能求得国家的独立和民族的解放,妇女也只有参与战争才能获得妇女自身的解放。邓颖超呼吁国内人民大团结,同时要团结世界各国的和平力量,坚持抗战,粉碎日本侵略。[①]她旗帜鲜明地反对日军侵略,谴责日本侵略对中国造成的危害、对中国女性造成的伤害等,号召并动员女性起来抵御外来侵略。

1939 年 4 月,邓颖超在《实施精神总动员与坚持抗战到底》一文中指出:"坚持抗战,坚持团结,很明显地和投降妥协、失却抗战信心、违反民族利益的思想与阴谋活动尖锐地对立着,并给予有力地打击。""实行国民精神动员,正是为了'造成共同的国论'——坚持抗战到底,收复一切失地,以造成国家领土主权的绝对完整和独立自由。因此,须要把握着精神总动员的中心思想和内容,广泛深入的宣传解释,在实际运用上尤须正确的实施,造成广大的群众运动,以便收到优良的成果。""国民精神总动员,是全国总动员的一部分,以有组织之精神,在全国人力、物力、财力的基础之上,'去发挥有组织的人力,利用有组织之物质,以适应国家当前之需要',决不应脱离了现实的物质基础和当前的抗战环境,以及国家民族之需要,而在单纯唯心的空洞抽象的动员,更不应对于精神总动员纲领作任何曲解。"邓颖超号召坚持民族至上、国家至上,坚持胜利第一、军事第一,坚持收复一切失地,以造成国家领土主权的绝对完整和独立自由。[②]

1939 年 7 月 5 日,邓颖超发表《坚持抗战到底》广播演讲,指出:"震动全世界的伟大的抗日民族革命战争,整整的进行了两周年,同时,正是继续伟大抗战的第三年的开始。在这重大而有意义的时节,我们需要以更加坚定毫不动摇、顽强斗争的态度,从实际的事实上坚持抗战到底,认真地加强国内团结,继续展开全面抗战争取更多更大的胜利,击败敌人的全面侵略,粉碎敌人的阴谋毒计,来纪念伟大抗战的两周年,迎接伟大继续抗战的第三年。""因此我们不是满足于现状,在一些胜利和进步的面前,妄自尊大,更不应轻敌乐观而松解了抗战的动员,放松了强

---

① 邓颖超:《反对日寇侵略与中国妇女》,《新华日报》1938 年 2 月 7 日第 4 版。

② 邓颖超:《实施精神总动员与坚持抗战到底》,《时论丛刊》1939 年第 4 期,第 62—64 页。

敌,我们极端需要更艰苦、更虚怀的改善各方面的工作,大家要很冷静、很深刻、很认真、很真诚地来检验过去的工作,我们不仅只看到工作进步光明的方面,尤贵乎揭发出工作缺点错误的方面,才能知道怎样善于去改善我们的工作,加强工作的效率,发挥更大的力量,使抗战能坚持到底;直至恢复'九一八'以前的状态,而最后取得真正光荣的胜利,这些都是当前重要的问题。"[1]

邓颖超在演讲中还指出:"保证抗战继续到底,能够取得光荣胜利的生命线,是国内伟大的精诚团结。在目前新的环境中,敌人的方针,一方面是利用汪逆,粉墨登场,组织扩大合流的伪政权,以与我国民政府对立;另一方面则加紧勾结汉奸及隐蔽在国内的汪逆爪牙。""保证抗战继续到底,能够取得光荣胜利的伟大力量的源泉,是动员和组织伟大的民众,民众对于抗战的需要,好像空气和水一样。只有用启导的方法发挥民众的,善于吸取空气和水不断的生长新的、生动的力量,我们才能使抗战继续。""保证坚持抗战继续到底,能够取得光荣胜利的基本先决条件之一,是最敏锐的无情的展开反汉奸和汪精卫卖国叛贼的斗争。"[2]邓颖超指出,汪精卫的投降举动,是敌人利用汪精卫进攻中国,实现以华制华的工具,是破坏抗战,企图造成危害中国的阴谋,汪精卫以国民党和三民主义、青天白日的旗帜来扩大他的影响,将会影响和他有着同样妥协和平思想的人,将产生严重的不良影响,应该广泛地开展反对汪精卫及其思想的斗争。[3] 1940 年 4 月,重庆市各妇女团体招待女参政员,邓颖超指出当前急务应加紧团结展开反汪斗争。[4]

1941 年"三八"节,邓颖超发表《"三八"节的献词》,指出,全民族抗战已经进到第四年,国际风云变幻,国内局势变动,纪念"三八"国际妇女节对于抗战建国事业的前途具有重要的政治意义。她说:我们在抗战建国的伟大而艰巨的征途上,不管遇到任何困难情况,决不能灰心和气馁,更不能懈怠,只能更加的积极,更加的沉着,更加的坚毅,有准备地去迎接一切困难和挫折。对于日本的威吓和利诱都不足害怕、不足挂齿。邓颖超指出,我们要以不屈不挠、大无畏的精神,发扬中华民族的正气,为坚持抗战奋斗到底。对于抗战前途,我们抱着真理终必战胜强权的坚定相信。邓颖超还指出:妇女"三八"节活动,是为解放妇女而斗争,

---

① 邓颖超:《坚持抗战到底——七月五日广播讲演词》,《新华日报》1939 年 7 月 7 日第 4 版。
② 邓颖超:《坚持抗战到底——七月五日广播讲演词》,《新华日报》1939 年 7 月 7 日第 4 版。
③ 邓颖超:《坚持抗战到底——七月五日广播讲演词》,《新华日报》1939 年 7 月 7 日第 4 版。
④ 《渝市各妇女团体昨招待女参政员,史良先生等均有精彩报告,邓颖超同志指陈当前急务,应加紧团结展开反汪斗争》,《新华日报》1940 年 4 月 7 日第 2 版。

应加强对妇女的政治动员,发挥妇女的巨大力量,充实抗战力量。她认为1941年的"三八"国际妇女节纪念活动,最中心的任务是政治方面,即要广泛地动员妇女并开展政治教育活动。对于怎样动员妇女,邓颖超指出这需要以认真亲切的态度,去接近每一个妇女,以苦口婆心的解释,争取一切的可能,不知疲倦地向广大妇女进行适当的谈话,不放弃每一个小小的机会和场面。要向广大妇女群众详细地说明:抗战建国事业是一项长期而艰巨的工作,不能依赖别人,要自力更生,艰苦努力。①

二、邓颖超与战时妇女动员

1938年3月8日,邓颖超发表《纪念"三八"节与几项重要工作》的演讲,指出在"三八"妇女节中,中国妇女大众尤其是妇女运动的积极参加者与领导者,应该将"三八"节的意义发扬光大,切勿陷于空喊形式的敷衍,应采取现实的实际行动。在纪念"三八"节的时候,中国妇女界应该加紧团结,扩大队伍,对自己的缺点与弱点及工作方法进行自我批评与检查,使妇女运动高度有利地发展。邓颖超强调,中国的妇女运动应服从于、服务于抗战和整个民族的利益,中国妇女应建立抗日

1938年中共秘密女党员动员妇女参加战时生产

资料来源:《中华(上海)》1938年第66期,第24页。

---

① 邓颖超:《"三八"节的献词》,《中央日报》1941年3月8日第1版。

民族统一战线，加强国内各派力量之间的团结。她指出，抗战的胜利需要以极大的努力，实现人人互助、处处合作，达到从组织上和工作上的建立统一战线和妇女动员，不断地努力来实现包括全国妇女在内的真实的大团结，为建设一支有组织有力量的妇女军而不断奋斗。邓颖超指出，妇女运动当具有新的力量，具有新的内容，以适应抗战的需要。妇女运动应时时随着抗战的需要，随着环境的发展，而不断扩大和丰富其内容，妇女运动也需要时时创造和发展新的工作内容。妇女运动还应积极建立与开展难民妇女的工作，应组织劳动妇女参加春耕运动，应建立与开展劳工与女工的工作，应建立敌人占领地区的秘密工作等。①

　　1938 年 5 月 18 日，邓颖超在庐山妇女界谈话会上，代表中共长江局妇委发表对于战时妇女工作的意见。她认为，战时妇女运动的基本方向和中心任务是动员妇女参加抗战，坚持抗战到底，争取国家民族的最后胜利。动员妇女需要做到：在妇女中广泛地宣传和做文字启蒙工作；改良妇女大众生活；允许妇女参政，开放妇女救亡运动；加强战时妇女组织；等等。她认为中国妇女要想谋求自身的解放和实现妇女新生活，就必须在积极参加抗战建国的实际斗争中去努力获得。②

1940 年妇女参加抗战宣传工作情形

资料来源：《东方画刊》1940 年第 2 卷 第 12 期，第 12 页。

---

　　①　邓颖超：《纪念"三八"节与几项重要工作》，《新华日报》（《三八妇女节特刊》）1938 年 3 月 8 日第 4 版。

　　②　邓颖超：《我们对于战时妇女工作的意见》，《新华日报》1938 年 6 月 7 日第 4 版。

1938 年,邓颖超在《怎样组织农村妇女》中,强调应该组织和动员农村妇女,充实战时农村妇女工作,开展战时妇女运动。她指出:做农村妇女工作,首先应该对农村的情况,特别是对农村妇女的情况有基本的了解,比如她们在家庭与社会中的地位如何,她们最迫切与最痛苦的需要是什么,她们所参加的主要生产劳动是什么,她们受到封建束缚的程度如何,她们中间有没有人读过书、识过字或受过教育,她们最感兴趣的问题是什么,她们对敌人侵略的认识,她们对抗战的认识,她们对国家的观念怎样,她们过去是否参加过革命斗争,有没有成立过妇女组织,农村中的一般人对妇女的态度怎样,等等。邓颖超指出具体的组织农村妇女的方法,比如要给她们一个良好的印象,接着要进行宣传、解释与鼓励工作,采用多方面的方法与活动,配合抗战的动员工作而动员并组织农村妇女,不断增加新的分子,以便建立起农村抗日民族统一战线。①

1939 年 3 月 8 日,邓颖超在《纪念“三八”节开展妇女运动》一文中,检讨抗战以来的妇女运动,指出妇女在团结方面作出了积极的努力,“以抗日为中心,为着整个民族的独立解放而努力,团结着全中国的各阶层的妇女,这是极大的进步和特点”②。在经济的动员中,仅慰劳总会,战时儿童保育会,上海、香港慰劳分会捐得之款达在 500 万元以上,尤其在妇女节的前夜,重庆妇女界的献金超过了过去 7 日的纪录,达 63.23 万余元。在组织妇女的工作中,统计全国妇女团体,已有 111 个,各机关公务员眷属工作队已有 30 余个。邓颖超继而指出:随着全民族的抗战开展与坚持,妇女运动不断地有进展有进步。虽然全国有着 100 多个妇女团体,但是不得不承认妇女运动的动员范畴,还主要限于大城市中的少数上层家庭妇女和知识妇女,中下层的妇女及广大劳动妇女对于战时工作仍然表现出漠视、放弃和拒绝的态度。③

抗战时期,邓颖超比较关注妇女工作之成就及不足,并提出应对之方法。1939 年 3 月 25 日邓颖超在《新华日报》发表《检讨“三八”节的工作以增进妇女运动更开展》一文,指出抗战以来妇女工作取得的成就,比如:①出现了妇女运动总的领导机关,动员的宽度和广度有所提升;②动员了各阶层的妇女;③特别强调与关注劳动妇女的工作;④密切关于妇女工作的实际开展情形;⑤各方面的赞助与

---

① 邓颖超:《怎样组织农村妇女》,《妇女生活》1938 年第 5 卷第 12 期,第 9—10 页。
② 邓颖超:《纪念“三八”节开展妇女运动》,《新华日报》1939 年 3 月 8 日第 1 版。
③ 邓颖超:《纪念“三八”节开展妇女运动》,《新华日报》1939 年 3 月 8 日第 1 版。

注重。她指出妇女工作存在的问题主要表现在：①在组织工作方面还比较薄弱；②缺乏政治动员与民主的方式；③还存在着自流性作风。①

邓颖超提出进一步加强工作的方法：①各地各妇女团体选择一定的时间，扩大征收会员的运动，对于新会员给予经常的好的联系，巩固其热情，分配以工作，发现与选出新的人才与干部。②把认识变成决心和事实，认真地深入女工中去，深入农村妇女中去，进行教育、组织，积极参与生产工作，提高生产工作效率。各妇女团体有计划地分派干部去工作，使各阶层妇女运动能逐渐走向平衡的发展。③加紧国际妇女的联合，由宣传进到工作的、组织的联系，中国妇女方面，主动地有计划地分别与各国妇女团体接洽、通信，以至派遣代表到各国去。④在一切的抗战动员工作中，采取更多的政治动员，事先说服解释，以民主的讨论方式去进行。⑤建立各妇女团体，以检查"三八"节工作开始，建立起经常的工作检查制度，以保证100%的工作效率和一切任务的完成。②

1939年4月19日邓颖超受重庆市女青年会邀请，参加关于国民精神动员之妇女座谈会并发表演讲。③ 1940年，邓颖超在《关于"蔚蓝中一点黯淡"的批判》一文中，批判端木露西的观点，认为端木以唯心论出发，缺乏历史的眼光，其思想仍然停留在几年前的"新"贤妻良母主义的阶段。她针对端木提倡并鼓励妇女回归家庭的观点，主张秉持抗战到底的国策，加紧战争动员工作，男子应上战场杀敌，女子也应为国家民族服务。④

1942年妇女节，邓颖超号召太平洋各国妇女积极参加各民族的抗日统一战线。邓颖超指出：①太平洋上的敌人是共同的，而这一敌人摧残女性、蹂躏女性的罪恶，是不亚于其盟兄德国法西斯，在有些地方，也许还要过之。②西南太平洋上的各国是拥有广大居民的，在一万万以上的居民当中，妇女占有半数，而许多地方华侨妇女又占很大数目。③太平洋上凡有华侨到达之处，许多爱国的侨胞，都曾经以其响应祖国抗战的精神，影响了当地的居民。④抗战以来的中国妇女运动，团结抗战，取得显著的成绩。⑤要善于重视和动员西南太平洋上各族妇女，积极参加抗日战争，使之成为太平洋上日益发展起来的游击战争的最好助手。她号召

---

① 邓颖超：《检讨"三八"节的工作以增进妇女运动更开展》，《新华日报》1939年3月25日第4版。
② 邓颖超：《检讨"三八"节的工作以增进妇女运动更开展》，《新华日报》1939年3月25日第4版。
③ 《女青年会妇女座谈会，邓颖超吴贻芳演讲》，《新华日报》1939年4月17日第3版。
④ 邓颖超：《关于"蔚蓝中一点黯淡"的批判》，《新华日报》1940年8月12日第4版。

提高西南太平洋上各族妇女的政治地位和社会地位,打破重男轻女的传统观念,减弱封建的束缚,给她们以抗日的自由,加强她们的文化教育工作,打破民族间的成见,共同反对法西斯战争。①

1942年4月4日,邓颖超发表《我们对于孩子和母亲的态度》一文,指出养育儿女是男女两性共同的任务。父母对于孩子的培养问题应当有一般的正确认识。育儿本是父母共同的责任,所以应当由父母分工来共同负担。她主张将母亲由狭隘的家庭生活的牢笼中,引导到参加抗战建国的大道上,让母亲们参加各种生产事业,参加各种救国工作,真正地开放政府和职业机关,解决她们的困难与痛苦,使她们参加并进入广大社会集体生活当中。②

1943年1月,邓颖超在《今年妇运努力的方向》一文中指出,1943年妇女运动努力的方向是继续做好妇女动员和妇女团结的工作,并开展妇女启蒙教育。妇女工作随着抗战与妇女工作本身情况的演变,要在广泛的组织基础上进行经常性的工作,不能使妇女工作停留在一定的组织和一定的范围限度之内。为了增强抗战的力量,妇女工作应该求得巩固和广泛的发展,应该由实际的工作上升到理论的学习,将薄弱的工作部门充实起来,同时要努力开展广大妇女群众的启蒙运动,要加强妇女干部人才的培养。要用多种多样的方式去广泛地开展妇女启蒙运动和妇女识字教育,要从妇女群众自身的经验出发,从而启发她们的民主思想、民族意识、政治觉悟。③

1943年妇女节,邓颖超在《新华日报》发文,号召加强妇女动员,发挥被动员的妇女群众的力量,使其在自身的职务和岗位上贡献力量;努力动员那些尚未被动员的妇女大众,把她们逐渐组织到一定的适宜工作中去,发挥其才能为国所用。具体来说,要求政府能一视同仁地给妇女动员以应有的注意,积极倡导和更多鼓励。"尤其是在育婴托儿方面,政府社会如能给以更大的帮助,则妇女动员,当能得到更大之成绩,而妇女本身亦能各尽其职,各展其才了。""在妇女方面,也将要益加振奋,自爱自强,不懈不怠,才能不负政府和社会的扶助,而得与全国同胞站在抗日战线上共同奋斗。"邓颖超强调动员妇女,"需要改善动员的条件,造成便于

① 邓颖超:《代论:动员太平洋上各国妇女积极参加各民族的抗日统一战线》,《新华日报》1942年3月8日第2版。

② 邓颖超:《我们对于孩子和母亲的态度》(1942年4月4日),《邓颖超文集》,第37页。

③ 邓颖超:《今年妇运努力的方向》,《新华日报》1943年1月3日第4版。

妇女动员的环境,要政府与社会的共同努力,然后配合之以妇女的自强奋斗,收到良好的效果"①。

三、邓颖超与战时妇女参政运动

抗战时期,邓颖超被选为占国民参政会参政员总数约5%的女参政员,也是作为战时国民参政会7位中共参政员之一。她不仅担负着一般参政员的责任,担任着对于妇女大众的责任,也是担负着作为共产党女参政员的责任。邓颖超曾发言指出,女参政员首先要代表全国人民及广大妇女的要求,同时应该提出一个团结各党各派各界妇女参加抗战建国工作的具体方案,女参政员应该广泛地听取和代表妇女大众的意见和需要,应该在抗战的最高原则下团结合作。②

1938年10月,邓颖超接受重庆妇女慰劳分会的邀请,对重庆妇女界发表演说,她以热情和有力的声音感谢重庆慰劳分会的邀请,并向到会的诸位妇女同胞致以抗战建国的敬意。邓颖超指出,我们参政员是抗战建国中全国民众的公仆,妇女参政员应该广泛地征求全国同胞的意见和建议。她希望各位妇女界成员广泛地监督女参政员,使她们及时地知道和了解广大民众的意见和要求。中国经过15个月的全民族抗战,已经到了最危急的时候,武汉失守、广州丢失,中国南海的门户被打开。但是希望全国正在关心抗战前途的同胞们,不要悲观失望,不要张皇失措。她说,我们当前的任务是要克服困难,坚持抗战,要战胜困难,保持抗战到底的信念。此时的工作应该是想着怎样动员民众拥护政府,群策群力,共渡难关。邓颖超分析全民族抗战15个月以来中国各方面的情况,指出虽然困难增加了,但是我们也有着许多胜利的条件,这些条件将随着抗战的进步而不断增加,具体来说:中国抗战是为了正义、和平的进步战争;中国民族意识觉醒了,各党各派精诚团结,中国在政治上一天天进步了,而日本内阁与军部之间的派别斗争很激烈;在军事上,中国军队的数量和战前相比大致相等;中国敌后有着大量的游击队和民众武装的存在,并且建立了抗日根据地;15个月来中国在经济上也在发展,总体上抗战前途比较乐观。邓颖超指出,虽然广州失守了,但是广州作为革命的策源地,有着丰富的革命传统,一定可以给日本以强有力的反击;武汉虽然放弃,但

---

① 邓颖超:《代论:加强妇女动员》,《新华日报》1943年3月8日第2版。
② 《国民参政会开会前夜,参政员的意见,邓颖超先生论女参政员的责任》,《新华日报》1938年7月2日第2版。

是站在争取抗战胜利的大局来看,放弃武汉反而保存了我们的有生力量,整体上抗战的前途是光明的。①

1938 年 11 月 5 日,重庆市女青年会发起女参政员演讲会,女参政员刘蘅静、邓颖超、吴贻芳分别发表演讲。吴贻芳从抗战局势讲到这次参政会的重要任务,结论是:加强国内团结,坚持持久战。刘蘅静从召开参政会的意义讲到政府一贯执行的抗战方针,更详细说明青年在抗战建国中所应负的责任。她劝青年努力读书,不仅多参加抗战工作,更要参加建国工作。邓颖超的演讲内容包括:①国民参政会的产生和意义。国民参政会的产生是全国上下一致的需要,人民对民主政治的要求;参政会帮助政府集思广益,克服抗战中所遇困难,进行持久战。②第二届参政会的任务。抗战进到新阶段,新的困难增加,目前的任务是加紧和扩大国内团结,进行持久战,争取最后的胜利。③持久战的意义。持久战中我们所具的优点和怎样使用与发挥这种优点。④敌人的弱点。敌人进行的是野蛮退步的战争、敌人占领的土地只是点和线的占领、敌人人口数量决定着动员名额、敌人财政经济日趋困难、敌国人民反战的情绪已发展为反战行动。⑤国际援华运动普遍展开。⑥我国政治军事上的进步,指示着最后胜利是我们的。⑦青年在抗战建国期中的任务。她指出,"青年是时代的先锋,是抗战的先锋,要担负一切组织民众、训练民众的责任"。②

1943 年,邓颖超在《略谈妇女与参政》中指出:妇女问题不是一个简单的孤立的问题,它是一个社会问题,是一个与社会和政治有着不可分割关系的问题。妇女问题与社会政治问题有着密切的关系,是互为因果、相辅相成的关系。邓颖超指出,一个国家的政治优良与否,可以影响到妇女问题解决的难易程度;而妇女问题解决的情形与妇女解放的程度,又可以作为测量政治进步的一个重要尺度。同样,一个国家女子参政的权利及机会的多少,男女平等程度大小的实现,也可以用来说明一个国家民主政治的广度与深度。邓颖超指出:妇女参政的对象不应该仅仅限制在少数上层知识妇女中间,要把妇女参政的对象扩展到广大妇女大众中去,而且妇女参政运动不能与抗战分离开来。在现实生活中,要解禁妇女的职业

---

① 《渝妇女界昨欢迎女参政员,邓颖超、史良、刘蘅静演说,不要为广州、政治撤退而悲观失望,加紧团结抗战到底乃是当前任务》,《新华日报》1938 年 10 月 27 日第 2 版。

② 《女青年会昨招待女参政员,邓颖超等发表演说,美青年代表祝我抗战胜利》,《新华日报》1938 年 11 月 4 日第 2 版。

机会,要给予妇女过问政治和管理行政的机会,要在实际生活与工作中教育广大妇女,培养她们行政的能力,从而提高她们的政治觉悟与认识。在推进民主政治的过程中,倘若没有占全国人口半数的妇女的参加与拥护,中国民主政治运动将是不健全的,其发展也将是受到阻碍与推迟。所以,为了民主运动的发展与健全,为了争取中国民主政治运动完满实现,我们应该扩张中国广大妇女的政治活动及范围,争取妇女在法律上、在政治上的权利实现、巩固及扩大。

邓颖超还指出:妇女参政是民主政治组成当中不可缺少的一个组成部分,而不只是单纯的妇女本身权利问题。在男权中心的社会里,妇女的权利往往最容易被人轻忽。妇女参政权利是妇女应该努力争取实现的,妇女参政将大大有助于解决妇女问题,并能促进妇女解放运动的发展,同时也能促进政治与社会的进步。只有妇女才最懂得、也最关心自己的权益问题,只有妇女的自主权和主体意识的增强,妇女才能获得自身的权益,得到妇女解放。邓颖超指出,妇女参政只是争取妇女解放的重要步骤,绝不是妇女解放的全面内容与全部的内容。妇女除了争取获得参政权利,还有应该获得其他有关妇女的政治权利。而当前的敌寇侵略,特别是对于妇女的蹂躏和摧残以及反妇女的法西斯思想;数千年来以男性为中心的封建宗法社会,压迫妇女的桎梏和习俗都是妇女解放路途中的巨大障碍,需要妇女用极大的勇气、力量和毅力去清除,这样才能开拓妇女解放的道路,达成妇女真正解放的目的。当然争取妇女的解放,这是一项极其复杂而艰难的任务,需要广泛地依靠广大妇女群众的努力和不懈奋斗。邓颖超指出,如果没有民主权利的获得,如果不把日寇这一强大的敌人从中国赶出去,这些任务的解决是不可能实现的。[1]

第三节　蔡畅等人与战时妇女工作

一、蔡畅与战时妇女工作

蔡畅(1900—1990),湖南省湘乡县(今双峰县)人。1923年加入中国共产党。1924年由法国转入苏联莫斯科大学学习。土地革命战争时期,曾任中共江西省委

---

① 邓颖超:《略谈妇女与参政》,《妇女新运》1943年第5卷第3期,第20页。

妇女部长、湖北省委妇女部长、江苏省委妇委书记、江西省委组织部长、中共中央
妇女运动委员会书记。参加长征。抗日战争时期,曾任中共中央妇委书记、中共
中央南方局妇女部长。解放战争时期,曾任中共中央东北局妇委书记、国际民主
妇联副主席。新中国成立后,曾任中共中央妇女运动委员会书记、全国妇联主席、
全国人大常委会副委员长等职。①

全民族抗战爆发后,蔡畅在延安中共中央组织部干部科兼管妇女工作。1937年
9月12日,蔡畅参加了陕甘宁边区各界妇女联合会筹备委员会,和丁玲等人一起
被选为筹备委员会委员。1937年11月,蔡畅、李富春等人发起建立第八路军外籍
军人家属妇女学校。② 蔡畅提议于1938年3月在陕甘宁边区成立洛杉矶托儿所。
蔡畅、康克清等人担任于1938年7月4日成立的延安战时儿童保育会陕甘宁边区
分会的理事。1938年11月,蔡畅、邓颖超、刘英等人担任中共中央妇委委员。

蔡畅关心女工问题,她于1940年5月在《中国妇女》期刊文章指出,女工是中
国劳动妇女的主力军,强调注重提高女工的社会地位、生活待遇,加强对她们的文
化教育。关于战时女工的动员,她提出要发扬女工们的力量,将女工组织起来,并
给予适当的教育和训练,要动员她们努力参加生产和抗战工作;同时改善她们的
生活环境和生活待遇,保护女工的政治权益,给予她们必要的文化教育,坚持团结
女工和整个工人阶级。③

1941年6月,蔡畅继任中共中央妇委书记,她把妇委的工作分成三部分,由3
人分别负责,这3人分别是根据地妇女工作研究组组长张琴秋,国统区妇女工作
组组长张秀岩,《解放日报》和《中国妇女》副刊编辑组编辑主任罗琼。蔡畅注重从
实际工作中了解具体的情况,经常派妇委同志下基层兼职和调查,以便做中间和
落后妇女的工作。④ 1941年夏,蔡畅领导中共中央妇委的同志,对陕甘宁边区、敌
后各抗日根据地的妇女工作进行细致的调查研究,并以此为基础,向中共中央提
出抗日根据地开展妇女工作的新方向,即要全力从事生产,后来的《"四三"决定》

---

① 浙江省中共党史学会,浙江现代革命历史文化研究基地编:《红色名人印迹》,中共党史出版社2014
年版,第334页。

② 《蔡畅等发起筹办外籍抗属妇女学校》,《新中华报》1937年11月4日第4版。

③ 蔡畅:《持久抗战中的中国女工》,见中华全国妇女联合会编:《蔡畅　邓颖超　康克清妇女解放问
题文选》,人民出版社1988年版,第38—42页。

④ 董边等编:《我们的好大姐蔡畅》,中央文献出版社1992年版,第276页。

即是根据蔡畅等人的调查而修改制定出来的。①

1941年9月28日,蔡畅等人出席延安各界妇女声援苏联妇女反对德国法西斯侵略暴行的大会,蔡畅等人被推举为主席团成员。1941年10月12日,蔡畅在《解放日报》上发文,号召全国妇女与世界各国妇女团结起来,为反抗法西斯而战。1941年11月23日,中共中央妇委、中共中央西北局、妇女宪政促进会招待出席陕甘宁边区第二届参议会的女参议员。1942年3月8日,蔡畅在延安各界妇女纪念"三八"节大会上发表演讲,指出各界妇女联合会或各界妇女抗日救国会,是各党派、各阶级、各宗教、各民族、各年龄和各职业妇女抗日统一战线的组织,是抗日根据地最普遍的妇女群众组织。蔡畅提出,妇联会、妇救会等妇女组织要更广泛地组织和动员妇女,采取多种形式组织和团结不同阶级、不同职业、不同党派的妇女群众参加。②

1943年3月8日,蔡畅号召:各地妇女机关和组织应坚决贯彻《"四三"决定》,她指出,广大妇女努力从事生产工作是与战士们上战场一样光荣的。③ 蔡畅、康克清、张琴秋等于1943年3月8日发起筹办陕甘宁边区妇女生产合作社。1945年3月8日,延安妇女界举行座谈会,蔡畅、邓颖超等人为筹备会代表。

二、罗琼与战时妇女工作

罗琼(1911—2006),江苏江阴人,毕业于江苏省立女师,于1938年加入中国共产党,后到皖南参加新四军,到延安从事妇女工作,曾任中央妇委委员等职。在上海,罗琼与季洪、姜平合写了《战时妇女工作》,动员妇女参加战时工作。罗琼指出:中国抗战虽然是"弱小民族的自卫战争",但是我们要发动全体国力,实行"全民的持久战",要引导全国人民树立必胜的信心,长期艰苦奋斗;我们应该广泛发动全国妇女,包括女工、农妇、知识妇女、家庭妇女以及一切可以团结的力量实行全民抗战;我们应该实行全民抗战路线,并积极动员广大妇女群众从事生产建设,为抗战做好物质保障。④

---

① 罗琼:《学习蔡大姐开创妇女解放新局面的革命精神》,见罗琼主编:《启迪集:女界的杰出前辈》,第60页。
② 蔡畅:《如何使抗日根据地的妇女团体成为更广泛的群众组织》,《解放日报》1942年3月8日第4版。
③ 蔡畅:《迎接妇女工作的新方向》,《新华日报》1943年4月11日第4版。
④ 罗琼谈,段永强访:《罗琼访谈录》,中国妇女出版社2000年版,第32页。

　　罗琼批驳了爱伦·凯①的女性思想,她指出,压迫者与被压迫者的地位,不是由他们参加主要生产还是次要生产决定的,"而是根据他们对于生产手段和生产品的关系决定的","妇女所处的地位,基本上根据她们在生产关系中的地位而决定的,在阶级社会里是根据阶级关系决定的"。"研究妇女的社会地位时,首先应该研究在一定的社会生产关系中妇女所处的地位;在这基础上再进一步分析妇女从事劳动的性质,是私的家务劳动,还是社会生产劳动?"②

　　罗琼指出,"私有财产及伴随而来的家庭束缚,是妇女被压迫的社会根源"。"妇女被压迫完全是伴随着私有财产制而产生的。私有财产制造成了阶级剥削,同样也造成了男女不平等现象。被剥削阶段的妇女和其丈夫兄弟同样,丧失了全部或大部分财产,剥削阶级虽占了这些,但都属于男子所有,妇女和一切生产手段生产资料同样,成为男子的所有品③。"罗琼认为,在性别压迫之外,还有阶级压迫的存在,她指出:"如果把近代社会仅仅看成男性中心社会,把妇女被压迫看成仅仅受男权压迫,这是与客观的历史事实不相符合,是超阶级的观点。"④

　　罗琼认为"女权运动是把广大妇女从封建制度的压迫下拖到资本主义的泥坑里"。她指出:

　　　　只有社会主义社会,才具备了保证妇女彻底解放的条件:第一,在社会主义社会,一切生产资料公有,私有财产制度废除,阶级剥削制度彻底消灭,男子占有与男子特权失掉了存在的社会基础,妇女从此摆脱了阶级剥削制度及男权制度的压迫。第二,由于在社会主义社会,生产事业无限量的大规模的发展,开辟了广大妇女参加社会劳动的宽广的道路,妇女和男子同样成为社会财富的创造者,因而能保证妇女在经济上、政治上、文化教育上、社会上,完全与男子有平等的权利。第三,私有财产制度的消灭,社会主义制度的建立,从根本上消除了从金钱打算出发、男女不平等的、漠视子女利益的婚姻和家

---

　　① 爱伦·凯,Ellen Key(1849—1926),瑞典作家、妇女运动活动家。近代很多人将其译为柯仑泰。她是 20 世纪初欧洲著名女性主义理论家、社会问题研究与儿童教育家,20 世纪初以其关于妇女问题与儿童教育的论著《恋爱与结婚》(*Love and Marriage*)、《恋爱与道德》(*Love and Ethics*)、《女性的道德》(*The Morality of Women*)、《妇女运动》(*Women's Movement*)、《儿童的世纪》(*The Century of the Child*)蜚声世界。

　　② 《对柯仑泰有关妇女与家庭两个观点的研讨》,见罗琼谈,段永强访:《罗琼文集》,中国妇女出版社 2000 年版,第 124 页。

　　③ 《妇女被压迫的根源》,《罗琼文集》,中国妇女出版社 2000 年版,第 132 页。

　　④ 《妇女被压迫的实质》,《罗琼文集》,中国妇女出版社 2000 年版,第 137 页。

庭,因而能完全实现婚姻自由,和建立了男女平等,保护子女和妇女利益的新家庭,并普遍大量推行了各种保护母性和儿童的实际措施,建立家事社会化的各级机构,所以能保证了妇女从夫权的压迫下、琐屑的家务劳动中解放出来。①

抗战时期,国民政府继续推行"新贤妻良母主义",②针对国民政府一方面动员妇女参加抗战,另一方面却又倡导"新贤妻良母主义",罗琼坚决反对。她指出:"我们承认妇女应该为妻为母,但是我们觉得妇女还有更重要的'天职',这就是参加社会生产工作,进而促成不合理的社会制度的改革,假使背着妻母这块招牌,而用贤良的美名,想把妇女骗回家庭中去过她们的奴隶生活,这是我们必须坚决反对的。贤妻良母主义不是一个生理或伦理的问题,它是某种社会制度下的产物。如在原始社会,妇女同样为妻为母,但是谁都不会要求她们深居家庭做个贤妻良母,她们是与男子同样参加社会生产工作。"③在此基础上,她主张废除不合理的社会制度。"现在贤妻良母所以成为问题,而且被人反对,显然不是反对妇女们生理上的特性,而是反对那种不合理的社会制度。"④某种程度上,罗琼认为男女不平等是社会制度文化导致的。

罗琼并不认同"争取男女在法律地位上的平等,就能获得政治上的实际平等的观点",妇女应该争取参政权,争取在社会上、政治上和经济上获得平等。⑤ 罗琼认为妇女参政运动仅仅是局部的改良运动,并不能彻底解决妇女问题。她表示,"更不可疏忽的,我们在这次运动中,尤须注意到现阶段妇女运动、妇女解放运动应该如何同当前的保卫祖国运动密切地联系起来"⑥。罗琼指出,"妇女参政运动原是整个民主政治运动的一部分",然而中国自辛亥革命以来争取参政权利的斗争,并未使

---

① 《妇女彻底解放的途径》(节选),见罗琼著:《罗琼文集》,中国妇女出版社 2000 年版,第 140—141 页。

② 1932 年,《妇女共鸣》杂志率先提出"新贤妻良母主义"的概念。该杂志是由一些国民党妇女运动家创办的独立妇女运动杂志,1930 年该杂志第 21 期渌影的《贤妻良母教育是否应完全打倒》,提出反对日本式的贤妻良母主义,但认为女子的才能中,应包含持家理政的贤妻良母部分。1932 年该杂志第 1 卷第 2 期梅鸿英的《提倡新贤母良妻主义》,强调家庭是国家的基础;而其所界定的"新贤母妻",包括健全的身体、端正的品性、家庭的常识以及经济独立、互助精神、有知识等。参见杨联芬:《浪漫的中国:性别视角下激进主义思潮与文学(1890—1940)》,人民文学出版社 2016 年版,第 328 页。

③ 《从"贤妻良母"到"贤夫良父"》,《罗琼文集》,中国妇女出版社 2000 年版,第 142—143 页。

④ 《从"贤妻良母"到"贤夫良父"》,《罗琼文集》,中国妇女出版社 2000 年版,第 143—144 页。

⑤ 罗琼:《参政运动在妇女解放运动中的地位》,《妇女生活》1937 年第 4 卷第 11 期,第 3—4 页。

⑥ 罗琼:《参政运动在妇女解放运动中的地位》,《妇女生活》1937 年第 4 卷第 11 期,第 3—4 页。

得"真正代表二万万女同胞公意的女参政员"出现在中国政治的舞台上①。

1937 年 10 月,罗琼肯定中国的抗战给日本侵略者以沉重的打击,她希望妇女同胞能清醒地认识到最后的胜利是属于中国的。同时这只是全民族抗战获得胜利的起点,最后的胜利需要全国各界妇女群众与男子共同努力,应该以政治和军事相配合,有计划地组织全国民众动员全国的人力、物力、财力抗战救国,以实现抗战的最后胜利。她主张,除动员全国将士在前线杀敌外,还应当立即动员全国民众共同保卫祖国。"对于素被忽视的妇女,更应该用最大的努力,解除她们琐屑的家事,把全部物力、财力贡献给国家,这样抗战的最后胜利,一定是属于我们这边的。"②

1938 年,罗琼在《新启蒙运动与动员妇女》一文中指出,大部分的妇女还是没有为抗战而动员起来,最主要的原因在于她们还没有接受抗战教育,没有了解到抗战的意义及其发展过程。她主张新启蒙运动,提倡团结和动员全国各党派各阶级;以"开发民智,保卫祖国"为中心,提高妇女的民族觉悟与抗战必胜的信心;要竭力鼓励妇女参加妇女工作和抗战工作;广泛动员和鼓励妇女参政,提拔妇女干部,赋予妇女参政权利;希望知识妇女研究和应用国防科学,将科学常识普及到劳动妇女中去。她提出分别从抗战理论深刻化和抗战文化大众化、通俗化入手,针对知识妇女和普通劳工、农妇推行新启蒙运动,强化抗战文化观念和民族意识。③

1938 年,罗琼认为在动员妇女的同时,还应尽量改善妇女的生活。她希望政府为增强民族自卫的力量,应该相当程度地改善妇女生活。对于如何动员妇女参加抗战建国工作,罗琼指出:①要联合各党各派各社团的妇女领袖建立全国性的组织,广泛地将女工、女学生、农妇、家庭妇女等广大妇女群众组织起来,有计划地宣传、鼓励,以提高她们的政治觉悟和对民族的责任感、使命感等。②解除她们生活上的一切束缚,包括解除她们经济生活的束缚和一切封建的社会束缚,反对"贤妻良母"的教育。③动员全国妇女参加慰劳、救护、军队政治、战地服务、妇女自卫

———————

① 罗琼:《献给我们的女参政员》,《妇女生活》1938 年第 6 卷第 6 期,第 5—6 页。

② 罗琼:《迅速动员全国农村妇女参加、支持抗日战争》,《罗琼文集》,中国妇女出版社 2000 年版,第 318—321 页。

③ 罗琼:《新启蒙运动与动员妇女》,《罗琼文集》,中国妇女出版社 2000 年版,第 337—341 页。

武装等抗战工作。①

妇女在前线宣传动员群众

资料来源：《东方画刊》1940 年第 2 卷第 12 期，第 12 页。

　　1938 年，罗琼在《怎样动员妇女》中指出："半年来的艰苦抗战，彻底证明了只有动员全民族的力量，才能粉碎敌人残酷的侵略。全国妇女在数量上占全体民众的半数；而且妇女工作做得好，不但能够动员妇女自己的力量，对于丈夫、子侄的动员，也有很大的影响。因此妇女能否动员，对于能否完成全民动员计划，是有很重大的作用；对于抗战前途，也有很大的影响。""其次再从妇女本身来说，现在妇女利益和民族利益，显然已经打成一片了。""在这妇女解放和民族解放合流的时代，妇女们不论为着自己还是为着民族，都有奋勇参加抗战工作的必要。"罗琼指出，妇女因为经济条件、文化水准和生活习惯各不相同，她们对于抗战的认识和工作能力也有相当大的差异。她分析了各界妇女在救亡运动中的特点，如女学生是妇女救亡运动的先锋，也是妇女救亡运动中最活跃的分子；职业妇女在救亡运动中有相当高的地位，因为她们平常参加社会活动，减少了妇女胸怀狭隘和自私自利的特性，能把眼光放到国家社会的大事上。②

---

　　① 罗琼：《献给我们的女参政员》，《妇女生活》1938 年第 6 卷第 6 期，第 5—6 页。
　　② 罗琼：《怎样动员妇女》，新知书店 1938 年版，第 2—3 页。

罗琼认为要将妇女参加抗战工作的热情激发出来,需要将妇女组织起来,在组织妇女的时候,必须采用"个别组织,普遍联合"的原则。她认为:"把各界妇女网罗在一个团体里,实际上还只是吸收了一部分妇女,而排除了其他各部分的妇女。"她主张必须注意各界妇女的特点,最好能够分别组织,如由女学生、女教师组织女同学会、女教师会,由女工组织女工抗敌会,等等。罗琼认为:各界妇女个别的组织,在健全组织和发挥特长上具有积极的意义,"不过单有这种个别的小组织,也不能很广泛地开展工作",各小组成立后需将她们联合起来。因为救亡工作是相互联系的,需要发动全体妇女共同努力。一方面严密各团体的组织,建立独立工作;另一方面各团体在整个计划之下分工合作。①

罗琼指出,各界妇女普遍联合以后,必须大家诚意合作,因为普遍联合是各阶层妇女团结的形式;诚意合作才是她们团结的内容。她指出一个组织的内部工作人员分为领袖、中级干部和群众三类,工作干部应与上层领袖合作,也要和群众取得合作。她指出:

> 群众是任何团体的基础,工作干部如果不能开诚布公地同群众讨论工作,取得群众的信任,并把她们密切地团结在自己的周围,那么这个团体便会外强中干,甚至完全变成一个有名无实的空架子。过去许多热心的工作干部往往因为集中精力去联络各方面的上层分子,竟不经常地去征求群众意见,这也是一个极重大的错误。这种错误常用两种方式表现出来:第一是完全脱离了群众而去进行上层联络,或者不把联络意义去同群众公开讨论;结果这种联络工作便同群众漠不相关,纯粹变成几个私人的勾结。去年京沪各地进行着的妇女参政运动,便多少犯着这一类的毛病。这种妇女参政运动虽然是中国妇女解放运动,甚至是整个民主运动中的一件重大工作;但群众对于她们所做工作完全不了解,以为她们是在那里争权夺利。因此在教育群众上,或开展妇女运动上,都不会有多大意义。②

她还指出:"用命令方式去指挥群众工作,全不注意到群众的反应,也不能够虚心地去检讨自己所定计划有无错误。结果干部同群众完全隔离,甚至互相对立起来。许多官办的妇女团体便多犯着这种毛病,她们不承认下级工作人员有对工

---

① 罗琼:《怎样动员妇女》,新知书店 1938 年版,第 9—15 页。
② 罗琼:《怎样动员妇女》,新知书店 1938 年版,第 21—22 页。

作表示意见的权利,完全用官僚化的方式来指挥工作。因此下级工作人员便对工作毫无兴味,往往消极怠工。过去有许多民主团体也因为干部同群众不能密切联络,不同群众公开讨论工作上的一切问题。"所以在团体成立的时候有广大群众参加,但是后来群众感到自己同这团体没有多大关联,便逐渐脱离了这个团体。她还指出,"同群众公开讨论,尊重群众所发表的意见,一方面也可以使唤群众密切地结合在团体里面;使唤她们感到这个团体是她自己的团体,她们所做工作也是自己的工作。因而在工作的效果上,在群众同干部的关系,都非命令方式所可比拟。另一方面,还可以在讨论中去说服群众,使群众明白干部的困难,因而可以消除种种误解"①。

对于妇女动员工作,罗琼指出:"从抗战爆发到现在,许多实际抗战工作,等着妇女们来担负;但是妇女动员工作,竟跟不上抗战形势的发展。从事抗战工作的,还只是少数知识妇女。这次从上海一直到长沙,知道各地妇女团体,对于目前工作,大有应接不暇之势。每个妇女工作者,天天都在喊着缺乏工作人员,因此如何吸收群众,开展组织,在目前的妇女团体,有特殊重要的意义。"②

她指出,"目前各地妇女团体之所以特别缺乏工作人员,并不是因为妇女不愿参加抗战工作,而是有着特殊的原因","我们要想广泛动员妇女来做救国工作,我们就应该提高她们和一般民众的政治认识,解除封建势力和家事对她们的束缚,只有这样双方并进,动员工作才能迅速完成。也只有这样,妇女们才能够在民族解放运动之中解放自己。首先谈到提高政治认识这点吧!各地妇女救亡团体,除掉进行实际工作之外,应当把如何广泛教育会外会内的群众,如何吸收新的群众,作为一件重要工作。因此每一个团体,必须有人专门负责组织工作;她们不但要组织团体内部的会员,而且要经常地动员全体会员运用一切机会去教育并动员会外的妇女群众"③。

她认为动员广大妇女参加抗战,既能增加抗战的力量,也可以把妇女从封建的束缚中解放出来,完成民族解放和妇女解放的双重任务。

罗琼指出,抗战时期的中心工作是服务军人、动员难民和保育儿童。在服务军人方面,包括慰劳并教育受伤士兵,慰问并协助抗战军人家属,参加战地服务,等等。在儿童保育方面,最好先集合当地热心儿童保育工作的人发起一个战时儿

---

① 罗琼:《怎样动员妇女》,新知书店 1938 年版,第 22—23 页。

② 罗琼:《怎样动员妇女》,新知书店 1938 年版,第 33—34 页。

③ 罗琼:《怎样动员妇女》,新知书店 1938 年版,第 33—35 页。

妇女对群众进行宣传和动员

资料来源:《天下(香港)》1940 年第 18 期,第 8 页。

童保育会。一是宣传战时保育儿童的重要性,引起社会人士的注意;二是号召大
批妇女拥护并参加儿童保育工作;三是集合资金创办儿童保育院,免费保育抗战
军人的子女或遗族、战区流亡儿童、抗战工作人员的子女。[①]

三、张晓梅与战时妇女工作

张晓梅(1911—1968),河北良乡人,曾任上海区委妇女部长、华北妇女救国会
理事、北平妇女救国会理事、《北平新报》副刊《妇女》主编等职。抗战期间担任中
共南方局统战委员会妇女组副组长、陕甘宁边区妇女救国联合会驻渝代表团成

妇女干部前往各地宣传动员

资料来源:《东方画刊》1940 年第 2 卷 第 12 期,第 12 页。

---

① 罗琼:《怎样动员妇女》,新知书店 1938 年版,第 40—49 页。

员,新中国成立后曾任中共中央妇委委员等职。张晓梅作为抗战时期的中共妇女干部,不遗余力地推动和脚踏实地地开展战时妇女工作。

1939年11月11日,张晓梅在《新华日报》发表《陕甘宁边区战时儿童保育分会工作概况》,系统地介绍了陕甘宁边区在儿童保育方面的工作情况,比如成立边区儿童保育院,开办保姆训练班,调查登记边区的儿童,建立运输网,组织宣传队、歌咏队及小先生教育团,以及保育院的组织系统和儿童生活、儿童教育状况、工作人员等情况,并指出在经费、衣物等方面的缺乏,呼吁社会各界给予援助和支持。①

1940年5月16日,张晓梅在《革命的五月与妇女》一文中,指出只有实行民主政治,才能实现中国妇女在政治上、经济上、法律上、教育上等的平等,才能团结各抗日党派,才能动员一切力量争取民族解放和妇女解放。② 1940年7月20日,张晓梅在《庆祝女大的一周年》一文中指出,妇女解放运动与抗战建国工作密切联合,不可分离,抗战时期的妇女大众应该更加努力地参加到抗战工作中,延安"女大"应该培养更多的参加抗战工作的女战士。③

1940年,张晓梅在纪念"伤兵之母"蒋鉴女士的文章中指出:这位妇女的模范,

图为延安女战士郭云翔投笔从戎

资料来源:《理想家庭》1941年第2期,第1页。

---

① 张晓梅:《陕甘宁边区战时儿童保育分会工作概况》,《新华日报》1939年11月11日第4版。
② 张晓梅:《革命的五月与妇女》(1940年5月16日),重庆市妇女联合会妇运史研究组编:《〈新华日报〉副刊〈妇女之路〉上册1940.5.16—1947.2.16》,内部资料,第9页。
③ 张晓梅:《庆祝女大的一周年》(1940年7月20日),重庆市妇女联合会妇运史研究组编:《〈新华日报〉副刊〈妇女之路〉上册1940.5.16—1947.2.16》,内部资料,第68—70页。

指给我们一条光荣的路;她在抗战中贡献了许多光荣的成绩。① 张晓梅针对抗战中比较薄弱的一环,即妇女参加抗战工作这一环,认为应该使妇女工作在抗战中锻炼并强大起来。她主张妇女积极参加各类工作,不应对已婚妇女实行各种限制。对于怎样解决妇女职业问题,她指出,虽然妇女在社会上的地位还是很不平等的,但是妇女本身应充分了解抗战时期妇女的首要工作是参加抗战工作,也应该认识到妇女的敌人是日本侵略者而不是男性,要为了广大受到日本蹂躏和摧残的妇女同胞努力抗战。②

1940 年,张晓梅在《全国战时儿童保育会第一届院长会议的收获》一文中指出:①经过这次全国战时儿童保育会第一届院长会议,更加坚定了我们妇女对保育事业的信心,不仅解决了部分难童无家可归的问题,而且也减轻了抗战军人的后顾之忧。②应注重对儿童的教育,"当然各地保育院都是实施抗战教育,可是有的保育院的儿童教育较差,认为保育儿童是一种慈善事业,因此对教育儿童的注意就不够了"。③要进一步改善儿童生活。④根据一年以来院长开展工作的经验,认为组织机构需要充实,应实行保教合一,应把原有教导股与保育股合并为保教股,此外应增设医药、卫生及生产教育等股。⑤在全国战时儿童保育会第一届院长会议上,大家虽然很团结、很热烈地讨论了和通过了一些很实际的提案,但是对有的问题缺少具体的讨论。③

张晓梅还十分关注儿童问题。1942 年,她在《他们并不比大人弱》一文中,描述了一群受难儿童的情形。在一个山岩下两个煤矿连在一起的地方,有 400 多名童工,"大部分做摇风(窑中通风)工",他们"一样的都是赤着背,露着大腿,穿着很短的单裤(因为窑中温度很暖),头上缠着灰黑色的白布",受尽了摧残。"中华民族的幼苗,在今天,不论前后方,正伴随着祖国受着苦难,这个小角落的几百条小生命,会被这无情的现实摧残了健康"。④

1942 年妇女节之际,张晓梅在《献给大后方妇女工作者——为纪念"三八"而

① 张晓梅:《回忆蒋鉴女士》(1940 年 11 月 5 日),重庆市妇女联合会妇运史研究组编:《〈新华日报〉副刊〈妇女之路〉上册 1940.5.16—1947.2.16》,内部资料,第 189—190 页。

② 张晓梅:《如何解决妇女职业问题》(1940 年 12 月 13 日),重庆市妇女联合会妇运史研究组编:《〈新华日报〉副刊〈妇女之路〉上册 1940.5.16—1947.2.16》,内部资料,第 229—231 页。

③ 张晓梅:《全国战时儿童保育会第一届院长会议的收获》,《中国妇女》1940 年第 1 卷第 8 期,第 23 页。

④ 张晓梅:《他们并不比大人弱》,《新华日报》1942 年 12 月 20 日第 4 版。

作》一文中,鼓励在大后方工作的妇女工作者,反对倾轧和犯忌,反对限制和阻碍,要珍惜和巩固妇女间的精诚团结,应不分党派、不分阶级、不分信仰,促成、巩固和扩大妇女界的统一和团结。对于妇女工作,张晓梅指出要普遍深入妇女基层中,充实工作阵地,一点一滴地积累工作成果,力避好高骛远,使工作有计划、有配合,并符合环境的要求;要改进工作作风,集思广益,用客观研究的态度艰苦奋斗,互相勉励和学习;要克服情感冲动,坚毅刻苦地努力工作,从日常实际工作中努力提高自身的业务能力、工作效能、实践能力和理论修养。[①]

1944 年,张晓梅在《妇女工作方针》一文中指出,抗战时期的妇女工作需要我们妇女工作者克服困难,以顽强的毅力和执着的干劲埋头苦干;抗战时期的妇女工作需要适应妇女群众实际生活需要,所以战时的妇女工作应该保持踏实勤勉的工作作风,反对浮夸和表面的工作。抗战的形势非常严峻,为了抗战的需要,为了妇女解放的需要,为了获得民族解放战争的胜利,妇女工作者应该脚踏实地地与普通妇女群众打成一片,关心、关注她们生活的实际情况,拒绝做表面的工作,主张实干肯干,真正做出一点成绩来。[②]

四、罗叔章与战时妇女工作

罗叔章(1898—1992),湖南岳阳人,曾先后就读于岳阳洞庭女子中学、湖南第一师范学校。1923 年到南洋任教,1928 年回国考入上海暨南大学。1929 年开始学习和接受马列主义思想。1932 年罗叔章经人介绍到国民政府交通部任职,后因参加福建抗日人民政府被国民政府交通部开除。1933 年,罗叔章声明:"本人无任何党派瓜葛;不随便开除学生;与住校生相同食宿,共守校规。"[③]罗叔章于 1934 年11 月秘密加入中国共产党,长期在妇女界和工商界从事统战工作。她曾担任上海妇女界救国联合会理事、党组成员。

在妇女工作方面,全民族抗战前,罗叔章发起家庭妇女联谊会,改组成立妇女问题研究会。她注重家庭妇女问题,旗帜鲜明地批驳了各种新旧贤妻良母主义的论调。她号召广大妇女群众参加抗日救亡运动,并向社会各界尤其是妇女群众宣

---

① 张晓梅:《献给大后方妇女工作者——为纪念"三八"而作》(1942 年 3 月 8 日),见重庆市妇女联合会妇运史研究组编:《新华日报 副刊 妇女之路 上册 1940.5.16—1947.2.16》,内部资料,第 319—320 页。
② 张晓梅:《妇女工作方针》,《新华日报》1944 年 1 月 2 日第 4 版。
③ 罗叔章:《我与兹九》,见董边:《女界文化战士沈兹九》,中国妇女出版社 1991 年版,第 4—5 页。

传和介绍党的抗日救国方针。她认为妇女在抗战救亡运动中可以有积极的表现。① 全面抗战初期,罗叔章在上海创办了中华女子初级职业学校,作为中国共产党进行秘密活动的据点之一,并在学校中培养了大批从事抗日救亡的妇女积极分子。罗叔章、杜君慧曾联络上海各界妇女成立妇女救国会,杜君慧任党组书记,罗叔章为成员。"七君子"事件后,罗叔章跟随宋庆龄、何香凝参加"爱国入狱"运动,她还联络吴蕴初的夫人吴戴仪和吴羡梅的夫人高静宜创办女子学校,培育妇女骨干。

淞沪会战爆发后,何香凝领导中国慰劳总会上海分会的工作,组织妇女群众担任战地救护和社会服务工作。罗叔章为上海分会呕心沥血,日夜操劳,穿梭于妇女群众和医务工作者之间,奔忙于上层人士、军政当局和上海郊县前线的伤兵收容所,筹募物资,慰劳伤兵,宣传组织群众。罗叔章在上海创办的女子职业中学由上海天原化工厂厂长吴蕴初的夫人吴戴仪任校长进行掩护,吸收和训练贫苦女青年。② 罗叔章广泛地参与了战时的各项妇女工作,并提出具体的建议和意见。到长沙后,罗叔章任教于国民党湖南省政府主席张治中办的行政干部学院妇女干部训练班。

早在绥远抗战发生后,上海方面曾一度非常紧张,罗叔章向一位女教育家谈道:"妇女界应该起来负起救亡工作的责任,如果不早点发动,恐怕临时抱佛脚。"③ 1937 年 10 月,罗叔章在《在许多中国奈丁格尔中间》一文中,将上海慰劳分会担任救护工作的情形写出来,她指出:1937 年 8 月 3 日,救护训练班开班,受训时间为 18 小时,内容为救护常识,三周毕业,每周授课 6 小时。救护班同学们被派到上海各医院及外埠工作,他们"每天至少要做 12 小时工作,多则 16 小时,健康美十足的青年们,竟于一个多月中间,弄得面黄肌瘦,疲困不堪,差不多半数人都生病了"。她讴歌在炮火纷飞中的年轻姑娘们,为了国家独立、民族存亡,坚毅勇敢,毫无畏惧,视死如归。④

1937 年 11 月,罗叔章发表《醒来了! 中华国魂!》一文,指出:"这次全面抗战

---

① 罗叔章:《家庭妇女在救亡阵线上的重要》,《罗叔章文选》,人民出版社 1992 年版,第 1—3 页。

② 柳勉之:《耆星殒落 懿范长存——学习和纪念罗叔章大姐》,见罗琼主编:《启迪集:女界的杰出前辈》,中国妇女出版社 1997 年版,第 319 页。

③ 罗叔章:《在许多中国奈丁格尔中间》,《妇女生活》1937 年第 5 卷第 3 期,第 19—20 页。

④ 罗叔章:《在许多中国奈丁格尔中间》,《妇女生活》1937 年第 5 卷第 3 期,第 19—20 页。

发动以来,上海妇女界担任慰劳和救护的工作,已有相当成绩;例如受过短期救护训练的女青年,在医院里服务的成绩(如换药绑绷带,量体温等),并不亚于受过几年教育的正式护士,而在政治水准和爱国热忱上面,她们确实超出护士之上,因此她们的工作,对于抗战勇士负了双重的责任。只有在工作中才能不断的自我教育和自我批评,有些青年感到医院工作太平凡了,所以有很多人想到战地去服务。"①

在《醒来了!中华国魂!》一文中,她还介绍了上海战地服务团的情形,比如在军医院伤兵收容所成立了社会科学研究所,战地宣传区域成立了速成学校。参加战地服务的"人数是相当的多,大部分是受过中等教育的,只有半数是有工作经验的。前天得到前线来人谈及,知道她们不但没有小姐气,而且连马桶都是自己倒的,洗衣、烧饭、买菜、管账、宣传、组织等,都是分队办理的,读书讨论更是她们的经常工作。其中也有一二人还没有完全脱掉小姐气的,如托人在上海买水果、好吃零食……此外,她们中间有两人年龄比较轻些,军事长官特别关心她们,听说购买了许多书给她们读"②。最后她指出:"在这伟大的民族抗战中,男儿们有南口的罗团,宝山的姚营,在忻口身先士卒的郝军长,以及死守闸北四行仓库的八百健儿,这些悲壮热烈的伟绩,都是大中华的男儿在专美着,写出中华历史上最光荣的一页。妇女们再不急起直追的来参加到抗战的各部门中去的话,将来恐怕要后悔莫及吧!妇女们能及时抢了工作来做,日后民族革命完成的一天,也就是妇女解放扬眉吐气的一日。闸北健儿固守四行仓库时,一位女童军献旗的这件事,使妇女界增光不少。"③

1937 年 11 月,罗叔章写作《目前上海女学生应努力的工作》一文,号召动员上海女学生参加抗战工作,她指出:"自从闸北沪西以及南市的国军退出后,有些妇女感觉着苦闷不堪,或者惶恐万分;产生这种情形的原因,当然是过去教育力量的不够,对于抗战前途的认识太生疏,没有认清这是抗战过程中必经的阶段,同时生活环境也可以影响一个人的坚定性。所以受过教育的女工们,对于目前的形式就比较看得清楚些,悲观、苦闷、惶恐种种现象很少发现。""'八一三'以来在救亡工作的检讨中,已证明了中学的女同学,确实做了不少工作,像慰劳、救护、募捐、难民教育、宣传、战地服务等,但是仔细检查下来,在广大的中学生数目中间,曾经参

①　罗叔章:《醒来了!中华国魂!》,《妇女生活》1937 年第 5 卷第 4 期,第 15—16 页。
②　罗叔章:《醒来了!中华国魂!》,《妇女生活》1937 年第 5 卷第 4 期,第 15—16 页。
③　罗叔章:《醒来了!中华国魂!》,《妇女生活》1937 年第 5 卷第 4 期,第 15—16 页。

进行宣传动员的女童军

资料来源:《理想家庭》1941年第2期,第1页。

加救亡工作的人数,实际上也许还不及五分之二吧!因此从中学生这一部门说,动员得是不够的。"①

在《目前上海女学生应努力的工作》一文中,她对上海女学生要求如下:①加入抗战的各部门去,从事救护、战地服务等工作,或参加间谍训练等;②参加各生产部门工作,争取职业地位,成为消费合作社职员、工厂女工、银行职员、商店店员;③加强对自然科学的学习;④提高政治认识;⑤要求学校切实地增设战时教育课程,改革各科陈腐教材,裁去无用的课程,尤其是国文课上要取消咬文嚼字的文言文;⑥利用空闲的时间,尽量开办妇女及儿童识字学校,教给她们语言的工具,启发她们民族革命的思想;⑦从事里弄组织,把自己住的里弄先组织起来,最好以年龄或身份的类别来组织,在组织过程中,第一应该帮助家庭妇女解决我们力所能及的困难问题;⑧严肃自己的生活。②

1938年春,罗琼与罗叔章在湖南省行政干部学校女生训练班任教,努力以共

---

① 罗叔章:《目前上海女学生应努力的工作》,《妇女生活》1937年第5卷第5期,第10—11页。
② 罗叔章:《目前上海女学生应努力的工作》,《妇女生活》1937年第5卷第5期,第10—11页。

产党的抗日民族统一战线、抗日救国纲领武装学员,为她们奔赴农村工作做好准备。训练结束后,罗叔章团结当地一位要人的夫人,共同在长沙创办妇女难民工厂,招收流亡到长沙各难民收容所的妇女,组织她们学习生产技能,参加生产,以增加收入,改善生活,变消极救济为积极增加生产,颇得社会赞许。[①]

1938年7月1日,新运妇女指导委员会改组成立后,罗叔章担任该会文化事业组委员,协助沈兹九创办《妇女新运》,并开办女工识字班,培训1 000多名妇女干部。[②] 罗叔章主管救护训练、政治教育等工作,她力排外来阻力,多方奔走,在汉口筹办15所女工识字学校,着眼于提高女工们的思想,唤醒她们参加抗战救国工作的意识。[③] 罗叔章不仅从事筹办和管理女工识字学校的实际工作,并撰文宣传,介绍经验,提出问题,扩大影响,以得到社会各界更多人士的支持。[④]

罗叔章曾经在中小学校服务多年。1937年冬,罗叔章在邓颖超的推荐下临危受命从事保育工作。1938年5月起担任湖北均县战时儿童保育院院长,依靠全院教职工开展抗日宣传,争取地方和军政界的援助,求医找药,使孩子穿暖吃饱、上课学习,渡过了难关。武汉沦陷后,罗叔章历尽千辛万苦,带领500多名难童离开均县往大后方转移[⑤],1939年7月转移到川渝大后方。[⑥]

据罗叔章介绍:“草店是湖北均县的一个小镇,那儿有一座著名的武当山,风景相当优美,我们的保育院就在离山60余里的山脚下遇真宫,这是明代遗迹,建筑很坚固,屋宇连大小宫殿有50余间,可容800小朋友,操场更是宽敞适用。四五百孩子在里面生活、教育、工作,毫不觉得拥挤,这总算解决了一个最严重的问题。”[⑦]均县保育院的“孩子们大多来自湖北、河南、安徽等地,杂粮代米饭,非但他们不答应,就是社会人士也要批评。为了交通和军事关系,更增加许多困难,因为我们吃的米是由襄樊等地运来的,有时运输上发生阻碍,就会弄得锅里没有米下,铁面无私、毫不留情的小朋友,就是少吃一口都不愿意,那里还能断炊,菜蔬肉类更不能大批地购买到,营养不足,会更影响孩子们的健康”。“教师们十分之九是很有经验的小

① 罗琼:《晨光、晚霞连生辉》,见罗叔章:《罗叔章文选》,人民出版社1992年版,第194页。
② 柳勉之:《耆星殒落 懿范长存——学习和纪念罗叔章大姐》,罗琼主编:《启迪集:女界的杰出前辈》,中国妇女出版社1997年版,第320页。
③ 罗琼:《晨光、晚霞连生辉》,见罗叔章:《罗叔章文选》,人民出版社1992年版,第195页。
④ 罗琼:《晨光、晚霞连生辉》,见罗叔章:《罗叔章文选》,人民出版社1992年版,第195页。
⑤ 邓颖超:《悼念罗叔章同志》,见罗叔章:《罗叔章文选》,人民出版社1992年版,第187页。
⑥ 罗叔章:《抗战建国中的难童教育(上)》,《妇女生活》1939年第8卷第1期,第20—21页。
⑦ 罗叔章:《抗战建国中的难童教育(下)》,《妇女生活》1939年第8卷第3期,第25—26页。

学教师,凭她们过去的工作经验,都是最好的教授,在教室里能吸引住孩子们安心听讲,但在保育院当教师,却要负担三种责任:良师、严父、慈母。"①

罗叔章曾列举战时儿童保育存在的困难。"成千成百不断的由战区抢救来的孩子,送到人烟稠密的后方。来了以后,感到最大的困难,首先是院舍问题;因为保育会在短促时间内,想建筑更大更多的院舍,在经济和人事方面,都有些不可能,庙宇和祠堂空屋,又大多被军政机关捷足先登,这种困难情形,目前在四川各地感到最深切。"②再比如在均县战时儿童保育院,"给养成了最严重的问题,本地不大出产米,老百姓向以杂粮度日,红薯是基本粮食,一日三餐,都是加水一煮即成,油盐菜蔬,几乎终年不见面,大米饭视为最贵重的食品"③。"四个月来,经常占十分之二的病童,病房都天天告人满,小护士们(没有医生和护士,只好训练年龄较大的女孩在病房充护士)因轮流守夜,疲困得很。"④1939年"春天到来,敌人进攻襄樊的阴谋一天天加紧,鄂北因为是军事区域,而粮食产量本不丰富,给养成了严重问题,各军政机关的长官,均主张保育院应该迁移到大后方去","在一星期内,就把全体五百余人的行装准备好,开始大搬家。中间有一件最使人难以应付的事就是三周前,老河口光谷警备司令部送来60多个流浪儿,其中有四分之二都是病童,他们由于先天和后天的营养不足,都患着很严重的病症,以肾脏、心脏贫血、黄肿、营养不足和遗传的花柳病等等为最多,真糟糕! 起程后,只好沿途设立病车病船。最苦恼麻烦的当然是全体教职员"。⑤

她在《抗战建国中的难童教育(上)》一文中指出:"战时儿童保育工作,是一件前无成例的新事业,关系儿童幸福,关系妇女解放,以及民族解放前途至巨。""抗战已经两年多了,不少在前线和后方参加救国工作的妇女;无论知识妇女也好,工厂女工也好,游击区战士们的家属也好,以及最大多数的抗战军人家属也好,她们在工作上或行动上,感到最大的困难问题,就是孩子们没有地方寄托,因此,工作半途而废,埋没了不少有为人才,这确是抗战建国中莫大的损失。保育院的建立,总算解决了这个问题部分的困难。"⑥

---

① 罗叔章:《抗战建国中的难童教育(下)》,《妇女生活》1939年第8卷第3期,第25—26页。
② 罗叔章:《抗战建国中的难童教育(下)》,《妇女生活》1939年第8卷第2期,第22—23页。
③ 罗叔章:《抗战建国中的难童教育(下)》,《妇女生活》1939年第8卷第3期,第25—26页。
④ 罗叔章:《抗战建国中的难童教育(续)》,《妇女生活》1939年第8卷第4期,第19—20页。
⑤ 罗叔章:《抗战建国中的难童教育(续)》,《妇女生活》1939年第8卷第4期,第19—20页。
⑥ 罗叔章:《抗战建国中的难童教育(上)》,《妇女生活》1939年第8卷第1期,第20—21页。

针对抗战建国中的难童教育问题，罗叔章列举了保育院的儿童有"感觉敏锐、性情刁滑的杨延年""活泼玲珑、态度骄傲的小女孩""行动迟钝、富有团结性的河南孩子""文质彬彬、貌极傲慢的小学毕业生"等。她认为战时儿童保育具有特殊性，它所收容的儿童是中国社会各个阶层的缩影，它收容了各个阶层的儿童，具有各种儿童的特点，乡村儿童和城市儿童各有其特点。比如，在乡村生长的孩子们，对于农作物如蔬菜瓜果之类，决不敢随便动手采摘，因为他们知道这是农民的财产。[1] 保育院的孩子每天在有组织的活动下，孩子们自己动手，从事修理房屋，做工作，打草鞋，洗衣服，病房看护，缝纫，采购，搬运等活动，改变了保育院的面貌。[2]

基于从事保育工作的经验，罗叔章指出保育院需要打破传统观念："无可讳言的，还有不少从事保育工作的同志们，对于流浪儿童和曾经受过几年小学教育的儿童，有一种相当浓厚的传统意识，以为流浪儿童应该单独地施以特殊教育，甚至还有人认为他们除了给以相当的生产技术教育，能使其谋生外，提高他们的文化水准，是一件很困难的事。无疑的，这完全是我们多少年来，传统观念的流弊。"同时她认为应该加强保育工作人员对其事业前途的信念，这种信念第一是儿童与妇女解放，第二是妇女与民族解放。[3]

罗叔章特别强调儿童是抗战建国的生力军。战时儿童保育院已成为儿童公育事业的开端，战时儿童保育工作有助于解放身为人母的广大妇女群众出来参加抗战工作。关于儿童教育方法，她反对以成年之人为主体，反对将小孩大人化，应针对儿童的特殊性，充分发挥儿童的个性、特长，利用抗战时期儿童们那种坚强不拔的抗战观念，使儿童养成大公无私的集体生活观念，为国家民族服务，贡献儿童自身的力量。保育院不仅仅是慈善救济机关，希望保育院能将每一个孩子培养得很健康，按照年龄和智力培养和发展他们的文化水准，培养他们的生产技术及生产观念，以扭转社会各界人士对保育的错误认识，这样也可以增加社会各界对保育事业物质和精神上的援助。[4]

1938年罗叔章在《妇女与壮丁训练》一文中指出："在现阶段中妇女本身的壮

---

① 罗叔章：《抗战建国中的难童教育（续）》，《妇女生活》1939年第8卷第2期，第22—23页。
② 罗叔章：《抗战建国中的难童教育（续）》，《妇女生活》1939年第8卷第4期，第19—20页。
③ 罗叔章：《抗战建国中的难童教育（续）》，《妇女生活》1939年第8卷第4期，第19—20页。
④ 罗叔章：《抗战建国中的难童教育（续）》，《妇女生活》1939年第8卷第5期，第23—24页。

丁训练固然应该提倡,并加紧实行,但是同时不能忽略了怎样去推动或加强男壮士训练的任务。""中国妇女因为文化水准的低落,民族观念当然比男子更模糊,对于唯一供养她的丈夫儿子或兄弟的受壮丁训练,非但不能促进他们,必定还在千方百计的想帮助他们逃出这难关。这种情形,除了发动知识妇女(从事抗日救国工作的干部)挨家挨户去宣传去感化那些家庭妇女以外,没有别的更好的方法。""在现阶段中,妇女本身的壮丁训练,固然应该去争取,但是更重要的,还在动员救亡工作的干部去向家庭妇女解释男子受壮丁训练的意义。这工作做起来当然不是容易收效的,我主张最好能够把一些已在前线拼命或在后方服役的军人家属先组织起来,然后向许多被征出发的军人家属或正在训练的壮丁家属们宣传联络,在那些集团中请各人演讲,演戏或讨论男子被征以后的困难,再从那些困难里面,由政府或救亡团体先给她们部分的解决。"[①]

将士出征大会中,妇女欢送壮丁入伍(郭振光摄)
资料来源:《天下(香港)》1940 年第 18 期,第 12 页。

1938 年,她提出疏散武汉纱厂女工前往大后方,不仅需要解决女工眼前的住和食的问题,还需要将她们的丈夫、父母和子女一同迁往大后方,这样她们才能安定下心来,当然最重要的还是要提供工作的机会。疏散和收容女工,首先收容期不可太

---

① 罗叔章:《妇女与壮丁训练》,《狂潮》1938 年第 1 卷第 2 期,第 3 页。

长,否则她们会自己溜跑的。其次是收容所组织管理人员和她们的关系,如果从事组织管理的知识分子,仅凭着一时的热忱而对于工人的生活及困苦没有深切的了解,结果一定要失败。这些女工的基本要求和被占领区一般难民的情绪不同,她们最迫切的要求是快快到达目的地和有工作做。最后是对工人的教育问题,必须具有最大的耐性去教育她们认识到疏散工人往后方从事生产对于抗战建国的重要性。①

广东女军每日受训

资料来源:《中国画报(上海 1938)》1938 年第 1 卷第 8 期,第 1 页。

1938 年,罗叔章写作《广东妇女抗战工作已踏上最前线》,指出广州市的妇女团体,除原有的广东妇女界联合会、女权同盟会、市妇女会、女青年会、车衣工会、提倡国货会等以外,还成立了慰劳分会、广东妇女抗敌同志会、广州市妇女救国抗敌同志会、中山大学女学生会等。工作的内容主要有慰劳、募捐、救护、难民教育、战地服务、下乡工作团等。现阶段的妇女工作进展如武装妇女的实现,各妇女团体工作努力唤起或教育广大劳苦妇女,注意干部本身的政治教育等。各妇女团体今后的抗战工作包括:加强战时儿童抢救与保育;通过成年妇女启蒙班或识字学

---

① 罗叔章:《献给疏散女工的工作同志们》,《妇女生活》1938 年第 6 卷第 8 期,第 8 页。

校,提高妇女大众的文化水准;发动妇女干部服务农村;加强妇女干部训练,提高妇女干部的政治意识;动员农村妇女努力参加农业生产或直接参加抗战;促进组织和实现广东妇女团体总机构。①

在罗叔章等人的动员下,"南国整个都市,以至农村,妇女的地位固是不能与男子同样在社会上工作,但是上层阶级里,也有不少巾帼英雄为国效劳,争取她们应负的责任,这不是一个独特的现象,我今天指出的,是整个广东的劳动妇女,原来在广东的劳动界,妇女参加工作者,实际占平均百分之九十有奇,街头农村,负贩走卒,全是妇女所担任,甚至军队里的夫役,都是她们参加,而且其热心强健不亚于男子,这是外省人认为惊异的,更奇特的是站在国防线上的战士,也有妇女壮丁参加,担任后方警备,所以广东的妇女,可以站在整个中国女界的前锋,她们的精神,值得大书特书的"。②

广东妇女参加生产(何章摄)

资料来源:《长江画刊》1945年第4卷第4期,第13—14页。

关于妇女干部训练方面,罗叔章也做出了积极的努力。1938年,罗叔章认为组织民众,提高民众文化水准,唤起民众爱国思想是一件急不待缓的工作;而这一工作需要热情蓬勃的青年干部来担任。她在《怎样办妇女干部训练学校》一文中指出:"没有强有力的青年干部,抗日民众运动,就不能有广大地开展。同时没有

① 罗叔章:《广东妇女抗战工作已踏上最前线》,《妇女生活》1938年第5卷第12期,第17—18页。
② 何章:《广东妇女(附照片)》,《长江画刊》1945年第4卷第4期,第13—14页。

贤明的政府开放抗日的民族运动,则强有力的青年干部就不会产生。"她提倡放手发动群众进行抗日动员,尤其需要青年干部来担任动员民众的工作。她提出应该单独创办妇女干部训练班,因为妇女所处的社会地位和男子不同,动员妇女的方法也与动员男子的方法不同;妇女与男子担负的任务不同,受到的训练也应该有所区别;需要考虑到知识妇女的接受能力与男子的差异;由知识妇女去动员农村妇女、手工业妇女和家庭妇女来参加抗战有种种的便利。

罗叔章针对湖南省地方行政干部学校培训班,提出举办妇女干部训练学校应注意:①被训练者的文化水准和资格,不必限制得太严格,不一定非要大学生或高中生才可以投考,主要是考察她是否有真正的爱国热忱和牺牲精神,投机分子或以谋解决生活为目的者,是绝对要不得的。②文字工具要够应用,如果连最通俗的记事文字也写不出来的话,训练起来就要费力。③训练期内应注意的几点:指导者对于学员,应该以集体中一员的姿态出现,注意集体研究;师生共同生活,在集体生活中,师生都应该以集体的一员的姿态出现;严厉地执行自我批判;组织即教育,强调组织的重要性。她认为一般的训练课程应包括施政纲要、农村概论、中日问题、民众组训及教材、战时民众任务、民众抗日自卫军、社会调查、县单位联合讨论会、特约演讲等。专修的课程包括组训妇女方法、组训妇女教材、县妇女工作计划、妇女生计、妇女问题、战时妇女任务等。[①]

1938年罗叔章写作《文化人与回乡运动》一文,认为组织民众与教育民众的工作,如果仅由政府一纸空文分发到各县,仍采取以前的公民或壮丁训练的方式,结果还是要失败的。她认为动员民众、组织民众、教育民众的重大责任,必须由民众自己起来负责,才能达到民众总动员的目的。而组织、动员和教育民众的工作,还得要推举大中学的同学和中小学教师以及文化界的热心人士,在假期到广大的农村里去宣传。回乡工作者在回乡运动中,应注意:不要自命为特殊阶级,应和农民打成一片;要能够随乡入俗,破除、消灭农民的迷信和封建思想,不可操之太急,应该在他们的日常生活中多接近,感情与理智并施,以免引起他们的反感;口号不要过高,口号过高是都市民众运动者最容易犯的毛病,"先要使他们或她们了解自己的生活为什么会这样苦,是不是命运注定的,这一层弄明白之后,然后再谈到抗日救国和他们的切身问题,进一步地再谈组织壮丁和武装卫国的重要;不要以领袖

---

① 罗叔章:《怎样办妇女干部训练学校》,《东方杂志》1938年第35卷第3期,第55—56页。

自居,骄傲的态度只会让群众敬而远之"①。

罗叔章指出回乡工作的主要内容有:①利用旧历新年拜访亲友,报告各地抗战消息,宣传抗战的意义及后方民众组织的重要性,最好带些全民族抗战以来出版的书籍、杂志、周刊等去分发。②利用旧历新年前往各村,挨户劝告她们或他们,废除新年放炮竹、烧香送礼及请酒等各种应酬,将时间与金钱省下,多做点救国运动,或在本乡举办一些公益事业,而与抗战方面有点关联的,例如增加农业生产,接济军事粮食,准备欢迎战区受难同胞来到本乡垦殖等。③利用旧历新年民众娱乐的公共场所,预备好最通俗而简单的时事向大众报告,然后给以有鼓励性的演讲。④举办免费的男女分校的识字学校,两方面都应分设成人班与儿童班,授课时间每隔一日,至多以两小时为限。⑤化装演讲,注重抗战意义,不要趋向有毒素的低级趣味。⑥演戏,最好利用各种戏场,表演一些抗战事迹中悲壮热烈的民族革命战士的牺牲故事,提起爱国情绪,促进民族观念。⑦办壁报。比如在小学校、识字学校、小茶馆里以及饭店纸烟店等门口都可以张贴,内容不要太偏重政治和军事,地方性的新闻,也应该登载些。⑧壮民训练。②

1938 年,罗叔章在《关于妇女干部训练的一点意见》一文中指出:"抗战爆发以来,因为军事上局部的失利,许多人产生悲观失望的情绪。"她认为这是抗战期间,关于抗战的理论和抗战事实两方面的斗争工作,做得太不够了。因此她提出要训练大批的干部去帮助推动上层分子,训练的程序分为一般的理论,注重妇女问题研究的特殊理论,从实际工作来配合理论。初步一般理论的训练内容包括政治及经济的基本认识,抗日民族统一战线,民众运动及民众组织的基本问题,帝国主义、殖民地及弱小民族研究,中国革命运动史概论,汉奸与汉奸理论,民主政治,怎样宣传和怎样组织,演讲技术等。特殊的理论主要为了增强妇女对于抗战时期妇女组织的重要性以及妇女本身从附属品转到人的地位的重要性的认识,具体课程内容包括:妇女地位在历史上变迁的过程,中国妇女生活史,各国妇女运动史,现代各国妇女地位的比较,妇女参加抗战的目的,怎样组织妇女,如何办妇女补习学校,以及救护训练,战地服务,各种战时技术训练,女壮丁训练等。③

对于战时的妇女组织,罗叔章指出,自卢沟桥事件爆发以来,在许多先进领袖们

---

① 罗叔章:《文化人与回乡运动(附图)》,《新战线》1938 年第 6 期,第 6—9 页。

② 罗叔章:《文化人与回乡运动(附图)》,《新战线》1938 年第 6 期,第 6—9 页。

③ 罗叔章:《关于妇女干部训练的一点意见》,《民族生路》1938 年第 1 卷第 6 期,第 9—10 页。

后方妇女缝制军衣

资料来源:《自由谭》1939 年第 6 期,第 18—19 页。

领导之下,上海妇女界做了不少实际的工作,成立了 14 个妇女团体永久的联合办事处,成立了中国妇女慰劳抗战将士会上海分会,等等。不过她认为还应该加强妇女组织成员之间的联系。对于战时妇女组织,罗叔章提出几条改进的意见:①应当整顿或充实各妇女团体的组织,从抗战后援工作上开始,像缝纫救护、救济、劝募救国公债、献金运动、弄里组织、教育儿童及难民等,很严密地把那些热血腾沸的青年们组织起来,而后给以合适的工作,更有计划有系统地,使她们受点技术训练及政治教育。②各领袖们应该加强自己的政治认识,以免一个问题发生就张皇失措、不能自主。③培植技术人才。"有了严密的组织和正确的政治认识,她们就能够刻苦耐劳地受技术训练了。"④"各妇女团体的分工合作,漫无计划的各行其事,是很不合算的。""例如慰劳,既有中国妇女慰劳分会担负着,然而参加该会的其他团体也同样在举行,究竟上海市妇女界做了多少慰劳工作,以及各医院受伤的勇士们最需要的是什么,数量至少要多少,这是没有人过问的,而且也没有人肯过问。"①

① 罗叔章:《最近上海妇女救亡工作检讨》,《世界知识、妇女生活、中华公论、国民周刊战时联合旬刊》1937 年第 4 期,第 134—135 页。

1937 年罗叔章参加了妇女慰劳总会上海分会及其他团体的工作,对于妇女团体和组织有自己的想法。在《最近上海妇女救亡工作检讨》一文,她进一步对上海妇女救护工作提出建议:①党部下的妇女团体,应该负起推广妇女组织,领导其他妇女团体努力参加救亡工作,纠正个人风头主义,采纳民众意见及发扬救国的三民主义。②中国妇女慰劳自卫抗战将士会上海分会的工作范围,除了慰劳,同时还应该更广大地多做些和慰劳有联系的救护训练,缝制棉背心等,从最广泛最落后的家庭妇女方面着手,唤起她们的爱国意识,增进她们的民族观念。③妇女运动促进会,这个团体,会员人数有六百多人,其中包含学生、家庭妇女、职业妇女及女工等,应该负起创造许多女战士(不一定是荷枪的战士),以增强神圣抗战的力量。④中华妇女互助会这个团体的发起人为杨虎夫人田淑君女士,她在这炮火最猛烈的上海,非但不像其他夫人们逃往外国或者香港等处,反而负起了最重要的后援工作。⑤女青年会是中国妇女团体中历史最长久的,对于劳动妇女的帮助很多,尤其近几年来,劳工部的女工补习教育,办得最有成绩,上海各工业区的女工,受补习教育的,大多得自该会。⑥中国职业妇女会,她们的会员大多是职业妇女,其生活环境当然比其他各团体的会员舒适些,因此她们对于帝国主义者的压迫,比较其他妇女的感觉,也许来得淡漠些。①

罗叔章关注一些具体的妇女问题,她参加新运妇女指导委员会中的妇女民众教育股举办的妇女识字学校的工作,教育武汉 2 万余名女工,训练她们的抗战技术、政治常识和民族意识。② 罗叔章主张提高妇女大众的文化水准,以增强抗战力量,组织训练武汉女工参加抗战救国工作。她号召教师进行自我教育,每个从事抗日救国的工作者不断求进,应该具备最敏锐的警觉性,全力争取民族解放战争的最后胜利。③

1942 年,罗叔章在中共南方局的领导下,在救国会和地方爱国人士的支持和帮助下,创办了第一药品生产合作社,自任经理,从事工商界上层的统战工作。1945 年 7 月,罗叔章和李德全、刘清扬、曹孟君等人在重庆组织中国妇女联谊会。

---

① 罗叔章:《最近上海妇女救亡工作检讨》,《世界知识、妇女生活、中华公论、国民周刊战时联合旬刊》1937 年第 4 期,第 134—135 页。
② 罗叔章:《女工识字学校的筹备经过》,《妇女生活(上海 1935)》1938 年第 6 卷第 6 期,第 13—15 页。
③ 罗叔章:《女工识字学校开办以后的情形》(1938 年 8 月 5 日),《罗叔章文选》,人民出版社 1992 年版,第 33—38 页。

五、杜君慧与战时妇女工作

杜君慧(1904—1981),广东南海人,先后毕业于广州市立师范学校第二部、广东大学。梁柯平在《妇运前驱杜君慧》一文中写道:"两年的大学生活,对君慧一生影响很大。她在那里听过鲁迅和郁达夫的课;经同学介绍,她读了蔡和森的《社会进化史》,读了资产阶级女权运动的若干文章;她还听过鲍罗廷顾问的演讲,第一次见到苏联人。她和同桌陈燮君相处十分投契,她俩在共同学习和生活中经常谈论当时的各种思潮,谈论学术问题、政治问题和妇女问题。"[①]1928年初,杜君慧赴日留学,并开始阅读日文的马列著作、第三国际党刊以及各国进步文学作品。1928年夏回国,同年6月在上海加入中国共产党。[②] 1929年,杜君慧与朝鲜革命者金奎光结婚,后曾因其丈夫金奎光涉嫌"托派"被中止党组织关系,1946年经中共组织批准重新入党。[③] 1945年,杜君慧曾担任中国妇女联谊会常务理事。

"九一八"事变后,杜君慧开始研究妇女问题,研究妇女受压迫的根源及妇女解放的路径等问题。她认真研究蓓蓓尔(August Bebel,1840—1913)[④]的《妇人与社会主义》,受其影响很深。1934年初,党组织派杜君慧协助沈兹九办《申报》副刊《妇女园地》,杜君慧在《妇女园地》上连续发表《妇女问题讲座》(后整理成书出版,名为《妇女问题讲话》),抨击男女教育差别制度,抨击"新贤妻良母主义"。之后又和沈兹九一起办《妇女生活》。抗战爆发前,杜君慧参加了上海妇女救国联合会与全国救国联合会的领导工作。全民族抗战爆发后,杜君慧在上海继续宣传抗日,上海沦陷后她转移到武汉。1938年夏由武汉入川,担任重庆临时保育院院长,并创建泸州第七保育院。1940年因国民党掀起反共高潮离开保育院。

《妇女问题讲话》后于1936年由新知书店出版,全书共12讲43节,详细阐述了妇女问题的内容、妇女运动的发展和中国妇女运动的方向。她在书中指出:"妇

---

① 梁柯平:《妇运前驱杜君慧》,见上海市妇女联合会妇运史资料组:《研究妇女运动理论的先行者——杜君慧》,内部资料,1984年版,第3页。
② 梁柯平:《妇运前驱杜君慧》,见上海市妇女联合会妇运史资料组:《研究妇女运动理论的先行者——杜君慧》,内部资料,1984年版,第6页。
③ 《杜君慧》,见《广东省志》编纂委员会编:《广东省志 1979—2000 32 人物卷》,方志出版社 2014 年版,第39页。
④ 倍倍尔(1840—1913),德国和国际工人运动活动家,德国社会民主党领袖和创始人之一。

女被压迫的最基本原因,就是社会的财富集中于少数男子手里的私有财产制度的存在。换言之,这种社会制度一天存在,妇女便一天不得解放,因此,倘使妇女要获得真正的解放,则非根本推翻这种社会制度不可。我想,这种原则的理解是无条件正确的。"①这其实指出了中国共产党认为妇女受压迫的根源在于私有制。②杜君慧还指出:"社会主义或科学的社会主义是近代无产阶级的意识形态。它是以彻底实现人类的自由平等为目的,为理想的。所以,要解放占人数半数的被压迫妇女,不待说是社会主义的主要任务之一。妇女得不到解放的社会,自然不是自由平等的社会主义社会。反之,真正的社会主义社会必须彻底地实现男女平等的原则。因此从来许多社会主义者,大都是彻底的妇女解放论者。"③"在财产私有制及阶级支配存在的限度内,妇女决无获得解放的可能。因此把妇女解放问题看作整个社会问题的一环,同时把妇女解放运动看作整个社会革命运动的一部分。一般民主主义者以及空想的社会主义者是只看到压迫妇女的对象是男子,而没有认识到不合理的社会制度,乃是真正的压迫妇女的枷锁。"④应该说,杜君慧的妇女解放思想最能代表中国共产党对妇女解放问题的认识。⑤

杜君慧、樊英等发起战时家庭妇女服务会的组织工作,主要工作为缝纫、儿童教育、征募、救济、训练等。⑥ 杜君慧曾在《中国妇女问题》一文中指出:中国的妇女问题已经成为一个非常严重的社会问题,整个中国的亲族关系、家庭制度和经济生产遭受到破坏,全国妇女不仅物质生活困苦,而且精神生活几近破产。农村生产力遭到破坏,国民生育率减退。⑦ 杜君慧认为中国妇女处于被压迫、被奴役的地位,这将造成整个国民生活黑暗和恶化,社会制度处于过渡时期,整个国民生活

---

① 杜君慧:《妇女问题讲话(节录)》,见上海市妇女联合会妇运史资料组:《研究妇女运动理论的先行者——杜君慧》,内部资料,1984年版,第96页。

② 对于妇女受压迫的根源的认识,是各派女性主义理论形成的基础。国共两党关于妇女受压迫的根源有不同的认识。

③ 杜君慧:《妇女问题讲话(节录)》,见上海市妇女联合会妇运史资料组:《研究妇女运动理论的先行者——杜君慧》,内部资料,1984年版,第102页。

④ 杜君慧:《妇女问题讲话(节录)》,见上海市妇女联合会妇运史资料组:《研究妇女运动理论的先行者——杜君慧》,内部资料,1984年版,第105页。

⑤ 当然,邓颖超对于妇女解放思想的认识同样非常深刻。而且,邓颖超是中国妇女运动的先驱和卓越领导人,她在不同历史时期推动妇女解放的工作。杜君慧对于妇女解放有比较系统的研究,具有较高的理论水平。

⑥ 《战时服务》,《立报》1937年9月13日第3版。

⑦ 杜君慧:《中国妇女问题》,见上海市妇女联合会妇运史资料组:《研究妇女运动理论的先行者——杜君慧》,内部资料,1984年版,第67—68页。

和妇女生活面临很严重的社会问题。[1]

对于儿童保育问题,杜君慧撰文指出,这是积极救国救民民族运动中的主要一环,儿童保育工作能使广大民众少了后顾之忧,而且妇女的解放也需要儿童保育事业的积极发展。儿童保育事业能够解放农村妇女的劳动力,从而参加战时生产,在参加民族解放战争的同时也能提高妇女的社会地位,从而实现妇女解放。她强调儿童保育工作是一种培育民族未来和后代的政治运动,儿童保育工作者应该给予儿童充分的爱护和教养,不能允许摩擦的发生,也不能有争斗的私心。[2]

1938 年,杜君慧撰文讨论抗战中的恋爱问题,认为处理两性问题的最高规范是遵循"抗战高于一切,一切服从抗战"的原则。换言之,她认为抗战也是高于恋爱,恋爱需要服从抗战,青年男女应该将自己的整个生命献给民族国家的抗日战争。这是非常时期的特殊做法,当时共产党的妇女领袖们大多认同这一思路,一切服务并服从于抗战的需要。当然,杜君慧也不排斥抗战时期发生恋爱,但是她认为要在绝对服从抗战的前提下进行恋爱。所以她反对恋爱至上主义或恋爱上的个人主义,也反对恋爱上的浪漫主义。[3]

1938 年,杜君慧在《抗战与妇女生活的集体化》一文中指出:"一个国家的权力和能力的强弱,到战时便充分地表现出来。权力不能集中而没有统制能力的国家,是谈不到对外战争。所以要实行对外战争,全体国民无论是老的幼的,男的女的,又无论是物质生活或精神生活,都要受国家的绝对统制。这里只有国家生活,没有个人生活,就是说,个人生活要适应国家的需要。"因此,她提倡抗战时期妇女应该过着集体化的组织生活,不能再处于散漫无组织、茫然无所适从的生活。她提出集团育儿、消费合作社、集团学习、集团娱乐等几种可能的集团生活方式。[4]20 世纪 40 年代初,杜君慧和罗叔章一起负责农本局福生庄总庄纺织人员的训练工作。她们深入农村,访问贫苦妇女,宣传妇女团结抗战的方针,训练了一批粗通手工纺织业务的工作人员。[5] 1944 年 11 月,在中共南方局妇委支持下,她在重庆

---

① 上海市妇女联合会妇运史资料组:《研究妇女运动理论的先行者——杜君慧》,内部资料,1984 年版,第 68—69 页。

② 君慧:《对战时儿童保育运动应有的认识》,《妇女生活》1938 年第 5 卷第 11 期,第 5 页。

③ 君慧:《抗战期中的恋爱问题》,《妇女生活》1938 年第 6 卷第 3 期,第 13—14 页。

④ 君慧:《抗战与妇女生活的集体化》,《妇女生活》1938 年第 6 卷第 2 期,第 4—5 页。

⑤ 梁柯平:《妇运前驱杜君慧》,见上海市妇女联合会妇运史资料组:《研究妇女运动理论的先行者——杜君慧》,内部资料,1984 年版,第 11 页。

创办《职业妇女》月刊,为职业妇女的就业问题呼吁,反击"妇女回家论"。

六、区梦觉与战时妇女动员

区梦觉(1906—1992),又名区白霜,广东南海人。抗战时期历任广东省妇女工作委员会书记、中共广东省省委委员、中共中央妇女运动委员会委员等职。1940年12月赴延安中共中央党校学习,后出席中共七大。

1941年,区梦觉指出华南妇女的特点:①"多数妇女都是天足,参加生产,许多女工和女手工业者,还有许多农村劳动妇女及一部分女教师、女医生等,只有极少数资产阶级的妇女才是饱食终日无所用心的。"②"她们多能经济独立,不依靠男人也可以过活,因此她们的反抗性很强,自尊心与自信心也相当高,在旧礼教的压迫下,她们一部分早就采取了消极的反抗。"③"一般说来,文化水平比他地的妇女高,文盲半文盲虽然还占上大多数,但能进中学大学的并不顶稀罕,念过小学的人更不少。"④"她们早年就接受了革命思潮的洗礼,有革命的传统和斗争的经验。"[1]而华南妇女运动的特点也比较明显:①在广大工农劳动妇女群众中,是有一点基础的。②华南是国民党统治的地区,妇女工作都是经过干部耐心宣传说服,一点一滴做起来的。③华南严格执行党的统一战线政策。④华南有CC系、复兴社、第三党等,国民党的派系斗争,导致华南的妇运也常常闹派系冲突,妇女团体没有统一的领导。⑤华南妇女干部中知识分子占多数,工农干部也有一些;本地干部多,外来干部少。⑥华南妇女运动无论在成分上,还是在地区上,发展都是不平衡的。[2]

区梦觉指出华南妇女工作的经验教训:第一,关于统一战线方面,①统一战线工作不是上层的拉拢,而是上下层的艰苦工作。抗战后组织的妇女团体,都是一面进行下层群众的宣传动员,一面进行上层的说服与争取,只有这样,我们才有力量,才能建立巩固的统一战线。②把广大妇女团结于抗战的目标下,不一定要有统一的组织与统一的领导。③各派系的矛盾很多,她们彼此都想出风头,争地位,有时也需要群众,需要工作,我们必须抓紧这些推动她们进步,推动群众工作发展,但值得我们注意的就是要站稳我们的立场,站稳抗战利益高于一切的立场,灵活地去利用这些矛盾。④埋头苦干,切实工作,善于帮助别人,克服宗派主义作风,才能团结进步分子,争取中间分子,打击顽固分子。第二,关于组织方面,①参

---

① 区梦觉:《华南妇女工作的几点经验教训》,《共产党人》1941年第17期,第27—28页。
② 区梦觉:《华南妇女工作的几点经验教训》,《共产党人》1941年第17期,第28—29页。

华南女兵训练中

资料来源:《大美画报》1938 年第 5 期,第 2 页。

加现有的合法团体和争取公开合法。②运用各种各样的方式方法去组织不同阶层、不同生活、不同程度、不同兴趣的妇女。③组织生活不要求严密,尤不可枯燥呆板。关于保护妇女切身利益方面,我们愈能关心群众的疾苦,注意帮助她们,就愈能团结群众。第三,关于作风方面,首先一切女干部应参加各种生产部门,职业部门;不要太政治化,要善于学习人家的作风,善于隐蔽自己。①

1941 年,区梦觉响应党中央加强妇女调查与研究工作,肃清主观主义和形式主义的作风的号召,写作《怎样在妇女运动中展开调查研究工作》。对于怎样开展调查研究和获得材料,她认为应该注意:①不仅要了解自己,同时要了解朋友,了解敌人,搜集材料,须注重敌友我三方面。如敌友我各地区各阶层妇女生活情形、相互关系及其活动状况;敌友我妇女运动政策及其具体设施;不同阶层妇女、不同地区、各种妇女组织及各种问题的典型材料。②一个地区的一个工作者,她不可能样样都调查,也不可能短时期内样样都熟悉,所以要有计划、有步骤、有中心地调查研究。③如何获得材料? 一是从报纸杂志上摘录有关的消息及材料,加以系统的整理;二是开调查会,找熟悉这方面的人参加,与之作详细的谈话。谈话时自己要有大纲,并提出一些具体意见和她们讨论;找干部或民众作个别谈话,提出问题,要求她们答复。与群众谈话时,要特别注意方法和态度。比如要有耐心;先建立友好的感情;不拘形式;随便闲谈;不要用法官审案的口吻谈;先和本人谈,再从

---

① 区梦觉:《华南妇女工作的几点经验教训》,《共产党人》1941 年第 17 期,第 28—35 页。

旁人补充,等等。① 区梦觉对于妇女调查研究的方法介绍得非常具体而细致,对于妇女调查研究的方法可操作性很强,而且注重从实际出发,分区、分阶层、分清敌我进行了解和调查,具有踏实而肯干的工作作风,这也是中共妇女干部在进行妇女工作普遍具备的特点。在实际的调查过程中,又注重对下层妇女群众,特别是农村妇女群众的调查研究和开展工作。

1942年"三八"节,区梦觉在《回家庭? 回社会?》一文中指出:关于"妇女回家"问题的争论,是抗战时期乃至整个近代中国妇女运动过程中的基本论争。区梦觉反对"妇女回家"的论调,反对"贤妻良母"的论调。她指出,男女生理上的差别,妇女在生育方面的功能,并不应该作为社会分工的基础。社会分工是根据社会一定生产力而不是性别来进行分工的。全民族抗战时期不少妇女在前线、后方参加了轰轰烈烈的抗战工作。家庭制度是适应一定的社会经济机构而产生的。建立健全的家庭制度,只有依靠建立健全的社会制度,而不是相反。要想改造家庭制度和社会制度,必须从参加抗战工作、建立新中国入手,只有驱逐出日本帝国主义,才能创造一个新的家庭和新的社会。②

区梦觉指出,妇女只有参加社会活动和社会生产事业,参加各类抗战工作,增强抗战力量,才能提高自身经济地位。她指出应该动员那些被束缚在家庭当中、没有社会地位的妇女出来从事抗战工作。区梦觉承认妇女有着家事的困难,走进社会有着家事的牵绊,她希望政府能够保护产妇和孕妇,扩大公共保育事业,广设托儿所,减少儿童对妇女的牵累。她也希望妇女尽可能根据自身的条件,减少家事的牵累,从社会解放和民族解放中争取彻底解决妇女问题。她列举沈骊英在4个子女的牵累下,始终不懈地从事科学研究的例子来鼓舞妇女大众。区梦觉指出,提倡妇女回家,是企图摧残民主,削弱抗战力量;是加紧束缚和奴役妇女的勾当。她表示:"我们坚持反对妇女回家,主张立即动员广大妇女群众到社会上来,适当解决妇女家事牵累,鼓励妇女参加社会各部门的工作,为民族解放妇女解放而奋斗。"③

1943年"三八"节,区梦觉发表《改造我们的思想意识》一文,指出改造妇女干部们的思想意识,改变她们思想狭窄、对政治漠不关心的弊端,希望妇女干部们在处理实际问题中能够更加理性和成熟,反对妇女们的虚荣心理;希望妇女干部们

---

① 区梦觉:《怎样在妇女运动中展开调查研究工作》,《新华日报》1941年10月26日第3版。
② 区白霜:《回家庭? 回社会?》,《解放日报》1942年3月8日第4版。
③ 区白霜:《回家庭? 回社会?》,《解放日报》1942年3月8日第4版。

具备鲜明的政治立场和对日本侵略者的仇视、痛恨心理,希望妇女干部们能够立场坚定,有着崇高的爱国精神和无产阶级革命情怀。①

抗战时期党的妇女工作者积极进行妇女动员,从事战时妇女工作。从这些中共妇女领袖的言论及实践活动,大致可以了解到战时党的妇女工作特点。抗战时期党的妇女工作比较注重对中下层特别是普通女工和农村妇女的动员,中共所领导的战时妇女动员工作非常细致,她们注重对妇女特别是下层妇女实际情况的调查与研究。在调查与研究的基础上,针对具体情况开展妇女工作,特别注重调动下层妇女群众参加抗战工作积极性和主动性。中共妇女领袖的妇女运动观念是阶级观与妇女观、民族观的结合。中国共产党的妇女运动者认为妇女受压迫的根源在于其所处的阶级与社会地位,提倡妇女解放与阶级解放、民族解放并行;认为只有民族和阶级获得解放,妇女自身的社会地位才能得到提高,才能实现妇女自身的解放。

在国家危机、社会救亡之下,中国女性精英积极投入抗战救亡行列,从事儿童保育、妇女慰劳和生产等各项战时工作。相较于国民党妇女领袖一再强调女性服务于民族国家利益的战时动员,中共的妇女领袖比较多地关注妇女参加战时工作的积极性和主动性,因而进行了不少实际调查与研究工作。中共的妇女领袖强调要改善妇女的生活状况,尤其是广大下层妇女的生活,并对其进行必要的政治教育,以启发民族意识。

第四节　丁玲与西北战地服务团

抗战时期,全国妇女不计危险、艰苦、辛勤和代价,投入抗战阵营,付出了巨大的努力。妇女战地服务团是妇女走向前线、直接服务抗战、参与抗战的重要妇女组织。抗战时期的妇女战地服务团通过前线慰劳、文艺汇演、通讯宣传等方式,有效地联络了军民情感,激励了前线士兵英勇抗日。② 全面抗战时期,丁玲率领西北战地服务团自 1937 年 8 月赴山西前线服务,至 1938 年 8 月返回延安。丁玲作为女作家,又是妇女文艺工作者,她组织了妇女到前线,不仅进行物质的慰劳,还进行文艺汇演、刊登街头壁报、撰写采访通讯等工作,在宣传、组织和动员群众支援

---

① 区白霜:《改造我们的思想意识》,《解放日报》1943 年 3 月 8 日第 4 版。
② 游海华:《战地服务与社会动员——上海劳动妇女战地服务团考察》,《安徽史学》,2018 年第 2 期。

抗战方面发挥了重要的作用。西北战地服务团中的妇女面临很大的考验,在生活上、工作中完全和男同志一样,她们辛劳英勇,担任爬山、放哨、警戒等工作,在文艺宣传、军民联络等方面发挥了重要的作用,有效地配合了前线战事,增强了前线的性别色彩。丁玲领导的西北战地服务团,更强调从下层和宣传动员方面着手,带有中共妇女动员的鲜明特色和时代特征。学界关于西北战地服务团的研究,多从西北战地服务团的整体情况着手,对战地服务团的主要活动进行梳理,①鲜少从丁玲和战地妇女的角度出发,探讨丁玲领导下的战地妇女的具体表现,丁玲与西北战地服务团兴起缘由、服务历程、特点及影响等,探讨丁玲在战地服务期间的文艺创作,凸显丁玲在领导战地服务团中的主体性和能动性问题,并尝试从社会性别的角度梳理西北战地服务团的性别关系等问题。

一、丁玲与西北妇女战地服务团兴起

西北战地服务团成立于卢沟桥事变爆发后,八路军出发晋北抗日战斗时,其主任为革命文艺女作家丁玲,团员共30余人,采取分工合作制,生活上表现着"力的凝集和力的共同发挥"。② 当然这个团员的人数是在变化中的,人数最多时达到百余人。③ 1937年8月,西北战地服务团发表成立宣言,号召全民族不分党派、不分军民,一致团结、血战到底、保卫祖国。她们组织前线民众战地后援会团体,号召全国青年到前线去服务。④西北战地服务团内部组织分秘书处及宣传、通讯两股。秘书处管理总务、对外交际事项以及布置救亡室等,工作琐碎一

1939年西北战地青年服务团团长丁玲
资料来源:《展望》1939年第1期,第8页。

---

① 周峰:《抗日战争时期西北战地服务团几个问题研究》,《南京政治学院学报》,2009年第6期;张静岩:《西北战地服务团研究》,山西师范大学2012年硕士学位论文。
② 赵定明:《西北战地服务团(附照片)》,《中华(上海)》1938年第68期,第22—23页。
③ 梅子:《三年来的妇女工作报告和检讨》,《妇女新运》,1940年第2卷第8期,第7页。
④ 《战地(创刊号):西北战地服务团成立宣言》,《新中华报》,1937年第385期,第4页。

些;宣传股可分话剧、歌咏、杂耍、跳舞、漫画等小组;通讯股专管街头壁报,对内采访消息,对外写、寄通讯。①

丁玲主持之西北战地服务团

资料来源:《良友》1939 年第 140 期,第 12 页。

1937 年 8 月 12 日,西北战地服务团通过《行动纲领》,其主要内容有:①慰劳、援助和鼓励抗日将士,提高抗日军的抗战情绪;②给予民众军事、政治、救护、运输等训练,组织各地各种形式的救亡团体与各种形式的民众武装;③积极联络各地救亡团体及参战团体;④向敌军做各种方式的宣传工作;⑤为发扬全国人民抗战的积极性,要使人民取得民主权利,争取集会、结社、言论、出版及组织抗日武装的自由,加强民族统一战线的力量;⑥使全国人民参加抗日战争,在不妨害民族统一战线纲领下,改善人民生活;⑦通过各种口号、标语、壁报、讲演、音乐、戏剧等

---

① 赵定明:《西北战地服务团(附照片)》,《中华(上海)》1938 年第 68 期,第 22—23 页。

方式进行宣传,使广大群众和抗日战士能够明了民族抗战的目标及意义,唤起他们斗争的情绪与牺牲精神;⑧以诸种方式向国内外宣传中国抗战精神。①

西北妇女战地服务团合影

资料来源:《学生杂志》1939年第19卷第12期,第1页。

西北战地服务团在八路军中主要进行精神文化慰问活动,②西北战地服务团团员还有夏革非、何慧、郎宗敏、李君裁、王钟、吴光伟等人。③ 西北战地服务团当时号称"无论什么人愿意参加他们这个团体的,都欢迎",他们随西北革命军事委员会总政治部副主任杨尚昆,出发到定边前线、晋察冀一带的战区,去做宣传和救护工作。④ 1937年8月15日,延安各界在大礼堂为西北战地服务团举行欢迎晚会,毛泽东出席并致词称战地服务团是一件大工作。丁玲表示要以战地服务的方

---

① 《战地(创刊号):本团行动纲领》,《新中华报》,1937年第385期,第4页。
② 赵定明:《阅者园地:(上)谷光先生:关于丁玲女士领导的西北战地服务团(附照片)》,《东方画刊》1938年第1卷第6期,第33页。
③ 赵定明:《西北战地服务团(附照片)》,《中华(上海)》1938年第68期,第23页。
④ 《丁玲等组织战地服务团(附照片)》,《田家半月报》1937年第4卷第18期,第5页。

式对抗日本的侵略。① 丁玲被任命为西北战地服务团主任后,曾向毛泽东请示工作,毛泽东表示服务团要扩大党和军队的政治影响,宣传党的抗日主张。②

西北战地服务团于 1937 年 9 月 22 日沿着延河出发,徒步经延安过黄河,至临汾,然后来到山西省,"沿途颇受各地民众欢迎"。据记者采访该团副团长吴奚如称:该团特为服务前线所组织,参加团员 30 余人,随行工友 20 余人,共 60 余人。该团设主任、副主任各一人,下设工作委员会,其下并设秘书处及通讯(负责采访、编辑、摄影等)、宣传(负责戏剧、歌咏、讲演等)二股,并准备新添地方工作一股,专门负责组织地方民众参加抗战工作,并发行有《战地》刊物一种。③

1937 年 10 月 7 日,为扩大其工作范围,丁玲领导的西北战地服务团改组为西北人民战地服务团,由延安出发。④ 1937 年 10 月 12 日,丁玲率领战地服务团到达山西省。10 月 13 日,丁玲应战地总动会的邀约,在山西大学礼堂讲演,到会人数甚众,丁玲将该团成立意义及来由经历详述一遍,言词颇为生动。西北战地服务团在山西省城稍留数日,即出发奔赴前线工作。⑤

西北战地服务团从延安出发后,先经山西甘谷渡过黄河,进入山西太甘平渡关,到大宁、蒲县、临汾、榆次、太谷、和顺、榆社、武乡、沁县、沁源、安泽、洪洞等十多县,其中大部分是步行的。"在五台阳泉有我们记者的足迹,在每个县的附近村庄遍布着我们团员的足迹,统计连带街头集会共演出 90 多次,动员 19 万名民众,发表 59 个通信,大部分材料是取自游击队决死队的实际情形。"⑥西北战地服务团积极奔走和演出,努力进行前线慰劳和服务工作。

在战区,西北战地服务团帮助八路军从事救护,用戏剧歌咏宣传民众统一战线,颇著功绩。工作之余,西北战地服务团组织战地讨论会及政治测验;在延安成立"民族解放先锋队"后,已与全国发生关系,成立分部,也时常召开生活检讨会。西北战地服务团出发战地,追随游击队,历尽艰险。"有一次在距离太谷二十里之

---

① 《作家丁玲、史沫特莱等组织西北战地服务团出发前线》,甘肃省社会科学院历史研究所编:《陕甘宁革命根据地史料选辑(第四辑)》,甘肃人民出版社 1985 年版,第 29 页。
② 丁玲:《延安文艺座谈会的前前后后》,张炯主编,蒋祖林、王中忱副主编:《丁玲全集》(第 10 集),河北人民出版社 2001 年版,第 264 页。
③ 《丁玲从延安到太原》,《战时大学》1937 年第 1 卷第 1 期,第 20 页。
④ 《丁玲率领之妇女服务团》,《中央日报》,1937 年 10 月 9 日第 3 版。
⑤ 《丁玲从延安到太原》,《战时大学》1937 年第 1 卷第 1 期,第 20 页。
⑥ 王唯坚:《西安通讯:活跃的西北战地服务团》,《新学识》1938 年第 2 卷第 11 期,第 27—28 页。

冀村,风闻由火线退下之游勇,在相距七八里之范村活动,枪械锐利,声势汹汹,当即由游击支队探知,设计请首领来,晓以大义。首领见布置森严,又感受政治员一片恳切劝告,遂下命令,全部缴械,该团遂得转危为安。"①在临汾战略退却前,西北战地服务团来到西安,组织两次精神饱满的戏剧公演,并准备赴沿河西岸各县宣传。

1938年3月,丁玲率领着西北战地服务团,辗转数千里,回西安来了。西北战地服务团从晋察冀前线回来后,曾在西安进行休整和文艺宣传。丁玲表示:"西北战地服务团在军事很紧张西安快成前线时到这里来了,我们本打算只留一个短时期,因为同志们有病还需要休息,所以在这里逗留了较长的时间。不过在这些时候我们一直没有放弃后方的工作,在最近一个月内我们曾公演过二十次,要我们经常去教歌的团体有二十个,在第一战区、第二战区以及广东的服务团都和我们有关系。在西安我们主要的任务是要把我们仅有的工作经验告诉给大家。"②

西北战地服务团在文艺演出方面很有影响,成为该团队鲜明的特色;在表演话剧和文艺汇演的同时,还积极支助其他团体的文艺活动。丁玲领导的西北战地服务团自1937年8月起赴山西前线到1938年8月返回延安。后来西北战地服务团由副主任周巍峙领导,于1938年11月告别延安,挺进敌后根据地晋察冀边区进行戏剧宣传活动。

二、丁玲率西北妇女从事妇女战地服务

在领导西北战地服务团之前,丁玲已经在西安从事宣传工作。1936年11月11日,丁玲来到了革命圣地陕西保安(今志丹县)。③ 她的行踪受到大小报刊和八封新闻的关注。1937年,筱波在《学生呼声》发表《迎丁玲》,欢迎丁玲来到陕西。④该刊同期还刊登了1月15日青韵所作的《丁玲女士,敬礼!》一诗。⑤ 1937年1月22日,《立报》称:"西安各报均载左翼女作家丁玲已抵三原;西安所谓救国会并派代表赴三原欢迎。"⑥三原位于关中平原中部,是陕西历史文化名城。西安事变爆

---

① 赵定明:《西北战地服务团(附照片)》,《中华(上海)》1938年第68期,第22—23页。
② 《陕西妇女界欢迎世界学联代表团记》,《西北妇女》1940年第8期,第6—7页。
③ 宋建元:《丁玲评传》,陕西人民出版社1989年版,第236页。
④ 筱波:《迎丁玲》,《学生呼声》1937年第1卷第3期,第3—4页。
⑤ 青韵:《丁玲女士,敬礼!》,《学生呼声》1937年第1卷第3期,第4页。
⑥ 《丁玲传已抵三原》,《立报》,1937年1月22日第1版。

发后,丁玲即在三原做宣传工作,开会讲演地点,"或收省立三原女子中学校,或假三原妇女协进会,且有时常在街头巷尾,亦讲演不休,故当地一般思想新颖之妇女们及男女学生等,均为之动"。① 1937 年 1 月 27 日,《上海报》和《民报》称:"(丁玲)现带女匪赤色宣传队 70 余人,在三原一带演剧,宣传赤化。"②在发起西北妇女战地服务团之前,丁玲已在保安、三原等地进行文艺宣传。

丁玲来到革命圣地陕西保安,③经历了身份和角色的大转变,她披上了军装,成为西北战地服务团主任。据当时人描述,"丁玲是非常健康的。她朴质的穿着一套灰军服,矮矮的身体,胖胖的脸,古铜的颜色,嵌上一对非常英爽生动的眼,分外显得明朗而有力。"④1938 年 3 月 7 日,西北战地服务团招待西安各界。"这里表现是集团,而不仅是领袖的活动。"⑤西北战地服务团团员们一律穿着灰布军服,罩着夺自敌人嵌有红线的黄呢大衣,每个团员都负了招待的责任。

西北战地服务团主任丁玲工作很忙,"每天除因公出外,回来就写文章、看稿子,因为要在很短的时间之内,还要把服务团特刊编出来,交生活书店出版"。⑥ 已经编好的,有歌咏组的《战地歌声》歌集,有丁玲自己的新作品《三幕剧》,还有杂技组的《杂要集》,通讯组的《通讯稿集》,以及著名诗人田间关于服务团人物和工作的诗集等。记者与战地服务团告别时,正值陕西各界民众发起的"宣传周",他们每天晚上在西安广播电台播音,记者从无线电里听到他们歌咏队的歌咏及快板。⑦

抗战一年来,活跃于西北从事抗战工作的丁玲,被视为战斗意识最坚强的女战士,她领导之下的西北战地服务团在西安成为著名的宣传机关。所有团员,均是来自各地的知识青年,他们因迫于抗战的使命,自动加入此团体,在丁玲的指导下,以各种方式参加后方的抗战工作,例如化装宣传、慰劳、演剧、救护、歌咏等。西北战地服务团在西安组织两次公演,给西安观众留下深刻的印象。⑧

西北战地服务团的文艺表演令人印象深刻。陈约克(Jack Chen)在去延安途

---

① 京客:《关于丁玲之行踪》,《金钢钻》,1937 年 3 月 11 日第 2 版。
② 《丁玲在陕宣传赤化》,《民报》,1937 年 1 月 27 日第 2 版。
③ 宋建元:《丁玲评传》,陕西人民出版社 1989 年版,第 236 页。
④ 浩歌:《丁玲会见记》,《新西北》1937 年 1 卷第 4 期,第 36 页。
⑤ 王唯坚:《西安通讯:活跃的西北战地服务团》,《新学识》1938 年第 2 卷第 11 期,第 27—28 页。
⑥ 小童:《最近的西北战地服务团》,《新演剧》1938 年第 1 卷第 2 期,第 33 页。
⑦ 小童:《最近的西北战地服务团》,《新演剧》1938 年第 1 卷第 2 期,第 33 页。
⑧ 《丁玲女士主持下之第八路军西北战地服务团》,《大美画报》1938 年第 10 期,第 2 页。

中，与丁玲组织的西北战地服务团同行。陈约克曾描述西北战地服务团演剧的情形：演剧的开始通常是一出滑稽戏，由一个丑角表现他患病了，他的哥哥一诊脉，吓了一跳，"患的是相思病啊"。他说："观众便哄堂大笑。事实呢！这人患的是恐日病，于是请了一个医生来，药瓶上写了许多抗日的标语，这人饮了便霍然痊愈。"丁玲所组织的服务团，过去 10 个月中已增加至 12 团，分布于各处军队中。西北战地服务团的演出给当地民众留下深刻的印象，丁玲一袭军大衣更是令人印象深刻，①某种程度上也显示了她希望能够跨越性别界限，从事传统意义上男性所从事的活动。

丁玲率领战地妇女前往前线服务，既是女性希望能够跨越传统的性别界限，也是突显女性由传统向现代转换的重要特征。战地妇女能够走上前线，展示自身勇敢坚强的一面，她们走出了传统意义上的家庭空间，走向更为广阔的社会活动空间，突显现代女性的特征和能力。

三、抗战时期西北妇女战地服务的性别色彩

妇女参加战地服务，面临着很大的考验，"在山西时各城市差不多都没有任何的防空设备，而日本飞机可以在这些地带毫无顾虑地轰炸，当地老百姓心里只有对日本兵的恐惧，在这些被占的城市里，青年人都走光了，老人小孩很多被杀，特别是妇女，我们曾经看见过好几个窑洞里，堆满了血肉模糊躺的女尸，不过虽然一村一村的被杀被占，但人民是更有组织的动员起来了"。②

丁玲和西北战地服务团的妇女团员一样，英勇地、不畏死地工作着，丁玲曾回忆道："今天我所要讲的是关于妇女方面，在十四师、十七师、同蒲路游击队中都有妇女政治工作者，英勇地、不怕死地工作着，他们的工作分宣传、组织与训练（对于民众）。"特别是在军事训练班内，教与学方面都有妇女参加，课目有军事政治常识和组织民众等，她们帮助军队政府做组织、宣传和慰劳、救护等工作，同时还帮助军队组织担架队、洗衣队，扩大帮助军队的运动，等等。③ 战地妇女希望跨越性别的界限，在战地服务中有效地发挥自身的主体性和能动性，为抗战贡献自身的力量。

---

① 《去延安途中：丁玲的服务团》，《良友》1939 年第 140 期，第 12 页。
② 《陕西妇女界欢迎世界学联代表团记》，《西北妇女》1940 年第 8 期，第 6—7 页。
③ 《陕西妇女界欢迎世界学联代表团记》，《西北妇女》1940 年第 8 期，第 6—7 页。

丁玲表示:"在西北战地服务团的女同志,她们在生活上工作上完全和男同志一样,她们担任爬山、放哨、警戒……过去她们是从来没有做过这样的工作,但是现在不仅在战地服务团,并有很多被军队请求派去在军队里服务……关于鼓励士气工作我们女同志也很努力,最危险的是在溃退的士兵中间,因为他们并不认识我们,他们很多人又非常地乱,但结果都和我们成了很好的朋友。"西北战地服务团积极动员最基层的农民群众,"我们大多的时间是和农民在一起,他们最初不愿当兵,但经过我们耐心的宣传后有很多都参加了义勇军"。①

西北战地服务团以文艺宣传的形式,开展群众组织和动员工作,战地服务团内部既有女性团员,也有男性团员,他们分别运用自己的性别特点,开展文艺宣传和动员,实际上仍然发挥着传统的性别特色。丁玲曾指出:"在榆次有很多工人要求我们演剧,他们因为敌人的轰炸把工作时间改在晚上,下工总在十点之后,我们没有把握,可以在大部分工作十小时小部分工作十二小时的疲劳观众里获得多少效果,而结果他们极兴奋的,而且马上发动了一个类似抗敌同盟的组织。在娘子关附近的雪地里,碰到溃退下来的部队,他们的行为有些使人不能满意的。同志们都感到没法克服,我们用极大的耐心,用我们的戏歌把他们一天一天改变起来,结果和我们的关系极好,他们很信任我们的话。"②

西北战地服务团以吃苦耐劳的精神和文艺演出,获得民众的好感与信任。1937年,温明在《战时妇女》杂志上撰信给丁玲,表达赞许,"现在确知你带领着战地服务团从陕北到了晋北的战区,和不少的朋友站到民族抗战的第一线上,直接尽力"。③ 对于西北战地服务团取得成绩的原因,丁玲指出,这是因为他们在工作上形成半军事化的组织,他们的组织一天天地健全起来,生活上极力反对散漫;在学习上,由个别队员搜集时事,供给时事分析的材料,不断从事抗战理论的学习,同时文艺研究会经常举行座谈会。"我们的工作虽然一般的是救亡而同时也是接近艺术的。"丁玲宣称:"我们的工作,不是为戏剧而戏剧,也不是为歌咏而歌咏,而是为了救亡而工作。"④西北战地服务团采取文艺演出的形式,为的是从事抗战救亡的工作。

① 《陕西妇女界欢迎世界学联代表团记》,《西北妇女》1940年第8期,第6—7页。
② 王唯坚:《西安通讯:活跃的西北战地服务团》,《新学识》1938年第2卷第11期,第27—28页。
③ 温明:《寄丁玲》,《战时妇女》,1937年第9期,第2页。
④ 王唯坚:《西安通讯:活跃的西北战地服务团》,《新学识》1938年第2卷第11期,第27—28页。

四、丁玲在西北战地服务期间的创作

作为西北战地服务团的主任,丁玲在领导西北服务战地服务的同时,积极进行创作和演出。对于战地服务团的文艺创作活动,丁玲曾对记者介绍道:"在工作开始的时候,我们估计经过的地方是战区,对象差不多是士兵农民,所以在取材上,力求接近他们的生活,极力求其大众化,我们搜集了许多小调歌谣,而每走一个地方,就需要改编一次,在陕北在山西,都是利用了大量的小调,必须使我们所演出的,是大众的。"①战地服务团善于利用陕西、山西等地方特色,创作适合当地士兵农民接受的接地气的文艺作品。西北战地服务团还编印各类剧本、歌曲、诗集等丛书。丁玲曾表示:"现在我们正在编印一种丛书,共计九本,有剧本,有歌曲,有通讯集,有诗,这些书已交武汉杂志公司、生活书店,半个月后可出版,这个工作完毕后我你就要离开这里。"②除演出外,创作文艺作品和编印剧本、诗歌丛书也是战地服务团的主要内容。

在第八路军中组织西北战地服务团之丁玲女士,与最幼之团员摄于延安救亡室前

资料来源:《学生杂志》1939 年第 19 卷第 12 期,第 1 页。

---

① 王唯坚:《西安通讯:活跃的西北战地服务团》,《新学识》,1938 年第 2 卷第 11 期,第 27—28 页。
② 《陕西妇女界欢迎世界学联代表团记》,《西北妇女》,1940 年第 8 期,第 6—7 页。

　　1938 年,记者采访在西安的西北战地服务团,发现他们的"救亡室"墙壁上挂着战时地图、壁报(计有三种新文字的,生活方面的,图案和照片的),从山西方面带回来的染着日本士兵的血的太阳旗,和"武运长久"的布幅;以及在窗台上陈列着新书报,外国人赠送的很多西文书报。"团员们都很兴奋地在里面唱上歌子,画宣传画,自己看书。"自两次公演后,西北战地服务团团员,因为过度劳累病了。大部分团员每天仍帮着西安各界演剧,如《慰劳铁路工人》《出征将士大会》等;有的每天仍到各团教歌曲、赶编剧本,如《津浦线》《是谁杀了我的儿》等;有的编京剧如《参加抗日军》等;有的编大鼓如《台儿庄火战》等;有的编快板如《津浦线》等;有的创作相声如《杨柳青》等;有的创作歌曲如《五月进行曲》《机械化兵团歌》《歼灭战》《上战场》等;还有些团员创作小调如《五台山小调》《勉军人》《说统一战线》等,并将话剧《打倒日本升平舞》改编成歌舞剧。[1]

　　出于战事的需要,丁玲创造了话剧《重逢》和《河内一郎》。[2] 丁玲的剧本《重逢》,创作于 1937 年 8 月,写的是李白芝在抗战中被日本特务部抓捕,后来在狱中与战友、失散恋人短暂"重逢"的故事。[3] 它展现了女性革命者的困惑与挣扎,以及革命女性对于生命意义的探寻。[4]《重逢》不仅在延安演出,而且曾由香港文协译成英文寄往印度,印度国剧坛对《重逢》剧本大感兴趣,由泰戈尔大学戏剧组正式上演,该剧的"演出成绩极佳,为印度知识分子热烈欢迎"。[5] 该剧表现的慷慨赴死的精神和真挚的情感,感染了很多观众。

　　丁玲的另一部剧本《河内一郎》,是以俘虏为题材的抗战剧,全剧讲述了河内一郎在外服满兵役三年而返回日本,却又被调往中国打仗,不得不又离开了故乡,后来在山西前线阵地被俘虏且受感化的故事。河内一郎在伤兵医院受到看护小姐的疗伤和感化,看护小姐表示,日本弟兄们也是被强迫出来流血的,中国人民和日本人民真正的敌人是日本法西斯,最后说服河内一郎参加中国战线,去打倒日本帝国主义。正如杨文所说,"它含有政治性的宣传作用,作者细腻地描写了日本人民反战及日本士兵厌战的心理,且阐明对于我们真正的敌人——日本法西斯的

　　① 小童:《最近的西北战地服务团》,《新演剧》1938 年第 1 卷第 2 期,第 33 页。

　　② 丁玲:《我与戏剧》,《丁玲戏剧集》,中国戏剧出版社 1983 年版,第 5 页。

　　③ 丁玲:《重逢》,《七月》1937 年第 5 期,第 137—142 页。

　　④ 黄丹銮:《革命女性对生命意义的探寻:丁玲的〈重逢〉再解读》,《现代中文学刊》2014 年第 6 期,第78—84 页。

　　⑤ 海星:《丁玲杰作"重逢"》,《中国商报》,1940 年 8 月 24 日第 5 版。

认识,和强调俘虏的意义。"①全剧的发展很轻松,结构却很紧凑,无论在对话方面还是在技巧上,都可以看出作者独特的作风和超越的手法。

丁玲还尝试改良平剧,她在《略谈改良平剧》一文中指出:"平剧比一切地方戏技巧高,格局深,因此利用也不易,问题更复杂。"②丁玲认为平剧是继承中国传统的歌舞而演化成的,应该站在不离开歌舞剧的原则内来改良平剧。丁玲领导西北战地服务团,通过话剧、歌咏、壁报等方式进行抗战宣传和动员。在西北战地服务团时期,丁玲除创作话剧《重逢》和《河内一郎》外,还参加话剧《王老爷》的演出。丁玲的工作很忙,在临汾等地多次慷慨激昂的演讲。③ 丁玲领导西北战地服务团,通过公演,获得各界人士赞誉。④ 此外,丁玲还主编了一套战地丛书,包括《战地歌声》《一年》等。

除了在山西、西安进行宣传,丁玲也计划到战地前线去工作,她表示可以更深入下层群众中去,而且他们所演的都是暴露日本罪行、拥护抗日民族统一战线的内容,是一般的抗日工作。⑤ 事实上,除了工作以外,西北战地服务团还要经常学习,一个是学术讨论会,进行理论的学习;一个是生活检讨会。⑥ 丁玲回忆说:"过去我们在山西,有时每天公演,头天晚上在张家庄把幕布拆了回来,第二个夜晚又到几十里路以外的村庄上演出了。"除简短的话剧外,"大半都是一些煽动的口号标语,因为我们的观众不是兵士就是工农,我们的目的只在如何去教育他们"。⑦ 这种简单的标语、口号等,贴近工农群众的生活,易于被民众接受。

除文艺创作外,丁玲对于妇女问题有自己的看法。1937 年 6 月,记者采访丁玲关于妇女救国问题的认识,丁玲指出:"直到现在,她们还是继续努力着民族解放运动,多少革命女作家毫不犹疑地实践这工作,现在中国妇女对革命思想认识的深刻,可说是前无古人,这全是由上海、天津、北平等各大城市中的妇女努力宣传的成绩。""现代中国妇女,全感觉到她们的祖国在被侵略的危险中,于是她们组

---

① 杨文:《"河内一郎"》,《中央日报》,1940 年 3 月 1 日第 2 版。
② 丁玲:《略谈改良平剧》,《文艺阵地》1938 年第 2 卷第 4 期,第 495—497 页。
③ 江横:《丁玲访问记(通讯)》,《华美》1938 年第 1 卷第 4 期,第 21 页。
④ 江横:《丁玲访问记(通讯)》,《华美》1938 年第 1 卷第 4 期,第 21 页。
⑤ 江横:《丁玲访问记(通讯)》,《华美》1938 年第 1 卷第 4 期,第 21 页。
⑥ 江横:《丁玲访问记(通讯)》,《华美》1938 年第 1 卷第 4 期,第 21 页。
⑦ 丁玲:《我们抵陕后的公演》,《战地半月》1938 年第 1 期,第 9 页。

织爱国运动。"① 丁玲又谈到中国妇女怎样从事救国运动这一问题，她说，先要呐喊"抗敌救国""铲除汉奸"等口号，而且要做出些成绩来。妇女们要研究救国运动的各种理论，要动员她们的丈夫参加救国军，在动员民众时，使民众感动快乐安适，给军士们织布做衣，在后方募捐供给将士生活。② 丁玲希望中国妇女从思想上、精神上、心灵上对将士进行动员，并做好后勤工作。

丁玲作为女作家，又是妇女文艺工作者，在抗战时期，组织了妇女战地服务团，到前线不仅进行物质的慰劳，还进行文艺汇演、刊登街头壁报、撰写采访通讯等工作。西北战地服务团贴近民众的生活，进行文艺宣传和民众动员，起到军民联络的作用，组织和动员起广大工农民众参加到对敌抗战中来。

从 1937 年 9 月至 1938 年 8 月返回延安，西北战地服务团主要是在丁玲的领导之下从事文艺宣传活动。丁玲在领导西北战地服务团之前，主要是左翼作家的身份，"昨日文小姐，今日武将军"的丁玲，领导战地服务团的工作，进行了大量的文艺创作，包括她此前没有尝试过的话剧作品，她为西北战地服务团创作了《重逢》和《河内一郎》等作品，还亲自参加话剧《王老爷》的演出。在丁玲的领导和带动下，西北战地服务团创作了《保卫卢沟桥》《最后的微笑》《汉奸的末路》《劝夫从军》《抗日救国十大纲领》等。

抗战时期，妇女战地服务团是妇女走向前线、直接服务抗战、参与战争的重要组织。抗战时期涌现了新生活运动妇女指导委员会战地服务组、云南妇女战地服务团等妇女战地服务组织。远在西北的丁玲领导的西北战地服务团，与其他各妇女战地服务团相比，有着显著的特点。不同于其他妇女战地服务团主要从事救护、看护、卫生、防空、防毒、炊事、洗缝、运输、警护、慰劳、宣传等诸多方面的工作。③ 西北战地服务团主要从事文艺汇演和文艺宣传的工作。与国统区的妇女战地服务团相比，丁玲领导的西北战地服务团更强调从下层和思想动员方面着手，带有中共妇女动员的鲜明特色和时代特征。

西北战地服务团建团近八年，前后参加的工作人员，其中女性团员约 43 人。④战地妇女面临着很大的考验，但是她们不畏生死，英勇参加战地服务，她们在生活

---

① 《丁玲谈妇女救国运动》，《世界晨报》，1937 年 6 月 15 日第 3 版。
② 《丁玲谈妇女救国运动》，《世界晨报》，1937 年 6 月 15 日第 3 版。
③ 蒋鸣岐编著：《战地妇女工作》，正中书局 1938 年版，第 8—39 页。
④ 朱星南：《西北战地服务团名录》，《下一代》1995 年。

上工作上完全和男同志一样,担任爬山、放哨、警戒等工作,不仅在西北战地服务团中服务,并有很多被军队请求派去在军队里服务。妇女战地服务配合了前线战事,促进了军民联系,也增添了战地服务的性别色彩。

第二章
知名进步女性与抗日战争

抗战时期,除中共女性精英和国民党女性精英外,还有很多各界妇女领袖,如救国会的史良、刘清扬、曹孟君等人。抗战时期各党各派、各行各业女性精英对抗战作出了重要的贡献。对她们的妇女解放思想及实践的研究,既涉及她们所发动的战时妇女动员,也包括她们所领导的战时妇女慰劳、救济、儿童保育等各项工作。

抗战时期进步女性,对抗日战争和妇女运动发挥着积极的作用。她们在抗战时期,在民族国家危机的关头,对于抗战形势和抗战前途有着较为清醒的认识,她们对于国内和国际形势有着较明晰的判断,在号召国共两党精诚团结,号召抗战时期的妇女界大团结方面起到重要带头和示范作用。这些除国共之外的各界女性精英,积极参与并领导战时妇女工作和抗战工作,她们同样认识到相对于妇女自身的解放而言,在国难当头之际,民族国家的解放更值得妇女界为之努力。她们积极关注民族国家的前途,争取妇女自身的权益,在自身的工作岗位上努力付出。她们关注国内各党各派各界的团结,妇女内部的团结和妇女内部联系的加强。她们积极组建起抗战时期的妇女组织及妇女组织网络,并通过妇女组织和妇女培训的方式开展妇女动员,使妇女们同仇敌忾。

第一节　全面抗战时期宋庆龄的政治活动

宋庆龄是伟大的爱国者、政治家。宋庆龄 1949 年当选国家副主席,晚年加入中国共产党。但是抗战时期宋庆龄主要还是以党外人士身份进行活动,故将宋庆龄置于知名进步女性范围进行讨论。

关于宋庆龄的研究，尚明轩的《宋庆龄年谱长编 1893—1948》，以记述其生平思想活动为主，兼收与其生活有关的各方面资料，力求引用原件、影印件或最初发表的书报资料，全文采用平叙和纲目两种体裁。① 宋庆龄基金会编辑的《宋庆龄选集》提供了有关宋庆龄的重要文献。② 基于宋庆龄的重要性，学界出版了多种宋庆龄传记。③ 宋庆龄在妇女解放、政治民主、"联共"爱国、和平反战、现代化建设、基督教思想及品格等方面表现出相当的自主性，学界对其思想的研究也不少。④ 关于抗战时期宋庆龄的研究也有不少成果，特别是徐锋华的《身份、组织与政治：1938—1958 年的宋庆龄和保盟—中福会》，不仅论及保盟—中福会的沿革，救济与福利及对外宣传工作，还论及宋庆龄与宋氏家庭及国民党的关系，其与中共及民主人士的关系，以及其国际关系网络的构建。⑤ 本章拟在前人研究的基础上，主要结合台湾"国史馆"馆藏档案⑥、民国报刊对全面抗战时期宋庆龄的主要活动及政

---

① 尚明轩主编：《宋庆龄年谱长编 1893—1948》，北京出版社 2002 年版。

② 宋庆龄著、宋庆龄基金会编辑：《宋庆龄选集》，人民出版社 1992 年版。宋庆龄全集尚未出版，说明宋庆龄仍然值得研究。

③ 爱泼斯坦著：《宋庆龄传》，新世界出版社 1995 年版；尚明轩、唐宝林著：《宋庆龄传》，西苑出版社 2013 年版；吕明灼著：《宋庆龄传》，上海人民出版社 1988 年版；陈漱渝：《宋庆龄传》，北方妇女儿童出版社 1988 年版；陈漱渝编：《宋庆龄传 风华之后再无风华》，人民日报出版社 2012 年版；刘素平：《宋庆龄全传》，团结出版社 2017 年版；尚明轩著：《宋庆龄图文全传》，新星出版社 2021 年版；陈廷一著：《宋庆龄全传》，青岛出版社 1996 年版。

④ 孙海兰编：《宋庆龄和平思想及其形成》，海南出版社 2013 年版；上海宋庆龄研究会编：《宋庆龄的思想、精神和品格学术研讨会论文集》，中国福利会出版社 2004 年版；宋士堂：《孙中山宋庆龄社会主义思想论》，红旗出版社 1994 年版；刘娜：《宋庆龄爱国主义思想研究》，中北大学硕士学位论文，2021 年；徐寿凤：《宋庆龄妇女解放思想探析》，闽南师范大学硕士学位论文，2018 年；王芳：《民主革命时期宋庆龄的政治思想研究》，东北师范大学硕士学位论文，2021 年；于晓洋：《宋庆龄的妇女解放思想与实践活动研究》，哈尔滨工程大学硕士学位论文，2016 年；郑建平：《宋庆龄妇女解放思想研究》，大连理工大学马克思主义学院硕士学位论文，2016 年；张悦：《抗战胜利后宋庆龄对推动中国民主进程的贡献及评价(1945—1949 年)》，天津师范大学硕士学位论文，2015 年；贾晓霖：《宋庆龄对孙中山"联共"思想的继承与发展研究(1935—1940 年)》，海南大学硕士学位论文，2014 年；姚季萍：《宋庆龄与中国共产党政治合作研究》，广西大学硕士学位论文，2011 年。

⑤ 张世福主编：《宋庆龄与中国抗日战争》，上海社会科学院出版社 1996 年版，第 881 页；徐万发著：《宋庆龄与延安时期的中国共产党》，光明日报出版社 2013 年版；徐锋华：《身份、组织与政治：1938—1958 年的宋庆龄和保盟—中福会》，复旦大学博士学位论文，2009 年；温丽：《抗日时期民间救济组织的对外宣传研究——以保卫中国同盟为例》，陕西师范大学硕士学位论文，2020 年；李蓬勃：《抗日战争时期宋庆龄的慈善思想研究》，华东师范大学人文社会科学学院社会科学部硕士学位论文，2015 年；李晓红：《宋庆龄与中国民权保障同盟研究》，大连理工大学人文社会科学学院硕士学位论文，2008 年。

⑥ 台湾"国史馆"宋庆龄人事档案，主要内容如下："宋庆龄(女，广东中山人)，美国韦斯来女子大学。经历：中央政治会议、中央执行委员会、国民政府、国民大会、中共人民政府、中国人民政治协商会议、中苏友好协会、中国人民保卫儿童全国委员会、中国福利会、中国人民救济总会、全国民主妇女联合会。"参见《宋庆龄》，台湾"国史馆"馆藏"军事委员会委员长侍从室/系列二十//"档案，入藏号：129000098509A，典藏号：129-200000-3509。

治思想进行梳理。

一、主张团结,反对分裂,坚定抗战必胜信念

1. 坚定抗战必胜信念

宋庆龄在公开场合多次发表讲话支持抗日,表达对中国抗战前途的坚定信念和决心。她指出:"中国人民决不会投降,他们正在为自己也为世界各国人民而战斗着。"[1]早在 1937 年 8 月,宋庆龄在美国《论坛与世纪》杂志上发表《中国是不可征服的》,反驳诸如"中国太弱,抵抗不了日本"的荒谬论断。指出:"我坚决相信,中国不但能够抵抗日本帝国主义每一次和任何一次的侵略,而且它能够,并且一定可收复所有的失地。中国最大的力量,是中国大众一致的觉醒。在过去两年中,中国的抗日运动已有极大的展开。以前日本帝国主义还希望使国民政府成为日本征服中国的工具,这个希望现在是不能有了。日本的一切侵略行动,只是更增强中国的抵抗,日本分化中国的政策是失败了。而且它的侵略反促成了中国的统一,中国的政府是不会再听从日本割裂中国的土地了。"[2]

有论者指出:"七七事件发生以后,宋女士(宋庆龄)看了这是一次无可避免的战争,也是被侵略者唯一的出路的机会,于是,她登高一呼,主张准备重大牺牲,发动抗战,从死里去求生,继续这呼声的,便是神圣的炮声激起的。以后她便努力的工作,运用她在国际上的地位,履向国联呼吁,更唤起全世界爱好和平的人士,正义的予我们的同情,更在伦敦参加国际援华反侵略大会,给一般人的注意,虽因事而未出席,但她的电文,在大会中宣读出后,博得了出席者热烈的同情,更鼓起了他们极大的奋斗,终于通过了使我们满意的决案。"[3]

1937 年 9 月,宋庆龄指出中华民族在抗战中表现出了空前的团结和合作精神,"地球上没有一个力量可能消灭她",中国军队和人民在抗战中已经表现了充分的道德和精神的优势,"在这个我们所有势力的统一中,结集着我们最伟大的力量。中国是正用了全副精神抗战着"。[4] 1937 年 10 月 15 日至 16 日,宋庆龄在《救

---

① 宋庆龄:《给全世界的朋友的信》(1939 年 5 月 1 日),《宋庆龄选集》(上卷),人民出版社 1992 年版,第 273 页。

② 宋庆龄:《中国是不可征服的》(1937 年 8 月),《宋庆龄选集》(上卷)人民出版社 1992 年版,第 192—198 页。

③ 魏巍:《宋庆龄之正义感》,《好莱坞日报》,1940 年 4 月 13 日第 1 版。

④ 宋庆龄:《致英国工党书》(1937 年 9 月 17 日),宋庆龄:《中国不亡论》,生活书店,1937 年 12 月,第 22—30 页。

亡日报》发表《中国当前的急务》一文,认为中国当前的急务是应该发展民族主义和民族精神,确保民族团结,共同对抗日本的军国主义侵略。① 1937 年 11 月 23 日,宋庆龄由上海撤退赴香港。②

1938 年,宋庆龄在《中国的再生》一文中指出:"现在我们的天空,虽然被战云所弥漫,而黑暗起来,但是我们的精神却因希望而光明了。""我们有抵抗的勇气,但是我们没有和抗战士兵一样不屈精神的政治上的勇气! 在经历这个法西斯的黑暗中,我们有没有眼光来唤醒人民,使我产有改善生活的希望和光明? 我们没有这种眼光,我们就不能领导民众;这样,如果民众不愿意跟随我们,我们便不能责备他们。让我们把这种希望的光明火把——从封建制度解放出来,以及自由地在民主与和平的方式之下,建立一个适于改善生活的希望的国家——散播到我国的每个角落。"③她希望中国人能点燃希望的火种,希望伟大的中国能够在战火中涅槃重生。

1940 年 5 月 31 日,《新华日报》刊载宋庆龄在港发表的谈话:"抗战三年,已增强并扩大中国社会上各阶层之民族意识,日军虽占领中国沿海各省,但中国仍保有内地之广大区域,以无限之资源及人力,使全国人民确信可以获得最后胜利,至于渠此次游历渝等地,并未参与关于所谓国内团结问题之事。盖际此抗战期间,国内各党均已相处无间,外传种种尽无稽之谈。"④

1938 年 8 月 23 日,宋庆龄用英语向在美国召开的第二次世界青年和平代表大会讲话,她指出,"在这样残暴野蛮的敌人之前,中国只有一条路可走",那就是坚决不退让,坚持抗战到底。宋庆龄并指责美国对日本的军火输出和绥靖政策,日本对中国的侵略"不会单在中国蔓延而不传染到其他自由的国土"。⑤ 1939 年5 月 1 日宋庆龄著文《给全世界的朋友的信》,指出:"在这场战争中,我们的人民正在英勇地和成功地同世界侵略集团成员之一的日本交战;正是由于中国人民和西班牙人民一样地拒绝投降。因此,连慕尼黑协定也没有能够使法西斯的浪潮淹没世界。中国人民绝不会投降。他们正在为自己也为世界各国人民而战斗着。"⑥

---

① 宋庆龄:《中国当前的急务》,宋庆龄编译:《宋庆龄自传》,华光出版社 1938 年版,第 19—28 页。
② 尚明轩主编:《宋庆龄年谱长编 上 1893—1948》,北京:社会科学文献出版社,2009 年,第 349 页。
③ 宋庆龄:《中国的再生》,《众生》1938 年第 2 卷第 3 期,第 4—6 页。
④ 《宋庆龄在港发表谈话》,《中国商报》,1940 年 6 月 1 日第 1 版。
⑤ 《孙夫人宋庆龄女士向美国世界青年大会播音演讲词》,《新华日报》,1938 年 8 月 24 日第 2、3 版。
⑥ 宋庆龄著、中国福利会编:《永远和党在一起》,上海人民出版社 1983 年版,第 7 页。

宋庆龄反对分裂。早在 1931 年就反对汪精卫的分裂活动,"劝汪兆铭等捐除私人政见,共维党国"。① 汪精卫发表艳电后,1939 年 11 月 12 日,宋庆龄第一时间发表《痛斥汪逆盗窃中山遗教》,指出:"现在中国国民革命最大之叛徒,即汪精卫其人,当时因认识不清对于主义亦为动摇分子之一,汪彼时受袁世凯之派遣,前来谈判,停止革命。""中山先生离开南京时,曾对其党内同志中数人,表示失望,现全国人士,均对汪精卫失望,此国家叛徒,竟敢盗窃中山先生之遗教,其恬不知耻,有如此者。"②

1938 年 4 月 14 日,宋庆龄与何香凝联名发表《拥护抗战建国纲领,实行抗战到底》,表示要"严防敌寇阴谋,勿中其一切挑拨利诱之伎俩,务使其不战亦能灭亡中国之毒计无从实现"。在举国上下团结抗战之时,宋庆龄对于汉奸行为零容忍,"严厉执行褫夺从事傀儡汉奸者之公民权,没收其全部财产;如身为党政负责人员,犹应加以严峻之刑律,以振党国纲纪"。③

2. 主张国际国内广泛合作

抗战时期,宋庆龄向国际社会发表演说,维护世界和平正义。1937 年 10 月 20 日,宋庆龄在对美国民众的演讲中,宣传中国坚决抗战的精神,并呼吁美国对中国的援助和支持,她表示,"希望美国公正舆论的呼声和伟力传达到全世界去"。④ 1938 年 7 月,宋庆龄致函美国"中国人民之友社",详述中国各地需要食粮药品的救济至急,希望唤起全美人民的对华同情心。⑤ 1938 年 9 月,在《华侨总动员》中,她呼吁联合世界上同情我国的各个民族为世界和平与正义而努力奋斗。⑥ 1939 年 11 月 11 日,宋庆龄发表《真正实现中国的独立》,提出"抵抗侵略,提高民权,改善民生,有同样的重要性,应该同时并进的"。⑦ 1940 年 2 月 6 日,宋庆龄主持在香港首次公开举行的援助国际和平医院的义演活动。1940 年 4 月 18 日,宋

---

① 比如 1931 年 8 月 18 日,"宋庆龄劝汪兆铭等捐除私人政见,共维党国"。参见《四川各部民国 20 年 8 月往来电文录存》(1931 年 8 月 19 日),"阎锡山史料/文件/电报/四川各部往来电文录存",入藏号:116000001693A,典藏号:116-010106-0018-042。

② 宋庆龄:《痛斥汪逆盗窃中山遗教》,《新华日报》,1939 年 11 月 12 日第 2 版。

③ 宋庆龄:《拥护抗战建国纲领,实行抗战到底》,《宋庆龄选集》(上卷)人民出版社 1992 年版,第 225 页。

④ 宋庆龄:《中国走向民主途中》,宋庆龄编译:《宋庆龄自传》,华光出版社 1938 年版,第 38—45 页。

⑤ 《孙夫人向美国呼唤,请救济水深火热中之灾民》,《新华日报》,1938 年 7 月 29 日第 3 版。

⑥ 《华侨总动员——庆祝华侨第二届会员代表大会》(1938 年 9 月),《宋庆龄选集》(上卷),人民出版社 1992 年版,第 252 页。

⑦ 宋庆龄著、宋庆龄基金会编辑:《宋庆龄选集》(上卷),人民出版社 1992 年版,第 295—297 页。

庆龄对美广播讲演,"谓中国抗战必可获得最后胜利"。①

宋庆龄还呼吁国际社会支援中国抗战。她吁请英国工党援助和支持中国抗战,因为"中国不仅单为了她自己而抗战,并且也为了全人类"。② 1937 年 12 月,宋庆龄撰写《告英国民众书》,指出"中国人民从来没有像现在这样团结一致",她指责日本用尽了一切恐怖手段摧残中国,但是"中国人民任何时候也不会停止其反抗日寇此种侵略之斗争"。③

宋庆龄的眼界非常开阔,她不仅关心国事,关心民生疾苦,还关注世界人民。她同情波兰人民。"国内的每个角落,反革命的势力都抬起它狰狞的头来,饥馑、瘟疫和灾祸又纷至沓来。但是他们是决不屈膝的人民——又是不和敌人议和的人民。他们用所有一切窳劣的武器来打仗。他们携了无数宣传品给德国军队;他们为了波兰人的自由,一变保卫战而为攻击战:对于世界各国的工人,他们唤请他们起来,保证这个承认工人和农民为统治者的唯一国家。"④

1945 年 3 月 24 日,重庆《新华日报》发表《孙夫人对美广播》的社论,号召国际国内最广泛的合作。她指出:"完成了国际的民主政治,世界才有安定的和平。我们对于这个真理现在虽除非人人在切实履行,但在口头上都是承认的。国际的民主政治有两方面的意义:在国际间,各民族都应有平等地位;在一国之中,则其政府应以人民的利益及其自由表示的意志为基础。""人人都知道中国此次抗战的目的,为求国家之完全平等,这也就是总理毕业努力的目的。""每一位爱国的中国人都以为我们的抗日部队,有享受一切可能援助的权利,而只有那些袖手旁观,并不出全力以参加民族斗争的人,才对人民这样缺乏信心,而声泪俱下地喊着,如果明天援助不来,我们后天就要崩溃。为我们的祖国与前任战斗着的人,要求着援助,但是对于他们已作很大牺牲的奋斗目标并没有什么附带的条件。"⑤

1942 年宋庆龄在纽约的《亚细亚》杂志发表《中国妇女争取自由的斗争》,介绍

① 《事略稿本》(1940 年 4 月 18 日),台湾"国史馆"馆藏"蒋中正文物/文物图书/稿本(一)"档案,入藏号:002000000619A,典藏号:002-060100-00139-018。

② 宋庆龄:《致英国工党书》(1937 年 9 月 17 日),《中国不亡论》,生活书店,1937 年 12 月,第 22—30 页。

③ 宋庆龄:《告英国民众书》(1937 年 12 月),《宋庆龄选集》(上卷)人民出版社 1992 年版,第 219—220 页。

④ 宋庆龄:《中国的再生》,《众生》1938 年第 2 卷第 3 期,第 4—6 页。

⑤ 尚明轩主编.《宋庆龄年谱长编 上 1893—1948》,社会科学文献出版社 2009 年版,第 465 页。

了中国妇女解放运动的过程及史实,指出只有扩大包括妇女权利在内的民主权利,抗战才能获得真正胜利。① 1943 年,宋庆龄为"三八"节题词:"平等自由,声气相通,精民奋斗,共建大同。"②1943 年 7 月,宋庆龄在重庆市道门口银行界同人进修社举行音乐会,募款振粤灾民,由英大使薛穆夫人担任主席,并由重庆市中美苏英人士担任演奏。③

二、倡导国共合作,促成和维护抗日民族统一战线

宋庆龄在抗战时期积极促成抗日民族统一战线,维护国内团结,表现出统一抗战的大局意识和担当。

1. 宋庆龄与抗日民族统一战线

宋庆龄希望国民党继承和遵循孙中山联合工农的政策,主张国共合作和团结,她表示:"中国不会再有一个政府敢于将土地让给日本了。"④宋庆龄为推动抗战时期国共两党的团结合作也作出积极的努力。1937 年 2 月,国民党五届三中全会召开,宋庆龄等人积极响应中国共产党关于国共合作、联合抗日的建议,向三中全会紧急提交"恢复中山先生手订联俄、联共、扶助农工三大政策案",并于 2 月18 日在会上发表演讲,主张实行孙中山的遗嘱。⑤ 据称:"《字林西报》发表宋庆龄领衔改三中全会(2 月 19 日)提案,要求实现国共合作,改善农工生活,并有共产党半年来历有主张,今次又有 2 月 10 日之通电国民党,应采纳其要求等语,签字者除宋外,尚有孙科、冯玉祥、何香凝、鹿钟麟、经亨颐、石瑛、李烈钧、石敬亭、张和本、朱霁青。"⑥

1937 年 7 月下旬,宋庆龄在寓所接待周恩来、秦邦宪和林伯渠等人,希望促成国共合作。⑦ 1937 年 9 月 22 日,国民党中央通讯社发布了《中共中央为公布国共

---

① 《中国妇女争取自由的斗争》(1942 年 7 月),《宋庆龄选集》(上卷),人民出版社 1992 年版,第361 页。

② 黄柳玲:《南方局妇女组统战工作的回顾》,《见证红岩——回忆南方局》,第 661 页。

③ 《孙夫人募款振粤灾》,《新华日报》,1943 年 6 月 23 日第 2 版。

④ 宋庆龄:《中国是不可征服的》(1937 年 8 月),《宋庆龄选集》(上卷),人民出版社 1992 年版,第192—198 页。

⑤ 《宋庆龄选集》(上卷),人民出版社 1992 年版,第 163,167 页。

⑥ 《各方民国 26 年 3 月往来电文录存》,台湾"国史馆"馆藏《(三)阎锡山史料/文件/电报/各方往来电文原案及录存》(1937 年 3 月 5 日)档案,入藏号:116-010108-0362-013,典藏号:116000001414A。

⑦ 尚明轩主编:《宋庆龄年谱长编 上 1893—1948》,社会科学文献出版社 2009 年版,第 341 页。

合作宣言》,23 日蒋介石发表讲话承认共产党的合法地位,国共第二次合作正式形成。24 日,宋庆龄发表《国共合作之感言》,称赞国共两党的团结合作,形成抗日了抗日民族统一战线。[1] 宋庆龄指出:"这几天读了中国共产党共赴国难宣言和中国国民党领袖蒋委员长团结御侮的谈话,使我异常地兴奋,异常地感动。回想国民党和共产党这两个兄弟党,在最近十年以来,互相对立,互相杀戮,这是首创国共合作的先总理孙中山先生生前所不及意想到的。到最后,这两个兄弟党居然言归于好,从新携着手,为中国民族的独立解放而斗争。中共宣言和蒋委员长谈话都郑重指出两党精诚团结的必要。我听到这个消息,感动得几乎要下泪。"宋庆龄以朴素的语言,表达看到国共实现合作的激动心情。她认为国共两党应捐弃前嫌,"在这民族危机千钧一发的今日,一切过去的恩怨,往日的牙眼,自然都一笔勾销,大家都一心一意,为争取对日抗战的最后胜利而共同努力。但是过去国共分裂这一段悲惨历史,却仍然值得我们的记取。国民党同志应该谨记着:要是不顾先总理遗教,抛弃了工农大众利益,将成为民族罪人,等于国民党的自杀。共产党同志也应该记住:只有在孙总理遗教领导之下,和中国国民党真诚坦白合作,把全民打成一片,才能完成反帝反封建使命"。[2] 可谓语重心长。

1937 年 11 月,宋庆龄发表《关于国共合作的声明》,表示"国难当头,应该尽弃前嫌。必须举国上下团结一致,抵抗日本,争取最后胜利"。[3] 1938 年 4 月 14 日,宋庆龄与何香凝联名发表《拥护抗战建国纲领,实行抗战到底》,表示"以民族国家利益为先,排除一切不利民族国家之私见,停止任何方式之党派斗争,务使全国人民一致精诚团结"。[4] 此时的宋庆龄一再强调抗日民族统一战线对于保障抗战胜利的重要性。

为督促国民党进行抗战动员,1938 年 7 月,宋庆龄在文章中指出,抗战政治动员不在政治纲领内容的争论,而在如何实行执行与迅速实现纲领所定各点。[5]

1938 年 10 月 28 日,宋庆龄和何香凝、陈友仁、徐谦、彭泽民、罗翼群致函林森、蒋介石、孙科及国民政府各委员,提出四项抗战方针:"一、加强中枢政治机构;

① 宋庆龄:《国共合作之感言》,《宋庆龄选集》(上卷),第 205—207 页。
② 《宋庆龄国共统一运动感言》,《战情画报》1937 年第 1 期,第 10 页。
③ 宋庆龄:《为新中国奋斗》,人民出版社 1952 年版,第 109 页。
④ 宋庆龄:《拥护抗战建国纲领实行抗战到底》,《宋庆龄选集》(上卷),第 225 页。
⑤ 宋庆龄:《抗战的一周年》(1938 年 7 月 5 日),《宋庆龄选集》(上卷),人民出版社 1992 年版,第 235—237 页。

二、遵守总理所定外交政策;三、发动全国民众力量;四、迅速起用知兵宿将,保卫广东。"①1939 年抗战两周年之际,宋庆龄对美发表《展望战后》一文,指出如果没有全中国人民的统一战线,我们的民族革命的发展是不可能的。②

2. 宋庆龄战时行踪看其维护统一的努力

抗战时期前四年虽然主要蛰伏香港,但是为了维护抗日民族统一战线,为了在国际上维护国内团结,宋庆龄多次前往武汉、重庆,表现出大局意识和担当。抗战前期,宋庆龄在香港待了一段比较长的时间。据 1938 年《晶报》称:"孙夫人宋庆龄女士住在山上,很难得下来交际,她住的是所小洋房,是一位英国女友借给她的,外面是全白色。周围风景幽美,格外显出庄严朴素来。有许多外国记者络绎不断地去拜访她,结果总是尝着闭门羹,所以香港各外报上很少见到关于孙夫人的消息。"③

1938 年宋庆龄慰问难民
资料来源:《少年画报》1938 年第 13 期,第 7 页。

---

① 宋庆龄著,宋庆龄基金会编辑:《宋庆龄选集》(上卷),人民出版社 1992 年版,第 259—260 页。

② 宋庆龄:《展望战后——抗战纪念日致美国友人》(1939 年 7 月 7 日),《宋庆龄选集》(上卷),第 279 页。

③ 珠如:《孙夫人宋庆龄在香港》,《晶报》1938 年 2 月 27 日第 3 版。

1937 年 12 月 23 日,宋庆龄由上海撤退赴香港。① 据称:"前次孔祥熙宋美龄赴港,晤谈甚愉,闻中央方面对于人颇拟假重,将敦促赴汉,主持妇女运动事宜。孙宋夫人素关怀国是,倘个人健康不成问题,当可翩然赴汉。"②之后多次往返广州香港。比如 1938 年 8 月 20 日,由香港乘"佛山"号轮船到广州。③ 25 日,由广州乘船返香港。在香港,宋庆龄与何香凝分别会见了邓颖超,倾听中共关于加强抗日民族统一战线和对时局的主张。④ 9 月 15 日,由香港到广州。

1938 年宋庆龄赴广州

资料来源:《儿童世界(上海 1922)》1938 年第 41 卷第 5 期,封 2 页。

1939 年 12 月 1 日,宋庆龄来函,将其随从秘书 2 名,随从书记 2 名,随从吏4 名,自 5 月份起至 6 月止俸薪及所得额应缴税一并捐作慰劳抗战将士用费,交给新运总会妇女指导委员会总干事张蔼真。"孙夫人函一件,嘱将应领俸薪全部代领,捐作慰劳抗战将士用费,请即查照办理等由,准此自应照办,至领物手续则由孙夫人备具委托书一纸,委托蒋夫人按月总领余拨,故无随从姓名,兹准前由,相

---

① 尚明轩主编:《宋庆龄年谱长编(1893—1948)》,社会科学文献出版社 2009 年版,第 349 页。
② 老汉:《宋庆龄与妇运》,《上海报》1938 年 2 月 28 日第 2 版。
③ 尚明轩主编:《宋庆龄年谱长编 上 1893—1948》,社会科学文献出版社 2009 年版,第 364 页。
④ 邓颖超:《向宋庆龄同志致崇高的敬礼》,《人民日报》1981 年 5 月 29 日。

应收随从官吏每月所得额暨应缴税额列单函后,即希查核为前,此致所得税川康办事处重庆区分处,计函达清单一纸。"①这个材料说宋庆龄捐随从的俸薪,其他材料应该也有能说明宋庆龄捐献自己的俸薪,只是目前还没看到。

1940 年 3 月,蒋介石电宋蔼龄,请约宋庆龄、孔令仪早日来渝同住。② 1940 年 3 月 31 日,宋庆龄和宋蔼龄、宋美龄、端纳等一起由香港飞抵重庆,宋庆龄居住在上清寺孔祥熙家里。③ 1940 年 4 月 2 日,《中国商报》称,"据可靠消息,蒋夫人宋美龄女士,系孙总理夫人宋庆龄女士及孔夫人宋蔼龄女士偕蒋委员长顾问端纳,于昨日由香港飞抵此间。按宋庆龄女士来此,自国府西迁后尚属第一次,宋美龄女士前往香港治病,现已痊愈云。""宋氏三姊妹。孙夫人、蒋夫人与孔夫人昨晨从香港飞抵重庆,孙夫人适于南京新政权成立时,首次来战时首都,故一般人对渠此

国民政府高层座谈会欢迎前往重庆的宋庆龄

资料来源:《展望》1940 年第 14 期,第 3 页。

---

① 《公教人员薪资所得税》,台湾"国史馆"馆藏"国民政府/财政/直接税/报酬、薪资所得"档案,(1939 年 12 月 1 日)入藏号:001000005891A,典藏号:001-081112-00001-030。

② 《一般数据—民国二十九年(二)》(1940 年 7 月 1 日),台湾"国史馆"馆藏"蒋中正文物/特交档案/一般数据",入藏号:002000001681A,典藏号:002-080200-00292-001。

③ 张世福主编《宋庆龄与中国抗日战争》,上海社会科学院出版社 1996 年版,第 881 页。

行,尤为重视,中国人士声称孙夫人此行,足证其反对汪精卫之和平运动,蒋夫人则在香港治鼻疾,勾留二月后返渝。"①

宋庆龄到了重庆后,积极参加伤兵慰问工作。4 月 23 日,宋庆龄参加了蒋介石主持的中央军校第 16 期学生毕业第 17 期学生入学合并举行典礼,并受到蒋介石的欢宴。② 在重庆期间,蒋介石夫妇设宴款待美国副总统华莱士,宋庆龄参加并与其首次谈话留影。③

1940 年 3 月 31 日,宋庆龄应宋美龄之邀,和宋蔼龄、宋美龄一起自香港抵重庆。受到公开热烈的欢迎,宋庆龄住在孔祥熙家中,之后宋氏三姊妹联袂出席各种活动,如视察合作事业暨救济机关,伤兵医院,参加妇女工作等。据 1940 年 4 月

宋氏三姐妹在重庆参加妇女工作

资料来源:《良友》1940 年第 154 期,第 3 页。

---

① 《宋庆龄等由港飞渝》,《中国商报》1940 年 4 月 2 日第 1 版。

② 《事略稿本》(1940 年 4 月 23 日),台湾"国史馆"馆藏"蒋中正文物/文物图书/稿本"蒋中正文物/文物图书/稿本(一)"档案,入藏号:002000000619A,典藏号:002-060100-00139-023。《领袖照片资料辑集(八十)》(1939 年),台湾"国史馆"馆藏"蒋中正文物/照片/主题/总类",入藏号:002000000082P,典藏号:002-050101-00082。

③ 《领袖照片资料辑集(八十)》(1944 年 6 月 21 日),台湾"国史馆"馆藏"蒋中正文物/照片/主题/总类",入藏号:002000000082P,典藏号:002-050101-00082-124。

5 日毛庆祥电蒋介石称,"外传宋庆龄来重庆任务为调整国共关系",经确认,毛庆祥表示,"确息,此次宋庆龄赴渝任务为调整国共关系"。① 同时也是蒋介石为争取宋庆龄对国民政府的支持,有意拉拢宋庆龄。宋庆龄赴重庆积极促进国共两党合作。

1940 年 5 月 9 日与宋蔼龄一起飞返重庆。5 月 20 日,宋庆龄发表《渝行观感——自重庆返港后对中外记者的谈话》,表示:"本人回港后,不断有人从国内团结

宋氏三姐妹在重庆
资料来源:《良友》1940 年第 154 期,第 3 页。

问题见询,敌伪报纸且不断造谣,称本人赴渝与此有关,本人实则迄未予闻其事。际此民族危机千钧一发之时,国内各党派均有一致团结对外之认识。日寇汪逆宣传国内分裂在即,只能说是他们的梦想。际此大敌当前,国难未除,我信贤明当局,均不愿为亲者所痛,仇者所快之举,为日寇所乘。只有少数不明大势之人,故作恶化之宣传,实妄人也。日来敌伪新闻机关不断造谣,可见彼等企求我民族阵营自相分裂如何殷切,其用心之深,可以想见,吾人岂可不加以警惕。"②宋庆龄站在全局的高度,极力维护抗日民族统一战线的局面。

据媒体称,1940 年,"国母宋庆龄已到重庆,蒋委长款待甚殷,宋有演词,并同孔夫人蔼龄亲赴伤兵医院慰问,步骤显已趋于一致,忆当本埠各界涌起爱国运动高潮的时候,宋女士和马相伯先生等竭力赞助,及至沈钧儒、邹韬奋、章乃器等七君子被捕后,宋女士为了救国,为了正义,更为了爱护革命分子,不顾一切,予以他们有力的援助。"③在后方,留下了大量宋庆龄的脚步和影像,比如与宋美龄、宋蔼龄等人参加托儿所,巡视空袭灾区,以范庄招待妇女界,慰问陆军第五医

---

① 《一般数据—呈表汇集(一○○)》(1940 年 4 月 5 日),台湾国史馆馆藏"蒋中正文物/特交档案/一般数据/",002000001916A,002-080200-00527-052。

② 宋庆龄著,宋庆龄基金会编辑:《宋庆龄选集》(上卷),人民出版社 1992 年版,第 312 页。

③ 巍巍:《宋庆龄之正义感》,《好莱坞日报》1940 年 4 月 13 日第 1 版。

院住院伤员,往江北沿途视察并慰问伤员,视察中国工业协会成都事务所,视察隆昌县等。①

事实上,1937 年 12 月—1941 年 12 月,宋庆龄除在重庆、广州小住之外,她一直在香港进行抗日救亡的宣传与发动工作。② 1940 年 6 月 4 日,陈耀祖呈汪精卫关于五月份香港地区各党派及妇女团体英国来华服务团等活动情报,称:"一月来香港团体之动态:香港团体活动,是月以妇女会为着,宋蔼龄、宋庆龄由渝返港后,对妇女运动尤为积极,此间酝酿组织'妇女团体联络委员会'为宋氏所策动者,有统制妇女运动之深意,自重庆国民大会,妇女竞选总会电港设立分会后,各妇女团体举行竞选,热闹一时,香港妇运岑寂已久,至是又趋紧张。"③

1941 年 12 月 10 日,在日本侵略军占领香港启德机场前 6 小时,宋庆龄在机场乘最后一班机飞往重庆。④

1942 年春夏之交,宋庆龄离开孔家,移居两路口新村,几乎没有什么自由。⑤大多出席一些仪式性的活动。比如 1942 年下半年,宋庆龄出席宋美龄欢迎威尔基的茶会,出席苏联驻华代办列赞诺夫为纪念苏联国庆举行的茶会,出席蒋介石夫妇欢迎英国议会代表团的宴会等。1944 年 11 月 15 日,戴笠呈蒋介石,称:"孙夫人公馆十五日下午四时有一茶会,到有王炳南、浦熙修(新民报女记者)、包华国夫人(周鲸文表妹,姓瞿,东北人,周鲸文系周大奇之子,思想左倾)及爱泼斯坦、邱茉莉、美籍军官数人,其谈话情形如次:……最后系孙夫人发言谓,现在最重要之问题,在使蒋委员长能与罗斯福及史丹林等见面一谈,则不仅国际问题可以解决,即国内问题亦可获得良好之影响,否则中国前途,不可乐观等情。"⑥

1944 年,国民政府授予宋庆龄景星卿云勋章。⑦ 1945 年,国民政府授予宋庆

<hr/>

① 《蒋中正底片(A001—A105)》,台湾"国史馆"馆藏"蒋中正文物/底片",入藏号:002000000043F,典藏号:002-120000-00043。
② 刘家泉:《宋庆龄在香港》,中共中央党校出版社 1997 年版。
③ 《汪兆铭与陈耀祖等函》(1940 年 6 月 4 日),台湾"国史馆"馆藏"汪兆铭史料/文件/函电与函件",入藏号:118000000009A,馆藏号:118-010100-0014-010。
④ 中国福利会编:《宋庆龄与中国福利会》,上海人民出版社 2000 年版,第 336 页。
⑤ 尚明轩主编:《宋庆龄年谱长编 上 1893—1948》,社会科学文献出版社 2009 年版,第 237 页。
⑥ 《一般数据—民国三十三年(二)》,"蒋中正文物/特交档案/一般数据",002000001689A,002-080200-00300-031。
⑦ 《民国三十三年元旦授勋(七)》,台湾"国史馆"馆藏"国民政府/人事/勋奖/颁授勋章"档案,入藏号:001000003618A,典藏号:001-035111-00028-007。

龄抗战胜利勋章。① 还曾授予宋庆龄一等卿云勋章。② 1947年4月,蒋介石聘宋庆龄等13人为国民政府顾问。③ 1948年,国民政府聘请宋庆龄担任国府资政。④ 国民党方面也在积极争取宋庆龄的支持。

3. 积极参与各项妇女儿童工作

在宋庆龄心里,国家人民的利益超乎党派利益之上,在民族危亡的关头,为抗战做了大量的工作。抗战初期,宋庆龄曾担任鲁迅纪念委员会主席、中国妇女抗敌后援会理事、上海文化界救亡协会理事等职。⑤ 1937年7月22日,宋庆龄与何香凝发起成立中国妇女抗敌后援会,被推选为理事。7月28日,宋庆龄被推选为上海文化界救亡协会理事。8月4日,妇慰会上海分会在宋庆龄等人的领导下开办护士培训班,将2000多名临时培训的护士分派到前线和后方医院从事救护工作。⑥ 8月23日,宋庆龄被推举为救国公债劝募委员会总会常务委员。

1937年9月23日,宋庆龄出席华侨抗日动员总会第二届代表大会,并发表题为《华侨总动员——庆祝华侨第二届会员代表大会》。⑦ 9月,与何登夫人商定建立国际和平医院事宜,保持成立保盟分会。10月上旬,积极为前方将士及后方难民征募寒衣。10月中旬广州沦陷前,离开广州赴香港。1937年10月下旬,宋庆龄亲赴前线,慰劳抗战将士,募集钱物,支援"八一三"淞沪抗战。⑧ 12月,被推选为华侨抗敌动员总会名誉主席。

1938年4月,宋庆龄利用其在国际上的声誉和人脉,在香港创立保卫中国同盟(China Defense League),呼吁抗战,发起募捐,为八路军、新四军提供大量医药

---

① 《胜利勋奖章(二)》(1945/10/9—1946/3/5),台湾"国史馆"馆藏"国民政府/人事/勋奖/勋奖总目"档案,入藏号:001000003527A,典藏号:001-035100-00121-000。

② 《赠勋委员会审核授勋名单》,台湾"国史馆"馆藏"外交部/礼宾司/勋奖"档案,入藏号:020000014386A,典藏号:020-101800-0132。

③ 《事略稿本(1947年4月18日)》,台湾"国史馆"馆藏"蒋中正文物/文物图书/稿本(一)"档案,入藏号:002000000703A,典藏号:002-060100-00223-018。

④ 《中央政府人事(四)》(1948年12月23日),"蒋中正文物/特交档案/分类数据/政治",002000000945A,002-080101-00011-006。

⑤ 《纪念新文学作家鲁迅纪念会明成立》,《申报》1937年7月17日第15版;《中国妇女后援会告妇女书》,《申报》1937年7月24日第9版。

⑥ 《浦区女杰,民族之魂——"八一三"抗战中的宋庆龄》,《孙中山宋庆龄研究信息资料》2000年第4期。

⑦ 尚明轩主编:《宋庆龄年谱长编 上 1893—1948》,社会科学文献出版社2009年版,第370页。

⑧ 尚明轩主编:《宋庆龄年谱长编 上 1893—1948》,社会科学文献出版社2009年版,第348页。

和物资援助。① 1939 年 1 月 20 日,被选为香港琼崖华侨联合总会名誉会长。1939 年 1 月,倡导组织的"工业合作协会"国际促进委员会在香港成立,宋庆龄担任名誉主席。1939 年 3 月 1 日,出席保盟和香港维多利亚大教堂以及香港国际医疗救济会共同举办的招待会并讲话。② 1942 年 8 月 6 日,宋庆龄致函王安娜,谈论改组保卫中国同盟委员会。

1938 年 3 月 7 日,宋庆龄在《向全世界的妇女申诉》中指出,"妇女解放和世界最大多数大众的解放有共同的命运",有着不可分离的联系。③ 宋庆龄号召世界妇女援助中国。④ 她强调妇女对民族解放战争的重要意义,强调民族解放与妇女解放息息相关,妇女应该努力团结在一起,积极参加儿童保育等妇女工作,并尽力说服自己的兄弟、丈夫、儿子服兵役。⑤

1938 年,宋庆龄在香港成立"妇女促进会",港澳地区的妇女在宋庆龄的领导下支持抗日,捐款成绩达数千万元。⑥ 1938 年 8 月 20 日,宋庆龄抵广东。⑦ 1938 年 8 月 21 日,宋庆龄赴各医院视察各受伤将士及敌机炸伤的难民,对彼等受伤经过及日常生活,垂询甚详,慰问备至;在中大医院中发现一母为敌机炸毙而由腹取出的婴孩,尤其怜惜。⑧ 1938 年 8 月 25 日,宋庆龄在广州向美国广播演讲,并视察灾区,慰问伤兵事毕,乘泰山轮返港,广东省政府主席吴铁城,军政部长官各界代表多人到埠欢送。⑨ 1938 年 9 月 17 日,宋庆龄前往广东难民收容所慰问难民。⑩

1938 年 7 月,宋庆龄在文章中指出抗战政治动员不在政治纲领内容的争论,而在如何实行执行与迅速实现纲领所定各点。⑪ 1938 年 8 月 20 日,宋庆龄由香

① 《保卫中国同盟成立宣言》,宋庆龄著、宋庆龄基金会编辑:《宋庆龄选集》(上卷),人民出版社 1992 年版,第 231 页。

② 尚明轩主编:《宋庆龄年谱长编 上 1893—1948》,社会科学文献出版社 2009 年版,第 385 页。

③ 宋庆龄:《向全世界的妇女申诉》,《妇女与抗战》,战时出版社 1938 年版,第 1—2 页。

④ 《"三八"妇女节,宋庆龄发表论文,法西斯以奴隶看待女性,号召世界妇女援助中国》,《新华日报》1938 年 3 月 8 日第 2 版。

⑤ 宋庆龄:《双十节告全国妇女界》,《新华日报》1938 年 10 月 10 日第 4 版。

⑥ 宋庆龄:《华侨总动员——庆祝华侨第二届会代表大会》(1938 年 9 月),《宋庆龄选集》(上卷),人民出版社 1992 年版,第 250 页。

⑦ 《宋庆龄昨日抵粤》,《新华日报》1938 年 8 月 21 日第 2 版。

⑧ 《宋庆龄视察伤兵难民》,《新华日报》1938 年 8 月 22 日第 2 版。

⑨ 《宋庆龄女士离粤赴港》,《新华日报》1938 年 8 月 26 日第 2 版。

⑩ 《宋庆龄在粤,昨慰问难民》,《新华日报》1938 年 9 月 18 日第 2 版。

⑪ 宋庆龄:《抗战的一周年》(1938 年 7 月 5 日),《宋庆龄选集》(上卷),人民出版社 1992 年版,第 235—237 页。

港乘"佛山"号轮船到广州,积极推动广州和华南的抗日救亡运动。① 1938 年 8 月 22 日,宋庆龄与伍智梅等人赴观音山瞻仰中山纪念堂,8 月 23 日,宋庆龄等人致祭七十二烈士墓并参观中山大学。② 1938 年 9 月,宋庆龄认为应该发挥华侨团体的作用,"加紧战斗的动员华侨,从各种工作组织华侨参加抗战救国"。③ 1938 年 9 月 29 日,宋庆龄交中国妇女慰劳总会五千元,以制寒衣慰劳前方将士。④

1939 年 3 月 28 日,她向全世界呼吁"救救我们的战灾儿童",必须将儿童"从由于饥饿而濒临死亡和由于无人照管而使肉体和精神上遭受摧残的恶果中拯救出来"。⑤ 宋庆龄在 1939 年 5 月 1 日在《给全世界的朋友的信》中对保卫中国同盟提出要求,希望保卫中国同盟援助中国,因为"中国政府和中国人民在斗争中已经在帮助着你们"。⑥ 宋庆龄不仅运送医疗物资,并且在游击区协助建立战时医疗体系,以"供给医药和公共设备"。⑦ 1939 年 12 月 10 日,宋庆龄指出,全国的工业合作社已经"每月可以出产价值四百万国币的货物"。⑧ 保盟将最大的援助物资通过各种方式送到了延安和各根据地。1945 年 7 月 15 日,周恩来致函毛泽东,提议他在会见中外记者访问团的美国记者爱泼斯坦时,请爱泼斯坦代向宋庆龄和她领导的保卫中国同盟对我们的援助表示感谢。

为维护团结,维护抗日民族统一战线,宋庆龄来到重庆,向国际社会显示中国的团结,同时积极参与战时妇女、儿童、生产等各项事务。1940 年 3 月 8 日,宋庆龄与宋蔼龄、宋美龄一道参加"三八"妇女节茶话会。⑨ 3 月 28 日,和宋蔼龄一起参加香港各爱国团体联席会议。1940 年 10 月 18 日参加为战灾儿童筹集资金举行的义演。1941 年,宋庆龄等人参观妇工会工艺成果,参观巡视托儿所,巡视重庆

---

① 《宋庆龄视察伤兵难民》,《新华日报》1938 年 8 月 22 日第 2 版。

② 《宋庆龄祭七十二烈士,昨瞻仰中山纪念堂》,《新华日报》1938 年 8 月 24 日第 2 版。

③ 《华侨总动员——庆祝华侨第二届会员代表大会》(1938 年 9 月),《宋庆龄选集》(上卷),人民出版社 1992 年版,第 249 页。

④ 《孙夫人捐款为将士制寒衣》,《新华日报》1938 年 10 月 1 日第 3 版。

⑤ 宋庆龄:《救济战灾儿童》(1939 年 3 月 28 日),《宋庆龄选集》(上卷),人民出版社 1992 年版,第 272 页。

⑥ 宋庆龄:《给全世界的朋友的信(1939 年 5 月 1 日)》,《宋庆龄选集(上卷)》,人民出版社 1992 年版,第 274 页。

⑦ 宋庆龄:《平剧义演的意义》(1946 年 5 月 31 日),《宋庆龄选集》(上卷),人民出版社 1992 年版,第 414 页。

⑧ 宋庆龄:《中国工业合作社之意义——在香港 ZBW 电台广播演讲词》(1939 年 12 月 10 日),《宋庆龄选集》(上卷),人民出版社 1992 年版,第 303 页。

⑨ 张世福主编:《宋庆龄与中国抗日战争》,上海社会科学出版社 1996 年版,第 581 页。

受灾地区,参观重庆市民防空洞,莅临新运妇女指导委员会,莅临重庆妇女工作会,视察军政部陆军第五医院并慰问住院伤员,换乘舢舨渡过江北,巡视江北伤兵收容所,巡视军政部妇女工作队,与内江县女青年学生合影,巡视成都各处,接见成都妇女界代表,参观中国工业协会成都事务所,巡视成都军校校区各处等。①
1943 年 1 月 4 日,宋庆龄发起组织妇女合作促进会。10 月 13 日,宋庆龄和宋蔼龄、宋美龄一起出席指导工业合作协会理事会议,15 日出席文化劳军运动委员会工作会议。

三、抗战时期宋庆龄的政治态度

1. 抗战初期宋庆龄的政治态度

抗战时期,宋庆龄仍然坚持"联俄联共扶助农工"的态度。1943 年,宋庆龄在给弗农上校(Colonel R. Vernon)的信中指出:"要了解什么是对广大人民有益的事情,我认为并不太难。为各人的发展提供更多的自由是有益的;生产更多的生

活必需品是有益的;将这些产品供应给最广大的群众也是有益的。"②在国与共之间,宋庆龄同情当时相对弱势的共产党,关注老百姓的利益。1940 年 2 月 26 日,《东方日报》还称宋庆龄思想左倾,其实宋庆龄是孙中山"联俄、联共、扶助农工"政策的坚定拥护者,她秉承孙中山的政治理念和主张。她还曾经向孙中山建言,让胡汉民、邵力子等反对派到苏联去参观。③

宋庆龄慰问难民
资料来源:《少年画报》1938 年第 13 期,第 7 页。

---

① 《蒋夫人照片资料辑集(一)》(1941 年),台湾"国史馆"馆藏"蒋中正文物/照片/主题/蒋夫人宋美龄辑集",入藏号:002000000164P,典藏号:002-050113-00002;《蒋夫人照片资料辑集(二十七)》,台湾"国史馆"馆藏"蒋中正文物/照片/主题/蒋夫人宋美龄辑集",入藏号:002000000190P,典藏号:002-050113-00028。

② 上海宋庆龄故居纪念馆编译:《宋庆龄来往书信选集》,上海人民出版社 1995 年版,第 44 页。

③ 《国母宋庆龄之思想》,《东方日报》1940 年 2 月 26 日第 1 版。

抗战时期,宋庆龄对共产党采同情的态度,对于破坏国共团结的行为采取零容忍的态度。据 1938 年 5 月 6 日毛庆祥呈蒋介石其获得的敌方情报称:"何香凝、宋庆龄等认为蒋之不诚意,有下列各项证据:①使共产党与全然无力之国家社会党并立,同时以国家主义之旧调,怂恿攻击共产党之理论;②包庇陈独秀、高语禹、张国焘等,故意刺激共产党;③组织艺文团,暗示反共等;④九江一带,现设有多数新式水雷,虽系小型之物,然五十米以内之破坏力极大,又如广东之东西江防空司令部,近亦设有以高鸿潘为队长之鱼雷队;⑤最近经由汉口而向前线出发中之部队,几乎全系四川及湖南之新兵,其装备和纪律,比较尚称良善。目下武汉三镇,殆无正规兵,汉口方面,则有警备一旅,宪兵一团,警察队五千余人及五六千之义勇队。"①宋庆龄反对国民党破坏国共团结,反对国民党对共产党的各种攻击行为,希望国民党能真诚与共产党合作,一致对外。她督促蒋介石严格遵守抗日民族统一战线策略。

1939 年 8 月 23 日,国民参政会参政员甘介侯②致函蒋介石,报告其在香港与宋庆龄晤谈情形。

> 昨日在香港政府官员茶会中,孙夫人宋庆龄茶会后,邀侯往其寓所间谈所得结果,呈报于后:(一)侯告孙夫人谓一般人之印象,以为孙夫人与共产党打成一片,至少限度为共产党所操纵与利用,此不惟于党国不利,且于其为总理夫人之本身立场太相矛盾。再次,国人对共产党多所疑虑之时,亟应有所表示;孙夫人谓,即将发表一文阐明民主主义与共产主义有别,且中国不合于共产主义,在工业发达之国家,共产主义方有实行之可能,中国为半殖民地,谈不到社会主义与共产主义。侯请孙夫人加入一段,述其所以对于共产党表示同情者,以共产党为主张抗战之一党,但不惟认为共产主义在中国无实现之可能,且反对共产党出问政权之企图。③

---

① 《一般数据—呈表汇集(八十)》,台湾国史馆馆藏"蒋中正文物/特交档案/一般数据",入藏号:002000001896A,典藏号:002-080200-00507-006。

② 甘介侯:1932 年 1 月曾任南京国民政府外交部常务次长;同月辞职,其后任外交部驻广东、广西特派员,1936 年 5 月辞职。1938 年 6 月,被选为第一届国民参政会参政员。1940 年 12 月,被选为第二届国民参政会参政员。珍珠港事件发生后,甘介侯去香港,汪精卫约甘介侯出任伪职,遭到拒绝,于是被日、汪软禁于香港。甘介侯化装逃走,后在昆明西山任花纱布公司主任。

③ 《战时重要措施(二)》,台湾"国史馆"馆藏"蒋中正文物/特交档案/分类数据/政治",入藏号:002000000949A,典藏号:002-080101-00015-017。

从第一段汇报内容可知,甘介侯与宋庆龄之间有过一次相对坦诚的谈话。甘介侯希望宋庆龄表态:宋之所以对共产党表示同情,是因为共产党主张抗战,宋发文时应明确表示其不认为共产主义在中国有实现之可能,并反对共产党出问政权之企图。但是宋庆龄并没有应允。如果应允的话,甘介侯应该会明确表达宋庆龄的态度,以向蒋介石邀功。所以这段话其实隐藏了宋庆龄对中国共产党的真实态度,宋庆龄对中国共产党远不只是同情而已。

而且,宋庆龄对国民党的观感有点失望,据当时苏联驻中国大使潘友新与宋庆龄谈话记录,潘友新称"我问她如何看待中国国内政局,孙夫人说,有一个情况格外重要,这就是许多普通的国民党员抱怨生活不易,物价昂贵,也就是说,对现状表露了极大的不满,认为原因便在于国民党领导不力,说如果由共产党治国,那就不会允许这样的情况出现。"[①]

2. 皖南事变前后宋庆龄的政治态度

1939 年 2 月 27 日,中国国民党中央执行委员会常务委员会第 115 次会议决议:"选任宋庆龄同志为民国政府委员"。[②] 1938 年 4 月初,宋庆龄与廖承志等筹建支援抗战的救援团结——保卫中国同盟(简称"保盟"),宋庆龄利用其在国际上的声誉和人脉,在香港创立保卫中国同盟(China Defense League),呼吁抗战,发起募捐,为八路军、新四军提供大量医药和物资援助。[③] 6 月 14 日,与宋子文等人联名发表《保卫中国同盟成立宣言》,初夏创办《保卫中国同盟新闻通讯》,但任保盟中央主席。1938 年冬,宋庆龄在香港会见新四军军医处长沈其震,沈向宋报告了新四军缺医少药的情况。[④] 1939 年 3 月 8 日,宋庆龄出席香港国际妇女节集会,并发表《关于援助游击队战士的呼吁》演说,称赞游击队"这些英雄们不仅是用老式的步枪、有限的弹药、土制的手榴弹、镰刀、刀剑、棍子和拳头,在跟具有各种现代战争的技术配备的敌人作战;他们不仅是连最起码的医药供应都没有;而且,由

① 李玉贞:《宋庆龄与苏联驻华外交人员谈话纪录(1942—1945)》,上海市孙中山宋庆龄文物管理委员会编:《孙中山宋庆龄文献与研究(第二辑)》,2011 年,第 207 页。

② 《国民政府官员任免(四)》,台湾国史馆馆藏"国民政府/人事"档案,《中国国民党中央执行委员会函国民政府为本会决议选任宋庆龄为国府委员请查照办理》(1939/2/27),入藏号:001000002721A,典藏号:001-032102-00033-050。

③ 《保卫中国同盟成立宣言》,宋庆龄著、宋庆龄基金会编辑:《宋庆龄选集》(上卷),人民出版社 1992 年版,第 231 页。

④ 尚明轩主编:《宋庆龄年谱长编 上 1893—1948》,社会科学文献出版社 2009 年版,第 379 页。

于不甘心做奴隶,他们离开了自己的田地和工厂;因此,他们迫切需要衣服和粮食"。① 1939 年夏,宋庆龄委托保盟驻重庆代表王安娜,在周恩来安排下前往晋察冀边区了解华北前线情况。②

宋庆龄在 1939 年 5 月 1 日在《给全世界的朋友的信》中对保卫中国同盟提出要求,希望保卫中国同盟援助中国,因为"中国政府和中国人民在斗争中已经在帮助着你们"。③ 宋庆龄不仅运送医疗物资,并且在游击区协助建立战时医疗体系,以"供给医药和公共设备"。④ 1939 年 12 月 10 日,宋庆龄指出,全国的工业合作社已经"每月可以出产价值四百万国币的货物"。⑤ 保盟将大量的援助物资通过各种方式送到了延安和各根据地。

宋庆龄 1940 年 3 月 31 日至 1940 年 5 月 9 日前往重庆,一度拉近了与国民政府的关系。但好景不长,1941 年 1 月"皖南事变"爆发,国共关系重新回到低谷。1 月 14 日,宋庆龄与何香凝、柳亚子、彭泽民联名致电蒋介石要求撤销剿共部署,坚持实行联共抗日。宋庆龄呼吁国民党政府加强民主,认为"没有民主就不可能有团结;没有团结就不可能坚持抗战"。"我们统一战线的原则是建立在我们国家的实际需要上面,并非由任何一党所指定的。""为了抗战,为了抗战所不可少的统一战线,海外的我国同胞们和外国朋友们应该支持我们的要求——加强民主"。⑥

1 月 18 日,宋庆龄和何香凝、陈友仁为"皖南事变"联名电斥蒋介石,指出:"弹压共产党则中国有发生内战之危险,今后必须绝对停止以武力攻击共产党,必须停止弹压共产党的行动。"⑦1 月 19 日,宋庆龄召开保盟中央委员会会议,廖承志报告皖南事变情况。⑧ 1 月,听取沈其震关于"皖南事变"的情况介绍。这段

① 宋庆龄著、宋庆龄基金会编辑:《宋庆龄选集》(上卷),人民出版社 1992 年版,第 265—270 页。

② 中国福利会编:《宋庆龄与中国福利会》,上海人民出版社 2000 年版,第 333 页。

③ 《给全世界的朋友的信(1939 年 5 月 1 日)》,《宋庆龄选集》(上卷),人民出版社 1992 年版,第 274 页。

④ 《平剧义演的意义》(1946 年 5 月 31 日),《宋庆龄选集》(上卷),人民出版社 1992 年版,第 414 页。

⑤ 《中国工业合作社之意义——在香港 ZBW 电台广播演讲词》(1939 年 12 月 10 日),《宋庆龄选集》(上卷),人民出版社 1992 年版,第 303 页。

⑥ 《中国需要更多的民主——为纽约(亚细亚)杂志作》,《宋庆龄选集》,人民出版社 1966 年版,第 148—149 页。

⑦ 《新中华报》(1941 年 1 月 26 日 延安),《宋庆龄选集》,第 323 页。

⑧ 斯诺在香港从宋庆龄与廖承志处得悉"皖南事变"情况,曾向美国发出急电,公布事变真相,导致美国政府中止一笔新贷款的谈判,国民政府因此迫使斯诺返回美国。

时间，宋庆龄领导下的"保盟"机关刊物《新闻通讯》连续几期发表文章，揭露国民党政府破坏抗日民族统一战线的阴谋。最终激怒了蒋介石，宋子文也因此退出保盟。① 美国作家文森特·希恩曾认为宋子文是个"性格永不固定的自由主义者"，尽管在政治上他和宋庆龄的思想很接近，但缺乏姐姐那样的勇气和不屈不挠的意志，"当政府批评了保卫中国同盟的政治立场后，他便立即辞去了会长的职务"。② 1941 年 5 月 30 日，"保盟"中央委员会名誉书记克拉克夫人，收到宋子文从美国华盛顿拍来的电报，原文如下：

当我接受保卫中国同盟会长一职时，是基于这样一种认识，即同盟将致力于向国内外朋友募捐物资，以援助中国的抵抗力量和帮助受日本侵略蹂躏的平民。

我认为，同盟不应变为国内政党的工具。既然同盟未征得我的同意，就在它的新闻通讯上刊登这类性质的文章，我很遗憾我必须脱离它，并请你们发表这个电报的全文。③

宋子文公开发文表示退出保盟，1941 年 6 月 1 日，宋庆龄立马回应称："我认为我们之间没有什么原则的分歧，因为宋博士一向支持中国的团结、民主和继续抗战，这些也正是同盟的主要目的。现在，任何有关党派性的说法，都可能是极为混淆视听的。目前在中国只有两种现实的政策：以我们的全部力量来抵抗日本帝国主义；或者是妥协、屈服和投降。"④作为优秀的政治家，宋庆龄非常冷静，她站在团结的立场上发声，表示"保盟"信仰民主和主张言论自由，反击宋子文党派工具的说法，表达"我们对中国团结的支持决不动摇，对任何危及中国团结的事情坚决反对"的立场。

1941 年 6 月 15 日，宋庆龄又发表《救济工作与政治——答宋子文先生》一文，表示"宋子文先生在相处了三年之后退出保卫中国同盟，这件事是本委员会和许多外国朋友都关注的。宋先生退出的时间和方式是他自己决定的，

①　《宋庆龄在重庆》一文根据宋子文档案中宋子文给蒋介石的电报，指出宋子文辞职与幕后人物蒋介石有关。不过 5 月 9 日宋子文还在跟蒋介石表态，称"该机关专为难民筹款，从未有反对政府之宣传，至钧座致电所谓反战大同盟，文未曾参入此项组织，是否即系郑彦棻任秘书长之国际反侵略会。抗战伊始，各种救国机关五花八门，分别不清也"。或许，此时宋子文远在华盛顿，未关注保盟机关刊物的文章，不过 5 月 21 日宋子文给蒋介石的电报明确表示："顷接董显光寄来反战大同盟共产党宣传品，借文名义，在外招摇，已遵谕发电，公开声明退出。"参见吴景平、郭岱君编著《宋子文与他的时代》，复旦大学出版社 2008 年版，第 55—57 页。

②　［德］王安娜：《中国—我的第二故乡》，第 196 页。

③　中共重庆市委党史研究室编：《宋庆龄在重庆》，中共党史出版社 2016 年版，第 289 页。

④　《宋庆龄选集》(上卷)，人民出版社 1992 年版，第 325 页。

我们除了接受和表示极大的遗憾外，没有其他的选择"。同时有理有据有节地回应宋子文所说的政治党派性等问题。再次表明"我们的立场就是统一战线的立场"。① 宋庆龄愿意相信国共的团结，也在最大程度上维护国内的统一与团结。当然政治表态也并未影响姊弟的感情。

正如徐锋华的研究所指出的：活跃在安徽境内的新四军得到保卫中国同盟很多援助，宋庆龄和保盟大力支持的中国工业合作运动，在皖南建起了工业合作社，使得当地军民直接受益。《保盟通讯》对皖南事变的及时报道和宋庆龄的积极宣传，使国际社会得以了解真相，为安徽抗日军民赢得了应有的同情和尊敬。② 宋庆龄站在团结的立场上，顾全大局，她的眼里不仅有国民党也有共产党、中间党派及全国受苦民众，体现其大爱无疆的格局和情怀。在应对一些重大事件的时候有风度有格局，胸怀也坦荡。

抗战时期，宋庆龄并不是站在某一党派的立场上发声，她站在全局的高度，反对国内任何形式的内斗。保盟的援助既给了国民党，也给了共产党和中间党派。而且，捐赠给游击地区的医疗物资都是国外的捐赠者指定要运往该地的，并不存在私心。但是"这项工作，由于对游击地区的封锁而经常中断。大约在四年前，八吨急需的医疗物资就被阻止运往目的地，最后被全部没收。这以后的三年多里，我们一直无法把一些物资运往上述地区，直到去年夏天，周恩来先生和林彪将军乘坐的卡车得到免于检查的待遇，才给了我们向那里的医院运送可维持几星期的医疗物资的机会。我再强调一下，以前那些被没收的物资，都是国外的捐赠者指定要运往那些地区的"。③

3. 宋庆龄与战时中苏外交

1938年，武汉会战之时，宋庆龄曾有意赴苏进行外交活动，希望与斯大林磋商苏联切实援助中国确保武汉之办法，以及商量苏联助中国战败日寇。据1938年8月2日国民政府侍从室机要室主任兼技术研究室（专责电讯密码）主任毛庆祥电呈蒋介石的情报称："陈友仁、宋庆龄有赴俄之愿望：陈公（友仁）业允来汉，惟再三声明，此行非为做官，而系欲共商一确保武汉之道，被认为与宋庆龄同志，有立即

① 《救济工作与政治——答宋子文先生》(1941年6月15日)，《宋庆龄选集》(上卷)，人民出版社1992年版，第328页。

② 徐锋华：《宋庆龄与皖南抗战》，《军事历史研究》，2013年第2期。

③ 《宋庆龄致梁先生》，上海宋庆龄故居纪念馆编译：《宋庆龄来往书信选集》，上海人民出版社1995年版，第45年。

赴俄之必要,盖彼等去后,可与史达林负责,磋商苏联切实援助我人确保武汉之办法,然后再进一步论及苏联助吾战败日寇之一般办法,彼认为事急且危矣,一切应速决速行,只要委座认为此事有做之必要,彼与宋同志已准备随时来汉,除由陈公曾将此意另电白总参谋长,并请代转达委座外,特此奉闻,并盼努力促成是祷。"①不过,此事不了了之,宋庆龄未赴武汉,可见蒋介石并未同意。

1939 年 8 月 23 日,国民参政会参政员甘介侯致函蒋介石,报告其在香港与宋庆龄晤谈情形的第二项内容称:

> "(二)侯告孙夫人,其有两种力量,一为受国内左倾分子之拥护,一为苏俄当局对其之好感与尊敬,侯劝孙夫人赴渝运用其力量,以增加中央,孙夫人谓'蒋先生对我没有这种感想',侯谓'委员长对孙夫人有无此种感想,我不敢武断,德国与苏俄订立互不侵犯协定之后,苏俄无西顾之忧,可以全力对付日本,彼时对苏外交更为重要,惟德苏互不侵犯协定尚有一可能结果,英在此时适为德日苏三国之共同仇人,苏俄为对英复仇计,或须愿日本继续与英为难,日本为阻止苏俄,以全力东向计,亦将加紧仇英,以示对苏无他,如此苏日亦订互不侵犯条约,不能谓绝无可能之事,是则德日间可无裂痕,必为日本所乐为,但此种转变于我国大为不利(结果与英若苏而与日本妥协,以便共同对苏,同样不利于我)。在此情形之下,对苏外交益为紧急,无论苏俄采取第一政策抑第二政策,委员长对孙夫人依重到此紧要关头之时,我希望孙夫人前往重庆,有必要时再往苏俄,此处赞助中央充实抗战力量之最大贡献'。孙夫人闻此后,表示首肯,以后如有需要孙夫人之时,侯可劝驾肃此恭颂。"②

从此段汇报内容来看,甘介侯曾劝宋庆龄赴渝,甘介侯与宋庆龄分析了国际形势,指出苏联与德国已签订《苏互不侵犯条约》,苏联很可能也会与日本签订《日苏互不侵犯条约》,鉴于宋庆龄与苏联的关系,甘介侯希望宋庆龄能赴重庆,必要时候赴苏联加强中国与苏联的外交关系。但是早在 1938 年武汉会战的时候,宋

---

① 《一般数据—呈表汇集(八十一)》,台湾国史馆馆藏"蒋中正文物/特交档案/一般数据/",毛庆祥呈蒋中正日本以汉口陷落时进行妥协为得策等敌方情报及陈友仁宋庆龄有意赴苏商援等情报日报表等十四则,1938/8/2,1938/8/2,入藏号:002000001897A,典藏号:002-080200-00508-035。
② 《战时重要措施(二)》,台湾"国史馆"馆藏"蒋中正文物/特交档案/分类数据/政治",入藏号:002000000949A,典藏号:002-080101-00015-017。

庆龄就曾呈请蒋介石赴苏,蒋介石并未应允。所以宋庆龄当面回复甘介侯说:"蒋先生对我没有这种感想",不过听了甘的分析之后,宋庆龄又"表示首肯",于是甘介侯将他们之间的谈话及他对国际形势的判断告知蒋介石,并表示"以后如有需要孙夫人之时,侯可劝驾"。但是从后来的经历来看,宋庆龄并未赴苏联。蒋介石可能的顾虑在于"她总是仅代仅代表共产党说话"。[1] 不过,在 1942—1945 年,宋庆龄与苏联驻华外交人员之间有会谈。[2] 宋庆龄的影响力自是不同。

宋庆龄是伟大的爱国者,抗战时期,她一心关注抗战和民族国家的前途,坚持抗战必胜的信念。为此,她发表演说反对投降,抨击谴责日本的侵略行径;向国际社会发表演说,同情被侵略国家,身体力行维护世界和平与正义。宋庆龄具有大格局大眼光,她积极倡导国共合作,促成抗日民族统一战线,她组织领导了保卫中国同盟,将国际捐献的物质送到延安和根据地,关注民生问题,关心妇女儿童问题,主张联合工农,坚持抗日到底。

在皖南事变发生后,谴责国民党破坏统一的做法,敦促国民政府坚持抗日民族统一战线。宋庆龄与国民党的关系若即若离,在抗战前夕努力促成国共第二次合作;在抗战最艰苦的岁月里,一度赴重庆进行宣传和动员;皖南事变后又对国民政府有诸多批判;太平洋战争发生后,宋庆龄来到重庆,处于不太自由的状态,也参与国民政府的一些活动,宋庆龄对国民党不民主的做派有所批评。

第二节　史良与抗日战争

一、史良与抗日时期妇女工作

抗战时期,史良呼吁妇女界团结,在妇女新运中指挥妇女联络组,做了大量的妇女联络工作,对推动抗战时期各党各派各界妇女之间的团结与合作,对推动抗战时期的国民参政运动和妇女动员工作,起到了积极的领导作用。

　　[1]　李玉贞:《宋庆龄与苏联驻华外交人员谈话纪录(1942—1945)》,上海市孙中山宋庆龄文物管理委员会编:《孙中山宋庆龄文献与研究(第二辑)》,2011 年,第 207 页。
　　[2]　李玉贞:《宋庆龄与苏联驻华外交人员谈话纪录(1942—1945)》,上海市孙中山宋庆龄文物管理委员会编:《孙中山宋庆龄文献与研究(第二辑)》,2011 年,第 206 页。

1. 史良与战时妇女动员

1937年,史良指出:"全国妇女应该积极组织起来,为抗战后盾。男人们大家要上火线去,一切后方工作,当由妇女维持,同时前线上有许多工作,妇女亦须参加。"史良认为全国妇女共同执行后方工作,必须有健全的组织来领导,方能使工作有系统的切实进行。她希望在民运指导处下设妇女部,并在各省市县镇各级设立分部,专责指导妇女救亡工作。其工作内容中应当承担的前方工作主要有救护伤兵、救护妇孺、军中杂务、防空防毒、运输、管理交通、情报工作、慰劳工作、间谍与反间谍、政治训练等;后方的妇女工作主要有训练工作,包括一般的训练和特殊的训练,生产工作如管理生产和扩展生产、治安工作、教育工作、交通工作、救济工作、看护工作、慰劳工作、征募工作、防奸工作、防空工作、情报工作等。[①]

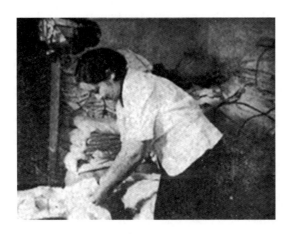

史良分配慰劳品

资料来源:《抗日画报》,1937年第8期,第16页。

1937年8月,史良参加上海市各界抗敌后援会。[②] 1937年9月,何香凝、史良等人希望通过办壁报的方式灌输群众战时知识,为此,何香凝、史良、胡兰畦等人发起组织"上海战时壁报工作服务团"的运动。[③] 针对抗战救亡及妇女工作问题,史良发表了一系列的演讲和文章,号召妇女参加战时儿童保育、援助抗属、妇女参

---

① 史良:《战时妇女工作计划》,《世界知识、妇女生活、中华公论、国民周刊战时联合旬刊》,1937年第4期,第136—137页。

② 《各界抗敌后援会设计委员会首次会》,《申报》1937年8月28日。

③ 《何香凝等组织战时壁报工作服务团》,《救亡日报》第12号,1937年9月10日第1版。

政、征募寒衣等各项工作,并加强妇女组织的发展与联络。1938 年 2 月,《新华日报》记者采访史良,称"她的精神还是那样饱满,好像在斗争中,她是不知道疲倦的"。近几年来,许多男女青年在她的号召与领导之下,都热烈参加了民族解放的事业。对于华南的救亡运动,史良称赞华南人们的救亡热情真像海洋中最有力最高涨的一个浪潮。①

1938 年 2 月,史良接受《新华日报》记者采访,认识到文化人对于战时动员的重要作用。她说澳门的干部人才也很缺乏,任何一位较有希望的文化人到那里去,就可以成为推动工作的中心。"这种现象,在内地各处都是一样,所以文化人分散到各处去,是很迫切的要求。"史良指出,"有些人只讲前线重要,不过我想后方更是值得注意的。在那些成为战区的后方,我们应当早点把工作开展起来,布置成铁的堡垒。"对于民众动员,她希望"假如你是学生,就首先要把自己周围的同学组织起来工作。如果你是机关职员,就应该把救亡工作的种子在办公处栽培起来"。就战时工作而言,史良表示对于妇女工作最为感兴趣,同时也觉得负有这责任,"希望少数前进的姊妹们耐心把成千成万的中国妇女组织起来。我们女同胞不能再被敌人的魔手蹂躏,而要挺身把刺刀来偿还我们的血债!"②

1938 年 2 月,史良对妇女动员问题发表意见,认为在抗战六个月的时间中,妇女被动员起来直接或间接参加抗战的人数与妇女总人数相比是绝对的少数。她指出:"大部分的知识妇女,还是不能将抗敌后援的工作,负担起来,而少数的知识妇女,参加抗敌工作的,也只整天给慰劳救护募捐等事务工作,支配着整个的时间,而忽略了动员大众妇女的重大的根本任务,我并不是反对知识妇女不要做慰劳救护等工作,我总觉得知识妇女除慰劳、救护、捐募等工作外,还有更大的唤起和动员大多数妇女的力量来参加工作,才能获得更大的成效。"知识妇女应该负担起领导妇女、教育妇女、组织妇女和动员妇女的责任。"要使妇女贡献力量,至少要使她有参加抗战工作的机会。"同时应加强妇女工作者之间的联系。③

史良指出:①战时妇女工作的基础,应当建立在大众的妇女、劳动妇女、农村妇女的身上。②各级政治机构里要相当吸收一部分妇女参加。③各妇女工作团

① 《史良女士会见记》,《新华日报》1938 年 2 月 22 日第 4 版。
② 《史良女士会见记》,《新华日报》1938 年 2 月 22 日第 4 版。
③ 史良:《妇女动员中的一点意见》,《妇女生活》1938 年第 5 卷第 8 期,第 12—13 页。

体应当迅速地联络各方,沟通上下,把贵贱智愚的一切观念打破。① 她指出,我们应该通过各地有知识有能力有远见的知识妇女,带动农村妇女等妇女群众参加抗战工作,用各种宣传方法,增加农村妇女对于政治工作和抗战救亡工作的兴趣与热情,从下层发动广大妇女群众,做基础性的组织工作,从实际工作中积极选拔、组织和培训妇女干部,并在各级政治机构中吸纳各阶层妇女参加,加强各妇女团体及组织之间的联系。②

1938 年,史良发表《写在纪念"三八"节之前》,她指出:面对日本的侵略,"我们不特没有丝毫表示屈服,相反地因为侵略者外力的压迫,驱使我们走上了团结互助,拼命抵抗的唯一光明大道"。她号召"对外要唤起全世界妇女的援助,对内要推进民族统一阵线的坚强与巩固"。③ 1938 年 3 月 8 日,史良在《今年的"三八"》一文中指出:"在这全国展开了民族抗战的今日,我们要发扬'三八'精神,唤醒全国妇女联合起来,参加民族统一阵线,和侵略者奋斗到底,决个死活。妇女要在斗争中,尽最大的努力,才能希望整个民族解放的胜利。也只有民族解放的成功,才足以保证妇女解放的实现,双重压迫下的妇女们! 为民和为自身,我们要加倍努力。"④

1938 年 8 月,史良在接受记者采访时指出:"我们知道抗战没有妇女的参加,是不会得到胜利的,所以要增强抗战的力量,一定要把没有组织的妇女组织起来,把有组织的妇女团体统一起来。""在武汉方面的妇女团体,我们都已经合作起来了。"她认为:保卫武汉目前最迫切需要做的工作主要有四点:①救护工作,为了加强救护的工作,举办了"妇女救护训练班",又合办了一个"武汉妇女流动救护训练队",这都是受过救护训练的妇女,让她们分头到各家庭去,用歌咏、图书、谈话等各种宣传的方法灌输救护常识,以实现救护的普及化。②抢救儿童的工作,由于交通工具的缺乏,虽然四千多的儿童,已经疏散到后方去,然而还有许多的儿童急待迁运,于是组织"儿童步行团",参加步行团的儿童,都是十岁到十五六岁的小孩。十个儿童一小队,五个小队构成一大队,每一大队由两个做过小学教师的人来管理教育宣传。③难民妇女的工作,已经组织了 150 多个妇女,替伤兵洗衣和

---

① 史良:《妇女动员中的一点意见》,《妇女生活》1938 年第 5 卷第 8 期,第 12—13 页。
② 史良:《妇女动员中的一点意见》,《妇女生活》1938 年第 5 卷第 8 期,第 12—13 页。
③ 史良:《写在纪念"三八"节之前》,《妇女生活》1938 年第 5 卷第 9 期,第 1 页。
④ 史良:《今年的"三八"》,《抗战(上海)》1938 年第 52 期,第 10 页。

参加突袭后的救护工作,并且还组织了一个"武汉难民妇女服务队"。④关于出征军人家属的工作,调查了 600 多家,由各团体分区访问家属的经济状况和抗战情绪,给她们一些药品绷带,在每一个区域里组织一个"出征军人家属互助会",以激励他们参战的热情和勇气。在女工方面,已经举办了 27 个"女工识字训练班",训练组也举办了"妇女干部训练班"。史良又指出:"五六个月以前,我从澳门到香港来的时候,武汉的妇女运动是比较沉寂,现在不同了,已经活跃起来,而且各团体之间,都表现得非常客气,非常团结,无论在座谈会里或七七纪念会时,大家总是互相商讨的。"①

后方妇女救护伤兵

资料来源:《女光(香港)》1941 年创刊号,第 16 页。

1938 年 7 月 13 日,史良发表对于动员妇女保卫大武汉意见,她强调动员妇女保卫大武汉的重要意义,指导武汉妇女动员工作应有具体的计划和步骤。史良指出保卫大武汉过程中急待进行的工作:①召集各妇女团体联席会议,商议并统一工作步骤,拟订保卫武汉共同工作纲领,进行适当的分工合作。②立即登记干部及工作人员,目前从各地流亡来汉的干部,以及当地热心而不愿逃亡的青年妇女,一定很多。为着集中力量,开展工作,应该迅速登记起来。③立即动员知识妇女,组织大批宣传队,赴各地工厂各农村各家庭,进行动员妇女保卫大武汉宣传并劝

---

① 江横:《目前的妇女救亡工作——史良女士访问记》,《新华日报》1938 年 8 月 3 日第 3 版。

导壮丁上前线,老弱妇孺迁移后方。④派遣大批干部,深入一切无组织群众,组织各种保卫大武汉团体。⑤举办救护训练班,动员女工农妇、女学生受救护训练,组织救护队、换药队等,赴前线及各交通要道(车站轮埠等)救护负伤将士,或组织防护队,救护受伤平民。⑥举办各种技术训练,动员年轻力壮之妇女,受各种技术训练,代替男子服务。⑦普设防空防毒讲授班,动员武汉卫成区一切妇女受训。⑧就地设立军事常识训练班,如训练军事技术,空舍清野常识等,动员当地工农妇女参加,以加强保卫家乡的能力。另一方面,史良认为,总动员委员会成立前,各妇女团体应进行如下准备工作:①召集各妇女团体代表与各界妇女领袖及实际工作者,举行谈话会,提议建立总动员委员会,商讨并进行一切筹备工作;②各妇女团体立即动员所有群众,讨论并启动保卫大武汉工作;③广泛征求武汉现有一切妇女团体、妇女学校、各界妇女代表,举行扩大发动会,共同进行一切筹备工作,并立即规定各团体代表之产生法,以便各团体进行选代工作;④定期举行成立大会。[1]

妇女被动员起来参加军训

资料来源:《中苏文化杂志》1938年苏联十月革命二十一周年纪念特刊,第58页。

---

[1]　史良:《社论:对于动员妇女保卫大武汉意见》,《全民抗战》第3号,1938年7月13日,第3—4页。

1938 年,史良发文强调全国妇女团结的重要性,以便集中力量参加抗战工作,使妇女团体成为真正能领导当地妇女共同进行抗敌工作的团体。她提出应以抗战第一,民族利益第一为原则,加强各党派内部及各党派之间的团结,要尽量地避免冲突的发生,避免主观和客观的偏见和猜忌,一切以抗战为中心,她希望全国妇女团体能够成为领导当地妇女共同进行抗敌工作的妇女团体。[①] 对于抗战时期的史良,新运妇女指导委员会成员徐鸿表示,史良虽未加入中国共产党,但是处处按照党的方针政策和指示办事,遇到不利于抗战团结的言论,她必仗义执言。而且史良还经常照顾一些妇女同志,对徐鸿也比较照顾。[②] 1939 年,史良在《透过寒衣运动的教育与组织妇女工作》一文中,指出一方面我们要完成寒衣运动定下的数目,另一方面我们还要展开妇女组织的工作。"谁都不能否认我们要达到最后胜利,必须动员每一个民众,参加抗战建国工作,占半数的妇女当然也在被动员之列。"史良指出,寒衣运动不仅是作为目前妇女的工作中心,而且要作为开展家庭妇女组织的门径,要通过寒衣工作,建立起各地家庭妇女的组织机构,武装家庭妇女的脑子,逐渐走向强化妇女集体行动的道路,从而实现组织全国妇女的目标。[③]

1939 年史良在《妇女工作的回顾与展望》一文中指出:一年来妇女界抢救了一万几千名小主人,参加了国民参政会,召开了庐山妇女谈话会,加强了各党各派各界妇女的团结,将新运妇女指导委员会扩大改组成为"动员全国妇女的发动机,从此站在整个计划和共同行动下,发动妇女工作"。她指出妇女工作的优点在于:①随着抗战的展开和全国妇运的高潮,宋美龄成为妇女运动的领袖。②全国妇女,不分党派,不分地域,不分阶层,不分宗教的团结起来了,这个团结已成为全民抗日联合阵线中的最优良的模范。③中国妇女运动已从空泛的要求、呼喊、争取等形式踏入实际的行动阶段,而在许多方面已打定了事业的基础,如儿童保育事业,妇女生产事业等。④妇女文化水准,政治水准的逐渐提高,是和整体政治、文化的进步有关的。⑤妇女工作范围的逐渐扩大,从狭隘的妇女本身问题扩展到保卫祖国,争取民族自由解放的巨业,从少数的都市里扩展到乡村和前线上。史良也指出一年来的妇女工作的缺点有:①在许多团体之间和个人之间,还存在着或多或少狭隘的宗派观念,互相猜忌,互相排挤。②虽然已经成立全国妇运的最高

---

① 史良:《儿童保育会的成立与妇女界大团结》,《妇女生活》1938 年第 5 卷第 11 期,第 3 页。

② 徐鸿:《"阿妹头"自述》,解放军文艺出版社 1991 年版,第 88 页。

③ 史良:《透过寒衣运动的教育与组织妇女工作》,《时事类编特刊》1939 年第 43 期,第 37—38 页。

领导机关,但还没能使一切妇女组织亲切的联合在一起。③动员工作的不够和不深入,把工作只堆集在少数人身上,疏忽了动员广大妇女群众的重要性。④工作的开展赶不上环境的变化。⑤干部的缺乏,因为客观事实的变化太迅速了,使整个救亡工作因主观力量的薄弱而不能好好开展。①

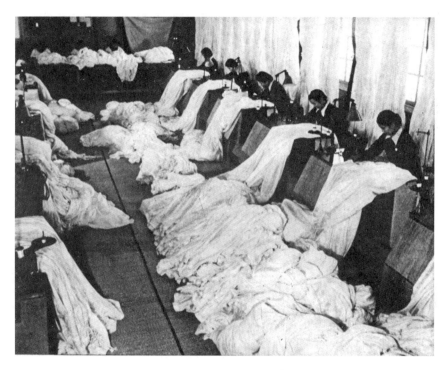

后方妇女制造降落伞

资料来源:《东光》1942 年第 2 卷第 1 期,第 26 页。

1939 年,史良在《关于援助抗属的我见》一文中,指出要解决出征军人家属问题:第一,要组织协助出征军人家属的负责机构,并切实的推进协助抗属的工作。第二,调查各地所有出征军人家属的实况,要工作得切于实际,以及计划办法的不落空,必须事前经过一番切实的调查。第三,具体规定协助办法,根据实际调查的结果,分别规定各项协助的办法。比如①应设立养老院或规定年老抗属最低限度的生活费。②要广泛组织代耕队,用各种宣传方法,号召各地乡民,经过联保会议之同意,分头组织代耕队,由每户推出一人组织之,不分男女,只要体健有力,均可

---

① 史良:《妇女工作的回顾与展望》,《妇女生活》1939 年第 6 卷第 11 期,第 1—3 页。

参加。③训练抗属妇女手工艺或安插其参加生产工作。④免费收容抗属子弟进入全国各公私学校就读。第四,经费的征集办法:各县市切实举行富绅捐;将各市所有的积谷,提出一部分来;根据政府规定缓役金办法,切实征收缓役金;将各县市各联保之善堂存款,提出一部分来;征收战时利得税;举行协助抗属献金。①

1940年2月,史良指出:单是新运妇女指导委员会就已经同全国各地258家妇女组织发生经常联系。在各领导组织中间,包括了最上层的妇女领袖和家庭太太,其中就有各个中央机关的长官夫人与职员太太所成立的三十三个新生活妇女工作队。普遍设立了各省各地的妇女组织。史良指出妇女组织存在的缺点有:①没有适应群众真正的需要而组织;②没有具体计划与中心工作;③缺少实际领导人和中级干部;④无固定经费与政府协助太少。当前妇女组织中急需解决的几个重要问题:①要适应群众之需要而推动与指导其本身的组织;②要做实际工作,形成团结会员吸收会员的基础组织;③通过政治手段加强会员的组织并提高其工作兴趣;④要在工作中找寻干部与训练干部使其分担领导会员与群众的责任。②

1939年,史良指出,可以通过寒衣运动对各地区各阶层的民众进行抗战宣传,将国际国内形势的变化,前方抗战将士的英勇事迹,民众对于民族国家的责任等进行广泛的传播。因为抗战两年多,被动员的妇女还是少数,尤其是家庭妇女被动员的更是绝对少数。史良指出妇女对于寒衣运动的重要性以及妇女对于寒衣运动的责任。③

1944年,史良作为新运妇女指导委员会妇女生活组的法律顾问,帮助妇女解决法律问题。在《现代妇女》杂志上,记录了史良回答妇女提出的法律问题,如:"未婚夫另有所恋,如何解除婚约?""堂兄妹可以结婚吗?""法律究竟保护女子吗?"④抗战结束后,史良还专门写文章批驳抗战期间的"抗战夫人"现象。⑤

---

① 史良:《关于援助抗属的我见》,《妇女生活》1939年第7卷第5期,第3—4页;史良:《调查出征军人家属后的一点意见》,《妇女新运》1939年第2期,第20—22页。

② 史良:《全国妇女组织现状与我见》,《妇女生活》1940年第8卷第10期,第4—6页。

③ 史良:《透过寒衣运动的教育与组织妇女工作》,《时事类编》1939年特刊第43期,第37—38页。

④ 陈素琴(问)、史良(复):《法律顾问:法律究竟保护女子吗?》,《现代妇女》1944年第3卷第1期,第47页;史良(答):《法律顾问:未婚夫另有所恋,如何解除婚约?》,《现代妇女》1944年第3卷第5期,第30页;史良(答):《法律顾问:堂兄妹可以结婚吗?》,《现代妇女》1944年第3卷第6期,第31页。

⑤ "所谓抗战夫人者,譬如有一位先生,逃出了沦陷区,到了重庆及内地,另外有了一位夫人,这位夫人,便称之为抗战夫人。而他的留在沦陷区里的这位夫人,却称之为沦陷夫人,或蒙难夫人。"谛谛:《史良谈:抗战夫人之身份》,《快活林》1946年第20期,第2页。

1945 年 3 月,史良对记者谈及,妇女工作的目标是民主,"只有民主,才能团结,才能永久和平"。① 1945 年三八节,史良集中讨论妇女与民主的关系,她指出妇女出于自己的需要才需要民主,由于我们本身的环境必需要民主。1945 年史良回忆说,近三年来,在她做律师处理的 332 件案子中,50% 以上都和妇女相关,而且大都是婚姻问题的案子,反映的是男子将女人当作私有财产。她号召妇女争取作为人的天赋自由,反对一切形式不将女人当人看的妇女动员。②

2. 史良与战时国民参政会

国民参政会刚召开的时候,史良对妇女参政抱有很大希望,认为抗战时期的妇女国民参政运动是整个中国的妇女参政运动史中的重要一页。③ 1938 年,史良指出:"最近武汉各妇女界为了要争取妇女参政的机会,就集合了各妇女领袖,请求国防最高会议,在圈定与选举参政员时,特别提拔妇女人才。无疑地,这是妇女参政的呼声,也是中华男女尚未获得真正平等的表现。"史良对此次妇女参政提出希望:"讲起男女地位的真正平等,主要的,当然要在职业上经济上求得平等,方能达到。不过政治的动力也还是不容放弃。"史良希望妇女广泛地参加抗战动员,为民族国家贡献自身的力量,也希望政府部门能提拔妇女干部人才参加国民参政会。④

在国民参政会刚召开的时候,史良认为国民参政会中有各党各派各界的代表,反映了抗战时期各党派的团结,国民参政会中妇女人数占二十分之一,也是一个很大的进步。⑤ 她提出,希望在国民参政会驻会委员选举时,有一两位女性当选。⑥ 史良希望国民参政会提出的议案能够具体化、简单化,便于实施。在史良看来,妇女方面的提案,也应该与其他女参政员商酌,关于妇女的提案包括希望各级政府机关能多吸收妇女工作人员,妇女接受军事、政治训练等,她希望国民参政会的议案能获得迅速的实施,能体现民意,须经全国最高国防委员会通过后才能实行。⑦

1939 年 8 月 24 日,史良接受记者采访,她对于优待军人家属工作表示不满

① 《妇女工作的目标是民主,大家共同来展开民主运动——史良先生发表对妇运意见》,《新华日报》1945 年 3 月 10 日第 2 版。

② 史良(讲):《妇女与民主:在三八节纪念晚会讲》,《现代妇女》1945 年第 5 卷第 4 期,第 7—8 页。

③ 《短评:参政会与妇女参政政》,《妇女》1938 年第 1 卷第 5 期,第 2 页。

④ 史良:《前哨:参加国民参政会去》,《妇女生活》1938 年第 6 卷第 2 期,第 1—2 页。

⑤ 《史良女士意见,望政府多吸收妇女,参加抗战建国工作》,《新华日报》1938 年 7 月 6 日第 2 版。

⑥ 《参政会旁听散记》,《新华日报》1938 年 7 月 16 日第 3 版。

⑦ 《史良女士意见,望政府多吸收妇女,参加抗战建国工作》,《新华日报》1938 年 7 月 6 日第 2 版。

意,抗属工作脱离群众,虽然优待出征军人家属的法令早已制定,但是各地优待抗属机关不健全,赖以推行抗属工作的保甲制度也不良,优待经费不足,除广西、四川、重庆外,各地对于抗属工作仍未切实实施。对于今后的抗属优待工作,史良打算在国民参政会上进一步建议,比如由教育部通令各级学校免收抗属子弟的费用,安置抗属到生产部门工作,保障老弱无力抗属的生活等。史良认为妇女工作最大的困难是民众团体从政府获得的帮助太少了,加上经费困难、妇女干部缺少等问题,妇女动员还是存在一定的问题。史良指出抗战时期的各项工作以及国内政治还不到应有的紧张程度,有些人对于抗战工作有所松懈,精神动员和团结工作做得不够。①

华南妇女被动员起来,参军参战,支援抗战

资料来源:《大美画报》1938 年第 5 期,第 2 页。

作为国民参政会宪政期成会唯一的女性,史良曾提议国民大会中应有妇女代表,因为只有妇女能了解妇女切身的利益和痛苦,只有妇女能代表妇女的心声,她提出国民大会代表中至少应有妇女代表 30%。她指出政府要设立托儿所、公共食堂,要规定男女同工同酬等。她提出应发动广大妇女包括下层妇女群众、农村妇女和城市妇女等一起努力推动宪政运动的发展。②

---

① 《参政员史良谈话,切实优待抗战军人家属,从多方面扶植妇女团体》,《新华日报》1939 年 8 月 25 日第 2 版。

② 嘉:《社会妇女:三位女参政员谈宪政》,《现代妇女》1944 年第 3 卷第 1 期,第 22—23 页。

第一届国民参政会召开之初,史良表达了对国民参政会的欢迎和希望:①国民参政会规定了全国各党各派合作抗日的基本政策,女参政员表示了更进一步的团结;②奠定了民主政治的基础,确立妇女参政的机会,参政会的召集,其本身就是一初步的民意机关。① 二届国民参政会召开时,史良表示:"在开会时,全体聚精会神,审查讨论的时间,超过十小时以上,这种团结一致,把抗战放在第一位的精神,是显示着我们愈打愈精诚,愈打愈团结。尤其是,这次议案中,不但着重于如何集中全国一切力量来坚持这持久抗战,并且注意于发展农村工业与经济建设,作长期抗战的经济资源,这也是二届大会的切实贡献。"②

1938 年国民参政会第一届第一次大会召开,沈钧儒提出史良等人列名联署《切实保障人民权利案》。③ 抗战期间,国民参政会上由史良领衔的提案至少有七项,如一届二次参政会上,史良领衔提出,"请政府切实执行优待抗敌军人家属法令,以便人民安心服兵役案",表示抗战以来,政府即于 1938 年 2 月 27 日公布《优待抗战敌人家属办法》,以励人民服兵役。"但迄今已阅八月,各地并未切实执行,以致服兵役者有家庭后顾之忧,不能将整个身心贡献国家,甚至想尽种种办法逃避兵役,于抗战前途大有影响。务请中央将该项办法通令各地政府切实执行,以便人民安心服兵役。"④

1941 年 11 月 17 日,第二届第二次国民参政会开幕,史良指出,当天报到的参政员共有 176 位,到最后一天,共到 188 位,其中只有 13 位是女的,"吴贻芳、伍智梅、陶玄、谢冰心、刘王立明、钱用和、张肖梅、张维桢、罗衡、吕云章、刘蘅静、陈逸云以及本人都参加了。拿这次参加的人数来说,十五个人中间,男的占十四,女的占一个,所以妇女占了十五分之一。就是在主席团里,妇女也占了五分之一的位置"。史良指出:吴贻芳作为国民参政会主席团成员,"她站在妇女大众立场上,慷慨地提出一些关于妇女本身权益的提案,正确而严肃的参加各项讨论。她英勇地挺出为抗战工作,为妇女工作努力的姿态,热忱而且有计划"。⑤

① 史良:《前哨:国民参政会第一期大会的成功:向全国姊妹作一简单的报告》,《妇女生活》1938 年第 6 卷第 6 期,第 1—2 页。
② 史良:《对于国民参政会第二届大会的感想》,《妇女生活》1938 年第 6 卷第 9 期,第 5 页。
③ 沈钧儒等人提:《切实保障人民权利案》,见国民参政会秘书处编:《国民参政会第一次大会记录》,1938 年,第 183—184 页。
④ 国民参政会秘书处编:《国民参政会第二次大会纪录》,1938 年 12 月,第 53 页。
⑤ 《史良参政员报告:这次参政会的经过》,《妇女新运通讯》1941 年第 3 卷第 21—24 期,第 5—6 页。

1938 年 10 月，对于第二次国民参政会，史良指出需要检讨一下上次会议的提案实施了多少，对没有实施的议案进行改良和修正。对于妇女界，政府应进一步加强妇女的组织和妇女运动的开展。① 1939 年 9 月，在国民参政会第四次会议中，救国会提出两个议案，一个是关于集中人材，提出人尽其才，实施民主；另一个是不分党派，增强团结。此外，关于四川一个县长违法乱纪的案件，史良以国民参政员名义写信到当地专员公署，要求予以制裁，最终这个县长被撤职。② 史良爱憎分明，有胆有识，她坚持抗战、团结、进步的方针。③ "皖南事变"后，中共参政员拒绝出席第二届国民参政会的末次会议，史良和其他救国会成员也宣布拒绝出席国民参政会。当然，史良在晚年的自述中认为国民参政会是国民党的花招之一，"实际上只是一种摆设"，"这是一种请客吃饭，我们只不过是这个饭桌上的客人罢了。"④

二、史良与抗战形势前途论述

抗战时期，史良对抗战前途有着坚定的信念，她在一系列的言论中强调中国应坚持持久战并保持抗战到底的决心；她著文揭露日军野蛮的暴行，呼吁国际社会同情和支援中国抗战。1937 年，针对汪精卫的错误言论，史良写了《谈对日绝交》一文，一开头便一针见血地指出："我国神圣的全面抗战逐渐展开以来，日寇倾其全国的海陆空力量，不但大举侵犯，并且非法封锁我全部海岸，屠杀我平民，这样凌辱我们，侵略我们，我们和他们还有什么'邦交'之可言？但是现在我们的大使还逗留在敌国，我们的侨胞还逗留在敌境，难道在这样全面抗战，牺牲惨重，邦交早已粉碎的情形下，还有所期待，有所希望吗？"她指出事实上中日两国早已无邦交之可言了。法理上，也早已超越了绝交的程序。"不绝交，徒然使代表国家的许大使在东京受罪；驻留敌境的侨胞在异域挨苦。"⑤

史良认为宣布中日绝交是有百利而无一弊的，因为："①就对外说，对日绝交是表示我们破釜沉舟，抗战到底的决心，使各国知道我们只有前进，决不后退，抗

---

① 《各党派参政员谈话》，《新华日报》1938 年 10 月 29 日第 3 版。
② 史良：《史良自述》，中国文史出版社 1987 年版，第 46 页。
③ 罗琼、左诵芬：《抗日救国的女君子，妇女群众的良师益友——忆史良大姐》，见罗琼主编：《启迪集：女界的杰出前辈》，中国妇女出版社 1997 年版，第 113—114 页。
④ 史良：《史良自述》，中国文史出版社 1987 年版，第 45 页。
⑤ 史良：《谈对日绝交》，《妇女生活》1937 年第 5 卷第 3 期，第 8—9 页。

战到底,不惜牺牲。也许有人以为,我们首先宣布绝交,要负挑衅战争的责任。其实这是一种恐惧心理。就各方面说,中国不会被认为侵略国的。②就对内说:现在我们虽已对日展开全面抗战,军事领袖,亦已一再宣布,决定牺牲到底。不过患"恐日病"者及亲日分子,依然盘居要津;假使前线军事稍有挫折,彼辈便将乘机活跃,破坏持久战的计划。若对日绝交,那么此路便走不通了。③就军事言,现在前线斗士中的一部分,也许因为政府不曾宣布对日绝交,认为政府的国策还没有到最明显的地步,他们抗战的决心,难免不坚固起来。倘一旦对日绝交,他们知道中日的战局是无论如何变化,但妥协决不可能了;决不会再像'九一八''一二八''长城之役''华北事件''绥远之战'那样,中途废弃,功亏一篑!从此并可坚固他们的抗战决心,且可使他们死而无憾。④就经济言,现在全国军队固然已经总动员,然而一部分人,对于他的战时准备,在技术方面观察,还有所期待,譬如上海一部分商人,还希望战事早日结束,好过他们快乐的生活。如果我们宣布对日绝交,他们就知道这局势非长期焦土抗战不可,他们就会早作准备,另想办法了。同时,内地人民,也是这样,在宣布长期抗战以后,他们也要作一番根本的布置,就是购买救国公债,也一定要踊跃得多。"史良认为对日绝交对内可以断绝国内部分投降分子及亲日分子投降的念头;对外能让西方国家明了我们抗战的决心,同时挑起战争的责任在于日本,而不在于中国;在军事上可以坚定士兵舍身抗战的决心和信念;在经济上也可以稳定民心,动员民众为长期抗战做准备。①

史良认为:"日本虽对我不宣而战,但我对日正式绝交,不特是人格'明朗化'的一个办法,而且也是我们抗战到底的一种表示。至于绝交以后的宣战问题,因为我们是'应战',不是'求战',暂且可不必谈

热心爱国的妇女界领袖史良
资料来源:《抗战摄影集》1937年10月,第43页。

① 史良:《谈对日绝交》,《妇女生活》1937年第5卷第3期,第8—9页。

起。""当政府目前还未宣布对日绝交的时候,我们舆论界对这问题应该多多讨论建议供政府采纳,文化界应该举行各种演讲会讨论会使广大的群众,对这问题注意起来。在这些讨论会和研究会当中,不但是要讨论对日绝交利弊的问题,并且可以讨论到在绝交之后如何防止奸商,汉奸和敌人勾结的问题。"①

　　1937年,史良又发表《九国公约会议和我们的立场》,指出:"日本的大陆政策,是要很快地将中国灭亡。六年来因为我国的退让,使侵略者的毒焰日渐升高,我国已到了忍无可忍的地步,不将他的势力扫荡出去,就是我国的灭亡。中国是远东的火药库,现在这火药库暴发了,全世界都受到严重的影响。""许多国家为了怕这次中日战争再酿成一次世界大战,想用国际合作的力量来使这战争的范围缩小,于是本年十月七日在瑞京召集了第十八次的国联大会,通过了廿三国咨询委员会谴责日本在华暴行的决议。"对此史良认为:"调解本身,也未始不是一种方法,假如调解能合理的成功,原可避免制裁,但事实上对野心国的调解,往往不会有合理的成功,所以我们对于各国提出调解时,应有严正的对策。"史良强调各国应严格遵守九国公约,不应使中国蒙受主权和领土的损害,中国应断然拒绝损害

史良对妇女界演讲

资料来源:《抗日画报》1937 年第 15 期,第 10 页。

---

　　① 史良:《谈对日绝交》,《妇女生活》1937 年第 5 卷第 3 期,第 8—9 页。

中国利益的调停。中国必须坚决的反对秘密外交,反对任何方式及内容的默契。会议如因日本的要挟而左袒,我国不应顾忌,即使会议破裂,亦所不惜。我国在会议中应该反对一切拖延的办法,无论有无结果,会议应早日结束。史良指出中国是为自卫为生存而战,中国决无屈服的可能,只有坚持抗战到底,牺牲到底的决心。①

1937 年 10 月底,上海各妇女团体招待各国侨沪妇女,宋蔼龄致词表达欢迎之意,她指出:"在各国上市公司勒令各位回国之后,各位还留于此地,和我们在密经战事之危险中,共同生活,今日下午,在此共聚一堂,我们之感动,自不言而喻,平时之友谊,将我们妇女们结合在一起,这次因经患难辛苦,格外加强我们之联系。日本在上海之侵略行为,我们均已目睹,在此素享和平之大城和近郊,日军屠杀生命,毁坏产业,此种残虐破坏人道之卑劣行为,谁都与我们共愤,一向承诸位在中方面参加救护工作,使无辜民众,在未宣战而受炮火残害者,减少痛苦。现在那大炮的回声,还没有稍停,每一个震荡之声,使人想到死亡之增加,毁灭和蹂躏,自古以来,妇女是被认为人类之安慰者,比方说小孩子跌倒之时,任何人做母亲的不知不觉扶起孩子,亲他肿痛的小膝或头,这种深切的慰藉,可以减少痛苦,比什么都好,的确,同情是人们心上之香膏和唯一之安慰,可是今天妇女们要确保世界和平,必须更进一步,努力去维护国际间之正义和社会之正义,如若我们全世界妇女联合起来为着国际正义努力,与时俱增之恶劣环境,才可终止,这不是一种幻想,是一种适合实际的常识。朋友们,我希望你们信仰这简明之真理,假如要和平,我们要脚踏实地去做,必须照着我们的信仰,去求这国际正义,并且要认明永久之和平基础,只是筑在真正国际正义上面,你们视中国犹如第二故乡,我更得表示谢意。"②

史良演讲指出中国这次是到了再不能容忍的境地而抗战,中国既已开始,就非把敌人逐出领土以外,誓不罢休。她说:"此次上海方面变更战略而退出大场闸北,望大家不必为我们担忧,我们的战争是全面的,山西方面,近日正打了胜仗,那才是我们国防线所在,在军事上比上海还更重要。我们的抗战是持久的,决不在乎为一二日之短长。"③

---

① 史良:《九国公约会议和我们的立场》,《妇女生活》1937 年第 5 卷第 4 期,第 5—7 页。
② 《各国侨沪妇女界领袖招待会》,《妇女生活》1937 年第 5 卷第 4 期,第 20 页。
③ 《各国侨沪妇女界领袖招待会》,《妇女生活》1937 年第 5 卷第 4 期,第 21 页。

山西的女兵
资料来源：《战斗画报》1937年第6期，第13页。

1937年10月，史良在《祝今年的双十节》一文中，肯定了中国为民族解放所付出的努力，她说："我们国家已经在这伟大的奋斗中，开始表现伟大的力量，以至于渐渐地改变了国际间对于我们轻蔑的态度，只要我们继续努力下去，最后的胜利，一定属于我们，所以我们断定真正的国庆已经在萌芽。"①史良指出："我们对于抗战的要求最低限度要逐出敌人于中国境内，恢复九一八以前的状态。这样，才有了建设新中国的基础地盘，我们才可以从容地建设新中国。"史良号召："全中国的人，无论男女老少，无论武装的和非武装的，都应该以铁一般的意志，拼着极大的牺牲，支持这神圣的抗日战争到底，到最后五分钟获得完全的胜利为止，决不中途停顿，决不中途妥协！"②

---

① 史良：《祝今年的双十节》，《战时妇女》1937年第7期，第1页。

② 史良：《建设新中国的时候到了》，《战线》1937年第6期，第4页。

1937年11月,史良写作《抗战形势与抗战意志》,她指出自太原、上海相继失守,南北各战场起剧烈变化后,国内未能切实了解抗战目的和抗战过程,出现悲观失望的态度。针对这种现象,史良认为我们急要的工作,是要设法使全国同胞明了抗战的意义、目的,理解抗战的手腕,才能继续我们的抗战工作。我们对于目前战局的稍稍变动,对于目前无关紧要的牺牲,我们是不应该消极的,不应该悲观的,不应该灰心的,尤其不应该误吞失败论者的毒药。她说:"过去努力救亡工作者,绝对不应该因为我们的武力暂时离开我们,表示失望,表示颓唐,要知道我们是弱国,弱国对于侵略者的抵抗战争,不能没有相当的牺牲,要忍得住牺牲,才能支持抵抗的战斗。""一时的牺牲,在抗战过程中不可避免;局部的失败,在抗战过程中也无法避免,而且我们要知道长期抗战决不是在最初的一条战线上永远相抵,永远胶着的意思,必定有进展,成为拉锯的情形,进需要时间,退也需要时间,退了再进更需要比较冗长的时间,经过了无数时间,无数进退,付了极大代价,担负了极大痛苦,到最后才得到全盘的胜利,这理论是绝对正确的,因此我们的抗战意志,必须万分坚定,最后胜利未到来前,在任何困苦中,不可以稍微动摇,我们的武器虽然不及敌人,可是只要发动我们全国的人力物力,坚强我们的抗战意志,不屈不挠,胜利一定是我们的。"①史良对于抗战前途有着清醒的认识,她希望民众能够坚定抗战意志,相信抗战前途是光明的。

史良强调抗战到底的决心,指出中国处于被侵略的地位,中国没有退路,只能团结一致,咬紧牙头,不屈不挠,集中全国人物、物力,坚持抗战到底,"否则便是分裂,便是自乱步骤,结果必然是失败与覆亡"。为获得抗战最终胜利,史良呼唤加强国内的统一与团结,反对任何破坏性的民众运动,坚持民族利益高于一切,集中力量进行抗战御侮工作。她提出要谋抗战意志的绝对统一,在思想方面,在三民主义的共同信念下统一我们的思想;在言论方面,须作有利于抗战的、富有建设性的统一宣传,造成举国一致的舆论和群众心理;在行动方面,必须在政府统一的号令之下,集中力量作有组织的抗战斗争。全国上下,应该不分党派,无论恩仇,一致拥戴最高领袖,接受其命令,服从其指挥,不怨不争,积极参加抗战工作。②

1938年10月,中国妇女慰劳会重庆分会,邀请邓颖超、史良、刘蘅静等女参政

---

① 史良:《抗战形势与抗战意志》,《时事类编》1937年"特刊"第7期,第20—22页。

② 史良:《统一抗战意志与争取最后胜利》,《统一评论》1938年第5卷第2期,第4—6页。

员进行演讲。史良指出放弃武汉是有计划的，是出于持久战的需要，中国各党各派应更加团结，这是我们战胜敌人的重要保证。在外交方面，大多数的人民和民主国家是同情中国的，中国在国际上并不孤立。最后她用有力的词调呼喊每一个同胞来检讨抗战十五个月来的民众动员工作，号召中国人民将民族利益和抗战利益放在第一位，拥护政府抗战到底的政策。①

史良因救国而坐牢，达八个月之久，出狱后，"蒋夫人宋美龄女士很盼望她到南京去作妇女救亡工作，可是她觉得上海的工作也很重要"，于是史良来到了上

史良参加国民政府会

资料来源：《展望》1939年第1期，第8页。

海。由南京谈话归来后，上海十四妇女团体联合办事处欢迎至极，并公推史良为对外负责代表人之一，以便合力作救亡工作。此外中国妇女慰劳抗战将士会上海分会及上海市各界抗敌后援会等，都纷纷邀她去参加工作。②

第三节　刘清扬与战时妇女工作

刘清扬是早期中共党员，全面抗战爆发前，主要在华北进行抗日救亡和民众动员工作，在妇女界有着一定的声誉。全面抗战爆发后，刘清扬受宋美龄等人邀请，赴武汉参加新运妇女指导委员会的妇女干部训练工作，在妇女动员、妇女团结和妇女干部训练方面发挥了积极的作用。

---

① 《渝妇女界昨欢迎女参政员邓颖超、史良、刘蘅静演说，不要为广州、政治撤退而悲观失望，加紧团结抗战到底乃是当前任务》，《新华日报》1938年10月27日第2版。

② 《妇女播音台：欢迎史良和孟君：附照片》，《世界知识、妇女生活、中华公论、国民周刊战时联合旬刊》1937年第1期，第29页。

一、刘清扬与战时妇女民众动员

刘清扬(1894—1977),天津人,1921 年在法国加入中共,自法返国后任职于何香凝主办的妇女训练班,1931 年与张申府组织华北救国会。1927 年国共第一次合作破裂,曾经退出中国共产党,1944 年由张澜介绍加入民盟,次年当选民盟中央执行委员兼中央妇女委员会主任。刘清扬与张申府于 1920 年在巴黎结婚,期间曾因感情纠葛而分开,于 1944 年恢复夫妻关系,但最终因为张申府在 1948 年10 月发表《呼吁和平》而宣称与张申府断绝一切公私关系,刘清扬于 1961 年重新加入中国共产党。①

刘清扬 12 岁进入天津女学读书,"学校的教师,有不少是热心爱国的革命党同志,他们随时随地对学生灌输爱国思想,她在这些教师的指示与训导下,幼稚纯洁的心田里,已培养起了爱国的嫩芽了"。刘清扬后来毕业于直隶第一女子师范学校,辛亥革命期间加入天津的同盟会。在刘清扬八岁的时候,家里为她订下了婚约,她反对父母所订下的婚姻,1919 年参加了五四运动,国民革命期间曾在国民党妇女部工作,在宋庆龄举办的党务训练班担任总务,之后她退居家庭,过着家庭妇女的生活,生育两个孩子。华北危机后,刘清扬参加了华北的救亡运动。季洪曾评价刘清扬说,刘清扬坚持三十多年从事妇女工作和民主救亡运动,恋爱、家庭和孩子并没有消磨她奋斗的意志,令人非常佩服。

1936 年 1 月 12 日,北平妇女救国联合会正式成立,刘清扬担任主席。1937 年7 月 11 日,刘清扬等人负责北平各界妇女后援会总务组工作。抗战初期,刘清扬通过北平妇救会和北平后援会积极开展抗日后援工作。对于华北的妇女工作,刘清扬不断著文阐释,用以加强对战时民众及妇女的动员。刘清扬曾代表华北各界救国联合会跑到南方,报告华北救亡运动的情况。之后,刘清扬又带着华北人民抗日军政委员会的使命到南方来,季洪与刘清扬从南京共同搭车到汉口。季洪评价刘清扬,说刘清扬的演讲感染了很多青年,他们对刘清扬饱含着敬佩与钦慕,各地都在热烈邀请刘清扬演讲。②

1937 年刘清扬在《华北陷落与游击战的发动》一文中,指出北平和天津各界救国联合会组织了很多救护慰劳团、服务团和运输队,以支持二十军的抗战工作。

---

① 何立波:《张申府、刘清扬的婚姻和人生》,《党史文汇》2012 年第 5 期。

② 寄洪:《记刘清扬先生三十年来的奋斗》,《妇女生活》1938 年第 5 卷第 6 期,第 22—24 页。

她指出一部分向来从事于公开的救亡活动的分子,不得不有计划地撤退到后方,从事于抗敌后援工作,而另一部分比较不为敌人所注意的青年,有计划地分配在北平市及北平近郊号召民众,组织民众。刘清扬并介绍了敌人占领平津后民众被蹂躏的惨状,以及华北民众期待着中央军去收复失地。刘清扬指出,当大批的从事于救亡工作的分子纷纷离开平津后,在敌人后方的救亡工作应该怎样进行呢?①整理起一切民众的组织,如妇女、青年以及工、农、商各界的救亡组织都一致地恢复过来,继续进行一切救亡活动。②恢复我们的宣传工作,筹办小报。③发起募捐工作,以支持前方抗战将士,但成绩不是很明显。④进行军事活动,假如华北的救亡工作,还照着以前的群众活动方式进行当然是不够的,现在必须加紧的是秘密工作,因为要消耗敌人后方的力量,发动民众,武装民众,加以组织与训练,从事于游击战争。这并不是一件特别困难的事,据统计,最近两三个月来,所发动的游击战,是北平的七倍。①

刘清扬在卢沟桥事变前,曾多年地从事华北救亡工作,七七事变后在华北组织民众、训练民众、发展游击战争。1938年,刘清扬在《保卫华北的游击战》一书中,介绍华北游击战区游击队的组织,战绩与经验等情况。她强调游击战的形式有助于开展对敌人的斗争,在关于"华北游击战士的宝贵经验"附录中,她认为党员教育应注意以下几点:①过去的教训是合作则胜利,分裂则失败,所以今后切实合作;②各党应从大处着眼,各自教育自己党员,使在一个路线,一个力量,一个步骤,一个目标之下努力;③现在上层已经合作,下层亦应去掉摩擦切实合作;④应从前线加强合作力量,以影响后方。对于地方政权建设的问题,她认为地方政权应该由民众民主选举产生,中央政府及各省政府不应该过度干涉。②

1938年,刘清扬在庐山妇女界谈话会上指出,妇女动员的几个基本原则:①以工作为中心,分别组织不同性质的妇女。②从各种妇女中,先抽训比较前进的干部人才。③工作者不要自居是领袖,要向基层学习。④接近群众的谈话,必须和她们的生活需要有关系。⑤要随时帮助她们的工作与解决她们的困难。③ 对于怎样动员妇女民众,刘清指出:第一,先应注重到农村妇女,但决不是组织起来,便向她们讲什么是抗战救国的道理,是要从她们的现实生活中,把她们组合配备

---

① 刘清扬:《华北陷落与游击战的发动》,《时事类编》1937年特刊第6期,第15—19页。
② 刘清扬、陈北鸥:《保卫华北的游击战》,生活书店1938年版,第1、111页。
③ 刘清扬:《讲演:如何动员妇女民众》,《妇女谈话会工作报告》,1938年,第8—11页。

起来,先要依街、道、巷、里分别组织或由保甲系统,号召起来,然后便设立①农村妇女识字班②生产技术训练班③妇女手工教导班④儿童保育教导班。第二,动员女工,要发动女工组织,必须先要解除资方的误会,设立工余常识训练班,生产突击队,女工识字班等。第三,动员家庭妇女,设立妇女补习班,谍报训练班,救护训练班,慰劳士兵缝纫班,儿童保育班。第四,对职业妇女,设立同业聚乐部,各种座谈会,歌咏或游艺会。①

中国妇女被动员起来参加战时妇女工作(与群摄)

资料来源:《中华(上海)》1940 年第 94 期,第 2 页。

1938 年,刘清扬在《记华北抗战妇女》一文中,记述了华北妇女在战争中的英勇表现:"华北抗战妇女自平津沦陷以后,她们纷纷地冲出了家庭,冲出了学校,坚决要求参加男同胞所组成的游击队伍。游击队的人数一天一天的增加,声势一天一天的浩大,救护慰劳方面,政治宣传方面,以及种种技术方面,都感受到需要女

---

① 刘清扬:《讲演:如何动员妇女民众》,《妇女谈话会工作报告》,1938 年,第 8—11 页。

子,才又从北平找了一些意志坚强,身体强健的女学生去了,以后这些去了的女学生,在队伍里面,都非常勤敏地工作着,并能担任一切最艰苦的事情。""在太行山一带活跃的女同胞,也有着平郊抗战妇女一样的决心和热情。"还有北平游击队司令赵侗的母亲——赵老太太也参加游击战争,"不但她自己,她一家人,也都不甘心苟活,儿子女儿都去做了义勇军,两个儿子在东北参加义勇军活动,两个女儿在前线做救护伤兵及宣传等政治工作,连一个十一岁的儿子也在义勇军里面,赵侗是她的第三个儿子,在北平四郊领导那一带的游击队,在那个游击队刚组织的时候,她帮助她的儿子,帮助一切艰苦奋斗的苦难同胞,到处捡拾零落在野外的枪枝子弹,徒步奔走百八十里路,到处打探日寇的动静,比年轻的人还要英勇,还要坚绝"。[①] 刘清扬宣传了华北妇女英勇抗战的情形,希望能唤起更多妇女从事抗战工作。

对于华北妇女的工作情形,刘清扬曾经接受杨慧琳的采访。她说,应主动动员民众进行抗日救亡活动,民众不应该逃亡而应该起来自卫,只有这样才能给敌人以打击,才能自卫。刘清扬讲述华北游击队作战"如何武装"、"如何斗争"的故事,借此加强战时民众动员,她指出:"无论哪个作战部队,当其在作战的时候,没有民众的协助,一定会感觉很大的不同,尤其是游击队,他们对民众,就好像鱼对水一样。没有了他们,如鱼就不能活跃了。因此,他们最注重护得广大民众的关系。""在游击队组织中,设有政治部,由支队到小队,个别的有政治工作人员。这些人员负着两个重大任务。第一,是教育队员提高他们的政治水平,武装他们的头脑。这样,战士们才明白他们作战的目的,才可以坚持到底。第二,是宣传教育,并且组织收复区与作战区的民众,使民众明白抗战是为着他们的利益,这样他们才对我们生同情心。根据这同情心他们才愿意给予我们精神上,物质上,军事上的帮助。"[②]

1938 年"三八"节,刘清扬在《"三八"妇女节在中国》一文中指出:"在这一次的神圣抗战中,处处都需要着我们妇女的尽力,如前方的政治工作,为了农村中封建习俗的深固,其宣传工作最宜于女子担负,以歌咏演剧来教育士兵及民众也以女子表演容易动人,乡村农妇能为前方战士烧水、送饭、洗衣、救伤都足以鼓励士气。后方妇女的救护、慰劳、看护伤兵、救济难民、保育儿童、缝制征衣与鞋袜,那一件

---

① 刘清扬:《记华北抗战妇女》,《妇女生活》1938 年第 5 卷第 8 期,第 12—13 页。
② 杨慧琳:《刘清扬女士访问记》,见沈兹九等:《抗战中的女战士》,战时出版社 1938 年版,第 19 页。

不是需要动员广大的妇女？前进的姊妹们！动员妇女群众，组织妇女群众，训练妇女群众来参加抗战工作，是今年的'三八'妇女节给我们的重大任务，我们破家亡省的流亡者，迫切地要求我们妇女精诚团结在政府的领导下，增加抗战的实力，在敌人的进攻中我们已是同舟共济，绝不容许我们再互相猜嫉而削减自身的力量，在敌人的炮火之下，已经不让那些为变爱而忘掉民族的人们欢快下去了，觉醒吧！"①

新运促进总会妇女指导委员会训练组组长刘清扬组织妇女培训，以服务抗战

资料来源：《怒吼周刊》1937年第2期，第3页。

1940年7月，刘清扬接受《新华日报》记者采访，指出：抗战三年来，华北妇女是在活跃的进步中，她们积极参加抗战工作，包括战地服务工作、征募慰劳工作、伤兵服务工作、抗属服务工作、儿童保育工作、妇女干部训练工作、乡村服务工作、妇女生产工作、游击队工作等，华北妇女在工作中表现出来英勇与刻苦耐劳的精神品质。但同时也存在着一些问题，比如全国性的系统性的妇女组织不够健全，妇女工作全盘性的计划不够，妇女内部不够团结，各地妇女工作联系不够紧密，妇女干部缺乏，妇女宪政运动进展不够深入，妇女工作者吃苦耐劳、以身作则的精神

---

① 刘清扬：《"三八"妇女节在中国》，《战斗（武汉）》，1938年第2卷第5—6期，第4—5页。

不够,一部分人存在着自由主义的作风等。①

　　1943 年 1 月 11 日,刘清扬在《祝贺新华日报五周年》一文中,称赞《新华日报》对抗战动员和提倡民主建设方面作出的贡献。② 1943 年,刘清扬在《辛亥年间妇女怎样参加革命——刘清扬先生的回忆》一文中,回忆了妇女参加辛亥革命的经过情形,并指出:"从五四运动,再经过大革命直到抗战中的现在,中国妇女是一直不息地参加了各时期对外要求民族独立对内要求民主自由的革命斗争,而且都有着极英勇的表现和极值得夸耀的贡献。""在 1924 年国民党改组后的第一次全国代表大会宣言上曾赋与男女平等自由机会,以后在法律上也曾明文规定了妇女所享的平等自由权利。一些妇女是有了地位,而享受着自由幸福舒适的生活。却不能代表广大的妇女去享受自由幸福!""30 多年的光阴很快地流过去了,在庆祝1943 年度的双十节时,不免怀着无限的感慨,但也觉得很兴奋,因为舆论界对民主宪政的问题和要求,已比较注意,现在需要妇女更积极的参与民主宪政的要求和工作,使中国真的实现现代民主政治。"③

　　1943 年,刘清扬曾著文悼念曾经患难与共的诸烈士:"在诸位烈士之中,曾与笔者有患难相共、工作互助的密切关系者有 12 人,他们的音容笑貌、工作才能,都还历历如生的在眼前。这些为民族革命而牺牲的英雄,在他们固是求仁得仁,但在后死的我,实应负着表扬先烈,以励后进的责任。"刘清扬着重介绍和悼念了李大钊、路友予、张彝兰、邓文辉、阎振山等革命烈士,表示要以他们优美的传统,激励国人。其中,她对于李大钊的评价是仁厚长者,博学教授,兼容并包、宽大为怀的革命领袖,艰苦卓绝、宽仁伟大的思想领袖。"无论对青年学子,或各界人士,都不分派别亲疏,只要你有向上的志气,学习的精神,报效国家,服务社会,或贡献革命的愿望,他都以和蔼可亲,忠厚诚恳的态度,给你以直接间接的帮助和扶持,总使你有努力发展,得偿志愿的机会。"④刘清扬通过悼念这些曾经患难与共的烈士,希望能够激励国人,动员中国民众的精神意志,继承革命烈士遗志,唤起国人的民族意识,积极参加民族救亡的战争。1943 年 2 月,刘清扬在《新华日报》上题字,庆

---

① 《刘清扬先生谈妇运之进步与缺点》,《新华日报》1940 年 7 月 5 日第 2 版。
② 刘清扬:《祝贺新华日报五周年》,《新华日报》1943 年 1 月 11 日第 5 版。
③ 《辛亥年间妇女怎样参加革命——刘清扬先生的回忆》,《新华日报》1943 年 10 月 10 日第 7 版。
④ 刘清扬:《悼念曾经患难与共的诸烈士……》,《新华日报》1943 年 5 月 3 日第 2 版。

祝苏联红军成立 25 周年。①

　　抗战时期,国民政府军事委员会侍从室的调查称她:"个性粗野而庸俗,学识太差,五四运动时即为妇女中之健将,忽国忽共时右时左以做官出风头为目的,据传现又加入本党,但终日大骂国民党不止。闻在妇女宪政座谈会中发言有'什么国民代表大会,就是汉奸大会,还不是国民党包办!'其言论行动可见一斑,与沈钧儒、史良等过从甚密。"②而《天文台》对刘清扬的评价是"她还是这样热情、爽朗和倔强地,为着妇女的解放和革命事业而奋斗","像刘清扬贡献自己一生于革命事业和妇女解放事业是难得的;她不屈不挠的斗争,维护革命的立场,不惜与丈夫决裂,尤值得人们纪念!"她是一位坚定的妇女解放运动提倡者,她说:"结婚的女人,应该有独立的生活能力,更应该有独立的意志,决不能夫云亦云。放弃了自己的主张;也不能因为丈夫有了地位,自己就养尊处优,做丈夫的尾巴。"③1945 年妇女节,刘清扬指出该年妇女工作的中心任务是"民主",她指出民主的实现,是建立在广大群众基础上,应该发挥广大妇女群众的力量以实现民主。

二、刘清扬与战时妇女工作

　　1937 年 11 月下旬,刘清扬来到武汉。1938 年春,刘清扬被国民党军事委员会政治部部长陈诚聘为该部设计委员。在武汉,刘清扬住在女青年会,与杜君慧、安娥等开始交往。④ 1938 年春,刘清扬参加了宋美龄在汉口女青年会召集的小集座谈会,在会上她介绍了平津沦陷后平津的抗日救亡活动情况。1938 年 5 月 25 日,宋美龄召集妇女界庐山谈话会,刘清扬在会上发言讲述了华北抗日救亡活动情况。1938 年 7 月 1 日,新运妇女指导委员会扩大改组,刘清扬担任训练组组长。据徐鸿回忆刘清扬是五四时

早年的刘清扬

资料来源:《妇女杂志(上海)》1921 年第 7 卷第 5 期,第 1 页。

①　刘清扬:《庆祝苏联红军成立廿五周年》,《新华日报》1943 年 2 月 23 日第 2 版。
②　《刘清扬》,台北"国史馆"藏国民党军事委员会侍从室文件史料,馆藏号:129000010328A。
③　《老大姐刘清扬》,《天文台》,1957 年 1 月 24 日。引自《刘清扬》,台北"国史馆"藏国民党军事委员会侍从室文件史料,馆藏号:129000010328A。
④　李沧明:《记刘清扬同志》,罗琼主编:《启迪集:女界的杰出前辈》,中国妇女出版社 1997 年版,第 275 页。

期的妇运健将,在新运妇女指导委员会内,她经常慷慨陈词,发表进步言论。抗战期间,刘清扬长期参加抗日救亡和妇女工作。"她生活简朴,为人严肃,轻易不开一句玩笑,很受人尊敬。"①

1938年1月18日,刘清扬在《在保卫华中声中我们应有的认识》一文中指出:"战事已经延展到华中了,我们当前的任务,便是要迅速地集中一切人力、物力,阻止敌人更进一步的侵入,使敌人的军事企图停顿在这一阶段上,周旋不得——直至它用自己的生命,来殉其夸大的无耻的野心。"刘清扬认为在战时组织民众、武装民众,应该是一个没有问题的问题。因为"当国家民族危急的时候,一般民众的爱国情绪,是非常强烈的"。她提出"在上者不可懒,在下者不可滥","我们的口号是'抗战第一',其他都是次要的。这次抗战,是全面的,是全民族的,要争取最后的胜利,必须要动员全中华民族的儿女,动员愈广泛,胜利就愈有把握。我们需要各种各色的人材,来共同执行这一总动员任务,但在行动中切不可自滥其阵线,换句话说,我们应领导广大的群众到政府的直接指挥下来,从事各种救亡活动,一切群众组织及其运动,必须取得政府的正常指导,才能保证这种运动的效能"。刘清扬强调民众动员的紧迫性,"战事不断地扩大,死亡大量的增加,前方兵员的补充,也正有赖于后方群众的迅速生长壮大,就是说,我们现在第一要图,便是加紧激励民众,使民众自动地参加壮丁训练,一方面把民众武装起来,一方面把民众不断地补送到前方去"。②

1938年,刘清扬在《战时妇女应该怎么样》一文中,建议战时知识妇女参加诸如游击队、宣传工作、救护与慰劳,间谍工作、后方勤务等工作;城市家庭妇女可以征募物品,裁剪绷带,缝制军服;在前线的农村妇女,可以为军队洗衣煮饭,并为军队引路,为军队掩护,刺探消息,联络军民感情等。"非知识妇女是否会担任这些工作,就要看知识妇女对于她们的工作怎么样。"③1938年4月26日,作为输送委员会委员的刘清扬负责将战区儿童送往芷江,最终抵达湘西芷江保育院,刘清扬记述了整个输送的过程,并告诫孤儿们勤劳工作,独立生活。④

1938年,刘清扬在《要保育儿童需展开征募运动》一文中,呼吁广泛开展保育

---

① 徐鸿:《"阿妹头"自述》,解放军文艺出版社1991年版,第88页。
② 刘清扬:《在保卫华中声中我们应有的认识》,《全民周刊》1938年第1卷第8期,第123—124页。
③ 刘清扬:《战时妇女应该怎么样》,《战时妇女》1938年第11期,第5页。
④ 刘清扬:《赴芷江途中》,《妇女生活》1938年第6卷第2期,第25—26页。

儿童征募运动,她对儿童保育工作有清醒的认识,认为儿童保育是抗战中决不可忽视的问题,是抗战中广大民众迫切的要求;战时儿童的保育单靠某一团体,或某一机关是不行的,须要全国上下广泛地支持。保育儿童的征募运动,不但救济了流离失所的苦孩子,而且更能扩大抗敌的宣传工作,加强全民抗战到底的决心。对于保育儿童征募工作,她提出:①在广泛实行保育儿童征募运动中,唤起全国人士,切实共同注意保育中国的砥柱。②在广泛实行保育儿童征募运动中,加强全国坚决抗战到底的决心。③在广泛实行保育儿童征募运动中,组织全国各地民众,加强各地民众抗战的力量。④在国外广泛开展中国保育儿童征募运动,使全世界同情我国抗战,而反对世界上最野蛮的侵略者日本。①

1939 年,刘清扬在儿童保育院院长会议上,发表关于如何领导干部的演讲,她指出:"干部是每一个工作所不能缺少的,同时干部是决定,即干部的好坏就决定我们工作的好坏!"她指出:①训练干部就是将干部已有的知识能力、工作技术,加以充实和整理;②处在一个新的环境里,必有一普遍的原则,即首先认识环境,须懂得该地的民情风俗和一般人的心理;③事业在开创的时候总是艰难的,尤其我们儿童保育事业更为艰难,举办这个工作必须群策群力,我们要有远大的眼光,更要善于运用人才来切实努力,故此我们应与良好的干部有密切合作的精神;④我们为了争取干部,就必须客观,也就是不以感情用事,必须要谅解对方苦衷;⑤领导工作者与本身,须对工作有计划有系统有组织,同时我们应当将计划公诸大众,以民主精神,集思广益地商讨并使干部能深切地明了,务须使她们各尽所能,愉快地去负起责任。② 刘清扬还指出儿童保育工作的困难,如经济困难,人才不易搜求,流浪儿童教育困难,经济的紧缩,各院设备不完善,物价高涨,待遇不多等。

刘清扬指出抗战三年来,在全国的妇女运动中,大批知识妇女、家庭妇女、妇工、农妇都直接参加了抗建工作,主要表现在战地服务,慰劳征募工作,在伤兵医院为伤兵服务的工作,慰劳抗属的工作,抢救和保育难童的工作,大批的训练妇女干部的工作,深入农村的工作,发展生产的工作,在敌后方做破坏敌人帮助我游击队的工作等都取得一定的进步。③ 刘清扬于 1941 年夏因事离开新运妇女指导委

① 刘清扬:《要保育儿童需展开征募运动》,《妇女生活》1938 年第 5 卷第 12 期,第 11 页。
② 刘清扬:《如何领导干部(在保育院院长会议的讲演词)》,《妇女新运》1939 年第 4—5 期,第 29—32 页。
③ 《刘清扬先生谈妇运之进步与缺点》,《新华日报》1940 年 7 月 5 日第 2 版。

员会赴香港,港地侨胞对刘清扬非常欢迎,并要求她在当地创办学校,不久她在香港成立了立华女中,刘清扬受聘为校长。在她领导下的学生,两月之间,"有惊人的进步,各学生的家长对刘女士感激,敬佩不已,可惜不久太平洋战争起,立华女中被毁"。立华在职期间,她不仅从事教育,并对于民主运动的宣传工作,是不放弃一分一刻的机会。一面从事教育,一面宣传民主。1941年冬,敌人占领香港后,刘清扬于次年春徒步脱险赴渝,从此以后全力做民主工作。①

1942年12月6日,刘清扬在《回忆香港妇女的文化活动》一文中,指出香港的知识妇女中约有三四十位从事文化工作,如新闻界的编者和记者,艺术界的画家和诗人,妇女作家和通讯社社员,妇女团体的领导者,以及职业界和生产事业的工作者。她们每三星期或一个月召开一次座谈会,彼此之间襟怀坦白,是妇女界团结的模范。还有一个由当地一部分小学教员和中学女生组合成的青年妇女学习会,每两星期举行一次讲演。此外还有由在港文化工作者的太太们联合组织家庭小组谈话会,以及经过一个半月筹备,两个半月教学,最后被敌人炮火所毁的立华女中,它以训练民主作风为教育目的。② 1943年3月8日,刘清扬为《新华日报》题词:"我们要以合群互助的精神,共同负起伟大时代的责任!"③

1943年刘清扬在《如何克服妇女传统的狭窄恶习》一文中指出,妇女"因为经济的从属关系,不得不处于被压迫者的地位","因为我们妇女传统狭窄的习性不能根除,便阻碍了不少前进的道路,而迟误了妇女获得自由解放的时期"。刘清扬主张妇女要从无知和家庭的羁绊中解放出来,要向自己的弱点奋斗,剔除自身的束缚和弱点。如果不能有与恶劣环境和自身弱点奋斗的勇气,自然也不可能成为一个现代的新妇女。因此,妇女应加强自身修养,克服狭隘小气的心理,尊重别人的意见,以民主精神集思广益。她号召妇女精英应群策群力,培养妇女干部,唤醒广大妇女群众。④

1943年刘清扬在《谈妇女工作的形式主义》一文中,肯定战时妇女领袖们在领导妇女工作中的双重使命和光辉成绩,同时批评妇女工作中的形式主义:"注重形式,而不讲内容,只求表面冠冕堂皇,不顾到实际,这往往是一切事业失败和没有

---

① 岚英:《依然挺立着的刘清扬女士》,《职业妇女》1946年第2卷第4期,第14—16页。

② 刘清扬:《回忆香港妇女的文化活动》,《新华日报》1942年12月6日第4版。

③ 刘清扬:《我们要以合群互助的精神,共同负起伟大时代的责任(三八自勉)(题词)》,《新华日报》1943年3月8日第2版。

④ 刘清扬:《如何克服妇女传统的狭窄恶习》,《现代妇女》1943年第2卷第4期,第2—4页。

真实成绩表现的最大原因。"她批评妇女工作者求量不求质的工作作风,指出妇女工作领导者缺少周密的工作计划和宏大的眼光,缺乏公正贤明的态度,对于妇女干部培育工作推进不够等问题。① 1944 年,刘清扬检讨中国妇女运动时指出:①我们要以身作则,养成民主的的态度与作风,要服从多数而尊重少数,有虚心接受别人意见的精神。②要注重学习生产技能,要努力参加工商实业的经营管理,要创造切实的事业,以发展妇女在社会上的经济地位,而稳定我们斗争的基础,并逐渐可以解除经济压迫下的妇女大众的问题。③为加强我们的战斗,要扩大我们的阵容,必须格外爱护妇女人才,并注意储备后起的力量。④要避免空谈,切实努力。第五,妇女工作者们自身的互助与互励,实是争取妇女解放,达到最后胜利必须的武器。②

1944 年刘清扬在《妇女对宪政的认识》中认为:"推进宪政运动,就是促进实现民主,因为我们要的宪政即是民主政治。"她从民主政治的概念、中国妇女的地位、中国妇女解放运动与民主革命的关系、中国需要怎样的宪政、我们应有的努力等六个问题入手,分析她对于妇女宪政的认识。她指出宪法中凡违反民主精神的内容,都应加以修正。③

抗战结束后,对于社会救济和社会服务工作,刘清扬的认识是:"今天我们必须了解,纯慈善性质的服务,并不能解决社会的根本问题;内战和全民抗战的性质不同,我们也不忍鼓励士兵们去为内战牺牲;说到流离失所的难民,当然值得我们同情,但我们似乎还应该更进一步,追究今天大批苦难的同胞,究竟是由何而来。"④刘清扬强调只有彻底实现民主才是解决妇女问题的保障,并主张对有关妇女的宪法条文予以修正。⑤

三、刘清扬与妇女干部训练

抗战时期,刘清扬作为新运妇女指导委员会训练组组长,先后举办了四期妇女干部训练班和为期一周的短期集训,以及一期高级干部训练班。1940 年高干班毕业后,刘清扬赴四川泸州、资中等地视察各毕业班的工作。结业典礼上,刘清扬

---

① 刘清扬:《谈妇女工作的形式主义》,《新华日报》1943 年 4 月 25 日第 4 版。
② 刘清扬:《中国妇女运动的检讨(附照片)》,《联合周报》1944 年第 2 卷第 18 期,第 3—6 页。
③ 刘清扬:《妇女对宪政的认识》,《民宪(重庆)》1944 年第 1 卷第 9 期,第 18—23 页。
④ 刘清扬:《妇女们应该怎样应付今后的危局》,《民主周刊(北平)》1946 年第 13 期,第 17 页。
⑤ 刘清扬:《妇女与宪政》,《宪政》1944 年第 6 期,第 18—20 页。

以书面的形式对新运妇女指导委员会各期妇女干部培训班同学进行演讲,肯定了她们的工作成绩:"服务于前线后方的负伤将士;保育了被难无家的儿童;学习着生产的技术,准备去改善下层民众的生活;开辟出广大雄厚的人力,教育其自动服兵役;经历湖北湖南四川三省有三十县以上的地区,宣传组训了近百万的老少男女。"同时她提出应注意的几点:①学员们有着良好的条件,不应以既得的成绩自满,不能削减了虚心学习与努力工作的情绪;②学员们对工作的意义,须有深刻的认识和了解,尤须随时随地地注意研究,以便集中精神,提高工作的兴趣;③对工作要有深刻的认识,应立下坚定的意志,保持坚忍的恒心;④要以新生活的精神,表率群伦,影响大众。[①]

新运促进总会妇女指导委员会在武汉训练妇女干部
资料来源:《新运导报》1938 年第 20 期,第 5 页。

刘清扬认为:"干部是开展工作的酵素,是实现工作的动力,更是完成工作的枢纽;所以在完善的工作计划和策略的决定之后,全靠干部去实行,才有成功的可能。"刘清扬将妇女干部分为基本干部、中级干部和初级干部三种类型。基本干部是干部的领导者,中级干部是中坚干部,初级干部是新生干部。"干部是完

---

① 刘清扬:《三八节致各期干训班全体同学书》,《妇女新运通讯》1940 年第 2 卷第 5 期,第 2—3 页。

成事业计划的主力,是动员并领导广大民众的先驱,所以他们是负担重大使命的工作者,而尤是抗战建国,伟大神圣任务的生力军,是保卫国家民族的战士。"刘清扬认识并分析了干部的优点和缺点,主张妇女干部应该克服缺点,努力于民众动员工作。

新运促进总会妇女指导委员会训练组妇女干部训练班同学合影
资料来源:《蒋夫人照片资料辑集(一)》。

刘清扬对培训妇女干部颇有心得,她指出基本干部的优点在于:她们在妇女运动或妇女工作中的历史长久,她们显然成为储备资料的仓库;她们经验丰富,善处环境,待人接物,较能以稳健态度;并因奋斗的历史,而得到社会的信服;由于有号召的力量,而易于扩大工作影响,而善能领导干部;尤其富于理论基础,能把握工作前途;有开创事业的经历,与坚忍奋斗的力量。基本干部的缺点在于:①侧重于实际工作者,常忽略理论的研究;侧重于理论工作的,欠缺对实际工作的努力。②在领导干部上,多偏重于事务的督导,而忽略对他们深入的培养和教育。③对工作常偏重虚浮夸张,不求深入实际,以自欺欺人的技巧,扩大宣传。④领导者对干部,无深刻认识,于是难免缺乏真诚和公平的态度,易犯偏重私人,排斥异己的毛病。⑤前进工作者,对于后起的青年,起不言而教的模范作用,实有重大的关系,可惜事实上,上层干部,颇欠缺真正吃苦耐劳的精神,和深入下层的勇气。

⑥女性的胸襟偏狭,已成为妇女工作历史上的污点;⑦操切从事或脾气燥急,尤是工作者的缺憾。①

1941年1月28日,刘清扬致信各期新运妇女干部培训班学员,希望加强训练组与各学员之间的联系,她指出,训练组1941年中心工作是关心已经毕业同学的动向,把精神的关怀变为实际的帮助。刘清扬检讨过去工作的优点与缺点,称赞学员们把工作看成是整个抗建及妇女解放事业的一环,而没有把它看成是解决饭碗的职业问题,具备了吃苦耐劳,不因循,不苟且的态度,以切实、努力、牺牲的精神工作着,把妇女工作当成整个社会问题的一环来认识。② 刘清扬在致各期新运妇女干训班同学书中,还提及部分同学离队的问题,服务年限划分阶段性的意义及对同学继续工作的期望;对高干班同学的期望;妇女工作应随着妇运的正确方向与总的路线发展;妇女工作应配合着国内及世界局势的发展而发展。③

正在接受检阅的新运促进总会妇女指导委员会妇女干部训练班学员

资料来源:《中华(上海)》1939年第80期,第12页。

1940年,新运妇女干部训练班第三期受训学员结业后,随即分发到各县去实习服务。为要证实理论与实际工作的配合,是否适宜,受训学员对所习之技能方法,是否善于运用,刘清扬亲赴各县视察各队实际工作情形,以便随时指导和纠

① 刘清扬:《妇女干部的优点与弱点》,《妇女生活》1940年第9卷第5期,第2—4页。

② 刘清扬:《致各期新运妇女干训班同学书(待续)》,《妇女新运通讯》1941年第3卷第3—4期,第1—2页。

③ 刘清扬:《致各期新运妇女干训班同学书(续)》,《妇女新运通讯》1941年第3卷第5—6期,第2—3页。

正。伤兵服务队全队共有 104 人,分为 9 小队,辗转湖北湖南 16 县城若干乡镇,主要工作有清洁卫生、医护营养、宣传教育、道德修养等。刘清扬还视察了第 10 重伤医院、第 10 陆军医院、第 86 后方医院、第 4 休养院、第 1 临时残废院、第 98 收容所、第 8 休养院、第 121 后方医院等处的伤兵服务工作。[①]

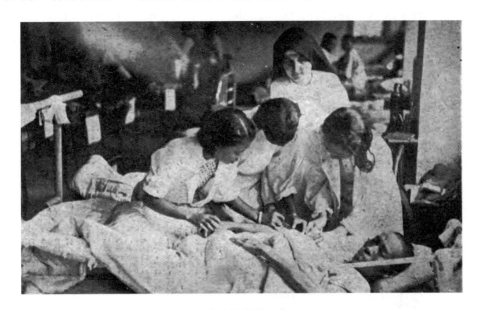

妇女参加救护工作
资料来源:《抗日画报》1937 年第 11 期,第 14 页。

刘清扬重视乡村工作,她指出:"我们的国策是持久抗战,所需要的就是人力和物力;但是我国一切生产、文化,尚未达到理想的地步,广大的群力和资源,都还蕴藏在农村之中未被发掘;我们必须把这些潜伏的人力、物力,开掘出来,才能供我们取之不尽,用之不竭。""时代需要我们发掘下层的宝藏,以应当前的危局。更望热心救国的同胞,不要忽视了下层雄厚伟大的群力。"对于乡村工作,刘清扬指出:"乡村间种种黑暗和纷乱,当然我们想象得到的,所以我们对于一切的艰难,并不畏惧和失望。我们对无知乡农的诚恳坦直,和她们被人欺蒙压榨和生活痛苦的同情。并以我们由工作中学习来的知识,来应付我们的工作环境,以我们克尽艰苦的努力,克服一切障碍才能得到若干的成绩。"[②]

---

① 刘清扬:《伤兵服务工作视察记》,《妇女生活(上海 1935)》1940 年第 8 卷第 7 期,第 6—7 页。
② 刘清扬:《半年来的乡村工作》,《妇女生活(上海 1935)》1939 年第 7 卷第 8 期,第 5—6 页。

第四节　各行业女性精英与战时妇女工作

　　抗战时期,除上文所举的史良、刘清扬等人外,还有更多的各行各业女性精英人物投身战时妇女工作。如作为救国会成员,曹孟君对于儿童保育工作,对于战时妇女工作有着重要的贡献,对于妇女宪政问题和妇女职业问题,有自己的观察和思考。又如雷洁琼,她虽是民主党派的大学教授,但在抗战时期积极响应妇女动员的号召,负责了江西的妇女动员工作,对于妇女问题有自己的思考和研究,对于江西的战时妇女工作做出了积极的贡献。除了直接参与抗战时期的妇女工作的女性精英外,还有一些在某一学科领域有着较为专业知识和技能的妇女专家学者,比如经济学家陈建晨、护理专家胡惇五、农学专家沈骊英、教育专家高君珊、戏剧学家李曼瑰等。她们受过良好的教育,甚至曾经在国外留学获得学位,对于某一领域有着独特而专业的学识。在抗战时期,她们除了关心国家民族的前途,也任劳任怨地投身到自身的专业领域,勤勤恳恳地做出自身的贡献。

一、曹孟君与战时儿童保育

　　曹孟君(1903—1967),湖南长沙人,社会活动家,妇运领袖。曹孟君早年在湖南读书以激进闻名,先后转了四所学校才读完中学,由于鼓动同学剪辫子被稻田女师开除,因鼓动同学中学会考交白卷被周南女校开除,考入湖南省立第一师范学校后,由于鼓动罢课不成愤而离校,继而进入湖南私立协均中学就读。① 1925 年曹孟君考入北京大学政治学系,在北大加入中共。毕业后曾任职于国民政府的农业矿业部,曾与左恭结婚,这一时期,她参与筹建南京读书会、南京市妇女文化促进会(1931 年),提议组织编辑"妇女小丛书":"妇女读物为妇女思想知识之总源,关系切重,坊间现有物或则篇幅过长,或则内容庞杂,或则取材不切实用,或则撰述过于艰深,对于余暇有限学基不深之家庭妇女,往往不便阅读,或读之不生兴趣,本会既以促进妇女文化为主旨,似应设法予以补救。"②

---

　　①　萧虹主编:《中国妇女传记辞典·二十世纪卷》(1912—2000),悉尼大学出版社 2016 年版,第 53 页。
　　②　谈社英、李峙山、曹孟君(等提案):《南京市妇女文化促进会成立大会提案全文:第九案:编辑妇女小丛书案》,《妇女共鸣》1934 年第 3 卷第 9 期,第 55 页。

　　1936 年,上海文化界与市民为沈钧儒上请愿书。沈钧儒等人致电感谢蒋介石准予保释出狱,并请释放孙晓村、曹孟君二人,呈请释放政治犯,如熊佑吾等,开赴前线抗敌。何香凝致函蒋介石、宋庆龄、宋子文等人,请释放邓演达。[1] 曹孟君与史良出狱后,有人称"曹孟君的能力,不减于史良,尤其她对于联合战线的认识,非常深切,首先在南京发动妇女界作救亡工作的就是她"。"现在她们两位的先后恢复了自由,不仅为妇女前途欢呼庆幸,亦为中华民族前途庆幸。"[2]

妇女委员会主任委员冯夫人李德全女士(中)与副主任委员
邵夫人傅学文女士(右)及曹孟君女士(左)

资料来源:《中苏文化杂志》1940 年第 6 卷第 2 期,第 12 页。

　　1938 年,曹孟君去了武汉,与王昆仑(原名王汝虞,1902—1985,曾任中国国民党革命委员会中央主席)结婚。在中共长江局的提议下,她在武汉发起组织中国战时儿童保育会,与北平、天津、南京、上海等地的妇女合作收容难童。当年 4 月,徐州快要沦陷前,她和同事冒着沿途被敌机轰炸的风险,到前线去把孩子从战区援救出来。8 月,武汉本身岌岌可危,她把孩子转移到湖南、四川等更安全的地方,自己与最后一批难童离开。在重庆歌乐山保育院,那里的孩子营养不足且不守纪律,院长曹孟君耐心地管理,她教导孩子有不同意见时用讨论的方式而不是用打架的方式来解决问题,并且鼓励学生出墙报、组织体育活动和音乐会,甚至从事养

　　① 《政治犯释放(二)》(1932 年 10 月 1 日至 1947 年 3 月 6 日),台北"国史馆"藏国民政府档案,入藏号:001000006365A,典藏号:001-101423-0002。
　　② 《妇女播音台:欢迎史良和孟君:附照片》,《世界知识、妇女生活、中华公论、国民周刊战时联合旬刊》1937 年第 1 期,第 29 页。

鸡、修路等改善生活的活动。①

抗战期间,曹孟君曾任战时儿童保育会常务理事兼保育院院长、新运妇女指导委员会指导委员、第五战区总动员委员会委员、中国妇女慰劳总会常委,还曾担任《妇女生活》《现代妇女》编辑,中央银行经济研究处编纂等职。国民政府军事委员会对她的调查,称其专长为"有编撰工作经验,长于编辑工作"。②

1940年曹孟君在《抗战三年来的中国妇女》一文中,指出妇女在抗战前的地位是"非常低落的",而"这是由于中国半殖民地半封建的社会性质所决定的"。她认为"妇女权利的基础应当是和男子一样参加社会生产之管理与支配,参加各种职业部门。妇女是否有充分的机会在这些方面和男子没有差别完全平等站在一起,这是一个测验两性是否平权也就是测验社会是否进步的一个最标准的尺度。"曹孟君分析指出妇女在抗战前已经参加一些反帝反封建的斗争,而抗战促进了妇女生活及意识的变化。抗战时期,中国妇女做了各种各样的抗战工作,如慰劳与救护、儿童保育、战地服务女战士及敌后工作,生活事业等,也加强了妇女自身的力量,比如加强组织、扫除文盲、参加政治工作等。她肯定了妇女工作者优越的工作精神和艰苦的工作作风,也肯定了妇女工作的多方面和动员的相当广泛;妇女在政治上的积极和组织力量的加强也是空前的。同时,她又认为,关系重大的是本身的团结还不够坚强;群众基础太薄弱,作风还欠民主;工作的发展不平衡和工作缺乏计划性;扫除妇女文盲工作还差得很远及妇女本身的生活痛苦之解除更常被忽略。

她指出:"妇女在抗战中贡献了她们的一切,抗战能坚持三年而且还要坚持下去,妇女的力量无疑的占着重要成分。抗战高于一切,民族的独立和生存是今天全中国每一个的责任,而且是主要的责任,也就是二万万二千五百万妇女的责任。而且是主要的责任,而且,民族不独立,妇女在半殖民地国家没有得到解放的可能和先例。因此,民族独立事业不仅站在国民的立场说是每个妇女的主要责任,站在妇女解放的立场上说,更是妇女的中心课题。因此,抗战服务是现阶段妇女工作中心,以前为此,以后更应当为此:团结和组织之千千万万的妇女,加强本身的力量,努力抗战的一切工作,从民族独立,完成本身的解放! 这是今天妇女工作的

---

① 萧虹主编:《中国妇女传记辞典·二十世纪卷》,悉尼大学出版社2016年版,第53页。
② 《曹孟君》,台北"国史馆"藏军事委员会侍从室文件史料,馆藏号:129000042379A。

总任务! 但为了这任务的百分之百的完成,扫除盲女文盲和改善妇女生活,十百倍地加强妇女本身的团结,大批地培植妇女干部,这些,我们要用最大的努力加速度地来完成!"①在大是大非面前,曹孟君坚持抗战第一,认为妇女工作应该将服务抗战作为中心任务。

1939 年,曹孟君在《战时儿童保育一周年》一文中,指出战时儿童保育工作的任务在于:①保育院之筹备及创设;②保育方法之研究与实施;③各地难童的调查运接;④一般难童教育工作之协助;⑤本会各保育院工作之视导等。对于当时的儿童保育工作,她认为:①抢救儿童的数量和区域还觉不够;②工作干部还大大的缺乏;③经费太少,从筹措数量,以及经常费的支配,都还不能配合实际的需要;④保育方法还没有完全能在总之方针之下,建立一个完整、统一、细密的保育方法与技术系统。⑤还没有能建立起新中国儿童保育的理论基础。她认为从事战时儿童保育工作要注意,首先,需要的是刻苦的精神,其次,不可少的是教育难童的技术;再次,要有儿童保育的理论的研究。②

对于宪政与妇女解放问题,曹孟君她认为民主政治可以直接影响妇女解放,因为:①实施民主政治的根本大法——宪法上规定人民有言论出版集会结社之自由,这是妇女获得解放的一个重要条件;②宪法确定了男女平等的原则,一切权利义务男女都有了同样享受的机会;③宪法第 114 条后段对妇女与儿童从事劳动者做出规定,应根据其年龄及身体状况予以特别的保护;④宪法第 29 条规定中国民国国民的选举权和被选举权;⑤整个的民族受压迫妇女决无单独获得解放的可能,民主政治是民族反侵略胜利的主要条件。针对"现在尚有不少的知识妇女对政治不感兴趣,以为政治不是我们女人的事,宪法只是白纸上写黑字,与我们无关",她鼓励妇女参与宪政运动。③

曹孟君在《一九四〇年中国妇女的新任务》中,总结妇女在抗战以来取得的进步,包括积极承担抗战建国工作和妇女组织方面的进步。1940 年妇女的新任务包括:加紧抗战建国的工作;扩大宪政运动,进行妇女的政治教育工作;充实妇女原有组织,发展妇女的新组织;巩固妇女团结,加强抗战力量等。她指出,抗战以来,

---

① 曹孟君:《抗战三年来的中国妇女》,《中苏文化杂志》1940 年"抗战三周年纪念特刊",第 129—138 页。

② 曹孟君:《战时儿童保育一周年》,《妇女生活(上海 1935)》1939 年第 7 卷第 5 期,第 5—6 页。

③ 曹孟君:《宪政与妇女解放》,《妇女生活(上海 1935)》1939 年第 8 卷第 6 期,第 1—2 页。

妇女在敌后方帮助军队参加游击,侦查汉奸,从事政治工作;在战区,有战地服务团,鼓励士气,帮助救伤,动员老百姓协助军队,联结军民感情;在后方,救护慰劳伤兵难民,保育儿童,征募捐款,增加生产,训练干部,劝服兵役帮助抗敌军人家属教育妇女等。1940 年是中国抗战军事、政治、外交转折的时期,是中国抗战走向胜利的起点,是中国妇女战胜困难,克服缺点配合抗战形势朝前迈进的时期。对于妇女解放与民族解放的关系,她指出:妇女解放是民族解放的一部分,妇女解放工作,如不在民族解放中培植生长,妇女解放更不易成功。[1]

中国战时儿童保育会第一儿童保育院院长曹孟君女士与一最幼之难童
资料来源:《今日中国》1939 年 7 月,第 25 页。

抗战后期,曹孟君接替沈兹九担任《妇女生活》的编辑,在出了一百余期以后由于政治的原因于 1941 年被国民党查封。为了在妇女舆论上占有一席之地,1943 年元旦在邓颖超的倡议下,曹孟君在重庆创办《现代妇女》月刊,其宗旨在于:加强理论研究,提高文化素养;增加生活知识;报道妇女生活及妇女参加抗战的功绩;阐明妇女解放道路及方针。[2] 1943 年,曹孟君在《现代妇女》杂志上发表短评,指出:"关心政治,这不过是走向政治的第一步,只走一步是不够的。应更进一步

① 曹孟君:《一九四〇年中国妇女的新任务》,《时事类编》1940 年"特刊",第 46 期,第 43 页。
② 曹孟君:《五年来的现代妇女》,《现代妇女》,第 11 卷第 1 期,第 101—102 页。

自动的,积极的,参加政治活动,争取政治权力。"

"'实施宪政'这是政府贤明的决定,但要它是男女平等的宪政,是全民的宪政,却有待人民与政府从下到上,从上到下一致的协力!"① 曹孟君提倡妇女职业,认为:拒用女职员的事成为过去;结婚的含义不等于失业;孩子有地方可托;男女只以能力不以性别估计他们的酬报;每个职业妇女不把学习研究当作与自己无关的事;不利用情面来维持自己的工作,要以能力宏志。② 建国后,曹孟君曾担任全国妇联常委、全国人大一届代表、中国红十字会总会理事、中国政治法律学会理事等职。③

二、雷洁琼与战时妇女农村服务

雷洁琼(1905—2011),祖籍广东台山,美国南加州大学社会学硕士,曾任教于北平燕京大学社会学系。抗战期间,她来到江西参加抗日救亡工作和妇女运动,并组织妇女干部培训班,著书办刊,发动群众参加抗日。在动员妇女时,雷洁琼对于农村妇女尤为关注,她写了《江西怎样组训农村妇女》《农村妇女地位研究》《抗战中的农村妇女》等文章,她指出,农村妇女在数量上占全国妇女85%左右,占全国人民总数的四分之一强,必须加以训练和组织。④

沪江大学社会系代理主任
雷洁琼教授
资料来源:《沪江年刊》1945年
第28卷,第32页。

1938年,雷洁琼写作《怎样组训农村妇女》,指出因为农村妇女很少机会参加社会活动,动员农村妇女应当特别着重家庭访问;家庭访问应当采取谈话方式,不应当采取演讲或审问的方式。谈话从乡村情形开始,揭露日寇蹂躏中国妇女的暴行,介绍抗战的前途与意义,中国军民包括妇女大众参加抗战的情形等。在家庭访问后再组织各种俱乐部、读书会、歌咏队,关注农村妇女的困难,注意农村妇女生活,从日常生活中去感化她们,

---

① 曹孟君:《从拥护中央决议实施宪政说起》,《现代妇女》1943年第2卷第4期,第1页。

② 傅学文,曹孟君,王立明(等):《我对于妇女职业问题的意见》,《社会服务》1943年第5期,第1页。

③ 《曹孟君》,台北"国史馆"藏军事委员会侍从室文件史料,馆藏号:129000042379A。

④ 雷洁琼:《江西怎样组训农村妇女》(1939年3月8日),雷洁琼;民进中央宣传部编:《雷洁琼文集》(上册),开明出版社1994年版,第38页。

同时负责组训工作的人也应当加强自身的进修。①

1940 年 2 月,雷洁琼指出:纪念"三八",我们应为妇女争取幸福与利益,首先,切实执行取缔虐待妇女的条例,尊重妇女人格,使妇女能取得法律的保障;其次,应提高妇女的认识水平和经济能力,扩大就业机会。② 1940 年 4 月,雷洁琼指出"农村妇女在第二期抗战中的地位重要等于前方的战士",农村妇女是抗战的重要力量,对抗战有积极的贡献,但是农村妇女存在着不够自觉的问题,因而远没有被广泛的动员起来。她指出应积极增强和提高农妇的政治觉悟、文化水平和工作能力;改善农村妇女的家庭生活,纠正农村妇女的错误观念,鼓励农村妇女参加各种生产劳动,以增加抗战力量。③

1940 年 12 月,雷洁琼在《论抗战中妇女职业问题》一文中指出,抗战中的妇女职业问题仍停留在妇女应否参加社会职业的讨论中,这非常可惜。雷洁琼反对妇女回家的论调,她指陈:"女子职业受到种种的限制确是事实,而出乎意料之外的,就是在抗战期中,国家正需要人才以应付抗战建国工作的当儿,而对于女子职业的限制反而有增无减。海关的旧例一向是不录用已婚妇女的,不料 1929 年邮政储汇局以妇女诸多不便为借口公布了辞退已婚妇女及不招收女职员的新章程,昆明邮政总局曾有限制任用女性职员已婚妇女即行裁退的规定,虽然经各方面的妇女据理力争,更兼蒋夫人宋美龄女士的援助,总算收回成命。可是影响所及,有些其他职业机关也在暗暗地效尤,除了原有的女职员,暂时不好意思辞退外,招考新职员时却不让妇女报名,甚至已经报了名的都被除名,即便不除名,也可以借故不录取。1940 年 3 月各报又注销内政部新订《女子职业限制的办法》的消息。"雷洁琼列举社会上种种限制妇女职业的错误做法。并分析说:"反对妇女从事社会职业的理由是多而复杂的,主要的就是认定治家育儿是女子的天职,没有余力从事于社会的职务,有些以妇女结婚后工作效能减低为理由,有些以女子身体衰弱,能力不如男子为借口,又有些以女子从事职业有伤社会风化而反对,更有些男子以为自己的妻子从事社会职业则表示自己无能力养活其生活,为耻辱,还有人企图使唤中国政治模仿德意,事事都以德意来做标准,因此也提出妇女回厨房的

---

① 罗琼:《怎样组训农村妇女》,《罗琼文集》,第 329—332 页。
② 雷洁琼:《纪念"三八"应有的认识》(1940 年 2 月),《雷洁琼文集》(上册),第 126 页。
③ 雷洁琼:《抗战中的农村妇女》(1940 年 4 月),《雷洁琼文集》(上册),第 127—134 页。

口号。"①

她指出:"人类中的半数的妇女离开了社会生产的场合,不特影响本身心智体力的发展,而且不可能要她们合理地去尽他们的天职,社会的幸福更受到如何大的损失。""中国现在妇女职业问题,在具体规定与实现上,消极的是如何要求政府取缔一切机关限制女子职业的法规,积极的如何争取妇女职业平等权的法律,使女子得享受职业自由平等的权利,至于如何改革社会环境,培养妇女干练的能力,创办托儿所及公共食堂等机关,以增进妇女工作效能,减除妇女就业的障碍,都是妇女职业解放的重要问题,妇女们应该联合起来,一致为彻底解决这些问题而努力。"②

1941 年,雷洁琼在《三十年来中国妇女运动的总检讨》一文中,肯定了抗战以来的妇女工作,认为妇女运动抛弃了只限于争取上层妇女的权利运动,转向动员全国各阶层妇女争取民族解放,在经济、政治、文化、各种事业的建设方面做出重要努力,妇女自身的能力、体格和精神都得到了锻炼。她主张动员妇女应改善妇女大众的生活,重视妇女自身利益的改善。③ 1945 年 11 月 16 日,雷洁琼在《妇女》杂志《庆祝胜利特刊》中发表《妇女与新中国的建设》,指出:抗战以来,妇女有机会参加社会各种活动,她们锻炼了坚强的体格与勇敢的精神,深刻的认识国家与个人关系的密切,增强她们奋斗反抗的精神。④ 抗战胜利后,应当发挥妇女的能力以服务国家社会,解除社会对于妇女的束缚,培养她们服务社会的能力,使她们能有机会服务社会国家。

在雷洁琼看来,"妇女怎样才是真正解放呢?其实妇女所要求的,也就是全世界人民一致所要求的人民应有的基本与平等"。它包括基本的生存权、教育权、婚姻自主权、政治权利、职业权、母性保护权、休息娱乐权,年老和失去劳动能力被抚恤权等。雷洁琼指出妇女只有在民主的社会中,才能实现真正彻底的解放,所以中国的妇女解放运动应该与争取民主的运动相配合,在民主运动中实现妇女的解放。⑤ 1947 年 2 月,国民政府教育部通令各省市教育当局严格实施男女分校,雷

① 雷洁琼:《论抗战中妇女职业问题》(1940 年 12 月),《雷洁琼文集》(上册),第 135—142 页。
② 雷洁琼:《论抗战中妇女职业问题》,《江西妇女》1940 年第 4 卷第 3/4 期,第 3—5 页。
③ 雷洁琼:《三十年来中国妇女运动的总检讨》,《地方建设》1941 年第 1 卷第 1 期,第 60—65 页。
④ 雷洁琼:《妇女与新中国的建设》(1945 年 11 月 16 日),《妇女》1945 年庆祝胜利特刊,第 3 页。
⑤ 雷洁琼:《民主运动与妇女解放(1946 年 2 月 1 日)》,《平论半月刊》1946 年第 10 期,第 13—14 页。

洁琼表示反对,她认为:"施行男女分校制度,是否能促进男女机会均等,以现在中国教育情形而论,稍有常识的都知道是一种强词夺理的诡辩,与事实完全不符,而结果适得其反。"雷洁琼认为女子教育的焦点在于如何扫除妇女文盲,解决女子失学问题,增加女子教育机会,提高女子教育文化水准,以求早日走上合理社会生活的途径。①

三、俞庆棠与战时民众教育

沪江大学社会系俞床棠教授
资料来源:《沪江年刊》1945年
第28卷,第32页。

与对女子的学校教育同时进行的,还有各类民众培训,俞庆棠(1897—1949)正是战时民众教育的专业人士,她对战时民众教育的发展做出了积极的贡献。② 俞庆棠,字凤歧,江苏省太仓人。美国哥伦比亚大学教育师范学院博士,回国后,曾任远东区基本教育会议代表团专门委员,联教组织中国委员会教育组委员(1947年9月)等职。③ 建国后,她担任教育部社会教育司司长。

早在1924年,俞庆棠强调扩充女子教育之重要性,并提出方法如设立公立女子学校,扩充私立女子学校,由女子办女学,以退还中国之赔款兴办女学等。④ 俞庆棠还在光华大学教育学会演讲《中国之妇女教育》。⑤ 全面抗战爆发前夕,她认为中国现阶段所需要的教育是:配合着民族解放运动的国难教育,促成合理的经济计划实施生产教育,在平等原则下发展妇女教育,充实基层教育工作人员的文化生活。⑥ 俞庆棠主张分别对女工、农村妇女、职业妇女、知识妇女和家庭妇女

---

① 雷洁琼:《分析教育当局对于男女分校的用意》,《现代妇女》1947年第9卷第5期,第4—5页。

② 俞庆棠是近代著名的民众教育家,熊贤君的《俞庆棠教育思想研究》(辽宁教育出版社1997年版)对其教育思想进行细致的阐发,并梳理其重要活动年表。陈沙金的《关于俞庆棠民众社会改造的思想和实践研究》(苏州科技大学2013年硕士)专门对其民众教育思想进行研究。

③ 《俞庆棠》,台北"国史馆"藏军事委员会侍从室文件史料,馆藏号:129000010331A。

④ 俞庆棠:《通论:扩充吾国女子教育之需要及方法》,《教育与人生》1924年第2卷第59期,第1—2页。

⑤ 俞庆棠(演讲)、阮笃成(纪录):《中国之妇女教育:在光华大学教育学会演讲(附表)》,《晨曦》1926年第1卷第1期,第4—8页。

⑥ 俞庆棠:《现阶段中国所需的教育》,《申报每周增刊》1936年第1卷第43期,第1022页;俞庆棠:《现阶段中国所需的教育》,《社教通讯(上海)》1937年第2卷第6期,第1—2页。

施以不同的训练。①

1937 年 7 月 16 日,经国民大会自由职业团体代表选举事务所发出代电,教育专家俞庆棠当选为国民大会教育团体代表候选人之一。据称俞庆棠为教育界先进,致力于教育的研究与推进达十多年,并受到教界同人的推重,如能当选为代表,对于教育当有更大贡献。② 1937 年,俞庆棠在《如何使学校社会化》一文中,主张对受教育者施以生产和公民的训练,提倡教育社会化、学校社会化,将学校教育与社会生活结合。③

1937 年俞庆棠在《现阶段中国所需的教育》一文中,指出中国所需要的教育应该配合当前民族危殆,农村破产的情势。她提倡国难教育,指出抗战时期中国最严重的问题,是民族独立的问题,应致力于国难教育的实施。学校教育也应适应严重国难的特殊环境,应运用各种教育方法,指导学生从解除国难的实践中发挥他们的效力;对于民众,应使他们了解个人生活与民族存亡的关系,将民众组织起来,争取民族的独立。俞庆棠主张实施生产教育,使教育与大多数民众的实际生活联系起来,应集合全国民众的意志、知识、热情和智慧,以最大的努力促成整个合理的经济计划的实现。俞庆棠认为女子与男子同样负有努力生产、拯救民族国家的责任,同时也应该享受同等的教育权利,教育应该与生产相结合,教授给民众在民族解放和促进社会生产过程中最需要的知识和技能。④

1938 年 5 月,俞庆棠在妇女界庐山谈话会上演讲"如何动员妇女参加生产事业",指出:①抗战时期增加生产的必要,战时军民必需的粮食,战时军民必需的衣着及原料,从国际贸易说到生产事业,树立国民经济基础的重要。②希望政府拟订并颁布详细的战时经济计划:整体经济计划的必要,在整个经济计划未颁布前应有的努力。③妇女与生产事业,妇女与农业生产,妇女与手工业生产,妇女生产工作与合作指导,妇女的生育教育等。⑤ 1939 年俞庆棠指出抗战的顺利进行,与后方民众努力生产同样密切相关,后方民众努力生产乃是争取抗战胜利的重要原因,因此抗战时期应该实施难民生产教育。办理难民生产教育,既可以积极地救

① 俞庆棠:《抗战期中妇女训练问题》,《教育通讯(汉口)》1939 年第 2 卷第 7 期,第 3—7 页。
② 《教育候选人俞庆棠》,《人报(无锡)》,1937 年 7 月 20 日第 3 版。
③ 俞庆棠:《如何使学校社会化》,《播音教育月刊》1937 年第 1 卷第 4 期,第 80—87 页。
④ 俞庆棠:《现阶段中国所需的教育》,《社教通讯(上海)》,1937 年第 2 卷第 6 期,第 1—2 页。
⑤ 兹九:《妇女大团结会议回忆(续)》,《妇女生活》1938 年第 6 卷第 4 期,第 22—23 页。

济难民,也可以增强抗战时期的生产力量。实施难民生产教育,第一要把握难民教育的暂时性特点,第二要注重农村工业的训练;第三在生产场所中施教,因地制宜地开展教育;第四要推动实施难民生产教育的机构,要规定训练项目设置实施单位,举办生产合作的方案等。①

1939年,俞庆棠针对抗战中的妇女训练问题,指出在抗战的动员中,应该对妇女同胞加以组织与训练。妇女参加抗战的意义,并不是仅仅指全体妇女都到前线去,或参加战地服务工作,而是要求在意识上,每一个妇女应该抱着坚决抗战,与争取最后胜利的决心;每一个妇女至少应该参加战时服务;要与弟兄姊妹,丈夫儿女,坚决地站在同一战线上,誓死为民族的生存而奋斗到底!② 俞庆棠认为要训练妇女参加全面抗战的工作,同时要训练她们负起建国大业的责任,所以在训练实施的时候,第一要做到抗战与建国同时并进,第二要从工作中来组织和训练妇女。至于训练的方式,为求其统一和集中起见,可由全国性的机构训练各省的干部,由省的机构训练县的干部;为求其适应特殊需要,可以设立各种短期训练班,如救护训练班,军训班,以及各种生产技术训练班等;广设妇女生活学校,妇女夜校及各种座谈会等等,以求普遍传授战时知识,增进工作效率并加强抗战意识。俞庆棠主张分别对农村妇女、女工、知识妇女、职业妇女、家庭妇女实施具体的训练,将妇女分别动员起来,使每个妇女各尽所长地参加慰劳、救济等各种抗战工作,同时集中力量从事建设及生产事业,改善劳动妇女生活状况,扩大妇女职业范围,培养妇女的谋生技能。③

1939年,俞庆棠针对战时妇女生产事业问题,指出战时动员妇女参加生产的重要性,并对战时妇女生产事业进行积极的指导。她指出:①办理战时妇女生产事业,要拿增加妇女生产能力,并改善她的生活为目的,不该拿营利为目的。②军民的需要浩繁,为目前应急起见,不得不从手工生产事业开始提倡。③手工生产虽成本较大,生产较迟,质量较差,且只能秩序渐进,所垫固定资金亦不易在短期内清偿,然在目前的情况之下,提倡手工业生产,实是动员广大农村妇女参加生产工作的一种有效途径。④我国以农立国,无论政治经济或文化的设施,都应以乡村为基础,妇女生产事业的推进,应该着重于农村,并且以乡间的妇女为主要对象。⑤教育妇女,使其明了科学原理和工作过程,增加生产的效率,使妇女了解合

---

① 俞庆棠:《难民生产教育问题》,《教育通讯(汉口)》,1939年第2卷第32期,第3—6页。
② 俞庆棠:《抗战期中妇女训练问题》,《教育通讯(汉口)》,1939年第2卷第7期,第3—7页。
③ 俞庆棠:《抗战期中妇女训练问题》,《教育通讯(汉口)》,1939年第2卷第7期,第3—7页。

作组织的重要和方法,进而从事组织合作社工作,以求实现集体生产的理想。⑥优待出征军人的家属和贫苦的妇女,训练生产技术,供给生产工具,使她们从工作中改善生活。⑦要就民众和军队在战时最需要的物品,设法从事制造和增加生产,以供应用。⑧要就妇女手工业中可以作对外贸易的,设法改进并增加其生产,以换取外汇。⑨要就各地农业上的需要,推广优良种子,介绍科学方法和新式农具,设法增加产量。⑩要就各地原有的农产品,设法加工并求改进;要就当地原有的手工业,设法改进技术和组织。总体来说,战时妇女的生产事业,必须要以有益民生,有利外销,有助抗战为原则。①

1940 年 12 月 26 日,国民党军事委员会对俞庆棠做的调查报告,称她"学业渊博,经验宏富,为女子教育专家,非党员,适任编译工作。"②1941 年,俞庆棠在《谈谈民众教育》一文中,认为民众教育要注意:第一,以谋大多数民众福利为前提;第二,农村教育应注意直接生产者的自由职业,使教育不脱离生产工作,注意生产技能及组织;第三,要注重量的充实和质的提高;第四,施教工作人员不断学习,要具有刻苦耐劳精神。③

除教育之外,俞庆棠还曾参与抗战时期的妇女工作,特别是民众教育工作。抗战期间,俞庆党参加了宋美龄发起召开的妇女界庐山谈话会,在武汉担任全国战时教育协会研究实验委员会委员,中华基督教女青年会全国协会编辑干事,主持新运妇女指导委员会所属的淞溦纺织实验区和乐山蚕丝实验区工作,编辑《农村妇女基础读本》和《农村妇女读本》读物。1945 年至 1946 年,俞庆棠担任上海市政府社会局社教处处长,在上海设立了 75 个社会教育机关和 47 个民众学校,一个实验学校,一万多成年的男女市民在这些学校里得到了受教育的机会,在浦东乡村设立了民众教育区。④ 她还担任了江苏临时参会参议员、新中国教育部社会教育司司长、中国人民政协教育工作者代表等职。

四、护理专家胡惇五与战时护理

胡惇五是护理学专家,获美国西奈大学护士科硕士,她曾担任南京卫生署护

---

① 俞庆棠:《战时妇女生产事业的原则与概况》,《浙江军训》,1939 年第 1 卷第 1 期,第 23—26 页。

② 《俞庆棠》,台北"国史馆"藏军事委员会侍从室文件史料,馆藏号:129000010331A。

③ 俞庆棠:《谈谈民众教育》,《小教生活》1941 年第 3 期,第 2 页。

④ 冰:《俞庆棠女士谈社会教育工作(转载六月二十一日联合日报晚刊)》,《伉俪月刊》1946 年第 1 卷第 2 期,第 49—50 页。

士训练班教务主任、北京协和医学院护士科讲师、教育部医学教育委员会护士教育组主任、新运妇女指导委员会儿童保育组组长、战时儿童保育会总干事等职。

胡惇五早年毕业于协和医学看护专业，她曾记述称："当余投考协和医学校看护时，除父母外，兄姊师长，莫不劝余学医；问其故，曰十年攻读，学一看护，太可惜耳。吆，社会心理，即有新教育者，对于看护一业，尚视为卑鄙庸贱，而不屑为，若在寻常人视此职业，当何如乎？余始则心意似有所动，继乃毅然曰，人之所以目为卑鄙庸贱者，无他，徒以受高等教育者，不肯为之耳"。她认为"受高等教育之人，愈不愿业之，则社会轻视之观念，愈不能打破，苟余业此而有所贡献于社会，则与他业又何以异？"于是更加坚定了她学护理专业的决心，而且"深恐学之不成，为众人笑"，愈发加倍努力。①

她针对社会上对看护的误解，指出看护的责任包括：详察病人之食品食量，是否适宜；观察病人排泄物，是否含有不消化之食品；留意病人，俾不食零物；注意病人之运动，勿使过度等。胡惇五指出，看护需具备以下条件：①确信学看护者，须受高等教育，最低亦须高中毕业，通晓中英文，否则对于科学知识，不能尽解，于看护病人时，既失学理上之兴趣，更有碍于实际之工作；②学看护者，须有优美之品行，高尚之志趣，牺牲一已之私欲，处处为服务及祛除病者之痛苦着想，俾病者信仰敬慕于不知不觉之中，自愿听其指导；③看护宜有健康之身体，敏捷之思想；④看护须具诚恳之念，做事时务须设身处地，已所不欲，勿施于人，总期所作所为与良心毫无冲突；⑤看护须有忍耐心，抱百折不回之志，首要者，为认识病人之心理，调护各事，由其所好者入手，则事半而功倍，且病者亦乐从也；⑥看护须深谙世情，沉默寡言，而不入于骄傲，天真烂漫，而不涉于浮躁，和颜悦色，人见而喜，诚恳忠实，人乐与交，言顾行，行顾言，以忠信笃敬处事接物，事上敬，御下谦，待同事者恭；⑦看护须具有办事才，病房病人至多，而事务复杂，办事之成绩，全恃有条不紊；⑧看护须有责任心，时时思及调护合宜与否，与病人有生命之关系；⑨看护宜知经济时间及用品，当视病房如家庭，为世间爱惜物力，不作无为之糜费；⑩看护当随时随地，指导病人卫生。②

1935年，她曾在《协医通俗月刊》刊物上针对公共卫生护士可能遇到的问题进

---

① 胡惇五：《我之看护谈》，《协医通俗月刊》1928年第5卷第2—3期，第10—12页。
② 胡惇五：《我之看护谈》，《协医通俗月刊》1928年第5卷第2—3期，第10—12页。

行经验交流。① 她认为提高护士教育问题,是刻不容缓的一件事。除改良教授法,充实教授内容之外,"还有急呼预备师资人材的必要,以为学校的经济及设备许可的学校,可办理初级护士师范,按中国护士学校现行分布的状况,恐怕可以在华北、华南、华中三区,各设初级师范一处,中央再筹设高级师范一处,以期能达到改良教授法,充实教授内容和逐渐提高护士教育。"②

除胡惇五外,还有好多护理界精英,大多为女性。比如1941年9月,中国护士学会职员中,理事长徐蔼诸,副理事长刘干卿、凤梅真,理事信宝珠(总干事兼会计)、田粹励(总干事兼编辑)、濮乐光、陈朱碧辉、聂玉蟾,候补理事王祝淑慎,常务监事潘景芝,监事伍哲英、施锡恩、施德芬,候补监事罗王雅芳。③ 1942年3月,中国护士学会选出理事长徐蔼诸,副理事长周美玉、刘效曾,理事为信宝珠、田粹励、翟枕流、卢其英、詹宝球、管葆真,候补理事为周家仪、董斐成、余琼瑛,监事朱碧辉、刘干卿、王雅芳,候补监事梅秀英、孙秀德。④ 1945年中国护士学会在渝理监事名单如下:常务监事刘干卿(重庆南岸仁济医院)、监事罗王雅芳、候补监事孙秀德(中国护士学会)、理事长徐蔼诸(重庆歌乐山中央卫生实验院)、常务理事刘效曾(重庆高滩岩中央医院)、理事詹宝球(重庆歌乐山中央卫生实验院)、理事翟枕流(重庆新村卫生署)、候补理事周家仪(重庆中山一路尹兆康牙医师诊所)、候补理事余琼英(重庆歌乐山中央助产学校)。在贵阳理监事名单:常务理事周美玉(贵阳图云关一号信箱)、理事管葆真(贵阳阳明路贵阳医学院护士学校)。在成都理事名单:监事陈朱碧辉(成都四圣祠仁济护士学校)。⑤ 这些人当中,大多是护理界女性精英,对抗战时期的社会救济发挥着重要的作用。

---

① 参见胡惇五:《公共卫生护士:公共卫生护士问题》,《卫生半月刊》1935年第2卷第7期,第43—46页;胡惇五:《公共卫生护士:公共卫生护士问题》,《卫生半月刊》1935年第2卷第11期,第60—62页;胡惇五:《公共卫生护士:公共卫生护士问题:(二)学龄前儿童会》,《卫生半月刊》1935年第2卷第8期,第55—58页;胡惇五:《公共卫生护士:公共卫生护士问题:(三)候诊教育》,《卫生半月刊》1935年第2卷第9期,第68—71页;胡惇五:《公共卫生护士:公共卫生护士行政大纲》,《卫生半月刊》1935年第2卷第12期,第55—63页。
② 胡惇五:《提高护士教育程度之我见(附表)》,《医育》1936年第1卷第7期,第21—27页。
③ 《中国护士学会章程》(1941—1955),台北"国史馆"馆藏"教育部/教育部/学术文化机关团体/医药卫生类"档案,入藏号:019000001193A,典藏号:019-030505-0007。
④ 《中国护士学会章程》(1941—1955),台北"国史馆"馆藏"教育部/教育部/学术文化机关团体/医药卫生类"档案,入藏号:019000001193A,典藏号:019-030505-0007。
⑤ 《会务报告》,《护士通讯》1945年第1期,第1页。

五、农学专家沈骊英与小麦改良

沈骊英(1897—1941),浙江桐乡人,长于数理,富有家学渊源。美国威尔斯莱大学学士,康乃尔大学研究员。著有《木槿之受精作用及色素遗传》《水稻试验之统计分析》《农业研究统计法》(译)等。1930 年沈骊英出任浙江省建设厅农林局农艺组技师,她举行稻麦育种实验,有功于水稻小麦品种之改良。1933 年起担任国民政府实业部中央农业实验所技正[①],开始杂交育种试验。抗战前后,沈骊英经过四五年之实验,"选出产量既较当地小麦每亩高出 40 斤至 100 斤的九品系,同时又能抵抗各种病害,而成熟期较当地小麦早 5 天至 10 天,不防害水稻之播种,更能适应广大之环

小麦专家沈骊英女士
资料来源:《农业周报》1937 年
第 6 卷第 2 期,第 24 页。

境"。沈骊英认为:"杂交新品种适应范围广泛之主要原因,在选择杂交之父母品种,及历年选择杂交后代时,注意在各地之普遍优点,而不太重视一地一时之特殊优点。"[②]

沈骊英在世界小麦一千七百余品种之中,选出茎坚,产量丰,抗病力强,最适应于中国,尤其适应于川、鄂、黔、陕等省的品种,于 1939 年起大规模在川省推广试验,故名为"中农廿八"。"中农廿八"在成都三年较试验之结果,平均每亩较当地小麦多产 41 斤。"世界小麦在全国各地试验多年,未能发现此良种,是则女士观察锐利与试验精密有过人之处也。"沈骊英还在英美《作物育种学》及《生物学》杂志发表论文 17 篇,农林部曾拨款 12 万元为沈骊英杂交小麦良种示范试验经费。

钱天鹤称誉她为农业界不可多得之科学家。报刊评论沈骊英:"她不仅对于学术研究精密刻苦,孜孜不倦;对于助夫事业成功,教养子女成人,无不克尽职责,勤俭持家;她爱惜公物,注意民生问题,关切抗战前途,事事均可为女界同胞之典型,从事科学研究者之楷模"。[③]

---

① 技正,指旧时中国技术人员的官职。国民党政府的交通、铁道、实业、内政部(会)及省(市)政府的相应厅(局)大多置此官,以办理技术事务。
② 《追悼沈骊英女士缘起》,《新华日报》1941 年 12 月 20 日第 2 版。
③ 《追悼沈骊英女士缘起》,《新华日报》1941 年 12 月 20 日第 2 版。

沈骊英的夫君沈宗翰曾回忆沈骊英在美国留学时,因学校教授例举各种学术研究家,"所举国名字,甚至蕞尔小瑞士,亡国之波兰,对世界科学,均有重要贡献,独我国则无。沈骊英于此感触弥深,卒立毕生研究科学之志"。抗战军兴,沈骊英自南京而湖南而贵州,播迁数千里,"患双腿剧痛病,常痛至流泪,然尚常雇人抬至田间,种教小麦,记载田间性状,忘其痛而工作如常"。1941 年 10 月 7 日在中央农业实验所因突发性脑中风逝去。在这八年中,沈骊英对于小麦改进及专门学术上,建有重要之贡献。① 沈宗翰②常说:"我得在学术与事业上稍有成就,受骊英之帮助与勉励最多。"沈宗翰与沈骊英结婚誓词写着:"我们两位在基督面前立誓,我们两位不但做相亲相爱终身伴侣,我们两位更要在事业上作彼此的互助者。"沈骊英教育孩子说:"老天是最公道的,你尽一份力,就会得一分收获。""公家器物,不可私用!"③

为纪念沈骊英,重庆妇女界李德全、吴贻芳、张蔼真等人联合发起追悼会。④李德全介绍:"沈骊英女士如何是一个父母的爱女,丈夫的贤妻,子女的良母,妇女界的典型,全世界的有造诣的科学家。"⑤李德全悼念沈骊英,指出:"沈骊英女士之死,不仅父母失了一位爱女,子女失了一位慈母,丈夫失了一位贤妻,妇女失了一位典型,更使全国人失了一位抗战力士,全世界之人失了一位深有才能的科学家,创造家!""沈女士于德全相识六年,同住一地则会面常谈,各居一方则音信来往。德全敬爱沈骊英女士,实以其研究精神伟大人格及对于社会之所贡献,时时不鞐忘怀也!"⑥

1941 年 12 月 4 日,国民政府重庆行政院会议议决褒扬中央农业实验所故技正沈骊英:"查沈氏早岁留美,研究植物学农业,回国后任职中央农业实验所,先后达十年,曾应用杂交育植方法,育成九个小麦新品种,在川黔湘桂苏皖等省,试验成绩,均极优良。又以世界小麦一千七百余品种为实验材料,经七年之努力,育成中农廿八小麦种,在川省推行,产量可增加百分之十二,极为农民所欢迎,行政院

---

① 《追悼沈骊英女士缘起》,《新华日报》1941 年 12 月 20 日第 2 版。

② 沈宗翰(1895—1980),浙江省余姚人。享有世界荣誉的农业专家、作物遗传育种学家、农业行政管理专家。早年毕业于北京农业专门学校。1923 年入美乔治亚大学农学院,获硕士学位后,转入康乃尔大学研究院,获博士学位。回国后任南京金陵大学农学院农艺系副教授,主持小麦、水稻、高粱等育种研究。

③ 李德全:《沈骊英会死吗?》,《新华日报》1941 年 12 月 21 日第 4 版。

④ 《陪都各妇女团体决举行追悼沈骊英女士》,《新华日报》1941 年 12 月 12 日第 1 版。

⑤ 《女科学家沈骊英永生,渝妇女界昨沉痛追悼》,《中央日报》1941 年 12 月 22 日第 3 版。

⑥ 李德全:《沈骊英会死吗?》,《新华日报》1941 年 12 月 21 日第 4 版。

以沈氏为中国科学界少有之专才,对于麦种改良孜孜不倦,不特造福农民,增加生产,且对学校界有特殊贡献,今忽病逝,故特予转呈国民政府褒扬。"[①]

　　抗战时期从事妇女工作的还有各行各业的妇女专家、学者、名流,她们虽然不是中共党员,但是在急需动员全国人力物力支持抗战的年代,她们积极参与战时的妇女动员和领导工作,并积极实际地参与各项战时工作,对抗战也尽了自己的绵薄之力。特别如农学专家沈骊英,她"助夫之事业成功为第一,教养子女成人为第二,自己事业之成功为第三",在抗战时期还时不时出现"妇女回家"的逆流和相关讨论的年头,沈骊英不仅协助丈夫取得事务的成功,成功抚养教育四个子女成人,而且长期从事小麦改良,成功选育出9个小麦新品种,产量较当地农家品种高20%—30%。1941年底沈骊英因劳累病逝,社会各界给予她高度的评价。

---

① 《政院决议褒扬沈骊英》,《新闻报》1941年12月5日第8版。

第三章
女性精英与战时中国女子大学教育

中国近代女性精英,当然包含那些国内接受过高等教育及留学他国后,回国的知识女性。本章介绍在抗战期间坚持办女子大学的精英女性(包括在这些大学就学的知识女性),如吴贻芳的金陵女子文理学院的女师生,王世静华南女子文理学院的女师生,以及重庆女子师范学院的女师生,她们在抗战时期艰难的环境下,既不耽误各自的事业,又积极参加社会服务工作。

第一节　吴贻芳与战时金陵女子文理学院

一、吴贻芳与金陵女子文理学院

吴贻芳生于 1893 年,1919 年获金陵女大文学士学位,1928 年获得密歇根大学哲学博士学位,并获圣约翰科学博士、斯密司大学法学博士、密尔斯大学法学博士、南加利福尼亚大学哲学博士等学位。民国初年曾在北京女子师范学校、北京女高师任教。吴贻芳于 1929 年、1931 年、1933 年 3 次出席太平洋国际学会,1933 年赴芝加哥以中国正式代表身份参加国际妇女大会。[①] 抗战时期她曾任国民参政会参政员,1941 年春起担任国民参政会主席团人员,抗战时期担任中国妇女安慰劳会执行委员、战时儿童保育会常务理事、四川省新运妇女工作委员会常务委员等职。1943 年赴美为国宣传,1945 年赴美出席旧金山会议,为中国代表团

---

① 《金陵女子文理学院院长吴贻芳履历》,中国第二历史档案馆馆藏私立金陵女子文理学院档案,全宗号:668,案卷号:27。

十名代表之一,除出席会议外,接受各种团体邀请,数次演讲国民外交问题。在教会工作方面,她曾于1935年被选举为中国基督教会全国协进会执委会主席,1938年作为中国代表团主席赴印度玛德拉斯出席国际基督教协进会大会,1948年赴荷兰出席世界基督教会协会第一届大会被聘为顾问。[①]

1929年的吴贻芳

资料来源:《中国学生(上海1929)》
1929年第1卷第1期,第15页。

吴贻芳于1929年就任金陵女大校长,她就职演讲中指出开办该校的目的,是要造就女界领袖人才。接受高等学校教育的女子应该有担任社会领袖的责任和高尚的人格。[②] 吴贻芳担任校长期间贡献有:该校立案,该校在国内外的声誉,学生人数逐渐增加,毕业生的建树及贡献,添建校舍,抗战时进入内地,增加国内公司团体的捐赠款项等。[③]

二、抗战时期的金陵女子文理学院

1937年12月,金陵女子文理学院上海、武汉二区决定迁往成都,后得教育部及四川省政府补助,在借用基地上自建校舍,添置设备。抗战期间,金陵女子文理学院学生人数比南京时还多,学科方面增设家政系及儿童福利组,并创办乡村服务处、乡村实验托儿所等附属事业。1941年,金陵女子文理学院在成都华西坝设儿童福利实验所。直至1946年5月,金陵女子文理学院回南京复校后,将成都校舍赠予华西协合大学,后经教育部补助与美国援华会捐赠,将南京原有校舍修理补充。[④] 抗战期间,吴贻芳还参加南京妇女慰劳总会的工作并兼新运妇女指导委员会委员职务。

1937年抗战爆发后,金陵女大选择上海、武昌、成都等处,这三个地方学生易

---

① 《金陵女子文理学院院长吴贻芳履历》,中国第二历史档案馆藏私立金陵女子文理学院档案,全宗号:668,案卷号:27。

② 吴贻芳:《就职致辞》,《金陵女子大学校刊》1929年第11期,第59—60页。

③ 《金陵女子文理学院院长吴贻芳履历》,中国第二历史档案馆藏私立金陵女子文理学院档案,全宗号:668,案卷号:27。

④ 赵志邦:《前金陵女子大学校长吴贻芳病逝》,《传记文学》1985年第47卷第6期,第66页。

于集中,且便于与其他教会大学联络的地点,作为办学中心。① 由于金陵女大在上海和附近地区的学生较多,一开始金陵女大选择上海作为分区教学地点,"业与沪江大学接洽合作,倘该校能在沪开课,即令在上海学生并入上课"。② 并派教师蔡路得、克馥兰、黄丽明、谢文秋、胡惜苍等赴沪主持。吴贻芳选定的第二处分区教学地点是武昌,"业与华中大学接洽合作,使散处北中南三部学生均可前往受课。业已派心理学教授张肖松、社会学系主任龙程英(冠海)、地理系主任刘恩兰等前往主持,而教育部补助费所聘之特别教授陈钟凡,亦派往教授"。吴贻芳选定成都,"与华西大这接洽合作,因该校地点极安全,不特学生在川者可往受课,即旅费较足者亦可前往"③,由生物系主任黎富思博士负责一切。1938 年 1 月,武昌华中大学的教学即结束,全体师生一同迁往成都。

抗战时期金陵女子文理学院学生课余生活情形(夏晓霞摄)

资料来源:《中华(上海)》1937 年第 56 期,第 30 页。

　　而在上海方面,虽然尚未被日军全部占领,但已是孤岛。金陵女大在基督教女青年会全国协会借几间房间上课,学生除了上蔡路德等金陵女大教师的课外,还在其他沪江大学、圣约翰大学,杭州迁来的之江大学和苏州迁来的东吴大学选课。在金陵女大主修生物的冯百齐回忆战时的特殊情况:"我分别在各校先讲我主修的生物学课程和一些教育学、心理学方面的课程。常常在两个紧接的课时,

---

① 吴贻芳:《金女大四十年》,江苏省金陵女大校友联谊会,1983 年,第 6 页。

② 《私立金女大拨补助费及其他经费书表(1937—1945)》,中国第二历史档案馆馆藏教育部档案,全宗号:5,案卷号:4749。

③ 金陵女子文理学院办公室编:《金女大大事记》,金陵女子文理学院校友会,1992 年,第 12 页。

匆匆往返两地。"①1938 年 3 月,因分区办学,人力、财力不够,所以学校决定集中在成都办学。

1937 年 12 月,在南京的金女大被指派为安全区内专门收容妇孺的难民所,南京的金女大校园组成"驻校维持委员会"。② 日军进城后,大批妇女逃至金陵女大要求收容,金陵女大成为保护中国妇孺的逃难所。抗战时期,金女大内迁至成都。1939 年 5 月,学校行政机构,依教育部所颁专科以上学校行政组织办法调整为:院长室、教务处(下设注册、招生、出版三组及图书馆)、训导处(下设生活指导、健康二组)、总务处(下设文书、事务组)、会计室。并设有院内院务会议,讨论全院一切重要事务。③ 初期校舍除学生宿舍系自建外,办公室、教室及实验室,均系借用华西大学的建筑,④维持临时教学的进行。

受到战乱的影响,大部分教会大学在 1941 年后都随着国民政府内迁。为兼顾教学与国家非常时期的任务,许多学校力图使正规课程能够更趋实用,增设科学技术性等与战争直接相关的课程。抗战时期,金女大积极动员全校师生参与战时有益于儿童的福利事业。⑤ 1939 年 10 月,金女大在教育部批准下与华西大学女子学校合设家政系,并将课程与实际需要结合。⑥ 为推行社会服务,在吴贻芳校长领导下,由训导、教务、总务,以及社会、家政两系主任,组织"社会服务事业委员会",决定学校服务事业的方针,并负责倡导服务工作。"社会服务事业委员会"设有城市服务委员会与乡村服务委员会,并分别设有儿童福利实验所和实验乡村托儿所。⑦

实验乡村托儿所成立于 1942 年秋,由四川省政府社会处与金女大合办,四川省政府社会处并负担该所 1943 年和 1944 年的经费三万四千元。儿童福利实验所

---

① 冯百齐:《一九三八、一九三九年的点滴回忆》,见《金陵女儿》编写组:《金陵女儿》,江苏教育出版社 1995 年版,第 177 页。

② 林弥励:《我参加过留守校园的工作》,见《金陵女儿》编写组:《金陵女儿》,江苏教育出版社 1995 年版,第 138 页。

③ 金陵女子文理学院办公室编:《金女大大事记》,金陵女子文理学院校友会,1992 年,第 15—16 页。

④ 《私立金女大拨补助费及其他经费表(1937—1945)》,中国第二历史档案馆馆藏教育部档案,全宗号:5,案卷号:4749。

⑤ 《高君哲先生演讲儿童福利问题》,《金陵女子文理学院校刊》1944 年第 121 期,第 4 页。

⑥ 金陵女子文理学院办公室编:《金女大大事记》,金陵女子文理学院校友会,1992 年,第 17 页。

⑦ 《私立金陵女子文理学院院历、组织沿革、概况》,中国第二历史档案馆馆藏私立金陵女子文理学院档案,全宗号:668,案卷号:23。

金陵女子文理学院的体育活动
资料来源:《中华(上海)》1937 年第 56 期,第 30 页。

成立于 1944 年 3 月,为适应"政府倡导儿童福利事业,需才甚殷"的要求成立,主要有总务工作、集体工作、保健工作、社会关系工作、托儿所、研究工作等各项工作。总务工作主要负责记录事工与开会经过,投稿与缮写来往文件的登记,文件的编发与档案之保管等;拟定预算统计经费的收支保管,筹募经费与支配用途等;物品器材之购置,分发保管房屋器具之修缮布置之设训练管理等。集体工作主要任务为:训练儿童为达到健康之身体;启发儿童求知之欲望并予以协助;领导儿童欣赏正面娱乐,借以训练儿童办事能力与自我表现;训练儿童能有适应团体生活的能力与领袖才能,以便奠国民道德之基础;鼓励儿童参加劳动以便养成勤劳的习惯与选择职业的准备;领导儿童举办合作社储蓄贷款等以便增进儿童商业知识与经验,养成节约之美德,互助合作之精神;培养儿童见义勇为,为人类服务之精神。①

抗战时期金陵女子文理学院注重健全女学生体魄(夏晓霞摄)
资料来源:《中华(上海)》1937 年第 56 期,第 30 页。

① 《金陵女子文理学院儿童福利实验所工作报告》,中国第二历史档案馆馆藏私立金陵女子文理学院档案,全宗号:668,案卷号:10。

抗战时期,吴贻芳积极延揽教学人才,曾在金女大音乐系教书的喻宜萱回忆说:1939年,她在美国康乃尔大学学业结束后,绕道越南途经昆明,于10月抵达成都。"正巧我国著名高等学府金陵女子大学需聘任一位声乐教师,吴贻芳校长即亲驾舍下约我去任教。我虽深知自己缺乏教学经验,但在吴校长的亲切关怀和鼓励下,我即欣然答应下来。"①在喻宜萱的印象中,"学校学术气氛浓厚,师资队伍质量高,课程设置齐全,学科管理、规章制度都很严谨"。她认为这表明吴校长治校有方,把一个女大办得有声有色,人才辈出。

抗战时期金陵女子文理学院每年都有女学生毕业,成为国之栋梁(郭祝崧摄)
资料来源:《东方画刊》194年第4卷第5期,第15页。

抗战期间,金陵女子文理学院毕业的学生,1937年48人,1938年35人,1939年37人,1940年17人,1941年27人,1942年27人,1943年37人,1944年42人,1945年34人。② 抗战时期,在金陵女大任教的教师有陈黄丽明(体育)、崔亚兰(体育)、鲁淑音(数学、物理)、王明贞(数学、物理)、林玉文(社会)、恩纹(中文)、杭

① 李锦华:《金女大声乐教授喻宜萱》,见《金陵女儿》编写组:《金陵女儿》,江苏教育出版社1996年版,第81—82页。
② 《私立金陵女子文理学院毕业学生名单及毕业调查》,中国第二历史档案馆馆藏私立金陵女子文理学院档案,全宗号:668,案卷号:150。

陈越梅(体育)、蓝干碧(体育)、黄俊美(化学)、王仁慈(地理)、陈品芝(生物)、龙程芙(社会)、陈钟凡(社会)、李惠廉(物理)、李子真(心理学)、袁柏樵(教育)、胡惜苍(音乐)、黄秀清(地理)、周励秋(社会)、罗慧林(体育)、左犹麟(社会)、冷竹琴(音乐)、温欢畅(生物、化学)、吴美临(生物)等几十位教师,其中多数为女性,也有个别男性教师。①

金陵女大采取"学校生活家庭化"的办学方式,②使学生置身于一个大家庭中,"我们常感到友谊的愉悦,与家人般的亲切与关怀,这在当时对于一般这样离家及已失去家庭欢乐与照料的人,是一种何等的慰藉与爱抚。而我们更从其中得到爱人敦谊的解悟与愉悦个性的成长"。③ 体育系教师胡志贞回忆道:"1939 年至1942 年,我在华西大学女生部任体育讲师时,金女大的宿舍就在隔壁。当我举办首届女生体育运动会时,吴校长是第一位光临的贵宾,给了我极大的鼓舞和力量。""她甚至把八月十五日是我女儿的生日都记得清清楚楚,每逢中秋节我女儿都会得到吴校长的生日祝福。至今我的女儿们也和我一样称呼她为吴校长。"④

吴贻芳不仅自己负责新运妇女指导委员会、战时儿童保育会、中国妇女慰劳总会组织领导工作,而且还积极介绍金女大毕业生参加新运妇女指导委员会等妇女组织。"1939 年,我在大学毕业,由吴校长介绍去重庆'全国妇女指导委员会'工作。在我之前,经吴校长介绍到该会工作的还有其他同学,当时我初出校门,踏入社会,遇有同学姐妹相处在一个单位,令我非常高兴。""当时该会开展的各项有关抗日救亡工作,在社会上具有一定的影响,发挥了妇女抗敌救国的重要作用。我到该会,先是被分配在慰劳组工作。后来我经过深思熟虑,认为要发扬金女大'厚生'宗旨……应该从事社会服务……我遂下定决心,转调到该会乡村服务组工作。……该组共有十八个乡村服务队……乡村服务队的任务,是高举抗日救国大旗,从事宣传教育与组织训练各项工作。"⑤

受吴贻芳校长影响,金女大对学生参加各项抗日活动十分支持,金陵女大学

---

① Lawrence Thurston and Ruth N. Chester, *Ginling College*, PP. 161—163. *Ginling Alumnae Association* ed., *Ginling College Record Book*, PP. 135—168.

② 刘恩兰:《德前校长与金陵》,《金陵女子文理学院校刊》1943 年第 107 期,第 2 页。

③ 《吴校长任职后各届同学献词》,《金陵女子文理学院校刊》1948 年第 153 期,第 8 页。

④ 胡志贞:《悠悠寸草心,难报三春晖》,见《金陵女儿》编写组:《金陵女儿》,江苏教育出版社 1996 年版,第 112 页。

⑤ 李秉真:《抗日战争期从事乡村服务工作的回忆》,见《金陵女儿》编写组:《金陵女儿》,江苏教育出版社 1996 年版,第 127—128 页。

生自制工艺品参加义卖。① 另外也有组织歌咏队,大唱抗日歌曲等活动。有学生回忆:"在参加各项抗日救亡活动的过程中,我们时常听到其他几个大学的团员诉说,他们的学生当局限制他们参加抗日救亡活动,有的大学校长甚至把参加战时服务团的同学找去当面提出警告。而在金女大,情况则不同,我们从未因参加抗日救亡活动受到什么阻难和斥训。有时因参加活动,晚间回宿舍较晚,也能得到学校的谅解。"学生表示她们在学校内的爱国举动"能行无阻"。②

金陵女大在成都时期,"学生发达,对战时工作,如慰劳将士及抗属,保育儿童,以及边疆服务,救护被敌机炸伤民兵等,师生均踊跃参加,颇著成效。吴校长且两次远渡重洋,以国民立场,为抗战宣传,并出席旧金山会议,更添设乡村服务处,使乡村妇女亦知抗战之意义,并提高其知识与生活之水平。在学科方面,则添设家政系,又为训练儿童福利人才起见,添设试验所,使受训练者有实习之园地"。③

抗战开始后,金女大对乡村服务工作与社会妇女组织的动员,都是采取全力以赴,不落人后的态度,在动员妇女方面发挥了积极的作用。1939 年 5 月,"五大学生战时服务团"成立五大空袭救护队,金陵女大队员组成一个空袭救护小队。④ 当时任队长的龙襄文回忆说:"五大学联合成立'火警团'(躲避轰炸所组成的防卫队),吴校长推荐我做'火警团'团长,当时四川男尊女卑风气还较盛,军阀的女儿、媳妇上学还得丫头陪坐在教室,因此我感到这是我们女孩子长志气的机会,豁出命来干"。⑤

金陵女子大学校长吴贻芳博士
资料来源:《南京中央日报周刊》
1948 年第 3 卷第 8 期,封 1 页。

---

① 张素芳:《回忆读书会,战地服务团,怀念取来火种的周曼如》,见《金陵女儿》编写组:《金陵女儿》,江苏教育出版社 1996 年版,第 166 页。

② 张滢华等:《吴校长在华西坝》,见方非等编:《吴贻芳纪念集》,江苏教育出版社 1987 年版,第 172 页。

③ 《私立金陵女子文理学院校历、组织大纲、概况、沿革及要览》,中国第二历史档案馆馆藏私立金陵女子文理学院档案,全宗号:668,案卷号:23。

④ 张滢华等:《吴校长在华西坝》,见方非等编:《吴贻芳纪念集》,江苏教育出版社 1987 年版,第 172 页。

⑤ 龙襄文:《终身难忘的几件事》,见金陵女大校友会编:《永久的思念》,金陵女大校友会,1993 年,第 51 页。

除金女大的工作,吴贻芳还担任其他社会事务和妇女工作。1943 年 3 月,吴贻芳继任国民党中央团部监事并兼妇女处处长。1943 年,吴贻芳出国一行,此行目的"为各教会学校增加对所属教育之联系,并拟借促成国民立场从事国际宣传,借使各国人民了解我国情形"。① 出国前,在该校第一宿舍交谊室,召开男女职员谈话会,交待她出国期间,处务由张蔼真代理,副处长由金女大教授李曼瑰和张维桢担任。② 1945 年 3 月 29 日,吴贻芳代表中国出席旧金山会议,她在动身前两天之内对学校事务做了细心安排。"在动身前 48 小时始作最后决定,决定后乃急召集全体教职员谈话,余下之时间内除召集四年级同学厚生团职员及全体同学作分别训话外,并出席重要会议多种,在百忙之后尚抽出相当时间与多位有问题须面洽之教职员作分别谈话,校长对此 48 小时之利用可谓已达于最高效率,教职员团体及全体同学急急选出代表编制欢送歌,分别练唱。"③

第二节　王世静与战时华南女子文理学院

一、王世静与华南女子文理学院成立

王世静(1899—1983)④,字仲止,福建闽县人。1897 年生于名门望族。祖父王仁堪是光绪 3 年状元。⑤ 姐王世秀,妹王世瑜。王世静早年在武昌和北京的传

---

① 《吴贻芳校长短期内出国,定八日赴渝稍留即启行》,《燕京新闻》1943 年第 9 卷第 17 期,第 1 页。
② 《吴校长继任中央团部监事并兼妇女处处长》,《金陵女子文理学院校刊》1943 年第 100 期,第 2 页。参见《金陵女子文理学院校刊》,中国第二历史档案馆馆藏私立金陵女子文理学院档案,全宗号:668,案卷号:26。
③ 《吴校长出现旧金山会议》,《金陵女子文理学院校刊》1945 年第 125 期,第 2 页。参见《金陵女子文理学院校刊》,中国第二历史档案馆馆藏私立金陵女子文理学院档案,全宗号:668,案卷号:26。
④ 关于王世静的出生年月,有几种说法,有认为出生于 1897 年,见吴梓明编著:《基督教大学华人校长研究》,福建教育出版社,2001 年 05 月第 1 版,第 205 页;徐友春主编:《民国人物大辞典》,河北人民出版社,1991 年出版,第 46 页;朱峰著,基督教与近代中国女子高等教育:金陵女大与华南女大比较研究,福建教育出版社,2002 年 09 月第 1 版,第 90 页。有认为出生于 1899 年,参见 Who's who in China; biographies of Chinese leaders. *Shanghai China Weekly Review*, 1936, p251.本书取 1899 说。
⑤ 王世静的父亲是王孝绳,历任京汉铁路提调、学部咨议、邮传部丞参等职。王世静的祖父王仁堪是梁启超的老师。王世静自述生长在"女子无才便是德"的时代。参见 Lucy C. Wang(王世静),*My Call*, China Christian Advocate(Oct., 1936) Shanghai; Methodist Episcopal Church, P. 5.转引自朱峰《基督教与近代中国女子高等教育》,第 94 页。

教士学校接受教育,1917 年毕业于福州华英女学堂
(华南女子文理学院预科),在该校受洗成为卫理会
基督徒。[1] 毕业后留校工作两年。曾获得清华津贴。
1919 年以教会学校奖学金资助进入爱荷华州苏城的
晨边大学化学系,1921 毕业,获文学士,[2]后获巴勃奖
学金。[3] 同年进入密歇根大学继续深造,1923 年获
化学硕士回国。[4] 在厦门大学执教。1924 年应母校
之召,回到华南女子学校任教。

1932 年华南女子大学校
校长王世静

资料来源:《北洋画报》1932 年
第 18 卷第 861 期,第 1 页。

1907 年美以美会女传教士程吕底亚(Lydia A.
Trimble)在福州所创的华南女子文理学院是我国近
代女子高等教育的先锋,与金陵女子大学齐名。

1928 年,董事会决定聘请王世静为校长。上任前,她再次到美国学习,除进修有关
专业课程外,曾到美国各地演讲,介绍华南女子学校的现状和困难,吁请热心人士
给予赞助。经过一年对教育和行政问题的深入研究后,她 1930 年 1 月 18 日正式
就任华南女子文理学院院长。[5] 1931 年 10 月,王世静向国民政府中央教育部提
出申请,以求国民政府对该校的认可。1933 年该校获准以"华南女子文理学院"临
时立案。1934 年 6 月又获准永久立案。在争取学校立案的同时,王世静积极招聘
在美国获得硕士、博士的校友回校工作,加强华人师资力量,提高教学质量。
1934 年 9 月,美国纽约州立大学承认该校具有文学士、理学士两个学位的授予权。
她曾多次赴东南亚和美国筹集教育经费。1947 年被美国波士顿大学授予教育学
荣誉博士。建国后,历任福州大学校委会副主任,福建师范学院教授、图书馆馆
长。曾参与发起组织中国基督教三自爱国运动委员会。

据王世静的学生陈钟英回忆:"王世静是金枝玉叶式的人物,出身名门世家,
乃祖为状元,乃父为外交家。""她的气质高雅,并且慈善、高贵,很值得人尊敬。她

① Lucy C. Wang(王世静),*My Call*,China Christian Advocate(Oct.,1936) Shanghai:Methodist Episcopal Church,P. 5.转引自朱峰《基督教与近代中国女子高等教育》,第 94 页。

② Cavanaugh,ed.,1931,P. 251;清华大学同学会编:《清华同学录》,"津贴生同学录",第 1 页。

③ 曾芳苗:《民国教会女子教育》,第 196 页。

④ 贝德士辑:《中国基督徒名录》,章开沅主编:《社会转型与教会大学》,湖北教育出版社 1998 年版,第 400 页;徐友春主编:《民国人物大辞典》,第 46 页。

⑤ Who's who in China;biographies of Chinese leaders. *Shanghai China Weekly Review*,1936,p251.

是女性中国现代化的早期代表人物之一,她从封建贵族式小姐一般的淑女,摇身成为新文化、新思想、新教育、新风尚的开拓人物,实在是凤毛麟角。实际上,老华南的其他先生如陈叔圭博士、余宝笙博士、许引明先生、周贞英先生、王纯懿先生、黄淑娟先生、刘永和先生、吴芝兰先生、陈佩兰先生、邓锦屏先生、魏非比先生、魏秀莹先生等和王世静先生一样,也是天地秀气的钟情者,钟灵毓秀集于她们高贵的灵魂,都是那个时代的精神贵族。我觉得,她们始终是贵族气质——精神贵胄。"①

据王世静的学生陈钟英回忆:"在王世静外出为学校奔波的时候,都是由陈叔圭博士和其他女先生主持校务,形成了华南办学的团队精神。不分上、下级,大家全心全力为学校做事。我们当学生的,在学校四年之间,实际上很少见到王院长,因为她一直在社会上,甚至到美国为学校的发展奔波,譬如,学生的教科书都是从美国直接进口的原版英文书,学校的实验仪器、图书馆藏书,是从美国来的,学校的办学经费也得由王院长和美国方面打交道。"②

1937 年,王世静由省起程,前赴南洋各埠考察教育,并探访华南校友。首到菲律宾首都马尼拉,当地侨界在远东俱乐部召开欢迎大会,被邀与宴者皆中外政学界之闻人,人数都 90 人以上。席间王世静演讲我国近年来各项事业的进步及女界参加救国运动的新精神,最后详述华南学校对于女子教育的贡献。"其英语之流利,与态度之诚恳,极为听众所称誉。"该埠菲律宾大学及美国密歇根同学会亦先后设宴款待。王世静还前往新加坡及爪哇各埠探访。③

1932 年,华南女子学院女校董有李美珠、翟茂利、贺伊哈、何蕴芸、美乐安、力亨利夫人、林碧珠、刘美珠、陈曾贞美、许祥珪、王世静等。④ 1932 年教职员中,除少数几位男性外,基本都是女教职员,如王世静、黄惠珠、华惠德、和爱德、罗黎晞、梁纫芳、琴陶世、陈淑珪、爱以利、巴美思、康慎德、邓惠贞、李美德、许引明、余宝笙、宋方雪琼、高振贞、刘玛利、刘李舜葡、吴芝兰、周贞英、程赛月、陈佩兰、张贞莲、林宝玉等。⑤

① 潘丽珍:《伊人宛在——守护精神》,福建师范大学硕士学位论文,2008 年,第 29 页。
② 参见潘丽珍:《伊人宛在——守护精神》,福建师范大学硕士学位论文,2008 年,第 24 页。
③ 妨讼鹤:《福州华南女子文理学院院长王世静博士》,《学校新闻》1937 年第 55 期,第 2 页。
④ 私立华南女子学院编:《私立华南女子学院一览》,私立华南女子学院编印,1932 年,第 9—10 页。
⑤ 私立华南女子学院编:《私立华南女子学院一览》,私立华南女子学院编印,1932 年,第 11—13 页。

1932 年华南女子学院董事一览表

姓名	性别	籍贯	职业	住址
王和	男	福建闽侯	美以美会牧师	福州仓前山印书楼
李美珠	女	福建兴化	医院院长	福建福清惠乐生医院
富品德	男	美国	美以美会布道司	福建福清美以美会
翟茂利	女	美国	教员	福建延平淑馨女校
林鸣歧	男	福建兴化	教员	兴化哲理学校
贺伊哈	女	美国	美以美会布道司	福建永春
苏儒真	男	福建古田	教员	福建延平剑津中学校
何蕴芸	女	福建福清	校长	福建福清毓贞女校
何公敢	男	福建闽侯	福建学院院长	福州城内朱紫坊
陈芝美	男	福建古田	校长	福州英华学校
余淑心	男	同上	副校长	福州道学院
美乐安	女	美国	校长	福州女神学
力亨利夫人	女	美国	教员	福州美菁学校
林碧珠	女	福建尤溪	教员	福建延平淑馨女校
刘美珠	女	福建仙游	校长	仙游托德女校
陈曾贞美	女	福建兴化	教员	兴化咸益女校
许祥珪	女	福建闽侯	医生	福州协和医院
王世静	女	同上	院长	福州华南女子学院
高智	男	美国	美以美会会督	福州美以美会会督办事处

资料来源：私立华南女子学院编：《私立华南女子学院一览（1932 年）》，私立华南女子学院编印，1932 年，第 9—13 页。

1932 年华南女子学院教职员一览表

姓名	性别	籍贯	职务	履历	到校年月	备考
王世静	女	闽侯	院长	美国晨边大学文学士 密希根大学文硕士	1923 年	
黄惠珠	女	福清	教务主任 兼注册主任	美国威斯利大学文学士 波斯顿大学教育科肄业	1921 年	
华惠德	女	英国	会计庶务 兼教员	加拿大拓郎托大学文学士 哥伦比亚大学文硕士	1906 年	

（续表）

姓名	性别	籍贯	职务	履历	到校年月	备考
和爱德	女	美国	教授	美国哥伦比亚大学理学士 哈佛大学体育课毕业	1915 年	在假
罗黎晞	女	美国	教授	美国达博大学修业 印第安河师范科文学士 波斯大学硕士	1917 年	在假
梁纫芳	女	美国	图书主任	美国堪尼反大学理学士	1919 年	
琴陶世	女	美国	教授	美国寒烈克士大学 文学士文硕士	1919 年	在假
陈淑珪	女	闽侯	教授	美国康纳尔大学文学士 哥伦比亚大学文硕士	1922 年	在假
爱以利	女	美国	代理副会计	美国西北大学理学士 威斯康辛大学文硕士 波斯顿大学修业	1922 年	
巴美恩	女	美国	教授	美国波芒拿学院文学士 哥伦比亚大学文硕士	1922 年	在假
康慎德	女	美国	教授	美国白提士学院文学士 哥伦比亚大学文硕士	1923 年	
邓惠贞	女	美国	英文秘书 兼教授	美国波斯顿大学宗教教育学士	1924 年	
王振先	男	闽侯	教授	日本早稻田大学政学士 厦门大学协和大学国学教授	1925 年	
李美德	女	莆田	教授	美国柯大学文学士 密希根大学文硕士	1924 年	在假
陈易国	男	闽侯	教授	日本早稻田大学政学士 北京大学国文讲师	1926 年	
许引明	女	同上	副会计	华南女子学院文学士	1928 年	在假
余宝笙	女	兴化	教授	美国芒卯大学理学士 哥伦比亚大学文硕士	1928 年	
宋万雪琼	女	莆田	校医	美国柯学院文学士 波士顿大学医学博士	1928 年	
魏芝亭	男	古田	汉文秘书 兼教授	前清举人英华书院毕业 江西高等学堂国文主任 英华书院教务长	1929 年	

(续表)

姓名	性别	籍贯	职务	履历	到校年月	备考
高振贞	女	莆田	教授	美国芒卯学院理学士 哥伦比亚大学文硕士	1929年	
刘玛丽	女	美国	教授	美国他桥学院理学士 南加里福尼亚大学文学士 芝加哥大学文硕士	1929年	
刘李舜匋	女	莆田	教授	华南女子文学士 美国芝加哥大学文硕士	1930年	
郭则杰	男	闽侯	教授	日本大学法学士 全国大学及专门学校党义教师 检定委员会检定合格教师	1931年	
吴芝兰	女	古田	教授	华南女子文学士 美国密希根大学理硕士	1930年	
周贞英	女	平潭	教授	华南女子文学士 美国密希根大学理硕士	1931年	
程塞月	女	古田	教授	华南女子文学士 美国度卢大学大学文硕士	1931年	
陈佩兰	女	闽侯	教授	华南女子文学士 美国阿里千省大学 家政学院理硕士	1931年	
余友健	男	古田	图书馆员	福建高等学堂毕业	1917年	
张贞莲	女	闽侯	事务员		1920年	
林次珊	男	福清	事务员		1931年	
林宝玉	女	福清	护士	福州马高爱护士学校毕业	1931年	

资料来源：私立华南女子学院编:《私立华南女子学院一览(1932年)》,私立华南女子学院编印,1932年,第9—13页。

以上在华南女子文理学院任职的校董和教职员,也属于精英女性。

二、抗战时期王世静的主要活动

1938年5月,王世静参加由宋美龄发起的妇女界庐山谈话会,在会上做了《福建省妇女工作报告》,她介绍了成立于1935年1月的福建妇女提倡国货委员会,成立于1936年4月的福建妇女新生活劳动服务团,成立于1937年8月的福建省会妇女抗敌后援队和成立于1938年4月的福建省会战地妇女宣传队的组织、工作情形,也介绍了 1938 年 1 月设立的民训干部训练总队调训情形，福建女学生参加民训和救护工作的成绩。①

1941 年，华南女子文理学院开学典礼上，王世静发表演讲，她提倡"受当施"的精神，"我们最大的目的，要能够实现校训，服务我们的社会国家，尤其是对于女同胞有不能避免的责任"。② 她告诫学生：第一，要明白集体才可以谋生存，一切自私自利，只谋自身利益，而不顾其他的行为，决不宜于集体生活。第二，要克制艰苦的精神，不畏难也不苟安，才可以改善环境，完成创造的目的。第三，要明白的就是我们受了教育，在现代所负的责任。"我们现代妇女教育，得了平等机会，各方面都需要着妇女人才出来为国家为民族谋发展，

王世静先生
资料来源：《南风（福州）》
1934 年第 8 期，第 1 页。

我们不要怕妇女没有职业，没有出路，我们只怕自己无才干，不怕社会不欢迎，只怕自己没有实在的贡献，不怕人家不用我们。"她希望学生德、智、体全面发展，"若是我们学生能够体现，德、智、体三育，贯以正心诚意，那自然事事以团体为重，不会生出私心，事事会吃苦，不会苟安偷懒"。③

王世静强调妇女在中抗战中的地位和作用，1941 年华南女子文理学院创办院刊，王世静在《华南学院校刊》发刊词中指出："抗建以来，妇女界之地位与责任，益臻隆重，本学院所负女子高等教育之使命，更非筹谋所可比伦，故于政教合一之中，尤宜为妇女界谋将来之发展。本校刊愿以喉舌自任，期能共勉，此其二。"④ 1947 年，美国波士顿大学授予王世静人文学博士荣誉学位。⑤

除王世静、王世秀外，华南女子文理学院的前任校长程吕底亚和卢爱德也毕业于晨边学院（Morningside College）。

王世静曾在文章纪念程吕底亚校长，她写道："程前校长是我的恩师，我的慈

① 王世静：《工作报告：福建省妇女工作报告》，《妇女谈话会工作报告》，1939 年，第 47—50 页。
② 王世静：《本院三十年度开学式训词：各位同学，今天是本学院和附中举行开学典礼》，《华南学院校刊》1941 年第 1 期，第 7—9 页。
③ 王世静：《本院三十年度开学式训词》，《华南学院校刊》1941 年第 1 期，第 7—9 页。
④ 王世静：《本校刊何为而作也，溯自七七抗战》，《华南学院校刊》1941 年第 1 期，第 1 页。
⑤ 《文化简讯：三、国内外学者动静：王世静女士护人文学博士》，《图书展望》1947 年复刊第 4 期，第 35 页。

母,也可以说引我到新生之路的惟一领导者。我忘记她是美国的女子,因为最同情于我国女子,首先发现我国女子,有绝大的能力,如果施以教育,不让于任何男子,更比任何女子没有自愧色的,就是她!我自认有许多弱点,不敢担当事业,但是见了她,受着相当教育和鼓励,立刻增加勇气,并觉悟到惟中国人才能救中国人,要完成中国女子教育,只有靠着中国女子已受教育的许多人。程前校长是替我们做个开路先锋,我们要大踏步地跟着先锋前进,不可丝毫退后。我所以敢于接受本学院艰巨的责任,就为这个动机,她是永远刻着我的印象中第一点。当人往往见所能见的事,不能在数十年以前,见所未见,而且平日景仰程前校长之人士,暨吾校友诸君,惠然解囊,共襄盛举,不特足慰程前校长在天之灵,抑莘莘学子,因受赐而蔚为人类之光者,更未可量矣。"①

1947年,美国台斯蒙尼斯讯:"福州华南大学校长王世静博士,最近在此间发表演说,赞誉已故美国教育家德林布尔女士在中国所完成之工作。德林布尔女士于58年前以美教会女教士之资格,前往福州,创立预备学校,嗣后即设立华南大学。王世静博士经德林布尔女士之助,于1919年前来伊俄伐,入西亚斯城之麻宁洒大学求学。"②

王世静回忆说:"出生在一个'女子无才便是德'和凡事男性优先的时代,'女生能做什么','女孩子算什么'这类的问题一直在困扰着我。少年时期的生活告诉我:一个中国的女孩子根本没有愉快生活的可能。小时候,我经常痛恨自己为什么不是个男孩。当我年纪稍大时,我就想尽力去做一些那时人们认为女孩子不可以做的事。"③王世静对女子教育不遗余力。

三、抗战时期的华南女子文理学院

在王世静及校董的带领下,华南女子文理学院在抗战时期取得不少成就。全面抗战爆发后,华南女子文理学院坚持办学,有75%的学生入学注册,在福建局势紧张的情况下,外籍教职人员毅然留下,分担学院的工作。学院除正规课程外,每天还要上一节关于战时知识的课,主要是关于如何防范空袭和毒气,如何传递信息,如何储备食物。甚至,所有学生都要经由福州协和医院的医生和护士,帮助进行一周一次的急救护士训练。抗战时期,华南女子文理学院被迫迁往闽北山城南

---

① 王世静:《永远刻着我的印象中》,《华南学院校刊》1941年第6—7期,第9—10页。
② 《国外内教育消息:王世静在美演讲,赞誉美女教育家》,《四川教育通讯》1947年第25期,第12页。
③ 王世静:*My call*,the China Christian Advocate(Oct.,1936),P5.

平。每天下午下课后,华南女子文理学院的学生分组到附近乡村宣传,介绍空袭
警报、急救和卫生知识,还表演一些爱国戏剧节目等。还缝制棉衣、棉袜支持战区
的士兵,以及到市区募捐旧衣服、钱币和食物给无家可归的人。① 八年抗战时期,
华南女校虽被迫内迁南平、艰险不断,但仍凭借师生的共同努力,在西方女子高等
教育基础上探索出了更为中国化的教育体系,完成了从"被动接受"到"主动创新"
的转变,为其后福建女子高等教育的迅速开展打下了良好基础。

中国抗敌将士慰劳会妇女缝制棉衣

资料来源:《创导》1937 年第 2 卷第 1 期,第 1 页。

抗战时期,华南女子文理学院仍照常开学。"但于前学期结束以后,全体学生
会被政府召往作二星期之集中训练,嗣即派赴永泰、福清、南平、莆田、仙游、惠安、
晋江、同安、南安各县,担任民训工作,前后达 3 个月,至 5 月初旬,继回校上课。本
学期将机授课至 8 月底,不放暑假;下学期仍添招新生及插班生"。② 1938 年 6 月

① 王世静:*Report of the president*,(September 1938),Yale University Divinity School library Special
Collections,Untied Board for Chiristian Higher Education in Asia Archives,Box176,Folder3191.
② 《福州华南女子文理学院近况》,《教育季刊(上海 1925)》1938 年第 14 卷第 2 期,第 23 页。

8日,因战事紧张,福州华南女子文理学院迁往南平,"暂假剑津中学校舍之一部分为临时校所。大学部旋于同月22日亦迁移同一地点。现闻一切早已部署就绪。下年度招生及开学办法,亦已呈准教部,依照往例举行"。①

抗战时期华南女子文理学院仍照常运作。"福州华南女子文理学院自迁南平办理以后,一切校务照常进行。上学期新生人数亦达30之多。旧生复学者亦颇不少,合共有70余人。本年度新聘教授有加州大学社会学博士陈叔光先生及波士顿大学家事学硕士陈芝英女士2人。惟该校附属中学,因二三年级学生皆奉令停学一年,由政府派往各县乡担任战时民众教育,在学者现只有一年级一班,以致人数锐减"。②

1939年,华南女子文理学院仍在南平剑津中学上课,"由榕陆续运上之图书不下六七千册,以供教职员学生参考。至于科学仪器及各项校具,亦已运往不少。惟南平校舍狭窄,不敷应用,王世静院长前拟将其再迁顺昌,并亲往顺昌寻觅相当校址。后因该处有种种不便,故作讨论。又拟在南平校内建一隔时校舍,经工程师之计划,约需1万元左右,始能适用。但因去年圣诞节之后,南平不时发现脑膜炎时疫,致建筑计划不得不暂行延缓。脑膜炎之症既极危险,又易传染,日前剑津女部会有一工人因染此病而死,尚幸该院及附中剑津等校教职员学生,均极安,实告慰。该院前对于南平嫦女训练定有整个计划,近因时疫流行不敢外出,即圣日崇拜亦在校内举行,不得已而停顿,实属遗憾。该院福州原校址左近,部系协和医院,内有洋楼数座极为宽敞,去年协和医院迁往城内,该处即由华南董事会以10余万元代价购为扩充校舍之用。现因时局关系而迁校,致此宽敞者不得应用,而新址又不敷分配,实无可奈何也。"③

抗战时期,根据1940年的《福州华南女子文理学院迁校南平以后活动概况》,华南女子文理学院 · 年来工作情形如下:

> 本院于1938年6月,遵照省政府教育厅明令,将本院及附中全体教职员学生,带同必要的图书器具,暂时迁到南平。商借私立剑津中学男女部的一部分校舍,和美以美会牧师的住宅,作为员生上课和食宿的地点,以求贯一面读书,一面不忘救国的主旨,这是本院迁校南平的由来。本院因为1938年

---

① 《福州华南女子文理学院消息》,《教育季刊(上海1925)》1938年第14卷第3期,第71页。
② 《福州华南女子文理学院近闻》,《教育季刊(上海1925)》1939年第15卷第1期,第81页。
③ 《福州华南女子文理学院》,《教育季刊(上海1925)》1939年第15卷第2期,第81页。

二、三、四等月,大中学生在福州时候已经奉派前往各地参加民众训练工作,所以这一期上课较迟。到了南平以后,还要继续夏天上课,在 1938 年暑期中,虽然骄阳当空,大家无不挥汗冒暑,抗日上课,这是可以特记的一则。1938 年 9 月初旬,上学年的第 2 期结束,接着 10 月 1 日,就开始次学年第 1 期上课,直至 1939 年 2 月第 1 期结束,又预备 3 月 1 日次学年第 2 期上课,至于 1939 年 7 月初旬第 2 期结束,9 月 11 日又开始 1939 年第 1 期上课,这是本院迁平以后,各期功课起讫的情形。

本院上课以外,在学校内活动,可以记载的:①是每星期一,照常举行纪念周,由本院教职员或聘请外间知名人士,输流担任演讲。②每星期二至星期五上午必举行早晨崇拜,巩固个人的信仰,增进团契的力量。③每星期早,各级学生,由教员倾导研究圣经。④每星期教职员必开校务会议一次,或教员会议以及其他各种集会,以谋校务的进展。⑤本学年起,每月初旬全体员生,必集礼堂举行国民月会。⑥每星期四,必举行教职员新会一次,增进灵修。⑦学生在青年会的,每星期开职员团契会一次;在自治会的,每星期开干事会一次,以谋发沦性灵,和其他事业的推广。⑧在院中组织时事研究会,英语研究会,或学术讲演会,音乐欣赏等,以增加学生课外的知识。⑨每学期开始或将结束时,或开迎新会,或开师生联欢会,或开叙别会,或组织歌咏团,以实现学校家庭化的计划,增加抗战的情绪。⑩各星期中,或比赛球类,或定期旅行,以谋增进健康,探访名胜,这是本院正规功课以外生活的缩影。

至于校外活动,本院校训是"受当施",素抱基督教牺牲服务,爱人如己的宗旨。况且国难当前,在前方将士浴血以卫国家,在后方的民众,更应该有力的出力,有钱的出钱,来拥护这国家至上、民族至上的长期抗战。尤其本院所陶冶的,是高中以上的女生,对于国家民族的认识,比较深刻。所以到了南平以后,首先从事妇女服务工作,其中可以纪述的:①本院设社会服务委员会,研究社会服务进行的方法。②本院会开妇女会数次,表演《烽火》《谣言》等话剧,以唤起妇女抗敌的精神。③遇着必要时全体同学出发募集寒衣,或募集公款,接济难童。④1938 年冬天,本院全体同学,冒着风雨,每晚轮流担任南本战时民教工作。⑤1938 年秋季以后,本院附中二三年级学生,奉令停学一年,前往受训,派往各县担任民教工作。1939 年秋季以后,本院附中学生第一学年修后,奉派受训及工作,也与去年相同。⑥1939 年夏天本院驻校员生,轮流前往吐呲哩医院,实习看护,并为病人缝制被账衣服等工作。⑦本院1939年10月间,奉教育部明令,劝募塞衣代价,由教职员学生等开抗敌音乐会,并得院外人士热心赞助共募寒衣1 000千条(代价),先汇会1 000千元,余俟陆汇寄。⑧本院遵照教育部命令,兼办社会教育,尤于妇女方面,特别注意。⑨本院遇着本地方检阅壮丁,兵役宣传,或举行国民公约誓词典体,庆祝国庆,或祝捷大典,都是全体员生一律参加。⑩1939年多季附平举行"公治权"及高煊权"球类比赛,本院附中各得女子组冠军,这是本院员生向外活动一班。

再本院移到南平以后,计受日机威胁数次,为谋员生安全,避免无谓牺牲起见,所以大学附中两部都筑造着防空地洞,做临时避难的场所。本院在平,也举行过毕业典礼两次。毕业生离校,多在各地学校或机关服务,还是不敷分配。各方来商请本院毕业生帮忙的比较多,这是本院于努力之余,不免十分抱歉的!

现在本校于廿八年(1939年)秋季后又添聘物理学专家吴芝兰博士,家事学专家陈佩兰先生,心理学专家刘永和先生,音乐专家魏非比先生等,各位均保校友,回校担任各门功课,并添建附中校舍,容纳高中学生,家事实习室图书馆音乐教室及练习室等日内均拟开工建筑,以谋家事与音乐教育之特殊发展,适应现时代之需要。①

可见,华南女子文理学院在迁南平以后活动,学校的专业教学和社会服务工作都没有落下。抗战时期,在王世静等人的努力下,华南女子文理学院在战时培养了大量既具有专业知识又能服务社会的女性。

第三节　战时重庆女子师范学院

抗战中后期,国民政府重新重视师范教育。在重庆市江津白沙镇成立的"国立"女子师范学院(以下简称重庆女子师范学院),成为国民政府中央直属的高等

---

① 《福州华南女子文理学院迁校南平以后活动概况》,《教育季刊(上海1925)》1940年第16卷第2期,第69—70页。

女子师范院校,聚集了大后方优秀的师资人才,培养了大量优秀的中学教师以及各行各业的专业人才。作为国民政府直属的高等女子师范学院,该女子师范学院遵从国民政府的训育方针,注重对学生的军事训练和生产训练,鼓励学生理论学生与实践相结合。抗战结束后,重庆女子师范学院两变校址、三易院长、人事变易频繁,在战乱频繁中历经十年发展,逐步形成了自己的办学特色。该校引导女学生肩负对社会、对家庭的双重责任,不要满足于贤妻良母,要成为堪当大任的女国民;强调学生综合素质的提升,希望将学生培养为全面发展的师资人才;重视学生自主研究与实习的训练,提升实际教学能力,鼓励全校师生积极参加社会教育活动。新中国成立后,重庆女子师范学院被新中国军事管制委员会接管,成为今天西南大学的前身。

一、重庆女子师范学院的设立

1. 设立背景

1931年,中国唯一的一所女子高等师范院校——北京女子师范大学并入北京师范大学后,中国就没有专门的女子高等师范教育机构了。抗战爆发后,重庆成为陪都,社会地位得到提升,一时间白沙镇知识分子云集,文化氛围和学术空气浓厚,为初建的女师院师生提供了良好的工作和学习环境。女子师范在我国过去女子教育史中占着最重要的地位,优秀的女子多半出自师范学校,从事教书工作。①

1938年4月,国民党临时全国代表大会通过了一个战时教育实施方案纲要,纲要第三条强调师资训练的重要性。对此,谢循初②曾指出:"对师资之训练,应特别重视而亟谋实施——这是重视师资训练的普遍原则;各级学校教师之资格审查与学术进行之办法,应从速规定——这是改进各级学校师资的治标办法;为养成中等学校德智体三育所需之师资,并应参酌从前高等师范之旧制而急谋设置——这是培养中等学校师资的治本方案。"③谢循初是著名的教育家,对于师范教育优

---

① 《抗战时期中的师范教育》,《"国立"女子师范学院旬刊》1941年4月20日第15期,第1—5页。

② 谢循初(1895—1984),安徽省当涂县人。1915年考入南京金陵大学,毕业后于1919留学美国易理诺大学。翌年转入美国芝加哥大学攻读心理学,1921年毕业,授硕士。1922年回国后任武昌国立师范大学教授。1924—1927年先后任北京师范大学和北京大学教授。1928年以后,任上海国立暨南大学教育学院院长兼私立光华大学教育系主任。建国后,谢循初任上海复旦大学教授、华东师范大学教授、上海市心理学会理事长,长期从事心理学研究和教学工作,是国内著名的心理学专家。著有《心理学史》《心理学纲要》《心理学》,译著有《现代心理学派别》等。

③ 谢循初:《师范学院之设置》,《中央周刊》1938年第1卷第7期,第9—11页。

为提倡，在刊物上发表了大量跟教育相关的文章。①

普及国民教育，中等教育是最大的缺口。1941年，国民政府教育部中等教育司司长章友三在学院发表训话，他提出："师范学院，是针对着中等教育设立的，师范学院是以训练中等学校师资为目的，中等教育，非常重要，中等学校之师资，因之更是非常重要。"②国民政府方面认为国民教育的目的是在提高全国教育水准，而中等教育为其中关键。中等教育，不仅在教育方面，是高等教育与国民教育能否达到理想标准的一个关键，就是在社会国家以及各种生产事业方面，也是占有很重要的地位。因为一个国家，一个社会，一种生产事业，不能单靠受过高等教育的专门人才，也需要受过中等教育的人，去领导一般人从事普通工作。③

教育事业是抗战建国的基础，而举办教育则有赖于师资，国民政府在教育事业中尤其重视师范教育。"高师改大"运动之后，独立的高等师范教育制度几乎取消，中学师资培养的主要任务转而由大学承担。这一重大变化一定程度上影响了中学师资的数量与质量，也引起了中学校长不满。尽管之后教育部多次提议大学附设师资进修班或者师资专修科来改变中学合格师资数量短缺的局面，但都未能收到实效。全面抗战爆发后，"师荒"问题进一步凸显，高等师范教育独立的呼声不断高涨。为此，1938年7月，教育部颁布《师范学院规程》，要求在全国范围内建立师范学院。到1946年，教育部设立了6所独立师范学院与5所大学附设师范学院共同承担中学师资培养的任务。④ 抗战时期的师范教育将培养目标由儿童教育师资向国民教育师资转型，培养模式由指导教学活动向参与基层政权建设转型。⑤

---

① 谢循初：《今后中国教育改革之途径》，《昆明实验县教育》1939年第5卷第1—2期，第27—30页。谢循初：《个性与升学指导》，《教育通讯（汉口）》1939年第2卷第29期，5—6页。谢循初：《师范学院之设置》，《中央周刊》1938年第1卷第7期，第9—11页。谢循初：《师范学院之设置》，《中央周刊》1938年第1卷第7期，第9—11页。谢循初：《今后中国教育改革之途径》，《教育通讯（汉口）》1938年创刊号，第5—7页。谢循初：《师范学院的分系问题》，《教育通讯（汉口）》1938年第30期，第10—13页。谢循初：《抗战教育刍议》，《教育杂志》1938年第28卷第1期，第1—2页。

② 章友三：《从事于教育事业应有之精神与认识》，《"国立"女子师范学院院刊》1941年11月第2卷第4期旬刊，第3—7页。

③ 章友三：《从事于教育事业应有之精神与认识》，《"国立"女子师范学院院刊》1941年11月第2卷第4期旬刊，第3—7页。

④ 张迎迎：《大学附设师范学院的困境研究（1938—1946）》，山西大学硕士学位论文，2021年。

⑤ 邓然：《抗战时期中国中等师范教育的转型——以福建省立师范学校为例（1936—1945）》，《乐山师范学院学报》2021年第1期。

为了发展教育,国民政府决定在重庆兴建女子师范高等教育机构。白沙共八校:①重庆女子师范学院附属小学。②私立三楚小学校。③四川省立重庆女师附属小学。④私立聚奎小学校。⑤四川省立川东师范附属小学。⑥私立修平小学校。⑦白沙镇中心小学第一分校。⑧白沙镇中心小学校。1940 年 4 月,教育部令谢循初、陶玄、齐国樑为重庆女子师范学院筹备委员,并以谢循初为筹备主任,开始紧锣密鼓的筹备工作。9 月,女师院正式成立于抗战“文化四坝”之一的江津白沙镇,是当时全国唯一的官方最高女子学府,聘请谢循初为院长。① 11 月,女师学院正式开学。

2. 学院行政概况

1940 年,学院成立之初设教育、国文、英语、史地、理化、音乐、家政七学系及体育专修科。1941 年增设附属小学,院本部同时增设数学系及国文专修科。1942 年 2 月奉令接收第 17 中学女中分校,改为附属中学校,址设白沙镇红豆树。七月间接收 17 中女初中分校改为附中分校,并于是年秋季开始招师范生,校址设院本部附近。1943 年 8 月改组附中分校为附属师范学校。1944 年 8 月院本部奉令增设国语专修科,1945 年连附属学校共有教职员 220 余人,学生 1 500 余名。院址距镇五里许,环境优美,先后兴建校舍 40 余栋,并租凭附近民房作教职员家属宿舍。设备方面如图书、仪器及体育家政用具等均尚敷用。②

1943 年春设国语专修科,“同年附中就所凭王氏别墅附近增建校舍,是年秋附中分校改为附属师范学校”。1944 年 4 月,增设家政系实验幼儿园;5 月,附设中心学校教员函受学校。6 月,大学部各系科第 1 届学生毕业。8 月附属小学改附于附属师范学校。1945 年 6 月,大学部各系科第 2 届国学生毕业。11 月增设先修班(至 1946 年先修班停止招生)。1946 年 5 月教育部令本院迁至重庆九龙坡交通大学现址。附中及附师迁于北坝,另聘劳君展为院长。1947 年 7 月,劳君展辞职,教育部另聘张邦珍为院长。8 月,国文国语两专修科举部令合并于国文系。1948 年 4 月增建音乐教室。③ 1949 定 6 月,陈东原调任重庆女子师范学院院长。

---

① 何鲁:《本学院八周年概况(附图)》,“国立”女子师范学院编:《“国立”女子师范学院八周年纪念特刊》,1948 年,第 2—9 页。

② 《全国专科以上学校近况:白沙“国立”女子师范学院沿革及近况》,《学生杂志》1945 年第 22 卷第 8 期,第 43—44 页。

③ 何鲁:《本学院八周年概况(附图)》,《“国立”女子师范学院八周年纪念特刊》,“国立”女子师范学院编印,1948 年,第 2—9 页。

重庆女子师范学院体育系的游群（麦克风摄）

资料来源：《妇女家庭》1939年第1卷第1期，第24页。

重庆女师体育系团体操

资料来源：《妇女家庭》1939年第1卷第1期，第24页。

重庆女子师范学院在行政上实行院长负责制，职员在院长之下，分为主任、组主任、组员、书记四级。[1] 根据教育部规定，学院在院长之下设立教务处、训导处、总务处以及会计室、院长室，三处及会计室各自设有主任 1 名，统管各处、室工作，院长室设有秘书 1 名，辅助院长工作。教务处分设注册、图书、出版 3 组；训导处分设生活管理、课外活动、体育卫生 3 组；总务处分设文书、庶务、出纳 3 组。每组有组主任 1 名，其他职员包括训导员、护士、组员、会计佐理员及书记等，根据各处、组、室的性质与需要，安排人员，分管各部分事物。[2]

作为"国立"师范院校，重庆女子师范学院经费由国民政府拨款，经费相对比较充裕。教务主任何鲁曾总结说，学院以经费论，1940 年总计为 31 万元法币，至 1948 年则为 556 亿元法币。[3] 学生费用一律享有师范生公费待遇。[4] 院务会议被作为学院最高评议机关而设置，各处、组也有会议组织负责规划及协商各部分工作。[5] 1948 年 11 月 23 日，重庆女子师范学院院务会议，推何鲁、黄静元、曾以恕、张慕游、邓堪舜、许可经、蒋程九、张宗禹、朱采真等为院庆委员，何鲁为院庆主任委员。[6]

1940—1945 年主持行政职员一览表

学年 职员	1940 年	1941 年	1942 年	1943 年	1944 年	1945 年
院长	谢循初（男）	谢循初（男）	谢循初（男）	谢循初（男）	谢循初（男）	谢循初（男）
教务主任	黄敬思（男）	罗濬（男）	罗濬（男）		刘天予（男） 魏建功（男）	魏建功（男）
训导主任	韩仁	钱用和（女）	黄淑范（女）	黄淑范（女）	黄淑范（女）	黄淑范（女）
总务主任	管公度（男）	黄敬思（男）	胡学诚（男）		吴亮夫（男）	吴亮夫（男）
秘书	李炳垐 邬宗镛	邬宗镛	邬宗镛	宛敏灏（男）	宛敏灏（男）	宛敏灏（男）

[1]　《教职员》，《"国立"女子师范学院院刊》1942 年 12 月 25 日第 3 卷第 1 期，第 4 页。
[2]　《本学院五年来概况》，"国立"女子师范学院编：《"国立"女子师范学院五周年纪念特刊》，第 5—24 页。
[3]　何鲁：《本学院八周年概况（附图）》，《"国立"女子师范学院八周年纪念特刊》，"国立"女子师范学院编印，1948 年，第 2—9 页。
[4]　《全国专科以上学校近况：白沙"国立"女子师范学院沿革及近况》，《学生杂志》1945 年第 22 卷第 8 期，第 43—44 页。
[5]　《组织》，《"国立"女子师范学院院刊》1942 年第 3 卷第 1 期，第 2 页。
[6]　《院务会议推定各委员会委员》，《"国立"女子师范学院八周年纪念特刊》，"国立"女子师范学院编印，1948 年，第 25 页。

(续表)

学年 职员	1940 年	1941 年	1942 年	1943 年	1944 年	1945 年
注册组主任	任培道(女)	任培道(女)	任培道(女)	宋隆壬	赵蓉(男) 李滨荪(男)	李滨荪(男)
出版组主任	李炳塝	李炳塝 宋龙壬	宋龙壬	沈会荣	吴子我(女) 赵蓉(男)	赵蓉(男)
图书组主任	周慧专(女)	汪兆荣	汪兆荣 赵蓉(男)	赵蓉(男)	任培道(女) 柴德赓(男)	柴德赓(男)
生活管理组 主任	刘英舜	刘英舜	陶国瑞 余继文(女)	孟淑范 何侠	黎杰(男) 章绳以(女)	
体育卫生组 主任		吴厚柏(女)	吴厚柏(女)	彭珞(女) 龚孝杰	王明聚(男)	王明聚(男)
课外活动组 主任					刘豫旋 陈翠华(女)	
文书组主任	宛敏灏(男)	宛敏灏(男)	宛敏灏(男)	宛敏灏(男)	任自全	计月涵(男)
出纳组主任	茅宗佑	茅宗佑 陶延柽(男)	陶延柽(男)	陶延柽(男)	陶延柽(男)	陶延柽(男)
庶务组主任	邬宗铺 夏伯初	邬宗铺 胡学诚	胡学诚	董叔昭(男) 茅宗佑	陈铁樵(男)	陈铁樵(男)
会计主任	郭锡惠	郭锡惠 冯耀甲(男)	冯耀甲(男)	冯耀甲(男)	冯耀甲(男)	冯耀甲(男)

资料来源:《本学院五年来概况》,重庆女子师范学院编:《"国立"女子师范学院五周年纪念特刊》,"国立"女子师范学院编印,1945 年,第 5—24 页。

"国立"女子师范学院虽然为女子院校,院长及主要行政负责人仍然主要以男性为主,但相比其他混合院校,在学院整个行政组织中女性成员的数量占比相对较高。这意味着虽然官办女子师范院校的领导权仍由男性掌控,但女性的职权也得到了相当程度的扩展。

3. 各系发展情况

根据 1941 年 3 月 24 日通过的《"国立"女子师范学院组织大纲》,重庆女子师范学院"以遵照中华民国教育宗旨及其实施方针养成中等学校之健全师资为目的",设初级部、第二部师范研究,中小学教员进修班及附属中小学。重庆女子师范学院暂设国文、英语、史地、教育、理化、音乐、家政系及体育专修科,其他各系科得视需要增设之。① 在国民政府的大力支持下,逐年增班并添设系科。截至 1945 年底,重庆女子师范学院扩至 8 系 3 科,包括教育、国文、英语、史地、理化、音乐、家政、数学、体育专修科、国文专修科、国语专修科。②

教育学系首任系主任为黄敬思(任期 1940 年 8 月—1941 年 9 月);继为罗季林(任期 1944 年 8 月—1946 年 7 月)。1946 年 8 月,首任院长谢循初辞职,劳君展继任,教育系主任由哲学教授宗锡钧接替。1947 年 8 月,该院院长由张邦珍继任,教育系乃由王衍康主持系务。1948 年张慕旗接替教育系系主任。该系任职满七载之教授有许澄远 1 人,"余则在此任教多年者,比比皆是,际此艰苦生活压迫之下,本系竟有安贫乐道,确守岗位,为国育才之教授十余人,不可谓非一大幸事"。③

1940 年开办国文学系,1941 年别设国文专修科,3 年毕业,1944 年又设 2 年制国语专修科,至 1947 年秋始请准教部归并二科,按年级编入本系。至 1948 年,先后系科主任有胡小石、黄淬伯、毫静转、魏建功、商承祚、赖以庄诸教授,毕业学生已第 5 届,国文科 3 届,国语科 1 届,全系学生计 172 人,教员 13 人。④

英语系自创立以来至 1948 年,总计前后所聘教授讲师及助教不下 40 人,"而历届毕业同学数达 70 左右,其中除一部分留学欧美籍资深造者外,余均服务社会,堪称胜愉快"。英语系设图书室,"内藏西洋语言文学书籍达六百余册,西文报纸四种,英美著名杂志 16 种,此外国立罗斯福图书馆暨美国新闻处图书馆,借予本系不少西洋文学名著"。⑤

1941 年始设立数学系,第一任系主任为管公度,1942 年系务由萧文璨接充,1947 年春系务遂由袁炳南代理。1948 年教育阵容,"除讲座兼教务主任何鲁先生外,有胡旭之、路春芳、郭焕庭、王兀吉、严栋开、王继武、李巽功、塞锡德诸先生,连同系主任达 10 人,此外有倪可抚先生在院亦有多年,于胜利后必回藉离院。至今年暑假止,毕业四届。"以上四届毕业生中,大部分已赴下江,留渝留川者竟不到半数。

---

① "国立"女子师范学院编:《"国立"女子师范学院组织大纲》,"国立"女子师范学院编印,1941 年,第 1 页。

② 《本学院五年来概况》,《"国立"女子师范学院五周年纪念特刊》,"国立"女子师范学院编印,1945 年,第 5—24 页。

③ 谢海澄、蒋祥鹏、赵维藩:《各系科概况》,《"国立"女子师范学院八周年纪念特刊》,"国立"女子师范学院编印,1948 年,第 16—22 页。

④ 谢海澄、蒋祥鹏、赵维藩:《各系科概况》,《"国立"女子师范学院八周年纪念特刊》,"国立"女子师范学院编印,1948 年,第 16—22 页。

⑤ 谢海澄、蒋祥鹏、赵维藩:《各系科概况》,《"国立"女子师范学院八周年纪念特刊》,"国立"女子师范学院编印,1948 年,第 16—22 页。

1948年，一二三四年级共有学生58人，"以川籍为最多，鄂次之，湘又次之"。①

音乐系成立于1940年，"开始负责筹划的人，是音教的老前辈杨仲予杨先生以其主持前女师大音乐系10余年，及主办艺术学院的经验和热忱，来给本系建立了一个好基础，后经吴伯超、张洪岛……诸先生的努力，使本系日趋完善，本系已毕业4班，毕业同学18人，多从事中等学校音乐教学，尚为努力，现本系有4班，共42人，教师共11人"。② 1948年，体育科本科毕业生数10人。③ 1950年，重庆女子师范学院增设美术劳作系。④

二、重庆女子师范学院教职员及学生概况

1. 重庆女子师范学院教员概况

1941年该校一周年时，学院有教员42人，职员33人，专兼任教职员共计75人。⑤ 1942年11月时，学院有专任教员42人，教员兼职员19人，职员32人，兼任教员6人，兼任教职员1人，专兼任教职员共计100人（男性64人，女性36人）。⑥ 1943年三周年时，学院有教员83人，职员38人，专兼任教职员总计121人。⑦ 后两年略有增加，1945年时，学院有教员84人，职员44人，专兼任教职员共计128人（男性79人，女性49人）。⑧ 1948年，"为谋增进教学效率，提高教学成绩，特多方敦聘优良教师，指导学生课业"，教员人数扩至120人。⑨ 虽然重庆女

① 谢海澄、蒋祥鹏、赵维藩：《各系科概况》，《"国立"女子师范学院八周年纪念特刊》，"国立"女子师范学院编印，1948年，第16—22页。
② 谢海澄、蒋祥鹏、赵维藩：《各系科概况》，《"国立"女子师范学院八周年纪念特刊》，"国立"女子师范学院编印，1948年，第16—22页。
③ 谢海澄、蒋祥鹏、赵维藩：《各系科概况》，《"国立"女子师范学院八周年纪念特刊》，"国立"女子师范学院编印，1948年，第16—22页。
④ 《关于报送"国立"女子师范学院增设美术劳作系计划书的函、代电（附计划书）》，重庆市档案馆馆藏档案，档号：0121000200037000087000。
⑤ 谢海澄、蒋祥鹏、赵维藩：《本学院五年来概况》，《"国立"女子师范学院五周年纪念特刊》，"国立"女子师范学院编印，1945年，第5—24页。
⑥ 谢海澄、蒋祥鹏、赵维藩：《教职员》，《"国立"女子师范学院院刊》1942年12月25日第3卷第1期，第4页。
⑦ 谢海澄、蒋祥鹏、赵维藩：《本学院五年来概况》，《"国立"女子师范学院五周年纪念特刊》，"国立"女子师范学院编印，1945年，第5—24页。
⑧ 谢海澄、蒋祥鹏、赵维藩：《本学院五年来概况》，《"国立"女子师范学院五周年纪念特刊》，"国立"女子师范学院编印，1945年，第5—24页。
⑨ 谢海澄、蒋祥鹏、赵维藩：《教务处概况》，《"国立"女子师范学院八周年纪念特刊》，1948年，第10—14页。

子师范学院为女子学院,但整体教职员队伍还是以男性为主,学院教职员中男性数量几乎是女性的两倍。

重庆女子师范学院的教员分为教授、副教授、讲师及助教四级。① 大学部的教员大都专任,校外兼职的极少,但为了节约人力,一部分职员也由教员兼任。1942年、1945年、1948年教员职别及各系科教员数量参见下表:

1942年、1945年、1948年教员职别统计表

年份 \ 职别	教授	副教授	讲师	助教	其他特聘教员	总计
1942年	23	17	17	10	1	68
1945年	26	19	27	12		84
1948年	50	26	24	20		120

1942年、1945年、1948年各系科教员数量统计表

年份 \ 系科	各系科共有	教育学系	国文学系	英语学系	史地学系	数学系	理化学系	音乐学系	家政学系	国文专修科	国语专修科	体育专修科	教员共计
1942年	7	12	7	8	6	3	4	8	5	2		6	68
1945年	5	12	9	8	7	7	8	8	4	3	3	9	84
1948年		20	16	15	10	10	15	11	11			12	120

资料来源:《"国立"女子师范学院院刊》1942年12月25日第3卷第1期,第4页;《重庆女子师范学院五周年纪念特刊》,1945年,第27—32页;《"国立"女子师范学院八周年纪念特刊》,1948年,第10—14页。

重庆女子师范学院聘请的教员大都为社会名流、学界文人,其中许多曾留学海外。他们共同构成了学院高学历、高素养、高规格的教师团队。② 1942年5月,魏建功③从昆明中法大学辞职,返回四川白沙,后任重庆女子师范学院国文系教授,讲授"文字学概要"等课程,创办"国语专修科",这是国语推行委员会在全国设立的三个"国语专修科"之一。④ 赵维藩(1905—2002),抗战时期入重庆编译馆工

① 《教职员》,《"国立"女子师范学院院刊》1942年第3卷第1期,第4页。
② 值得注意的是,学院教员来校任职的缘由不尽相同,或因调任,或为避难,或受邀请,但他们大都存在于一个相互联系的关系网络之中,彼此互为老乡、同学、师生、友人等关系。
③ 魏建功是我国著名语言文字学家、教育家,中国现代语言学的早期开拓者之一,也是北京大学中文系古典文献专业的奠基人,被称为20世纪50年代的"国学大师"。
④ 马嘶:《一代宗师魏建功》,文化艺术出版社2007年版。

作。1939 年赴白沙镇,任国民政府教育部特设大学英文讲师。1942 年秋,任重庆女子师范学院英语系副教授,次年兼系主任。① 1942 年 11 月,台静农②避寇入蜀,入职重庆女子师范学院,其后历任国文学系教授、国文学系主任、国文专修科主任等职。据学院学生濮之珍回忆,台静农讲授鲁迅的《中国小说史略》,因为和蔼可亲而备受学生喜欢。③ 据称:"艰苦的环境中,台静农朴实宽厚的态度和爽朗坦诚的笑声,给学生们留下了深刻的印象"。④

1944 年 2 月,李霁野正式成为重庆女子师范学院教员,任学院英文系教授兼主任。李霁野是现代著名翻译家、外语教育家。学生时代,李霁野曾与同学一起创办进步书刊《新淮潮》《微光周刊》等,后成为中共党员。1943 年,李霁野受日军迫害流落重庆,起初在复旦大学教课,但李霁野认为这个学校当时有些乌烟瘴气,而白沙女子师范学院有老朋友和旧学生任教。在职期间,李霁野在学院做过六次课外演讲,后来集印为《给少男少女》,于 1949 年 1 月出版。⑤

1944 年春,姚奠中担任重庆女子师范学院国文系教授,讲授中国文学史和庄子研究等课程,编写了《中国文学史》教材和《庄子通义》。⑥ 1944 年 8 月,当代著名历史学家、教育家柴德赓应台静农、魏建功⑦等友人邀请进入重庆女子师范学院,职级副教授,任教国文、史地两系。1945 年 2 月,被聘为学院图书组主任。⑧ 1946 年,张洪岛曾任重庆白沙重庆女子师范学院管弦系主任、教授。⑨ 1948 年,黄若瑛任重庆女子师范学院教授兼训导主任,1949 年去台湾。⑩ 李儒勉也曾任教于重庆女子师范学院,兼任英语语音教学工作。学生王达津曾评价李儒勉"是个很温和的老师"。⑪

① 丁天顺、许冰编著:《山西近现代人物辞典》,山西古籍出版社 1999 年版,第 380 页。
② 台静农(1903—1990),安徽霍邱人。著名作家、文学评论家、书法家。早年系"未名社"成员,与鲁迅有过交往。曾先后执教于辅仁、齐鲁、山东、厦门诸大学及四川江津女子师范学院,后为台湾大学教授。
③ 濮之珍:《濮之珍语言学论文集》,复旦大学出版社 2018 年版,第 369 页。
④ 郑贞铭、丁士轩编著:《大师巨匠(下)》,北京联合出版公司 2019 年版,第 482 页。
⑤ 陈洪:《南开学人自述第 1 卷》,南开大学出版社 2016 年版。
⑥ 姚奠中口述,张建安采写《百岁溯往》,生活·读书·新知三联书店 2013 年版,第 60 页。
⑦ 台静农与柴德赓两人均出于陈垣先生门下;魏建功与柴德赓两人在辅仁大学时是同事。
⑧ 张承宗、何荣昌:《江苏文史资料 第 52 辑 青峰学记:柴德赓教授纪念集》,江苏文史资料编辑部,1992 年,第 2 页。
⑨ 林煌天主编:《中国翻译词典》,湖北教育出版社 1997 年版,第 909 页。
⑩ 景亚南主编:《浦东早期留学人员选录 1872—1949》,上海大学出版社 2016 年版,第 115 页。
⑪ 肖文瑶:《住过第 7 栋的英语语言文学专家李儒勉》,涂上飙主编:《珞珈风云》,武汉大学出版社 2020 年版,第 108 页。

著名书画家余雷曼曾任重庆女子师范学院中文系主任。著名音乐家、教授陈培勋曾任职重庆女子师范学院。袁炳南曾任重庆女子师范学院数学系教授。沙梅曾任重庆女子师范学院音乐系教授。学院教员还包括胡小石、吴白匋、黄淬伯、卢前、舒芜、宗锡钧、张维华、杨仲子、李滨荪、杨大钧、宋君方、贾修龄、章荑荪、肖文灿、金琼英、屈义林、颜季琼、方敬、傅淑华、黄潜、萧印唐、朱子慕、周邦式、商承诈、吴松珍等人。

2. 重庆女子师范学院学生概况

由于时代原因,重庆女子师范学院的招生渠道并不稳定。1940 年,学院成立之初,绝大多数学生依据教育部统考分数入学,自招者仅占少数。1941 年暑期,统一招考暂停,学生全部由学院自行招生。学院除与国立师范互相代招外,在白沙、重庆、成都、贵阳、昆明、恩施、所里等地设置九个考区。其中,家政学系、体育专修科及初级部国文科,则分别由川、鄂等七省市保送一部分或全部。1942 年暑期,学院招生渠道包括:①与重庆区各公立院校联合招考,②自行在白沙、重庆、成都三区招考,③由川、鄂等 14 省市及华侨委员会考送学生保送来院,④探用成绩甄选办法,由本学院拟定甄选办法,分请各省公私立中学校择优选送来院,再由本学院依据成绩甄选。①

就学院招生规模而言。教务主任何鲁曾总结说,该校学生人数论,1940 年为109 人,1947 年则为 852 人,1948 年则为 847 人。② 1941 至 1945 年各年级学生注册数量参见下表:

1941—1945 年各年级第一学期学生注册数量统计表

	一年级	二年级	三年级	四年级	总计
1941 年	196	78			274
1942 年	234	156	65		455
1943 年	194	177	133	60	564
1944 年	230	147	152	114	643
1945 年	232	200	121	126	679

资料来源:"国立"女子师范学院编:《本学院五年来概况》,1945 年,第 5—24 页。

---

① 《学生及其生活》,《"国立"女子师范学院院刊》1942 年第 3 卷第 1 期,第 5—8 页。

② 何鲁:《本学院八周年概况(附图)》,《"国立"女子师范学院八周年纪念特刊》,1948 年,第 2—9 页。

学院的新生入学人数和学生整体数量呈现年年递增趋势,但老生中存在明显的人员流失现象,四年的学生流失率高达40%以上。而学院学生年龄跨度较大,涵盖17至31岁,其中20、21岁的学生最多,占全体学生数量的45%。这在一定程度上体现了战争年代时局的不稳定性。1942年学生籍贯包括四川省、湖北省、安徽省、江苏省、湖南省、河南省、山东省、辽宁省、广东省、河北省、广西省、浙江省、福建省、山西省、江西省、贵州省、云南省、陕西省、黑龙江省共19省,数量占比前三的分别是四川省39%、湖北省17%、安徽省14%。[1] 1945年,生源渠道进一步扩大,学生籍贯增加了南京、上海、贵州、北平、天津、青岛、威海、青海、吉林、松江等省市地区,数量排名前三的依旧是四川省43%、湖北省13%、安徽省9%。[2]

学院生源分布与抗战时期国民党在各省的统治力量强弱具有一定相关性。1937年底,国民政府迁都重庆,以四川为中心的大后方的战略地位得以正式确立。抗战期间,四川是国民党统治的核心区域,而作为国民政府官办学院,重庆女子师范学院的生源自然绝大部分来自四川。湖北、安徽等省的主要交通线、大中城市、重要战略要点被日军占领,国民党的统治区域只有部分中小城镇及农村。重庆女子师范学院作为战时全国女子最高学府,名声在外,加之当时社会中等学校师资力量十分短缺,求过于供。学生毕业后,有在中学担任老师,也有到大学任教的。比如教育家郑阳和的第2个女儿毕业于重庆女子师范学院,即任教于该院附中初中部一二三年级英文教员。[3] 第一二届203位毕业生服务机关及所在职务参见下表:

第一二届毕业生服务机关统计表

服务机关	专科以上学科	中学	师范学校	职业学校	小学	社教等学科	其他	总计
人数	12	123	24	4	4	6	30	203

第一二届毕业生现任职务统计表

担任职务	校长	训导主任	训育主任	组长或主任	女生指导	教员兼导师	教员	助教	职员	其他	总计
人数	2	2	5	4	1	72	70	11	6	30	203

资料来源:重庆女子师范学院编:《本学院五年来之概况——毕业生》,1945年,第17—18页。

---

[1] 《学生及其生活》,《"国立"女子师范学院院刊》1942年12月25日第3卷第1期,第5—8页。

[2] 《本学院五年来概况》,《"国立"女子师范学院五周年纪念特刊》,1945年,第5—24页。

[3] 黄英哲,许雪姬,杨彦杰主编:《台湾省编译馆档案》,福建教育出版社2010年版,第241页。

由上表可见,重庆女子师范学院第一二届毕业生多服务于专科以上学科、中学、师范学校、职业学校、小学等机关。其中以在中学为最多,203 人中,在服务于中学的就有 123 人,占一半以上。重庆女子师范学院第一二届毕业生担任职务校长、训导主任、训育主任、组长或主任、女生指导、教员兼导师、教员、助教、职员等。其中教员有 142 人之多,占绝大多数,师范院校培养的学生主要从事教育工作。据 1945 年学院官方统计,第一二届毕业生服务区域战时多在川、鄂、湘、黔后方诸省,也有远赴台湾者。

1948 年,重庆女子师范学院毕业学生有周红云、林玉新、孔宪宪、吴光淑、程翔、李淑芹、崔德芬、李桂芳、朱淑勤、冯春美、吴胤果、何竞存、朱凤祥、周宝琪、王邦英、熊利清、周德纯、鲁雅琴、戴映秋、瞿家襄、安荣第、李和民、曹代溱、朱静芬、周梅修、汤树林、郑孔琼、彭云英、解幼琼、张德辉、王泽芬、张杰、周学新、程殿儒、罗福慧、蒋道慧、张淑诚、雷泽霞、李玉容、刘代英、王崇洁、鄢子俊、聂凤如、苏文芳、陈揭谛、谭孝涟、何兰芳、林筠芳、兰万芩、陈白燕、刘毓明、李银英、刘镇沅、张柱敏、王克珍、郝慎瑜、黄毓松、张淑英、孙义、田媛、黄德华、刘玳文、万裕如、罗光帼、米大容、陈敬、何淑元、郭木英、练小昭、萧桂芳、周厚芸、彭子春、王世钰、陈淑英、张陶子、朱岫生、李存芩、李育才、王松青、商育辛、刘福钰、张兴慧、曹庆琼、孙瑞秋、黄言梅、刘爱棠、陈满霞、谢莲芳、黄海波、王菊芬、何熙兰、杨永琴、张汉春、吴承兰、唐慧芬、严中芬、卢宝慧、程光珠、王志明、张遇春、殷光煜、戚德芳、陈克爱、黄韵兰、朱传秀、熊仁贤、田敬德、张佩珊、赵志慧、裴政模、喻全书、李鉴美、郝济平、李昌棋、刘惠芬、冯成瑛、郭葵华、郑道荣、何咏梅、徐家瑶、丁坤禄、王淑清、成珣珍、唐锦姮、戴淑宓、左世第、杜权文、黄景宪、王云芳、张德韵、朱若仙、曾虹、周仲霞、黄承芬、周绍贤、徐显庸、姚正琼。[①] 她们全部志愿担任中学教师,重庆女子师范学院培养了大批中学女教师人才。

三、重庆女子师范学院教育教学特色

作为抗战时期由国民政府出资,独立设置的女子师范学院,重庆"国立"女子师范学院在办学宗旨、学科体系和办学模式等方面与其他混合院校存在明显差异。战时的重庆女子师范学院形成了自己的办学特色:

① 《毕业学生名录》,《"国立"女子师范学院院刊》1948 年第 3 期,第 8—13 页。

第一,引导女学生肩负对社会、对家庭的双重责任,不要满足于贤妻良母,要成为堪当大任的女国民。中国近代女子教育,起初以培养贤妻良母为目的。抗战时期,出于"强国保重"的政治目的,女子教育得到进一步发展,其中以女子师范教育最为突出。女子师范教育被赋予双重任务,不仅要进行家政教育,建设幸福美满家庭,更要为未来国家培养合格师资,普及国民教育。在举国抗战的大背景下,重庆女子师范学院围绕时代需求,引导女学生肩负对社会、对家庭的双重责任,希望女学生不要只满足于做贤妻良母,而要成为堪当大任的女国民。

学院的成立目的是为了训练教育专业人员,教育系在校内外人士心目中素居首系地位。除教员人数为全院最多外,教育系的历届主任如黄敬思、罗季林、宗锡钧等,皆是当时全国知名的文人学者,并且有着国外求学经历。教育系的学生数量约为其他各系平均人数的 2 倍,毕业生的学业成绩优良。"以前五届中毕业于中学的 89 人为例,成绩甲等者 8 人,乙等者 74 人,丙等者仅 7 人,平均成绩均在 75 分以上。"①

在院系设置方面,学院除开设一般混合院校所共有的国文、英语、史地、理化、数学等科目外,还特别设置了家政系。学院创立之初,家政系即成立。黄敬思曾在演讲中提及,设家政系,不仅为养成家事人才,而且要养成持家人才。② 家政系学生所学范围非常广泛,涉及儿童、食物营养、卫生、衣服、艺术等方面,专业主修课程包括"育儿学""教保园""儿童心理学""食物学""营养学""普通化学""有机化学""家庭看护与卫生""服装学""编织学""家庭管理实习室"等。专业选修课程包括"绘画""图案""装饰美术""技术""庭园学""家庭布置"等。③

学院认为,"家庭为社会组织之起点,人类一切关系之基础,举凡社会制度,经济事业,教育文化,道德修养,以及风俗礼制莫不导源于家庭,可知有健全之家庭,始能产生健全之国家,基于此,故非注意提倡家政教育不可"。④ 学院甚至将家政教育上升至人类幸福的高度:"家政教育为训练人类基本生活之教育,从生活中去

---

① 谢海澄、蒋祥鹏、赵维藩:《各系科概况》,《"国立"女子师范学院八周年纪念特刊》,1948 年,第 16—22 页。
② 黄敬思:《学风与国风养成之方法》,《"国立"女子师范学院旬刊》1940 年第 2 期,第 1—7 页。
③ 谢海澄、蒋祥鹏、赵维藩:《各系科概况》,《"国立"女子师范学院八周年纪念特刊》,1948 年,第 16—22 页。
④ 谢海澄、蒋祥鹏、赵维藩:《各系科概况》,《"国立"女子师范学院八周年纪念特刊》,1948 年,第 16—22 页。

学习,即教育之基本原则。吾人欲使衣、食、住等事达于合理化之标准,使生活与教育打成一片,所以家政教育之使命,除教育人们建设美满幸福之家庭而外,应促进社会人类从事美满幸福之家庭中,谋人类普遍之幸福。"①

学院的社教工作也涉及许多家政教育内容。1941年3月,教育部指定学院承办第一家庭教育实验区。据1945年院刊记载,家庭教育实验区"先后进行工作及办事业,有家庭访问,家庭教育讲习班,民众医疗所及民众阅览室等。"1942年6月,学院奉令筹办一所以家室科为主的妇女补习学校,课程以家事为主。该补习学校的教员除由学院高年级学生中选聘20人外,还均请当地妇女界领袖及学院女教员担任特别讲演。②

全面抗战时期重庆女子师范学院是国民政府创办的唯一一所官办女子师范学院,为挽救中华民族于危难,积极发动学生投身抗日救亡活动。在学院的支持与领导下,学院各学系科学生纷纷出钱出力,积极参加各种战时工作。部分学生成立慰劳队,负责慰劳荣誉军人事宜;部分学生组织劝募队,劝募爱国百姓积极认购战时公债;部分学生创建宣传队,利用各种纪念日、重大活动,在附近乡村进行抗战宣传。学生除了口头宣传外,还到处张贴标语、绘制壁报,辅以文字宣传。"他如协助抗属生产,代替伤兵写信,实习军事看护,莫不激令学生踊跃前往参加。"③

第二,重庆女子师范学院强调学生综合素质的提升,希望将学生培养为全面发展的师资人才。理论学习上,学院的课程设置主张专业素养与基本素养两手抓。因此,学院各学系学生在主修各自专业科目外,还要学习一定数目的公共科目。学院规定,"各学系科之科目,照规定分为普通基本科目,教育基本科目,分系专门科目及专业训练科目四类。各学系科学生于五年中,必需修满172学分,方得毕业。体育专修科学生于三年中,必需修满140学分,初级部国文科学生于三年中,必需修满102学分,方得毕业。"④

① 谢海澄、蒋祥鹏、赵维藩:《各系科概概况》,《"国立"女子师范学院八周年纪念特刊》,1948年,第16—22页。
② 《本学院五年来概况》,《"国立"女子师范学院五周年纪念特刊》,1945年,第5—24页。
③ 《本学院成立三年来之概况训导概况》,《"国立"女子师范学院院刊》1943年第4卷第1期,第5—7页。
④ 《系科情形》,《"国立"女子师范学院院刊》1942年第3卷第1期,第8—10页。

各类科目及学生分配情形

科目/类别	普通基本科目（共同科目）	教育基本科目（共同科目）	分系科专门科目	分科教材（专业训练科目）	教法研究（专业训练科目）	教学实习（专业训练科目）	选修科目	学业论文	总计
各学系学分	50	22	72	8		16		2—4	170—172
体育专修科学分	38	11	71	14			6		140
初级部国文科学分	18	12	56	4		6	6		102

附注：依次照部订规程分系专门科目至五学年中得增加 12 学分，初级国文科于三学年中得增加 10 学分。资料来源：《"国立"女子师范学院院刊》1942 年第 3 卷第 1 期，第 8—10 页。

除理论学习外，学院倡导学生积极参加各种课外团体活动，以培养学生综合素养，增进青年身心健康。学院为此成立各类校内组织，其中以课外活动组为代表。课外活动组倡导一切有益身心的课外活动，组织活动具体包括：平时各种集会，如音乐学会之音乐晚会、体育学会之进修会、数学会及英语学会之各种学术演讲会；比赛会，如球类比赛，由体育科指导，每周各系轮流参加排球赛。[1]

另外，学院还拓展视野，积极谋求与校外机构合作，推动学生更多地参与校外活动。1942 年 3 月，为响应教育部发起的音乐月活动会，音乐教育推进委员会联合本地中等以上学校，于 3 月 29 日，举行万人大合唱，参加单位包括重庆女子师范学院、大学先修班、国立第 17 中学、重庆女子师范学院附中、重庆女师、白沙女中、聚奎中学等 13 个学校，共 6 000 多人。连同本地各机关民众团体以及听众，大约在万人以上。"合唱歌曲凡十，为国歌，总理纪念歌，精神动员歌，天下为公，我们是民族的歌手，苏州河北岸，满江红，国旗歌，白沙镇歌，青天白日满地红等。总共之农情随歌声而起，或欢欣鼓舞，或慷慨激昂，或壮声肃穆，或中正和平，音乐对人之深，于兹可见。"[2]

1942 年 4 月 12 日，由学院发起，联络当地各学校机构团体，集会商讨举办白沙各界运动大会，期望借此提高学界运动兴趣，推进国民体育。经过商议，最终以白沙各中等以上学校为主干，并适量邀请本地团体及民众参加。大会于 5 月 8 日和 9 日在乡村师范操场举行。与会单位有中等以上学校 13 所，参加人数约在

---

① 《训导处概况》，《"国立"女子师范学院八周年纪念特刊》，1948 年，第 14—16 页。
② 《社教活动》，《"国立"女子师范学院院刊》1942 年 12 月 25 日第 3 卷第 1 期，第 13—15 页。

3 000 以上。运动项目,除尽量利用各校原有设备,举行男女田径球类 29 项比赛外,为表现团体精神及练习军事活动技能起见,又举行男女两组千人大团体操,以及男女两组武装障碍赛跑救护比赛等四项军事活动表演。"大会举行结果,各项运动成绩,虽无特殊纪录,但对各校学生及民众运动兴趣之提高,尚有相当之效果。"①

第三,重视学生自主研究与实习的训练,提升实际教学能力,鼓励全校师生积极参加社会教育活动。学院领导如教导主任黄敬思积极倡导学生"勤加自修",他认为一学分功课,课外应准备 2 小时,学生学习仅凭堂上听讲是不够的。学院也采取了监导自习的办法,对于住校教师,规定答疑的时间,以增加教学效率。② 理论科目方面,任课教员会在课内列举纲目、演示研究方法,再指定参考书籍,让学生自行探讨、实验或试做,然后写成报告,送请教员改正,或者列举研究实验结果的心得与问题,在课外与任课教员讨论。教员还会辅导学生在课外组织各种学会或研究会,以弥补课内学会的不足,增进学生自主研究精神与技能。主要包括由全院学生组织的学生自治会以及由各学系科学生分别组织的教育学会、国文学会、英语学会、史地学会、数学会、理化学会、音乐学会、家政学会、体育学会等。③

学院秉持观点,认为"中等学校教材及教学之研究与实习,不特需有广博之知识,且需要熟练之实际教学能力,然后于毕业后服务时,亦能尽其职责,完成师范学院之使命"。④ 因此,各学系科都十分注意相关技能的学习。例如,音乐、体育以及家政学系中的食物学、服装学等,平日教学重视学生的实际练习,以养成熟练技术;对于普遍音乐与体育,学院特别制定了每项活动及格的最低标准,规定每个学生在一学期或一学年中必须熟习若干项体育技能或歌曲;对于音乐学系及体育专科的学生,又另有规定,期望学生能够获得更健全及熟练的技能。"是以运动场中,每当旭日初升,或午后课余之际,均不断有人在作各种体育活动;而钢琴室国乐室中,自辰至夜,琴声与歌声,互相应和,从无间歇之时。"⑤针对学院"养成中等学校健全师资"的办学宗旨,学院更是筹设中等学校各科教材参考室,用来让有关

---

① 《社教活动》,《"国立"女子师范学院院刊》1942 年 12 月 25 日第 3 卷第 1 期,第 13—15 页。
② 黄敬思:《学风与国风养成之方法》,《"国立"女子师范学院旬刊》1940 年 12 月 20 日第 2 期,第 1—7 页。
③ 《学生及其生活》,《"国立"女子师范学院院刊》1942 年 12 月 25 日第 3 卷第 1 期,第 5—8 页。
④ 《系科情形》,《"国立"女子师范学院院刊》1942 年 12 月 25 日第 3 卷第 1 期,第 8—10 页。
⑤ 《系科情形》,《"国立"女子师范学院院刊》1942 年 12 月 25 日第 3 卷第 1 期,第 8—10 页。

教员指导学生进行研究。

学院重视实习,并为此采取了各项措施。学院制度规定:"各系均五年毕业,在校修业 4 年,第 5 年充任实习教师,国文专修科 3 年毕业(依规定最后一学期得充实习教师)。"①并且,绝大部分系科都需要修满 16 分的"教学实习"专业训练科目。② 为了让学生能够有更多实习机会,以此掌握熟练的教学技能,学院除扩大组织学生实习指导委员会、联络本地其他各中等学校外,更是尽量补充附属学校。校长谢循初曾言:"附中、附师、附小及婴儿园,因实习之需要,皆次第设立。虽规模大小,各有不同;顾其惨淡经营,则无二致。师范学院之有附属师范学校,实自本学院始,该校本年亦有毕业生从事小学教育矣。"③

抗战中后期,国民政府为抗战建国,大力推行国民教育。重庆女子师范学院响应国家号召,在存续期间开展了多项社教工作,为普及国民教育贡献了自己的力量。主要包括以下几项活动:其一,教员参与中学教员暑期讲习讨论会。1941 年夏,学院奉令与湖北省教育厅联合举办中等学校各科教员暑期讲习讨论会,为期 1 个月左右。先由鄂教厅指定恩施为讲习地点,然后调集各中等学校教员为学员,讲习教育、国文、英语、史地、数理化等六组科目。学院聘定各科讲师罗濬、谬镇藩、李儒勉、陈云孙、管公度等,由谢循初院长偕同前往。1942 年暑期奉令续办,学院聘定各科讲师罗濬、谢澄平、吴徽铸三位先生前往主持讨论。④ 其二,辅导白沙、江津、合江、永州各地中等学校。1942 年,学院根据教育部指示,积极展开对中等学校的辅导工作,聘请各系科教员程迺颐先生等 15 人,组织中等教育辅导委员会负责主持。筹备设立中等学校各科教材参考室,并同时调查各校各科教员情况,借以了解各校教员学历经验和教学情形。1943 年 4 月 25 日,学院函邀各中等学校校长会商辅导工作进行办法,经决定依照各校需要,辅导科目分国文、英语、史地、数学及理化等五组。5 月 1 日,学院邀请各校担任上列五科教员在白沙女中举行茶话会,共出席 72 人,茶会后分组交换意见,讨论问题并商定中心工作,包括各科教学方法、教材编选及教学设备等取得了很好的效果。1943 年,学院在白沙辅导了公私立学校共计 11 所。1944 年,辅导地点扩至白沙及江津,辅导科目

---

① 《本学院五年来概况》,《"国立"女子师范学院五周年纪念特刊》,1945 年,第 5—24 页。
② 《系科情形》,《"国立"女子师范学院院刊》1942 年 12 月 25 日第 3 卷第 1 期,第 8—10 页。
③ 谢循初:《五年来之回顾》,《"国立"女子师范学院五周年纪念特刊》,1945 年,第 3—4 页。
④ 《本学院五年来概况》,《"国立"女子师范学院五周年纪念特刊》,1945 年,第 5—24 页。

也扩展到教育、国文、历史、地理、数学、物理、化学等各科。① 其三,附设函授学校。1943 年,学院奉令筹备中心国民学校教员函授学校。学院经过拟定计划、简章及注意事项,由经济成立委员会主持办理,决定开设教育行政、教育心理、国文、地理及物理五科,聘定各科教材编辑人员及各科指导员,并规定各项办法。学生人数在 300 名左右,办理成绩较优,教育部特发充实图书馆经费 2.5 万元,以示奖励。1945 年,学生人数 412 名,分布在十余省区,以川、浙江、赣、陕为最多。② 这样的传统一直保留到新中国。1950 年 4 月 25 日,西南军政委员会文教部还联系重庆女子师范学院应届毕业学生到重庆市各校、各厂参观实习。③

第四,重庆女子师范学院作为国民政府直属的高等女子师范学院,遵从国民政府的训育方针,政治上强调遵守国民政府三民主义,同时注重对学生的军事训练和生产训练。重庆女子师范学院作为国民政府官办教育机构,不可避免地会存在教育党化的现象,具体表现为国民政府在学院推行三民主义的教育,并建立和发展党组织,进行相关宣传。在国父纪念周或每月举行国民月会及各种纪念会时,都会由院长、教授或约请院外名人、专家就国父遗教、总裁言论及我国军事、政治、经济、教育上重要事项,与国际形势、同盟关系,分别作系统讲演。每日举行升降旗礼后,各训导先生也会轮流进行精神讲话。④

重庆女子师范学院区党部对于党务工作积极推进,除办理登记党员,召开党员大会,组织人民团体,并领导参加"抗建"工作:如组织劝募队、慰劳队,劝募慰劳金,由慰劳队于纪念日期,分赠荣誉军人及抗战军人家属;或组织宣传队宣扬三民主义以唤起一般民众之民族意识;或为社会服务,推行社教工作,提倡识字运动,辅导妇女工作,协助抗属生产外,尤其致力于中心思想的训练以及优秀分子的培养,期望达到领导社会,转移风气的使命。⑤

1943 年 3 月,谢循初奉命入中央训练团受训五周,事后他感触颇深,在对学生

---

① 《本学院五年来概况》,《"国立"女子师范学院五周年纪念特刊》,1945 年,第 5—24 页。
② 《本学院五年来概况》,《"国立"女子师范学院五周年纪念特刊》,1945 年,第 5—24 页。
③ 《关于联系"国立"女子师范学院应届毕业学生到重庆市各校、各厂参观实习的往来函》,重庆市档案馆馆藏档案,档号: 01210002000025000052000。
④ 《本学院成立三年来之概况 训导概况》,《"国立"女子师范学院院刊》1943 年 12 月第 4 卷第 1 期,第 5 页。
⑤ 《本学院成立三年来之概况 党团工作概况》,《"国立"女子师范学院院刊》1943 年 12 月第 4 卷第 1 期,第 15—16 页。

的演讲中提出:"生长在现代的青年,可以在沉沦于过去个人主义的颓废拖沓的生活吗?今后我们的生活,务必要严肃整洁。"面对国民政府提出的要求,"以后各校均得成立军训大部队,由校长任大队长,实行军事管理"。① 谢循初认为所谓各校的军事管理,是用军事的精神和方法来指导学生,并非必须由武人管理文人。如果让武人来管理文人,则是文人的耻辱。优良的军事教官多已出征前方,而后方的学校很多,军事教官数量不足以覆盖。况且,后方的学校多派一个军事教官,前方作战的力量就要多受一分影响。基于此种考虑,谢循初请求教育部准许学院暂缓实行新办法,由他负责试以军事的精神来指导学院学生的生活。②

谢循初指出:"在实施军事性质的管理的今天,首先从整理内务着手,现在各宿舍的凌乱,简直出乎我的意料之外,以后各寝室内的床铺一律要平铺,上面罩以白被单。其他物品,亦需要依照规定摆放,时时刻刻均要保持整洁,以期养成一种整齐清洁的习惯。"③于是,学院学生的内务整理按照军队方式,力求整齐划一,每日由值日训导人员逐一检查,每周举行大检查一次。检查结果公布整洁成绩,比较优劣分别奖惩。各种集会的集合,也照军队方式以号音为号令。集合号音一响,必须迅速前往集合地点,整队排立或按指定席次就坐,由训导人员依次点名。会场秩序必须注意保持严肃。④ 在谢循初的带领下,重庆女子师范学院希望培养出文武合一的国家未来师资。

由于创设于抗战中期,时逢国家生产事业严重受损,百姓民不聊生,因此,学院特别重视生产事业。学院建筑院舍时,就在空地处开发30余亩农地,经营生产事业。随着技术日趋改进、人力增加,除种植蔬菜外,还经营果树、花卉、畜牧等农场品,并以低廉价出售给全院师生及其家庭。另外,学院还与家政系、理化学系合作,生产食品、衣物、各种日用化学工艺品等。学院生产事业日益扩大,甚至实现盈余,不仅使学生膳食营养问题得到改善,还利用存款建办公室、农工宿舍以及猪舍鸡舍等。⑤ 重庆女子师范学院不仅对学生生活普遍实行军事精神管理,还在学院内积极发展生产事业。这是当时全民抗战的社会环境使然,集中展现了战时院校办学的时代烙印。

① 《院闻:院长训词纪要》,《"国立"女子师范学院院刊》1943年4月25日第3卷第4期,第1—2页。
② 《院闻:院长训词纪要》,《"国立"女子师范学院院刊》1943年4月25日第3卷第4期,第1—2页。
③ 《院闻:院长训词纪要》,《"国立"女子师范学院院刊》1943年4月25日第3卷第4期,第1—2页。
④ 《本学院成立三年来之概况 训导概况》,《"国立"女子师范学院院刊》1943年12月第4卷第1期,第5—7页。
⑤ 《生产事业》,《"国立"女子师范学院院刊》1942年12月25日第3卷第1期,第12—13页。

四、重庆女子师范学院办学成效

重庆女子师范学院当时的办学条件还是很简陋的。该校教师的子女巩杰生曾回忆说:"1944 年,我父亲在大学先修班任历史课讲师,母亲在重庆女子师范学院工作。当时这两所学校都位于白沙镇郊外,并不在一处。父亲住在先修班教员宿舍一单间内,当时的房屋都很简陋,房屋间壁是薄薄的一层板夹泥,再用白灰抹上,吃饭在集体食堂。假期是我们全家团聚的日子,当时生活虽然艰苦,但从沦陷区出来,阖家团聚,也算是幸福的了。"[1]1945 年,曾任教于重庆女子师范学院的宛敏灏[2],曾著《抗战胜利交通梗阻感赋》,描述 1945 年秋四川江津白沙镇情形:"小镇争传复九州,欲归无计反增愁。札忧未解天倾虑,国事依然肉食谋。流落黎民江上望,升腾鸡犬太空游。一樽且买他乡醉,俯仰人间浩荡秋。"[3]重庆女子师范学院在战时艰苦困难的情境下坚持办学,培养了一大批著名的学问家、各行各业的专业人才、卓越的教育家。

该校毕业学生中,比较出众的有很多。刘浴德,1946 年毕业于重庆女子师范学院史地系,获学士学位。长期从事干部业余大学教学、中等学校教务及语文教学工作。[4] 刘玉贞(1920—　)中共党员,云南省立昆华女子中学毕业后,就读于教育系,1942—1946 年就读于国立西南联合大学教育系;1946—1948 年任云南省立昆华女子中学语文教师、云南省立女子师范学校教育学教师;1948 年 3 月参加中国人民解放军滇桂黔边纵队六支队 31 团滇东北地区地方工作。[5] 张玉真(1924—　),毕业于数学系。1947 年寓居苏州任教 30 余年,著有《晚睛轩草集》。[6] 声乐家何锦文于 1946 年毕业于音乐系声乐专业,获学士学位。[7]

---

[1] 巩杰生:《我的地质情怀》,黑龙江大学出版社 2018 年版,第 5 页。
[2] 宛敏灏(1906—1994),字书城,号晚睛,安徽巢湖庐江人。曾任教"国立"女子师范学院,省立安徽学院、"国立"音乐学院,有《晚清轩诗词稿》。参见袁行霈主编;赵仁珪执行主编:《诗壮国魂:中国抗日战争诗钞·诗词(下)》,中国青年出版社 2015 年版,第 592 页。
[3] 袁行霈主编;赵仁珪执行主编:《诗壮国魂:中国抗日战争诗钞·诗词(下)》,中国青年出版社 2015 年版,第 592 页。
[4] 《南京社会科学专家学者名录》编辑委员会编:《南京社会科学专家学者名录》,南京出版社 1991 年版,第 291 页。
[5] 陆川县地方志编纂委员会编:《陆川人物志》,广西人民出版社 2008 年版,第 259 页。
[6] 晋隅主编;中国中外名人文化研究会文化艺术委员会编:《世界美术书法家世纪末成就大典》,中国人事出版社 1998 年版,第 393 页。
[7] 《何锦文教授逝世》,《齐鲁艺苑(山东艺术学院学报)》,1991 年第 2 期。

沈正德(1921—　)，1941 年毕业于体育系。曾任北京朝阳中学体育教师。中国田径协会委员、北京田径协会副主席、北京中小学体育协会副主席、田径国家级裁判。"她善于发现人才，为我们国家选拔、培养了一个又一个优秀运动员，被同行们称为：'体育界的伯乐'。郎平就是沈老师发现培养的众多优秀运动员中的一个。"[①]林嘉秀，1927 年 1 月出生于威远，毕业后回家乡教书，曾先后任学校教导主任，副校长，威远人大代表，四川省政协委员，内江市政协委员等职，并教过高等师范的教育学、心理学，培育学生约 2 万人。[②]温玉华(1922—　)，抗日战争期间就读于桂林，毕业后留校。1949 年随夫婿定居马来西亚，从 1953 年开始在古晋中华中学及古晋中学任教达 24 年。此间，她曾担任东马诗人吴岸的初中三年级华文教师。[③]秦宗惠(1926—　)，1949 年毕业，长期从事声乐教学工作，后为北京师范学院音乐系副教授。[④]重庆女子师范学院培养了大批优秀学生，其办学无疑是战时女子师范教育的一个成功案例。

新中国成立后，重庆女子师范学院为新中国培养了大量的人才。1950 年 8 月 15 日，西南军政委员会文教部还抽调职员黄克嘉前往协助办理缮写工作。[⑤] 1950 年 4 月 17 日，1949 级毕业生谢治金到西南人民革命大学学习。[⑥] 1950 年 4 月 22 日，工友何汉生、吴克危进入西南人民革命大学学习。[⑦] 1950 年 3 月 1 日，张如一投考北京政法大学。[⑧] 1950 年 3 月 18 日，段寄璘投考重庆市文工团、西南军区后勤部。[⑨] 1950 年 6 月 1 日，李俊夫投考西南贸易部。[⑩] 1950 年 9 月 15 日介绍陈则民应试

[①]　孙志铭，李华民编著：《中国当代尊师敬师故事》，教育科学出版社 1996 年版，第 52 页。

[②]　中国人民政治协商会议四川省威远县委员会学习和文史资料委员会编：《威远文史资料 第 17 辑人物专辑》，政协四川省威远县委员会学习和文史资料委员会，2001 年，第 227 页。

[③]　马峰：《马来西亚、新加坡、印尼华文女作家小说比较研究》，生活·读书·新知三联书店 2019 年版，第 413 页。

[④]　中国音乐家协会编：《中国音乐名家名录》，广西人民出版社 1989 年版，第 385 页。

[⑤]　《关于抽调"国立"女子师范学院职员黄克嘉前往西南军政委员会文教部协助办理缮写工作的函、代电》，重庆市档案馆馆藏档案，档号：0121000200037000083000。

[⑥]　《关于介绍我校 1949 级毕业生谢治金到西南人民革命大学学习的公函(附谢治金请求入学的报告)》，重庆市档案馆馆藏档案，档号：01210002000320000011000。

[⑦]　《关于介绍我院工友何汉生、吴克危进入西南人民革命大学学习的公函(附本人申请)》(1950 年 4 月 22 日)，重庆市档案馆馆藏档案，档号：01210002000320000050000。

[⑧]　《关于介绍张如一考北京政法大学的报告、函》，重庆市档案馆馆藏档案，档号：01210001000520000089000。

[⑨]　《关于介绍"国立"女子师范学院毕业生段寄璘投考重庆市文工团、西南军区后勤部的函》，重庆市档案馆馆藏档案，档号：01210002000370000012000。

[⑩]　《关于介绍我院旧职员李俊夫投考西南贸易部的呈、函》，重庆市档案馆馆藏档案，档号：012100020000370000014000。

中央人民政府贸易部干部学校。① 1950 年 9 月 8 日,还给国文系毕业生李明瑚安排工作。②

1950 年,聘请刘德民、萧廷奎等为学院教员。③ 1949 年 11 月 11 日,聘任赵荣璇、张震泽、成善楷、巩毓贤为教授、副教授。④ 1950 年 9 月 12 日,聘请蔡绍亭、陈世华、薛明镜为音乐系教员。⑤ 1950 年 8 月 17 日,学院还给毕业生分配工作,比如英语系毕业生文启尘。⑥ 1950 年 7 月 28 日,介绍盛彩霞到湖南新化国营矿务局工作。⑦ 1950 年 8 月 31 日,给王正华、林正端、朱天诚安排工作。⑧ 1949 年 12 月 29 日,介绍该院职员杨显东、技工陈元植、吴钊等人投考第二野战军军政大学第三分校。⑨ 1950 年 8 月 17 日,汪应文曾任学院图书馆馆长。⑩

据张紫葛⑪回忆:"重庆解放不久,西南军政委员会成立。它下设的西南文教部高教处,统管西南各省高等院校,好比西南各省的高教总局。主其事的是陈孟汀处长。那时,我是重庆女子师范学院的教授。在陈孟汀的规划下,女师学院加上四川教育学院的文、理各系,创建了西南师范学院,我也就成了西南师范学院的

① 《关于介绍陈则民应试中央人民政府贸易部干部学校的签呈、函》,重庆市档案馆馆藏档案,档号:0121000200037000003000。

② 《关于"国立"女子师范学院国文系毕业生李明瑚工作安排的指示、代电》,重庆市档案馆馆藏档案,档号:0121000200041000099000。

③ 《关于聘请刘德民、萧廷奎等为"国立"女子师范学院教员的函、代电(附刘德民履历表)》,重庆市档案馆馆藏档案:0121000200030000031000。

④ 《关于聘任赵荣璇、张震泽、成善楷、巩毓贤为教授、副教授并换发聘书的函》,重庆市档案馆馆藏档案,档号:01210001000530000144000。

⑤ 《关于聘请蔡绍亭、陈世华、薛明镜为"国立"女子师范学院音乐系教员的聘函》,重庆市档案馆馆藏档案,档号:01210001000530000072000。

⑥ 《关于分配"国立"女子师范学院 1950 级英语系毕业生文启尘工作的指示、申请、代电》(1950 年 8 月 17 日),重庆市档案馆馆藏档案,档号:0121000200041000063000。

⑦ 《关于介绍"国立"女子师范学院学生盛彩霞到湖南新化国营矿务局工作的报告、公函》,重庆市档案馆馆藏档案,档号:0121000200041000051000。

⑧ 《关于"国立"女子师范学院毕业生王正华、林正端、朱天诚工作安排的函、代电》,重庆市档案馆馆藏档案,档号:0121000200041000091000。

⑨ 《关于介绍本院职员杨显东、技工陈元植、吴钊等人投考第二野战军军政大学第三分校的公函》,重庆市档案馆馆藏档案,档号:0121000200041000082000。

⑩ 《关于通知"国立"女子师范学院汪应文早日赴西南图书馆工作的指示及"国立"女子师范学院告之汪应文暂不能到任的代电》,重庆市档案馆馆藏档案,档号:0121000200002500000012000。

⑪ 张紫葛(1919—2006)湖北松滋人。1930 年代末张紫葛曾短期任宋美龄机要秘书。1940 年代中期,张紫葛出任新疆学院教授、新疆中央军校第九分校少将高级政治教官、新疆日报副社长兼总编辑、新疆警备司令部高级参议、新疆省府编译委员会主任等职。建国后,张紫葛出任重庆女子师范学院、西南师范学院、西南政法学院教授等职。

教授,当然只是陈孟汀领导下的大西南数以百计的教授之一员。"①1950年,四川省立教育学院与1940年创办的重庆女子师范学院合并组建西南师范学院。②1985年,两校分别更名为西南师范大学、西南农业大学。2000年,重庆市轻工业职业大学并入西南师范大学;2001年,西南农业大学、四川畜牧兽医学院、中国农业科学院柑桔研究所合并组建为新的西南农业大学。2005年,西南师范大学、西南农业大学合并组建为西南大学,开启了学校发展的新篇章。

---

① 张紫葛著:《X个人和三个畜生》,作家出版社2003年版,第227页。
② 许增纮、潘洵:《川东师范学堂与西南师范学院的组建》,《西南师范大学学报(人文社会科学版)》2005年第3期。

第四章
女性精英与战时妇女文化教育工作

　　抗战时期,各党各派各界的知识女性广泛参与战时各项妇女文化编辑与教育工作。抗战时期女性精英不仅参与政党活动,参与战时慰劳、救护、儿童保育、生产等战时妇女工作,还积极参加妇女文化教育工作。女性精英的评判标准,或者在社会上具有较高的地位,或者在党政部门居于重要位置,或者具有较高的文化知识水平。至少从第三个标准来看,抗战时期有一批受过高等教育的女性,担任报刊的编辑工作,如沈兹九、季洪、彭子冈等人。事实上这一批精英女性往往具有多重的身份和贡献。沈兹九曾经是救国会成员,后来成为共产党员,曾经任过教职,后来成为编辑,并且还是社会活动家,广泛参加社会活动。而梳理抗战时期女子教育的言论,既可以从侧面反映战时女子教育的状态,也可以突显知识女性包括女教育家关于女子教育的观念。

第一节　女性精英与战时妇女文化工作

　　抗战时期,沈兹九、季洪、彭子冈等妇女文化工作者,积极关注和思考妇女问题。其中,沈兹九主要负责《妇女生活》和《妇女新运》的编辑工作,团结和动员各界妇女参加并支持抗战工作,同时还参加救国会和战时儿童保育会的组织领导工作。

　　季洪作为文艺工作者,也曾协助《妇女生活》的编辑工作,在抗战时期写作了大量的文艺作品,她团结在党组织周围,在邓颖超同志领导下从事妇女统一战线工作。彭子冈与沈兹九、季洪编辑的身份不同,彭子冈在抗战时期主要担任《大公报》驻外记者，广泛采访各界名人、妇女儿童，写了大量通讯报道，以敏锐细腻的文笔，通过鲜活的个体和片断去捕捉抗战情形及普罗大众的战时生活。

这些女性文艺工作者普遍地以女性独特的视角和主体意识，对妇女问题和弱势群体比较关注，对社会现象进行公正的报道和批露。这些妇女文艺工作者也是抗战时期女性精英群体中的一个重要组成部分。

一、沈兹九与战时文化工作

沈兹九（1898—1989），名慕兰，浙江德清人，1919 年毕业于浙江女子师范学校，后赴日本留学，1925 年毕业于日本女子高等师范艺术科。从 30 年代起从事革命活动。1939 年加入中国共产党。

1928 年的沈兹九
资料来源：《知难》1928 年
第 49 期，第 1 页。

1932 年夏，沈兹九入中山文化教育馆上海分馆任《时事类编》助编。1934 年主编《申报》副刊《妇女园地》。1935 年 7 月创办并主编《妇女生活》杂志，她运用《妇女生活》系统介绍社会发展与妇女地位发展演变规律，提倡男女平等，号召妇女在斗争中求得民族的生存和妇女的解放。[①] 同年 12 月，参与和发起成立上海妇女救国联合会。1936 年发起成立上海各界救国联合会，任执行委员。

早在 1935 年，针对社会上提倡妇女回到家庭里去，以及新式的贤妻良母教育，沈兹九提倡儿童公育，她说："托儿所的需要与否，现在已不是理论问题，而是事实迫切地需要着了。在不能完全将儿童公育的现在，我主张部分地先试办。"[②] 1936 年，沈兹九曾编辑出版《世界女名人列传》，与罗琼合译苏联柯仑泰（A. M. Kollontay）的《新妇女论》（*On Being A New Women*）。1936 年 11 月，她积极参与宋庆龄、何香凝发起的救国入狱运动。[③]

抗战时期，救国会的沈兹九还是上海妇女联谊会的发起人。1937 年 3 月

---

① 罗琼：《沈兹九在上海和武汉的日子里》，见董边主编：《女界文化战士沈兹九》，中国妇女出版社 1991 年版，第 33 页。

② 沈兹九：《从家庭谈到托儿所》，《每月小品》1935 年第 1 卷第 1 期，第 38—42 页。

③ 《文化简讯：妇女生活编者沈兹九女士》，《黄河（西安）》1940 年第 10 期，第 424 页。

8日,上海妇女联谊会发起组织,向各方征求妇女界有力份子,加入为发起人。截至5月21日止,共有82人加入。5月22日,该发起人等举行发起人会议,拟定《上海妇女联谊社初步工作大纲草案》,主要工作如下:①救国工作:设立救护班,讲授防毒防空知识,并教以救护技能;呈请政府通令全国各女学实施一项工作;与本地各女校接洽,实施一项工作。②教育事业:设立妇女识字班;设妇女职业学校;创设妇女流通图书馆;③救济事业:调查各阶级受压迫妇女之生活状况;对于受压迫妇女给以经济法律及职业介绍等等实际上之援助。④交际工作:联络本市各妇女团体,各女学校以及热心妇运份子;联络各地妇女团体私人;招待外来之妇女团体及私人。⑤社会与政治工作:要求各机关用女职员;要求男女同工同酬,产假期薪水照给;要求各工厂设托儿所;设妇女公共浴室;使新式接生推行于下级社会;要求国民大会规定妇女代表名额;要求立法院委员应有女性参加,规定妇女名额;请求立法院制定母性保护条例;请求立法院修改男女不平等法条。①

上海妇女联谊社发起人的筹备会议,主席为妇女生活编辑沈兹九女士(赵定明摄)

资料来源:《中华(上海)》1937年第54期,第12页。

①《上海筹组妇女联谊社(五月二十二日上公)》,《国际劳工通讯》1937年第4卷第6期,第35—36页。

　　除继续主编《妇女生活》外,在新运妇女指导委员会文化事业组,还领导编辑四种刊物,分别是《妇女新运》季刊、《妇女新运》月刊、《妇女新运》周刊和《壁报资料》。"季刊后来由戴白滔夫人郑还因负责,主要刊载妇指会各个组的工作报告,内容比较的枯燥,不大受人欢迎"。沈兹九调来徐鸿负责编辑《壁报资料》,在徐鸿的负责下,《壁报资料》发行范围很广,而且做了一些统战工作。①

女作家谢冰莹(左)与沈兹九(右)商讨救亡工作
资料来源:《抗日画报》1937 年第 13 期,第 12 页。

　　国民党军事委员会曾对沈兹九进行调查,称她"系共产党钱俊瑞之夫人,个性圆滑,文字优良,善应付,与共党民先总队宣传部部长伏志及共党重要分子史良、刘清扬等甚接近,故受人提携后,现已钻入新运妇女指导委员会作主干分子,与刘清扬等分负联络训练及文化事业之重员,应请予以注意"。② 也从反面看出沈兹九在对党文化教育宣传方面发挥的重要作用。

　　① 徐鸿:《"阿妹头"自述》,解放军文艺出版社 1991 年版,第 89—90 页。
　　② 《妇女人才调查一览》,《吕云章》,台北"国史馆"藏军事委员会侍从室文件史料,馆藏号:129000098271A。

事实上,沈兹九于 1939 年在邓颖超、刘俊瑞的介绍下加入中国共产党①,1940 年赴安徽皖南新四军军部,再转往上海。1941 年辗转赴新加坡,与胡愈之(1896—1986)结婚。太平洋战争爆发后,她参加新加坡华侨文化界抗敌动员总会及战时工作团,自 1942 年新加坡沦陷前夕起,过了三年零八个月的流亡生活。②

1937 年,沈兹九在《三八感言》一文中指出:①中国妇女的性命,在重男轻女的陋习下等于一服草头药;②现有学校的门槛,只准有钱有势的才能进去,女子本来是被轻视的,再加以经济困难,只有望门兴叹了,虽有志于求学,挣扎着爬进了那个门槛,也会逼得你走投无路;③一般被卖了身子的女子,她们绝对没有半点自由,连本是个人私事的婚姻问题,也得受各方的牵制,不得逃命;④已觉悟了国家兴亡,匹妇也有责的女人,要起而从事救亡,可是随处会撞到意外的打击,救国没有自由。她建议:①各地广设妇女识字班,职业训练所,各学校一律兼收女生,尽可能地减低一切入学的费用,使妇女有谋生的知识技能,消除重男轻女的陋习。②各机关各商店广用女职员,同工同酬,产前产后给假,薪水照给。③铲除一切封建势力,成年女子有婚姻自主权,不然反抗到底。④要求政府给我们救亡的自由,组织妇女国防会,从事国防上妇女该做的事情,如组织救护队、慰劳团、战地交通队等。③

1937 年沈兹九在《妇女战地服务运动》一文中,介绍妇女战地服务团的重要性以及怎样组织妇女服务团,妇女战地服务的必要条件,她指出:"最好应该有计划有系统地来推动才行,现有的妇女战地服务团,大都由于一二个人的热忱,号召了群众组织而成的,大都事前既没有充分的训练,更谈不到统一的训练,既没有统一的组织,更没有彼此的联络。因此我们想目前应有一动员全国妇女战时服务计划的必要。从组织上来说,应成立一个统率全中国妇女战时服务的机关,由有政治地位及素有声望的妇女界领袖来组织委员会,这委员会,除出一般的像宣传组织等部以外,可设各种委员会,如救护委员会,慰劳委员会,救济委员会,战时妇女生产事业指导委员会等,同时特设战地服务团,各省市得设省市妇女战时服务委员

① 李文宜:《沈兹九与民主同盟——沉痛悼念沈兹九同志》,参见董边:《女界文化战士沈兹九》,中国妇女出版社 1991 年版,第 15 页;郑还因:《沈大姐在妇指会》,参见董边:《女界文化战士沈兹九》,中国妇女出版社 1991 年版,第 83 页。
② 萧虹主编:《中国妇女传记辞典·二十世纪卷》,悉尼大学出版社 2016 年版,第 518 页。
③ 沈兹九:《三八纪念与妇女:三八感言》,《文摘》1937 年第 1 卷第 4 期,第 161—162 页。

会,它的组织,除一般的部会外,也得特设妇女战地服务团。"①

1937年,沈兹九在《里弄组织与妇女》一文中称,全面抗战开始后,无论前方、后方都需要有严密的民众组织来帮助神圣的抗战,她希望将住在某一个里或某一个弄里的人组织起来。"因为妇女家居的时候多,对于隔邻或同居者的起居行动能详细观察并注意,这对于'检举汉奸、防止汉奸、消灭汉奸'都有很大的帮助。其次这次战争,是长期的抗战,正因为是长期的抗战,所以更需要民众不断地有秩序地回以各种后援,这又不是漫无组织的民众所能胜任的。第三,长期抗战一开始,对于民众,应广泛地施行各种战时常识训练,让他们不但能安然可过着战时生活,且不致使地方秩序混乱,响应前方战事。"而妇女在里弄组织中应从事的工作有:宣传防空防毒的常识;维持里弄内的安全,如防止汉奸指导避难等;讲解战争消息;提倡节衣缩食;作献金运动,劝邻里妇女将金银饰物及用具献给国家或调换公债;举办里弄幼稚园或小学;举办消费合作;集团慰劳伤兵工作等。②

1937年,沈兹九在《中国妇女慰劳将士会上海分会略述》一文中,详细介绍了中国妇女慰劳将士会上海分会的概况,该会的前身是何香凝领导成立的中国妇女抗敌后援会。何香凝领导的中国妇女抗敌后援会和宋美龄领导的中国妇女慰劳抗战将士总会成立后,后经后援会理事会一致商议,由后援会全班人马改组成立了中国妇女慰劳自卫抗战将士会上海分会。③

1938年3月,沈兹九在《祝儿童保育会成立》中,表示儿童保育会将得到全世界爱好和平与正义者的援助;希望它能培育大批大公无私的新社会建设人才;希望全国每个女同胞,尽快各尽所能地来参加战时儿童保育工作,为儿童请救,并求得妇女自身解放。④ 她指出:"在同一日同一个时候,一个地方在开战时儿童保育成立大会,另一个地方在开中国儿童救济协会筹备大会,这是说明了今天,不管政府要人,社会人士,不问男界或女界,都在注意这个为新中国抚育幼苗的事业了。我们希望中国儿童救济协会,也很快成立起来,在负责的人才方面及发展的事业与地域方面,尽可能地和战时儿童保育会分工与合作,更希望彼此都能广集人材,

① 兹九:《妇女战地服务运动》,《妇女生活》1937年第5卷第3期,第3—4页。
② 兹九:《里弄组织与妇女》,《世界知识、妇女生活、中华公论、国民周刊战时联合旬刊》1937年第2期,第65页。
③ 沈兹九:《中国妇女慰劳将士会上海分会略述》,《世界知识、妇女生活、中华公论、国民周刊战时联合旬刊》1937年第1期,第29—30页。
④ 兹九:《前哨:祝儿童保育会成立》,《妇女生活》1938年第5卷第10期,第2页。

避免这个会某某人是常务,而那个会也是某某人作中坚的弊病,谁都知道人的精神时间,都是有限的,身兼数职的人,即使她有三头六臂,终难免顾此失彼,包而不办,这和国家民族的得失太大了,这是两个会的主持者应该竭力注意的。""我们在庆祝战时儿童保育会的成立,预祝中国儿童救济协会赶快实现的今天,替全中国每个遭受到战时伤痛的儿童请命,让他们每一个受到精神上或物质上损伤的小生命,能受到保育与救济的润泽。"她认为"育儿问题不解决,妇女休想求解放,现在这一儿童保育的工作,正在开始,希望全国每个女同胞,为了民族培养美果,为了自身求解释,赶快各尽所能地来参加这一种神圣的工作。"①

1938 年,沈兹九在《纪念儿童节中应有的认识》中指出:纪念儿童节应做到以下几点:从事儿童运动并组织儿童;从事儿童保育运动;改良儿童读物运动。①希望新闻记者或作家们,多注意抗战中孩子的死难惨遇或英勇的抗战事实,而灵活地描写出来,作为儿童们的读物。②希望能用通俗的文艺体裁,来描写科学技术建设等比较枯燥的东西,同时用同样的方法来描写许多关于政治经济等东西,使儿童读着不致觉得味同嚼蜡。③要把历史的知识,特别是人类斗争的历史,以及过去和现在的不同情形,生动地描写出来给儿童阅读。④要把抗战中民族英雄的故事及古代的民族英雄的故事,通俗地生动地写出来,让儿童了解那些英雄们的革命故事。⑤把世界上许多科学家文学家艺术家的传记,写成儿童爱读的体裁,让儿童读了知道模仿他们。⑥把中国的或外国的好的儿童文学搜集拢来,集成丛书,使儿童能有接触更好文学遗产的机会。②

1938 年,沈兹九发表短评:"在全面抗战已开展的现在,为了要维持长期抗战,争取最后胜利,抗战将士,必需广大地补充与新增。因此征兵已是目前迫切的事情,可是征兵的困难,已成了目前的一大问题,其中的原因固然很多,但被征兵员,有父母妻儿子女的家累,使他裹足不前,也是大原因之一。现在行政院已于三四六次会议中,通过了优待出征抗敌军人条例,在条文上看,是够完备的,我们相信这和征兵前途,必大有帮助。问题是希望这些条例,赶快切实施行,让被征的人,知道家室可无后顾之忧,而他的父母妻儿子女,因生活不致完全绝望,可少作阻梗或牵绊。同时我们更希望民众团体,将此优待条例;应用图画、歌咏、口头戏剧等方式,向民间广为宣传,一方可使大众知政府如此优待抗敌军人而勇于投军,一方

---

① 兹九:《前哨:祝儿童保育会成立》,《妇女生活》1938 年第 5 卷第 10 期,第 2 页。
② 兹九:《纪念儿童节中应有的认识》,《抗战(上海)》1938 年第 59 期,第 4—5 页。

亦可使地方政府及执行机关,不致怠于执行此项有利于抗战的条例。"①

　　1938 年,沈兹九在《抗战一年来妇女工作的检讨》一文中,从妇女参战、慰劳救护、儿童保育工作、农村工作等方面介绍了一年来的妇女工作,指出妇女工作中表现出来的优点,有英勇和耐苦,有能力,而缺点在于没有组织的工作,动员不够,精神团结才能创造工作成效。②

　　沈兹九积极为女性争取权益,1938 年,沈兹九在妇女训练班》一文中,介绍湖南省政府正举行登记知识分子的活动,预备加以训练后,分发各地,充任县市各种干部人员,职务分配有五种,县政督导员、技术辅导员、政治训练员、乡镇长、妇女训练员等,招收人员共计五千余人。然而,除妇女训练员规定 500 名女性名额外,其他四千五百多名的名额中,竟没有女性的份儿。沈兹九表示要为姊妹们一呼冤屈,她希望湖南省政府以及其他有关当局,在可能范围内大开女禁。一可借此证明妇女是否有此等人材,二可表示新政府的革新的一般,同时更希望多设各种妇女训练班。她认为:"谁都知道目前成批的男子在战场上牺牲,后方的工作正需要有人接替,因此来训练妇女人材接替各种新生事业或其他工作正是目前必要的工作。"③

　　1938 年沈兹九在《目前的女子教育》一文中,指出战时女子教育的新要求:①实施军训,在战时执行看护,女子的身体亦需要有过军事训练才能胜任,甚至还有人认为,妇女不但要受军训而且要武装,才能对付残酷的日本强盗;②功课现实化,取消不必要的死功课,教授各种现实的救亡理论,留出时间来,让学生有参加救亡工作的余暇,让妇女养成社会实际服务能力;③废除过去刺绣、缝纫、烹饪等消磨时间的家事课目。④

　　1938 年沈兹九在《怎样动员妇女保卫大武汉》中,号召武汉各妇女团体负起动员妇女的任务,"这些妇女团体有着相当的干部,有些团体并附设有训练班及战地服务团等"。①应将可能调派外地的干部率领训练员,分赴围河南、安徽、江苏等沿江各地作宣传、组织和训练民众的工作;②分发大批人员深入武汉三镇市区或乡镇,用谈话、歌唱、戏剧等方式鼓励妇女参加抗敌后援工作;③组织有训练的战

　　① 兹九:《优待抗敌军人家属》,《抗战(上海)》1938 年第 39 期,第 4 页。
　　② 兹九:《抗战一年来妇女工作的检讨》,《妇女生活》1938 年第 6 卷第 6 期,第 7—8 页。
　　③ 兹九:《妇女训练班》,《妇女生活》1938 年第 5 卷第 9 期,第 2 页。
　　④ 兹九:《目前的女子教育》,《妇女生活》1938 年第 5 卷第 9 期,第 2 页。

地服务团;④应更有组织地继续进行原有的工作,譬如妇女慰劳工作;⑤为了要广大地推动各种工作,各团体更应扩大自己的组织,特别是扩大训练班的成员,或增设训练班;⑥疏散老弱妇女;⑦迁移儿童至安全的托儿地。①

1938 年,沈兹九在《怎样展开关于儿童保育的宣传工作》一文中,指出对战时儿童保育工作要进行宣传,不仅要进行口头宣传,还要进行文字宣传以及各种形式的宣传,不仅要对内宣传,还要对国际社会进行宣传。比如刻画日本对中国妇孺的暴行,宣传我军英勇抵抗情形及后方各种善后设施,编印儿童遭难的小册子,甚至派难童赴海外宣传。② 1938 年"三八"节,沈兹九在《写在"三八"纪念以后》中,对妇女工作贡献自己的意见,比如妇女界应真心实意地去除门户之见,派别之争;培养妇女脚踏实地的工作作风,深入到妇女群众中去动员妇女参加抗战工作等。③

1938 年,为纪念儿童节,沈兹九在《纪念儿童节》一文中,强调战时儿童保育工作的重要性,她说各国没有不注意儿童事业的,如儿童有儿童的法律,儿童法院以及谋求推进各种儿童事业的儿童事务局等,中国的儿童节产生已经有七年了,抗战中儿童保育问题也有了初步的进行,她希望社会各界真正将战时儿童保育起来,组织起来。④ 1939 年,沈兹九在《赶快成立职业妇女托儿所》一文中指出:"我们现在是抗战与建国并行,对于要使妇女参加抗建工作,以及职业妇女的职业岗位与育儿的不得兼顾的情形,我们觉得设立职业妇女托儿所,已经是一桩急不容缓的事情了。"⑤1938 年,沈兹九在《妇女界怎样来纪念血的五月》一文中,指出妇女界应怎样介绍五月的各个纪念日,首先,应发动大规模的宣传运动,其次举行盛大的各种妇女慰劳活动,发动防空防毒运动,慰问并抚恤阵亡将士家属等。⑥

淞沪会战失败后,沈兹九对于抗战前途有清醒的认识,沈兹九鼓励留在上海的姊妹们,要坚定抗战必胜的信念,她说:"也许你们最近看到,我们军事上一时的失利,会悲观失望,甚至失掉对于抗战胜利的信心吧? 朋友们,假使你们之中,有人这样想的,这是错了。我们应该知道,我们这次的抗战是长期的,我们所采的战

---

① 沈兹九:《怎样动员妇女保卫大武汉》,《全民周刊》1938 年第 1 卷第 7 期,第 106 页。
② 兹九:《怎样展开关于儿童保育的宣传工作》,《妇女生活》1938 年第 5 卷第 11 期,第 6—7 页。
③ 兹九:《写在"三八"纪念以后》,《妇女生活》1938 年第 5 卷第 10 期,第 1—2 页。
④ 兹九:《纪念儿童节》,《妇女生活》1938 年第 5 卷第 11 期,第 9 页。
⑤ 兹九:《赶快成立职业妇女托儿所》,《妇女生活》1939 年第 8 卷第 6 期,第 2 页。
⑥ 兹九:《妇女界怎样来纪念血的五月》,《妇女生活》1938 年第 6 卷第 1 期,第 1—4 页。

略是持久战消耗战,三四个月的战争,本谈不到什么最后的胜败;同时阵地一时的变动,城池一时的得失,更说不上什么决定的胜败。只要我们的抗战能够持久下去,只要我们的民众能够动员起来参加抗战,只要我们在政治工作上能够加倍努力,只要我们的战略能够作必要的改善,那末我们抗战的胜利是有万分的把握的。"她希望留在上海的妇女干部要将留在上海的妇女组织起来,要深入每一个家庭,深入每一个厂房,要她们一个个站到救亡阵线上来。沈兹九指出:"上海虽然是全国经济的中心,然而上海的陷落绝对不会怎样大大地牵动全国的经济生活。至于文化,从抗战爆发以来,我们早就应该在国内建立多元的文化中心,而且事实上目前武汉等地,已经成为全国文化的预备中心,所以上海的陷落,对于抗战时期的文化工作,也决没有什么致命的影响。"①

1939年,对于妇女工作问题,沈兹九指出:"妇女要求解放,只有妇女自己来努力,这是谁都明白的。"在民族危机的紧要关头,妇女应努力参加抗战工作,然而领导妇女工作的妇女干部却不愿意做妇女工作。沈兹九提出应对办法:①国家应扶助并奖励各项妇女工作,以提高她们的地位;②特别提倡妇女工作人员应有自我牺牲以及艰苦耐劳不怕麻烦的精神;③多多举办妇女工作人员训练活动及建设自我学习的机构;④妇女工作机关和团体,酌量引用能力高强的男工作人员,以帮助增进妇女工作人员的知识或技能;⑤尽量调任曾在一般工作团体及机关的智能高强干部,作妇女团体或妇女机关的干部;⑥各学校及社会机关,应多多招收女生及成年妇女。②

1939年,沈兹九在《战地上的抗属问题》一文中指出,有些抗战军官眷属的随军,不但不会影响作战,且因此可以增强军官们的抗战力量,以及改良战地农民的生活,提高农民的民族意识,增强农民的抗敌情绪。因此她主张:"有志服务于战地的军官眷属,应该多多上前线,至于那妨碍于行军,以及败坏战地风纪的,应该退还后方来,不然也希望战区负担政治责任的当局,赶快动员大批的妇女干部,去战区工作,只有妇女能密切地接近妇女。动员这些为官的眷属们,改变她们的生活习惯,使参加到抗战中来。"③

1939年,沈兹九指出动员家庭妇女的重要性,她希望新运妇女指导委员会动

---

① 兹九:《留别:给留在上海的姊妹们》,《妇女生活》1937年第5卷第5期,第1—2页。
② 兹九:《妇女干部不愿做妇女工作》,《妇女生活》1939年第7卷第8期,第1—2页。
③ 兹九:《战地上的抗属问题》,《妇女生活》1939年第8卷第3期,第8页。

员家庭妇女的劳动要做到：这次各机关长官夫人的动员参加各项抗战工作，希望能够持久干下去，而不是趁一时的高兴和热闹，干了几天就不干。动员家庭妇女的工作根本不应该和改进家庭生活的工作分开。①

1939年，沈兹九对于妇女的精神动员提出：①关于上层的家庭妇女，最好应用政治的力量，组织各种工作队。②对于下层妇女的精神动员固然重要，但对于她们物质生活的注意与改善，最好是配合着精神动员同时进行。譬如不管在前线或后方，应广泛地举办各种生产事业或手工业的训练班，或救护看护训练班。③关于知识妇女的精神动员。现有的妇女团体，应该将每个团员的周围动员起来，学校应该先动员本校的学生，由学生去动员家庭以至于学校附近的乡村或城镇。②

1940年，沈兹九在《今年怎样纪念"三八"》一文中，指出今年纪念"三八"节，我们应该担负起特殊的任务。①我们要展开讨逆除奸运动，以坚持抗战到底；②推行民主宪政运动，以巩固团结；③增进妇女工作的质与量，以增强抗战建国的力量。妇女应迫切完成的工作有培养干部，扩大妇女生产事业，加强妇女国民外交，加强妇女武装等。妇女应争取的条件有：①请求政府，实施母性保护；②请各地政府指定的款，扶助妇女工作团体；③争取一切机关商店，尽量容纳女性职员。③

沈兹九对于妇女与民主政治的关系有自己的认识，1940年沈兹九发表《妇女与民主政治》一文，认为在政府领导之下，宪政运动已经在全国各地普遍地开展与深入，妇女界在这一运动中的活跃，不但不弱于男子，且有胜于男子的地方。沈兹九认为："凡是关心宪政的人，大家都了解，所谓施行宪政，就是施行民主政治；因为宪政即是民主政治。"在妇女与民主政治的关系中，仅仅认为"我们要竞选，我们要在国民大会中争妇女的名额"，这样的认识还太狭隘。在沈兹九看来，什么叫民主政治，就是"要把政权放在人民掌握之中……成立民主政体，凡事都应该由人民作主的。"沈兹九认为，中国的民主政治，是要靠人民作主的，是全民的民主政治——四万万人有着管理政府的政治权力。在抗战时期实行宪政运动，是要"使全国国民共同担负国家的责任"，"真正地不分党派性别，全民总动员参加抗战建国工作，以达到全国国民共同担负起国家的责任；同时达到大家有权参政"。在妇

---

① 兹九：《家庭妇女的动员》，《妇女生活》1939年第7卷第1期，第1页。
② 兹九：《妇女的精神动员》，《国民精神总动员》1939年4月，第12页。
③ 兹九：《今年怎样纪念"三八"》，《妇女生活》1940年第8卷第10期，第1—2页。

女参政方面,晋察冀一带已经取得了很好的成绩,她举例说:"抗战以来,由于民众动员得好,妇女工作因之开展,妇女参政,已经是普遍的事了。计参加县政府的七人,参加某区政府的七人,被选为村长的二十人,被选为村副及委员的共一千八百十三人。这种现象可以说是民主政治的表现,我们希望全国各地妇女同胞都飞速地过起民主政治的生活来。"同时沈兹九希望妇女同胞,第一要清楚地认识民主的内容,第二我们要求的解放是全中国妇女的解放,我们所要的民主是全国人民的民主。第三我们要求的妇女宪政运动是大家能过真正的民主生活。[①] 沈兹九在抗战中期对于民主政治的认识包括,她反对将妇女宪政运动等同于简单的争取妇女参政权,而是要实现全民的民主政治。

1940年,沈兹九在《抗战以来妇女工作的成果》中,指出抗战以来妇女工作的成果,包括战地服务、抢救与教育难童、慰劳与救护工作、训练干部、民运工作、文化与教育、生产事业、抗属工作、妇女参政、征募义卖与锄奸、妇女组织等方面的工作成就,比如抗战时期出现了很多女战士等。[②]

二、季洪与战时妇女文化工作

季洪(1913—1995),又名寄洪,江苏崇明人。1932年秋,季洪考入江苏松江女子中学高中师范科,1935年季洪写作《斥节育救国论》,刊登在《妇女生活》期刊上,后来经《妇女生活》主编沈兹九介绍,结识了南京妇女界进步人士、中共地下党员曹孟君,季洪秘密参加了曹孟君领导的南京妇女救国会,从事南京妇女救亡运动。1936年1月经杜重远、阎宝航介绍,到南京新运妇女指导委员会任职员。1936年底,季洪来到沈兹九身边,协助沈兹九编辑《妇女生活》,在沈兹九的指导下学习编辑工作,并参加上海妇女救国会的抗日救亡工作。季洪还以《妇女生活》记者的身份访问了活跃在上海的不同类型的妇女。在编辑《妇女生活》过程中,季洪结识了杜君慧、罗叔章、罗琼、姜平等一批坚持抗战、坚持进步的妇女界人士。

《妇女生活》创刊于1935年,它是在中国共产党领导与影响下,在国民党统治区宣传、动员、组织妇女群众参加抗日民族统一战线的一个权威性的妇女刊物。《妇女生活》于1937年11月20日编辑出版了第5卷第5期后,迁到了武汉,于1938年12月1日出版了第6卷第9期后迁到重庆,在出版了第9卷第6期《百期

---

① 沈兹九:《妇女与民主政治》,《妇女生活》1940年第8卷第8期,第1—2页。
② 兹九:《抗战以来妇女工作的成果》,《妇女生活》1940年第8卷第7期,第2—5页。

纪念号》之后,于 1941 年 1 月 16 日被迫停刊。① 季洪协助沈兹九编辑《妇女生活》杂志近三年,在《妇女生活》杂志上发表 69 篇文章。沈兹九曾说:《妇女生活》"只有一个半编辑",一个编辑指的是彭子冈,彭子冈走后由季洪接替,而沈兹九谦称自己由于白天各种活动太多,只能算是半个编辑。②

抗战时期,《妇女生活》杂志社,曾多次举办"三八"纪念活动。1937 年"三八"节,《妇女生活》社出版"三八"纪念特辑,并举行聚餐会联络上海妇女界的上层分子,并因此诞生了上海妇女运动促进会。1938 年"三八"节前夕,《妇女生活》社邀请当时集会在武汉的全国妇女界领袖 20 余人,召开座谈会,讨论怎样纪念"三八"节,并将各妇女领袖的发言,汇集刊登在《妇女生活》杂志上。1939 年三八妇女节,季洪参加了组织工作,并介绍《妇女生活》社在团结读者与作者方面,举行联谊茶话会,在义卖献金方面及文字的宣传和教育上的贡献。③

1937 年 9 月,季洪与罗琼、姜平合著《战时的妇女工作》,季洪指出宣传工作在抗战中的意义以及怎样组织宣传队,她认为应该组织宣传队,揭露日寇侵略我国的罪行,宣传抗战的意义及目的,以及当前的政治形势、其他战时常识。她还强调征募及慰劳工作在抗战中的意义,并分析怎样进行征募和慰劳工作,比如对于慰劳工作,要注意慰劳队的组织必须严密化,慰劳者须略备战地常识及医药常识,慰劳者的态度必须诚恳和蔼,在慰劳中需要带有教育的意味等。④

全面抗战爆发之后,季洪参加了何香凝发起组织的中国妇女抗敌后援会,从事前线慰问工作,并及时报告妇女动员情况。1937 年 8 月 1 日,季洪在《妇女生活》上介绍半月来上海妇女界所从事的抗敌后援工作,包括上海妇女界救国联合会的宣传活动,上海市妇女新生活运动会的救护训练工作,上海女青年会举办的女工夏令营分队出发前往农村宣传,中国妇女抗敌后援会的成立及工作推进,上海妇女运动促进会举办的妇女救护训练班活动,上海妇女革新会筹开妇女救护训

---

① 季洪:《妇女抗日救亡运动的号角——〈妇女生活〉在武汉、重庆时期》,见《季洪文选》编辑组编:《历史的足迹——季洪妇女工作文选》,中国妇女出版社 1998 年版,第 299 页。

② 董边:《女界文化战士沈兹九》,中国妇女出版社 1991 年版,第 56 页。

③ 寄洪:《上海、武汉、重庆:关于本社纪念"三八"的回忆》,《妇女生活》1939 年第 7 卷第 3 期,第 10—11 页。

④ 《战时的妇女工作》(节录)(1937 年 9 月初),见《季洪文选》编辑组编:《历史的足迹——季洪妇女工作文选》,中国妇女出版社 1998 年版,第 188—196 页。

练班,中华妇女社筹办妇女救护训练班等。① 1937年9月上旬季洪应邀回到南京,参加南京中山文化教育馆发起的战时农村工作服务团。

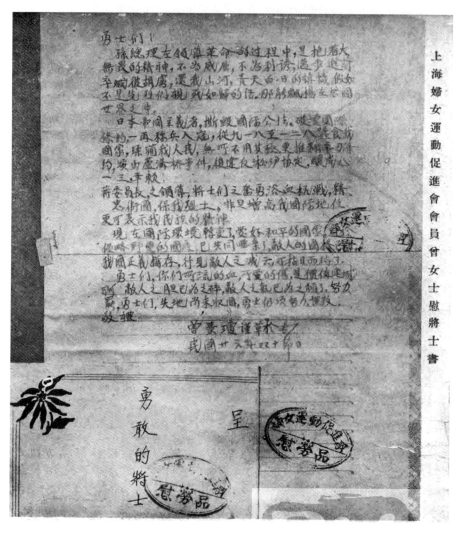

上海妇女界捐献慰劳品

资料来源:《战事画刊》1937年第3卷第13期,第8页。

抗战时期,季洪写了大量的文章,产生广泛的影响。1938年1月,季洪在《给武汉的女同学们》一文中,表达希望武汉的女同学,把还没有集合起来的分散在家

---

① 卫:《半月来上海妇女界抗敌后援工作》,《妇女生活》1937年第5卷第2期,第36页。

庭里的同学继续不断地联络起来,参加抗日救亡组织与工作;举行谈话会或座谈会,以及大规模的讲演或讨论会等,以加强自己的认识;从事抗敌工作,如组织伤兵教育队赴伤兵医院服务,组织难民慰劳队,往难民收容所教育难民,以及乡村宣传队等。① 1938 年 1 月,季洪在《保卫大武汉运动中的伤兵服务》中,强调伤兵服务工作在保卫大武汉运动中的意义,对于今后伤兵服务的动向,她指出需要广泛地发动各阶层的妇女来参加;要有组织有计划地推进工作;要扩大工作的范围,工作人员的态度要尊敬、和气、平等、同情、严肃。对于伤兵服务的方法,她提出救护工作、办理伤兵俱乐部、举办伤兵流通图书馆、替伤兵写家信、组织歌咏队、组织时事座谈会、办理伤兵壁报,以及进行个别谈话,办理伤兵识字班,开演电影、戏剧以及做各种游戏等。②

季洪和沈兹九坚持出版《妇女生活》,利用各种方式宣传坚持抗战。1938 年 5 月,季洪写作《抗战中的武汉女工》,记录武汉女工座谈会的内容,表达武汉妇工们的要求:给她们以救国的自由,希望能够组织一个广大的工人团体;给女工以生活上的保障,补助失业女工。③ 1938 年 6 月,季洪采访美国学生代表、世界青年运动领袖雅德女士(Morry yard),雅德女士介绍了美国妇女的援华运动,她希望中国派妇女代表到美国去,也希望能了解更多关于中国妇女为民族生存及自身解放的实际斗争情形。④

1938 年 6 月,季洪采访从徐州撤退的许纯、吴棕音,介绍战地服务的情形与经验,她们指出战地服务工作存在的缺点,比如她们深深地感觉到政治机构的不改善,对整个的动员工作是有着莫大的妨碍的;民众生活的改善,也是刻不容缓的事情;工作干部的缺乏,也是个很大的问题。⑤ 1938 年 7 月 5 日,季洪采访吴奇伟夫人龙文娱,龙文娱毕业于中央军校武汉分校,与谢冰莹、胡兰畦是同学。龙文娱主张军人眷属应赴前线服务,她因为随军走了不少地方,实际见到下层民众生活困苦的现状,感受到中国人民生活的悬殊,认为一般民众生活的改善,是抗战中的一个重要问题;她也认识到老百姓对国家观念模糊,对抗战认识不够,急需战地服务

① 洪:《前哨:给武汉的女同学们》,《妇女生活》1938 年第 5 卷第 6 期,第 5 页。
② 寄洪:《保卫大武汉运动中的伤兵服务》,《妇女生活》1938 年第 5 卷第 7 期,第 16—17 页。
③ 寄洪:《抗战中的武汉女工(女工座谈会记录)》,《妇女生活》1938 年第 6 卷第 1 期,第 7—10 页。
④ 寄洪:《访雅德女士》,《妇女生活》1938 年第 6 卷第 3 期,第 15—16 页。
⑤ 《战地服务经验谈——访新从徐州撤退的许纯、吴棕音两女士》(1938 年 6 月 20 日),《季洪文选》编辑组编:《历史的足迹——季洪妇女工作文选》,中国妇女出版社 1998 年版,第 137 页。

工作者去努力;而军队的纪律是军民合作的主要条件之一。①

1938 年 7 月 5 日,季洪在《加紧训练妇女干部》一文中,强调要加紧训练妇女干部,提出要在一切救亡团体中加紧培养与提拔妇女工作干部,要普遍地举办短期妇女干部训练班,开办较长期的妇女干部学校。对于妇女干部的训练需要注意,要提高干部正确的政治认识;要干部能深入社会,深入群众中去;要加紧训练她们理论与技术上的专门化,克服一般妇女不愿做妇女工作的不良倾向;要训练她们养成艰苦耐劳朴实负责的习性,谦虚地不断学习的态度等。②

1938 年 12 月,季洪在《怎样动员后方的家庭妇女》一文中,主张动员后方的家庭妇女,她指出,"占中国妇女中最大多数的妇女大众尚未参加到抗战中来",为坚持持久战以争取最后的胜利,必需动员全国人民的力量。为支持抗战,各阶层的妇女都应该普遍地动员起来,尤其是在后方占多数的家庭妇女。对于怎样动员家庭妇女,她提出应对抗战形势及动员对象有深入的认识和了解,动员的方法可以采用技术动员和生产动员,以及利用落后的原有的形式来进行动员等方法,也可以采用家庭访问的方式;同时举办妇女补习学校或识字学校;成立妇女俱乐部等以吸引爱好娱乐的家庭妇女;组织保婴会、互助团等以研究婴儿保育的方法;创设家庭手艺生产合作社等方式。③

在《中国劳动妇女解放之途径》一文中,她指出:"中国劳动妇女的解放,它和其他阶层的妇女一样,必须在民族得到解放之后,才能得分自身的解放。所以抗战对劳动妇女的要求,也无疑的就是自身的要求了。"她同时指出几个急待解决的问题:①改善劳动妇女的生活;②加紧劳动妇女的战时教育和技术训练;③普遍的建立和健全劳动者的组织;④全国知识妇女应起酵母的作用。④ 1939 年 7 月,季洪在《妇女生活》期刊上,向各地妇女介绍战时妇女刊物,如《上海妇女》《妇声》《浙江妇女》《新妇女》《前线妇女》等。⑤

---

① 《军人家属应赴前线服务——第 x 军军长夫人龙文娱女士访问记》,见《季洪文选》编辑组编:《历史的足迹——季洪妇女工作文选》,中国妇女出版社 1998 年版,第 138—140 页。

② 季洪:《加紧训练妇女干部》(1938 年 7 月 5 日),见《季洪文选》编辑组编:《历史的足迹——季洪妇女工作文选》,中国妇女出版社 1998 年版,第 204—207 页。

③ 季洪:《怎样动员后方的家庭妇女》,《妇女生活》1938 年第 6 卷第 9 期,第 12—13 页。

④ 季洪:《中国劳动妇女解放之途径:纪念今年的"五一"节》,《妇女生活》1939 年第 7 卷第 6 期,第 3—4 页。

⑤ 洪:《各地妇女刊物介绍(一)》,《妇女生活(上海 1935)》1939 年第 7 卷第 8 期,第 25 页。

1939 年 9 月 1 日,季洪在《战时青年的恋爱问题》一文中,鼓励青年树立正确的战时恋爱观,她指出"恋爱虽然是我们生活中不可缺少的一部分,但决不是我们生活的整个目的"。她认为中国青年最重大的责任,是争取民族抗战的胜利,她鼓励女青年端正思想,为抗战努力工作。① 1939 年 9 月,季洪采访胡兰畦,介绍两年来的劳动妇女战地服务团的工作情形,比如全体团员从起初 10 人增加到 36 人,她们的工作分社会调查、教育宣传、慰劳和救济难民、侦察汉奸等,还召开过好多次保甲长会议,经常举行农村妇女座谈会,随处发动妇女组织,成立妇女识字班和儿童团等。②

1939 年 9 月,季洪因病离开了《妇女生活》社,1940 年由胡子婴介绍到国民政府农本局所属的福生总庄工作,担任手纺织推广指导员,推广手纺织生产业务,一直至 1940 年底离开。1940 年 7 月,季洪在《妇女手纺推广在四川璧山》一文中,介绍四川璧山的妇女手纺推广情况:"为了能增加新的纺手和改良纱的品质,我们手纺推广者还经常赴各地乡镇宣传或挨家挨户的访问。乡村地广人稀,赶一个场,或访问几个人家,常要走三四十里路。在开始时,脚底常走得起水泡,也有因走得疲乏而哭泣的,慢慢地,我们更了解这种工作的意义,同时也习惯于这种艰苦的工作了。"③1940 年 10 月,季洪在《忆蒋鉴女士》一文中,回忆周明栋夫人蒋鉴,称赞蒋鉴全身心投入战时妇女工作的精神,号召学习她奋斗精神和切实若干的作风,坚持抗战到底,以争取最后胜利。④

针对战时的妇女职业问题和家事问题,1940 年 11 月,季洪《谈战时妇女与家庭》批评抗战时期妇女问题的两种极端倾向,她既反对一切知识妇女、职业妇女应该回归家庭去,反对学校施行贤妻良母主义的训练;也反对有些女性认为家庭与儿女是旧社会给予他们的累赘,鄙视家庭工作,放弃对家庭与子女应尽的责任。⑤她希望妇女能走出家庭,参加抗战工作,争取抗战的胜利;同时为动员妇女参加抗战,必需健全已有的一切儿童保育组织;同时要尽力健全一切社会组织,来减

① 寄洪:《战时青年的恋爱问题》,《妇女生活(上海 1935)》1939 年第 7 卷第 11/12 期,第 1—3 页。
② 寄洪:《访胡兰畦女士:两年来的劳动妇女战地服务团》,《妇女生活(上海 1935)》1939 年第 7 卷第 11/12 期,第 24—25 页。
③ 寄洪:《各地通讯:妇女手纺推广在四川璧山》,《妇女生活(上海 1935)》1940 年第 9 卷第 1 期,第 27—28 页。
④ 寄洪:《忆蒋鉴女士》,《妇女生活(上海 1935)》1940 年第 9 卷第 4 期,第 33—35 页。
⑤ 寄洪:《谈战时妇女与家庭》,《妇女生活(上海 1935)》1940 年第 9 卷第 5 期,第 5—6 页。

轻妇女们对家事及儿女的负担；不必过分畏惧或回避结婚，更反对因回避结婚而产生的种种杂乱的不合理的轻薄的性关系；同时希望家庭妇女参加社会事业。①

1943 年春，季洪坚持参加重庆妇女界抗日救亡和民主同盟的活动；她还接受曹孟君主编的邀请参加《现代妇女》编委会工作，写了反对禁止录用女职员，反对"妇女回家"的文章。1944 年季洪举家搬到成都，在沈志远主编的《大学月刊》担任助编，后来在成都市女子中学当教员，在教育界开展党的统战和妇女工作。

1944 年 6 月，季洪在《民主政治与妇女动员》一文中指出："为了争取抗战的胜利，我们要求民主政治的实施，只得像英美苏那样民主政治下，妇女才能普遍地动员和训练，参加各种战时工作，以共同的力量争取战争的胜利，同时在积极参加各种战时工作中，才能加深妇女的技能教育，提高妇女工作地位，使臻于真正男女平等的境地。空喊男女平等，或仅是若干名义或条文上的平等，不实施民主，没有普遍的动员和训练，不在实际工作上争取真正的平等，这种空喊的平等和纸面上的平等还是徒然的。"②她表示为求战争胜利民族独立和妇女的自由解放，反对各机关禁用女职员和裁撤女职员，反对"妇女回家"，倡导妇女职业运动。③

三、彭子冈与战时新闻工作

彭子冈（1914—1988），原名彭雪珍，曾就读于北平中国大学，1936 年彭子冈担任《妇女生活》杂志助理编辑，并开始采访和写作专稿。1937 年，她赴江西采访，写作《三月的巨流》《伟大的伴送》《巨变中的江西农村妇女》《给母亲们》等文章，产生较大的影响，特别对于彭子冈自身的记者生涯产生重要的影响。

1938 年彭子冈加入共产党，抗战时期，彭子冈担任武汉《大公报》外勤记者，她去前线采访军队，在抗战后方报道基层人民抗战的决心，描述普通民众的面貌和声音。在采访与新闻写作中，表现出作为一个记者的修养，她具有较强的新闻敏感性，品格坚韧，敢于报道事实，文笔扎实，语言细腻；她积极关注基层民众生活，代表普通民众说话，尽职尽责，倾注于采访与新闻报道，实事求是，不浮不躁；另外

---

① 寄洪：《谈战时妇女与家庭》，《妇女生活》1940 年第 9 卷第 5 期，第 5—6 页。

② 寄洪：《民主政治与妇女动员》（1944 年 6 月），见《季洪文选》编辑组编：《历史的足迹 季洪妇女工作文选》，中国妇女出版社 1998 年版，第 233—234 页。

③ 季洪：《民主政治与妇女动员》（1944 年 6 月），见《季洪文选》编辑组编：《历史的足迹——季洪妇女工作文选》，中国妇女出版社 1998 年版，第 233—234 页。

她特别注重对妇女儿童等弱势群体的关注和报告,她关注女性问题,宣传女权思想,客观公正,具备一个新闻记者应备的职业修养和个人品格,是近代记者群中特别是女记者中的杰出代表。

抗战前后,彭子冈采访了谢冰心、史良、李宗仁夫人郭德洁、宋庆龄、马占山、张自忠、黄炎培、郭沫若等人,写下了一篇又一篇的访谈。在武汉、重庆的《大公报》上,她先后发表了一系列关于抗战题材的作品,如《擦鞋童献金救国》《烟火中的汉阳》《武昌被炸区域之惨象》《新中国的少年们》《儿童歌咏会素描》《文化的传播与改造》《访问马占山将军》《张自忠将军会见记》《印度援华医疗队长安华德博士》《女参政员之声》《迎日本反战同盟》《重庆的米和煤》《猫与鼠》《渝市妇慰分会三周年纪念》《重庆的孩子们》《李宗仁夫人会见记》《访黄炎培先生》《郭沫若创作生活二十五周年纪念会》《重庆新春》《妇女百像》《陪都近闻》《陪都文化风景》《晚秋杂写》《重庆心声》等。

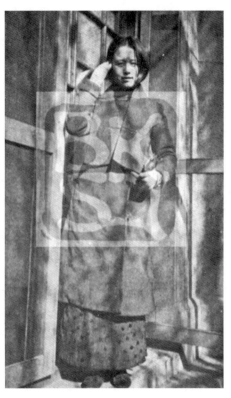

1937 年的新文艺女作家彭子冈

资料来源:赵定明:《新文艺女作家彭子冈女士》,《图图时报》1937 年第 1135 期第 1 页。

在《张自忠将军会见记》中,她还原了那个被世人所误会的张自忠将军的形象,刻画了那张饱经沧桑,深沉睿智,坚定沉静的脸庞。张自忠在与彭子冈的会面中,表达了战士们对于家属的挂念,对于抗战前途的信心,对于军民关系的要求,表达了希望后方老百姓坚持全面抗战,参加后方抗战工作支持前线作战的需求等。[①] 在《李宗仁夫人会见记》中,彭子冈记录了一个豪爽而朴实,端庄而精悍的新女性形象,记录了积极从事战时妇女工作的妇女工作者的形象,号召动员全国妇女实现全国妇女大联合的妇女领袖的形

---

① 彭子冈:《张自忠将军会见记》,见彭子冈:《子冈作品选》,新华出版社 1984 年版,第 56—59 页。

象。郭德洁也向彭子冈介绍了妇女工作情形及可能存在的问题。① 在《妇女百像》中,彭子冈介绍了抗战时期妇女积极参加抗战工作的情形,既有参加保育、乡村服务、战地服务、生产事业的巾帼英雄,也有女公务员、小学教员、邮局职员等公职人员,还有女医师、女律师、女工程师、女护士、女记者等自由职业者,以及女大学教授、女学生群。她指出抗战以来重庆妇女正在发生潜移默化的变化,妇女进一步团结起来,同时也介绍了抗战时期重庆妇女生活进一步恶化的情形,对受着赈济却不办公的女专员委员们进行批判。②

彭子冈善于从现实生活中的鲜活的题材出发,记录抗战时期的社会生活,她关注国家、民族和个体的命运,正如她自己所说,文稿固然需要一个主题,但最好是通过生活当中鲜活而真实的生命个体,生命片断去呈现。③ 抗战时期,彭子冈对于女性较为关注,采访过杰出的职业女性蒋鉴,也采访过宋美龄等女性风云人物,塑造了女性在抗战中的积极形象。作为一名女性记者,彭子冈以从女性的特有视角和女性主体意识去捕捉抗战时期女性的形象,折射出战时特有的女性形象,也体现出女性积极、主动而独立的时代特征。除关注女性外,彭子冈对于儿童的命运也极为关注,彭子冈在《擦鞋难童献金救国》一文中,介绍儿童参加擦鞋队,参加新生活服务团的情形,以自己的力量贡献于抗战的情形。④

彭子冈文笔细腻,从普通老百姓的生活中,从"米和煤"的飞涨中,给读者描绘了抗战时期普通大众生活的世相百态,描绘了底层社会的生活实态,描绘了物价高涨,而奸商囤积居奇的现实,她提出希望能够实现平价米和平价煤,能够鼓励并扶助名符其实的民间消费合作社,以助平定物价。⑤ 彭子冈关注民生和时事,具有敏锐的新闻嗅觉,表达积极团结抗战的热情。相比于其他女性记者,彭子冈敢于质疑权威,抗战时期,彭子冈辗转几地,详尽地揭露日军的暴行,记录日军轰炸武昌和汉阳的实际情况,中国平民被炸死的凄惨景象,对于积极参加抗日的广大民众进行热情的颂扬。彭子冈以她作为女性的独特眼光和情感,将中国军民保家卫国的热情通过文字传达给全国民众。

---

① 彭子冈:《李宗仁夫人会见记》,《子冈作品选》,新华出版社 1984 年版,第 115—117 页。
② 彭子冈:《妇女百像》,《子冈作品选》,新华出版社 1984 年版,第 134—137 页。
③ 彭子冈:《记者六题》,见徐城北编:《挥戈驰骋的女斗士:女记者子冈和她的作品》,妇女儿童出版社 1987 年版,第 272 页。
④ 彭子冈:《擦鞋难童献金救国》,《时代的回声》,黑龙江人民出版社 1984 年版,第 19 页。
⑤ 彭子冈:《重庆的米和煤》,《子冈作品选》,新华出版社 1984 年版,第 102—105 页。

第二节　抗战时期女性精英与妇女期刊

抗战时期女性精英在妇女文化工作方面做出了突出的努力。妇女知识精英创办的报刊非常多,比如抗战时期创办的妇女期刊有《女铎》《上海妇女》《女声(1942年)》《家》《俭慈妇女》《女钟》《公教妇女》《世界知识、妇女生活、中华公论、国民周刊战时联合旬刊》《妇女生活(上海1935)》《妇女月报》《妇女共鸣》《妇女新生活月刊》《妇女文化》《妇女周报》《战时妇女》《首都妇女新运年刊》《江西妇女》《浙江妇女》《上海妇女(上海1938)》《妇女文献》《中国妇女》《孤岛妇女》《妇女(上海1938)》《妇女家庭》《家庭与妇女》《妇女新运》《妇女界》《妇女杂志(北京)》《妇女新运通讯》《新妇女》《广东妇女(曲江)》《新妇女月刊》《湖南妇女》《妇女世界》《妇女界》《福建妇女》《妇女工作》《现代妇女》《妇女世界》《妇女合作运动》《现代妇女》《新妇女》《时代妇女(北平)》《新女性》《新女性半月刊》《新女性(广州)》《女子月刊》等妇女期刊。抗战时期的妇女期刊既有中共和进步人士办的《中国妇女》《上海妇女》《现代妇女》《职业妇女》等刊物,也有国民党创办的很多妇女刊物,如《妇女新运》等。

一、中共和进步人士办的妇女期刊

抗战时期中国共产党创办的妇女刊物有:《中国妇女》《上海妇女》《广东妇女》《战时妇女》《现代妇女》《职业妇女》等刊物,以下择要介绍。

1.《中国妇女》

《中国妇女》于1939年在延安创刊,是抗战时期中共中央妇女运动委员会创刊的第一本全国性的妇女刊物,该刊以"讨论妇女问题,促进妇女文化,启示妇女正当之活动途径为宗旨","动员和组织两万万二千五百万妇女大众积极参加抗战建国大业工业"。[①]

《中国妇女》由中共中央妇女运动委员会主办,1939年2月至1941年8月,中共中央妇女运动委员会主任是陈绍禹,常务委员有:蔡畅、李坚真[②]、孟庆树、张琴

---

① 《发刊词》,《中国妇女》1939年第1期,第3页。
② 李坚真(1907—1992),广东丰顺人,1926年参加革命,1927年加入中国共产党。苏区时期曾任苏区中央局妇女部部长,后参加长征,1949年成为全国妇联执行委员。

秋等人。秘书长先后为廖苏华和郭明秋。《中国妇女》当由蔡畅、李坚真、孟庆树、张琴秋等人编辑。但是作者并不限于编委，还包括一些女学生。《中国妇女》主要作者有瑞瑞、钟音、钱今昔、诸葛琴、龙飞、友石、张贤德、觉群、冰玉、凌云、咏声、忆婉、舍我、晓风、思新、承敏、俞恬、啸风、惠之、其哲、兆君、孤军、瑞华、承懿、寄萍、旋风、席之、扬明、忍子、沈仁、赵芝玫、似青、德龄、菊逸、小岳、君默、林栋、枥骥、录野、好捷、春晖、梅君、孙江环等人。他们大多以笔名在该刊发表文章。

《中国妇女》设有时事简评、特载、学生园地、读者信箱、知识讲座、重庆通讯等栏目。还有文章专门介绍古今中外的妇女，提倡职业妇女。该刊征稿范围："关于家庭问题及妇女问题之理论及写实，国内外妇女动态之记述及照片，女作家之创作或译述，女青年之文艺习作，漫画。"编者对于第一期的内容，指出："人们在日常生活里，第一总想保持健康，第二是想维持权利，因此本刊特设法律讲话和医药讲话两种，预备有系统地为读者在这两方面提示一点常识，许是读者所欢迎的吧？我们不想私有这本刊物，从下期起特设一个读者信箱，读者有什么意见，可以在这里发表。"该刊所设的学生园地，希望女学生多多投稿。该刊表示极愿为读者服务。"本社同人中有研究法律的人，读者如有法律上的问题见询，极愿代为解答。本社同人中又有研究医药的人，读者如有医药上的问题见询，极愿代为解答。再读者中如有征求特聘等情，本刊愿代公开介绍，但以女性为限。"①

1939年底，该刊编委回忆一年来的工作，指出："①在创刊伊始，我们即抱定了心愿，自期本刊为'妇女大众的公器'。虽然部分人才已投向祖国怀抱去努力岗位工作；但在此间仍有不少爱好文艺，学有专长，不过并不轻易执笔，随便发挥意见的忠实同文会集着。我们就特地约了她们来做园丁，共同担负这垦殖的责任。②筹措经费当然是每种事业首先的进程，这本初生的刊物，倒也能例外，经过一再擘划，还是由几位热心文化事业，和信仰文化事业的朋友出资协助。这到真个符合'有钱出钱，有力出力'的原则。虽然还有刊物本身的售价，以及各大厂商惠登广告的收入，拿来补充……这样也就通过了经费问题的难关。③欲使刊物内容的能够得着广大读者的拥护，这就不得不斟酌到多方面的取材，既要切合实际，又要适应时代，同时还得顾到妇女界的知识水平。如果要这本刊物做到适合各阶层妇女的程度，灌输各阶层妇女以时代的知识；那么，我们只有深切地避免'曲高和寡'

---

① 《编辑后记》，《中国妇女》1939年第1卷第1期，第41页。

的弊病,竭力注意于现实的需要,并以极通俗的文字活跃在各种不同的作品里,使妇女大众饥渴已久的精神上,得着充实而且有益健康的食粮。"①

《中国妇女》刊物充分"挖掘中国妇女在文化上的长处,表扬今古儿女英雄的伟大业绩,加强建国意志,提高主义信仰,并培养健全的民族人格,使读本刊者均能认识正确的时代意识,因而负起时代的使命。从纵的方面说:本利所曾涉及的范围,如世界大势,时势分析,社会问题,家庭琐屑,人生修养,都已有过系统的探讨。从横的方面说:关于妇女问题,则'三八'出版特刊;儿童节,教师节,均有特辑;此外'五四'运动,'六三'禁烟,'七七'事变,皆有专论,传诵一时。对于当局,更有过恳切的建议,对于各方面,亦曾提供可资参考的意见;……又如设立知识讲座,讨论有关妇女切身的婚姻问题;特开学生园地,使女青年们自由发挥思想,同时鼓励她们练习写作,在另一方面讲,也是我们培植新进作家的理想之实现。"②应该说,《中国妇女》比较契合各阶级妇女文化水平参差不齐的现状,针对妇女的现实需要,既解决妇女的现实问题,也对妇女进行战时动员。

2.《上海妇女》

《上海妇女》创刊于1938年4月20日,由上海妇女社编行,上海"孤岛"出版社出版,以"作孤岛妇女喉舌""教育妇女群众"为已任。前期以半月刊形式出现,1940年6月第三次复刊改为月刊,共出4卷40期。总编辑兼发行人为大公报女记者蒋逸霄和中共地下党员姜平(即孙兰)。③ 该刊是由妇女界的共产党员的进步人士联合主办。该刊涉及妇女问题,治家外事新识,各阶层妇女生活实况,女青年们文艺的和学术的作品等等。《上海妇女》是1938年创刊的"同类刊物中读者最多"的妇女报刊。④

《上海妇女》是由中共地下党员创立,旨在做孤岛妇女的喉舌,保持与全国信息互通。该刊辟有时评类栏目(世界动态、时事、通讯)、文艺类栏目(文艺园地、创

① 忍子:《一年来的本刊》,《中国妇女》1939年第2卷第1期,第8—9,12页。

② 忍子:《一年来的本刊》,《中国妇女》1939年第2卷第1期,第8—9页。

③ 孙兰,原名韦毓梅,笔名姜平,江苏盐城人。1926年就读上海启秀女中,高中毕业进入复旦大学中文系读书,1934年赴北平转学清华大学,1936年加入中国共产党,后到上海投入上海妇女界救国会组织部的工作,主要是做女学生工作,先后负责主编《上海妇女》与《妇女知识丛刊》两个进步刊物。1938年秘密组织前往皖南慰劳新四军。1942年进入苏北解放区,历任苏北盐阜区涟东、建阳等县文教科科长、华东五分区专署文教处处长、苏北县联筹委会主任、淮安县县长等职。参见荒砂,孟燕坤主编:《上海妇女志》编纂委员会编:《上海妇女志》,上海社会科学院出版社,2000年,第637页。

④ 杨真:《一年来的上海出版社界》,《译报周刊》第1卷第12、13期合刊,第312页。

作连载等),以及问答互动栏目(读者园地、家事顾问、信箱等)。同时还出版了《儿童节特辑》《各阶层妇女特辑》《战时妇女生活》《学生生活回忆》等多种特辑。《上海妇女》编委有文央、姜平、蔡夏莹、景宋、关露、黄碧遥、杨宝琛、菲菲、樊英、季子、亦愚、郭箴一、桂芳等组成。编者自称:"我们从没有闹过稿荒,也未尝不是得益于编辑会议。但另一方面,每期的写稿人总是那几个名字,虽则了登外来的稿子,却是占着少数的。在读者看来,这几位作家,好似在包办;殊不知这绝不是我们的本愿。"①《上海妇女》的编委中有不少都是当时上海知名的女作家,如关露等她们为《上海妇女》写作是完全不收稿费的,作编委也是义务的。该刊编委也曾鼓励刊登"外来稿"。"记得去年七月间,编委会曾经决议:由各编委会分头写信给在展区或沦陷区的朋友们,请她们多多的写通讯投寄本刊。但在事实上,接到的通讯很少,几乎可以说没有。最大的原因,大概是由于邮寄的不便,与邮局检查的严厉。最近几个月,接到白薇、秦秋容,红叶,吴蓝女士登的战地或后方的通讯,都是设法托人带到上海后再投送到本社的;可见邮寄稿件确是件艰难的事情。"②

3.《现代妇女》

1943 年,《现代妇女》在国统区重庆创刊,1945 年 10 月迁上海继续出版,1949 年 3 月被国民党政府查封。先后出版 36 期。该刊是中国妇女联合会会刊,受中共南方局妇委领导。主编是曹孟君。她离沪后,委托胡绣枫主持,编委会成员有左涌芬、林琼珠、朱艾江、杜君慧、彭子冈、陈凤兮、张志渊、张若嘉等 15 人。基本作者有罗叔章、韩幽桐、刘清扬、胡子婴、谭惕吾、谭得先、傅学文、浦熙修、葛琴、白薇、景宋、金枫、叶露茜、朱娥、封禾子等。其《发刊词》中阐明了创刊宗旨:以时代和妇女的除旧更新为任务,传播现代知识,探讨妇女问题,探索妇女解放道路,关注局势,反映妇女抗战功绩,将妇女解放与抗建事业结合。③ 该刊经常刊载国内外政治经济形势述评,妇女、儿童、家庭、婚姻问题探讨等方面的文章,曾对"母教运动""新贤妻良母主义""女子回到家庭中去""男女分校"等传统言论进行批驳。《现代妇女》关注不同职业、阶层、生活情况的妇女。该刊是继《妇女生活》杂志之后,对国民党统治区妇女运动影响最大的妇女刊物。

《现代妇女》以月刊与双月合刊的方式交替出版,每六期为一卷,一共出版

---

① 《发刊词》,《上海妇女》1938 年第 1 卷第 1 期,第 1 页。
② 逸霄:《本刊出版一周年》,《上海妇女》1939 年第 2 卷第 12 期,第 2—4 页。
③ 《发刊词》,《现代妇女》创刊号,1943 年 1 月 1 日,第 2 页。

13卷75期,该刊是中共领导下国统区出版时间最长的妇女刊物。该刊多次更换经销商以躲避查封,最初由国讯书店总经销,第2卷第1期,改为50年代出版社,第5卷第二三期改为新知书店,第6卷第5期总经销改为重庆三联分店,第5卷第4期将分销处由全国各大书店改变联营书店,主要在重庆、成都、西安出售。

《现代妇女》的主编是曹孟君,她是妇女界的社会活动家,妇女运动领导者。编委有左诵芬、林琼、朱艾江、杜君慧、胡绣枫、彭子冈、陆慧年、戚铮音、傅淑华、黄静汶、黄为之(黄慧珠①)等共产党员,以及陈凤兮、谭得先、张志渊等人。左诵芬曾担任上海妇女救国会理事,江西战时青年服务团团员,新运妇女指导委员会乡村服务队、工厂服务队指导员,中国妇女联谊会理事,并参与《妇声》《职业妇女》《现代妇女》等刊物的编辑工作。林琼曾服务于新运妇女指导委员会。朱艾江曾加入南京妇女救国会,曾任《北平新报》新闻记者,长期从事地下情报工作。② 杜君慧曾协助《申报》副刊《妇女园地》,担任上海妇女救国会组织部部长,战时儿童保育会成员,《职业妇女》主编,中国妇女联谊会常务理事等职。胡绣枫是国民党社会局局长李剑华的妻子,长期从事中共地下工作。彭子冈是《大公报》外勤记者。陆慧年曾任上海妇女救国会理事,新运妇女指导委员会联络委员会股长,中苏文化协会妇女委员会委员,中国妇女联谊会理事等职。戚铮音曾任浙江第二儿童保育院院长,重庆战时妇女辅导院总务股长,重庆女青年民众教育部干事等职。傅淑华曾任南方局机要交通员。③ 黄静汶,曾任新运妇女指导委员会农村服务队指导员,妇女辅导院辅导股长、《妇女座谈》主编。

黄慧珠,曾任《广西妇女》月刊社助理编辑。以上编委都是共产党员,其中有一些身兼救国会

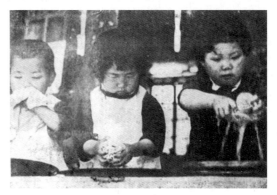

儿童保育院里孩子们的生活情形
资料来源:《妇女新运》1939年第4—5期,第14页。

---

① 黄慧珠,早年毕业于苏州乐益中学,曾任新华社记者,1943年任《广西妇女》月刊社助理编辑,建国后任职全国妇联。

② 《革命史资料》编辑部编:《革命史资料17》,中国文史出版社1987年版,第56页。

③ 湖北省地方志编纂委员会编:《湖北省志 人物志稿(第3卷)》,光明日报出版社1989年版,第1134页。

成员的身份。陈凤兮,曾与王伊蔚共同创办《女声》月刊,《新蜀报》社会服务版编辑,重庆文化界救国联合会宣传干事,重庆妇女赈济工业社社长,中苏文化协会妇女委员会成员。谭得先曾负责《新民报》副刊《新妇女》编辑工作,参与南京妇女救国会,担任首都女子学术研究会理事。张志渊是记者,主要负责《现代妇女》人物传记的撰写。[①]

《现代妇女》编辑群大多为中共女党员,在创刊前已经长期参加革命工作,有报刊杂志的工作经验,编辑们在社团活动上多有交集,甚至是相识多年的革命友人,受中共南方局领导。《现代妇女》的栏目主要有:时事短评、记录妇女日常的生活战线、国内外妇女人物介绍、学习修养、文艺作品、信箱、医药卫生咨询等。

4.《职业妇女》

1943 年《职业妇女》创刊,主编杜君慧,编辑包括杨蕴、范恂、陈善祥、胡强华、陈素珍、尹学修、陆霞娟、梁柯平、杜子明等人。梁柯平 1938 年加入中国共产党,曾任中共粤东南特委妇委委员,香港西区工委委员,到重庆后任《商务日报》记者,中国妇女联谊会理事。《职业妇女》的主要栏目有:职业生活分享、时事评析、写作园地、文艺作品、国内外通讯、读者信箱、编辑后记等。

《现代妇女》《职业妇女》招募社员并发动社员推广杂志,"凡社友有协助本社推销本刊之义务。"[②]杂志社让社员推广杂志和介绍订户,比书店更为隐蔽。《职业妇女》在第 1 卷第 6 期公布了社员名单,一共 179 名社员。分别是潘玉风、石□□、□尉先、郑安娜、何玉华、吴茵、朱莲芬、张励行、陈铭德、马地伟、林端云、柴灵根、彭□太太、余挹芳、王和珠、郭英、何意形、张厚□、罗家兰、李仲光、费□□、□丽□、许志□、何绍兰、董秉琦、徐小妹、陈碧华、睦文云、张文华、侯贵铭、顾蓓华、周瑛、罗正纯、梁思明、张大道、林夜明、柴栋臣、力伯良、张玮、俞□生、张宛立、朱庸夫、郭志雄、连昌秀、吴皋、魏璐斯、任丰德、苟沛霖、张铭、林安、吴宁、沈文英、张炎樵、马洽光、李光民、白雪樵、杨斌贞、刘学玲、顾小岚、张青云、徐健、夏耘、徐本熙、王泰□、李国开、石顽、张德恩、陆嘉□、何祖佩、泰伟士、张珏、陈仲玉、许镇珞、骆□玉、卢祥蓉、唐级贤、罗幼□、李翠霞、侨君玉、□炜彦、欧润开、吴文彩、于慧芳、孙荣绣、关颂坚、张树荣、杨学庸、李捷参、黄仁礼、袁君实、丁士林、徐兆奎、盛向

---

① 蒋欢:《中共中央南方局领导的妇女解放运动研究——以〈现代妇女〉〈职业妇女〉为中心》,重庆工商大学硕士学位论文,2022 年,第 27 页。

② 《征求"现代妇女社之友"》,《现代妇女》第 7 卷第 1 期,第 34 页。

渭、连易城、李模、钟国恩、朱绿云、杨□中、陈锡荣、秦燕士、胡公迟、王春旭、段□宣、胡王国钧、傅志刚、丁隐尹、容韵、过幸祥、曹嵩林、张之东、毛璐宁、周德英、张允渭、屈锡熊、朱嘉蒂、周兴□、周晖、俞实夫、何朝□、王宛麟、□□、曹□东、林英路、李祖珍、聂少礼、朱□环、沈□徽、陈文奎、郑倚虹、邱默君、杜苍南、周德善、王慧满、郑敏英、卢祥文、封菊林、马仰兰、李青秋、张廉仪、童素、郑和年、杜若、朱慎微、鲍如兰、邓名才、唐□动、曾玲音、王子默、孙承佩、冯一□、何伯候、杨子新、戴伯镛、陈学勤、缪汝杰、何春芳、胡帅俊、曹百熙、历升珍、郭原动、沙溯因、张情珂、彭素芳、许桂明、张为璇、秦智士、林俊惠、俞凤娟、陆胡杏林、王润□、刘懿坤、杨薇石、符家钦、彭昭仪、王席德、王再士、江昌运、余维德、施亚娟等人。①

社员大多是追求进步思想,有一定文化水平的知识分子,譬如翻译家、出版家、随笔作家冯亦代之妻郑安娜;英语德语专家、奥地利国际友人魏璐斯(也作魏璐诗);主演抗战进步话剧的著名女演员吴茵;还有一些中共党员力伯良;在国民党政府机构中工作的职业妇女,如时任中国战时儿童保育会直属第七保育院保育主任的余挹芳,新运妇女指导委员会文化事业组研究股主任干事彭昭仪;一些报刊出版业的著名人物如《新民报》总经理陈铭德等。② 社员成分比较多元。

5.《前进妇女》

1936 年 11 月 29 日,中共厦门临时工委主办的《前进妇女》创刊,每逢周日在《江声报》第六版推出。该刊每期编排 4 篇文字稿件,排列于版面上半部,下半版则为广告。该刊在内容上主要关注妇女解放运动的理论、妇女问题的讨论、妇女生活的记述、妇女运动情报、通讯等。读者定位主要面向妇女解放运动工作者,一般的妇女大众和同情或关心妇女解放运动的人士。"本刊是给一般妇女大众和一般人看的,所以只要内容充实富有前进意识的老实文章。"《前进妇女》共出 28 期,于 1937 年 6 月下旬被迫停刊。③

负责《前进妇女》编辑工作的是中共厦门临时工委文化支部负责人谢怀丹。谢怀丹到《江声报》当编辑之前,1934 年曾以小学教师身份在福建泉州开展妇女工作,1936 年 5、6 月间,因泉州当地党组织遭受破坏,来到厦门。谢怀丹中学时代就

---

① 《职业妇女》1943 年第 1 卷第 6 期,第 321—322 页。
② 蒋欢:《中共中央南方局领导的妇女解放运动研究——以〈现代妇女〉〈职业妇女〉为中心》,重庆工商大学硕士学位论文,2022 年,第 24 页。
③ 曹丹:《从传统走向现代:女性赋权媒介表达研究(1927—1945)——以福建妇女报刊为中心》,福建师范大学博士学位论文,2021 年。

读于山东省立女子中学,带领同学参加声援上海工人、学生的"五卅"反帝爱国运动。1926年,由中共派往莫斯科中山大学学习。1930年回国,在上海的一家织布厂从事地下革命工作。1931年春,到厦门在中共福建省委主办的《福建红旗》任编辑。后被派往印度尼西亚,以教师身份开展革命活动,参加编辑党的宣传刊物《赤潮》。1933年《赤潮》被查封,被迫回国。[①]

在《江声报》担任编辑期间,谢怀丹召集一批文化界女知识分子、职业妇女和女教师参加在厦门举行的鲁迅先生追悼会,组织中共厦门文化支部的社会科学读书会,发展会员成为抗日救亡运动的骨干;并开展救亡戏剧、话剧、歌咏、诗歌运动等,掀起厦门抗日救亡运动的热潮。七七事变后,在中共厦门临时工委的领导下,谢怀丹参加筹备中国妇女慰劳前方将士总会厦门分会,担任执委;并在其中成立中共厦门妇女支部,担任支部书记,积极争取厦门分会的领导权,组织发动广大妇女参加抗战。[②]

6.《妇女生活》

《妇女生活》是在《妇女园地》的基础上创办的,于1935年7月1日在上海公开发行,后因战乱影响先后迁往武汉、重庆,到1941年1月停办。《妇女生活》由著名报人、后成长为中共党员的沈兹九于1935年在上海创办。全面抗战爆发后,刊物曾辗转汉口、重庆两地赓续出版,1941年被迫停刊,共发行100期,成为中国共产党在国统区抗战动员工作中独特且重要的舆论"阵地"和话语窗口。《妇女生活》秉持着做妇女"良师益友"、求妇女解放与民族解放的办刊理念,在排版上多设置与妇女现实生活相关的栏目,主要有"短评""社会科学讲话""世界妇女生活""论坛""文艺""读者园地""诊察室"和"信箱"等。

在1936年7月,为了顺应抗战形势的需要,《妇女生活》进行了改版,从第3卷第1期起改为半月刊,其栏目也有了较大幅度的调整,"半月时事""各地通讯""工作经验谈""抗战妇女教室"等新栏目出现了,其内容多载抗战时事、时事地图、救亡通讯,多以简要的述评和生动的图画等通俗形式告知读者中国战事情形与世界局势,呼吁妇女大众挑起民族独立的历史重担。《妇女生活》的创办与发展离不开中国共产党人和社会各界进步人士的支持。主要作者群有:沈兹九、季洪、罗琼、

---

① 中共济南市委党史资料征集研究委员会:《济南中共党史人物》,济南市新闻出版局,1991年版,第48页。

② 谢怀丹:《岁月屐痕——一个莫斯科中山大学女生的回忆》,福建人民出版社1991年版,第97页。

孙兰、胡兰畦、杜君慧、王汝琪、沈志远、夏衍等共产党员,还有作家黄碧遥、社会活动家胡子婴、救国会成员兼律师史良等女性进步分子,另外还有编辑金仲华,编辑张仲实,编辑兼社会活动者柳湜等三位男性。[①]

《妇女生活》还包括大量的普通妇女作者,这类作者群体主要集中在三个栏目中:第一,集中在"征文揭晓""习作选拔""文章诊断"等栏目中。第二,集中在"通讯"栏目中。第三,集中在"读者园地"栏目中。《妇女生活》作为抗战时期国统区内极具影响力的妇女报刊,"发行量达万多份",[②]十分受妇女读者的欢迎。《妇女生活》的读者们称其为妇女界之"明星""明灯""喉舌",亦称主编沈兹九为妇女同胞的"救星""导师""好朋友"。

《妇女生活》在抗战爆发后即与《世界知识》等期刊合出《联合旬刊》,高举抗日救亡的旗帜,在出4期即西迁武汉、重庆。

7. 《妇女界》

《妇女界》1940年3月创刊,上海五洲书报社出版,编辑兼发行人蔡鲁依,为半月刊,初为32开本,自第10期开始改为23开本。起初定价为每期1角,半年12期共1.2元,全年24期共2.4元。从第2卷第8/9期起开始涨价,涨价后的价格为每期2角,半年12期共2.4元,全年24期共4.8元。1941年第3卷第8期开始,由于印刷、纸张等成本价格的飞涨,广告收入也不能抵消高涨的物价,《妇女界》已无额外收入,因此不得不再次涨价,每期定价5角。1941年11月因太平洋战争爆发而停刊,共出版了一年8个月共36期。[③]

据抗战时期的著名诗人、作家蒋锡金(1915—2003)回忆,抗战时期,上海有两个进步的妇女组织:一个是由许广平主持的中年妇女集会,集会主要讨论《上海妇女》月刊的编务工作;另一个是由凌山(1916—2012)[④]等人组织的青年妇女集会,成员有职业妇女,有家庭妇女、也有各校学生。该青年妇女团体组织创办了《妇女界》半月刊,创办过程得到董秋斯(1899—1969),著名鲁迅研究专家及儿童文学研究家蒋锡金等人的帮助。由于该青年妇女团体成员多,流动性强,成员不固定,且

① 谢泽宇:《抗战时期中国共产党对国统区妇女宣传动员研究——以〈妇女生活〉为中心的考察》,浙江师范大学硕士学位论文,2022年。

② 荒砂、孟燕坤:《上海妇志》,上海科学院社会出版社2000年版,第603页。

③ 梁冰洁:《抗战时期〈妇女界〉对职业女性的媒介形象建构研究》,重庆大学硕士学位论文,2022年。

④ 凌山,祖籍广东番禺,1916年她生于广东,2012年4月2日逝世。二十世纪四十年代先后在上海《妇女界》(半月刊)、《时代日报》的《妇女》周刊、新四军主办的《抗敌报》工作。丈夫为著名翻译家董秋斯。

在《妇女界》发稿时多用化名。因此,大多数编者的生平无从考证。

《妇女界》现在已知的较为知名的编者有:凌山、董秋斯、蒋锡金等人。凌山曾回忆,为《妇女界》工作之时,她正在美商电话公司当接线工人,业余时间和精力则全部献给《妇女界》。①

董秋斯,1899 年生,下隶静海(今属天津)人,文学翻译家。译有《战争与和平》《大卫·科波菲尔》等作品。曾任《国际》月刊主编,《民主》周刊编委《翻译》月刊主编。董秋斯于 1946 年加入中国共产党。凌山曾回忆,由于当时创办《妇女界》的同事年纪轻,缺少知识和经验,因此董秋斯经常帮助她们想办法,出点子,编译修改稿件。"《妇女界》能在'孤岛'中一直坚持到 1941 年 12 月太平洋战争爆发,是有他的一份功劳的。"②

蒋锡金,1915 年生,江苏宜兴人,现代作家,著名鲁迅研究学者。参与编办《文艺阵地》《新中国文艺丛刊》《鲁西风》等期刊。《妇女界》创办期间,蒋锡金有时会为《妇女界》杂志写些分析文艺作品的稿件。③

《妇女界》的目的十分明确,发刊词中即表明:

> 我们的职业是否心满意足? 我们的衣食是否无忧无愁? 我们有没有痛苦要诉说,我们有没有问题要解决,我们有没有够丰富的学问和技能,我们有没有足够崇高的经济社会文化和地位呀? 这些问题的答案却警醒了我们:"要前进再不能迟缓",来吧! 已踏进社会的职业姐妹,和准备踏入社会的家庭姐妹,趁着全世界妇女生日的"三八"节——创造起我们的新生命,开辟起我们的新园地。在这里,我们要提倡妇女职业,别再让人叫我们寄生虫!
>
> 我们要努力学习技能,多多增进点知识;别再让人说:"女人没有用!"
>
> 在这里,我们要提倡国货,减少无谓消耗。我们要提倡高尚娱乐,革除靡费无聊消遣,实行节约、贮蓄,别让人说:"女人会浪费没出息"。最后,我们要互相互勉,相亲相爱,紧密地团结起来,因为时代的轮齿在不停留地向前转,我们不仅要加快脚步赶上前去,更要有力地推动着它向前转。④

从这里可以看出,《妇女界》提倡妇女职业,反对妇女回家的立场。

---

① 凌山:《董秋斯同志在"孤岛"》,《新文学史料》1980 年第 4 期,第 124—127 页。
② 凌山:《董秋斯同志在"孤岛"》,《新文学史料》1980 年第 4 期,第 124—127 页。
③ 吴景明:《蒋锡金与中国现代文艺运动》,东北师范大学出版社 2015 年版,第 165 页。
④ 鲁依:《发刊词》,《妇女界》1940 年第 1 卷第 1 期,第 2 页。

尽管已知的编者并不多,但仍能从创刊一周年之际工作人员的留言中,感受到《妇女界》的编者是一群充满热情和活力、拥有远大理想、思想独立的女性。

工作人员 A:我的希望特别大,请大家不要笑我,我希望妇女界成为中国唯一的大刊物,它有自己的妇女界大楼,里面有各部的办公室,有职工的寄宿舍、饭厅、健身房、医院。它有自己的印刷机,排字机……那就不至于脱期,内容也会丰富了。

工人人员 G:我希望妇女界能在不久以后特派我到英国去实地记录第二次大战的真相,多么好啊!

工作人员 W:我们要在此后一年内,使妇女界成为妇女自己的刊物。批评、指教,都是各界妇女爱护我们的表示,我们要尽量地接受。①

《妇女界》为妇女服务的宗旨已然显见。《妇女界》的作者群中并无知名女性。编者也曾写道:"我们这里虽然没有大名家的作品。但放眼里瞧一瞧,至少会觉得我们是一群爱好文学具有热情的年轻妇女","我们这里尽是用自己的文学,来表达我们我们自己所需要的是什么。"②比如,刘英,在《妇女界》共发表 19 篇文章。连载文章《宿舍里的一群》《跨入职业之门》等。柳琅,在《妇女界》共发表 13 篇文章,代表作短篇连载小说《新生》。青玲,在《妇女界》共发表 10 篇文章,代表作《接线间内的一幕》《接线生的服务精神》。林红,在《妇女界》共发表 9 篇文章,代表作有社论文章《我们不要"贤妻良母的薪金"》。

《妇女界》栏目设置十分丰富。有反映妇女问题、关注妇女生活的栏目,如"生活通讯""妇女界照相机""妇女问题讲座""寡妇座谈""老处女的谈话"等;有科普女性生活常识、医学常识,以及讲解技术的栏目,如"医学常识""生活常识""女性卫生常识""健康之道"等;有针对职业女性的工作技术讲解,以及针对家庭妇女的生活经验分享,如"职业妇女讲座""技术讲座""主妇必读"等;有一些刊登文艺作品、影评、剧评的栏目,如"文艺习作""大戏院""独幕剧"等。此外,还有专门针对职业女性的栏目,如"我的职业特辑"等。其中,较有特色的栏目有:"妇女界照相机""寡妇座谈""老处女谈话室""我的职业特辑"等。

《妇女界》编辑兼发行人蔡鲁依在发刊词中写道:"已踏进社会的职业姐妹,和

---

① 编者:《妇女界周岁工作人员的话》,《妇女界》,1941 年第 2 卷第 8/9 期,第 7 页。
② 《编后记》,《妇女界》,1940 年第 1 卷第 1 期,第 3 页。

准备踏入社会的家庭姐妹。"①第二卷第6期编者写道："……本刊的读者，有职业妇女，有家庭主妇，也有各学校的学生"。② 这表明，《妇女界》自创刊起，就已经将主要受众设定为职业女性，特别以中下层职业女性为主。这一点在《妇女界》的读者信箱中也可以看出，《妇女界》的读者信箱刊登了大量职业妇女的来信。如第一卷第2期中有职业女性反应通勤难问题，第4期有职业女性反映"结婚就失业"的苦恼……这些来信从侧面说明了《妇女界》在职业女性中的影响力。

学生也是《妇女界》的受众之一。《妇女界》中刊登了大量学生作品，如《宿舍中的一群》《学校风光》《我的学校生活》等。此外，《妇女界》也时常刊登一些技能学习、职业规划等类实用性文章，以求给正在寻找工作的女性一些帮助。如《谈怎样寻职业》《怎样打字》等。可见学生也是《妇女界》的主要受众之一。

二、国民党办的妇女期刊

1.《妇女新运》

《妇女新运》于1938年12月在重庆曾家岩求精中学创刊，初为季刊，1940年改为月刊，1941年改为季刊，1942年至停刊恢复为月刊。《妇女新运》虽名为月刊，然而实际每年只出版10期，八九两月休刊，第八期在10月份出版，由新运总会妇女指导委员会文化事业组编辑，郑还因负责编辑工作，新运总会妇女指导委员会

1936年新运促进总会指导长邀请该会委员职员及劳动服务团各队长举行茶话会留影

资料来源：《首都妇女新运年刊》1937年第1期，第29页。

---

① 鲁依：《发刊词》，《妇女界》1940年第1卷第1期，第2页。
② 曼丽：《职业妇女讲座序曲》，《妇女界》1940年第1卷第12期，第8—9页。

发行,福利印刷所(重庆曾家岩 58 号龙泉观)印刷。① 抗战胜利后《妇女新运》迁南京出版,卷期续前,但 1945 年《妇女新运》出版了第 7 卷后,停刊两年(但在 1947 年出版了九周年纪念特刊),于 1948 年初复刊,并在同年 11 月停刊,前后一共出版 8 卷 60 期。②

《妇女新运》是新运总会妇女指导委员会的机关报。"《新运总会妇女指导委员会会报》这名词既烦长而又厌太古老,因此简称为《妇女新运》,这是本刊命名的所在"。③《妇女新运》出刊的目的有:"第一,因为大家每人在忙着工作,工作积日累月,只见时光的向后流,工作又随着时光一件件过去,为了便于自己的检查与检讨,有将它记录下来的必要。第二,借此希望将本会的工作人员的阵容,本会的工作范围,本会的工作精神,本会的其他一切,向社会报告,顾名思义,愿意负起指导全国妇女参加抗战建国工作,创造新中国新妇女的新生活。我们希望这妇女新运,不仅是新运总会妇女指导委员会同仁的号角,同仁们的园地,而是全国愿企图过新生活的姐妹们的广播台。"④《妇女新运》主要是总结介绍新运妇女指导委员会的工作,同时起到联络作用。

《妇女新运》稿件来源方面:一方面有新运妇指会内部的撰稿,如指导长宋庆龄、总干事张蔼真、各组组长如熊芷、张惠文、李曼瑰、唐国桢、谢纬鹏、刘清扬等,此外新运妇指的附属机构的成员、各训练班的学员都纷纷在向《妇女新运》投稿;另一方面还面向社会群体广泛征稿,载有一系列征稿启事,如 1939 年第 1 卷第四五期合刊:"本刊经常征求下列各种稿件,一经采用,每千字酬以 3 元至 4 元之现金。①实际工作经验谈——包括对工作之意见,改善之办法,解决之办法,及非一般力量所能克服之困难问题等等。②文艺——欢迎各种中篇文艺创作,随笔,杂感,诗歌等以反映战时各种情形者为主。③各地妇运推行情况,及征稿之数字统计等。来稿请寄重庆曾家岩求精中学内妇女指导委员会文化事业组妇女新运月刊编辑部",⑤从 1939 年第一卷第四五期合刊起陆陆续续载有该刊征稿启事,一直延续至 1948 年第八卷。

① 钱用和:《钱用和回忆录——半世纪的追随》,东方出版社 2011 年版,第 42 页。
② 和二晴:《〈妇女新运〉与抗战时期的妇女运动》,河南大学硕士学位论文,2019 年。
③ 编者:《卷头语》,《妇女新运》创刊号,1938 年。
④ 编者:《卷头语》,《妇女新运》创刊号,1938 年。
⑤ 编者:《本刊徵稿启事》,《妇女新运》第 1 卷第 4,5 合期,1939 年,第 100 页。

该刊自刊行以来销路大增。销售数量上,"本刊创刊时,每期只刊印五百册,至最近则增刊至七千册。计每月在重庆市而零售者约二千册,全国各地人士订阅者约有三千册,现按每月订户增加比率,至本年年底,本刊每期预计可销至一万册"。① 销售区域方面,"本刊订户分布地域遍及自由中国之每一隅,即远如边区之绥远,亦有本刊订户 70 户,馀如新疆之迪化及宁夏省等边区地域,亦有本刊订户分布。而订户最多者,当推四川泸县,订户数目竟在一千二百户以上",②可见《妇女新运》在战时广受读者之喜爱。

2.《福建妇女》等

除新运促进总会妇女指导委员会创办的《妇女新运》外,各省新运妇女工作委员会还创办了《福建妇女》《妇女工作》《江西妇女》等妇女刊物。以《福建妇女》为例:

1942 年 11 月 16 日,国民党福建省党部妇女运动委员会推出《福建妇女》创刊号,作为福建妇运的喉舌。《福建妇女》总计出版 44 期,出至 1946 年 6 月第八卷第一、二合期后停刊。《福建妇女》由国民党福建省党部妇女运动委员会主办发行,由建国出版社(连城)印刷。主编陈中英,时任福建妇女运动委员会主任委员。该刊为双月刊,版面 12 开 20 页,每期字数五万;以宣扬三民主义及国民党政纲政策,提倡妇女运动,改良家庭生活为办刊宗旨,开设"短评""论坛""特写""文艺""通讯"及"妇女史话""家庭常识""妇运动态"等栏目,内容有原创的评论文章、纪实文章,也有一些翻译作品、文学作品等。创刊之初,该刊社址在国民党福建省党部驻地连城文庙,1943 年从连城迁至永安霞岭,改由中国文化服务社福建分社印刷;1944 年底迁往福州乌山。该刊最初定价零售每册 1.2 元,订阅半年 6 元、全年 12 元。创刊号销行一千本。《福建妇女》共有 5 名编辑,均系福建闽侯人。编辑成员中,除张琼外,陈中英、丁则干、刘西琦、郑尊联 4 人均为国民党福建省党部妇女运动委员会委员。其中陈中英、丁则干二人是国民党中央执行委员会组织部聘任的妇运通讯员,自 1942 年 7 月起开始每月采编妇运通讯,向国民党中央党部呈报福建省妇运工作动态。另外,叶肖荃作为国民党福建省妇女运动委员会编辑股长负责担任义务编辑,经常执笔《福建妇女》的"短评"栏目,并在"论坛"栏目发表《几

---

① 张蔼真:《本会五年工作之回顾》,《妇女新运》第 5 卷第 7 期,1943 年,第 44 页。
② 张蔼真:《本会五年工作之回顾》,《妇女新运》第 5 卷第 7 期,1943 年,第 44 页。

件平凡的救国工作》《妇女解放的大道》《姿势与健康》等评论文章。①

主编陈中英在《福建妇女》发表"短评"共计 20 余篇,署名为英、之、英之。在"论坛"栏目发表《妇女参政问题之讨论》《现代妇女应有的责任与努力》《妇女对智识青年从军运动应有的认识和努力》等评论文章,均用实名作署名。她在《创刊话》中阐明该刊致力于女性赋权、女性发展的传播思想,"中国历来男子治外女子治内,内外分割,严若鸿沟……现在社会进化,家庭与国家之关系,如细胞之与全体,必须取得联系,不宜脱节,故不谙社会潮流,不知国家政策的妇女决不能相夫教子或为家庭的贤妻良母。况多数妇女智识不足,胸襟狭隘,头脑陈旧,思想落伍,以至于不和睦、虚荣、不卫生、迷信几成为家庭的普遍缺点,凡此不加改善,社会国家不能进化。"②

编辑成员中,刘西琦发表的评论文章最多,诸如:《我们当前应有的努力》《"饰容"与"饰性"》《关于妇女健康问题》《我们努力的方向》《值得注意的乡村教育与卫生》《限价声中重新体认精神动员的重要》《妇女参政的真谛》《连城妇女》《母教与五项建设》《论知识妇女的责任》等。除个别短评署名"琦"之外,论栏目的评论文章均用实名作署名。在她看来,唤起全国妇女一致参加抗建,更需要普遍的文字宣传,《福建妇女》为各地妇女提供发表意见的空间,间接负起联系各地知识妇女情感的任务。

《福建妇女》的主要撰稿人有也耶、茂梓、田璀宝、沈嫄璋、丁群、肖田等人。她们的文章常刊发在该刊的"论坛""通讯""特写"等栏目。

也耶,系高恬惠的笔名,她生于 1915 年,福州人,厦门大学中文系毕业,当时是永安吉山中学的教员。③ 1941 年在厦大读书期间加入中国共产党,隶属厦大学生党支部,直属中共闽浙赣省委领导。④ 自《福建妇女》创刊起,她陆续发表评论文章 10 余篇,有《由人口政策想到打胎问题》《女子教育问题》《几件轻松的妇女工作》《中学女教师们》《男性中心与女性中心论》《从女人是祸水说到妇女教育》《女

① 曹丹:《从传统走向现代:女性赋权媒介表达研究(1927—1945)——以福建妇女报刊为中心》,福建师范大学博士学位论文,2021 年。
② 陈中英:《创刊话》,《福建妇女》1942 年第 1 卷第 1 期,第 1 页。
③ 周文业、陶中源、周广业:《寸草心 清华名师夫人卷》(下册),山东画报出版社 2012 年版,第 163 页。
④ 中共厦门大学委员会党史编委会:《中国共产党厦门大学组织史简编》,厦门大学出版社 1996 年版,第 39—40 页.

人应尊重自己》《今后妇女应有的努力》等。她将《福建妇女》比作一个大本营,"所有可能为妇女工作出力的人,都应吸收到这大本营里,各所其能,贡献各人的力量",①建议《福建妇女》编辑部能多与投稿者联络,征求从事过妇女工作、有丰富工作经验的妇女前辈,把有教育意义的宝贵经验发表出来,以供给年轻人借鉴;同时也多与读者联络,开设一些读者园地,供读者提供意见,提出问题,互相研讨。②

茂梓,期刊编辑,在《福建妇女》发表《普设托儿所的重要性》《奖励生育的必要及其办法》《给做母亲的姊妹们》《如何解决战时青年的婚姻期盼》《现阶段中国妇女生活》《现行婚姻法中的合法婚姻条件》《女子教育的存在价值》等评论文章。《福建妇女》曾在"编后语"专门推介她,"该女士是个很有社会经验的大学生,她的意见很可以为一般女同学采纳,请读者诸君不要忽略。"③在她看来,《福建妇女》的使命在于沟通闽省各地各界妇女的意见,培养妇女写作人才,在国民党的立场上领导全省妇女参加抗建工作。她希望《福建妇女》能多反映闽省各地妇女的生活实况,多发表各地妇女的意见,成为妇女们的良师益友,镜子喉舌;能成为大中学女生爱好的读物,成为她们的写作园地;使受中等以上教育的女生在求学时期便注意到妇女问题,研究解决妇女问题。并建议《福建妇女》在编排形式上、在取材上能做到生动活泼,在文章内容上能做到充实具体有力,"没有一篇废话,没有一句空言,每一篇每一句都能呼唤出姐妹们心中的愿望"。④

田璀实,厦门大学法学院教员、长汀县乐育小学教员,曾服务全国保育总会及女青年协会,她在《福建妇女》发表《一分地运动》《农村生产与妇女劳动》《合作与妇女》《谈谈妇女劳动服务》《婚姻的三个问题》《儿童与家庭田》《从胜利到建国》《伦理教育与伦理建设》等文章。在她看来,中国因为教育的落后,生活的艰难,妇女们沦于旧式的家庭,琐碎的杂物之间。要建设国家,必先教育妇女大众,提高一般妇女的知识水准,《福建妇女》肩负着教育启蒙、训练动员妇女的使命,应积极倡导生产教育,提倡妇女农艺生产,倡导各地设立托儿所保育院以减少妇女从事职业的困难。⑤

沈嫄璋,福建中央日报记者,福建省新生活运动促进会妇女工作委员会常务

---

① 高恬惠:《两点希望》.《福建妇女》1944年第5卷第1、2期合刊,第7页。
② 曹丹:《从传统走向现代:女性赋权媒介表达研究(1927—1945)——以福建妇女报刊为中心》,福建师范大学博士学位论文,2021年。
③ 《编后语》,《福建妇女》1943年第3卷第2、3期合刊,第57页。
④ 茂梓:《周年致辞》,《福建妇女》1943年第3卷第1期,第5页。
⑤ 田璀实:《〈福建妇女〉一周年》,《福建妇女》1943年第3卷第1期,第7页。

委员,在《福建妇女》发表《从动员太太说起》《抗战六年来妇运的回顾与前瞻》《两个切身的问题:刘恢先将军谈话记》《访问福建省会示范托儿所》等新闻评论、新闻特写。她注意到各地妇运发展的不平衡,妇女动员工作不够深入,妇女团体欠缺联络,妇女干部分布不平均,以及团体内部的爱闹意见,争出风头等问题,建议《福建妇女》应配合时代的需求努力充实和扩展妇女文化,要充实妇女文化的质和量,使理论与实际并重。①

丁群,厦门大学学生,厦大女生同学会会员,在《福建妇女》发表《会见教育部女督学葛成慧先生》《厦大笃行斋的主人们》《妇运纺织生产合作在古田》《莆田界外劳动妇女的生活》《访问耆龄志愿从军的余合璧医师》等人物专访、新闻特写。她曾注意到福建的闽东、闽西、闽南、闽北各因地理环境的殊异,各地妇女生活状态也大有差别,建议《福建妇女》将各地妇女生活的报告集收起来,辑成一本福建妇女生活专辑,这工作不但具有社会意义,地理意义,也具有历史意义。②

《福建妇女》的特约撰述有 20 余人,包括国民党福建妇女运动委员会委员10 名,有翁侃、梁启瓒、张淑英、林念慈、郑萼联、刘西琦、黄淑慎、叶肖荃、顾慎等,以及福建省新生活运动促进会妇女工作委员会常务委员张萃青(省主席刘建绪的夫人),福建省会妇女抗敌后援队队长陈人哲、副队长施秉庄等。③ 张萃青在《福建妇女》"论坛"栏目发表《中国妇女当前的任务》《女同胞们应努力充实自己》《〈福建妇女〉的新任务》等文章。

1944 年 6 月国民党福建省党部妇女运动委员会增聘委员,包括张萃青、文智圆、周之中、刘期纯、杨敏侬、谢俊、张若珍,严有枝、萨本祥、邓超岑、李于嫣等人。这些委员中,文智圆在《福建妇女》发表《以行动纪念"三八"节》,谢俊发表《为〈福建妇女〉两周年纪念进一言》,邓超岑发表《提倡妇女手工业》《顺昌妇女》《男女职业机会应该平等》,李于嫣发表《妇运工作应有的认识》《中等学校训育谈》《生活经验片段》《中等学校训育谈》。④

---

① 沈嫄璋:《抗战六年来妇运的回顾与前瞻》,《福建妇女》1943 年第 1 卷第 3 期,第 20 页。
② 丁群:《莆田界外劳动妇女的生活》,《福建妇女》1943 年第 2 卷第 1 期,第 34 页。
③ 国民党福建省妇女运动委员会:《出版福建妇女月刊计划书》,福建省档案馆:《福建省妇女运动委员会通讯材料》,档号:0082-012-000089。参见曹丹《从传统走向现代:女性赋权媒介表达研究(1927—1945)——以福建妇女报刊为中心》,福建师范大学博士学位论文,2021 年。
④ 曹丹:《从传统走向现代:女性赋权媒介表达研究(1927—1945)——以福建妇女报刊为中心》,福建师范大学博士学位论文,2021 年。

3.《妇女共鸣》

《妇女共鸣》杂志是国民党妇女团体——妇女共鸣社的机关刊物。"妇女共鸣社,成立于十八年一月(1929 年 1 月),最初在上海西门路,嗣移至霞飞路铭德里,十九年(1930 年)冬,迁于南京。"①共鸣社成立的目的在于通过创办妇女刊物宣传女性文化,促进妇女解放,推进妇女运动。

共鸣社成立后的第一个任务就是创办女性刊物,遂于同年即 1929 年 3 月 25 日出版杂志的第一期内容,出刊方式为一月一刊,编辑任务由社内社员担任,1932 年1 月改为月刊。创办妇女杂志的想法起初由陈逸云提出,后经多位妇女工作者的支持,才得以出刊。

《妇女共鸣》杂志对创办过程有详细叙述:"第一次集会,在民国十七年春假上海李峙山女士家里,请了几位热心妇女的,如谈社英,金石音,舒蕙桢等作初次谈话,她们赞成我的计划,都愿参加工作。"②但因资金问题不到位所以暂时搁置。后陈逸云又得到王孝英、傅岩、郑漱六等人的支持,第二次筹备刊事宜。经过大家的一致意见,杂志定名为《妇女共鸣》。主要编辑有陈逸云、李峙山、谈社英、王孝英、叶蝉贞、金石音等人,除去这几位主要编辑,本社的吕云章、吴秀瑛、林苑文、纪清漪、陈刑蓉、湛小岑、劳君展、费狄、傅岩、金满成等人也参与了本刊的编辑工作,为《妇女共鸣》的顺利发行提供了坚实的作者群体。③

《妇女共鸣》杂志的宗旨在 1929 年第一期的发刊词中具有详细描述:"嗟乎,吾国女界沉沦于黑暗之域也,久矣。近世民权发达,学术昌明,女界先觉,群起要求平等,殆夫革命告成,始入光明之境,化除畛域,共履康庄,举数千年弊陋之恶习一扫而清,可谓盛矣。然而默察近年演进之迹,则又有令人不能已于言者。盖自女权勃兴,乍言解放,自由平等。误解殊多。甚或矫枉过正,逾越范围,未获新知,已失故步;且于应享权力,反多忽视,兴言及此,能不慨然。是故责无旁贷,义不容辞,先知先觉者,固未能卸指导之责也。况夫欲求权利平等,知识尤贵均衡,值兹训政时期,建设伊始,凡我女界,自非本知难行易之训,协力猛晋,以督促当局实行男女平等之政纲不为功。用是同人等不揣谫陋,创为斯刊,爰以一得之愚,敢作识

① 谈社英:《中国妇女运动通史》,上海书店,1936 年,第 236 页。
② 陈逸云:《本刊十五年来的回溯》,《妇女共鸣》1944 年第 13 卷第 2 期,第 1 页。
③ 赵梅:《从〈妇女共鸣〉看民国女性地位的转变》,云南师范大学硕士学位论文,2021 年。

途之导,所冀诸姑姊妹,示我周行,聊尽共鸣之天职云尔。"①该刊宗旨为"指导妇女运动、实现男女平等"。

4.《女光》等

《女光》。福建省会妇女抗敌后援队于 1938 年 5 月 9 日在福州创办出版《女光》月刊,共出 3 期。该刊主张在"有钱出钱,有力出力"的原则下,妇女应尽一些国民的责任,积极参加抗敌工作,以使男子无后顾之忧,"国家正值生死关头的时候,妇女要自救与救国,必须担当与男子同样御侮救亡的使命……参加抗敌工作,也是妇女们帮助政府的一个绝好的机会,切勿辜负轻易放过这个时机。"②该刊的稿件来源除了福建省会妇女抗敌后援队队员负责撰述外,也欢迎各界投稿,均与抗敌主旨有关。"我们的力量终属有限,我们的见闻也不一定会周到,所以更盼望和我们有同一意旨的女同胞们,多多的赐以指导,多多的加以维护,使这本小册子能够顺利的生长下去。那么将来就可以得到相当的收获了。"③

《女光》的主要栏目有"论著""文艺""版画""队务鸟瞰""各县通讯"等。①"论著"栏目,是该刊的重点内容,在每期所占篇幅最多;主要围绕妇女在抗战期中应担任的工作,妇女对抗战应有的认识与观念,从事儿童保育事业应注意的问题等进行论述。②"文艺"栏目,主要刊载反映抗战主题的小说、诗歌、独幕剧等,每期大概登载三、五篇文艺作品,以诗歌居多。③"版画"栏目,每期刊载一幅反映抗战期中妇女悲惨遭遇的版画作品;这些作品均由福建省会妇女抗敌后援队救护股副股长陈笑石④创作。④"队务鸟瞰"栏目,主要登载福建省会妇女抗敌后援队队务概况、组织大纲、职员一览表、近期工作等。⑤"各县通讯"栏目,主要聚焦县市基层妇女团体开展抗敌后援工作及妇运工作的动态。⑤

此外还有《湖南妇女》。《湖南妇女》于 1943 年 7 月 7 日创刊,由国民党湖南省党部妇运月刊社编辑发行。薛岳夫人方少文在创刊辞中强调作为知识女性的她

---

① 郑毓秀:《发刊词》,《妇女共鸣》1929 年第 1 期,第 1 页。

② 钱月仙:《写在"七七"抗战建国纪念日》,《女光》1938 年第 2、3 合期,第 1 页。

③ 《创刊词》,《女光》1938 年第 1 期,第 1 页。

④ 陈笑石,1927 年毕业于福建省立女子师范学校,后考进私立福建法政专门学校,1930 年毕业,任闽侯县华洋审判所审判员。1932 年被推荐为闽侯地方法院检察官,是我国妇女出任检察官的第一人。参见陈鸿铿:《中国第一个女检查官》,中国人民政治协商会议福建省长乐县委员会文史资料工作组:《长乐文史资料》(第 4 辑),1992 年,第 86 页。

⑤ 曹丹:《从传统走向现代:女性赋权媒介表达研究(1927—1945)——以福建妇女报刊为中心》,福建师范大学博士学位论文,2021 年。

们对湖南妇运的责任和追求。她写到:"湖南妇运是中国整个妇运的重要一环,湖南妇女在过去亦有若干优异的表现。但另一面,我们认为湖南妇运仍有不少缺陷以待努力改进,湖南妇女中仍有太多无识无知以待启发与教导。因此我们决定创办这个刊物,作为互相砥砺互相研究互相批评的园地,并且将本身工作作一定期的检讨与报道,以求得工作有效的开展,及取得外界的指示,使得湖南的妇女运动,放出光辉的异彩。"①1941 年 10 月报章上和《湖南妇女》月刊上刊登征求启事,②1942 年 1 月底截止,"收到作品多件"③。《湖南妇女》作者除方少文外,还有朱凤鸣、徐淑蘅、冯瑞瑶、吴芝茂、甘培坤等人。

《甘肃妇女》。1942 创刊的《甘肃妇女》,于发刊词中写道:"只要我们妇女改变其生活的习惯,实行新生活简单朴素整齐清洁迅速确实的信条,求宣传之普遍深入,启发妇女的良知良能,进而发挥其伟大的力量。"④《甘肃妇女》作者有曾薇、黎爱兰、姚款、李兆萱、王九菊等人,该刊由甘肃省妇女工作指导委员会主办,甘肃省省长甘正伦夫人陈白坚在《发刊词》中写道:"在甘肃,无疑的妇女工作还是在启蒙阶段……为了发挥妇女的潜能,集中妇女的力量使能一点一滴运用在抗战建国的工作上面,我们准确以勇往迈进的精神,贯彻始终的毅力,积极的、有计划地向前推进。"

《家庭与妇女》,半月刊,创刊时间为 1939 年 9 月至 1941 年 1 月,该期刊由妇女与家庭杂志社编辑发行,主编龚月雯、丁禾菲,旨在"介绍合理的治家方法,创造民主化合理化的美满家庭;揭露妇女的痛苦和弱点,唤起妇女本身的自觉;并指出新时代妇女应有的态度,以建立标准的新型妇女,培养妇女的政治意识,发挥妇女使用权的能力。"内容主要涉及美容、服装、医药、缝纫等家庭实用知识。《家庭与妇女》的主编是龚月雯等。作者有王耐一、方斐群、恽伯琴等人。

《慈俭妇女》创刊于 1940 年 1 月至 1942 年 2 月,由中国妇女慈俭会出刊,设有专论、杂评、钩玄录、经验谈、常识、文艺等栏目。在妇女解放问题上,主张权利与义务相等,"女界应当知道权利与义务是相对的,要享相当的权利,必须尽相当的义务,再深刻一点讲,权利是义务的产物,必须先了解义务,始有权力可言。"⑤该刊

---

① 黄林编:《近代湖南出版史料 178—179》,湖南教育出版社 2012 年版,第 589—590 页。
② 薛方少文:《两年来的湖南妇女战时工作》,《湖南妇女》1941 年第 3 卷第 1 期,第 9—20 页。
③ 魏开泰、魏开元:《湖南妇女抗战进行曲征曲揭晓:从歌咏的效能谈到湖南妇女抗战进行曲》,《湖南妇女》1942 年第 5 卷第 4 期,第 21 页。
④ 谷陈白坚:《发刊辞》,《甘肃妇女》1942 年第 1 期。
⑤ 梅心:《发刊词》,《慈俭妇女》1940 年第 1 期。

主张"将我们的女界的慈心，化为全国国民的心理，将我们女界的俭德，化为全国国民的习俗"。作者有方英、秦淮碧、周水澄、黄蔚等人。

三、日伪办的妇女期刊——《女声》

《女声》创刊于1942年5月，停刊于1945年7月，共出4卷38期，每卷12期。由太平印刷出版公司印刷、发行。太平印刷出版公司社长"名取取洋之助"，是由日本军方委任。太平洋公司的背景是日本军部，《女声》实际出资者是海军报道部，所以《女声》要完全褪去当时的政治宣传色彩是不太可能的。该刊初由左俊芝，即日本作家田村俊子，又名佐藤俊子（1885—1945）[①]担任主编。佐藤俊子病逝后，由中共地下党员《上海妇女》编委关露（1907—1982）[②]担任主编。关露担任主编前，主持《女声》的《文艺》《戏剧与电影》《评论》等栏目，是佐藤俊子最重要、最信赖的助手和朋友。所以《女声》是一份特殊的妇女刊物，它是上海沦陷时期由日本军方支持创办，中日两国女性合作编辑的刊物。

该刊的宗旨是："贡献出许多的不同的声音，使我国妇女界得到真正的崇高地位。"该刊内容涉及修养、卫生、家庭、育儿等实用常识以及文艺、问答栏目等。该刊是日军全面占领上海后唯一获得刊行许可的妇女期刊，发行量一度高达一万份。

《女声》的办刊宗旨和立场为："女声两字做我们刊物的一个名字……含有三大含义：①乃妇女呼声②为妇女而声③由妇女发声。为要达到这三个意义的目的，所以我们尽量介绍有益妇女的文字，要兼极力搜求妇女所定的作品。但为增加妇女阅读的兴趣，除一两篇比较严肃的问题，用庄严端谨的笔调外，一概取轻松，风趣，浅显，悠闲为作法的标准，使我们女同胞读了'女声'常常听到的时常发

---

① 左俊芝原名田村俊子，亦称佐藤俊子，1884年出生于日本东京一米商家庭。青年时就读日本女子大学，后学习写作，发表的作品颇获好评。盛名之下，即对文学之路产生怀疑，遂弃文从艺，成为一名演员。1909年加入著名的女性解放运动组织"青鞜社"。之后她又回归文学，其代表作《生血》《木乃伊》《口红》《炮烙之刑》备受文坛关注。之后她与献身工人运动的朝日新闻记者铃木悦相恋，并追随其到北美，共同生活了18年。其间她主持日文《大陆日报》"妇女"专栏，探讨国际妇女运动问题，由此，她成为一名具有世界视野的女权主义者，或者说，是一名国际社会主义运动者。1935年，铃木悦回到日本后不久猝死。次年她重回日本文坛，继续着自由作家的生活。1938年，她以中央公论社特派员身份来到中国，原计划访问两个月，结果却将生命的最后七年留在了中国。佐藤俊子主张个人主义的女权思想。

② 关露（1907—1982），原名胡寿楣，山西右玉县人，积极参加抗日和妇女运动，1932年春先后加入中国左翼作家联盟和中国共产党。1939年冬，关露受中共地下党组织的派遣，打入汪伪阵营，从事情报工作。1942年春又受党的派遣打入《女声》，从事编辑工作，目的是希望通过左翼作家佐藤俊子找到日本共产党的地下党员，以获取日本情报。然而，佐藤虽然具有一定的社会主义倾向，但并不是一位真正的共产主义者。

出的都是'笑声'。……《女声》的要以'兴趣'来引起读者注意。"①佐藤俊子的出版初衷更倾向于进行妇女文化宣传,而非政治宣传。

《女声》作为"孤岛"时期激烈政治斗争中唯一获得刊物许可的妇女报刊,一方面吸引了上海社会各阶层女性的关注,如教师、艺人、女工、学生甚至舞女,另一方面则成为多方势力争取渗透的舆论平台。既有日本军方势力以"国防新闻"等栏目进行舆论宣传,日本文人村尾绚子、小宫义孝和落水文人周作人、陶晶孙等以特约作者的身份参与撰稿,又有中国共产党背景的关露以潜伏形式参与编辑部工作,丁景唐等上海地下工作者和进步青年以投稿者身份参与,当然还有潘予且,柳雨声、鲁逢等一众海派知名作者以及普通投稿人。②

《女声》虽然有日本军部背景,但是佐藤俊子和关露运用这份刊物为妇女发声,佐藤俊子说:"中国的妇女痛苦得很。因为她们的知识太浅。我们应该多多帮助她们。"③这份刊物刊载了批判封建制度对妇女禁锢的相关文章,比如关露的《中国家庭制度与妇女》批判重男轻女和男子纳妾的思想,《潘金莲与"武松杀嫂"》为潘金莲翻案,说潘也是一个有血有肉有欲望的生命个案,认为武松"杀潘金莲却不是由于正义,只是武松为着哥哥树于她的私仇",以及"旧社会的妇忠于夫的观念"。④《女声》还批判现实社会对妇女的不公,以及对妇女自身的反省,指出妇女缺乏独立自主的精神。

抗战时期的女性精英不仅从事政治活动,也从事文化宣传工作。抗战时期女性精英创办了大量的妇女期刊,这些妇女期刊有些由共产党女党员任编辑,有些由国民党女党员任编辑,有些是日伪创办的,还有一些中间党派创办的期刊。各党各派各界通过报刊一方面宣传各自的政治主张,宣传他们的政治理念和对妇女的政策。另一方面积极关注战时妇女问题,对抗战时期妇女回家、新贤妻良母主义的论断进行积极关注和回应,有着各自的妇女解放路径。他们创办的报刊,不同程度对妇女产生影响。

抗战时期,各党各派各界妇女领袖站在各自的立场上主编各类妇女刊物的,

① 《我们的第一声》,《女声》1942 年 1 卷 1 期,第 1 页。
② 赵蓓红:《近现代上海妇女报刊史(1898~1949)》,华东师范大学博士学位论文,2019 年,第 209—210 页。
③ 关露:《我和佐藤俊子女士》,《女声》1945 年第 6 期。
④ 芳君:《潘金莲与"武松杀嫂"》,《女声》1944 年第 3 期。

一方面秉承各党派关于妇女的方针政策,比如国民党提倡新贤妻良母主义,共产党反对新贤妻良母主义,主张最大程度的动员妇女参加战时工作,日伪创办妇女刊物的时候,也需要宣传日本的侵华政策。但是妇女领袖在宣传各党各派各界各国的方针政策的同时,也会根据自身对于妇女运动和妇女解放的理解,编辑发表一些体现各自妇女观念的文章,她们不同程度表达对妇女权益的关心,以争取各党各派各界的妇女话语权,所以刊物成为各党各派各界的舆论角逐场的同时,也体现了各界妇女领袖对于妇女权益的话语角逐。

第三节　女性精英与《妇女月刊》

抗战时期妇女期刊纷纷涌现,有些妇女刊物志在倡导服务于民族国家和战时妇女工作,认为妇女解放应服从于民族国家解放的大局,有的妇女刊物致力于争取男女平等和获得女性自身权益,破除社会对于女性之桎梏,实现女性在教育上、职业上与男子拥有平等之权利。[①] 当然,也有一些妇女刊物,在提倡保障女性权益的同时,也提倡妇女为民族国家提供服务。比如国民党中央妇女动员委员会陆寒波所主办的《妇女月刊》。

一、陆寒波与《妇女月刊》的创办

陆寒波,原名翰芩,浙江杭州人,出生于 1906 年,父亲陆子贞,其兄陆翰芹[②]是

---

① 王政、杨笛:《创建社会主义女权主义文化阵地:〈中国妇女〉(1949—1966)》,《南京大学学报(哲学·人文科学·社会科学版)》2010 年第 6 期;周红:《性别、政治与国族视野下女性解放的言说:〈妇女共鸣〉(1929—1944)研究》,花木兰文化出版社 2013 年版;涂晓华:《上海沦陷时期〈女声〉杂志的历史考察》,《中国现代文学研究丛刊》2005 年第 3 期;刘人峰:《中国妇女报刊史研究》,中国社会科学出版社 2012 年版;金黎:《战火中的妇女之路——〈新华日报〉副刊与战时女性形象建构》,西南大学 2015 年硕士学位论文等。当然,也有些以妇女期刊为对象研究新女性形象及社会生活风貌的论著,如周叙琪:《一九一〇—一九二〇年代都会新妇女生活风貌:以〈妇女杂志〉为分析》,台湾台湾大学出版委员会,1996 年;许慧琦:《"娜拉"在中国:新女性形象的塑造及其演变(1900—1939)》,台湾政治大学历史学系,2003 年;金润秀:《〈妇女杂志〉(1920—1925)的"新女性"形象研究》,复旦大学 2012 年硕士学位论文。

② 陆翰芹,浙江人,东南大学毕业,后留学美国。1932 年 9 月 21 日任教育部督学。1933 年 1 月任交通部秘书,后任浙江省秘书处、中国国民党中央党部秘书处秘书。1935 年至 1938 年 1 月兼代交通部航政司司长。1940 年任中央组织部普通党务处处长。1943 年 2 月 29 日选任三民主义青年团第一届中央监察会监察。1944 年任西安市市长。1946 年任行政院善后救济总署分配厅长。1947 年 7 月选任中国国民党候补中央监察委员。1949 年去台湾。

近代著名的银行家,其妹陆翰芝是原浙江省政府主席张难先爱妾。① 1923 年,陆寒波进入浙江杭州省立女子师范就读,进入学校之后,陆寒波自称仿佛走出了闭塞的保温箱,重新呼吸到新鲜、开放而自由的空气,她主动写信交友。② 经师长启迪与同学间之互相激励,认识到国家需要健康、活泼、力争上游的女性,而非以男人为生活重心的旧式女子。这一突破性的观念改变,不但影响到她的青年时代,更对其一生产生重大影响。③ 在校期间,她还培养起爱国、自强之思想,使她走上反帝爱国、争取男女平等之路,曾经参与过反帝示威游行活动。

1927 年陆寒波在哥哥陆翰芹的提携下,担任浙江省党部妇女部干事,并主编《国民新闻》副刊,期间通过陆翰芹结识了其同窗好友徐柏园④。徐柏园在杭州主持《民国日报》,陆翰芹主撰各项党政宣传大纲,而由陆寒波负责文艺,主编副刊。此后,徐柏园又与陆翰芹、陆寒波合办《民声报》,陆寒波与徐柏园有了比较多的接触。1928 年,由朱家骅主婚,黄季陆证婚,徐柏园与陆寒波在香港结为连理。⑤ 结婚之后,陆寒波经受了一段病痛的折磨。在徐柏园出国留学后,陆寒波于 1930 年进入上海"中国公学",专攻法政。1932 年徐柏园短暂回国后,陆寒波一同赴美继续学业。1933 年徐柏园夫妇在朱家骅的电召下回国,徐柏园先后被委任为中国电气公司副总经理、邮政储金汇业总局副局长、交通银行总行业务专员、交通银行天津分行北平支行经理、交通银行天津分行经理等职,而陆寒波在天津享受了一段富裕雍容的银行家夫人的生活。⑥

1941 年,陆寒波任职国民党中央组织部妇女运动委员会委员,应该委员会之需要,陆寒波于 1941 年 9 月在重庆巴县中学内创办《妇女月刊》⑦,并宣传男女平

---

① 骆正葵:《张难先主浙见闻》,见浙江省政协文史资料委员会:《浙江文史集粹第 2 辑政治军事卷(下册)》,浙江人民出版社 1996 年版,第 311 页。

② 朱衣:《民国女子陆寒波传奇》,台湾时报文化出版企业有限公司 1993 年版,第 29 页。

③ 朱衣:《民国女子陆寒波传奇》,台湾时报文化出版企业有限公司 1993 年版,第 305 页。

④ 徐柏园(1902—1980),浙江兰溪人,1928 年任国民党浙江省党部书记长。1933 年任国民党政府交通部邮政储金汇业总局副局长。1935 年后任交通银行北平支行、天津分行经理。1937 年抗战爆发后,进入财经中枢,参与策划战时金融政策,草拟中国第一个外汇管理办法。1942 年国民政府获美国巨额贷款,徐柏园力主中央银行统一发行货币,这一创举使中央银行从此成为银行之银行。抗战胜利后,任国民党政府财政部政务次长、四行联合总处秘书长、中央银行副总裁、中国银行代董事长。1949 年到台湾,先后但任台湾省财政厅长、外贸会主任委员、"中央银行"行长、国民党中央财务委员会主任委员、国际货币基金会执行董事等职。1980 年病逝台北。

⑤ 朱衣:《民国女子陆寒波传奇》,台湾时报文化出版企业有限公司 1993 年版,第 33—34 页。

⑥ 朱衣:《民国女子陆寒波传奇》,台湾时报文化出版企业有限公司 1993 年版,第 41 页。

⑦ 朱衣:《民国女子陆寒波传奇》,台湾时报文化出版企业有限公司 1993 年版,第 45 页。

等与妇女权益之思想。① 对于陆寒波来说,在当时纸张、油墨、人力、物力都缺乏的情况下,创办《妇女月刊》具有不小的挑战,陆寒波既要担任中央组织部妇女委员会委员,同时还要照顾一个大家庭。陆寒波在创刊号《智识妇女之三重责任》中写道:"做一个今日的智识妇女应是十分艰苦的:在消极上不许妄自菲薄,既不许犯一个无教育的平民所常犯的错误,也不许犯一个有智识的男性所常犯的错误;在积极上必须当仁不让,既须为一个健全的国民,又须为一个贤能的母亲,尤须为一个热诚的妇女解放运动者。"②

由于徐柏园在财经界的背景与渊源,《妇女月刊》受到银行界一定的鼓励和支持,每一期刊物上皆可见诸如"交通银行""中国银行""中央银行""四川省银行""建国银行""邮政储金汇业局"等金融业界的广告,这或许与徐柏园的人脉关系有关,而广告本身大多由陆寒波亲身奔波拉来的。③《妇女月刊》委员会中,与陆寒波一起创办《妇女月刊》的还有刘蘅静(1902—1987)、楼亦文等委员。该刊起初为16开本,曾于1944年第4卷停刊,于1946年迁至南京复刊,续出第5卷,为32开本,发行量逾一万份。抗日战争和解放战争时期共出刊7卷41期。前六期由重庆妇女月刊社编印,第7期起改由上海妇女时报社编印。1948年,全国发生金圆券风波,徐柏园辞去财政部政务次长职位,渡海赴台,《妇女月刊》随陆寒波离去而停刊。

徐钟佩曾回忆说:"我初认识徐柏园夫人陆寒波女士于抗战期间,那时她是《妇女月刊》的主编,她的办公室在战时首都重庆巴县中学内,我服务的国际宣传处也在巴中,有时碰面,不过是点头之交。那时我才出校门,她已是知名之士。"她"永远走在时代的尖端,不到二十岁,就参加革命,抗战期间,纸张油墨奇缺,她办了《妇女月刊》",她的性格"带三分霸气,因此做事最有担当,任何事如果她一声承诺,可以为此鞠躬尽瘁。"④有论者称,陆寒波是民国以来的传奇女子,"她从年轻时不识愁滋味的银行家夫人生涯,到抗战救国,再到创办《妇女月刊》,逐渐成为一个热诚的妇女解放运动者"。⑤

---

① 朱衣:《民国女子陆寒波传奇》,台湾时报文化出版企业有限公司1993年版,第301页。
② 陆翰芩:《智识妇女之三重责任》,重庆妇女月刊社编,《妇女月刊》1941年第1卷第1期,第2页。
③ 朱衣:《民国女子陆寒波传奇》,台湾时报文化出版企业有限公司1993年版,第46页。
④ 朱衣:《民国女子陆寒波传奇》,台湾时报文化出版企业有限公司1993年版,第17—18页。
⑤ 朱衣:《民国女子陆寒波传奇》,台湾时报文化出版企业有限公司1993年版,第25页。

从世俗的角度来看,这是一个在有限的生命范围内,尽力发挥自己所长并让生命有所建树的智慧女人。正如她的哥哥陆翰芹在陆寒波 1990 年去世时写的祭文所称:

> 寒波三妹,颖异天成,慧心聪敏,旷达超群,书宗魏晋,画法涛礕,弦歌雅集,志在云霓。微言大义,谈笑息诤,真宰真侣,朋旧欢倾。国难家丧,赴奔险阻,千里龙驹,腾骧有素,布道从政,朝夕栖皇,罪刑劝善,医护残伤,相夫垂勋,教子创业,门满菁英,绵绵瓜瓞,春明好养,霜融雪积,霄汉浮翔,登凌玉关,苍茫岱海,翠柏森森,伉俪同穴,璧化扬瑛,馨香铭颂,以纪鸿尘。①

1942 年 3 月 8 日,国民政府中央组织部妇女运动委员会举行重庆市各界妇女问题座谈广播,组织部部长朱家骅主持并说明了主办这次会的意义,陆翰芩演讲《妇女解放与职业地位》,她说我国妇女在教育上虽已获得平等,但在职业上尚没有得到平等,如果妇女没有职业,则必无独立生活,无独立生活则即无自由。从权利方面说来,妇女应该获得职业上的平等,从义务方面说来,妇女亦应该对国家与男子有同样的贡献。她认为妇女职业问题主要还在于妇女自身的努力,家庭并不足以妨碍妇女的职业工作。② 去台湾后,陆寒波担任"妇联会"常务委员、振兴复健医学中心筹备主任委员、振兴育幼院筹备委员会主任委员等职,进行筹建军眷房舍等工作。③ 陆逵在《中华陆氏通鉴》中称她是基督教徒,为宋美龄亲信。④ 1990 年 2 月 9 日,陆寒波因乳癌病逝,据称遗产 1 100 万元,其中 400 万元捐给孙逸仙防癌中心,其余捐给灵粮堂、圣功会等教会机构。⑤

二、《妇女月刊》关于民族解放与妇女解放关系的论述

《妇女月刊》宣称以"为祖国,为姊妹效其绵力"为宗旨,强调民族解放与妇女

---

① 朱衣:《民国女子陆寒波传奇》,台湾时报文化出版企业有限公司 1993 年版,第 12 页。
② 《妇女问题座谈,讲演的全是妇女界名流,每个人都有宝贵的意见》,《中央日报》1942 年 3 月 9 日第 2 版。
③ 陆寒波与徐柏园的女儿徐林秀,1948 年随父母赴台,长年随母亲参与祈祷会事务,亲闻宋美龄的信仰与互动。历任中华基督教女青年会会长、台湾华兴中学董事、财团法人和信医院董事等职。参见陈立文主编:《蒋夫人宋美龄女士行谊口述访谈录》,台湾"国史馆";台湾中正纪念堂管理处,2014 年,第 209—224 页。
④ 陆逵:《中华陆氏通鉴 2 陆氏人物志》,中国国际文艺出版社 2009 年版,第 135 页。
⑤ 朱衣:《民国女子陆寒波传奇》,台湾时报文化出版企业有限公司 1993 年版,第 301—302 页。

解放并重,不仅动员妇女致力于国家、民族解放之大计,更为"姐妹们倾吐和控诉,供给一片公开的园地",以求得妇女解放。正如《创刊话》中所说:"祖国已经到了抗战的第五个年头,四年来承受着残酷的历史试验:这伟大的祖国,将卑屈地消减,抑或英勇地复兴?"胜利终将到来,而祖国的解放需要"更多的热血,更坚强的团结,更持久的奋斗!""大多数的中华女儿却至今仍愚昧无知缚身于生活的琐碎之中,对于祖国的危难,懵懂罔觉,对于民族之降替,漠不关心"。她号召将最广大的妇女唤醒起来,改善其生活,教育起来,组织起来,使之成为国家的力量,以促进抗战建国大业的完成。①

该刊在《创刊话》中表示"将竭其微弱的呼声,以唤起政府当局、社会人士、妇女先进对于这项问题,这项工作之注意,将其对于这项工作的意见以贡献于当局、社会与女界先进之前,这是本刊诞生的一个愿望!"她强调,"整个的社会始终在男性中心思想的控制之下",虽然有少数革命先进善意扶助女权,却受到社会大众之轻蔑和排斥,"除了具超人的才智,有过人的毅力的女子,实无法从这步步的社会陷阱中冲过"。该刊宣称:"在这里,供给一片公开的园地,让姐妹们倾吐和控诉,让封建的罪恶从其撕破的外衣中暴露出来,这是本刊诞生之又一愿望!"此外,"这里将提供一点理论常识,为姐妹们工作研究与生活之参考"。该刊虽然"没有很好的营养,可是坚强、自信,她抱着坚定的信仰,满怀热诚的来到人间,她要为祖国,为姊妹们效其绵力"。② 陆寒波在《创刊话》中呼吁社会各界关注妇女问题,并将此刊物作为妇女交流的场所。她表示该《妇女月刊》的创办在于唤醒女性关心民族国家大事,组织动员女性参加抗战工作,改善女性生活、教育女性,唤醒女性摆脱男权思想的束缚,使女性发挥自身的聪明才智,并为女性提供理论常识。

《妇女月刊》第1至4卷由陆寒波、林苑文(1908—1978)、陆晶清(1907—1993)等人编辑,自第5卷起主编为陆寒波,编辑还有童肖予、林苑文、陆晶清、张一真等人,主要撰稿人有陆寒波、刘蘅静、宗白华(1897—1986)、蓝烟、陆晶清、林苑文、楼亦文、童肖予、赵清阁(1914—1999)、曹诚英等。《妇女月刊》的来稿,"不拘创作、翻译均所欢迎",不限形式,不限内容,尤其欢迎女作家投稿,并且表示:"希望成为多数妇女之读物,亦希望成为多数读者研讨、写作之园地,为适应各级知识与舆味起见,内容分栏,较为广泛,文字水准亦不尽求其高。"该刊宣称投稿不分性别,但

---

① 陆翰芩:《创刊号》,重庆妇女月刊社编:《妇女月刊》1941年第1卷第1期,第9页。
② 陆翰芩:《创刊号》,重庆妇女月刊社编:《妇女月刊》1941年第1卷第1期,第9页。

"既为妇女刊物,应写妇女界所特别关心,女界不少盛名饱学之士,都肯出其袖手,挥毫以动"。① "来稿最好在五千字以内,长篇著作须自成段落,经刊登后优先致酬,每千字 10 元至 20 元之稿费。"②这在当时的生活状态下是一笔不小的收入,能够吸引广大女性知识分子积极参与投稿,鼓舞了当时很多知识女性拿起手中的笔,进行创作并参与到投稿中来。

从题材来看,《妇女月刊》有"文艺""短评""论著""婚姻之页""通讯""妇女史话""特写""科学小品""家庭"等栏目,题材范围涉及婚姻及儿童问题,现代妇女人物及生活,妇女工作报道、国内各地妇女生活、家庭生活、政经文史论著、时事短评、读书杂记、书评、科学小品、文艺创作和译作等内容。③ "论著"栏目是妇运理论的指导和各项问题的研究讨论处,其刊登"立场正确,题材新颖,说理明澈而具丰富内容的文稿"。"通讯"及"特写"二栏目,登载工作经验报告与检讨,各地风物人情,各阶层妇女生活,各方面社会动态,特殊职业生活等内容,要求内容真实、文笔流畅、描写生动。"世界妇女"栏目主要是关于外国妇女生活与动态的描写、妇女名人学者传记的介绍等,尤其欢迎刊登各国妇女在战争中之情形的描述或片段介绍之译著。④ "科学小品"栏目侧重于提倡妇女界的科学兴味,供给生活科学常识,天文、地象、理化、数学、生物遗传、药业、工程无不欢迎,能切合生活实际之科学小品文尤佳,要求文字通俗、活泼。"家庭"栏目登载一切讨论家庭问题,描写家庭生活之文字,如有关灶厕卫生、佣仆训练、烹调、编织、结婚、离婚、教养、孝养等文章。"妇女史话"栏目刊登关于妇女之历史小品,"述古而不泥古,以现代眼光重新估定历史价值之作品,尤所欢盼"。该刊在第一卷第二期起增开"读者园地",使青年读者得以自由抒写,并增开"妇女信箱",以便询问及解答。⑤ 此外,《妇女月刊》还刊登介绍英美有影响的女政治家、事业家以及国民党中央妇女运动委员会的活动情况、国大女参议员竞选情况的文章。

在《妇女月刊》上,陆寒波发表了大量的文章,她既关注妇女动员问题,也关注妇女的问题,强调妇女的解放。在《谋国之急务》中,她关注国防问题,认为抗战时期有些人过着和战前一样的生活,然而抗战进入第四年,武器是最为匮乏的物资,

---

① 《征稿小启》,重庆妇女月刊社编:《妇女月刊》1941 年第 1 卷第 1 期,第 69 页。
② 《征稿简则第一则》,重庆妇女月刊社编:《妇女月刊》1941 年第 1 卷第 1 期,第 68 页。
③ 陆翰芩:《创刊号》,重庆妇女月刊社编:《妇女月刊》1941 年第 1 卷第 1 期,第 9 页。
④ 《征稿小启》,重庆妇女月刊社编:《妇女月刊》1941 年第 1 卷第 1 期,第 69 页。
⑤ 《征稿小启》,重庆妇女月刊社编:《妇女月刊》1941 年第 1 卷第 1 期,第 69 页。

她呼吁集中节省一切人力物力以建立国防工业。① 在《"交际花"问题》中,陆寒波批评一些来自受过一点教育却放弃谋生出路,出卖其青春,沦为"交际花"的女性,"这些变相娼妓之存在,当然是社会风气败坏堕落的一个因素,她们破坏家庭,她们促成贪污,她们之中间尚有为敌伪利用的情报人员,她们不应该存在于抗战的后方"。她希望救济机关设法劝诱援助,"对于新近成立的内迁妇女辅导院尤寄与无限期望"。②

《妇女月刊》还刊载了陆寒波于 1941 年 11 月 5 日写给一位名叫汉云的读者的回信,汉云是在抗战时期毅然弃家,跋涉数千里来到抗战首都的一位女性,汉云在来信中称"我们忘了我们是女的",对此陆寒波指出,"忘了是女的"是对的,"当我们感觉到拯救和复兴祖国的神圣责任时,我们只能记住一句话,那便是'我必须是一个俯仰无愧的国民'"。"你投进祖国怀抱的动机当然不单是要求危难中的祖国保护,是更因为祖国在需要你。"③陆寒波通过回复读者来信劝导妇女尽到对民族国家的责任,成为一个战时国家需要的良好国民。

在妇女问题方面,陆寒波反对贤妻良母主义的教育,她认为:"妇女对家庭多负责任,有提倡的必要,可是妇女是非善恶,却不好专以对家庭的负责与否,对丈夫小孩的贤良与否来评判,以贤妻良母的尺度来衡量女子教育的失败与否,则尤有否认女子的独立人格而渐使仍然畸形的依附于男子危险。"④陆寒波呼吁对儿童真正地关心和爱护,她指出:"时代是伟大的,孩子终竟是渺小的,他们需要平凡而真实的爱护,他们容易牺牲炮火,饥饿流亡之中,也容易牺牲在忽略,苛待和无诚意的,太夸张的重视或恶毒的利用之下,为了民族和自己的原故,从一切被牺牲的原因中救救孩子罢!"⑤在《妇女月刊》上,陆寒波发表了大量关于妇女动员与妇女问题的文章,她广泛关注各类妇女问题,积极推动战时及战后的妇女解放运动。

三、《妇女月刊》关于战时妇女动员论述

在抗战时期的《妇女月刊》发表一系列宣传妇女动员的文章,彭道真认为对于

① 陆寒波:《谋国之急务》,重庆妇女月刊社编:《妇女月刊》1941 年第 1 卷第 4 期,第 1 页。
② 陆寒波:《"交际花"问题》,重庆妇女月刊社编:《妇女月刊》1941 年第 1 卷第 4 期,第 1 页。
③ 陆翰芩:《你并不寂寞》,重庆妇女月刊社编:《妇女月刊》1941 年第 1 卷第 3 期,第 74 页。
④ 陆寒波:《从"薄贤妻良母而不为"说起——为"三八"而作》,重庆妇女月刊社编:《妇女月刊》1942 年第 1 卷第 5 期,第 1 页。
⑤ 陆寒波:《救救孩子》,重庆妇女月刊社编:《妇女月刊》1942 年第 1 卷第 5 期,第 1 页。

妇女问题,如何破除人们的成见,争取社会的同情和赞助,须要妇女界本身的反省和努力,她认为妇女有贤良的责任,贤良"是作为妻,作为母,作为公民尽职的符号"。"凡是妇女,百分之九十以上都有为妻为母的一日。要注意的是婚姻的结合应以爱情、尊敬、谅解做基础。"她指出:"今后从事妇女运动的人,必须从大处远处着眼,细处近处着手。要吸收团结各阶层的妇女作干部,使这一运动能广大,深入。事业要分门别类,以国家民族的利益为前提,以服务进修为号召。现在从事妇女运动的人负有双重的使命:一重是向国家要求尽力的机会;一重是唤醒全国的姊妹们参加这伟大的尽力运动。"① 彭道真既强调妇女贤良,又强调妇女为国家尽力,同时还需唤醒全国的妇女为国家尽力。

对于怎样进行妇女动员,陆一旭指出:"抗战中因物资来源的缺乏,于是开发物资,增加生产,成为后方的主要工作",强调妇女动员的新途径是动员妇女从事工业、农业等生产工作。② 时任国民政府组织部长朱家骅在《如何做妇女运动》一文中指出:"目前妇运工作上最重要的问题,就是如何能使妇女界集中意志,集中力量,在本党领导之下共同努力于抗战建国之大业。"③他并介绍1941年组织部召集的全国妇女干部会议之情状,指出会议讨论的内容包括党务问题、组织问题、干部训练问题、工作原则问题、社会服务问题、妇女职业问题、女子教育问题、改善家庭生活问题、儿童保育问题、经费问题等。④ 并表示这次会议"是党所召集的,出席的是党员,不是妇女代表,召集的目的,是在集合党的各地妇运干部,宣示中央对妇运的意旨,同时听取报告,征询意见,研究工作技术,解决工作困难,这完全是一种业务性质的临时会议,不是具有任何权力的机关"。他强调:①妇女运动,是党的活动之一部分,做妇女运动的人,无论在任何情形之下,都不可离开党的立场。②妇女运动,要以全体妇女为对象,不可专注意少数知识妇女,忽略了多数农工妇女。③党的妇女运动,要与党的青年运动,农民运动,工人运动,尤其新生活运动总会所创办的妇女工作等等,发生联系,互相配合。④一切工作,都应从大处着眼,小处下手。⑤

对于如何动员妇女,不同的人有不同的看法,比如罗斯福夫人指出:"我从未

---

① 彭道真:《漫谈妇运》,重庆妇女月刊社编:《妇女月刊》1943年第2卷第4期,第13—14页。
② 陆一旭:《妇女工作的新路径》,重庆妇女月刊社编:《妇女月刊》1941年第1卷第4期,第14页。
③ 朱家骅:《如何做妇女运动》,重庆妇女月刊社编:《妇女月刊》1941年第1卷第2期,第4页。
④ 朱家骅:《如何做妇女运动》,重庆妇女月刊社编:《妇女月刊》1941年第1卷第2期,第9—13页。
⑤ 朱家骅:《如何做妇女运动》,重庆妇女月刊社编:《妇女月刊》1941年第1卷第2期,第14—18页。

提议动员所有的妇女。甚至对于男子也从未有过这样的建议。然而,我不是愚昧到完全漠视他国的情形,无论我高兴与否,我必须认清一个事实,就是妇女之应国家的需求,与男子是一样的。"她主张将女青年分成三组,施以不同的组训和教育工作。"我从未提议女青年也要如男青年一样的宿营受军事管理,但是我曾经提议,如果她们愿意受一种需要离开家庭的训练,全国青年处的各地办事处可以办理此事。"罗斯福夫人指出:"社会上常有的一种理论,以为倘若经济状况许可,女子须在家庭内过一种托庇的生活,而男子则必须照料她。但我恰认识许多妇女,她们突然被投进一个冷酷的世界,在那里她们要照料自己,有时还需照料他人。因此我开始以为训练女青年使能应付上述的遭遇,确是一种有益之举。当男子的收入不足以维持一家生活时,母亲及子女分担家庭的预算是必需的;那么为什么不作先一步的训练呢?"①

事实上,罗斯福夫人将妇女动员与妇女解放结合起来,她认为妇女动员使妇女习得一种谋生的技能,对于妇女参加社会经济生活和职业生活是有帮助的,而对于妇女家庭与社会地位的改善也是有帮助的。她指出:"我敢相信,如果她们有技能或专门职业,她们一定被征参加她们已经了解的工作;因为很明显的,用人之所长是增加效能之一法,倘若一个女子已经获得一种技能或专门职业,则她参加该项工作无疑地会比做任何工作都能胜任愉快。她可能得不到同样的报酬。当政府要求某些人服务,它给予她们的报酬,很少能如私人机关一样多的。然而对于愿受低微的报酬做去为当时整个国家民族所需要的工作的人,我们一向尊崇的。有些人因为完全不能投效服务而自愿接受减少收入的办法。对于这样的男和女,我们也是敬仰的。""你可以称这种办法为动员。这是为了我们自己的利益的动员。"②

《妇女月刊》对于儿童保育问题十分关注,杨婉莹指出战时难童教育存在的问题诸如救济机关的不够,经费的不足,教养方法的欠妥,经费的缺乏等,并提出改造的方法和建议。③ 楼亦文的《从战时儿童的损失说到儿童保育》指出今日儿童损

---

① 林苑文译:《罗斯福夫人论动员妇女》,重庆妇女月刊社编:《妇女月刊》1941年第1卷第3期,第22—23页。
② 林苑文译:《罗斯福夫人论动员妇女》,重庆妇女月刊社编:《妇女月刊》1941年第1卷第3期,第22—24页。
③ 杨婉莹:《战时难童教养问题》,重庆妇女月刊社编:《妇女月刊》1943年第2卷第5期,第16—17页。

失能致他日人口不足的压迫,并引第一次大战时法国保育儿童的许多材料,提出"教的"问题,尤值得做儿童保育工作者的参考。[①] 此外,王捷三的《动员妇女声中之孩子保育问题》(第3卷第4期)、陆一旭的《谈谈儿童公育》(第4卷第5期)、章津华的《问题儿童教养院》(第7卷第5期)等也在讨论儿童保育问题。关于女生训导方面,《女生训导问题》对"训导"的意义和理论进行解释,并提出许多实际的问题,认为一个好的训导制度,可以引导青年的思想人格入于正轨,较之任何书本上的宣传更有效。[②]

关于乡村妇女动员方面,左诵芬在《战时乡村妇女教育谈》一文中,强调对广大乡村妇女教育和动员的重要性,她指出:"就从妇女本身解放来说,要是广大的姊妹这样落后,只凭少数知识份子在社会上跳来跳去,那末,所谓解放永远不过是一种漂亮的装饰。""中国的妇女,如果要得到真正的解放,必定要靠着全体妇女的觉醒与努力,而首先,我们必定要教育最广大但是落后的乡村妇女。""无论从抗战建国,妇女解放,或者民族文化水准的提高来说,目前的乡村妇女,是迫切地需要施以教育。""要普遍地做到一种启蒙的教育而把乡村广大的女文盲扫个干净。"[③]针对乡村妇女教育的内容指出:"所谓提高文化水准,不光是教她们认几个字便算了,主要的是在识字的过程中,迎合着丰富的内容。而这些内容是应当根据妇女所处的环境与时代而决定的。"[④]

左诵芬认为"中国的乡村妇女正是处在一个民族生死战斗的时代里,这个战争是中国民族解放的战争,也是妇女翻身的战争。这个战争是持久的,艰辛的,是要求每一个国民——包括乡村的每一妇女,都要献力于保卫国家的。"具体说来,对乡村妇女的教育"就是要教她们,做一个自立的人,相信自己,依靠自己;做一个会思想的人,遇到困难会想办法,看到事情会辨是非,不求菩萨,不靠祖宗。做一个好的主妇,会管理家庭,会注意卫生,会帮助丈夫,会教养孩子;做一个好的国民,会鼓励丈夫儿子去当兵,肯帮助后方的难民伤兵,肯缝制前方将士的衣鞋,会参加各种生产事业。""依照上面的原则,就可以配合教授:抗战常识、公民常识、卫

---

① 楼亦文:《从战时儿童的损失说到儿童保育》,重庆妇女月刊社编:《妇女月刊》1941年第1卷第1期,第8页。

② 吴韫琨:《女生训导问题》,重庆妇女月刊社编:《妇女月刊》1941年第1卷第6期,第13页。

③ 左诵芬:《战时乡村妇女教育谈》,重庆妇女月刊社编:《妇女月刊》1942年第1卷第5期,第30页。

④ 左诵芬:《战时乡村妇女教育谈》,重庆妇女月刊社编:《妇女月刊》1942年第1卷第5期,第31—32页。

生常识、儿童教育、妇女问题讲话、三民主义和新运要义等课目。必要的还可以增添点缝纫、纺织等手工业的训练,使她们获得一种工作的技能。"①

在经济动员方面,冯世辉强调妇女在经济动员中的地位,认为"妇女与男子对于国家民族负有同样责任,当国家对外作战时,自然应该积极动员与共同完尽国民的天责"。她认为:"大体上说妇女比较男子为精细耐心,富于情感,男子比较女子勇敢有魄力,重理智,所以男女间的能力问题是差异问题,而非优劣问题,因此妇女动员问题的重心,是在如何使具有不同才智和能力的妇女们,配置于各种的经济事业部门,务使每个妇女都能发挥其所长,而各种事业亦因得有适当的人才而更易推进。"文章进而指出,妇女经济动员的领域包括农业、工业、社会事业等。"要补救农村劳力缺乏唯一办法,就是动员妇女去耕种","除了直接增加生产效用的农业工业外,其他有关社会福利事业也可以由妇女去办理"。②

此外,《妇女月刊》还刊载了一些文章介绍和宣传西方国家妇女抗战的情况,比如《苦恼中的战时德国妇女》(第1卷第1期)、《在战争活跃的英国女性》(第1卷第3期)、《苏联妇女社会服务的鳞爪》(第1卷第3期)等。也有些文章强调发挥女性作用与战时职责如楼亦文的《为农村妇女呼吁》(第3卷第1期)、陈义平的《匹妇有责》(第4卷第2期)、余天民的《论知识妇女之伟大力量》(第4卷第2期)、姚康佑的《妇女运动与无名英雄》(第4卷第2期)、梦君译《战后的新女性》(第4卷第2期)等,强调发挥女性尤其是知识女性对于民族国家的职责,号召和动员中国妇女参与战时工作。

《妇女月刊》作为国民党组织部妇女运动委员会会刊,在民族国家话语下,必不可免的具有党派和政治的印迹,如徐慧的《中国国民党的妇女政策》(第1卷第21—25页)列举国民党扶助妇女的政策理论并罗列历来扶助妇女之事实。《妇女月刊》刊发的文章,强调妇女解放与民族解放的统一,即便是关于女性权益问题,也要多强调其与民族解放之关系。比如刘蕙静在《女子教育问题》中所指出:"在从前,教育的目的在使个人适存于社会,现在则更要使民族适存于世界。教育不但是安定社会的工具,而且是改造社会,改造国家的重要工具。所以现代教育对于发展个人的意义少,而对于发展国家民族的意义多。"③她强调:"谈到中国教育

① 左诵芬:《战时乡村妇女教育谈》,重庆妇女月刊社编:《妇女月刊》1942年第1卷第5期,第32页。
② 冯世辉:《经济动员与妇女》,重庆妇女月刊社编:《妇女月刊》1943年第2卷第2期,第2—6页。
③ 刘蕙静:《女子教育问题》,重庆妇女月刊社编:《妇女月刊》1941年第1卷第3期,第2页。

问题,则离不开三民主义,违背了三民主义的精神,无论什么好制度好方法,都不能算是中国的教育。"①作为女教育家和国民党妇女干部,刘蘅静强调教育对国家的意义,也强调以国民党三民主义的思想作为教育的基本精神。

四、《妇女月刊》对妇女问题的关注

《妇女女刊》遵循了言论自由,各抒己见的原则,投稿者可以发表各自不同的观点,对当时妇女问题发表自己的意见,并产生一定的深远影响。《妇女月刊》作为"为姊妹效其绵力"的一份妇女刊物,内中刊载了很多关于妇女问题与妇女权益相关问题的文章。比如胡子婴指出:妇女运动须在同一个时候从多方面着手的,"在同一时间里,我们要争取参政权,争取职业平等,待遇平等,教育平等;但同时我们也要做启蒙的工作,像识字运动,放足运动,禁止童养媳运动,禁止妇女买卖运动,禁止养婢蓄妾运动"。而妇女运动的目标只有一个,"就是使全体妇女能够走到真正解放的路,使全体妇女不仅有知识,而且有生产技能,每一个妇女都有独立生存的能力,但要达到这个目的,却需要从多方面推前,由多方面着手。不然不仅是妇女运动没有前途,连整个社会运动也会被牵制而无法前进的"。② 胡子婴在这篇文章中强调应全方位推进妇女解放的步伐,妇女运动也不能仅限于少数文化水准较高容易接受较容易了解的妇女。

1. 关于妇女参政问题

《妇女月刊》介绍了一些关于妇女参政、妇女竞选等问题。陆寒波在《为本届参政员进一言》中认为,女参政员应该检讨过去两届的努力中的成就,以对本届会议中的提案有所计划;女参政员关于妇女问题的提案,不必贪多,"应该选择最切要而易行的,列为主案,集全力于此主案之讨论与决议";女参政员对于非妇女问题的各项提案,"应该努力去参加讨论,或者发动提出,使人感觉我们不是只注重妇女问题,而对于各项政治、经济、教育、社会等问题,漠不关心"。此外,女参政员"要加强我们的工作力量,并不仅依赖会内的提案,会外的援应,也很重要。我们的女参政员,必须平日在社会中,建立起社会信用,取得社会的地位,然后言重九

---

① 刘蘅静:《女子教育问题》,重庆妇女月刊社编:《妇女月刊》1941 年第 1 卷第 3 期,第 2 页。
② 胡子婴:《今日的中国妇女问题应从哪里着手》,重庆妇女月刊社编:《妇女月刊》1941 年第 1 卷第 3 期,第 10—12 页。

鼎,在会内才会引起讨论,在会外才会受人重视。"①

肖予指出国大代表、立法委员和监察委员选举法规定妇女名额总数为404人。然而"从保障条文妇女单独计票及名额分配办法来说,保障妇女在规定名额中安然当选,自然无可非议。所遗憾的,却很显明地已有被限制的趋向;因为从整个选举法及施行条例去看,自始至终找不出妇女也有自由竞选的任何机会,妇女除规定名额以外,将不可能再多一获选"。换言之,妇女的选举权受到了限制。为此,她提醒妇女重视选举权,审慎行使选举权,认为"妇女是否能够自由竞选,固然需要请求立法机关解释,首先还是要妇女自己注意及此。"②

对于妇女参政问题,刘蘅静认为:"中国妇女的参政运动一向是向上层活动的。因为可以走遴选与圈定的捷径,只要获得上层力量的支持便可当选。因此妇女人才集中于几个大都市,无人肯向穷乡僻壤去开荒。宪政实施以后政治力量在下层了,妇女在基层却没有一点基础。""今日中国妇女参政问题的焦点不在参政权的本身,而在女子教育的普及,妇女不要沾沾自喜,以为参政权已经在国民党的主义与政策上得到保障,安然坐以待宪政的实施。应该努力推进女子教育,同时并要积极参加地方自治,以建立起自己的基层力量。"③

作为国民党妇女干部,楼亦文认为"谈到妇女参政,我们首先当要感谢国民党的提倡妇运和促进女权的热忱"。④ 另一位国民党妇女干部崔纽秋认为:"有了适合现代的母亲,才能教育出适合现代的国民。妇女若是不懂政治,怎么能教育出合乎现代的需要的国民来。"而现代中国需要的是"实现三民主义的国民",第一要有革命的思想和行动;第二要有吃苦耐劳的精神和体力;第三要有现代科学的知识和技术;第四要有献世的勇气和行为。⑤ 此外还有《南京市的女参政员是怎样竞选的》(第 5 卷第 3 期)、刘蘅静的《宪法小评》(第 5 卷第 5 期)、《检举何德奎的女参政员罗衡》(第 5 卷第 1 期)、宓超韦的《欧美女子普选运动之发展》(第 2 卷第 6 期)、纪清漪的《释女子继承权》(第 1 卷第 4 期)等文章也涉及妇女参政或妇女与

---

① 陆寒波:《为本届参政员进一言》,重庆妇女月刊社编:《妇女月刊》1942 年第 2 卷第 2 期,第 1 页。

② 肖予:《保障下的妇女当选名额》,重庆妇女月刊社编:《妇女月刊》1947 年第 6 卷第 2 期,第 1—2 页。

③ 刘蘅静:《谈妇女参政》,重庆妇女月刊社编:《妇女月刊》1946 年第 5 卷第 2 期,第 3—6 页。

④ 楼亦文:《由三青团扩充女团员说到促进女权与妇女的政治修养》,重庆妇女月刊社编:《妇女月刊》1943 年第 3 卷第 2 期,第 2—8 页。

⑤ 崔纽秋:《妇女与政治》,重庆妇女月刊社编:《妇女月刊》1944 年第 3 卷第 5 期,第 5—7 页。

政治的关系问题。

2. 关注妇女生育问题

关于妇女生育问题,刘蘅静在《奖励生育和减少死亡》一文中,基于中国人口有所减少的事实,民族的生产与人口多寡的关系,指出中国应该奖励生育,减少死亡,否则中国民族这样的大民族将要退居到小民族的地位。[①] 刘蘅静从中国、欧美及日本人口变化的视角得出中国应该奖励生育减少死亡,保持住中国在国际上的大国地位。

楼亦文在《奖励生育与知识妇女》一文中谈及国民党五届八中全会所提出的"积极奖励生育,以期增加人口,充实国力"与"奖励生育,提倡优生,以固国本"两项政策,表示赞同鼓励生育的有关举措,她认为抗战以来,中国能与号称世界一等强国的暴日进行长达四年之久的抗战,人口较多是一个非常重要的因素。但是她反对社会舆论认为知识妇女因为自私享受而节制生育的观点,认为中国知识妇女生育率偏低,这与世界各国的普遍趋势一致,世界各国知识妇女的生育率普遍要比一般女性的生育率低。而抗战时期中国知识妇女生育率低有一个很重要的因素,在于抗战时期物价上涨,而依靠薪金维持生活的公务人员和学校教员,"物价上涨一二十倍而收入不变",生活标准大为降低,从而影响其生育率。因为"他们连自己的生活都难于维持,已有的儿女都不能培植,自不愿再多生育"。对此,楼亦文提出一些积极奖励知识妇女生育的办法。[②]

张紫洞在《我们需要节制生育》一文中提出针锋相对的观点,她认为作为父母不应该对子女粗制滥造和无限的繁殖,而是应该提倡节制生育,并且指出在目前中国的情况下,这是更加紧迫的需要。其理由如下:①是社会秩序的安定;②是国民素养的堪忧;③是母亲健康的维护;④是堕胎弃婴的免除;⑤是结婚年龄的提早;⑥是妇女职业的保障;⑦是疾病死亡的降低;⑧是国家负担的减轻。[③] 因此她主张要节制生育,提高人口的质量。针对女性生育的问题的讨论,既站在民族国家解放的角度,也站在女性自身解放的角度,进行过一些阐述。

3. 关注女子教育问题

陆寒波曾在《知识妇女之三重责任》中指出中国妇女受教育人数极为有限,

---

① 刘蘅静:《奖励生育与减少死亡》,重庆妇女月刊社编:《妇女月刊》1941 年第 1 卷第 1 期,第 20 页。
② 楼亦文:《奖励生育与智识妇女》,重庆妇女月刊社编:《妇女月刊》1941 年第 1 卷第 2 期,第 21—25 页。
③ 张紫洞:《我们需要节制生育》,上海妇女时报社编:《妇女月刊》1948 年第 7 卷第 5 期,第 5 页。

"根据我国约有15%受国民以上教育的男女,受教育的女子又为受教育男子1/10,约算出来,再减去受小学教育以下的妇女,即使从宽估计,也不得300万人。姑假定它是300万人,全国二万万二千五百万妇女中的三百万幸运儿,全国三万万八千万男女文盲中的三万万选民,是一个多么稀罕珍贵的人数啊"。① 她主张对知识女性实施三重教育,使其承担身为国民、母亲、妇女运动者的角色和职责,她说:女性"既须为个健全的国民,又须为一个贤能的母亲,尤须为一个热诚的妇女解放运动者。一个国民的责任是对国家的,一个母亲的责任是对民族的,一个妇运者的责任是对妇女同胞的"。② 她本人也朝着这个目标努力,作为女国民尽全力投入到为国家服务事业;作为一个妇女解放运动者,她在《妇女月刊》上宣扬女权,帮助有困难的妇女,并将这种为人民服务的精神一直延续下去。③

署名"钦青"的读者,曾在"读者园地",中强调男女教育平等及女性获教育的重要性。她指出:"有人说女子的智能、工作效力不及男子强,这种传统的说法,毫无科学根据,自然不足为信。据统计政校大学历届招收的学生已有1 800多人,而女生仅只54人,就百分比来说,女生以占3%的力量与男生占97%的力量互相比照,自然觉得微弱,如以女生在政治上无所建树相比,不免失之遇苛!"④社会上拒绝女子接受教育,拒绝在社会上担任职务,是因为他们认为有了女职员就要多增加各种问题,"女子总要结婚,结婚后总要生育,生育前后就要请假"。这实际上是一种对于女性的偏见。"总之,任何机关拒绝女职员是一时的变态现象,政大如因此而不招收女生,岂非是因噎废食?"而对于妇女自身更要反躬自问:"自己的努力够不够? 自助而后人助,女子要在政治上获得与男子平等的地位,解除传统势力的束缚,还要妇女自身加倍的努力才好。"⑤

刘蘅静反对为了家事教育的扩充而打消了男女教育机会平等的原因。⑥ 她主张对女学生实行同等程度的课程教育,认为"单为女子制定一个教育方针是要不得的","女子教育乃是妇女运动的根本","中国教育制度的实施,应该充分彰显平

---

① 陆翰芩:《智识妇女之三重责任》,重庆妇女月刊社编:《妇女月刊》1941年第1卷第1期,第12页。

② 陆翰芩:《智识妇女之三重责任》,重庆妇女月刊社编:《妇女月刊》1941年第1卷第1期,第13页。

③ 朱衣:《民国女子陆寒波传奇》,台湾时报文化出版企业有限公司1993年版,第47页。

④ 钦青:《男女平等了? ——论政大本届招考不收女生》,重庆妇女月刊社编:《妇女月刊》1941年第1卷第2期,第152页。

⑤ 钦青:《男女平等了? ——论政大本届招考不收女生》,重庆妇女月刊社编:《妇女月刊》1941年第1卷第2期,第153页。

⑥ 刘蘅静:《关于家事教育》,重庆妇女月刊社编:《妇女月刊》1942年第1卷第5期,第15页。

等的精神"。"女子生来也有各种不同的天才,个人也有各种不同的兴趣,教育不应制约她们学习的自由"。[①] 刘蘅静主张中学以男女分校为原则,同时不禁止男女同校,认为:"女学生程度低落的原因并不是男女分校,而是男女学校课程不同。限制男女同校的各国大都对于女校课程诸多限制,使女学生多花许多时间去学男生所不学的东西,而许多重要的基本学科,女生没有学习的机会。再则由于传统观念作祟,使负教育责任的人(教育行政官吏、校长、教师)轻视女生的学习能力,对于女学生的课业不求高深,不以正确标准评定女生的学业成绩,女学生因为学校督责不善,又甘于放弃。"[②]

相较于城市教育而言,乡村妇女教育更为困难,"尤其是北方的乡村妇女教育更感困难",陈大白在《妇女月刊》上介绍陕州乡村妇女教育成功的原因,指出:①是以其基础建设来开展妇女教育之普及;②是用政治力量来统治教育事业的实施;③是以比赛方法来激发乡村妇女好学之兴趣。她特别强调妇女工作者根据中央颁布法令而切实施行,以适当的方法、坚毅的精神进行努力。[③]

4. 关注妇女职业问题

《妇女月刊》有文章讨论妇女职业问题,如端印的《职业妇女的问题因素》(第6卷第4期)、《广州职业妇女生活素描》(第6卷第4期)、乐欧的《妇女职业问题》(第5卷第2期)、刘素人的《女子职业贴补政策》(第5卷第3期)、俞扬译的《职业会失去丈夫吗?》(第5卷第2期)、崔纽秋的《职业妇女的困难》(第4卷第5期)、袁曼龄的《如何解决知识妇女求业的困难》(第4卷第3期)、林俞文的《论中国妇运及经济权的重要性》(第3卷第4期)、黄蓓芳的《当前妇女职业之路》(第3卷第3期)、左玖瑜的《女子从业和托儿所》(第3卷第2期)、崔之兰的《关于夫妻同为公教人员报领食米代金之意见》(第3卷第1期)、褚向鹃的《对妇女就学和就业的一点意见》(第2卷第6期)、刘蘅静的《论一石米》(第2卷第5期)等。

《妇女月刊》对妇女职业问题较为关注,认为妇女地位的提高,最根本的应使妇女从对男子的经济依附关系中摆脱出来,获得经济上的独立与平等,增加其对国家和社会的贡献。孙蕴在《妇女解放与职业教育》中从妇女解放与妇女职业、妇

---

① 刘蘅静:《女子教育问题》,重庆妇女月刊社编:《妇女月刊》1941年第1卷第3期,第3—8页。
② 刘蘅静:《女子教育问题》,重庆妇女月刊社编:《妇女月刊》1941年第1卷第3期,第5页。
③ 陈大白:《乡村妇女教育成功的一个实例———陕州乡村妇女教育视察记》,重庆妇女月刊社编:《妇女月刊》1943年第3卷第1期,第36—37页。

女职业能力的解放、妇女职业教育的实施三个方面论述妇女解放与职业教育之关系。她认为"妇女固然不必丢开乳瓶尿布而完全不顾,但也不必一定要固其天才于乳瓶尿布之间而不问外事"。任何学校都应该特别考虑女生的职业前途,如果她们自己不感觉到自己的职业问题,学校教师应该提前考虑到。她认为妇女在政治文化上遭遇歧视与束缚,根源于经济生活上依附于男子,妇女解放最基本问题即在于解除妇女在经济上受到的压迫,争取经济地位的独立平等。妇女职业能力是经济能力的重要表现,"而如何发展妇女职业能力,提高妇女职业地位,最主要的是加强并推广妇女职业教育",[1]提高大量妇女的职业知识和专门技能,使无业的妇女能够有业,有业的妇女能够乐业,"妇女职业能力的解放,也就是妇女的解放"。[2]

袁曼龄在《如何解决知识妇女求业的困难》中指出,"男女平等乃在男女双方均能经济独立,否则如果女子依然要仰仗男子的鼻息,一方大权在握,一方依赖寄生,则只是表面的平等,名义平等,实非真正的平等,惟女子欲求经济独立"而要实现经济独立则必须使女子有学习技能、参加职业的机会,需做到:①促进妇女职业的崛起;②开放女性职业服务的园地;③加强女子职业选择的指导;④坚固全国职业界和准备职业妇女的大团结。[3] 崔纽秋在《职业妇女的困难》的开篇指出"这个题目看来好像是妇女本身的事情,事实上是社会的重大问题;因为妇女感到困难,使她在工作上不能发挥最大的能力,那便形成了国家的一种损失",因而协助妇女解决困难,便是协助了社会和国家。关于怎样协助妇女:①要解除妇女在职业上的困苦;②要减轻妇女在家庭的拖累;③要解除妇女精神上的威胁。[4]

当然,对于职业问题,也有不一样的见解。比如陆晶清认为:"如果你真有超人的才能,自然不怕没有你施展才能的机会;就是你有一技之长,也不难找到适当的工作。"相对于其他妇女领袖强调社会为妇女提供一个平等的就业机会,陆晶清针对社会上对女职员工作上"不紧张,效率低弱"的指责,认为女职员应注意提高自己的工作效率和态度。①无论你所担任职务是重要或不重要,你总每天按照规定的办公时间,把自己稳定的安放在办公室里。②在办公时间内,你务必竭力地

---

① 孙蕴:《妇女解放与职业教育》,重庆妇女月刊社编:《妇女月刊》1942年第1卷第5期,第24页。

② 孙蕴:《妇女解放与职业教育》,重庆妇女月刊社编:《妇女月刊》1942年第1卷第5期,第25—28页。

③ 袁曼龄:《如何解决知识妇女求业的困难》,重庆妇女月刊社编:《妇女月刊》1945年第4卷第3期,第14—15页。

④ 崔纽秋:《职业妇女的困难》,重庆妇女月刊社编:《妇女月刊》1945年第4卷第5期,第9—10页。

约束自己，多做事少看电影小说之类，更不可以写私信或织毛线衣。只要你肯做事，相信不会没有事给你做的。①《妇女月刊》涉及对妇女问题的讨论是多方面的。

《妇女月刊》涉及抗日战争时期以及战后的妇女工作及妇女问题，抗战结束后，妇女职业问题面临更为严重的处境，翰芸在《目前妇女的严重问题》中指出："胜利以来，由于国库的紧缩政策及全国战争情况的无休止，致跟着'裁员'与经济事业窒息的报导而来的是：全国性的失业浪潮和一幕幕悲惨的后果。""中国的职业界对妇女原没有慷慨地开过大门，在抗战期内只由于战争需要人力，只由于高涨的生活沉重地压迫了每一个正直清廉的家庭，只由于妇女自身对国家抗战的责任觉悟，才自动的，也有的是被动的离开了家，拥进职业界，但她们占领的地位，仍然很低微，数目仍是不多，及到一声'裁员'则首先被推出大门的又正是妇女。"对此，她认为："要正面去解决失业，仅由个人方面的一切努力都是不够的，只有政治清明，经济安定，全国和平的局面下，失业问题始可寻得根本的解决，妇女对今天的危机解除也只有循这个原则努力方有结果！""妇女应该集合力量去创办或参加生产事业，以扩大妇女职业的范围和奠定职业基础。""在积极提倡妇女生产事业之外，对于踊跃为妇女福利事业服务亦极重要。"②

5. 关注娼妓问题

对于娼妓问题，正如陆寒波在1948年第6卷第7期的《写在卷首》所说："很少人诚意的顾怜这一群被迫害，被凌辱的可怜虫本身的痛苦。她们何自来的？许多是被生活所迫，自甘走上这条差强于死的路，更多是天真烂漫的童年即以将来出卖皮肉的目的而被拐骗，贩卖出来，操着这样营生。"而对于解决娼妓问题，社会上很多人在讨论公娼和禁娼的问题，陆寒波明显反对公娼，她认为："事实上公娼的结果除了她们该负担一份捐税以外，身体检查常常是虚应故事甚至为勒索的借口；被合法保障的不是妓女而是鸨母乌师和嫖客；在公娼的地方私娼照样多，而且因嫖客鸨母的受保障，皮肉生涯鼎盛，更合千方百计去搜罗人肉货品应市，妓女的人数只会增多。"而禁娼的关键在于怎么禁，她指出："禁娼决不是给警察以一个逼迫敲诈的机会，也不是把娼妓逼得上天无路，入地无门，连一个较强于死的生存线

---

① 陆晶清：《从谋事说到做事——给职业妇女》，南京妇女月刊社编：《妇女月刊》1941年第1卷第2期，第26—28页。

② 翰芸：《目前妇女的严重问题》，南京妇女月刊社编：《妇女月刊》1947年第6卷第1期，第5—6页。

都不许有。因此配合禁娼,必须要给她们一条出路,她们该活,该活得较为
合理。"①

《妇女月刊》1948 年第 6 卷第 7 期集中刊载了关于娼妓问题的论著、报导和文
艺等文章,论著如尉素秋的《乱世的象徵》(第 6 卷第 6 期第 1 页)、陈止一的《从历
史社会及法律三方面看娼妓问题》(第 6 卷第 6 期第 6 页)、李紫来的《娼妓制度与
家庭》(第 6 卷第 6 期第 15 页)、予兰翻译的《娼妓泛论》(第 6 卷第 6 期第 18 页)、
徐若萍的《中国娼妓史话》(第 6 卷第 6 期第 22 页)等;报导文章如《管窥日本娼妓》
《紫色的巴黎》《流莺上市》《沦落图》等;文艺方面有彭道真的《柳絮依人的柳如是》
(第 6 卷第 6 期第 51 页),一真的《文艺作品中的娼妓》(第 6 卷第 6 期第 66 页)、余
岚的《写给被侮辱与被损害的》(第 6 卷第 6 期第 40 页)等,希望引起妇女界及各方
对娼妓问题注意与讨论,以帮助读者对娼妓问题之认识。②

这份刊物上有不少文章是讨论妇女地位与妇女权益的,例如尉素秋的《发挥
妇女的伟大功能》(第 7 卷第 1 期)、熙春的《中国过去妇女之地位》(第 6 卷第
2 期)、周曙山的《女子在历史上的地位》(第 7 卷第 1 期)、史丹忱的《中国妇女法律

华南女兵训练

资料来源:《大美画报》1938 年第 5 期,第 2 页。

① 陆寒波:《写在卷首》,南京妇女月刊社编:《妇女月刊》1947 年第 6 卷第 6 期,第 1 页。
② 《编后记》,南京妇女月刊社编:《妇女月刊》1948 年第 6 卷第 6 期,第 4 页。

地位之演变》(第 4 卷第 1 期)、张世杰的《联合国中的妇女地位问题》(第 5 卷第 6 期)、李青崖的《法国的妇女保护制度》(第 6 卷第 3 期)、陈一德的《英国妇女挤进了外交界》(第 6 卷第 2 期)、莫希平的《女权运动之起源》(第 3 卷第 1 期)、吴韫珉的《男女问题差异的研究》(第 2 卷第 4 期)等。这份刊还介绍杰出女性在历史上之贡献的,如陆寒波的《蒋夫人载誉返国》(第 3 卷第 1 期)、龙熠厚的《近代女词人吕碧城》(第 7 卷第 1 期)、高莫野的《女作家黄庐隐》(第 6 卷第 1 期)、张世杰的《武则天新论》(第 6 卷第 5 期)、黄天才的《贞观之治与长孙皇后》(第 4 卷第 2 期)、张德的《女兵谢冰莹》(第 5 卷第 5 期)、《巴黎几位"有声有色"的中国妇女》(第 6 卷第 1 期)、《居里夫人的伟大》(第 6 卷第 3 期)、慧明的《英国的伊丽莎白公主》(第 6 卷第 1 期)、凌卓的《法国女文学家杨思琦夫人》(第 5 卷第 6 期)、彭宪译的《印度第一位女性》(第 5 卷第 6 期)等。

此外,关于婚姻与性问题的文章有周曙山的《夫妇生活论》(第 5 卷第 2 期)、《婚姻复员》(第 5 卷第 1 期)、韦晓萍的《关于"知识青年的婚姻问题"的问题》(第 4 卷第 1 期)、《对离婚的一个新解答》(第 6 卷第 5 期)、彭世明的《离婚问题的研究》(第 4 卷第 3 期)、王涤的《论夫妻财产制》(第 4 卷第 4 期)、《未婚夫的性行为》(第 6 卷第 3 期)、何纪民的《结婚前后的性生活》(第 5 卷第 6 期)、史言珍的《我理想的太太》(第 5 卷第 6 期)、紫鸢译的《究竟还要不要讲贞操》(第 5 卷第 5 期)、海天翻译的《献给没有子女的夫妇》(第 5 卷第 5 期)、王云的《知识青年的婚姻问题》(第 3 卷第 5 期)、孙啸放的《论婚姻》(第 3 卷第 4 期)、阮学文《今日中国的婚姻纠纷》(第 1 卷第 1 期第 2 页)等。总体来说,《妇女月刊》不仅仅讨论妇女动员的问题,而且涉及到妇女运动的方方面面,对各项妇女问题及权益进行了充分的讨论。

这份刊物刊载了大量关于妇女问题的文章,涉及妇女参政、妇女教育、妇女婚姻与性道德、妇女生育、妇女职业以及娼妓问题等,倡导男女平等,追求女性权益,促进妇女思想解放,争取女性获得经济上的独立与政治权利的平等。正如其《创刊话》中所说"为祖国,为姊妹们效其绵力",既服务于国家民族解放,也致力于争取妇女自身解放。

抗战时期《妇女月刊》吸引着广大知识女性积极著文投稿,参与其中。该刊在抗战时期急需动员全国人力物力从事前线及后方事业的情致下,对鼓励妇女投身民族国家解放战争起到了积极的意义。同时,对于抗战及战后女性处于弱势地位的时局下,极大地鼓励女性勇敢地走出家庭,走向社会,积极参与社会事务,去争取自身的受教育权利、职业权利,挣脱并突破传统社会对女性的限制、束缚,起到了积极的作用。作为五四时代成长起来的独立女性,陆寒波虽然身为银行家夫人,但是没有放弃自己作为独立女性及职业生涯的追求。抗战期间,她积极创办《妇女月刊》,积极动员妇女为抗战胜利、民族解放贡献自身的力量。

第四节　女性精英与战时女子教育

近代以来,受女权思潮和妇女解放观念的影响,女子教育逐渐兴起。全面抗战时期,围绕战时需要怎样的女子教育及如何开展女子教育,知识女性在战时各类刊物上发表大量的言论,提倡关于人的教育,培养独立人格的女性,实现男女教育平等,并对社会上的贤妻良母主义的论调进行驳斥和批判。

对于知识女性的研究,李扬曾讨论民国时期的知识女性一方面承担独立谋生分担家庭经济压力的责任,一方面承担着传统相夫教子的责任,在事业与家庭之间的两难状况及选择。① 张朋从近代女报与知识女性身份转型的互动关系出发,揭示近代女性报刊是知识女性从传统才女完成自我身份重塑的实践空间。② 姜卫玲指出,知识女性通过参与报刊活动传递思想,启发女性觉悟。③ 这里所说的知识女性,主要是指具有一定的知识水平和文字能力的女性,她们能够在报刊上刊文发表见解,主体资料主要依靠战时报刊女性登载的关于女子教育的文本,以此考查她们对于女子教育的观念。

抗战时期的女子学校教育论争,涉及民族国家的话语与女子教育交锋,更需要重新进行讨论和审视。黄相辅以《妇女杂志》为中心,探讨"人的教育"与"贤妻良母"两种教育理念的对立。④ 陈姃媛的《从东亚看近代中国妇女教育:知识分子对"贤妻良母"的改造》探讨近代中国妇女教育中的贤妻良母的概念及近代中

① 李扬:《歧路纷出,何处是归程?——民国时期知识女性在事业与家庭上的两难选择》,《北京社会科学》2016 年第 6 期,第 112—118 页。
② 张朋:《媒介实践与知识女性的身份转型:中国近代女性报刊研究及其省思》,《编辑之友》2019 年第 1 期,第 83—89 页。
③ 姜卫玲:《近代知识女性报刊活动的历史考察》,《编辑之友》2015 年第 1 期,第 103—106 页。
④ 黄相辅:《女子需要什么科学常识?从"人的教育"与"贤妻良母"之争谈新文化的知识观》,《近代中国妇女史研究》2019 年第 34 期,第 129—188 页。

国知识分子对"贤妻良母"的改造,认为作为女子教育理念而讨论的贤妻良母,是一个复杂的概念。① 王晓慧《近代中国女子教育论争史研究》一书围绕女子教育的宗旨、形式、内容等问题研究,讨论近代中国女子教育论争。整体上学界关于近代女子学校教育或特定地区学校的女子教育及女学的研究。② 也涉及女性观念与女性话语,女性形象与女性气质的研究。③ 研究的时段以晚清及民国初期的研究成果较为集中。然而,对于抗战时期特殊情境下的女子学校教育及观念的研究相对薄弱。

抗战时期知识女性对于女子教育的发展极为重要,论者指出:"知识妇女是广大妇女群众的先锋,女学生女青年是知识妇女的急先锋,而女教师、女青年的教育者或领导者,又是女学生的引擎;因此,知识妇女要为动员广大落后的散漫的妇女而努力,首先在领导知识妇女的女教育家和教育女青年的教育家们,有着重要的意义和决定作用。"④女教育家和教育女青年的教育家们,对于女子教育的发展有着重大的影响。

一、战时女子教育重要性

知识女性基于男女平等的观念和民族国家战争动员的需要,倡导女子教育的发展。她们认为,女子教育与社会、国家的发展有密切的联系,女子教育事关妇女的解放、国家的兴亡,只有教育才能拯救全国妇女,使女子成为完全独立的人;只有教育能使国家求得独立、谋得发展、实现复兴,女子教育的发展尤其重要。正如金陵女子文理学院校长吴贻芳所指出,战争给中国女性带来的不是苦难与困厄,

① 陈姃媛:《从东亚看近代中国妇女教育:知识分子对"贤妻良母"的改造》,台湾稻乡出版社 2005 年版,第 120 页。
② 比如对于上海女学的研究有杨洁:《民国时期上海女子教育口述研究》,陕西师范大学出版社 2014 年版。对于浙江近代女子教育的研究如吴民祥:《浙江近代女子教育史》,杭州出版社 2010 年版。对于江南女校的研究如徐宁:《江南女校与江南社会》,上海人民出版社 2015 年版。对于云南女子教育的研究如颜绍梅:《近代云南女子学校教育发展研究》,民族出版社 2006 年版。对于湖南女子校育的研究如万琼华:《近代女子教育思潮与女性主体身份建构:以湖南女校为中心的考察》,中国社会科学出版社 2010 年版。对北京女子高等师范学校与近代女性文学的研究如王翠艳:《女子高等教育与中国现代女性文学的发生:以北京女子高等师范为中心》,文化艺术出版社 2007 年版。对金陵女子文理学院的研究如曾芳苗:《民国教会女子教育:金陵女子文理学院的个案研究(1915—1951)》,台湾"中央大学"历史研究所,2006 年。和 MaryJoWaelchli 的 *Abundant life: Matilda Thurston*,*Wu Yifang and Ginling College*,1915—1951(The Ohio State University,2002)等。
③ 秦方:《女界:晚清天津女子教育与女性形象建构》,中华书局,2019 年版。
④ 吴珊:《对负女子教育责任者的希求》,《浙江妇女》1941 年第 4 卷第 3/4 期,第 11 页。

而是机遇与挑战,在战争的环境中,女性不仅获得更多接受高等教育的机会,而且能够走出家庭,参与各种拯救国家的事业。①

然而受战争影响,全国大专学校女学生人数从 1936 年的 6 375 人降到 1937 年的 5 352 人,之后在数量上逐年增加,1938 年达 6 648 人,占全校学生人数的 18.37%;1939 年达 7 834 人,占全校学生人数的 17.64%;1940 年达 10 200 人,占全校学生人数的 19.47%;1941 年达 11 774 人,占全校学生人数的 19.80%;1942 年达 12 273 人,占全校学生人数的 19.15%;1943 年达 13 701 人,占全校学生人数的 18.60%;1944 年达 14 843 人,占全校学生人数的 18.81%;到 1945 年已达 15 861 人,占全校学生人数的 19.00%。② 虽然女子受教育的数量在不断增加,但是女学生占全校学生人数的比率一直比较稳定,男女生受大专以上教育程度差距较大。

为什么要提倡女子教育,吴珊指出:"虽然,照表面上看,现在男女在教育上已取消了不平等,似乎没有再特别提出女子教育方面意见的必要了,但恰相反,正因为女子教育已被看作与男子相同,无特殊意义,而目前中国社会,又确实还没有达到男女机会完全平等和同样的发展阶段;并且在抗战中,所需要女子的工作和力量,也不一定和男子处处相同。因此,在同一的教育方针下,并不能使女子全然不受历史的限制而成长发展,它必然要有更多的注意和补充,才能迅速赶上男子,迅速与男子共同担负起抗建事业中的责任来。"③受历史环境和现有基础的影响,吴珊认为战时仍应特别提倡女子教育。

曾长期从事教育工作的女国民党员吕云章④强调在特殊的历史,特殊的时代,特殊的环境下,有侧重女子教育的必要,如此才足以解决民生问题,推广妇女运动。她认为女子教育为改良家庭和社会的基础;女子是第二代国民的导师,女子教育有助于增进国民的生产力。她认为在特殊的时代背景下,实在有侧重女子教育的必要。⑤

---

① *Wu Yifang. Talk to Smith Alumnae Association*. YDSL, RG:11, UB Archives, Ginling College, Box:148,May7,1943,pp199.

② 教育年鉴编纂委员会:《第三次中国教育年鉴(第 15 编)》,正中书局,1957 年版:附录 3"教育统计"。

③ 吴珊:《对负女子教育责任者的希求》,《浙江妇女》1941 年第 4 卷第 3/4 期,第 11 页。

④ 吕云章(1893—1974),女,福山县(今烟台市福山区)东留公村人。1925 年加入国民党,曾任北京市国民党妇女运动委员会委员、国民党中央党部妇女部干部、国民党浙江省党务指导员、国民党中央党部社会部妇委会委员、国民参政会参政员,是国民党第六届中执委委员、立法院立法委员。主编《妇女之友》《革命的妇女》《浙江新妇女》等杂志。著有《妇女问题论文集》《世界妇女运动史》等著作。还曾长期从事教育方面的工作。1949 年去台湾,续任"立法委员"。

⑤ 吕云章:《妇女问题论文集》,女子书店,1933 年版,第 107 页。

刘蘅静①曾担任南京女子中学女校长,时任国民党中央妇女运动委员会主任委员,她认为女子先在教育上与男子平等,其他一切才有平等的希望,如果放弃了教育的平等权利,妇女运动不会成功,因而女子教育是妇女运动的根本。② 妇女界精英从女子教育对于妇女解放的重要,对于战时动员的重要性着手,强调女子教育的重要性。

战时女子教育发展的另一契机在于战时妇女动员的需要。在全面抗战爆发之前,已有一批知识女性强调发展女子教育以唤醒女性的觉悟。以女教育家王孝英③为代表的知识女性呼吁"国家兴亡,匹夫有责!"她认为没有受过教育的妇女对于国家的观念与民族的认识势必非常薄弱,若要让这样的妇女明白自己应负的使命,是非常困难的。④

二、战时女子教育宗旨和目标

1. 批判贤妻良母主义

研究清末民国初女子教育的论着,都能注意到当时普遍提倡的"男女有别"的教育理念与实践,及其背后依据的"贤妻良母主义"。⑤ 贤妻良母论者常以男女天生体质与心理上的科学差异为基础,阐述女子适合以家庭为活动场域,并负有生育下一代强健国民的"天职"。⑥ 五四时期在反传统的浪潮下,中国知识分子兴起以"人"为本位思索的价值观,贤妻良母主义在五四时期遭到新文化知识分子强烈

---

① 刘蘅静(1902—1979),女,广东番禺人,先后毕业于北京女子师范大学、美国哥伦比亚大学,历任中国国民党中央党部秘书、江西省党部妇女部长、上海市党部委员、南京女子中学校长、中央党部妇女运动委员会主任委员,抗战时期国民参政会参政员、国民党"立法委员"。

② 刘蘅静:《妇女问题文集》,妇女月刊社,1947年版,第14—15页。

③ 王孝英,毕业于北京女子师范大学,曾任福州女子师范学校校长及福州第一中学校长。后随丈夫李大超任职上海,先后担任上海的务本女中、中国女中校长。1933年,王孝英出任立法院立法委员。1935年初,王孝英随丈赴广州,担任广州市第二中学校长。抗日战争爆发后,王孝英在曲江黄田坝电政局附近创办了一所交通小学,兼办幼稚班。抗日战争胜利后复员广州,担任广东省临时参议会议员。1947年,王孝英当选第一届立法委员。1950年到台湾,1990年初办理自退。

④ 王孝英:《非常时期妇女应负的使命》,《东方杂志》1937年第34卷第1期,第471—476页。

⑤ Paul Bailey, *Gender and Education in China: Gender Discourses and Women's Schooling in the Early Twentieth Century*(London and New York: Routledge, 2007); Helen Schneider, *Keeping the Nation's House: Domestic Management and the Making of Modern China*(Vancouver: UBC Press, 2011);陈姃媛:《从东亚看近代中国妇女教育:知识分子对"贤妻良母"的改造》,台湾稻乡出版社2005年版。

⑥ 黄相辅:《女子需要什么科学常识? 从"人的教育"与"贤妻良母"之争谈新文化的知识观》,《近代中国妇女史研究》2019年第34期,第132页。

质疑。五四知识分子提倡"人的教育",他们主张女子教育宗旨应该是培养女子的独立人格,务使"人类最紧要的爱与创造的两大本能,无限发展,成为一个完全的'人'",[①]而不是预备为相夫教子的家庭主妇。

抗战时期,仍然出现"贤妻良母主义"和妇女回家的论调,1937年,曾任闽清简师校长的男教育家袁昂指出,女子教育目标存有的两种相反主张:"一种是从个人本位出发的人本主义的女子教育,一种是从社会本位立论的母性主义的女子教育。前一种的主张说女子教育应该养成一个正正堂堂的人,完全走上反良妻贤母主义的路向,后一种主张说女子教育应该培养博大慈祥之健全的母性,建设良好的家庭生活及社会生活,沿着良妻贤母主义的路线出发的。"[②]不过,袁昂认为应该继续走贤妻良母主义的路向。

这种观念受到来自重庆女师一名女性的反对,她指出:"抗战期中的女子教育,也是应该特别普及化而重视的,那女子应回到家庭去的学说也是基于谬论的。"对于出现这种言论的原因,她分析道:"提起女子教育使我又想到中国的男子教育,民国以来,各地都有女子教育机关的设置,男女教育平等的舆论。然而那重文而不重实的女子教育机关,其设施的结果,使我们女子教育和男子教育的效率上发生了极大的差异,这种差异的现象给了社会人士对于我们女子的蔑视。异性的不均说,固然对于有科学眼光的人这倒无甚重大的影响,然因男女职责上,分配的关系,便发生了,'女子应否回到家庭去'的社会问题。"她强调女子教育对于抗战的重要意义,"在实施方面,女子教育和男子教育固然有了其他相当的差异,但是在目的上是相同的,抗战时期的教育要能对抗战发生一种作用,换言之就是要能促进我们战争的胜利增强抗战的力量",女子教育应该肩负这种责任。女子教育培养出来的女性应该"充裕在抗战时期中妇女应有的知识和技能,从切实际合用方面去发展"。[③]

当然,女性当中也有持贤妻良母主义论调的,比如沦陷时期活跃于俄国文学翻译界的杨绚霄[④]指出:"今后的女子教育,绝不是反贤妻良母的教育,而是在适应

---

① 记者:《我们今后的态度》,《妇女杂志(上海)》1924年第10卷第1期,第6页。

② 袁昂:《我国女子教育的路向》,《闽政月刊(教育辑)》1937年第1卷第2期,第5—7页。

③ 《论抗战期中女子教育》,《新巴琼》1938年第2期,第12—13页。

④ 杨绚霄曾以陈杨绚霄为名在《新闻报》和《兴华》发表大量有关儿童、妇女、两性的文章。从冠夫姓的署名及发表的文章大致可以推测其为女性无疑。参见陈杨绚霄:《断乳儿童的保育法》,《新闻报》1936年5月27日第16版;陈杨绚霄:《断乳儿童的保育法》,《兴华》1936年第33卷第21期,第16—21页;杨绚霄:《健康儿童的检视》,《教育论文摘要》1937年第1卷第4期,第12—14页。另外,其在文章中亦曾写明"笔者生而不幸为女子",参见杨绚霄:《妇女本职的再认识》,《文友(上海1943)》1944年第2卷第9期,第18—20页。

社会进步的需要以养成更贤之妻,更良之母——俾使住的地方就有各种科学方便而合乎卫生,俾使食的事情化为简单而适于营养,俾使民族的幼苗能在良好的养育下成为社会的健全分子。"①杨绚霄在《妇女本职的再认识》中进一步阐发她的立场:"我的意思是说,妇女一方面固然可以从事某些无伤身体无损人格的职业,但在人性未曾改革以前,不论家庭怎样社会化,妇女总不失为家庭的柱石,慈爱的重心,而根据男女分工合作的原则,妇女之为妻为母,依旧是最高贵的任务,最光荣的职责。"②

对此,吴珊反对贤妻良母主义的论述,她指出:"过去曾有人主张贤妻良母为女子生活教育唯一的目标,抗战发动以后,这样方针的女子教育已经被否定了,因为在贤妻良母没有提出新内容和新意义的时候,贤妻良母就是中国的三从四德的解释,就是养孩子、烧饭、服从、再服从,根本和家庭以外的社会、国家、民族不发生关系;试问这种教育目标下,教育出来的女学生怎么能赶得上抗战建国纲领上的'训练妇女,俾能服务于社会事业,以增加抗战力量'的迫切要求呢?""女子已经不是丈夫、孩子、厨房的附属品,而应是国家民族的一员,一个没有折扣的公民了,她不只是为一个家庭服务,而要为千百万幸福家庭而奋斗,她不止要贡献自己全副精力,而且要为使千百万落后的姊妹共同参加抗战而努力,这样才是今天女子教育的新目标。"③知识女性主张女子教育应朝着发展健全,培养独立人格的女性而努力。

女教育家高君珊④曾提出对于女子教育的错误观念:"①他们最严重的错误,就是很武断地将女子天赋的能力及倾向,未有科学上的根据,妄下一个结论;②就是一般人都以为治家是女子份内的事,而且是唯一的天职;③就是一般人以为理家育儿是一种职业;④就是小题大做,轻重倒置;⑤是徒尚空言,无诚意去实行。"⑤抗战时期仍然出现贤妻良母主义的论调,女教育家们对此进行了有力的批判。

2. 培养女性独立人格

女子教育以提高女性品格,培养独立人格女性为目的。1936 年 10 月 14 日,高君珊演讲"妇女教育问题"中指出:"二十世纪大家都开始承认女子在社会上独

① 杨绚霄:《中国女子教育的回顾与前瞻》,《文友(上海 1943)》1944 年第 2 卷第 6 期,第 8 页。
② 杨绚霄:《妇女本职的再认识》,《文友(上海 1943)》1944 年第 2 卷第 9 期,第 18—20 页。
③ 吴珊:《对负女子教育责任者的希求》,《浙江妇女》1941 年第 4 卷第 3/4 期,第 11 页。
④ 高君珊(1893—1964),福建长乐人。1925 年毕业于美国哥伦比亚大学,1931 年获美国哥伦比亚大学硕士学位。主要研究教育统计。先后任燕京大学副教授,中央大学、暨南大学、震旦女子文理学院、大同大学教授。建国后历任大同大学、华东师范大学教授。著有《教育测验与统计》,译著有《近世泰西烈女传》。
⑤ 高君珊:《女子教育上几种很严重的错误》,《妇女月报》1937 年第 3 卷第 1 期,第 38 页。

立的人格,而不是附属于男子的了。而且女子有享受教育上无限的权利。其原因:①因平民主义的思想发达,凡是社会上的制度和现象,都要想法消除。②由两性心理的研究,发现男女儿童及成人,在各种能力方面,无甚差异。③在历史上世界各国每个时代都有不世出之才女,为后人所景仰,欧战后证明男女能力相等的理论是不错的,女子并不是不可造就的弃才。"①

女教育家、女作家黄碧遥②也指出:"今日的女子教育,最要的为启发'人'的意义,一笔勾销封建社会传来的女教、女训,教以打出屈辱的地位重新做人的法则。鼓励她们课外的活动、研究、创造,爱护有反抗性的、不轻易服从命令的人才,引导她们注意社会事变,分析、认识,并化为行动,声明其主张,以养成为社会主人的根基,促进她们为自由平等的勇气,为社会服务的热枕,对国际现象的关心。然后垂危的女学前途,稍有回生的可能。"③王孝英进而指出:"今后女子教育,应着重于'独立人格'之养成。应打破其从父从夫从子之传统观念,而养成其成为一绝对独立之社会人。"④知识女性杨绚霄指出今后女子教育应注重人格教育,"应该注重人格方面的陶冶,健全的人格是一切事业的始基,伟大事业的成就,实有赖于健全人格的陶冶。"⑤

3. 实现男女教育平等

女子作为国民,应获得与男子同等的教育机会,即实现男女教育平等,这是女子教育的又一目标。知识女性号召男女教育平等,中华妇女节制会主席刘王立明⑥认为妇女作为国民,应该获得政治的平等,经济的独立以及男女教育机会的平等。⑦钱用和⑧认为:"今后中国女子教育的出发点,应该在'男女平等原则'和'男女异性

---

① 高君珊:《妇女教育问题》,《播音教育月刊》1936 年第 1 卷第 2 期,第 83 页。
② 黄碧遥,又名九如,20 世纪 30 年代毕业于日本东京女子高等师范学校文科,归国后,"在浙江省立女中、省立高中、江苏松江女中、上海麦伦中学等校执教,课余更从事写作,文章散见各报章及杂志中",是《妇女生活》的主要撰稿者。解放后任上海师范学院历史教授。参见《通俗演讲坛·主席致辞:这次我们请得的讲师是黄碧遥先生……》,《妇女生活(上海 1935)》1935 年第 1 卷第 4 期,第 5 页。
③ 《女子教育》,《新路(温州)》1937 年创刊号,第 11 页。
④ 王孝英:《今日之女子教育:乃学以致用之生产教育与真正普及之义务教育》,《江苏教育(苏州 1932)》1934 年第 3 卷第 4 期,第 17—18 页。
⑤ 杨绚霄:《中国女子教育的回顾与前瞻》,《文友(上海 1943)》1944 年第 2 卷第 6 期,第 9 页。
⑥ 刘王立明(1896—1970),女,本姓王,因纪念丈夫刘湛恩,复姓刘王,安徽太湖人。曾任江西省九江儒励书院教员,获奖学金赴美留学,在芝加哥西北大学生物系获硕士学位后回国。民盟重要成员,中华妇女节制会主席,世界妇女节制会副主席。
⑦ 刘王立明:《中国妇女运动》,商务印书馆 1934 年版,第 17—19 页。
⑧ 钱用和,毕业于北京女子师范学院,后留学美国芝加哥大学及哥伦比亚大学。1922 年,任江苏省立第三女子师范学校校长。1930 年,历任北京师大、上海暨南大学、金陵女大、重庆女子师范学院和交通大学教授,1931 年,任宋美龄私人秘书及国民革命军遗族学校与女校校董。

关系'上努力。男女都是人类,应该同享人类的幸福;男女都是国民,应该同负国民的责任。"①吕云章认为:"教育的目的,不单在陶冶天才,乃是在养成良好的公民;不单为少数设立乃是为一般民众设立。女子中等学校毕业生,人人都可以升学,这算是学校的成功,人人都可以有正当职业,更是学校的大成功。"②一般民众,包括男子、女子均有受教育的机会,这是教育的目的。

刘蘅静主张打破男女能力不平等是天经地义的观念,她认为要使人们承认女子能力不低于男子,以保障女子教育的平等制度,必须依靠女子教育,只有教育才能"使人有正确的认识",进而"改正人的思想"。③ 她反对男女两性存在着天然的差别这一观念,"智力只有个人的差异,没有两性的差异,心理学家已经证明了。然而还有人以男女各有所长为理由,否认男女学习能力的平等"。④ 她强调男女教育平等,"女子也是国民,在教育上应该享有平等的机会,不应有什么限制","没有必要把女子教育看作特种教育,而特为女子另定一个教育方针"。⑤ 1942 年她在国民党组织部召集的妇女干部工作讨论会上,发言讨论女子教育等问题。关于女子教育问题,她认为:①男女教育机会应平等;②男女课程标准应相同,不分高低;③家事劳作,男女均应学习。⑥ 此外,知识女性呼吁女子教育应大众化,打破少数特权阶级的贵族女子教育,以实现众人拥有教育机会为目的。

近代女子教育观念在与贤妻良母主义的对抗中发展,随着近代男女平权观念的传入,知识界展开对贤妻良母主义的批判。然而受父权观念的影响,贤妻良母主义思潮时时涌现。抗战时期出现两次"贤妻良母主义"的回潮。知识女性围绕女子教育的宗旨和目标问题展开论述,她们批判贤妻良母主义,主张女子受教育后服务社会,实现个人价值;主张女子教育应发挥"人"的意义,将女子培养成独立的、不依赖家庭的个体,注重女子人格方面的陶冶,培养女子健全的人格;号召女子具有与男子同等的机会,女子教育要实现男女教育平等。知识女性关于女子教育的言论,有力地冲击了传统的教育观念,促进女性自主意识的觉醒。

---

① 钱用和:《四年来中国女子教育》,《教育季刊(上海)》1931 年第 1 卷第 4 期,第 103—115 页。
② 吕云章:《妇女问题论文集》,女子书店,1933 年,第 103 页。
③ 刘蘅静:《妇女问题文集》,妇女月刊社,1947 年,第 18 页。
④ 刘蘅静:《关于非常时期教育之意见及方案:非常时期的女子教育》,《江苏教育(苏州 1932)》1936 年第 5 卷第 1/2 期,第 104—108 页。
⑤ 刘蘅静:《妇女问题文集》,妇女月刊社,1947 年,第 3 页。
⑥ 林养志:《中国国民党党务发展史料——妇女工作》,中国国民党中央委员会党史委员会出版,台湾近代中国发行 1996 年版,第 230 页。

三、战时女子教育内容与形式

1. 反对实施女子家事教育

在战时女子教育的内容与形式问题上,知识女性亦有探讨。国民党女党员陆翰芩①指出,中国妇女受教育人数极为有限,"根据我国约有 15%受国民以上教育的男女,受教育的女子又为受教育男子十分之一,约算出来,再减去受小学教育以下的妇女,即使从宽估计,也不得三百万人。姑假定它是三百万人,全国二万万二千五百万妇女中的三百万幸运儿,全国三万万八千万男女文盲中的三万万选民,是一个多么稀罕珍贵的人数啊"。② 她主张对女性实施三重教育,女性"既须为一个健全的国民,又须为一个贤能的母亲,尤须为一个热诚的妇女解放运动者。一个国民的责任是对国家的,一个母亲的责任是对民族的,一个妇运的责任是对妇女同胞的"。③ 她希望女性承担起身为国民、母亲、妇女运动者的角色和职责。针对陆翰芩希望女性承担多重角色的教育理念,刘蘅静等人表示反对。

刘蘅静反对女子实施家事教育,其理由如下:"①我以为家事学科不过是各种科学知识的应用,离开了科学,家事学便建立不起来了,如果有了充分的科学知识,研究家事学是很容易而简单的,为了学习家事而缩减其他基本科学课程,则是南辕北辙,弄错方向。②我主张男女教育机会绝对平等,反对女子教育特别注重家事,而忽略了升学的准备。③我感觉目前中学课程已使学生负担太重,不主张在男女共同学习的时间外再加重女生的负担。④我主张女生在不变更现行课程标准,及不增加负担的原则下学习家事。⑤我以为家事只能使人'能',并不能使人'为',要女子肯负责任,仍有待于良好的公民教育。"④"家事是日常生活的管理。人人都应该懂的。不但女生应学,男生也应该学。"⑤她反对女子教育特别注重家事,而忽略升学的准备;主张女子要在不增加负担的前提下学习家事;在家庭教育上,她主张男子也应学习家事。

---

① 陆翰芩,又名陆寒波,浙江人,浙江女子中学毕业,曾任《国民新闻》和《杭州晚报》副刊编辑,后转任《民国日报》和《民声日报》编辑,曾任国民党妇女运动委员会委员,主办《女子月刊》。丈夫刘柏园曾任中国国民党中央评议委员、台湾"财政部"部长。参见刘国铭主编:《中国国民党百年人物全书(下)》,团结出版社2005年版,第1291页。

② 陆翰芩:《智识妇女之三重责任》,《妇女月刊》1941年第1卷第1期,第2页。

③ 陆翰芩:《智识妇女之三重责任》,《妇女月刊》1941年第1卷第1期,第3页。

④ 刘蘅静:《妇女问题文集》,妇女月刊社,1947年,第44页。

⑤ 刘蘅静:《妇女问题文集》,妇女月刊社,1947年,第39—41页。

对于女子教育的内容,高君珊认为:①女子的教育应当有职业上的效能,使她有生产的能力,不必依赖别人过活。经济独立是做人的条件。治家育儿不能美其名曰职业,因它不合职业的条件。②女子教育应当使她能够应付直接或间接的环境,具有公民的知识,做一个效率很高的公民。③女子教育应当使她做一个家庭里能干的主妇同贤良的母亲,有理家育儿的能力。高君珊强有力地表示:"常常听人说,人在社会上无论做哪一事只要有贡献,都是有价值的。女子在家庭中贡献很大,应安分守己。这句话初听好像很对,但是贩夫走卒与王侯将相,同样对人类有贡献,何以人类不愿做贩夫走卒而希望做王侯将相呢?办教育的人也应当想想,女子正如男子一般。也有她的志愿同野心呀!"①不过她又认为:"女子走进社会的时候,她们并未毁了家庭,弃了子女,治家育儿的职务仍旧不能放弃。因此,在现代主张狭窄的女子教育固不足以应付环境,就是同男子一样的课程也要感到缺憾。我们所需要的女子教育,并不是一种特殊的课程,而是一般的课程加上一些女子特殊的需要。"②

总之,对于家事教育问题,知识女性多表示反对,她们认为女子教育的重点是培养女性独立的人格及适应社会的技能,进而服务于社会,成为合格的公民,而不是留守家庭,忙碌于烹饪、洗衣等繁琐事情。针对社会上提倡家事教育的声音,知识女性指出家庭的内务男子也应分担。

2. 主张加强女子职业教育和生产教育

知识女性主张对女子开展职业教育,通过职业教育使女子获得职业上的技能,进而更快谋得独立,融入社会。时人认为:"女子受教育的目的是为了在社会上求得一种相当的职业,以求对社会国家有所贡献有所应用,同时自己本身在社会上要取得一种经济独立权,而不需依赖别人,而在社会上取得一个地位,这样才是女子受教育学才能的真旨。希望办理女子教育者对于各项设施,各项训练应该以职业教育为中心,以期造成多数从事社会服务的职业女性"。③

知识女性杨绚霄指出女子教育应注重生产教育,"所谓生产教育,就是在养成生产的兴趣,精确的思想,正当的态度以及优秀的技能,俾得从事于适当的职业,以发挥女子本身的才能,完成技术上之巧练的成功。这样,在社会方面可以减少

---

① 高君珊:《妇女教育问题》,《播音教育月刊》1936 年第 1 卷第 2 期,第 88—90 页。
② 高君珊:《妇女教育问题》,《播音教育月刊》1936 年第 1 卷第 2 期,第 89 页。
③ 时论:《论女子教育的出路》,《三六九画报》1944 年第 16 期,第 2 页。

消费者,在国家方面可以增加生产力量,而在女子方面更有实现择业的自由,生活的调剂,以及经济和人格的独立".①

关于生产教育,女教育家王孝英认为"今日切要之女子教育,乃学以致用之'生产教育'及真正普及之'义务教育'",生产教育使"学"与"用"紧密联系,"学力与实习各得其平,换言之,即使学皆致用,不为装饰."②因而,女子在生产教育下,可习得一技之长,实现经济独立,立足于社会。总之,为使女子在社会上获得一种相当的职业,谋取个人独立,进而服务社会,女子教育应以职业教育、生产教育为内容,立足于实际需要。

吴珊指出:"战时后方的生产教育,却更与妇女有密切关系,今天,不只是要求女子职业学校的学生会养蚕、制丝、制茶、染织、缝纫,而且向着广大的妇女大众要求,要求每一个女性,至少具备一种生产劳动的知识和技能."③对于怎样发展女子教育,吴珊指出:①把学校作为训练干部的大本营;②反将贤妻良母作为女子教育目标;③推行生产教育培养专技人才;④加强妇女学生的政治教育。知识女性主张加强女子职业教育和生产教育,通过职业和生产教育使女子获得一定技能,进而更快谋得独立,融入社会。

3. 关于男女是否同校问题的争议

在男女是否同校问题上,知识女性存有不同观点。部分知识女性认为男女在任何教育阶段均应接受同样的教育,主张男女同学。吕云章是男女同校的积极拥护者,"关于男女同学问题,我们不特别反对,而且具有十二万分的热忱来赞成和拥护".④ 另一部分知识女性基于男女身心发展的特点,主张男女在中学分校。钱用和主张小学男女同校,中学男女分校,大学男女同校或分校,视国家地方经济和社会需要人才而定,"中等教育的青年,生理和心理的变化非常显著,应该给予男女性不同的训练".⑤

刘蘅静主张:"中学以男女分校为原则,同时不禁止男女同校的."⑥对于主张

---

① 杨绚霄:《中国女子教育的回顾与前瞻》,《文友(上海1943)》1944年第2卷第6期,第9页。
② 王孝英:《今日之女子教育:乃学以致用之生产教育与真正普及之义务教育》,《江苏教育(苏州1932)》1934年第3卷第4期,第17页。
③ 吴珊:《对负女子教育责任者的希求》,《浙江妇女》1941年第4卷第3/4期,第12页。
④ 吕云章:《妇女问题论文集》,女子书店,1933年,第104页。
⑤ 钱用和,台北"国史馆"藏军事委员会侍从室文件史料,馆藏号:129000101481A。
⑥ 刘蘅静:《妇女问题文集》,妇女月刊社,1947年,第7页。

中学男女分校的理由,刘蘅静说:"中学教育除了知识传授之外,还有更重要的青年身心训练。身心的训练,男女青年的确略有不同。男女分校可使训练的实施来得方便些。在中国社会条件之下,我觉得男女同校于女生并无多大利益,还是分校于女生有益些。"① 她认为,中学教育不仅包括知识传授,还具有身心训练的任务;女子社会地位与学校课程有关系;男女分校于女生更有利,因此刘蘅静主张中学男女分校。知识女性对于男女同校问题,开始突然"男女之大防",主张根据学生的年龄阶段特性和地方学校的实际情况而定。

此外,对于如何改进女子教育的问题,女教育家李兆萱②认为可以通过社会舆论促使女子教育普及,社会方面应当造成一种强有力的舆论,督促政府增设学校,扩充女子受教育的机会,使女子教育在最短时间能普及。③ 吕云章主张女子中等教育要做到:①打倒重男轻女,女子无才便是德的旧观念;②要求公国机关开放,职业开放;③充实女子中等学校经费;④扩充女子中等学校毕业生的出路;⑤维持旧有女子中学,女子师范,不赞成合并;⑥力谋符合新社会的需要;⑦拥护男女同学政策;⑧增加女子职业学校,求质量同时进步;⑨普通女子职业学校,添加职业科目;⑩提倡恢复女子大学。④ 她希望国家机关扶植女子中等教育,促进中等女子教育的发展,以培养妇女人才,实现妇女经济独立。

战时女子教育言论突显女性由家庭空间走向公共空间的女性意识,强调女子职业教育和生产教育的重要性,既符合塑造职业新女性的需要,也迎合战时民族国家强势话语下妇女动员的需求。知识女性关切女性自身权益问题,希望通过女子教育为女性争取平等的权益,在服务民族国家话语的同时,不放弃对于女性自身权益的关切。在知识女性的眼里,战时女子教育问题关涉女性主义和民族主义的双重话语、时代变奏。

四、战时女子教育方法

在抗战的关键时期,知识女性主张女子教育服务社会现实需要。苏州振华女

---

① 刘蘅静:《妇女问题文集》,妇女月刊社,1947 年,第 9—11 页。

② 李兆萱,女教育家,被喻为"原籍南通的女界耆英""复旦百岁老校友",台湾大学教授。她的另外一个身份是著名教育家沈亦珍的夫人。

③ 李兆萱:《女子教育与女子职业》,《甘肃妇女》1943 年第 2 期,第 21—22 页。

④ 吕云章:《妇女问题论文集》,女子书店,1933 年,第 108—109 页。

中校长王季玉①曾指出女子教育应当紧跟时代潮流,服务现实社会需要,她批评"办理女子教育的人未能切实联络参考,女子教育在现在固然发达,可是有些学校,特别是内地女子学校,只知道闭门造车,不问外面的转变怎样,这样的结果一定是事倍功半","忽略现在的社会状况和现代的潮流甚至缺乏国家观念,女子教育不是死求知识的,要对于外面的情势有所适合"。②

王季玉对女子教育的前途提出希望,"①希望教育当局注意女子的特性,女子在事业上却有相当的能力,要注意到女子的特性加以发展。②希望打破女子回到家庭去的成见,要因时因地因人制宜。③希望认定能力成就为教育的标准,对于女子的能力,要充分地注意。④希望女子教育适合时代的需要,看了现代的情势,知道我们需要的教育是生产的,大众的,集体的,社会的,救民族的教育,及非常时期的女子教育。第五点希望女子教育在精神,纪律,体格,出路方面多多注意。"③

为服务抗战的现实需要,女子教育应进行社会服务训练、军事训练和体育训练等战时特殊训练。妇女解放运动实践者、女报人沈兹九④主张女子接受军训,"妇女不但要受军训,且要武装,才能对付那些残酷暴行的日本强盗。"⑤丁秀君⑥提出:"为增强抗战力量,加速完成新中国之建设起见,所有女子内在的潜伏力,都应当借教育的力量发展出来,认真施以训练,务期所有的女子,都能在抗战建国

---

① 王季玉(1885—1967),女,早年毕业于苏州景海女塾,后去日本补习英语及数理,再去美国麻省蒙特霍克女子大学,获理学学士学位。1915年入伊利诺伊大学攻植物学,获硕士学位。1917年归国任教于上海神文女中。后于苏州振华女校创办中学部,任教务主任,兼乐益女中常务校董。1925年出任美国梅山太平洋国民会议中国代表,考察欧美教育。1926年接任振华女校校长。1927年当选吴县教育行政委员会委员。于校务大加革新,分设文学、数理、师范、国专四科,采用美国最新进步教育法,成为办学楷模。1948年赴哥伦比亚大学进修教育学,次年主持振华女校校务。后学校改名为苏州市女子中学、江苏师范学院附属女子中学、江苏师范学院附属中学,她历任校长、名誉校长。她终身未嫁,全心奉献于教育事业。参见李峰:《苏州通史·人物卷(下)(中华民国至中华人民共和国时期)》,苏州大学出版社2019年版,第107页。

② 王季玉:《女子教育的前途》,《华东教育》1937年第53期,第5页。

③ 王季玉:《女子教育的前途》,《华东教育》1937年第53期,第5页。

④ 沈兹九(1898—1989),名慕兰,女,德清城关镇人。毕业于浙江女子师范学校、日本女子高等师范艺术科。回国后在杭州高中艺术科任教。1932年到上海中山文化教育馆工作。1932年"一·二八"事变后,为申报馆主持《妇女园地》,1935年创刊《妇女生活》。1946年她参加中国民主同盟,主编《新妇女》。新中国成立后,她担任全国妇联常委兼任《新中国妇女》的第一任主编,同时任民盟中央委员、全国人大代表、全国政协委员。与胡愈之合著有《流亡在赤道线上》等。

⑤ 兹九:《前哨:目前的女子教育》,《妇女生活》1938年第5卷第9期,第2页。

⑥ 丁秀君(1904—2005),女,四川南川人。1931年毕业于国立北平师范大学教育系,以成绩居全校之首,留校作助教。1932年回川,先后在万县女中、江津女中及重庆北碚兼善中学作教务;在重庆市立二小学、合川瑞山小学、威远县女师、资中女中、省立成都女师、省立重庆女师、省立成都女中作校长。曾任四川省教育厅编审、教育科学院研究员、国大代表。1981年受聘为四川省文史研究馆馆员。

中,有她适当的地位。"今后的女子教育应该着重于:①加强体育训练;②训练组织能力;③培养治事才能;④培育责任心。① 她们为增强女性的政治觉悟和女国民素质,强调加强女子政治教育和军事教育。

女教育家王孝英认为应加强对女子的政治教育,"故今后之女子教育,还应提高妇女之政治意识,培养其政治兴趣,打破其一向不过问政治之态度,而奠定妇女参政之实际基础。"②吴珊认为政治教育可以"提高和加强女同学研究与学习理论的兴趣,使女学生在工作热情高涨之余,还能冷静地客观地去分析事实,把握问题中心,以及决定最适当正确与最有效的行动"。③ 她们关于性别话语的论述,不单纯以女性权益和男女教育平等的观念为出发点,由于民族国家战争动员和民族主义的强势话语之下,知识女性强调女子教育服务于民族国家的话语,以此推动战时女子教育的发展。

对于怎样普及女子教育,妇女运动家谈社英④指出普及妇女教育是复兴民族的先决条件,"普及妇女教育,既是当前急务,我们更希望妇女领导者,切实努力推行",具体来说:①各省市县妇女团体普通设立实习学校,更应注意乡村,以救济失学妇女为宗旨;附设夜班,使有职业失学妇女,亦有受教育的机会。②妇女团体随时派员协助各当地民众学校,及其他义务教育机关,劝导失学妇女入校就读。③乘学校寒暑假期,领导各地中等学校女生,举办短期补习班。④呈请教育当局,添办妇女各级学校。⑤

女国民党员赵懋华⑥指出:"教育目的在因材施教,使人人能成材效用,成为国

---

① 丁秀君:《抗战建国中女子教育的趋向》,《新教育旬刊》1939 年第 1 卷第 12 期,第 9—13 页。
② 王孝英:《今日之女子教育:乃学以致用之生产教育与真正普及之义务教育》,《江苏教育(苏州1932)》1934 年第 3 卷第 4 期,第 18 页。
③ 吴珊:《对负女子教育责任者的希求》,《浙江妇女》1941 年第 4 卷第 3/4 期,第 12 页。
④ 谈社英(1891—1976),女,江苏无锡人,早年毕业于上海南洋女子师范学校,1912 年参加神州女界协济社并任书记,负责编辑《神州女报》,1922 年参加发起上海女权同盟会,主编《中华新报》。1925 年与张默君、朱其慧等发起组织中国妇女协会。1928 年组织妇女共鸣社,曾任《妇女共鸣半月刊》总编辑、经理等职。1931 年代表上海市妇女团体列席国民会议。1938 年被推为上海市精神总动员妇女运动委员会党务委员、宣传主任。同年参加上海妇女难民救济会,并创办难童教养所。抗战胜利后,参加发起组织中华妇女文化教育协会,被推为常务理事。1949 年去台湾。
⑤ 英:《妇女教育是复兴民族的先决条件(附表)》,《妇女共鸣》937 年第 6 卷第 6 期,第 7—8 页。
⑥ 赵懋华(1896—1985),女,四川南溪人,早年毕业于北洋女师,曾留学德国柏林大学,师从柏林大学尼古拉·哈特曼,获哲学博士学位,博士论文《叔本华学派的伦理学》于 1932 年出版。她是女国民党员,1935 年被任命为国民政府第四届立法院立法委员,其夫梁颖曾经担任国民政府行政院副秘书长、财政部次长。曾任新运妇女指导委员会委员、立法院第四届立法委员、中国妇女慰劳总会执行委员兼党务委员等职。

家优良公民。现行学制男女所受教育,大致一律,其适于男子者,未必即适于女子。"①对于妇女教育方针问题,她指出:①宜多设女子职业学校,职业教育为树立妇女经济独立之基础。②养成女子固有美德,保持女子本性。"女子有其固有之美德,如整齐、精细、审美、富同情等等皆与男子不尽相同。如能于各级学校教育分别注意,使之不与男子同化。事实上男子自是男子,女子自是女子,殊无同化之必要也。"她认为"我国已有专为子而设置专科以上学校,专与女子便利,用意固善,如能更加注意中学分校训练及职业教育,其收效必更宏也。"②

1939 年,赵懋华建议今后的女子教育应注意:①教育部应于最近期内,在部中设一专管妇女教育之组织;②各省市县政府应负训练战时妇女及推动妇女工作之责,地方服务机关,应尽量延引妇女参加;③各中级学校应分别授女生以战时服务技能,并在高级小学及初级中学酌增预备入职业学校课程;④今后二年内应多设女子职业学校或短期职业训练班以树立妇女生产基础而增加后方生产能量;⑤社会各公私组织,宜在可能范围内尽量延用妇女,以替出男子,使专参加战役。③

抗战时期,在民族国家的话语之下,女子教育领域出现了关于人的教育和贤妻良母主义教育的争论,出现了关于家事教育和职业教育的争论,也出现了关于男女是否应该同校的争论。这场关于女子教育观念的争论,宣传了女性作为独立个体接受学校教育的权利。知识女性发表言论,主张女子教育为人的教育;提倡男女平等;认为女子应该服务社会;号召女子提高自身素质,借助教育的力量发挥内在的潜力,在抗战建国中寻找适当的地位,发挥自己的价值,一定程度推动了战时女子教育的发展。同时,知识女性的言论,突显出女性的家国情怀与女性的主体性、自觉性,冲击了传统的教育观念,进一步促进了女性意识的觉醒。尽管抗战时期提倡妇女要服务于抗战,抗战需要女国民,也需要对女学生的职业教育和训练,但在这场争论中,女性主义者的声音仍然受到来自民族国家主权话语的侵蚀,伴随着社会上仍然出现妇女回家的声调,以及政权话语,尤其是男性精神主导下的政党与政权对于贤妻良母主义教育的强调,女子教育平等的问题即便是在战时仍然受到羁绊。

---

① 赵懋华:《今后二年内之妇女教育》,《建国教育》1939 年第 2 卷,第 89 页。
② 赵懋华:《今后二年内之妇女教育》,《建国教育》1939 年第 2 卷,第 89 页。
③ 赵懋华:《今后二年内之妇女教育》,《建国教育》1939 年第 2 卷,第 90 页。

第五章
女性精英与战时妇女运动

在民族危机与社会救亡的关头,女性精英群体除积极领导战时妇女动员和从事战时各项妇女工作外,也积极领导战时妇女运动的发展。抗战时期女性精英群体广泛地参与了战时妇女参政运动、妇女宪政运动、妇女职业运动和妇女教育运动等各项女权运动,推动了妇女的自我解放。

第一节　女性精英与战时妇女参政运动

一、女参政员的选举产生

国民参政会是我国在抗日战争时期各党派参政议政的国家机关,是抗日战争开始后国民政府成立的一个咨询性质的机关[1]。1937 年 8 月,国民政府成立"国防最高会议参议会",由国防最高会议主席聘请中国共产党、中国青年党、救国会和各界人士为参议会参议员,作为国防最高会议的咨询机关。1937 年 8 月,国民参政会召开,"国民参政会的召集表现了中国内部的团结正在日益强化,中国的政治正在进步,我们的抗战将因群策群力,一心一德的支持下,收获更大的胜利"。[2] 国民参政会自 1938 年 7 月成立至 1948 年 3 月结束,总共开过 4 届 13 次会议。抗战时期,国民参政会共召开 11 次会议,许多妇女作为代表在其中履行参政议政的职责。

---

[1]　关于国民参政会的性质,有"咨询机关"民意机关"和"咨议机关"之说,这里采"咨文机关"说。参见薛恒:《国民参政会性质之辨》,《南京社会科学》2003 年第 4 期。

[2]　王珏:《拥护国民参政会》,《妇女(上海 1938)》1938 年第 1 卷第 6 期,第 3 页。

根据《国民参政会组织条例》第三条(甲)项和(丁)项的规定,国民参政会公布了女参政员名单。

抗战时期国民参政会女参政员遴选情况表

国民参政会届(次)	参政员总数	妇女代表总数	妇女代表比例	所涉及的遴选条件	姓名
第一届(5次)	200	10人	5%	(甲):由曾在各省市(指行政院直辖市而言)公私机关或团体服务三年以上,著有信望之人员中,共选任八十八名,各省市所出参政员名额,依照附表之所定,并以有各该省市籍贯者为原则。 (丁):由曾在各重要文化团体和经济团体服务三年以上,著有信望或努力国事信望久著之人员中,选任五十名。	(甲):伍智梅、罗衡 (丁):邓颖超、喻维华、史良、刘王立明、吴贻芳、刘蘅静、张肖梅、陶玄
第二届(2次)	240	15人	6.25%		(丁):邓颖超、史良、伍智梅、刘王立明、吴贻芳、刘蘅静、罗衡、张肖梅、陶玄、曾宝荪、吕云章、陈逸云、张维桢、谢冰心、钱用和
第三届(3次)	240	14人	5.83%		(甲):胡木兰、刘王立明、张维桢、张邦珍 (丁):邓颖超、伍智梅、吴贻芳、刘蘅静、罗衡、陶玄、吕云章、陈逸云、谢冰心、唐国桢
第四届一次	290	15人	5.17%		(甲):唐国桢、张维桢、王化民、张邦珍 (丁):吴贻芳、陶玄、伍智梅、刘蘅静、陈逸云、吕云章、邓颖超、谢冰心、罗衡、胡木兰、刘宪英

资料来源:《国民参政会纪实 1938—1948 武汉·重庆·南京 上》,重庆出版社 2016 年版,第 25—27 页;四川大学马列教研室编:《国民参政会资料》,四川人民出版社 1984 年版,第 61—84 页;重庆市政协文史资料研究委员会、中国第二历史省档案馆编,孟广涵主编:《国民参政会纪实 续编》,重庆出版社 2016 年版,第 150—396 页。

第一届国民参政会共选出女性参政员邓颖超、喻维华、史良、伍智梅、刘王立明、吴贻芳、刘蘅静、罗衡、张肖梅、陶玄等 10 人。[①] 因喻维华"不幸在汉口寓所遇

---

① 国民参政会第一届女参政员中,除伍智梅和罗衡是依照《国民参政会组织条例》第三条(甲)项遴选出来,分别代表广东省和云南省外,其余八位女参政员都是依照《国民参政会组织条例》第三条(丁)项遴选出来的。参见孟广涵:《国民参政会纪实》(上卷),重庆出版社 1985 年版,第 66、68 页。

刺身死",实际出席有九人。"第一届参政员中除喻维华已故外,其余九位均蝉联下任,并有六位增加",分别是谢冰心、陈逸云、吕云章、钱用和、张维桢、曾宝荪等,第二届国民参政会共有 15 名女参政员。对此,1940 年 12 月 23 日,王世杰在日记中也记载:"新增女参政员六人。"王世杰对此有所贡献,他曾对蒋介石力言增加女参政员名额,蒋介石称曾宝荪"学问品性俱优,应令加入"。① 所以第二届参政员中女参政员分别为邓颖超、史良、伍智梅、刘王立明、吴贻芳、刘蘅静、罗衡、张肖梅、陶玄、曾宝荪、吕云章、陈逸云、张维桢、谢冰心、钱用和等 15 人。② "第二届女参政员中除曾宝荪、钱用和、史良、张肖梅,其余均蝉联第三届",此外,"并新增女参政员三位",分别为胡木兰、唐国桢、张邦珍等人,因此第三届国民参政会共有 14 名女参政员,分别为邓颖超、伍智梅、刘王立明、吴贻芳、刘蘅静、罗衡、陶玄、吕云章、陈逸云、张维桢、谢冰心、张邦珍、胡木兰、唐国桢。③ 国民参政会第四届女参政员与第三届女参政员相比,除去了刘王立明,新选出了王化明,因而仍为 14 人。④

1940 年底第二届国民参政会成立,女参政员由 10 名增加到了 15 名,分别为吴贻芳、史良、刘王立明、刘蘅静、张肖梅、罗衡、伍智梅、钱用和、陶玄、邓颖超、陈逸云、吕云章、谢冰心、曾宝荪等人。她们在参政会里都能起显着的作用。例如1941 年 11 月参政会举行二次大会时,吴贻芳是主席团的成员,女参政员的中心提案与男参政员并无相异处,她们同样关心教育,经济等各方面的问题,在大会里,她们并对女权问题提出了有力的争辩。此外,如"请规定母亲扶助法,以保护儿童","请政府明令各机关,不得借故禁用女职员,以符男女职业机会均等之原则","请政府为出征抗敌军人子女实施职业教育,养成其生产技能,以增抗建生产力量"等提案,也都获得了大会的通过。在大会将闭幕时,驻会委员的名单宣布之后,女参政员罗衡并郑重提出"驻会委员的职权要提高,会期要严守二星期,并且要加强政府与参政员在休会期间的联系"的意见,得到大会的重视。⑤

---

① 王世杰,林美莉编辑校订:《王世杰日记》,台湾"中央研究院"近代史研究所 2012 年版,第 316、304 页。

② 国民参政会第二届女参政员中,全部是依照《国民参政会组织条例》第三条(丁)项遴选出来的。参见孟广涵:《国民参政会纪实》(下卷),重庆出版社 1985 年版,第 784—786 页。

③ 国民参政会第三届女参政员中,张维桢、刘王立明、张邦珍、胡木兰是依照《国民参政会组织条例》第三条(甲)项遴选出来,分别代表江苏,安徽,云南,广东省,其余 10 人是依照《国民参政会组织条例》第三条(丁)项遴选出来的。参见孟广涵:《国民参政会纪实》(下卷),重庆出版社 1985 年版,第 1056—1060 页。

④ 《中国女参政员》,《妇女新运》1943 年第 5 卷第 3 期,第 43 页。

⑤ 陈炽:《三十年来的中国妇女参政运动》,《浙江妇女》1942 年第 6 卷第 1 期,第 11—13 页。

在第三届国民参政会中,"甲项参政员均由各地参议会选举,不须经中央圈选",安徽选出的女参政员有刘王立明,广东选出的胡木兰(胡汉民的女儿),云南的张邦珍(云南建设厅厅长张邦翰的妹妹),在丁项中选出吴贻芳、伍智梅、刘蘅静、陶玄、罗衡、邓颖超、陈逸云、吕云章、谢冰心、张维桢及唐国桢(新任)等 11 名,总共 14 名。"在二百四十名参政员中,妇女仅有十四名,较二届时少去一位,以人数相比,妇女力量似孤,但她们在会场中并不示弱,尽她们一以当百的力量。"①

新中国的妇女领袖史良等人

资料来源:《东方画刊》1940 年第 3 卷第 8 期,第 11 页。

国民参政会第四届第一次女参政员共有唐国桢、张维桢、张邦珍、王化民、陈逸云、陶玄、吕云章、谢冰心、伍智梅、邓颖超、罗衡、吴贻芳、刘蘅静、胡木兰等 14 人。② 以上各位女参政员除去连任者,共有女参政员邓颖超、喻维华、史良、伍智梅、刘王立明、吴贻芳、刘蘅静、罗衡、张肖梅、陶玄、曾宝荪、吕云章、陈逸云、张维桢、谢冰心、钱用和、张邦珍、胡木兰、唐国桢、王化民等 20 人。

① 鹤:《第三届参政会中女参政员之建议》,《妇女共鸣》1942 年第 11 卷第 9/10 期,第 35—37 页。

② 第四届一次女参政员中,唐国桢、张维桢、张邦珍、王化民四人是依照《国民参政会组织条例》第三条(甲)项遴选出来,分别代表湖南、江苏、云南、河北省,其余 10 人是依照《国民参政会组织条例》第三条(丁)项遴选出来的。参见孟广涵:《国民参政会纪实》(下卷),重庆出版社 1985 年版,第 1422—1426 页;国民参政会史料编纂委员会编:《国民参政会史料》,第 453—455 页。

抗战时期国民参政会中女参政员简介

姓名	出生年	籍贯	学历	职务及经历	国民参政会参政	党派
邓颖超	1904 年	河南光山	天津第一女师毕业	周恩来夫人,妇运领导者,陕甘宁边区边区各界妇女联合会驻渝代表,军事委员会政治部设计委员	第一、二、三、四届参政员	共产党员
史良	1900 年	江苏武进	上海法科大学法律系毕业	律师,救国会七君子之一,历任江苏区长训练所训育员,青岛特别市党部政训科主任,江苏省妇女协会常务委员,总司令部政治部政治工作人员养成所指导员,上海律师公会执行委员等	第一、二届参政员	民盟成员
吴贻芳	1893 年	浙江杭州	金陵女子文理学院学士,美国密歇根大学博士	教育家,历任北京女子高等师范学校教员兼英语系主任、金陵女子文理学院院长,新运妇女指导委员会常务委员,第一、二、三、四届国民参政会主席团成员	第一、二、三、四届参政员	无党派
伍智梅	1897 年	广东台山	毕业于广州夏葛医科大学,曾在美国芝加哥大学医学实习	伍汉持之长女,广东妇运领导者,历任广州市参事会参事,广州特别市党部第一届妇女部长,广州特别市党部执监委员,广州市政府设计委员	第一、二、三、四届参政员	国民党员
张肖梅	1907 年	浙江镇海	毕业于金陵女子文理学院,美国芝加哥大学硕士,继入伦敦大学经济学院,又入日内瓦大学,得经济学博士学位	经济学家,张嘉铸(禹九)夫人,历任中央银行经济研究室主任,四川省政府经济顾问,中国国民经济研究所所长	第一、二、四届参政员	国民党员
刘王立明	1896 年	安徽太湖	毕业于美国西北大学生物系,理学学士	前沪江大学校长刘湛恩夫人。曾努力于妇女运动多年,在上海曾创办中华妇女节制协会	第一、二、三届参政员	1944年加入民盟
罗衡	1907 年	云南盐丰	北平中国大学毕业,后入法国巴黎大学地理专门学院	独身主义者,任云南省党务指导委员兼组织部长,中央社会部中央妇女运动委员会委员,妇运领导人	第一、二、三、四届参政员	国民党员

（续表）

姓名	出生年	籍贯	学历	职务及经历	国民参政会参政	党派
陶玄	1899年	浙江绍兴	北京女子高等师范大学毕业	历任江苏省立南京女子中学校长，及立法院立法委员，三民主义青年团中央团部妇女处处长	第一、二、三、四届参政员	国民党员
刘蘅静	1902年	广东番禺	毕业于北平女子师范大学，后入美国哥伦比亚大学师范学院研究	历任广东省立女子师范学校教员，广东执信中学教员，中国国民党江西省党部妇女部长，汉口市党部妇女部长，上海市党部委员，江苏省立南京女子中学校长，军事委员会政治部设计委员会委员，中央社会部妇女运动委员会委员	第一、二、三、四届参政员	国民党员
喻维华	1902年	四川双流	武昌中华大学毕业	任香港西南女子中学校长，国民会议代表。当被聘为国民参政员后，即赴汉口参加第一次国民参政会，不幸在汉口寓所遇刺身死	第一届参政员	青年党
谢冰心	1900年	福建长乐	燕京大学毕业，曾入美国威斯里大学学习，获文学硕士	全国妇女文化工作委员会秘书、新运妇女指导委员会文化事业组组长、燕京大学等多所大学教授	第二、三、四届参政员	民进成员
陈逸云	1906年	广东东莞	1927年，毕业于中山大学法科系，1932年由国民党党部保送，官费留学美国密歇根大学，获市政管理硕士	历任国民政府司法院秘书、铁道部专员、妇女慰劳抗战将士总会委员、战时儿童保育会常务委员等职	第二、三、四届参政员	国民党员
吕云章	1891年	山东福山	北京女子高师毕业	暨南大学讲师周书龄夫人，历任中央党部妇女干事、上海特别市党部妇女部秘书、河北省任教育厅督学、重庆女子师范大学教务课主任、河北省立通县女子师范校长等职	第二、三、四届参政员	国民党员
钱用和	1898年	江苏常熟	北京女子高等师范学校国文部毕业，后由江苏省政府派公派美国哥伦比亚大学教育系学习	历任江苏省立第三女子师范学校校长，国民革命军遗族学校校董秘书，暨南大学、北平师范大学、金陵女子文理学院等校教授	第二届参政员	国民党员

（续表）

姓名	出生年	籍贯	学历	职务及经历	国民参政会参政	党派
张维桢	1896 年	上海	早年在沪江大学毕业,后留美国密歇根大学,学政治	罗家伦夫人,历任中央宣传部编辑科科长,金陵女子文理学院教授,新运妇女指导委员会常务委员	第二、三、四届参政员	国民党员
曾宝荪	1893 年	湖南湘乡	英国伦敦大学毕业	曾国藩曾孙女,教育家,湖南艺芳女子中学校长,新运妇女指导委员会委员	第二届参政员	
胡木兰	1909 年	广东	广州大学毕业	胡汉民之女,任国民政府经委会委员	第三、四届参政员	国民党员
唐国桢	1899 年	湖南衡山	北平女师大毕业,曾派赴日本明治大学研究教育	历任宁夏省立女子中学校长,湖南衡山县立女子中学校长,国民党南京市党部总干事,妇女慰劳总会总干事	第三、四届参政员	国民党员
张邦珍	1906 年	云南镇雄	早年毕业于北平女子师范大学,1929年赴法国巴黎大学学习	张邦翰之妹,历任云南南菁中学校长、云南临时参议会参议员、重庆女子师范学院院长等职	第三、四届参政员	国民党员
王化民	1902	河北清苑	北平女子师范大学毕业	历任察哈尔省立第一女子师范学校校长、河北省立第二女子师范学院校长、河南中学校务委员等职	第四届参政员	国民党员

资源来源:孟广涵.《国民参政会纪实》,第 66—68、781—786、1506—1061 页,重庆出版社 1985 年版;《国民参政会纪实续编》,第 288—405 页,重庆出版社 1987 年版;《国民参政会史料》,台北,1962 年;《十五位女参政员介绍》,《妇女新运通讯》1941 年第 3 卷第 3—4 期,第 4—5 页;《中国女的参政员》,《妇女新运》1943 年第 3 期,第 42—44 页。

在国民参政会女参政员中,"计算起来,出过国的占一半光景,学教育的占百分比最大。如吴贻芳博士,已矢志终身为教育努力,半年来在成都除整理金女大校务外,她还帮助'工合',女青年会等工作。参政以及妇女运动之对于她,反而不如教育之'本行'。但是这次会上,参政会大会中,她均轮到一天作主席,大方镇定,得到好评"。① 吴贻芳除作为女参政员参会外,她还担任参政会主席团成员,而且其主持能力颇佳。王世杰 1942 年 11 月 30 日日记称:"参政会今日上午下午大

---

① 《女参政员之声》,《湖南妇女》1941 年第 4 卷第 6 期,第 19 页。

会均由吴贻芳女士主席,吴女士主持会议之能力较张伯苓、莫德惠等均优。"①对吴贻芳评价很高。

事实上,国民参政会 20 名女参政员,具有相当的学历,其中有不少具有海外的留学背景和经历,比如吴贻芳、伍智梅、张肖梅、刘王立明、罗衡、刘蘅静、谢冰心、陈逸云、钱用和、张维桢、曾宝荪、唐国桢、张邦珍等人都曾赴海外留学。她们在担任国民参政会女参政员之前,已经具有一定的社会地位,从事具体的社会职务,并且在妇女界中具有一定的名望。其中国民党籍的女性占绝对多数。

第二、三届国民参政会中女参政员统计表

	每届总人数	年龄		学历			职业				婚姻		党派			
		40岁以上	40岁以下	留学生	大学生	师范生	教育界	妇运工作	生产事业	文化事业	经济学家	已婚	未婚	国民党	共产党	其他党派	不详
第二届	15	9	6	12	2	1	4	8	1	1	1	8	7	8	1	1	5
第三届	14	8	6	11	2	1	3	9	1	1	0	8	6	10	1	0	3

资料来源:《新华日报副刊妇女之路(上)》(1940 年 5 月 16 日—1947 年 2 月 16 日),第 7 页。

从上表关于国民参政会第二届和第三届女参政员的情况来看,她们多出生于 1900 年前后,国民参政会召开时大约 40 岁上下。在职业方面,以从事妇女工作的女性为主;从婚姻状况来看,女参政员中未婚女性,占全部女参政员近一半人数,可见婚姻关系不是担任女参政员的条件。相反,这些女性有不少是从事妇女工作的,也有不少是各行各业具有一定身份地位的杰出人才。在党派属性上,女参政员中国民党员占绝对多数,从侧面看出,作为抗战期间召开的国民参政会,虽然开放一些议席给其他党派,但国民党员仍占据绝对优势。

总体而言,抗战时期召开的国民参政会,共有 20 名女性成员,分别是邓颖超、喻维华、史良、伍智梅、刘王立明、吴贻芳、刘蘅静、罗衡、张肖梅、陶玄、曾宝荪、吕云章、陈逸云、张维桢、谢冰心、钱用和、张邦珍、胡木兰、唐国桢等。这些女参政员包含各党各派各界的女性精英,她们大多具有良好的学历背景和社会职业与社会地位。作为抗战时期女性精英中非常重要的组成部分,她们被选为国民参政会女参政员后,积极听取和吸纳妇女界及社会各界意见,推动了战时妇女宪政运动的发展。

① 王世杰,林美莉编辑校订:《王世杰日记》,台湾"中央研究院"近代史研究所 2012 年版,第 464 页。

更值得一提的是，吴贻芳不仅是国民参政会女参政员的一员，并且连续成为第二届、第三届和第四届国民参政会主席团成员之一。在国民参政会休会期间，驻委会成员中除二届一次没有女代表，其他届次的 25 名驻会委员会委员中，皆有妇女的一席之位。一届一次至一届三次驻会女代表是刘蘅静，一届四次是史良，一届五次、二届二次是陶玄，三届一次至三届三次、四届一次驻会女代表是罗衡。①妇女在国民参政会主席团、休会期间驻会代表中都有立足之地。

国民参政会中的妇女参政员

资料来源：《理想家庭》1941 年第 2 期，第 1 页。

总体而言，抗战时期，国民参政会成为国民政府设立的国内各党派参政议政的咨询性质的机关。国民参政会中有无女参政员参加，女参政员的比例及各项提案对民国乃至 49 年之后的妇女参政都具有重要的影响。按照 1938 年 4 月通过的《国民参政会组织条例》进行遴选，第一、二、三届及四届一次国民参政会共选出女性参政员 10、15、14、14 人。各位女参政员大多为三四十岁的中年女性，且具有相当的社会经验和阅历。从其学历来看，他们多具有师范、大学以上的学历，

---

① 《国民参政会纪实 1938—1948 武汉·重庆·南京 下》，重庆出版社 2016 年版，第 91—874 页。

有不少还曾留学海外。各位女参政员中,未婚女性占很大比例,且以从事教育及妇女工作的占绝大多数①。各位女参政员的个人经历对于其当选为女参政员具有重要的影响。此外,女参政员多为国民党员或与宋美龄有较为密切的联系,即女参政员之所以能当选与其政治派别,以及第二次国共合作的政治背景密切相关。

二、女参政员国民参政运动

1. 女参政员积极听取各界意见

抗战时期,国民参政会女参政员虽然不是由公开民意选举而是由政府指定的,但是女参政员在提出议案的时候,一定程度地听取妇女界的建议和意见,正如陶玄所指出的:"我们虽不是由全国民众选出来的代表,但我们愿意代表全国女同胞,把全国女同胞的呼唤传到参政会和政府中去。"②

女参政员在向国民参政会提出议案之前,召集妇女谈话会,在集思广议的基础上形成一些议案。比如1938年7月,邓颖超、史良等人招待各妇女团体举行谈话会,倾听各界的意见。陈逸云提出请政府有计划地进行全国妇女的军事训练。③各妇女团体相继发言提出:①请求政府组织和动员妇女。②关于相当改良战时妇女生活问题。做农村工作的个人和团体,特别为农村妇女呼唤,诉说农村妇女各种痛苦,如童养媳畜婢制的存在,以及产科医生和看护的缺乏,以致产妇和儿童的死亡率极大等;女工代表沉痛地诉说了女工的痛苦,并提出目前女工最低限度的要求,例如:救济失业工人;发给遣散费;协助并免费帮助女工及其家属的疏散;改良女工待遇以及请求政府实行优待抗日军人家属条例;救济难妇等。③实行战时教育;普及识字运动,扫除文盲并给妇女以职业、技术和军事常识训练。④奖励积极从事抗战建国的模范妇女,大量提拔妇女干部,以便广泛地动员妇女大众等。④国民参政会女参政员在听取妇女团体的建议后,再正式向国民参政会提出关于动员妇女参加抗战建国的议案。

1938年7月,广东各妇女团体召集各界妇女集中讨论,提出其建议,内容主要

---

① 陈逸云:《女参政员的话》,重庆市妇女联合会妇女运史研究组:《新华日报副刊 妇女之路(上)》(1940年5月16日—1947年2月16日)。

② 《武汉妇女界盛大集会,女参政员听取妇女意见》,《新华日报》1938年7月5日第3版。

③ 《寄洪:记女参政员招待武汉妇女界》,《妇女生活》1938年第6卷第6期,第16—17页。

④ 《武汉妇女界盛大集会,女参政员听取妇女意见》,《新华日报》1938年7月5日第3版。

有：①一切个别的组织都应该在总的统一的组织下完成它个别的任务。②在华南局势日趋紧张的情形之下,应从速动员妇女武装自卫和接受军事训练。③自广州及广东各地频繁被敌机轰炸,以及沿海被日军骚扰后,各岛大批难民妇女无家可归,同时各城市工厂多停业,无数女工遂失业。为了使妇女坚决参加抗战,必须改善妇女生活和救济失业妇女。④要补救各种工作干部各方面的缺点,只有加紧有计划地训练干部。⑤为了启发妇女与男子共同起来担负抗战建国大业和给妇女以充分的自由为本身与民族的解放而努力,我们要求政府给妇女更多的参政机会。(甲)在国民参政会和各级参政会里增加妇女代表名额至四分之一。(乙)政府各级领导民运机关中添设妇女部,负责指导各地妇女工作,并予以经济上之援助。①

  1938 年 10 月,重庆妇女界也曾积极建言献策,曾拟定《动员农村与家庭妇女》草案,交给当时来渝出席国民参政会的女参政员提交大会讨论施行。② 1938 年 10 月底,重庆市妇女慰劳分会、妇女抗战建国协会、儿童保育院等妇女救亡团体,

慰劳受伤将士之妇女代表

资料来源:《中苏文化杂志》1938 年苏联十月革命二十一周年纪念特刊,第 54 页。

---

  ① 《民众对于国民参政会的建议,广东妇女的建议》,《新华日报》1938 年 7 月 11 日第 4 版。

  ② 《渝妇女界请提出动员案》,《新华日报》1938 年 10 月 29 日第 2 版。

举行茶会招待出席国民参政会第二次大会的刘蘅静、邓颖超、吴贻芳、罗衡、史良、张肖梅等六位妇女参政员。朱纶主持会议,指出这次茶会,"一方面想听一听六位参政员将有什么意见提给参政会,一方面希望她们三个团体的意见贡献六位妇女界先进,此外,更希望请教对妇女救亡运动的指示"。刘蘅静发言:"希望将各位姊妹们的意见带给参政会。目前,广州武汉失守,抗战转入了艰苦的新阶段,需要决定应付目前局面的大政方针。三个月以前,第一次参政会上决定的抗战建国纲领,是不能改变的。我们的意见,和全国民众一样,是拥护这一抗战建国纲领的,即一面抗战,一面建国。目前客观形势已较三月前更为严重,我们正需贡献一切给政府,来应付这一新的严正局面。"刘蘅静提示大家注意,"省市参政机关,国府已公布于明年一月成立。妇女界同胞,应事先积极准备参加省市参政会"。[①]

邓颖超表示:"亲爱的姊妹们,这一次来向各位请教,将各位以及全国妇女同胞对抗战建国的意见转达给政府,是我们的责任。""这一年来,看到妇女同胞在敌人蹂躏残杀下的惨状,我们没有别的表示,只有在政府领导下,在统帅领导下,团结一致,和日寇进行搏斗。"邓颖超还报告了关于第一次大会许多决议案的执行情况,指出:"关于动员妇女参加抗战建国的提案,已经在上次大会的审查委员会通过了。"史良发言表示,她的意见"同刘邓二位先生差不多。"吴贻芳认为目前妇女运动和政治有密切关系,她指出目前妇女动员不够,需要克服的弱点是加紧团结,并主张"自小做起,从小团结进到大团结"。张肖梅主张,妇女应积极参加后方生产,多从财政上帮助国家。罗衡提出妇女应参与前线工作,同男子一样与敌人搏斗。女参政员发言结束后,重庆市妇女慰劳分会、妇女抗战建国协会、儿童保育院等妇女救亡团体代表,讨论通过各项议案,如提高妇女政治水准,实施抗战教育;优待抗日军人家属;加强各党派妇女团结;统一妇女运动领导;动员妇女参加后方生产等。她认为六位女参政员应尽力争取各省市参政会女参政员名额问题,而史良认为这需要大家用行动去争取。通过这次茶话会,女参政员既宣传了女参政员对于妇女运动和抗战形势、妇女参政等问题的认识,也听取了妇女社会团体提出的议案和建议等内容。[②]

1938年11月3日,女青年会招待女参政员,到会的来宾据称大约在七百人左右,主要为青年会的董事和干事,以及重庆女师、树德女中、文德女中、启明和育德

---

① 《招待女参政员茶会席上》,《新华日报》1938年11月1日第3版。
② 《招待女参政员茶会席上》,《新华日报》1938年11月1日第3版。

女子小学女生等。参加讲演为刘蘅静、邓颖超和吴贻芳三位女参政员。吴贻芳从目前抗战局势讲到这次参政会的重要任务,表达政府统率对于坚持抗战的坚定不移的决心和信念,结论是"加强国内团结,在蒋委员长领导下坚持持久战"。刘蘅静从目前召开参政会的意义,讲到政府一贯执行的抗战建国方针,更详细地说明青年在抗战建国中所应负的责任,她劝告青年努力读书,不仅参加抗战工作,更要参加建国工作。此次会上,邓颖超演讲指出:第一,国民参政会的产生和意义。①参政会的产生是全国上下一致的需要。②人民对于民主政治的要求。③政府为集思广益,克服抗战中所遇困难,进行持久战。第二,第二届参政会的任务——抗战进到新阶段,新的困难增加,目前的任务是加紧和扩大国内团结,进行持久战,争取最后胜利。她说:"我们正因为看到困难,也正看到我们具备克服这个困难的优点,我们要发挥我们的长处,进行持久战,争取最后胜利!"第三,持久战的意义,持久战中我们所具的优点和怎样使用与发挥这种优点。她指出:"在坚持抗战之下,这些优点是会变成有利于抗战和争取最后胜利的条件的。"第四,敌人的弱点:①敌人进行的是野蛮退步的战争。②敌人占领的土地只是点和线的占领。③敌人人口数量决定着动员名额。④敌人财政经济日趋困难。⑤敌国人民反战的情绪,已发展为反战行动。第五,国际援华运动普遍展开。第六,我国政治军事上的进步,指示着最后胜利是我们的。第七,青年是时代和抗战的先锋,要担负组织和训练民众的责任。①

1939年1月底重庆市妇女团体举行联席会议,为向政府发表意见,要求临时省参议会参议员中,务必有相当妇女名额,出席代表三四十人,刘蘅静主持。会议决议:①暂时成立重庆市妇女团体联席会,并推定妇女抗战建国协会及重庆市一小担任总务,妇女座谈会及儿童保育会担任宣传,女青年会担任交际;②提出候选人30余人,推定刘蘅静、吕润璧、任培道、莫国康、张玉麟五人为资格审查人;③通电全国发动该项运动;④定7日下午3时在女青年会开第2次会议。② 重庆全市妇女团体联席会致电全国女同胞称:"各省参议会即将成立,关于各参议员人选,正在准备之中。我女同胞本不乏符合省参议会组织条例所规定资格之人才,惟恐各省政府于提出名单时,忽略女子,重庆全市妇女团体,特联合向政府提出要求,

---

① 《女青年会昨招待女参政员,邓颖超等发表演说》,《新华日报》1938年11月4日第2版。

② 《渝妇女争参政员,成立重庆市妇女联席会,并通电全国各界女同胞》,《新华日报》1939年2月2日第2版。

并介绍合格而优秀之人材,供政府选择。务使四川省参议会中有女参议员出席,以代表妇女之意见。务希各省女同胞一致努力,争取女子名额,以增加抗战时期之政治力量,而发挥三民主义平等政治之精神,至为盼祷。"①国民参政会召开期间,各省临时参议会即将成立,妇女为争取在各省参议会中的名额,做了积极的努力。

1939 年,重庆各妇女团体以各省政府参政会即将成立,为向政府表示意见,要求省参议员中务必有相当女名额。此举由联席会议决,致电全国女同胞,一致努力争取。另致电川省各县女同胞,向县政府提出要求。② 1942 年,女参政员 10 余人应邀赴宋美龄宴,席间曾讨论妇运问题。③

2. 各界对国民参政会的期望与建议

早在 1938 年 1 月 31 日,重庆本市妇女团体举行联席会议,向政府表示要求省参政员中,务必有相当妇女名额。刘蘅静主持,会议决议:①暂时成立重庆市妇女团体联系会,并推定妇女抗战建国协会及重庆市第一小学担任总务,妇女座谈会及儿童保育会担任宣传,女青年会担任交际;②提出候选人 30 余人,推定刘蘅静、吕润壁、任培道、莫国康、张玉麟五人为资格审查人;③通电全国发动该项运动。④

1938 年,李纯青指出,妇女参政员的责任有:①团结全国与建立民主政治,"我们国民参政会最大的人物就在集中全民族的力量,对侵略的敌人作殊死的斗争,以求得抗战的胜利和建国的成功。"②为全国妇女解除痛苦;③领导全国参加抗战。关于参加抗战,妇女虽不能如正规军一样在前线作战,但是有许多工作,他们是可以胜任的。例如战地服务,参加生产,帮助政府征调壮丁和推销救国公债,参加军事工作,救护和慰劳工作,儿童保育工作等。⑤

有人对国民参政会对于妇女问题的解决提出建议和希望:①加强一切抗战力量实施反攻收复失地。②颁布各种解放妇女的法令,提高妇女文化程度,消除对妇女的恶习。③切实执行对抗战军人家属的优待条例。④改良妇女生活,救济农

---

① 《渝妇女争参政员,成立重庆市妇女联席会,并通电全国各界女同胞》,《新华日报》1939 年 2 月 2 日第 2 版。

② 《重庆妇女界要求参政:致电全国一致争取》,《孤岛妇女》1939 年第 1 卷第 4 期,第 13 页。

③ 《消息一束(1942 年 9 月 1 日至 12 月 10 日):国内:第三届参政会中之女参政员》,《妇女工作》1942 年第 4 卷第 4 期,第 37 页。

④ 《妇女参政运动要求增加省参政员妇女名额》,《妇女共鸣》1938 年第 8 卷第 7/8 期,第 8—9 页。

⑤ 李纯青:《妇女参政员的责任》,《东方杂志》1938 年第 35 卷第 15 期,第 73—76 页。

村妇女。⑤开放未开放之各职业部门,保障职业妇女的职业,严厉取缔不用已婚妇女的规定,救济失业妇女。⑥用政治力量,帮助及推动设立儿童保育场所。⑦救济失业妇女,实施战时教育。①

1942年,陈中英提出妇女参政的要求和建议:①"吾国妇女多数未受教育,自己与国家社会之关系尚且不知,更说不上参政,故今日妇参运动,必须提高妇女教育,使一般妇女能明了其对国家之权利与义务。"②"一般妇女受传统思想及社会环境之压迫,没有勇气参加政治活动,故今日妇参运动,应扩大宣传,以唤起妇女参政兴趣,使其不肯轻弃法律上既得之权利。"③"多数妇女对于国家社会尚未尽其应尽之义务,因而权益亦不易彻底实现,故今日妇参运动,应加强妇女社会服务精神,以表现妇女对于国家民族贡献的伟大,借以改换社会轻视妇女的心理。"④"各级妇女团体省委普遍发展,妇女同胞仍如一盘散沙,在社会上不能发生力量。故今日妇参运动,应注意健全各级妇女团体之组织,使其有充实之力量,始能在政治舞台上与男子相颉颃。"②

1942年,有论者对女参政员提出要求:"参政会成立到现在已有四年历史,四年多的时间里,历届历次的会议,统有关于妇女问题的提案,在提出,在讨论;但是究竟这许多提案中,决议了若干?通过了若干?实行了若干?效果如何?情形如何?似乎应该检讨一下。""关于妇女问题的提案不必贪多务得,细大不捐;应该选择最切要而易行的,悬为主案,集全力于此主案之讨论与决议。如此,会内会外注意焦点,焦点所在,宣传既易,决议实行,也必较有力量。""我们对于非妇女倡导的各项议案,也应该努力去参加讨论,或者发动提出,使人感觉我们不要只注重妇女问题,而对于各项政治、经济、教育、社会等问题,漠不关心。""要加强我们的工作力量,并不仅赖会内的提案,会外的援应也很重要。我们的女参政员必须平日在社会中,建立起社会信用,取得社会的地位,然后言重九鼎,在会内才会引起讨论,在会外才会受人重视。但是社会信用和社会地位,必须以工作来换取,以服务来获得;因此,我们的女参政员,担任参政员后,尤其要去深入社会,一刻不停地去为人民服务,以提高其信用,增进其地位。"③

1942年,陆寒波希望能增加国民参政会女参政员的名额:"第一届参政员总数

---

① 《小论坛:对本届国民参政会的希望》,《妇女新运通讯》1941年第3卷第3—4期,第1页。

② 陈中英:《妇女参政问题之检讨》,《福建妇女》1942年第1卷第1期,第20—21页。

③ 《为本届女参政员进一言》,《妇女月刊》1942年第2卷第2期,第1页。

二百位,妇女占 10 位。第二届参政员总数加了 40 位,女参政员亦增加为 15 位,妇女在参政会中始终占廿分之一的席数。本届改选,总数仍旧,其中四分之三则将由各省市民选。我们可以预见由各省市选出的女参政员人数一定会少得近乎没有的。因为妇女在社会上所能占的人数与地位,实在还无法与经济力、政治力、活动力均雄厚,而且不免偏见的男同胞去自由竞争而获胜的。中央过去遴选参政员或者尚考虑到性别关系,惟就各人之社会声望,才能定其去取;但这一届我们却希望中央能注意到女性的名额,能于中央遴选的六十名中可能的增加女参政员的人数,以补救妇女在竞选中的失败。"陆寒波指出:"如果我们细查过去女政员的提案,当知所提其他有关的内政外交,国计民生的提案并不在少数;可是关于妇女动员问题,儿童妇女的议案,则实在惟女参政员曾注意提出。国家总动员没有除去妇女,孩子、母性问题更是民族前途所关;此中有多少关系抗战,关系国计民生的问题,亟待研究解决。一般男参政员们未免不为偏见所误而忽略了这类问题。因此,我们更深地感觉到妇女在参政会席上有占一个相当的数量的必要。在两届参政会中,女性并无逊色,我们要求中央在六十名指定名额中选定较多的女性是有正当而充分理由的。"①

第三届国民参政员名单出来后,由于女参政员名额减少了一名,隐冰希望女参政员担负起更多的责任,她提出几点具体希望:①要彻底实现享有平等权利。②要培养广大妇女的生产技能。妇女经济地位的提高是为妇女解放的彻底解放。"如果妇女在经济上没有地位,妇女在政治上的地位,也就没有基础,不会巩固,同时经济又是决定战争胜败的重要因素,因此,妇女必须参加生产,必须从事职业。尤其在抗战艰苦阶段的今天,更应该使妇女的力量渗透到各个生产部门去,以增国力,为中国的新工业建立基础。"③要扩大儿童保育工作。④要倡导各机关团体,尽量容纳妇女人才,并改善劳动妇女生活,实行同工同酬,及对产妇的优待。⑤希望国民党中央妇女部早日成立,"只有这一最高的统一的妇女工作组织,才能使各地妇女工作齐一方向,统一步伐,才能把全国的妇工人员坚强地团结起来"。特别是"训练妇女,俾能服务于社会事业,以增加抗战力量"是抗战建国的要求,她"希望代表占半数民族喉舌的十四位女参政员能给予我们这最低限度的希望和要求,全国的妇女睁着希望的大眼敬待着"。②

---

① 寒波:《三届女参政员的名额》,《妇女月刊》1942 年第 1 卷第 6 期,第 1 页。
② 隐冰:《小评:对第三届女参政员几点希望》,《江西妇女》1942 年第 7 卷第 5/6 期,第 1—2 页。

到第四届国民参政会召开之时,对于国民参政会的期待更加落空。有人指出:"这一届参政会,名额虽然增加了,但人选似更不孚人望。""今天最重要的任务是应该怎样来团结全国一切力量,使国内各政治组织都能发挥效能以动员全国人民克服当前政治,经济等困难配合盟国迅速驱逐敌寇。"①

三、国民参政会女参政员提案

抗战时期国民参政会女参政员提出议案共九十多项,内容涉及政治、经济、教育、文化、卫生、战争动员、妇女动员与女性问题等各个方面,她们通过国民参政会参政议政,其提案内容大多经国民参政会决议通过,送请政府采择施行,对于抗战时期的妇女宪政运动与各项战时动员和建设事业的发展贡献良多。战时女参政员的提案,反映了她们自身对于战时各问题的思考。当然,各位女参政员领衔所提的议案,并不是全由女参政员个人所思所想,她们是在召开妇女座谈会,听取各方面意见的基础上,集思广益,提出的议案,但大致反映了女参政员对该问题的关注和思考。

抗战时期国民参政会女参政员提案

会议	领衔提案	提案内容
一届一次	伍智梅	动员妇女参加抗战建国工作案
	伍智梅	促进公共卫生建设加强救护工作增进抗战效能案
	刘王立明	关于上海沦陷区域工作案
	罗衡	迅速建筑滇缅铁路并限期完成,以打通国际路线俾使得今后的接济和运输案
一届二次	伍智梅	动员妇女参加抗战建国工作案
	伍智梅	促进公共卫生建设加强救护工作增进抗战效能
	刘王立明	请肃清乞丐游民增强抗战力量案
	刘王立明	请创办工业生产合作机关救济失业民众调和供给需求发挥自己力量案
	史良	请政府切实执行优待抗敌军人家属法令,以便人民安心服兵役案
	史良	请政府从速发展农村工业,以应抗战建国之需要

---

① 雨:《短评:国民参政会与国民大会》,《现代妇女》1945 年第 6 卷第 1/2 期,第 1 页。

（续表）

会议	领衔提案	提案内容
一届二次	刘蘅静	请优待壮丁以鼓励兵役案
	刘蘅静	请政府从速施行难民教育案
一届三次	伍智梅	请政府通令驻外使领馆对于各该地华侨尽力予以便利案
	伍智梅	中央及各省县市农业机关应尽量辅导农村妇女发展生产事业案
	刘王立明	请严惩公务人员领受贷款购物佣钱案
	刘王立明	请铲除汉奸文字加强民众对抗战胜利信念案
	罗衡	请举办全国人口总登记实行"居留证"、"生庚证"制度以彻底整顿全国治安而利长期抗战案
	罗衡	请培植边务人才以固国防案
	史良	集中全国医药卫生专门人材加强军医力量以适应战时军队卫生及救护工作之需要案
	刘蘅静	请中央于编造下年度国家岁出总预算时增加普通教育文化经费以便积极推进国民教育案
	刘蘅静	中央义务教育经费应照原定计划逐年加倍增拨，以推进战区及后方各省义务教育案
一届四次	刘王立明	请政府普遍设立托儿所以便利全国妇女参加抗战建国大业案
	刘王立明	请政府组织华侨访问团案
	史良	请政府从速救济抗敌军人家属以励兵役案
	史良	请中央切实改进女子教育以适应抗战建国之需要案
一届五次	伍智梅	请政府通令各省切实推广妇女纺织业以利战时生产案
	伍智梅	请政府推进妇女代耕以增战时粮食生产案
	刘王立明	请中央速组妇女生产事业推动委员会加强战时经济案
	罗衡	请政府迅速采取有效办法调节粮食供求藉以平衡物价而安定人心案
	史良	请政府于各级政府预算中规定妇女工作经费以利妇运案
	史良	请政府通令全国各机关不得禁用女职员案
	刘蘅静	请政府于指定之国民大会代表名额中多指定女代表以弥补区域选举之缺点案
	刘蘅静	请政府提高中小学教员待遇以维教育事业案
	陶玄	请保存宪法草案第七章关于教育之规定案

(续表)

会议	领衔提案	提案内容
二届一次	吕云章	励行优待从征军人家属案
	吕云章	广设公共食堂以适应战时生活案
	陈逸云	请确定难童教育方针与办法案
	张维桢	提请少添机关简化系统以资节约而增效率案
	张维桢	改善公路运输俾抗战物资得以流畅案
	钱用和	拟请设法救济薪水阶级人员使安心服务案
	钱用和	拟请确定国民学校及中心学校现任教师之进修办法案
二届二次	伍智梅	请政府为出征抗敌军人子女实施职业教育,养成其生产技能以增抗建生产力量案
	刘蘅静	请规定母亲扶助法以保护幼小儿童案
	刘蘅静	请政府提高教员待遇案
	陶玄	切实施行各级学校训导规章,以树优良学风而利抗建案
	陈逸云	请政府明令警官学校及警政训练班招收女生,以符男女教育职业机会平等之原则案
	钱用和	粮食部陪都民食供应处迳以糙米供给市民案
	钱用和	改进中等教育以巩固教育基础而利抗建案
	吴贻芳	请政府明令各机关不得借故禁用女职员,以符男女职业机会均等之原则案
三届一次	伍智梅	请政府积极推行公医制度,以树立民族康健之基础案
	刘王立明	请政府添种棉种,改善绵纱管理,救济失业工人,以维军服民衣于长期案
	刘王立明	请政府征用知识阶级青年,普遍动员人力,加强抗建力量案
	罗衡	请政府彻查抗战以来各路办理军事运输不力,致使国家物资遭受重大损失之负责官吏,严加惩处以正法纪案
	罗衡	请政府裁撤赈济委员会,以实行搏节财政开支,划一行政机构案
	刘蘅静	请政府从速普设工厂托儿所,以动员妇女参加工业生产案
	陈逸云	战时交通工作缺乏,行军不便,请设置军粮站,以利军民案
	张维桢	请政府补助经费改良学校教科书之纸张印刷,以增教学效能,并救济全国数千万儿童与青年之目力案

（续表）

会议	领衔提案	提案内容
三届一次	张维桢	请政府调整后方刊物,以节省纸张及印刷原料,并即用此经费以改良纸张印刷质地案
	张邦珍	请政府明令禁止曾有汉奸劣迹者担任国家要职,以振纪纲而励士气案
	唐国桢	请政府实施妇女动员,加强抗战力量案
	唐国桢	请政府平等补助公务员战时生活,以提高工作效率案
	唐国桢	移殖难民、难童暨荣誉军人于西北边疆,从事生产案
三届二次	伍智梅	请政府从速加强培植从事卫生人才,积极推行公共卫生设施,以保民命而固国本案
	伍智梅	广东沿海各地灾情惨重应请政府迅拨巨款救济案
	刘王立明	请政府迅速革新海关俾能负起其对国家之时代使命案
	刘蘅静	请政府注意学校卫生改善学生生活案
	刘蘅静	提议举办儿童保健以期复兴民族请公案
	吕云章	公务人员食米应予保障案
	陈逸云	请改善警政充分发挥警察职权以保护案宁秩序培养国力案
	唐国桢	请修改《国民义务劳动服务法》,加入妇女部分,以增强抗建力量而符合实际动员全国人力之要义案
	胡木兰	确定战后侨政实施纲领以增国力案
三届三次	伍智梅	从速切实推行县市乡镇卫生工作案
	刘蘅静	宪政实施协进会增加女委员二人案
	刘蘅静	提高检查官职权以根绝贪污保障人权而奠立法治基础案
	吕云章	请通饬各机关不得歧视或拒用女性职员案
	吕云章	培养专门人才,以利建国案
	陈逸云	改善兵役办法案
	唐国桢	为战后复员应注重人才之运用,人力之培养与人口之增加,以利国家建设而奠定富强之基础案
	唐国桢	为促进妇女参加各部门工作,以增国力而利抗建大业案
	唐国桢	为公教人员生活日益艰困应请政府采取有效办法以资补救案
	胡木兰	为请求政府指导鼓励及贷款与南北美洲华侨,俾于当地收购敌产,以利战后建设事业之进行,而收战时侨营实业之发展案
	胡木兰	请政府迅设华侨复产准备委员会,以协助战后华侨重整旧产业案

(续表)

会议	领衔提案	提案内容
四届一次	伍智梅	请政府从速加强卫生建设实施案决议
	罗衡	再请政府重申前令切实保障妇女职业以免造成社会之严重问题案
	罗衡	请政府迅速颁布严惩叛国罪犯条例以防止汉奸乘机巧取活动逃避法网而整肃国家纪纲案
	刘蘅静	请政府增加国民大会女代表名额
	刘蘅静	请政府确定中小学教科书审定制与国定制并行以利教育案
	陈逸云	提议宪法草案所规定各项选举应规定妇女当选名额案
	陈逸云	请政府大量派遣各种技术人员出国实习并应统盘筹划公开考选以收宏效而杜流弊案
	张邦珍	再请政府赶筑滇缅川滇两铁路以利抗建由
	张邦珍	请取销食盐专卖制度听人民自由运销并请澈查滇盐管局长邓健飞以平民愤以苏民困由
	唐国桢	请政府规定国民大会代表暨各省市县参议会参议员妇女名额应为总数百分之二十比例案
	胡木兰	确定华侨经济复兴计划并立付实施以利战后经济建设案
	王化民	为便于妇女就业增加建国力量应大量培植幼儿教育师资普设托儿所案
	王化民	注重儿童心理卫生以促进心理建设案

资料来源：孟广涵：《国民参政会纪实》,重庆出版社 1985 年版,第 186—1323 页;《国民参政会史料》,台北,1962 年;《国民参政会第二次大会纪录》,1938 年;国民参政会、国民参政会秘书处：《国民参政会第三次大会纪录》,1939 年;《国民参政会第四次大会纪录》,1939 年;国民参政会、国民参政会秘书处：《国民参政会第五次大会纪录》,1940 年;《国民参政会第二届第一次大会纪录》,1941 年;《国民参政会第二届第二次大会纪录》,1942 年;《国民参政会第三届第一次大会纪录》,1943 年;《国民参政会第三届第三次大会提案原文》(上册),国民参政会秘书处,1945 年;《国民参政会第四届第一次大会纪录》,1946 年。

抗战时期召开的国民参政会第一、二、三届及四届一次会上,20 位女参政员的 92 条提案,内容涉及政治、经济、教育、文化、卫生、战争动员等各个方面。其中,对妇女问题的提案达 25 条,约占女参政员的所有提案中的四分之一[1]。可见,女参政员由于其性别身份,对妇女权利问题多加关注。具体来说,女参政员的提案中

---

[1] 参见孟广涵：《国民参政会纪实》,重庆出版社 1985 年版,第 186—1323 页;国民参政会史料编纂委员会编：《国民参政会史料》,台湾国民参政会在台历届参政员联谊会,1962 年。

涉及女性问题的议题主要有以下内容：

1. 第一届会议女参政员提案

1938 年 7 月，伍智梅、吴贻芳、陶玄、刘蘅静、邓颖超、王立明、史良、张肖梅、罗衡等参政员提"动员妇女参加抗战建国工作案"，①国民参政会第三届一次大会唐园梭等人也曾建议"实施妇女动员"，经国防最高委员会第 99 次常务会议决议："交行政院军事委员会分别采择施行"。②

1940 年 4 月，一届五次会上，伍智梅等 31 位参政员提"请政府通令各省切实推广妇女手纺织业以利战时生产案"，理由为，抗战以来中国新式棉纺织业备受打击，"欲图根本救济，自应增加棉布生产，惟新式棉纺织厂，虽有少数迁至内地，但生产力远逊于前，倘拟增设新厂，则机器之来源与运输，实有无限困难。在此环境，惟有普遍发展手纺织工业，方能予以补救。"国民参政会决议："本案旨在推广纺织工业，用意甚善，惟推行方法须视地方情形及使用工具如何而异，本案通过，请政府采择施行"。③

在第一届五次会上，伍智梅等 26 名参政员"请政府推进妇女代耕以增战时粮食生产案"，指出：由于壮丁抽调出征而战时粮食供应需充实，"妇女占全人口之半数，亟应将男耕女织之观念，扩大而为女耕女织，以适应战时之需要。此妇女代耕队之宣传组织，实为不可或缓之举"。具体办法：①组织妇女代耕队，由中央通令各省政府令行各县转饬乡镇公所，每一单位倡导出征军人家属及失业妇女组织代耕队若干队。②各乡镇公所应清查各该管辖范围内之荒田地，出征军人家属之农田感有人力不足者，即就本乡镇所组代耕队指派巡回代耕之。③各县政府应选觅专才改善农作方法，指示及训练妇女代耕队，俾于代耕中作有计划之改善，以增加生产。④ 国民参政会决议："原案送请政府采择施行"。⑤

在第一届五次参政会上，刘王立明领衔建议，"请中央速组妇女生产事业推动委员会，加强战时经济案"，称："我国各地自抗战以来，虽由数妇女团体之努

① 《中国妇女运动历史资料（1937—1945）》，中国妇女出版社 1991 年版，第 72 页。

② 《参政会三届一次大会建议实施妇女动员》（1942 年 12 月），台湾"党史馆"馆藏国防档案，馆藏号：防 003/2192。

③ 《请政府通令各省切实推广妇女手纺织业》（1940 年 5 月），台湾"党史馆"馆藏国防档案，馆藏号：防 003/0593。

④ 国民参政会、国民参政会秘书处《国民参政会第五次大会纪录》，1940 年 8 月，第 111 页。

⑤ 《请政府推进妇女代耕以增战时粮食生产》（1940 年 5 月），台湾"党史馆"馆藏国防档案，馆藏号：防 003/0597。

力,一部分女子业已动员工作,然大多数妇女不是缺乏劳作自养服务祖国之机会,徒事嗟叹,便是渡其平日之优游生活,依赖男子日趋沉沦,此其中之原因甚多,最大者厥为政府之无有健全之组织及伟大之推动能力。抗战建国国策既定长期,顷为配合其战时经济之力量,女子之精力应一律集中发动,加强后方生产俾能自给,帷欲达到此种目的,政府须补救以前之疏懈,从速组织妇女生产事业推动委员会。"①具体办法为:"①组织此委员会应以下列机关代表及私人专家组织之即振济委员中国工业合作协会、贸易委员会已有此等工作,实际经验之妇女团体,负责代表及国内外各界私人专家组织之。②生产事业范围应分两种:从事畜植纺织事业以供给国内之需要;从事精美工艺用以运销国外换取外汇。③分工合作,此委员会会员既简接以团体为代表则责任应分配如下:振济委员会担任经费之拨给;妇女团体担任生手训练及收发工作;工业合作协会担任出品之对内推销;贸易委员会但任出口之对外推销;国内外私人专家供献关于种子肥料饲养方法改良及新图案之制作出品之批评等。④生产人员除应以被难妇女及出征军人家属为重要对象外,凡无职业及家务繁重之妇女应一律强迫登记参加。"经国防最高委员会第 32 次常务会议决议:"交行政院采择施行。"国民

为加紧后方生产,妇女积极纺纱

资料来源:《展望》1939 年第 3 期,第 29—30 页。

---

① 《请中央速组妇女生产事业推动委员会》(1940 年 5 月),台湾"党史馆"馆藏国防档案,馆藏号:防003/0596。

参政会决议文："本案旨在推进妇女生产事业,以被难妇女及出征军人家属为对象,用意甚善,请政府采择施行。"①

一届五次参政会上,刘蘅静等提"请政府于指定之国民大会代表名额中,多指定女代表,以弥补区域选举之缺点案",指出:"国民大会之区域选举,大部分业经办理完竣,妇女因受社会环境之限制及传统思想之影响,常选代表者为数极少,苟不设法补救,将来国民大会恐将成纯粹男性之集团,此不但不能表现全民政治之平等精神,在国际观瞻上尤使中国政治居于落伍地位。""不以政治力量扶助女权,则民权主义之政治平等亦不能建立,其理至为明显,故应请政府依照国民党政纲对内政策第11条之原则,以政治力量扶助女权,在政府指定之240名代表中,指定50%女代表,借以补区域选举之缺陷,而符总理遗教之平等精神。"参政会决议:原案内"在政府指定之240名中,指定50%女代表",修正为"在政府指定代表中尽量指派女代表,并注意边疆及海外妇女代表之分配"。"本案通过,请政府切实采行。"②

2. 第二届会议女参政员提案

第二届第一次国民参政会,陈逸云等提"请确定难童教育方针与办法案",建议"振济委员会、教育部、社会部及各难童教养团体,合组织难童教育委员会,就德智体三方面规定,难童教育方针,尤须着重民族意识之灌输及生产技能之培养,以使全国公私保育难童团体有所遵循,并统筹充足的款,以便利于教育"等。国民参政会决议:"本案通过,送请政府采择施行。"③

第二届第二次会议前,由陈逸云发起组织女参政员聚餐会,集中讨论"妇女职业问题"的提案,理由是:"妇女在抗战中,职业部门不但不能扩大,反而缩小,各机关不裁员则已,要裁必先裁女职员,使妇女无参加抗战工作机会,更与动员全国人力不符,为妇女计,为抗战前途计,妇女不能再容忍,金以集中力量,向大会提出请政府不能禁用女职员。"提案起草人史良、陈逸云,提案领衔人是吴贻芳。④

第二届第二次大会上,各与会女参政员提出过很多主张。如伍智梅等提"请政府为出征抗敌军人子女实施职业教育,养成其生产技能以增抗建生产力量案",

---

① 《请中央速组妇女生产事业推动委员会》(1940年5月),台湾"党史馆"馆藏国防档案,馆藏号:防003/0596。
② 国民参政会秘书处:《国民参政会第五次大会纪录》,1940年,第84—85页。
③ 国民参政会秘书处:《国民参政会第二届第一次大会纪录》,1941年,第248—249页。
④ 《第二届参政会二次大会讨论妇女问题旁听记》,《妇女共鸣》1942年第11卷第1期,第22—25页。

主张"对于出征抗属子女之教育,应由政府负责,不只救济其生活,还要普遍实施职业教育,养成生活之技能,推行寓养于教之办法,尤其今日抗建生产各部门中,最感缺乏中下级职业技术人才之际,必须迅即培植工、商、农、医及工业管理与人事管理部门之技艺专材,应由教育职业化完成国防工业化之目的,增加生产,充实力量,实为长期抗战,争取最后胜利之基础"。决议:"本案修正通过,送请政府采择施行。"①

刘蘅静等提"请规定母亲扶助法,以保护幼小儿童案",指出:"抗战以来,物价高涨,生活日见艰难,数口之家,已非男子一人之力所能供给,一般中级以下至公务员及学校教职员等精神劳动者的生活则更为困苦,每每夫妇二人同时从事职业,尚不得温饱,为母亲者身虽在外,而心实悬家,何能专心于其职务,社会不体谅其处境之困难,反讥为女子能力薄弱,工作效率低微,又以之为反对妇女职业之根据。""今者抗战以达四年有半,前线之牺牲与夫后方之死难,为数至巨,八中全会曾决议奖励生育以期增加人口,实则中国人出生数目实不为小,惟因保育不良,死亡数目特大,苟不从保育方法着手,则发动生育,亦有何效? 保护儿童之方法固多,规定母亲扶助法,实为战时必要之事。""要知儿童乃国家之未来公民,而民族之后代也,其保护责任,不应视为父母之私人之事,其理甚明,而妇女职业之自由,国家不能加以禁止或限制,亦为三民主义国家不可违背之原则。"具体办法为:①规定母亲扶助法,凡家庭经济苦难之职业妇女而有幼小儿女者,每月得由政府给予若干扶助费,至儿童满四岁为止;②妇女在领受母亲扶助费期间,不得从事任何专任之职务;③母亲扶助费由具备条件之妇女自由向政府请领,政府不加强迫;④政府不以母亲扶助法限制妇女职业之自由。② 取得母亲扶助费之条件为:①丈夫收入不足维持一家生活者;②丈夫失业期间;③离婚后丈夫不负子女教养责任者;④丈夫死亡而无遗产者;⑤无财产者。该提案"因内容欠妥,经审查会几经辩论,在大会上亦引起争辩的风波,而结果同情妇女运动的参政员一致通过。"③

陈逸云等提"请政府明令警官学校及警政训练班招收女生,以符男女教育职业机会平等之原则案",指出:"我国在抗战前中央警官学校及各地之警政学校,与

① 国民参政会秘书处:《国民参政会第二届第二次大会纪录》,1942年,第136页。
② 《国民参政会第二届第二次大会纪录》,国民参政会秘书处1942年版,第94—95页。
③ 《第二届参政会二次大会讨论妇女问题旁听记》,《妇女共鸣》1942年第11卷第1期,第22—25页。

出入敌后的华南女子别动队（夏晓霞摄）

资料来源:《中华(上海)》1940 年第 85 期,第 26 页。

警察训练所等,亦均招收女生,施以与男子同等之训练,毕业后,分发上海南京等地,成就地在警局服务,成绩昭著。及抗战军兴,当局不但不加紧训练妇女,以增强前后方之治安力量,且反明令各警察学校,停止招收女生,使有志警政之青年妇女竟无施展长才,为国效劳之机会,此实不能不使人深引为憾者。""若谓女子体力不及男子,抗战时期,警察责任繁重,不宜于女子担任,则以过去警官学校等女生之操劳精神,并不亚于男生。若谓女子之力不及男子,则各国警察当局,遇有疑难案件,往往利用妇女为侦察,而调查户口等之工作,亦有胜于男子之处。"当局为警政前途设想,宜以培植人才为重。"况我国现在需用人力正殷,未必独有警政人才丰富,无须妇女协助,为集中人力,加强警政,并为符合男女教育机会平等之原则起见,应请各警察学校及训政场所,一律开放,招收女生,以造就女界警察人才,为国服务。"具体办法为:"请内政部训令各所属警政学校,准予招收女生。"国民参政会决议:"送请政府采纳施行。"①

----

① 《国民参政会第二届第二次大会纪录》,国民参政会秘书处 1942 年版,第 91 页。

吴贻芳等人提"请政府明令各机关不得借故禁用女职员",此提案的连署人有刘蘅静、钱用和、张维桢、张肖梅、罗衡、吕云章、陈逸云、陶玄、刘王立明、史良、谢冰心、伍智梅等人,此项提案获通过。[①] 吴贻芳领衔的这个提案,"在全体女参政员一致举手赞成拥护下,当场审查意见,议决,把这个提案送交政府请迅速切实执行"。对此吴贻芳说道:"本来,邮局有五条禁例,去年我们请指导长交涉后,取消了四条。这次我们又提出询问邮局不用已婚女职员的充分理由,要求取消这条规定的时候,开始,邮局负责人仍然说明很多的理由,经我们女参政员婉言解释,再三商讨后,所有的理由才算消失。""从今以后,我们坚持抗战力量中又增加了一支坚强的妇女力量。"[②]

此次会议上,关于妇女问题的提案还有:"请求政府明令各机关,奉行党纲法令,维护男女平等原则,不得借故禁用女职员,以资增强国力,完成革命。"理由是:"查世界各国治安之完善与否,全视警政窃以为断,而欲求警政之良善,则训练警政人才,实为先决条件。值此抗战时期,国家为实行'人尽其才'以充实人力计。尤宜注意女警官之训练。当第一次欧战时,欧洲妇女,踊跃协助警政,贡献颇多,即我国在抗战前中央警官学校及各地之警政学校,与警察训练所等,亦均招收女生,施以与男子同等之训练,毕业后,分发上海、南京等地,或就地在警局服务,成绩昭著,及抗战军兴,当局不但不加紧训练妇女,以增强前后方之治安力量,且反明令各警察学校,停止招收女生,使有志警政之青年妇女,竟无施展长材,为国效劳之机会,此实不能不使人深以为憾者。若谓女子体力不及男子,抗战时期,警察责任繁重,不宜于女子担任,则以过去警官学校等女生之操劳精神,并不亚于男生。若谓女子智力不及男子,则各国警察当局,遇有疑难案件,往往利用妇女为之侦察,而调查户口等之工作,亦有胜于男子之处,故英国警察当局,在战时更利用大批妇女,担任治安工作。至于学校设备方面,当局为警政前途设想,究宜以培植人才为重,实未可因区区设备之关系,而不招收女生。况我国现在需要用人力正殷,未必独有警政人才丰富,无须妇女协助。为集中人力,加强警政,并为符合男女教育职业机会平等之原则起见,应请各警政学校及训练场所,一律开放,招收女生,以造就爱女界警政人才,为国服务。"具体办法为:"请内政部训令各所属警政

---

① 《第二届参政会二次大会讨论妇女问题旁听记》,《妇女共鸣》1942年第11卷第1期,第22—25页。
② 《史良参政员报告:这次参政会的经过》,《妇女新运通讯》1941年第3卷第21—24期,第5—6页。

学校准予招收女生。"本项提案获通过。①

此次会议关于妇女问题的询问案,有吕云章询问内政部:"为何各保甲不许妇女充任户主?"据内政部答复:"内政部并无不许妇女充任户主,大概各保甲知识缺乏,沿用习惯法之故,此后训练保甲长时,当改良其观念。"伍智梅询问"内政部任用女职员最近各机关日见减少",据答:"在内部属下并无减少且有增加。"另外关于邮政局禁用已婚女职员事,在第二届第一次大会时已由陈逸云提出询问,而为时一载尚未见其撤销,因此陈逸云再次提出询问:"查邮政局禁用已婚女职员事,在前次大会已蒙张部长允许即予改善,但时逾一载迄未撤销。致使各机关相继效尤,影响妇女职业。此种禁用已婚女职员之法令,不但有违动员人力之原则,亦违反总理助进女权发展之主张,更违背中央提倡增加人口之意旨,敢请部长迅予取销以维妇女职业是幸。"询问案提出后,"引起全场的注意,尤以孔庚老先生的见义勇为,起而响应陈女士的提案,他的理由认为这不但与男女平等原则不符,而且有违人道,事实上纵能限制女职员结婚,也不能禁绝女职员恋爱,这结果徒使社会增加纷扰与痛苦,实不能不加以挽救"。后答复称:"以前之不能取乐,因在战时女职员不受调动,拟抗战后取销,今即有此理由,日内当命邮局负责人与陈女士磋商改善云。"在参政会未闭幕前,由邮局余副局长同各女参政员讨论,决定元旦取销此项禁令。②

3. 第三届会议女参政员提案

第三届第一次参政会上,刘蘅静等参政员建议,"请政府从速普设工厂托儿所以动员妇女参加工业生产案"。其理由为:"人力动员为总动员之重要部分,妇女占人力之一半,自宜设法利用,俾战时生产得以大量增加,目前各地之轻工业工厂已多系用妇女,惟大都无托儿所之设备,以致一般乳母将幼小儿童携进厂房,置于机器之下,对于儿童健康,损害殊甚。今为保护民族后代,同时不废置妇女之生产力量,应令全国厂家普遍设立完善之托儿所,解决妇女之困难,以鼓励其从事工业劳动。"具体办法为:"①请社会部于一切儿童福利事业实施之前,提早办理工厂托儿所。②政府规定托儿所设备标准,限令各工厂立即筹办。③托儿所经费应由厂方负担,政府并应予以补助。④政府对工厂托儿所应随时予以指导监督。"对此,国民参政会决议:"通过,送请政府切实办理"。③ 此案"在审查会通过实行"。④

① 《第二届参政会二次大会讨论妇女问题旁听记》,《妇女共鸣》1942年第11卷第1期,第22—25页。
② 《第二届参政会二次大会讨论妇女问题旁听记》,《妇女共鸣》1942年第11卷第1期,第22—25页。
③ 《普设工厂托儿所》(1942年12月),台湾"党史馆"馆藏国防档案,馆藏号:防003/2251。
④ 鹤:《第三届参政会中女参政员之建议》,《妇女共鸣》1942年第11卷第9/10期,第35—37页。

第三届一次参政会上,唐国桢等提"请政府实施妇女动员,加强抗战力量案":"按五年抗战以来,前方人力之需要随日增加,而后方农工生产,及运输通讯宣传,情报,防空,救护,教育各业务亦日觉人力之不足,故际此长期抗战,欲求充实兵源,增加人力,则动员妇女,刻不容缓。各国战时因战争需要,平时各生产及业务部门之男子业务,无不尽量使女子充任,以维后方生产及秩序。况我国沿海口岸及国际路线被封锁,物资来源日益减少,似更应动员妇女力求增加生产,以期自给自足。拟请政府实施妇女动员,举凡有关战时生产及业务为妇女所能胜任者,均应派妇女充任,使抗战力量日益加强。"具体办法如:"①请政府令国民总动员会,增设动员妇女部门。②制定动员妇女具体办法,从速实施。③明令规定凡教育、邮电、金融、运输、情报、防空、救护、警察各部门应尽量使妇女参加,俾男子从事与战争直接关系之工作。④开办各种妇女职业训练班,养成职业技能。⑤动员各地家庭妇女,自行生产或集团生产,如农产制造及军用民用物品,以增加生产量,而减少无谓消耗。⑥加强农村妇女教育。⑦加强地方妇女组织。"①因为"这是妇女要求尽义务的提案,并未惹起他人的反对,就很顺利地通过"。②

第三届二次参政会上,唐国桢领衔,陈逸云、吕云章、张维桢、谢冰心、陶玄、胡木兰、王晓籁、伍智梅等人建议,"请修改国民服务劳动法草案,加入妇女部分,以增强抗建力量,而符合实际动员全国人力之要义案"。其理由为:"查国防最高委员会通过之国民义务劳动服务法,仅以男子为限,而将占全体国民半数之妇女,屏除于外,不特失去动员全国人力之意义,且削减抗建力量,有违国父遗教。盖国家一切建设大举业,应由男女国民共同担负,如地方自治,更明确规定,惟孕妇可以缓助服务一年,其余则男女之劳动服务并无分歧。且今日施行国民义务劳动服务,以妇女为主要对象,此次世界大战英美妇女参加军事各部门以及救护担架,耕稼等工作,成绩卓著。吾国妇女之服务能力,亦不弱于人,如湘桂铁路滇缅路滇越路、甘川公路之修筑,收效于妇女劳动力量者,尤为显著。职是之故,无论为增产建国,为补充劳力,均应遵照国父遗教总裁指示,动员全体国民,参加义务劳动服务,而仅以男子为限之国民义务劳动服务法,实有改正之必要。"办法为:"请政府从速修改国民义务劳动服务法草案,加入妇女部分。"经国防最高委员会第 124 次常务会议议决:"交行政院核办。"由国民参政会决议:"修正通过,送请政

---

① 《国民参政会第三届第一次大会纪录》,国民参政会秘书处 1943 年版,第 122—123 页。
② 鹤:《第三届参会中女参政员之建议》,《妇女共鸣》1942 年第 11 卷第 9/10 期,第 35—37 页。

府迅速办理。"①

第三届三次参政会上,吕云章等人提"请通饬各机关不得歧视或拒用女性职员案","际在抗战最严重之期间,庶多任用妇女,使各机关男子从事前方工作。拟请政府再切实通令各机关,嗣后不得再有拒用或歧视女性之情事,俾知识妇女得与男子有同等之机会为国家效力,而增加抗战建国之力量。"②唐国桢等39名参政员建议"为促进妇女参加各部门工作,以增国力而利抗建大业案",表示"我国对于妇女动员,素未积极提倡,因而妇女力量无从运用,其工作能力,则莫由表现,实为国家莫大之损失"。建议:"①拟请政府交由军事委员会、教育部、经济部、交通部、社会部以及其他有关机关,从速商定'策进妇女参加抗建工作纲领',以便循序实施。②拟请教育部注重妇女职业,增加全国各种职业学校女生对比数额;并在中央及地方,多设女子专科职业学校。③拟请经济部多方策进妇女,参加生产工作,并颁订奖励妇女参加生产工作办法。④拟请政府饬知各机关,对于妇女职员,不得稍存歧视心理,借口排除;并请铨叙部注重女职员之铨定,及其职务之保障。"③此项提案经国民参政会决议"通过,送请政府切实办理"。考试院院长戴传贤致国防最高委员会,表示:"查原送建议案第四项,关于女职员之铨定,根据训政时期约法第六条规定:'中华民国国民无男女种族阶级之分,在法律上一律平等',现行铨叙政策及法令,于男女一视同仁。本部对女公务员之铨定,向系按照同一法规办理,从未加以歧视。即本部任用之女职员,亦系与男职员同等待遇,一律注重其工作能力,毫无歧视之处。至职务之保险一节,恐系保障之意,关于公务员保障问题,本部正在研究中,惟公务员既经铨叙合格任用,各级机关长官,自不应无故免职,迭奉国民政府通饬遵行。"④

另外,在第三届国民参政会中,由唐国桢再次领衔提"请政府平等补助女公务员战时生活以提高工作效率案",提案的目的是请求政府取消所规定公务员生活补助办法内之第六条"夫妻同为公务员时其妻不得领取食米"一条删去。"这一个提案在审查会中就引起了男参政员的反对,由女参政员陈逸云义正词严答辩而博

① 《三届二次参政会建议修改国民劳动服务法草案加入妇女部分》(1943年12月),台湾"党史馆"馆藏国防档案,馆藏号:防003/2687。
② 《国民参政会第三届第三次大会提案原文》(上册),国民参政会秘书处1945年版,第165页。
③ 《国民参政会第三届第三次大会提案原文》(上册),国民参政会秘书处1945年版,第113页。
④ 《参三届三次大会建议为促进妇女参加各部门工作以增国力案》(1944年11月),台湾"党史馆"馆藏国防档案,馆藏号:防003/3050。

得了许多的同情,一位年高德重而开明的老参政员朱之洪先生亦据理赞助。经过一场剧烈辩论通过送请政府采纳施行,当提出大会那一天亦平安地照审查会的议决案通过。"①

除正式提案外,女参政员还积极向有关部门询问,比如陈逸云询问司法行政部:"关于政府是否许可男女重婚之问题,使关心社会问题者动容,不幸之妇女称快。"具体询问内容为:"查一夫一妻制度,为我国现行法律所规定,倘有违反,法律得予制裁。唯恐抗战以后,有不法之徒,不顾纲纪寡廉鲜耻,借口妻在陷区,而另营金屋,成立起伪组织,破坏婚姻制度,扰乱社会安宁,社会人士又为曲宥,独不知彼等妻室,均因负责代其子职,侍养父母,或兼父母之责,教养子女,种种牵累,致未能逃至后方,忍气吞声,处于敌人铁蹄压追之下,度其仰望中原旗旌,思夫痛国之困苦生活,其情可悯,其节可嘉;苟有人心之男子,理应在后方坚贞自守,努力工作,救国济家。今彼等却腼颜于后方享乐,复借口妻室在沦陷区而再娶,并扬言法律已密许其重婚,倘法律确为允许,行使沦陷区妇女寒心而变节。若谓抗战期间,欲增加人口起见,准予多妻,则现流浪儿童,遍地皆是,无人教养;穷苦儿童,因乏营养而死亡,准予多妻,决非增加人口之善法!故特询问有无通令各地法庭,准许重婚为合法婚姻之事!敢请答复,以释群疑为幸!"司法部答复称:"并未许可重婚者为合法婚姻云。"陈逸云向内政部询问关于"上届参政会通过警官学校招收女生一案,何以至今仍未实行",据部长答复是:"已通令该校招收,惟因经费问题,是以延迟。"陈逸云向社会部询问关于"社会部合作训练班不收女生,有违男女教育平等原则"的询问案,经社会部谷正纲部长答复,此后关于社会福利工作人员训练班必定招收女生。②

张邦珍询问教育部"是否有主张妇女回家庭去或男女异教之意见",询问时全场哄然,教育部答复文如下:"谨查男女教育机会均等,为国父遗教之一贯主张,吾人自应竭力促其实现,抗战以还,国民教育普遍推进,妇女入学者人数增为我国历史以来所未有,各级学校除均男女同收外,并另设女子学校以应特殊之需要,本部曾经广征各方意见,召集女子教育座谈会,专讨论有关女子教育各问题,以谋积极推进,是证本部对于女子教育一向重视,至'女子回到家庭去'一语,似为希特勒之口号,本部长并无此说,惟家庭教育为学校教育与社会教育之基础,应特别注重一

---

① 鹤:《第三届参政会中女参政员之建议》,《妇女共鸣》1942 年第 11 卷第 9/10 期,第 35—37 页。
② 鹤:《第三届参政会中女参政员之建议》,《妇女共鸣》1942 年第 11 卷第 9/10 期,第 35—37 页。

点,则于国民参政会第一届大会中通过之各级教育实施方案中,列有专条,故本部对于家庭教育之重视,亦责无旁贷。至于男女异教之说想系误传。盖女子教育座谈会,曾对于女子一般及特殊问题详加讨论,亦并无此说,且现时各级学校均为男女同学,则此说自不成问题。"[1]

4. 第四届一次会议女参政员提案

第四届一次国民参政会上,女参政员提出很多议案。如罗衡等 32 名参政员提议:"再请政府重申前令切实保障妇女职业,以免造成社会之严重问题案。"表示:"我国妇女之地位权利在法律上,虽似属平等,而求诸事实则完全反是,尤以最近更变本加厉,自政府各机关起对于妇女之排挤歧视,不遗余力,以致影响其他社会团体亦竞相效尤,无端陷大多数妇女于失业。因生活无着,而致堕落者有之,自杀者亦有之,惨案迭起,而政府及社会则皆充耳不闻,孰视无睹。殊知妇女亦国民也,占全国人口之半数,政府对此半数国民之生存竟漠不关心,岂仅存心残忍,亦将有意造成社会国家今后之严重问题。吾人为全国妇女同胞今后之生存计,为避免国家社会人力之损失计,再向政府请求予妇女以职业上应待之保障。"国民参政会决议:"通过,送请政府重申前令切实办理"。国防最高委员会第 171 次常务会议决议:"送国民政府通饬注意。"[2]

刘蘅静等提"请政府增加国民大会女代表名额",建议:"男女平等之原则,载在国民党之政纲政策,规定于联合国宪章,而我国民大会选出之代表,女性仅有四人,且多系候补,此由政府未在国民大会代表选举法中予妇女以特殊规定,为补救此种缺陷起见,拟请政府于指定名额中,增加女代表,以符平等原则。"具体办法:"①扩充政府指定之代表名额为 480 名,女代表占 50%。②女代表名额按人口比例及地区作普通之分配。"[3]

陈逸云等 10 名参政员提议:"宪法草案所规定各项选举应规定妇女当选名额案",指出受传统重男轻女观念影响,"妇女从事竞选障碍甚多,不特难与男子竞争名额,即一名之数亦难得获选,拟在宪法上规定妇女当选名额,以符国父扶助妇女平权之主张,而利妇女参政"。具体办法为:①在"第 27 条国民大会以左列国民代

---

[1] 鹤:《第三届参政会中女参政员之建议》,《妇女共鸣》,1942 年第 11 卷第 9/10 期,第 35—37 页。

[2] 《四届一次参政会重申前令切实保障妇女职业案》(1945 年 10 月),台湾"党史馆"馆藏国防档案,馆藏号:防 003/3548。

[3] 《国民参政会第四届第一次大会纪录》,国民参政会秘书处 1946 年版,第 130 页。

表组织之"应加一项规定"每一区域选出代表 2 人以上者,应有妇女代表一人"。
②妇女当选立法委员名额应占 20%。③第 90 条选举监察委员应加第 2 项"妇女当选监察委员名额应占总额 20%"。国民参政会决议:"通过,送请政府转交宪草修订机关采择。"①

唐国桢等提"请政府规定国民大会代表暨各省市县参议会参议员妇女名额应为总数 20% 比例案",指出:①此处世界大战,各国妇女,对于国家民族之自由独立之维护,贡献均极巨大,我国妇女亦然。"自应顺应世界潮流,适应时代需要,明白确定国民大会代表及各省市县参议会参议员妇女名额应占之比例,以扶助占全国人口半数以上妇女之参政机会。"②"现代民主政治,乃无分阶级性别知识之全民政治,但此仅限于理论一方面,惟如何使此在传统社会习俗及数千年重男轻女之历史桎梏下之半数以上女国民,在事实上却有无参加管理国家政治工作之机会,势非有赖于政府作合理比例之规定不为功,否则半数以上女国民,势将被摒于民主政治以外。"③"如以为今日政治之繁复,参政者应有丰富之学识为言,则就今日我国受中等以上教育人数之统计,女子实已占全数 20% 之比例,故妇女参加政治之机会与数字,实不应少于 20% 之比例。"②

王化民提"为便于妇女就业,增加建国力量,应大量培植幼儿教育师资,普设托儿所案",建议:"妇女为子女所累,不能就业,不仅为妇女之不幸,亦为国力之损失。欲解除妇女的牵累,应普设托儿所。惟办托儿所,必须有专门人才,方能奠立儿童健全人格之基础。此应从大量早就幼稚师资着手。"具体办法为:①在教育经费预算内,确定幼师教育经费。②规定各省必须斟酌情形办理幼稚师范若干,各县市应普遍设托儿所。③

总体而言,国民参政会女参政员提案中,涉及妇女问题的提案达 25 条,约占女参政员的所有提案中的 1/4。④ 这 25 条有关妇女问题的提案,既有动员妇女加各项社会活动的提案,也有保障和维护妇女权利的提案。当然,关注妇女问题

---

① 《四届一次参政会宪法草案所规定各项选举应规定妇女当选名额案》(1945 年 10 月),台湾"党史馆"馆藏国防档案,馆藏号:防 003/3546。

② 《国民参政会第四届第一次大会纪录》,国民参政会秘书处 1946 年版,第 139—140 页。

③ 《四届一次参政会大量培植幼儿教育师资普设托儿所案》(1945 年 10 月),台湾"党史馆"馆藏国防档案,馆藏号:防 003/3477。

④ 参见孟广涵:《国民参政会纪实》,重庆出版社 1985 年版,第 186—1323 页;国民参政会史料编纂委员会编:《国民参政会史料》,1962 年。

并不是女性的特权,男性参政员的提案中,也有涉及妇女问题的提案,如王亚明和张之江等的提案。① 国民参政会中第一届国民参政会参政员选出后,1938 年 6 月 25 日史良在《新华日报》上发表评论:"参政会的代表约 200 多人,其中妇女占 1/20。数量虽不算多,较之以前是大有进步。而妇女能积极参政,实为前所未有。主要能见诸实行。妇女方面的提案,尚须与其他女参政员商酌,大体上有下列各项:妇女须能受普遍的军事及政治的训练,得到良好的保育,以及希望各级政府机关能尽量吸收妇女工作人员,使妇女能参加抗战及建国工作等。"②

然而,妇女参政员在整个参政员中所占比例仍非常微弱。四届一次会议上,唐国桢提"请政府规定国民大会代表暨各省市县参议会参议员妇女名额应为总数 20% 比例案"。③ 国民参政会中,女参政员的比例仅占 1/20 左右。此外,1939 年 8 月 25 日史良在《新华日报》上发表谈话,指出:"妇女工作,目前所感到最大的困难就是民众团体往往从政府取得帮助太少。像经费的困难,领导的不够,都加重妇女工作及民众运动的困难。"④各种因素制约了战时及战后妇女参政运动的发展。此外,由于政治因素,一些进步的女参政员被取消参政员资格。如史良在皖南事变发生后,一同与中共参政员"被迫拒绝出席第二届国民参政会的末次会议",之后史良"积极参加争取民主、反对独裁,坚持团结,坚持抗战的爱国民主运动",1942 年第三届国民参政会召开时,国民党取消史良等人的参政员资格。⑤

抗战时期国民参政会中的女参政员以自身的参政实践,为妇女争取参政名额。抗战结束后,各女性参政员继续领导中国的妇女参政运动。邓颖超于 1947 年 3 月至 1949 年 3 月任中共中央妇委代理书记,1949 年 3 月任全国妇联副主席,继续领导妇女参政活动。其他女参政员中,伍智梅、罗衡、陶玄、曾宝荪、吕云章、陈逸云、钱用和、张邦珍、唐国桢、王化民等人当选第一届"制宪国民大会"代表,⑥吕云章出席

① 国民参政会史料编纂委员会编:《国民参政会史料》,1962 年版,第 485、488 页。
② 《参政员沈钧儒、史良、王造时、张申府发表谈话》,见孟广涵:《国民参政会纪实》,重庆出版社 1985 年版,第 92 页。《新华日报》(重庆),1938 年 6 月 25 日。
③ 孟广涵:《国民参政会纪实》,重庆出版社 1985 年版,第 186—1323 页;国民参政会史料编纂委员会编:《国民参政会史料》,1962 年。
④ 《参政员陶行知、史良、张申府发表谈话》,见孟广涵:《国民参政会纪实》,重庆出版社 1985 年版,第 525—526 页;《新华日报》(重庆)1939 年 8 月 25 日。
⑤ 史良:《史良自述》,中国文史出版社 1987 年版,第 47 页。
⑥ 参见刘国铭主编:《中国国民党百年人物全书》,团结出版社 2005 年版。另据钱用和的《半世纪的追随》(台湾:作者自印,1976 年,第 121 页)载:"政府公布制宪国民大会代表名单,计代表共二千零五十人,其中妇女代表八十人。"

"制宪国大"并极力争取民意代表中应有妇女保障名额的提案，提案获通过。[①] 吴贻芳虽被国民党选举为国大代表主席团成员，但"坚辞不就"。[②] 此外，女参政员伍智梅、唐国桢、吕云章、陈逸云、罗衡、王化民、刘蘅静等人当选为第一届女性立法委员，[③]钱用和等人当选为第一届女性监察委员。[④] 争取妇女参政权利之路仍在继续。

1937 年妇女参政后合影

资料来源：《女子月刊》1937 年第 5 卷第 7 期，第 1 页。

抗战时期妇女领袖积极领导和发动战时妇女运动，如妇女参政运动、妇女宪政运动等。在妇女参政方面，抗战时期为集思广益，动员各界为国家出谋划策，召集了四届国民参政会，国民参政会中当选的女参政员有邓颖超、喻维华、史良、伍智梅、刘王立明、吴贻芳、刘蘅静、罗衡、张肖梅、陶玄、曾宝荪、吕云章、陈逸云、张维桢、谢冰心、钱用和、张邦珍、胡木兰、唐国桢等人，这些女参政员并不是完全靠民选选出来的，但都具有一定的学历知识背景和社会地位，也具有一定的社会工作经历和妇女运动经验。她们在抗战前集思广益，召开妇女界谈话会，积极听取

---

① 刘国铭主编：《中国国民党百年人物全书（上）》，团结出版社 2005 年版，第 601 页。

② 参见钱用和：《半世纪的追随》，台湾：作者自印，1976 年，第 121—122 页。

③ 行宪第一届立法委员法定总名额为 773 人，实际选出名额为 760 人，其中女性代表 67 人。参见《第一届立法委员名鉴》，洪宜嫃：《中国国民党妇女工作之研究（1924—1949）》，台北"国史馆"，2010 年。

④ 第一届监察委员共 93 人，其中，女性监察委员有 19 人。参见台湾"监察院"秘书处编：《监察院第一届监察委员名鉴》，1954 年；洪宜嫃：《中国国民党妇女工作之研究（1924—1949）》，台湾"国史馆"2010 年版。

妇女界的意见和建议,形成提案在国民参政会上建言献策。这些女参政员提出的议案多达近百条,内容涉及政治、经济、教育、文化、卫生、战争动员、妇女动员与女性问题等各个方面,她们通过国民参政会参政议政,其提案内容大多经国民参政会决议通过,送请政府采择施行。战时女参政员的提案,反映了她们自身对于战时各问题的思考。女参政员不仅仅关注妇女本身的问题,也涉及战时其他问题。有些议案反复提出,比如"动员妇女参加抗战建国"提案,这也反映了国民参政会上的提案,真正执行和落实下去的效果并不明显,不过也能形成一定的声势,有些提案能够当场通过。国民参政会妇女参政运动推动了妇女对参政、宪政问题的认识,也有效地锻炼了女参政员。

第二节　女性精英与战时妇女宪政运动

抗战时期妇女界发起两次妇女宪政运动。各党各派各界妇女集聚一堂,讨论妇女界如何开展宪政运动等问题,成立有中国妇女宪政座谈会及各地妇女宪政座谈会,还成立有中国妇女宪政研究会。这些女性精英围绕什么是妇女宪政运动、妇女与宪政的关系、妇女与抗战的关系、如何看待妇女宪政运动、如何实施妇女宪政等问题进行了深入的探讨。通过广泛的讨论,各党各派各界妇女界达成一定的共识,比如她们认为妇女宪政运动需要提高妇女的政治素养,需要动员基层妇女参与,需要规定妇女代表名额,需要提升文化教育水平,需要妇女自觉努力。两次妇女宪政运动,对女性进行政治意识的启蒙,在解放妇女的同时,激发参政意识和参政观念,从而奠定妇女的政治身份和政治参与。

1939 年与 1943 年,国民参政会先后发起过两次宪政运动,对抗战时期的两次宪政运动。国民参政会的设置,为共产党和各民主党派、无党派民主人士提供了参政议政、督促国民政府实现民主宪政的合法场所。当时妇女界发起了妇女宪政运动,主要是为了促进政治民主化,同时提供妇女参政机会,增加国民大会妇女代表名额。夏蓉曾以新运妇女指导委员会为中心,梳理新运妇女指导委员会在妇女宪政运动中发挥的作用,此并不足以概括战时妇女参政运动的全貌。[①] 澳大利亚

---

① 夏蓉:《抗战时期妇女指导委员会与妇女宪政运动》,《民国档案》2009 年第 2 期。

学者李木兰考察了 1898—1948 年的妇女参政运动,而其中对于抗战时期妇女宪政运动的讨论较少。[①] 她认为 1936 年之前,争取妇女与男子平等一直是妇女参政运动的主要方向,但是争取固定的基本代表名额的运动却是与争取承认妇女的特殊要求息息相关。[②] 此外,学者也曾探讨抗战时期国民参政会女参政员群体领导的参政运动。[③]

一、抗战时期妇女宪政运动的兴起

1. 中国妇女宪政座谈会

1936 年 5 月 5 日国民政府制订《中华民国宪政草案》,宪政问题引起时人注目。抗战时期,曾掀起两次宪政运动,妇女界也参与宪政讨论,希望规定妇女权利,并就妇女权利的必要性进行辩论和论证。

妇女宪政运动,就是以妇女为主体,争取和保障妇女民主权利与义务的政治运动。1939 年重庆妇女界制定的《宪政与妇女讨论大纲》指出,宪政运动要讨论的问题主要包括:①宪法与宪政的关系,国民大会代表的产生问题,国民大会组织法、选举法之探讨。②抗战与宪政的关系:对于三民主义,对于抗战,对于建国。③目前人民程度是否能够实行宪政?教育程度,道德程度,妇女程度。④我们所要求的是哪种宪政?政治问题,人民权利,妇女的扶植。⑤怎么样来推行宪政?举行座谈会,举行讲演会,成立研究会,多写宪政问题之文章,利用各种机会宣传宪政,搜集宪政材料,发行专刊及小册子。[④] 涉及妇女宪政的议题主要包括:①实行宪政与女子参政;②实行宪政与妇女生活;③宪政与妇女运动;④宪政运动中妇女应提出一些什么要求。该大纲也涉及如何展开妇女界宪政运动问题:①如何把宪政运动推入下层妇女;②如何把妇女运动与宪政运动配合;③如何促起妇女界对宪政的讨论;④如何争取国民大会中妇女的席数。[⑤]

为阐发妇女宪政的内涵,1939 年 11 月 12 日,妇女界发起宪政与妇女座谈会,

---

① (澳)李木兰著:《性别、政治与民主:近代中国的妇女参政》,江苏人民出版社 2014 年版。

② Edwards L., From Gender Equality to Gender Difference: Feminist Campaigns for Quotas for Women in Politics, 1936—1947, *Twentieth Century China*, Vol. 24, No. 2(April 1999), pp. 69—105.

③ 郭昭昭:《抗战期间国民参政会女参政员群体的考察》,《安徽大学学报》2006 年第 6 期;宋青红:《抗战时期女参政员的国民参政运动述论》,《江西师范大学学报(哲学社会科学版)》2013 年第 4 期。

④ 《"宪政与妇女"妇女界今举行产谈会》,《中央日报》1939 年 11 月 12 日第 3 版。

⑤ 文:《宪政问题讨论大纲》,《浙江妇女》1939 年第 6 期,第 205 页。

在重庆曾家岩举行首次座谈,女参政员、文化、教育、新闻、职业各界妇女名流暨发起之27妇女团体代表,共约百余人参加①,包括了各方各面的人物。② 这次会议讨论的内容首先是:"什么叫做宪政?"内分:宪政与宪法的关系,国民大会代表产生问题,选举法与组织法的探讨等。③

此次大会上,关于"国民大会代表产生问题",此前产生的国民大会候选人如刘清扬、张晓梅、朱纶、陈逸云等人发表了精彩的意见。朱纶指出:"我们国民大会代表选举上虽然规定'中华民国人民满20岁,经公民宣誓者,有选举权'。没有分别男女,而事实上女子没有特别规定,就难以竞选。请政府特别帮助女子,在由政府指定的240名中指定女代表应占的成分。"刘清扬"举出过去选举代表时的许多痛心事实,具体提出:国民大会代表中妇女应占30%以上。此外,1937年公布的国民大会选举法,由于抗战发生,国内环境已经改变,如像抗战以后产生了许多民众团体,而抗战部队也增加了。照该选举法则他们全无产生代表的可能,同样,抗战后沦陷区域持游击战争艰苦不绝的民众们也没有规定,边疆少数民族也是如此"。邓季惺从理论上补充"宪政既为全民政治,国民大会代表亦应由民众选举"的理由。陈逸云表示:"如推翻过去代表,我首先不答应。"唐国桢更真爽地提出组织一个妇女竞选的组织。王枫、黄佩兰提出成立妇女促进宪政的具体组织问题。④

在这次会上,夏英喆指出,"妇女宪政问题座谈会"或"促进会"的任务主要有:①研究和搜集关于宪政与宪法的各种资料,出版有关的刊物,系统地著文论述,召集大规模的讲演会,讨论会,广播及介绍各国妇女在宪法上的地位作为参考。②号召全国妇女及侨胞妇女响应宪政运动,发起促进宪政的组织和团体,特别注意教育女学生教育落后的农村妇女和工厂妇女等。⑤ 对于第一次妇女宪政座谈会,夏英喆认为出现了两个可喜的现象:①在这个座谈会讨论十分热烈,妇女发言非常踊跃,并且大部分都很具体,到后来甚至要登记排次序,要限制说几分钟,要延长开会时间,说明妇女对政治充满兴趣。②表现妇女界的团结与合作,虽然到会的成分遍及各方面,对于每一个问题有多少不同的看法,可是得出的结论完全

---

① 《"宪政与妇女"妇女界今举行产谈会》,《中央日报》1939年11月12日第3版。

② 《重庆妇女讨论宪政》,《上海妇女(上海1938)》1939年第3卷第12期,第4页;夏英喆:《座谈会:重庆妇女宪政座谈会缩影》,《妇女生活》1939年第8卷第6期,第9—10页。

③ 夏英喆:《动员各界妇女参加宪政运动》,《中央日报》1939年11月21日第4版。

④ 《重庆妇女讨论宪政》,《上海妇女(上海1938)》1939年第3卷第12期,第4页。

⑤ 夏英喆:《动员各界妇女参加宪政运动》,《中央日报》1939年11月21日第4版。

一致。① 史良指出第四届国民参政会通过关于宪政问题的议案时的情形,指出妇女宪政会在全国各地也是创举。②

1939 年 11 月 16 日,重庆市妇女界举行第二次宪政问题座谈会,重庆市的妇女团体包括国际妇女会、新运妇女指导委员会、妇女慰劳总会及分会、女青年会、妇女抗战建国协会、重庆市妇女会东北救亡总会、重庆市妇女工作委员会、陕甘宁边区各界妇女会、难民妇女服务团、武汉华北宣传队、新生活妇女工作队政治部队、战时乡村服务队、新运妇女干训班、中央大学女同学会、中华大学女同学、丽江女校、教育学院、省立女职校、妇女生活社、妇女共鸣社、女子工艺社等 33 个妇女团体和妇女名流、女作家等共 300 多人参加,参加的人员和团体都较上次更多更广。③ "这次参加的人和团体都较上次更大更广泛,团体方面增加了 6 个,个人方面增加了 30 多位"。史良主持大会,她首先报告关于妇女促进宪政的组织问题,她指出,重庆市妇女宪政运动应当作全国各地妇女宪政运动的模范和推动者。正式讨论开始前,韩幽桐提出补充上次论题的一点意见:"关于选举法第三条应加以男女或不分性别的字样,因为许多国家如英法等国,宪法即不包括妇女在内,而于妇女获得参政权后才标明男女字样,又中国一般妇女无知识,一定要举行公民宣誓实为困难,希望能尽量给妇女便利,免去宣誓手续。"这次会议主要讨论"抗战与宪政的关系"。张志洲说明宪政和抗战建国的关系,"周健、范元甄、刘清扬、纪清漪、刘海尼、黄佩兰、卢竞如、杨慧琳、李昆源等人先后阐述了实行民主政治是实现三民主义的基本原则,后来尤其是新自沦陷区来的曾克女士更举出实例说明民主政治和抗战的不可分性,刘蘅静、朱纶先生也各提出实行宪政的具体方法和步骤。④

1939 年 12 月 10 日,重庆市各妇女团体举行第三次宪政座谈会,刘清扬主持会议,到会的有各界妇女 200 余人,讨论题目为"目前中国人民的程度是否能够实

---

① 夏英喆:《座谈会:重庆妇女宪政座谈会缩影》,《妇女生活(上海 1935)》1939 年第 8 卷第 6 期,第 9—10 页。

② 《重庆妇女讨论宪政》,《上海妇女(上海 1938)》1939 年第 3 卷第 12 期,第 4 页。

③ 李娣:《重庆市妇女第二次宪政问题座谈会志盛》,《中央日报》1939 年 12 月 4 日第 4 版;李姊:《妇女宪政问题座谈大会盛志》,《总汇报》1940 年 1 月 19 日第 6 版。

④ 夏英喆:《座谈会:重庆妇女宪政座谈会缩影》,《妇女生活(上海 1935)》1939 年第 8 卷第 6 期,第 9—10 页。

行宪政",结论为"增加抗战图是协助政府应实施宪政"。① 一时间,"宪政问题,尤其是妇女宪政的这一问题,成了生活在现代中国的姐妹们必须注意,必须关心的问题。"②1939 年 12 月 23 日,重庆妇女宪政问题座谈会在求精中学大礼堂举行第四次座谈会,讨论大纲第四五两节"我们需要哪种宪政"及"如何开展宪政运动"。③

据季洪介绍,四次宪政座谈会的焦点在于:①关于抗战时期是否应该实行宪政,部分人认为"在这全国一致抗战的时候,如实宪政,将会转移一致对外的目光到国内政权的争夺上,定会分散全国一致抗战的力量",大多数人一致主张"正因为要动员民众,团结各党各派的力量,一致抗日,必须提早实施宪政;并只有在宪政的实施中,实际上的政治教育,才能真正的提高民众的政治教育,帮助宪政的早日完成"。②关于国民大会代表问题多,有人主张维持原代表名额,"除了叛逆的代表名额,把全体国民参政员补上即是",但多数人认为"原定的代表名单,是有更改的必要","主张在这抗战中的今日,召开国民代表大会,凡是努力于抗战的名党派各军队,各民众团体,都该有代表推选出来参加",而且"政府应规定相当的妇女代表名额"。③关于国民大会的职权问题,国民党方面的代表以"妇女们教育程度不够,还须实施训政,来反对这次国民大会召集后随即实施宪政",中共方面根据着《建国大纲》第 24 条 25 条的规定,"主张这次国民大会不但制定宪法,接着便得行使唤宪法所赋予的职权,以实施宪政。并且教育程度,并不是以年级而定,是以民众的政治水准而定,一般民众的政治教育,要在真正实施宪政后,实际的政治生活中学习的"。④关于人民权利与妇女扶植的规定。部分妇女"赞誉宪草是经过许多法律大家参考了古今中外的宪法才起草的,并经过多少次的修改,所以现在的宪草,真是十全十美,我们不懂法律的人,是没有再来修改的余地了,但大多数人,都一致主张把'依法律''限制'的字句删去给人民以充分的自由"。"至于妇女扶植的规定,有些人主张既然讲男女平等,还要规定妇女扶植的条文,未免太看轻妇女;也有说宪法是百年大法,现在固然顾全到男女不平等的实情,而要规定扶植条例。但十年廿年后,妇女到了平等了,再来更改宪法是不可能的,所以还是不规定的好;更有人主张一切法律之母的宪法,只要规定男女平等的原则就够,这种枝

---

① 《小消息》,《妇女新运通讯》1939 年第 4—5 期,第 8 页。
② 杨慧琳:《怎样展开宪政运动》,《妇女生活》1940 年第 8 卷第 9 期,第 1—3 页。
③ 《昆明妇女界组织宪政座谈会,请增加国民大会妇女代表,渝妇女界昨举行四次座谈》,《新华日报》1939 年 11 月 24 日第 2 版。

枝节节的关于妇女扶植等条例，应放在其他法律中规定之。用这许多理由，来反对宪法上明文规定妇女扶植的条例。但大多数真正能代表妇女权益说话的姊妹们，她们看到了现实里中国妇女所处的普遍的不平等的地位，文字上笼统的规定'男女平等'，事实上未必一定能做到，只有具体地规定出妇女扶植的条件，才能真正地帮助妇女走到平等的道路上去。"主张"宪法上必须明文规定扶植妇女的条文，例如妇女在全国经济、政治、文化上有与男子同等享受的权利；妇女与男子能作同等的工作，应得同等的报酬以及休息教育等权利；并须规定保护母性及儿童之利益，以帮助妇女走向平等的道路。"[①]四次妇女宪政讨论之后，妇女界提出"宪政运动与妇女解放"作为下一次座谈讨论的题目。

　　1940 年 1 月 7 日，重庆市各妇女团体召开第五次宪政问题座谈会，讨论中心为"妇女参政运动的起源及发展"，"妇女界怎样推行宪政"，"抗战与宪政的关系"。[②]

　　1940 年 3 月 3 日，重庆妇女界在求精中学举行妇女宪政座谈会第六次会议，罗叔章主持大会，由陈波儿介绍华北妇女参政的情形。主要讨论的内容有：①我们的具体要求；②我们的实际行动；③宪政与妇女的关系。张晓梅、胡子婴、刘清扬、曹孟君、史良、褚问鹃、纪清漪等近三十多人参加。她们针对这三个题目提出的意见有：①"宪草"须加上"不分性别"；②需明白规定妇女与男子必须同工同酬，妇女产前产后给假两月，薪水照给，切实保障职业妇女；须规定各机关各企业的职业的妇女至少要占 30%；③需规定全国普遍设立托儿所及产科医院，以减轻各阶层妇女物质精神上的负担，使她们都能参加抗建工作；④国民大会妇女代表、各省参议会，各县参议会中的妇女代表都应占 30%，各种下级行政机关，如区长保甲长等，妇女都应占 30%；⑤切实保证劳动妇女实施三八制；⑥应严厉取缔买卖婚姻、蓄妾、童养媳及蓄婢制度，改善农村妇女生活；⑦取消"非依法律"四字；⑧国民大会驻会代表有监督政府施行议决的权力，"宪草"中明白应规定国家对内对外一切重要方针应由国民大会决定；⑨"宪章"中应明白规定妇女在教育文化、社会上、政治、经济等方面一律平等；⑩讨论"三八"节妇女界准备提出的提案等。[③]

---

　　①　季洪：《妇女宪政运动在重庆（重庆通信）》，《上海周报（上海 1939）》1940 年第 1 卷第 16 期，第456—457 页。

　　②　《渝警局今召集所属举行宪政座谈，昆明妇女界讨论宪政》，《新华日报》1940 年 1 月 9 日第 2 版。

　　③　《渝妇女界讨论宪政，力言妇女地位应平等，陈波儿讲华北游击区模范例子》，《新华日报》1940 年3 月 4 日第 2 版。

沪妇女儿童绥远慰劳团妇女代表陈波儿（致泉摄）

资料来源：《北洋画报》1937 年第 31 卷第 1507 期，第 1 页。

近已抵绥之上海妇女儿童慰劳绥远前方将士团之妇女代表陈波儿（魏守忠摄）

资料来源：《北洋画报》1937 年第 31 卷第 1508 期，第 1 页。

　　1940 年 3 月 31 日,重庆妇女宪政座谈会举行第七次座谈会,到会及来宾40 多人,决定成立妇女宪政等各问题研究组等,以增进会员学术研究及自我教育的兴趣。韩幽桐主持大会,史良报告宪政期成会争取妇女权利的斗争经过,韩幽桐报告对"五五宪章"的意见,全体一致认为宪法中应明白规定女子在教育文化、经济、政治等方面与男子享平等的权利。①

　　1944 年 1 月 18 日,组织部妇女运动委员会举办中央各部会处女同志第二次座谈会,讨论妇女与宪政问题。1944 年 1 月 30 日,妇女共鸣社举行宪政座谈讨论会,陈逸云主持会议,唐国桢、吕云章、吕晓道、劳君展、袁国斌、王冠青等多人参加。与会者踊跃发言,讨论大纲为:①民主政治与妇女关系;②宪政与妇女关系;③如何训练妇女行使四权;④国民代表应否规定妇女名额;⑤行政、立法、监察各院委员应否规定妇女名额;⑥人民义务章内关于妇女服役问题应否明文规定;⑦国民经济章内对于妇女方面应否明文规定,予以特别协助及职业均等;⑧教育章内应否明文规定妇女受基本教育及教育机会均等。主席陈逸云总结讨论内容如下:①切实训练妇女,明了运用民权。②充实妇女干部,自己担任导师并提倡教育。③争取国民代表名额,以各种方式行之。④参加竞选,务期妇女都能出来选举妇女。⑤请政府规定代表名额。⑥维护劳动妇女,在宪草上尚需规定妇女在教育上、职业上、经济上机会均等。⑦确定妇女在劳动法及兵役法内,应享有权利与义务。②

　　1944 年 1 月 30 日妇女共鸣社举行的宪政座谈讨论会中,袁世斌指出,虽然法律上规定男女一律平等,但是"现在妇女界所要争取的是事实上的真平等,正如国家求取自由平等一样"。"要想提高妇女地位,必须把团体扩大起来,把组织健全起来,凡是有关妇女权利和义务的,都可用斗争方式争取。譬如兵役法,对于女子服役没有明白规定,也没有认为女子服役是光荣的,忽略了女子对国家的义务,这点就应该争。又如银行工作,女子本很适宜,为什么招考职员时只限于男性,这也是有理由要争的。"她指出,"妇女地位的提高,决定于妇女本身的自尊与奋斗"。换言之,她强调妇女解放中妇女自身的主体性地位。她指出:"我们所谓斗争,并不是以男子为对象的,也不是主张女子要穿起男人的服装那样表面化的斗争,只

---

　　①　《妇女宪政座谈会昨讨论"五五宪章",重庆妇女座谈会昨开联谊会》,《新华日报》1940 年 4 月 1 日第 2 版。

　　②　《妇女共鸣社宪政座谈会》,《中央日报》1944 年 1 月 31 日第 2 版。

是比较积极一点,也可说是革命方法的竞争,事实上有好多事不争不行的,像女子平价米,不是争出来的吗? 不过真的力量要集中,要统一意志,统一步骤才能达到目的。"①

抗战时期妇女界组织的七次妇女宪政座谈会,广泛讨论妇女宪政问题,传播了宪政的观念,推动了妇女与宪政运动相结合。"随着抗战的烽火,燃遍了中国的原野以来,广大的妇女群在抗战建国中挺立起来了,活跃起来了,对政治有了认识,有了兴趣,有了热忱,因此,自从第四届参政会,决定本年度将实施宪政,各方面的宪政运动开始展开以来,重庆市妇女界的宪政运动,展开得特别迅速与广泛,各妇女团体的宪政问题座谈会,每星期座谈一次,每次讨论无不群情热烈。"②

2. 各地妇女宪政座谈会

在重庆妇女界如火如荼的宪政运动影响下,全国各地也纷纷召开妇女宪政座谈会。1939 年 12 月 2 日和 1940 年 1 月 7 日,云南省两次召开宪政问题座谈会,讨论中心为妇女宪政运动的起源及发展、妇女界怎样推行宪政、抗战与宪政的关系等。③ 1939 年 12 月 17 日,昆明妇女宪政座谈会组织成立,通过决议如下:呈请滇省府及省党部增加参加国民大会妇女代表人数;加强妇女对实施宪政之认识。④

1944 年 4 月 17 日,广西省妇女宪政研究会举行"妇女与宪政问题"座谈会出席会员及来宾百余人,4 月 21 日,25 日,27 日分别举行政治、经济及教育婚姻小组讨论会。出席会员有林瑞蔼、朱汗杰、莫石奇、谢倚梦、程讼文等 50 余人,政治经济组由朱杰主席,教育婚姻由程讼文主席,发言积极热烈,尤以政治经济组连续举行三次会谈。⑤

1940 年,桂林妇女界召开的妇女宪政座谈会中,姚国华、芬、纹、彬等人参加。与会者指出:"宪政是抗战必胜建国完成的关键,是妇女本身解放的枢纽。""实施宪政,就是我全国上下一致的要求,当然包括妇女在内",妇女在各方面遭受不平

① 《妇女共鸣社宪政座谈会》,《中央日报》1944 年 1 月 31 日第 2 版。
② 《前哨:重庆市妇女界宪政运动的展开》,《妇女生活》1940 年第 8 卷第 7 期,第 10—11 页。
③ 《滇女界举行宪政座谈会》,《中央日报》1940 年 1 月 9 日第 2 版;《滇妇女团体讨论宪政致电慰劳蒋夫人》,《前线日报(1938.10—1945.9)》1940 年 1 月 9 日第 2 版。
④ 《昆明妇女界组织宪政座谈会,请增加国民大会妇女代表,渝妇女界昨举行四次座谈》,《新华日报》1939 年 12 月 24 日第 2 版。
⑤ 三民主义青年团广西支团女青年组:《我们对宪草的意见:妇女宪政研究会小组讨论会纪要》,《正谊(桂林)》1944 年第 3 卷第 2 期,第 9—10 页。

的待遇,使开展妇女宪政运动更为迫切。辉指出:"我把宪法草案看了一遍,关于妇女方面的规定只有'妇女儿童从事劳动者应按期年龄及身体状况,施以特别之保护'一条是明确的,其他都是'人民'二字,如'中华民国人民教育之机会一律平等'。我觉得这样的规定在男女尚未切实平等情形之下,对于妇女权利的保障是不够的,妇女在经济方面,教育方面,服务方面都应当明确的注明'无论男女一律平等',或其他的明确规定,这样才可以得到真正的保障,不致被人曲解。"① 易苏指出,妇女对于宪法的要求如下:①国大代表中确实规定出妇女代表的名额。"无论在选举人的一方面,以及在被选举的一方面,都规定出名额。这样,妇女才有参加竞选的机会。"②希望宪法上规定出妇女应享的权利和保证。"譬如妇女在生产中应有规定的假期,并不得借口解雇,妇女在婚姻上的自由,买卖婚姻制度的放弃,残杀女婴的禁止等。"③要求根据宪法,规定法律上对妇女的保障,妇女在教育上,政治上应享的待遇,婚姻上的自由,生命上的保障,都要在法律上确定。② 华指出:"还有妇女的特殊问题就是所谓'母亲保护问题'和有关于'儿童保育问题',是值得特别提出的"。芬指出:"在这方面,我觉得妇女节应该要求宪法有明文的规定,保护妊娠妇女。在产前产后给予适当时期的休养,在休养期间不得扣除工资与停止其工作,国家方面应该广泛的建立产妇科医院,注意保护母亲的健康,更在各地设立托儿所,一方面可以保育婴儿,一方面给妇女充分机会,为抗战建国而工作。"③她指出:"宪法为一国政治的根基,宪法条文要真正反映民意,反映妇女大众的要求,宪政才能实行无碍,在国民大会席上,只有妇女才能真正代表妇女的要求,宪法的条文,我们更需要明白的规定,妇女在政治,经济,教育以及社会地位与男子一律平等,这一切固然是需要妇女们自己争取得来,同时,更需要政府真能够提高妇女的地位,给予妇女努力的机会。"④

1940年1月,安徽省金寨县各界各团体妇女宪政运动妇女座谈会上,杜则吾表示:"妇女不参加革命,革命也是不能成功的。""在抗战中,已经有了很多女子参加抗建工作,如救护、慰劳、保育、行政动员等,她们都表现得很好。"王芸认为:"实

---

① 姚国华:《妇女座谈:妇女宪政运动讨论:一个座谈会的摘要》,《广西妇女》1940年第2期,第12—13页。

② 易苏:《论坛:宪政运动与妇女解放》,《淮流》1940年第13期,第26—29页。

③ 姚国华:《妇女座谈:妇女宪政运动讨论:一个座谈会的摘要》,《广西妇女》1940年第2期,第12—13页。

④ 陈翼:《座谈会:关于妇女宪政运动》,《广东妇女(曲江)》1940年第11期,第23—24页。

行宪政,就是每个人都有参加政治的机会,妇女受几千年的压迫,社会地位非常低,实行宪政,就能打碎这个枷锁,使妇女真正解放。"妇女宪政是保障妇女参加政治的机会。①

1940年昆明召开妇女宪政运动,与会代表讨论决定,将把云南妇女团体联合办事处作为推动云南妇女宪政运动的临时组织,聘请罗衡、张邦珍、伍智梅为该处机关处顾问。在会上,伍智梅提出三点意见:①争取增加国民大会妇女代表的名额。②让妇女参政运动扩大到各村中去,帮助各村完成地方自治,以建立实施宪政的基础。③妇女解放与革命有不可分割的关系,所以在这民族革命解放战争中,我们妇女要尽量发挥我们的力量,参加抗战建国工作。罗衡指出:保证军事最后胜利就要意志集中,力量集中,二万万二千五百万妇女就是一个伟大的力量。"我们对于明年将召开的国民大会,对于宪政运动是非常重视的。我们要求宪法上切实规定男女在各方面平等的条文,给妇女在各方面发展的切实保障。这样,二万万二千五百万妇女的力量方可集中,抗战胜利可以得到更确切的保证,切实知道妇女痛苦,迫切要求妇女解放的是妇女;所以我们要求增加国民大会妇女代表名额。"云南女参议员张邦珍指出:"我们不但在宪法条文上要求男女平等的规定,我们在实际上也要求与男子同样发展的机会。法国的宪法上虽然没有男女平等的明文规定,实际上法国妇女在社会上有相当的地位。""我觉得我们必须要有一个比较固定的组织,负起把宪政运动深入扩大到妇女群众中的责任。"②虽然有些人认为"现在人民智识不够,不能够实现。"但是她认为宪法有助于民智的开发,有了宪法才更能保护民众的利益。

1940年1月20日,安徽省金寨县各界各团体妇女70余人,参加由战时妇女工作委员会召集的"宪政运动妇女座谈会",会议讨论了关于"目前实行宪政的重要性","实行宪政的基础和具体步骤","宪政与妇女运动"等问题。金寨妇女界指出实施宪政的重要性在于:①要实现三民主义就必须实施宪政。②抗战要民主,抗战不是少数人的事,必须全民族参加,而且民众要有权利,督促政府执行抗战到底的国策。③建国需要民主,我们的建国和抗战同时进行的,要实现民主政治,发动全国人力物力财力才能成功。④加强团结统一需要各民族各阶级各党派各种

---

① 洛菲:《地方通讯:大别山中的妇女宪政运动:记立煌宪政问题妇女座谈会》,《浙江妇女》1940年第2卷第5期,第26—27页。

② 易世英:《各地通讯:妇女宪政运动在昆明》,《妇女生活》1940年第8卷第8期,第22—23页。

族都有自己的代表参加国会,共同决定国家大事。⑤打击汪逆及一切妥协投降派,需要民主。对于选举女代表名额问题,潘韵桐认为:"重庆的 20 多个妇女团体提出妇女代表应占 30%,这是很适合的办法。"实施宪政,需要做到:①真正发动二万万女子同胞参加宪运,深入广大群众;②要组织推进宪运的团体,现在大后方已经有了这种组织,我们要发动各地都建立这种团体;③发动知识妇女经常研究妇女与宪政问题;④要争取妇女真正能够参加政治的许多条件。最后主席表示:"实行宪政要彻底给妇女平等权利……为了要获得女子政治地位平等就要规定女代表人数,而在目前我们要组织妇女宪政促进会、宪政研究会等,经常讨论宪政问题。"①

1940 年 3 月,四川省临时参议会俭代电要求于指定代表 240 名中,妇女代表应占 1/2,该代电云:"窃以中央明定本年十一月召集国民大会,制定宪法,用完宪政,凡属国民同深企望,惟查此次国民大会代表及以前次所选代表充任,而前选之代表全额中妇女人数不及 1%,以占全国人数半数之妇女而代表人数如是之少,实有违男女平等之原则,现各省代表即经选定,自难变易,惟有就中央指派代表额中多指派妇女,用资补救,敝会本次大会,爰经决议由本会电请国民参政会及各省市参议会一致主张,国民政府所指定之代表名额中,妇女代表应占 1/2 等语,记录在卷,用特电恳贵会一致主张。实于宪政有裨。"重庆妇女界成立全国妇女竞选会之后,各地妇女均纷纷响应,上海各妇女团体于三八妇女节时,曾发出"为纪念三八推进宪政宣言"。并提出对宪法,对选举法具体的要求:"①承认一切爱国妇女团体为合法。②以各妇女团体及各职业部门的妇女为选举单位。③各妇女团体及各职业部门的妇女代表,用选举方法产生。妇女代表人数应规定至少占全体代表人数 1/3。"②

1940 年 5 月 26 日下午,广东省妇女界召开妇女宪政运动座谈会,广东省新运妇委会文化事业组组长陆叔英主持会议,与会妇女围绕"什么叫宪政","中国宪政运动史的发展","宪政与抗战建国的关系","宪政与妇女的关系","怎样展开妇女宪政运动"等问题展开讨论。对于怎样展开妇女宪政运动,有代表认为:"我们应该把妇女宪政运动定为整个妇运的中心工作,妇运各个部门的工作离不了宪政运

---

① 洛菲:《妇女与宪政运动:记立煌宪政问题妇女座谈会》,《妇声》1940 年第 2 卷第 8 期,第 18—19 页;洛菲:《地方通讯:大别山中的妇女宪政运动:记立煌宪政问题妇女座谈会》,《浙江妇女》1940 年第 2 卷第 5 期,第 26—27 页。

② 黎素绯:《宪政问题特辑:妇女解放和宪政运动》,《新建设》1940 年第 8 期,第 40—42 页。

动,特别是知识妇女奋起当先,负起领导责任,由城市而扩大到乡村,深入各阶层,展开了宪政运动的宣传工作,举行座谈会、讨论会以及各种文字宣传,它的意义直接可以推行宪政运动,间接可以教育妇女大众,使她们对政治发生兴趣,明白宪政是什么一回事,以帮助政府实施宪政的顺利施行。"也有代表指出:"在宪政运动中有两个问题值得我们注意,就是妇女代表名额问题和宪法条文对内于妇女权利规定问题,前者已有重庆妇女界提出,请政府规定妇女名额占总名额百分之三十,我们应该响应这种建议,而且数目至少有这样,才能代表全民之半的妇女,只有各阶层的妇女代表才能够代表自身的要求。""在国民大会席上,只有妇女才能真正代表妇女的要求,宪法的条文,我们更需要明白地规定妇女在政治、经济、教育以及社会地位与男子一律平等,这一切固然是需要为妇女们自己争取得来,同时,更需要政府真能够提高妇女的地位,给予妇女努力的机会。"另有代表指出:"我们可以利用各乡的妇女训练班负责指导妇女宪政运动的展开,利用新县制的基层行政机构,辅导而行,经常举行座谈会,讲演会等,口头上或文字上,以通俗的语调解释,什么叫做宪政,宪法的作用怎样,国民代表大会是怎样产生,选举法是怎样等问题,并且启发她们的意见。"[1]

1944 年 1 月 30 日,为提倡妇女研究宪政,妇女共鸣社在国民党中央党部会议室举行宪政座谈讨论会,社长陈逸云特邀请对宪政问题素有研究的人士袁世斌、王冠青、梁大鹏、劳君展、刘光炎、唐国桢、吕晓道、庄静等数十人参加,讨论宪政与妇女的关系。[2] 讨论总共分八点:①民主政治与妇女关系;②宪政与妇女关系;③如何训练妇女行使四权;④行政、立法、监察各院委员应否规定妇女名额;⑤人民义务章内关于妇女服役问题应否明文规定;⑥国民经济章内对于妇女方面应否明文规定,予以特别协助及职业均等。⑦教育章内应否明文规定妇女受基本教育及教育机会均等。[3] 1945 年 8 月,赣省党部定年内策动各县建立妇女宪政研究会,以便加强妇女同胞对宪政加强认识。[4]

3. 中国妇女宪政研究会

妇女抗战建国协进会的沈慧莲、朱纶以及重庆市娜娜会的黄佩兰、陈逸云等,

① 陈翼:《座谈会:关于妇女宪政运动》,《广东妇女(曲江)》1940 年第 11 期,第 23—24 页。
② 《宪政与妇女:妇女共鸣昨开座谈会》,《大公报(重庆)》1944 年 1 月 31 日第 2 版。
③ 《妇女共鸣社宪政座谈会》,《中央日报》1944 年 1 月 31 日第 2 版。
④ 《赣省党部组妇女宪政研究会》,《前线日报(1938.10—1945.9)》1945 年 8 月 15 日第 4 版。

又发起组织妇女宪政问题研究会。① 1940 年 1 月 10 日，重庆市妇女宪政研究会举行成立大会，刘蘅静及朱伦等相继报告该会组织意义暨筹备经过，大会讨论通过简章，选举沈慧莲、朱伦、陶玄等 27 人为理事。②

1943 年 12 月 23 日，妇女界吕晓道、吕云章、庄静、潘素、陈逸云、唐国桢、徐闾瑞、陈岫岚等数十人，特发起中国妇女宪政研究会。③ 妇女宪政研究会筹备委员，经重庆市各妇女团体谈话会决定，"除每一个妇女团体有一代表当然参加筹备外，每一个团体可提出对妇女运动、妇女工作热心并有相当历史者二人，经 33 团体通过即为筹备人。"④发起组织妇女宪政问题研究会的有沈慧莲、朱伦、黄佩兰、陈逸云等人。⑤ 12 月 27 日，妇女宪政研究会之组织，已经社会部批准。⑥ 1944 年 1 月 3 日，妇女宪政研究会召开第一次筹备会，参政员陈逸云主席，报告该会发起经过，旋即讨论组织，推定筹备委员数人，草拟会章。⑦ 内分总务、组织、研究、宣传四组，并将于各省市设立分支会以研究宪政。⑧ 1944 年 1 月 3 日，吕晓道、吕云章、陈逸云、唐国桢、庄静等发起组织妇女宪政问题研讨会，并召开筹备会议。⑨

1944 年 3 月 26 日，中国妇女宪政研究会，经两次发起人会议、五次准备会议，在重庆国民党中央党部大礼堂正式成立，邵力子、梁寒操、社会部代表等及会员 400 余人到会。陈逸云主持会议，她表示："宪法乃国家根本大法，关系每一个国民本身之权利义务，若吾辈妇女对此漠不关心，则无异使国家力量丧失一半，其影响之大，不可言喻。为提高妇女地位，吾人必须把握这次机会，发动全国妇女研究宪草，协进宪政，本会成立之目的，即在于此，同时进而训练一般妇女运用四权，帮助国家实现民主政治，并借此促进妇女运动之发展。"邵力子表示："今日妇女宪政研究会成立，确实切合需要，本人站在宪政实施协进会的立场，对各位积极研讨宪

①　季洪：《妇女宪政运动在重庆（重庆通信）》，《上海周报（上海 1939）》1940 年第 1 卷第 16 期，第 456—457 页。
②　《渝市妇女成立宪政研究会》，《新华日报》1940 年 1 月 12 日第 2 版。
③　《妇女·宪政　妇女宪政研究会廿三日开始筹备》，《中央日报》1943 年 12 月 18 日第 2 版。
④　李姊：《妇女宪政问题座谈大会盛志》，《总汇报》1940 年 1 月 19 日第 6 版。
⑤　季洪：《妇女宪政运动在重庆（重庆通信）》，《上海周报（上海 1939）》1940 年第 1 卷第 16 期，第 456—457 页。
⑥　《妇女宪政研究会日内即正式成立》，《中央日报》1944 年 2 月 28 日第 3 版。
⑦　《妇女宪政研究会首次筹备会开始宪政研究运动》，《中央日报》1944 年 1 月 4 日第 3 版。
⑧　《妇运纪要：渝成立中国妇女宪政研究会》，《福建妇女》1944 年第 3 卷第 4 期，第 31 页。
⑨　《渝妇女界筹组宪政研讨会》，《中央日报》1944 年 1 月 3 日第 3 版。

政,尤感欣慰,深信会务前途必有光明发展。"梁寒操从国家与妇女本身两方面说明实行宪法之必要,认为:"从妇女本身讲,为增进女权之发展,必须使每一个妇女有坚强之力量,此即有赖于提高妇女知识水准,并从事妇女组训工作。有组织有训练,方能发生力量,唯有在宪法国家之中此种力量方能有效运用。"社会部代表曹沛滋简短致词,"希望该会把握妇女研究之重心"。① 大会通过章程草案,并选举理监事。

1944 年 5 月 21 日,广东省妇女界组织的妇女宪政研究会举行成立大会,推定邓蕙芳、王孝英等人为筹备委员。1944 年 10 月 3 日,陕西省妇女宪政研究会组织成立,理事长为皮以书,其宗旨是"加强妇女对宪政之深切认识,并积极研究以健全实施宪政之基础"。② 各省成立妇女宪政研究会者,计有云南、广东、江西、福建、青海、安徽、陕西等七省。③

1944 年 5 月 20 日,福建省妇女运动委员会委员,联合福建省新运妇女工作委员会委员,省妇女会理监事及永安妇女名宿喻耕葆等 17 人,发起筹组福建省妇女宪政研究会,6 月 3 日福建省妇女宪政研究会召开成立大会,会员人数计 221 人,陈中英、沈嫄璋、刘嫣、杨锦瑶、张莹生、杨光华、薛石兰、刘葆德、余沅、张钟英、郑行健、谢怀丹、许如珍、喻耕葆当选为理事,张莘青、文智圆、叶本祥、黄懿、周之中当选为监事。6 月 6 日开第一次理事会议,推定陈中英、刘西琦、杨敏侬、沈嫄璋、余沅为常务理事,邓超岑为总务组组长,张莹生为宣传组组长,赵雪岑为研究组组长,杨光华为书记,该会工作拟分期进行,如举办宪政问题演讲会,发动妇女研究"五五"宪草及宪政问题,举行宪政问题座谈会,并拟扩大征求会员,以加深妇女对于宪法的认识,协助实施宪政。④

1940 年 1 月 17 日,延安妇女界宪政促进会成立,发起人为丁玲、丁彤、丁雪松、于若木、王云、王升、王珏、王璜、王幼兰、王曼恬、毛诚、孔筱、江青、朱琏等90 余人。⑤

① 《妇女宪政研究会正式成立,已选出陈逸云等为理监事》,《中央日报》1944 年 3 月 27 日第 3 版。
② 《妇女宪政研究会定期成立》,黄秀华、高惠平等编:《广东妇女运动历史资料 5》,广东省妇女联合会广东省档案馆,1991 年,第 511 页。
③ 《妇女动态》,《妇女月刊》1944 年第 4 卷第 2 期,第 44 页。
④ 《妇运纪要:闽省妇女筹组宪政研究会》,《福建妇女》1944 年第 4 卷第 1—2 期,第 43 页。
⑤ 陕西省妇女联合会编印:《陕甘宁边区妇女运动文献资料(续集)》(内部资料),1985 年,第 117—132 页。

应该指出的是,抗战时期共产党妇女领袖,中间党派、无党派妇女领袖,与国民党妇女领袖坐在一堂,一起讨论妇女宪政问题,她们之间关于妇女问题的看法得到相互的交流。共产党的一些观念也影响到国民党妇女领袖,再通过国民党妇女领袖,对国民政府施加影响。

二、各党派妇女领袖对妇女宪政的共识

抗战时期妇女宪政运动发生的背景,是在前线接连战败,国民党面临统治合法性危机的情境下,为重新动员全国各阶层、各团体的力量,接纳国民党政府而发起一次运动。国民党重新将被搁置的宪政议程摆上台面,其实国民党实施宪政的意志非常薄弱,精英主导的宪政运动也没有得到普通民众的广泛支持,仍然停留在精英层面,宪政运动未能动摇国民党的统治地位,国民党却是以宪政标榜自身的民主形象,维护国民党的统治。在宪政运动开展的同时,共产党和中间党派希望以此增加话语权,积极参与战时的宪政运动,提出很多可贵的观念,中国社会在战时得到一次思想观念的洗礼。换言之,同样作为妇女界的国民党妇女领袖、共产党妇女领袖和中间党派的妇女领袖。对于妇女宪政运动,既有共识,也有差异。

为了保护宪政的完整性,她们都认为宪法必须规定妇女享有与男子同等的权利,她们都希望增加妇女参政的名额和机会,为此积极奔走。她们基本认同妇女参与宪政是宪政的内在需要,妇女宪政能促进妇女解放和民族解放,她们都主张提高妇女的政治素养,保障国民大会妇女代表名额。

1. 妇女参与宪政是宪政的内在需要

国共两党包括中间党派妇女领袖都认为没有妇女参与的民主政治不是真正的民主政治。宪政的实施需要妇女的参与,"占全体国民半数的妇女,如果没有参政的权利,推行宪政只是半数的国民,而不是全体的国民,以半数国民来施行宪政建设,而致国民半数的妇女于范围之外,这与专制政治之差别只是五十步与百步而已,只可算是由少数人的政治转为男人政治。……在推行宪政之时,妇女是不能忽略的"。① 宪政的民主性需要妇女有参政的权利。

国民党员陈逸云认为,妇女对政治问题和文化工作比较冷淡,因为妇女没有

---

① 吴青:《宪政研究特辑:宪政与女权》,《福建妇女》1944年第4卷第3—4期,第13—15页。

多少参政权,国民政府会女参政员名额太少了,仅占7%。即便是在参政会上得到通过的议案,政府迟迟不见实行。① 陈逸云认为:"宪政应该是全民的政治"。② 她认为,我们要研究宪政,应该广泛宣传,妇女对宪政应提供意见,包括对抗战建国有益的意见。③ 陈逸云作为国民党妇女领袖,积极推动国民大会妇女代表名额,她认为虽然宪法作了规定,但是在实际落实层面国民党做远比共产党差。

国民党员张邦珍指出:"我们不但在宪法条文上要求男女平等的规定,我们在实际上也要求与男子同样发展的机会。"④陆翰芩指出:"妇女在全民族中占了一半人数,在二万万二千五百万的广大人力,如果实施宪政而排斥、忽略了她,则实施宪政所企求的目的是难以达到的。在另一方面,如果民主政治,不要全民族半数的妇女参加,则这种民主政治必是虚伪的。"⑤在她看来,妇女与宪政有着天然的联系,妇女不能参政,意味着宪政的失败。宪政要实现它的民主政治性就要妇女参与其中,就要保障妇女的政治权利。

国民党员吕晓道指出,宪政如果没有妇女的参加,即失却其意义。在参政方面,与男子相比,"占国民半数的妇女竞争参加宪政一定会遭失败。因为妇女从几千年来,政治生活素被剥夺,现在虽在原则上男女平等,但实际情形适得其反。"如果妇女参政失败,"妇女们既全被挤出政治门外,所谓宪政,本身即失却其意义了。"⑥1944年1月30日,在妇女共鸣社举行的宪政座谈讨论会上,吕晓道进一步指出:"要是妇女不能参政,中华民国国民主权不是属于国民全体,因着妇女竞争的失败,致推翻宪政本身的意义,我们事先不可不加注意了。并且妇女竞选的失败,绝不是妇女要求参政的失败,乃是等于推翻宪政的最高原则,是宪政本身的失败。妇女要求参政,也绝不仅为本身谋福利,乃是为拥护宪政之完整无缺。"⑦在她看来,妇女与宪政有着天然的联系,妇女不能参政,意味着宪政的失败。

《中央日报》编者在回复重庆学生的来信时指出:要讨论妇女宪政运动,先要了解基本的宪政知识,多读一些文献,比如王世杰著《比较宪法》(商务印书馆版)、

---

① 嘉:《社会妇女:三位女参政员谈宪政》,《现代妇女》1944年第3卷第1期,第22—23页。
② 《重庆妇女讨论宪政》,《上海妇女(上海1938)》1939年第3卷第12期,第4页。
③ 嘉:《社会妇女:三位女参政员谈宪政》,《现代妇女》1944年第3卷第1期,第22—23页。
④ 易世英:《各地通讯:妇女宪政运动在昆明》,《妇女生活(上海1935)》1940年第8卷第8期,第22—23页。
⑤ 陆翰芩:《宪政与妇女》,《中央日报》1940年8月6日第4版。
⑥ 《妇女共鸣社宪政座谈会》,《中央日报》1944年1月31日第2版。
⑦ 《妇女共鸣社宪政座谈会》,《中央日报》1944年1月31日第2版。

刘平的《宪法知识读本》(宪政常识业书社出版)、《宪政参考材料》(生活书店出版,全民抗战社附刊)、《各国妇女在宪法中的地位》(《妇女生活》第八卷第五期),以及各种报纸杂志上的论著。①

共产党方面的韩幽桐指出:"从本质上来讲,宪政就是民主政治,民主政治的反面就是专制政治。"②她还分析了宪政和宪法的关系。有妇女参与的政治才是民主的政治,才有可能实现真正的宪政。关于妇女与宪政的关系,1940年3月5日陕甘宁边区妇联驻渝代表团张玉琴著文指出,"她们除受一般的专制压迫外,男女间也处在极端不平等的地位"。③ 张玉琴检讨过去各国民主运动,她希望妇女不仅为实现民主政治要积极参加宪政运动,而且为着妇女解放……直到民主政治的实现。吴棣芬认为宪政运动需要妇女参加,不仅需要少数上层和知识分子参加,也需要农村妇女及劳动妇女的妇女群众参加。"因为妇女在数量上和男子占着同样的地位,在每一个运动中没有妇女参加,就是减少了一半的力量,所以我们妇女在这个宪政运动中是一支不可忽视的生力军。"④她认为"宪政运动就是民主运动,妇女也是国民",妇女也需要参加宪政运动。

宪政运动需要妇女的支持和参与。"我们可以强调说,妇女解放,固有待于宪政之实现,而宪政之实现也有待于妇女共同的努力,因为妇女同胞占着全国人口的半数,如果不动员这全国二分之一的力量来参加革命的工作,则不但宪政运动难以实现,就是国家民族前途,也将黑影重重不会真有光明的;男女国民本就如同国家的左右手,如果把全国的妇女都关闭起来,不让她们参加任何政治活动,这正如一个害了半身不遂毛病的人一样。因此在这个抗战胜利即将来临的时候,我们应动员全国妇女积极参加,促进宪政运动。"⑤妇女宪政运动是实施民主政治和维护妇女自身权利的需要。

冰指出:"知识妇女同胞宜参加宪政研究工作,对宪草精神之体认、删补,妇女权益之保证,以及实施宪政前后种种具体问题之探讨,困难之解决,以及地方自治工作能力之训练等等,皆不容袖手旁观,坐失良机。更具体言之,举凡宪政问题座谈会、演讲会,均应踊跃参加,对研究宪政之论著,五五宪草之条文等均应做详细

① 《怎样讨论妇女宪政运动》,《中央日报》1939年11月27日第4版。
② 《重庆妇女讨论宪政》,《上海妇女(上海1938)》1939年第3卷第12期,第4页。
③ 张玉琴:《开展宪政运动中妇女的任务》,《新华日报》1940年3月5日第4版。
④ 吴棣芬:《妇女宪政运动要建立在大众基础上》,《妇女新运通讯》1940年第2卷第8期,第1页。
⑤ 方华:《宪政研究特辑:妇女与宪政》,《福建妇女》1944年第4卷第3—4期,第9—10页。

研读。"①宁人指出,实施宪政运动需要培养法治的精神,需要推行地方自治,需要普及国民教育。②

妇女对于宪政意义重大,宪政运动需要妇女的参与。秋隐指出:"如果妇女不能好好地发挥她们的意见,那便得不到健全的民意,充其量也不过是男子意见,如果妇女不懂宪法,不懂政治,缺乏守法精神,任何法律与政令便会蒙受影响,变成半身不遂。""妇女不懂宪政,不闻问宪政,便等于自甘放弃做主人的权利。"③实施妇女宪政运动能"给予她们以政治,经济,教育以及社会生活上真正的平等待遇,使她们得到政治生活的保障,一个国家的政治才不会减少了占人口半数的妇女力量,宪政的实施才不致受到阻碍"。④ 瑛指出:"我们知道政治既是管理众人的事,女子亦是众人之一,无论在战时或平时,政治是否贤明,均与女子有切身关系,女子为了切身的关系而顾问政治,参与政治,都算是参政。"⑤基本上各党各派各界的妇女都认同妇女与宪政之间存在的密切的关系,妇女参与宪政是宪政的内在要求。

2. 妇女宪政与妇女解放的内在关系

抗战时期的妇女宪政运动蕴含着妇女解放和民族解放的意义。1939 年 11 月 17 日,文晖在《宪政与妇女》中指出:宪政运动如果没有妇女的参加是会受到限制的,"必须要在政治上取得平权,用立法来保障它——的实现"。⑥

妇女界主张发动最广大的妇女群众,参加抗战建国工作,以贡献求发展,激发了妇女群众的参战热情,推动了战时妇女工作的开展。《妇女宪政问题读本》指出,要实现妇女宪政:①"妇女们应当而且必需参加民族解放的阵营中去,从事于为民族求自由独立的斗争"。因为"民族解放是妇女解放的先声,民族不得解放妇女也不会得到真正的解放。""中国伟大的民族解放斗争,如果没有妇女的参加是不能完成的"。②"要使妇女们明了而且认识妇女与国家是有直接的关系,国家政治的好坏是能影响到妇女本身的利害的,如此才能推动妇女大众参加到解放运动

---

① 冰:《短评:展开妇女宪政研究运动》,《福建妇女》1944 年第 4 卷第 3—4 期,第 2 页。
② 宁人:《宪政研究特辑:实施宪政的意义和步骤》,《福建妇女》1944 年第 4 卷第 3—4 期,第 3—4 页。
③ 秋隐:《宪政研究特辑:妇女与宪政之关系及对宪法之希望》,《福建妇女》1944 年第 4 卷第 3—4 期,第 16—18 页。
④ 陈翼:《座谈会:关于妇女宪政运动》,《广东妇女(曲江)》1940 年第 11 期,第 23—24 页。
⑤ 瑛:《展开妇女宪政运动》,《妇女共鸣》1944 年第 13 卷第 1 期,第 1 页。
⑥ 文晖:《宪政与妇女》,《新华日报》1939 年 11 月 17 日第四版。

的阵营中去,再进而求得政治上的真正平等"。③中国历史"表明中国的妇女为了自己的解放,是不惜任何牺牲,参加到革命中,以期求得真正的男女平等"。①

陈诚夫人谭祥的秘书褚问鹃指出,妇女需要宪政的保护,"目前我妇女界的问题,已到了严重迫切的地步了,如职业界排斥女性的各种职业及专门学校明示不招女生。女子在政治上无发展的机会。法律无明文保护母性。取缔重婚,多偏袒男性等。女子被歧视被压抑的苦楚真有一言难尽之感。若不在实行宪政的时期,确定男女平等的基础的话,那么即使在宪政实行以后恐怕我两万万女同胞,也必然不能得到解放"。② 她积极动员妇女参与宪政,以确定男女平等的基础,争取获得对妇女的保护。

国民党员李曼瑰认为宪政实施以后,男女之间也能够实现性别平等,"宪政完成的时代,是妇女问题结束的时代。"宪政实现之后,"男女不单是在理论上说平等,实际上也绝不会有男重女轻的恶风,那时候,男女的机会是均等的,社会上不偏重男也不倚重女,只照个别的聪明、才智、性情、品格去分别教育,聪明的、努力的、有志气的人,他所得的机会就多,反之,笨的、懒的、无志气的人,他的机会就少"。③ 事实上,宪政与性别平等是两个不同的维度,实施民主宪政的国家,性别平等问题也不一定全然解决,然而却能为妇女提供更多的机会。换言之,妇女与宪政有所关联,但是也不能完全等同。

抗战时期,很多妇运领袖,尤其是中共及左派妇运领袖,认为"实现民主政治是妇女解放的前提"。④ 方华指出:"妇女解放运动也同样需要宪政的实现,才能给予有力的保障。"⑤救国会的曹孟君指出:"实施民主政治的根本大法——宪法上规定人民有言论出版集会结社之自由,这是妇女获得解放的一个重要条件。""宪法确定了男女平等的原则,一切权利义务男女都有了同样享受的机会","重新肯定妇女是人的地位,妇女将和男性一样以人的地位同被保障了,这对妇女解放有划时代的意义。"⑥1940 年桂林妇女界召开的一次妇女宪政座谈会中,与会者指出:

① 平人:《书报介绍:〈妇女宪政问题读本〉(铁怀、箴一阮坚合着)》,《学习》1940 年第 2 卷第 7 期,第 14 页。
② 褚问鹃:《妇女欲求解放必须参加宪政》,《中央日报》1940 年 8 月 7 日第 4 版。
③ 李曼瑰:《从妇女的立场憧憬宪政时代》,《中国青年(重庆)》1944 年第 10 卷第 1 期,第 17—18 页。
④ 李洪:《实现民主政治是妇女解放的前提:一个妇运工作者的话》,《华侨导报》1946 年"七七"九周年菲律宾独立纪念特刊,第 8 页。
⑤ 方华:《宪政研究特辑:妇女与宪政》,《福建妇女》1944 年第 4 卷第 3—4 期,第 9—10 页。
⑥ 曹孟君:《宪政与妇女解放》,《妇女生活》1939 年第 8 卷第 6 期,第 1—2 页。

"宪政是抗战必胜建国完成的关键,是妇女本身解放的枢纽。""实施宪政,就是我全国上下一致的要求,当然包括妇女在内",妇女在各方面遭受不平的待遇,使开展妇女宪政运动更为迫切。①

有论者指出:"于妇女方面,如女权之扶植,母性之保护,职业之自由,教育之平等,以及妇女参政权之保护等等,都可以由宪法规定而实现,对于社会上各种不合理的性别限制在那时候绝对不会再存在的,因此当国家实施宪政成功的时候,也就是妇女得到真正解放的时候。"②也有论者认为:"以宪政的实施,有关于国民全体的自由与平等,更有关于妇女方面的解放与幸福。妇女独立人格之确定,母性之保证,职业及教育机会之均等,均需有待宪政实施而后十足兑现。"③又有论者指出,妇女"只有实施民治民有民享的民主政治条件之下,才有积极参加妇女解放民族解放的可能"。④ 实施妇女民主宪政运动,有助于妇女解放的实现。

对于民主政治与妇女解放运动的关系,陈碧云强调要积极动员妇女参加抗战,她指出:"我们所谓的民主政制,必须使妇女同男子完全一样地取得政治上的一切自由,直接参与政权。……如果召集紧急的国民大会时,妇女也必须同男子一样有选举权和被选举权。"⑤促进妇女宪政运动的过程也是推动妇女解放的过程。伟园在《民主政治与中国妇女》中认为妇女应该以自己的努力,把民主政治力量切实推展,争取它的成功。⑥

林则吾指出:"在抗战中已经有了很多女子参加抗战工作,如救护慰劳保育行政动员等,她们都表现了很好的成绩,这就证明女子有能力做和男子一样的事。"

3. 妇女宪政有助于实现民族解放

妇女领袖将妇女宪政运动的成功、妇女解放的实现与抗战建国的胜利紧密联接在一起。她们鼓励妇女积极响应战时动员,投身革命,参军参战、提供战地服务,有力推进了战时妇女工作的开展,共同为抗战建国而努力。

---

① 姚国华:《妇女座谈:妇女宪政运动讨论:一个座谈会的摘要》,《广西妇女》1940 年第 2 期,第 12—13 页。

② 方华:《宪政研究特辑:妇女与宪政》,《福建妇女》1944 年第 4 卷第 3—4 期,第 9—10 页。

③ 冰:《短评:展开妇女宪政研究运动》,《福建妇女》1944 年第 4 卷第 3—4 期,第 2 页。

④ 宋江:《开展妇女宪政运动的通俗宣传》,《广东妇女(曲江)》1940 年第 11 期,第 14 页。

⑤ 陈碧云:《妇女与民主政治》,《东方杂志》1937 年第 34 卷第 22/23/24 期,第 155、158—159 页。

⑥ 伟园:《民主政治与中国妇女》,《广东妇女(曲江)》1940 年第 11 期,第 15—17 页。

1940 年奔赴前线的女兵

资料来源:《东方画刊》1940 年第 2 卷 第 12 期,第 12 页。

对于妇女解放与民族解放的关系,钱文贞强调民族解放是妇女解放的前提,她认为:"妇女在抗战中有很大的功绩,可是有些人不了解民族解放是妇女解放的前提,仍然不肯参加抗战,我们要在抗战中提高她们的教育,要她们对于妇女解放有的认识,才会热烈地参加宪政运动。"[1]

易凤英指出:"如果在人口半数的妇女没有解放,要达到民族解放,那是不可能的现在,许多地方的女子,还在过着非人的生活,像皖北虐待媳妇儿,溺死女婴,童养媳,买卖妇女等悲惨事遍地都是,而妇女所受经济上政治上的压迫也没有解除,要消除这些现象,就必须有女代表提出保障妇女利益的具体办法,因为只有女子才能了解自己的痛苦。"[2]

吴棣芬指出,"只有实施民主宪政,才能真正动员全国人力、物力、财力、智力,参加神圣的抗日战争;而且,亦只有实行宪政,才能使我们占全国人口半数以上的妇女有权参与政治,争取与男子同等的法权"。[3] 吴棣芬认为,"实施宪政,有保障女权,团结全民,争取抗战胜利的意义"。[4] 1940 年 12 月 16 日重庆妇女界召集妇女宪政座谈会上,与会代表认为,"只有实行宪政,才能团结全国力量一致对外","实行民主政治的宪政,才能动员全国民众争取胜利"。[5] 陆叔英指出,"迅速实行宪政之后,人民才有力量,政府才能巩固,民众才能普遍动员,上下才能加紧团结,才能增强抗战力量,战胜敌人"。[6] 1940 年 1 月安徽省金寨县各界各团体妇女宪

---

① 洛菲:《妇女与宪政运动:记立煌宪政问题妇女座谈会》,《妇声》1940 年第 2 卷第 8 期,第 18—19 页。
② 洛菲:《妇女与宪政运动:记立煌宪政问题妇女座谈会》,《妇声》1940 年第 2 卷第 8 期,第 18—19 页。
③ 宋江:《开展妇女宪政运动的通俗宣传》,《广东妇女(曲江)》1940 年第 11 期,第 14 页。
④ 吴棣芬:《妇女宪政运动要建立在大众基础上》,《妇女新运通讯》1940 年第 2 卷第 8 期,第 1 页。
⑤ 李姊:《妇女宪政问题座谈大会盛志》,《总汇报》1940 年 1 月 19 日第 6 版。
⑥ 陆叔英:《为什么在战时实施宪政》,《广东妇女(曲江)》1940 年第 11 期,第 6—8 页。

政运动妇女座谈会上,与会代表指出:"抗战要民主,抗战不是少数人的事,必须全民族参加,而且民众要有权力督促政府,执行抗战到底的国策。"①

通过广泛的讨论,各党各派各界妇女界领袖一致认为妇女参与宪政是宪政的内在需要;妇女宪政运动是妇女解放的内在需求,妇女解放也有助于妇女宪政运动的推进。妇女领袖将妇女宪政运动的成功、妇女解放的实现与抗战建国的胜利紧密联接在一起。

三、各党派妇女领袖对妇女宪政的认识差异

中国共产党更强调动员基层妇女参加宪政运动,鼓励妇女通过参加生产、识字运动、冬学运动等实际工作提高妇女地位,同时主张要保障妇女的权益,防止雇佣童工而规定劳动年龄下限、保护孕妇、产前和产后休假等,非常细致的主张,认为宪法中应体现设立托儿所、妇产医疗、卫生中心、幼儿园等机构,主张非常具体。

中间党派妇女领袖中有不少是法律界的人士,她们对于妇女宪政问题看法相当专业。

1. 共产党对妇女宪政运动的认识

共产党妇女领袖认为真正的民主社会必须赋予妇女平等的政治权利。共产党认为妇女受压迫的根源是私有制,妇女解放的先决条件是推翻私有制度。中国共产党早年以女权为革命斗争的手段,认为"本党同志不可不特别注意于女权运动",②但同时找出女权运动的局限性,认为女权代表的是中产阶级妇女的利益,共产党妇女领袖特别注重下层贫苦妇女的利益。而妇女获得解放的途径最重要的在于广泛参加经济建设和社会改造等。国民党方面没有这方面的规定,可以说,经过座谈会,各党各派各界的观点得到充分的交流,也促进了各党派妇女领袖之间的合作。

共产党妇女领袖主张妇女宪政运动要下到基层。比如共产党妇女领袖潘韵桐(又名田克,1939—1939)表示:"①真正发动二万万女同胞参加宪运,深入广大群众去。②要组织推进宪运的团体,现在大后方已经有了这种组织,我们要发动

① 洛菲:《地方通迅:大别山中的妇女宪政运动:记立煌宪政问题妇女座谈会》,《浙江妇女》1940 年第 2 卷第 5 期,第 26—27 页。

② 《中国共产党妇女部关于中国妇女运动的报告》,《中国妇女运动历史资料(1921—1927)》,第 183 页。

各地都有这种团体。③发动知识妇女经常研究妇女与宪政问题。④要争取妇女真正能够参加政治的许多条件。"①共产党妇女领袖这个观念也影响到各方各面的人士。展平认为:①先进的城市的妇女界同胞们必须发动妇女由宪政座谈会,逐渐进到成立国民大会促成会这类的组织,并由城市开展到每个乡村,使这个运动成为真正有组织的妇女群众运动。②应该把这一运动由上层妇女中扩大到下层妇女群众中,去扩大到女学生中,去扩大到女工人中,去扩大到农妇抗属家庭及一切劳动妇女中去,支持妇女应该成为开展这一运动的桥梁,来促进宪政运动的实现。③我们妇女必须在这一运动中讨论并提出有关于妇女问题及妇女的选举和被选举权问题,同时并要求给予我们妇女以言论集会出版结社的民权自由,因为这是动员妇女参加宪政的主要前提。② 黎素绯指出:①协助政府实施宪政,我们妇女必须逐渐将宪政运动从上层分子扩大到下层妇女群众中去,随时将广大的妇女群众的意见贡献给政府。②必须组织和教育妇女群众积极参加抗战建国工作,从工作中争取妇女在政治上,经济上,社会上的地位,我们知道只有民族真正解放,实现民主政治之后,妇女才能真正得到解放。③以合法的手段站在为全体妇女谋福利的立场上,去争取国民大会代表的妇女名额,争取在宪法上明文规定男女在一切方面的平等条文及优待妇女的特殊规定。③

共产党妇运领袖既强调法律规定妇女权益的重要性,也主张妇女应该参加政治、经济、文化、社会生活,从实践中获得权利。张玉琴说:"宪法是规定政府职权义务及人民权利义务的大法,宪政的范围则比宪法宽广。"④韩幽桐指出:"宪政与妇女有因果的关系,真正的宪政不成功,妇女的参政权也不能获得,同时不给妇女以参政权的宪政,一定不是彻底的宪政。"⑤妇女不仅应该参加抗战,同时更应投身妇女宪政运动,坚决争取在政治、经济、文化、社会生活上与男人有平等权利的法律保障——民主政治的实现。

关于妇女宪政的内容,共产党员张玉琴说的更明白:①宪法应明确规定男女平等的条文。②未来国民大会中的女议员要规定有一定数量的名额。③希望政

① 洛菲:《妇女与宪政运动:记立煌宪政问题妇女座谈会》,《妇声》1940年第2卷第8期,第18—19页。

② 展平:《岗哨:妇女宪政运动》,《浙江妇女》1940年第2卷第1期,第5页。

③ 黎素绯:《宪政问题特辑:妇女解放和宪政运动》,《新建设》1940年第8期,第40—42页。

④ 《重庆妇女讨论宪政》,《上海妇女(上海1938)》1939年第3卷第12期,第4页。

⑤ 黎素绯:《宪政问题特辑:妇女解放和宪政运动》,《新建设》1940年第8期,第40—42页。

府对于妇女的各项权利予以充分的保障。④我望在宪草中对妇女有实际保障,如在宪法中规定儿童劳动年龄,实行孕妇保护,产前产后休假照常给薪,多子母性津贴保护,工作机会均等,同工同酬,设立托儿所、产科医院、卫生所、幼稚园,社会保险等。①

对于提升妇女文化素养,与国民党方面的主张不同,共产党认为这是有利条件,并非必要条件。中共党员朱瑶安指出:"这里所说的普及教育,并不是说妇女大众文化水平太低,还够不上谈宪政参加宪政运动而把普及妇女教育代替妇女参加宪政运动和代替宪政的本身。相反的,它是作为一种推动宪政运动的手段,启发妇女知识,实行民权的准备工作,造成妇女大众积极参加宪政运动的条件。所以,普及妇女教育,只有在宪政运动彻底的开展中,才能得到广泛的实行,也只有广泛的利用普及教育的方式,在妇女大众中推广宪政运动,才能使下层妇女大众积极参加宪政运动。"她指出:"普及妇女教育,不单是提高整个妇女大众文化水平,同时也是推动妇女参加宪政运动的一个手段。"②

2. 中间党派及无党派人士

中间党派出于民主、自由的考虑,积极推动妇女宪政运动。刘清扬指出"宪政就是民主政治"。③ 1944 年,刘清扬希望:在宪草上凡是有"人民"字样之处,都希望能增加"不分性别",或"男女公民"等字样;在宪草上凡是人民应享之权利项下,都应加上"对女性不得有所歧视"。④

宪政运动需要妇女的积极参与,同时宪政运动的开展离不开对妇女权利与义务的规定。史良指出实施宪政需要保护妇女的权利,"我以为要妇女真能参加政治和一切社会活动,还必须政府对妇女有特别的保护才行"。在制定和实施宪法时,国家要给予并保护妇女的各项权利和义务,使得妇女能够参加政治和一切社会活动。⑤ 南京妇女救国会成员、四川省参议员邓季惺认为:"人民所享有的权利所负的义务应在宪法里,都该通过反映出来,这样人民才能与政府根据宪法来共同管理国家。"⑥

---

① 张玉琴:《开展宪政运动中妇女的任务》,《新华日报》1940 年 3 月 5 日第 4 版。
② 朱瑶安:《扩大宪政运动与普及妇女教育》,《广东妇女(曲江)》1940 年第 11 期,第 21—22 页。
③ 琼:《第一次妇女宪政座谈会》,《战地知识》1939 年第 1 卷第 9—10 期,第 44 页。
④ 《本刊第四次宪政座谈(1944 年 4 月 9 日)》,《宪政》1944 年第 5 期,第 33—42 页。
⑤ 嘉:《社会妇女:三位女参政员谈宪政》,《现代妇女》1944 年第 3 卷第 1 期,第 22—23 页。
⑥ 《重庆妇女讨论宪政》,《上海妇女(上海 1938)》1939 年第 3 卷第 12 期,第 4 页。

著名的社会活动家曹孟君指出："实施民主政治的根本大法——宪法上规定人民有言论出版集会结社之自由，这是妇女获得解放的一个重要条件。""宪法确定了男女平等的原则，一切权利义务男女都有了同样享受的机会"，"重新肯定妇女是人的地位，妇女将和男性一样以人的地位同被保障了，这对妇女解放有划时代的意义"。①

潘素认为"在宪法上已经规定了男女平等的原则，但是还需要我们去补充，譬如宪法上规定要保护童工女工，我们就需要补充如何保障妇女职业机会均等，育儿期间的休假，广设托儿所及公共食堂等。同时男女教育在质的方面量的方面的平等，婚姻关系的平等都是必要条件。总之妇女界研究宪政，至少要注意三个问题，一是教育问题，二是经济问题，三是婚姻问题。这些都是最基本不可分割的问题。"②中间党派及无党派妇女领袖具有较强的宪政民主观念，对妇女宪政问题的认识比较深刻。

3. 国民党对妇女宪政的认识

国民党妇女领袖希望提升妇女的政治素养，包括教育水平，认为先提升妇女的素养，才能真正实施宪政，而共产党方面认为，应该先实施宪政，在宪政的实践中，锻炼素养。广西妇女月刊社主编黄存养指出：①知识妇女应该加紧自我教育，提高自身政治水平。②由集体讨论进而成立比较有固定性的团体。应抓住机会发动周围妇女青年、女学生展开宪政问题的讨论，通过妇女座谈教育，妇女联谊会，妇女刊物或其他活动来讨论宪政问题。③广泛进行宣传教育。④要积极争取民主权利。③ 救国会的沈兹九指出：站在我们妇女界的立场，如何来促进宪政的实施？①宪政期成会；②积极讨论和研究宪政问题③积极促进宪政集会；④争取妇女民主权利，要求政府保障妇女救国工作自由，保障女权平等。④

国民党认为妇女的解放不完全依赖政府法律辅助，也需要妇女自身努力，暗合国民党官方主张的先训政后宪政的主张。吕晓道也指出："妇女当然也不应完全依赖政府的法律辅助，自己必须更加努力。目前我们应积极的工作有三，就是宣传、组织和训练，这三项工作必须同时进行，并且推进到广大的农村去。如果目前疏忽了

---

① 曹孟君：《宪政与妇女解放》，《妇女生活（上海 1935）》1939 年第 8 卷第 6 期，第 1—2 页。

② 《妇女共鸣社宪政座谈会》，《中央日报》1944 年 1 月 31 日第 2 版。

③ 黄存养：《妇女界怎样展开宪政运动》，《广东妇女（曲江）》1940 年第 11 期，第 11—12 页。

④ 兹九：《宪政与妇女》，《妇女生活（上海 1935）》1939 年第 8 卷第 2 期，第 4—5 页。

这三项工作,既有政府的法律扶助,而能参加宪政活动,也不过是城市里绝少数的女士大夫而已,不足代表全体妇女。反转来说,如果全凭少数妇女的努力,而无政府法律的保障,恐怕不但不能参加宪政活动,而连宣传组织和训练三项工作,也无由开始,这不是理论,而是一个事实。"唐国桢指出:"我们要争取国民大会代表名额,必须抓住基层工作,特别是保甲,我们应该深入民间,然后力量才能充实。"①

国民党认为妇女宪政的实施依赖女性素养的提升,为此她们强调充实妇女本身的修养和知能,提高妇女的政治警觉,加强对妇女的教育。林瑞蔼认为:"妇女们在推进宪政运动声中,一定要健全并充实妇女本身的修养和知能,提高妇女的政治警觉,扫除文盲,改除过醉生梦死,苟且偷生的生活,积极参加生产建设的工作。"②钱文贞表示要加强对妇女的教育,"要她们对于妇女解放有了认识,才会热烈地参加宪政运动。"③夏枫指出,实施妇女宪政运动,需要改善妇女生活,使妇女有受教育的机会,还要"改善征兵制度,服侍出征军人家属,提高妇女政治上的地位"。此外,"国民代表大会应该重新民主改选,才能产生真正代表民意机关。"④冯笑桃认为,①一般妇女应了解宪政;②普及妇女教育;③必须造成妇女大众积极参加宪政运动的条件。⑤路丝指出,"因为宪法是国家百年大计,在未实施宪政之前,必须全国人民有相当认识,才不致等于空文。""所以在未施行宪政之前,宣传是最重要的工作。"⑥

基本上,抗战时期的妇女宪政运动主要停留在妇女宪政知识的宣传方面,比如王玉英、廖秀珍、杨一平、吕毓圭等人在《中央日报》上发文指出:①因为这是整个宪政问题的一项,我们应该行了解许多基本的宪政知识,至少要明白宪政是什么,怎样实行宪政,各国的宪法是怎样的。我国的五五宪草内容是什么,更应明白五权宪法,三民主义与宪政的关系,孙中山先生对宪政的主张,各国妇女在宪法中的地位等。②在具有了这些初步的宪政知识后,我们可以请对宪法有所研究的人士来讲演,可以帮助我们作更进一步的理解。③我们对宪政问题理解了一些以后还不能算数,还应当随时随地做宣传教育工作,帮助政府来推行宪政,使人民真正

① 《妇女共鸣社宪政座谈会》,《中央日报》1944年1月31日第2版。
② 林瑞蔼:《妇女对宪政应有的认识》,《正谊(桂林)》1944年第2卷第6期,第8页。
③ 朱瑶安:《扩大宪政运动与普及妇女教育》,《广东妇女(曲江)》1940年第11期,第21—22页。
④ 夏枫:《宪政与妇女运动》,《战时南路》1940年第7—8期,第12—13页。
⑤ 冯笑桃:《宪政问题特辑:宪政与妇女》,《中山公论》1940年第2卷第1—2期,第34—36页。
⑥ 路丝:《实施宪政与妇女》,《粤联会抗战半月刊》1940年创刊号22—23,第9—10页。

能了解宪政的意义。① 基本上还是侧重对宪政运动的宣传,尚未落到实处。

作为女性主义者的国民党女性精英,她们自然有着为妇女求取权利的诉求,她们既是国民党也是女性主义者,她们希望通过妇女宪政运动,推动妇女解放。虽然妇女界普通认识到妇女宪政问题的重要性,但是在实践层面,由于国民党实际着力不多,鲜见成效。

四、国民大会代表妇女名额问题

1936 年的《中华民国宪法草案》基本没有关于女性权益的规定,所以国民党方面积极推动国民代表大会妇女代表名额。② 妇女领袖英指出,"为着解放妇女同胞,为着完成民主政治,我们都要参加宪政运动"。具体来说:①我们必须要求中央补充全国国民代表大会妇女代表名额,使一切妇女权利问题,能在宪法上彻底解决。②我们必须教育一般妇女认识民主政治的内容,俾能履行国民义务与享受国民权利。③

在二次妇女宪政运动的讨论中,各党各派各界的妇女领袖们都希望能够规定国民大会妇女代表名额。萧若认为:"一面把宪政运动推入广大的下层妇女"。④对此,各界妇女界精英也有着一定的共识。在 1939 年 11 月 12 日重庆市二十七妇女团体及妇女工作部门召开的妇女宪政座谈会上,救国会的刘清扬具体提出国民大会代表中妇女应占 30%以上。⑤"但抗战以后,新团体与新部队的增加很多,是应以适合现状,重新产生新代表的。"⑥救国会的史良也曾提议要将妇女代表的名额规定为 30%。⑦

1940 年桂林妇女界召开的妇女宪政座谈会上,关于国民代表大会妇女代表的名额的讨论中,芬同意"重庆妇女宪政座谈会的决定国民代表大会妇女代表名

① 《怎样讨论妇女宪政运动?》,《中央日报(重庆)》1939 年 11 月 27 日第 4 版。
② 关于妇女代表名额参见汪彭澜:《1931 年妇女争取国民会议代表选举权运动述论——〈妇女共鸣〉杂志为中心》,《民国档案》2013 年第 2 期;张维达:《1946 年国民大会中的妇女选举保障名额(哲学社会科学版)》,《齐齐哈尔学报》2017 年第 6 期;曹秋怡:《行宪国大时期妇女选举权利的争取与实现》,吉林大学硕士学位论文,2019 年。
③ 英:《短评:妇女与宪政》,《福建妇女》1943 年第 2 卷第 5—6 期,第 2 页。
④ 萧若:《展开妇女界的宪政运动》,《浙江妇女》1939 年第 6 期,第 201 页。
⑤ 《重庆妇女讨论宪政》,《上海妇女(上海 1938)》1939 年第 3 卷第 12 期,第 4 页。
⑥ 琼:《第一次妇女宪政座谈会》,《战地知识》1939 年第 1 卷第 9—10 期,第 44 页。
⑦ 嘉:《社会妇女:三位女参政员谈宪政》,《现代妇女》1944 年第 3 卷第 1 期,第 22—23 页。

额,至少当代表总额的 30%",得到了纹、彬、华等人的同意。① 1940 年 1 月安徽省金寨县各界各团体妇女宪政运动妇女座谈会上,潘韵桐同意"重庆的二十多妇女团体,提出妇女代表应占百分之三十"的比例。② 1940 年 5 广东省妇女界召开妇女宪政运动座谈会上,对于妇女代表名额问题,华表示:"已有重庆妇女界提出的,请政府规定妇女名额占总额 30%,我们应该响应这种建议而且数目至少有这样,才能代表全国人民之半的妇女,只有各阶层的妇女代表才能够代表自身的要求。"③

1944 年 1 月 30 日,妇女共鸣社举行宪政座谈讨论会上,张潜华认为:"关于国民大会代表问题,我认为诸位应该运用各种政治力量和政治技巧,尽力争取妇女的名额,并可主张用法律的方式加以规定,其数量至少应占全部名额 1/10。"1944 年召开的妇女共鸣社宪政座谈会上,关于妇女代表名额问题,吴秀瑛认为,"规定妇女名额,在理论上固不宜有",但在实际情况中,妇女与男性相比,在竞选上不占优势,所以应该规定妇女名额。她说"规定妇女名额即是实行全民政治的过渡办法","等社会歧视女性的心理没有了,妇女参政的兴趣也提高了,尽可在修改宪法时删去妇女名额的规定"。"若能以百分之几以上作为妇女名额的最低限度,则于实施选举时,妇女不致完全被弃于政治的大门之外"。"至于将来妇女名额能否增多,则视妇女本身能力以为定,勿需再来要求规定增加名额"。她认为妇女名额的最低限度为百分之几以上,这个比例显然太低。④

抗战时期,女性精英提出对于民主政治的要求,她们从女性的角度积极争取男女平等的各项权益,特别是争取国民大会妇女代表名额等权利,她们希望通过法律的形式保障女性自身解放与自我发展。希望培养妇女政治素养,广泛动员基层妇女参加宪政运动。应该肯定的是,妇女界对于宪政运动有较高的共识,她们都希望增加妇女代表名额,而且希望规定名额具体所占比例。但是在具体代表比例方面,早在 1933 年苏维埃代表会议举行第一次大规模选举运动,中央局提出"经过女工农妇代表来切实动员,必须达到妇女代表占 25%的任务"。⑤ 所以在此

---

① 姚国华:《妇女座谈:妇女宪政运动讨论:一个座谈会的摘要》,《广西妇女》1940 年第 2 期,第 12—13 页。

② 洛菲:《地方通迅:大别山中的妇女宪政运动:记立煌宪政问题妇女座谈会》,《浙江妇女》1940 年第 2 卷第 5 期,第 26—27 页。

③ 陈翼:《座谈会:关于妇女宪政运动》,《广东妇女(曲江)》1940 年第 11 期,第 23—24 页。

④ 《妇女共鸣社宪政座谈会》,《中央日报》1944 年 1 月 31 日第 2 版。

⑤ 全国妇联妇运史研究室:《中国妇女运动史》,春秋出版社 1989 年版,第 310 页。

次妇女宪政运动中,共产党和中间党派妇女代表希望代表名额增加至 30%。

国民党方面妇女代表相对保守,没有明确提出增至 30% 的提法,只有 10% 的提法,尽管如此,1946 年国民大会代表选举之时,国民党妇女活动家向大会提交的议案,也是要求在宪法中规定各种选举需保障妇女至少 20% 的名额。而且,1946 年《中华民国宪法》规定"各种选举应规定妇女当选名额,其办法以法律定之",关于规定妇女名额的诉求,最终获得实现。不过,在 1948 年国大代表 1 679 人中,妇女代表仅 240 人,妇女代表占比 14.29%。[①] 1946 年国民政府立法委员选举时妇女立法委员名额 82 名,占立委总数 13%。[②] 不管怎样,通过妇女领袖们的努力,还是在国民政府伪宪法中有所体现。抗战时期妇女宪政运动无论是对国民党还是共产党都产生深远的影响。

五、抗战妇女宪政运动的意义

抗战时期的妇女宪政运动,是由各妇女团体和各地妇女界广泛参与的一次运动,具有重要的意义。论者指出,抗战时期的宪政热潮,扩大和提高了妇女界对政治的兴趣和认识。[③] "在普遍展开宪政运动,热烈研讨宪草声中,沉默了多时的陪都妇女,随亦振臂而起,纷纷研讨宪草,发动妇女参加宪政运动。"[④]韩幽桐曾回忆指出:抗战时期的妇女宪政运动,详细地研讨了国民大会的选举法、组织法和过去的许多宪法草案,并对妇女本身提出很多要求如①应一律承认一切妇女团体的合法地位,汉奸团体除外;②应在"宪草"中加入"不分性别"的规定;③要求在宪法中明文规定男女同工同酬的原则;④宪法应明文规定男女在教育文化、社会生活及政治、经济等方面一律平等;⑤应保障国民大会妇女代表名额所占比率为总额的10%;⑥取缔纳妾蓄婢、买卖妇女和溺女狎妓。[⑤]

妇女宪政运动对于妇女解放有着重要的意义。《妇女宪政问题读本》指出,要

---

① 《全国性妇女团体名单》,《职妇选务旬刊》1947 年第 1 期,第 17 页。《职妇团体选举应如何办理》,《职妇选务旬刊》1947 年第 1 期,第 13 页。《职妇团体选举:本所最近重要指示》,《职妇选务旬刊》1947 年第 1 期,第 14—16 页。
② 《法令刊载:国民政府令(1947 年 10 月 3 日):修正国民大会职业团体代表名额分配表、修正职业团体选出之立法委员名额分配表》,《职妇选务旬刊》1947 年第 1 期,第 4—5 页。
③ 陈炽:《三十年来的中国妇女参政运动》,《浙江妇女》1942 年第 6 卷第 1 期,第 11—13 页。
④ 瑛:《展开妇女宪政运动》,《妇女共鸣》1944 年第 13 卷第 1 期,第 1 页。
⑤ 韩幽桐:《〈妇女生活〉百期来中国妇女运动的发展》,程文选编:《韩幽桐文集》,重庆出版社1991 年版,第 480—481 页。

实现妇女宪政：①"妇女们应当而且必需参加到民族解放的阵营中去，从事为民族求自由独立的斗争"。因为"民族解放是妇女解放的先声，民族不得解放妇女也不会得到真正的解放"。"中国伟大的民族解放斗争，如果没有妇女的参加是不能完成的。"②"要使妇女们明了而且认识妇女与国家是有直接的关系，国家政治的好坏是能影响到妇女本身的利害的，如此才能推动妇女大众参加到解放运动的阵营中去，再进而求得政治上的真正平等。"③中国历史"表明中国的妇女为了自己的解放，是不惜任何牺牲，参加到革命中，以期求得真正的男女平等"。①

抗战时期的妇女宪政运动，引起各党派对妇女宪政问题的关注。1940 年 2 月 1，中共中央发出指示信，号召"动员广大妇女参加讨汪运动和促进宪政运动"。②从某种程度上来说，妇女宪政运动成为国共两党角逐的领域，换言之，国共两党在妇女宪政问题上争取话语权，以获得妇女对两党的政治支持。在妇女宪政运动中，中共南方局妇委积极响应中共中央关于"动员广大妇女参加讨汪运动和促进宪政"的指示，共同推动妇女宪政运动的发展。抗战时期的妇女宪政运动表现出由多党派多方面力量领导，甚至角逐妇女运动话语权的特性，一定程度推动了妇女解放运动的进程。国共两党及各党派围绕妇女宪政问题积极争取对妇女运动的主导权和话语权。

抗战时期妇女宪政运动发生的背景，是在前线接连战败，国民党面临统治合法性危机的情境下，为重新动员全国各阶层、各团体的力量，接纳国民党政府而发起一次运动。国民党重新将被搁置的宪政议程摆上台面，其实国民党实施宪政的意志非常薄弱，精英主导的宪政运动也没有得到普通民众的广泛支持，仍然停留在精英层面，宪政运动未能动摇国民党的统治地位，国民党却是以宪政标榜自身的民主形象，维护国民党的统治。在宪政运动开展的同时，共产党和中间党派希望以此增加话语权，积极参与战时的宪政运动，提出很多可贵的观念，中国社会在战时得到一次思想观念的洗礼。比如妇女界广泛参与宪政讨论，发动两次宪政运动。

抗战时期妇女界宪政运动向妇女界传播了宪政思想，推动了中国妇女参政议政，也有助于提高妇女在男性主导的社会中的地位，确立妇女在民族解放中的作

---

① 平人：《书报介绍：〈妇女宪政问题读本〉（铁怀、箴一阮坚合著）》，《学习》1940 年第 2 卷第 7 期，第 14 页。

② 中央档案馆编：《中共中央文件选集 第 12 册 1939—1940》，中共中央党校出版社 1991 年版，第 271 页。

用。参加妇女宪政运动的女性,很多获得参政议政的机会,这两场妇女宪政运动,促进了妇女界参政意识的觉醒,对台湾的民主化进程,以及新中国成立后中国共产党的妇女参政也具有重要意义。

第三节　女性精英与战时妇女职业运动

抗战时期需要动员全国的人力也包括妇女的力量从事抗战工作,以赢得民族解放战争的胜利。然而抗战中后期国民政府各机关各职业大量地裁撤女性职员,出现了福建省政府将所属各厅处的女职员一律留职停薪,上海邮局拒招女性邮务员,全国邮政总局限用女职员等现象,引起各女性精英群体的强烈反对。与此同时,社会上关于"妇女回家"的论调重新出现,国民政府重提"贤妻良母"主义的旧调,女性精英对此展开了一场关于妇女是否应该回家的争论。女性精英在这场争论中主张进一步动员女性参加抗战工作,她们反对新贤妻良母主义的观念,反对妇女回到家庭中去,希望妇女能够摆脱家庭事务的束缚,普遍地设立托儿所和公共食堂,将妇女从家庭束缚中解放出来。同时女性精英们也认为参加社会工作的妇女应该努力工作,改善社会公众对于妇女的偏见。

一、裁撤女职员与"妇女回家"论调

妇女运动与抗战建国工作紧密相连。抗战爆发后,为了国家需要,为了抗战的需要,占全国人口半数的妇女被动员走出了厨房和家庭,走出学校,参加到各种抗战的阵线中去,参加抗敌、救护、宣传、生产、保育等工作,发挥了她们最大的力量。然而,抗战进入相持阶段后,邮局等机构限制任用女职员,引起了一场关于"妇女回家"的激烈争论。在抗战进行到第四个年头,需要发动更多人力的时候,职业之门在许多妇女尤其是已婚妇女面前紧闭起来。①

1938 年 8 月,福建省政府将所属各厅处的女职员一律留职停薪,其理由是"节省财政开支"。1939 年 3 月,上海邮局布告招考邮务员时,声明不收女性,理由是"处非常时期,女职员不便调动"。1939 年 3 月,湖南省政府将所属机关女职员调

---

① 《一个饶有意义的座谈会——重庆妇女讨论职业问题》,《星岛日报》(香港)1940 年 9 月 19 日。

集训练,训练后派往原籍各县从事农村工作及妇女组训工作,按月发给少许生活费,事实上成了变相裁撤机关女职员。

职业妇女既要顾家又要工作的两难情境

资料来源:《中华(上海)》1940 年第 89 期,第 22—23 页。

1939 年 9 月,全国邮政总局通令各地邮局,以"女性不适于担任繁重的邮件工作运输工作而且又不便于调动",把原有男女兼收的规条取消,限定只有各地的一等邮政管理局可以用女职员,但数额不能超出全体职员百分之五,且限于未婚女性,已婚女职员立即裁退不用。① 通电公布后,引起妇女界的反对。上海妇女界致电交通部,称:"初不料上海邮政储金汇业局一二腐化分子,竟倡议仿业已易帜之江海关办法,停用已婚女职员,谓可节省一项产假薪给,事为报章揭载,畏被评论,遂寝其议。讵知不旋踵上海邮政管理局尤而效之,于此次续招初级邮务员之际,不许女性参加报名。所持理由,无非以妇女惮于远行,恐碍调遣。殊不知我妇女界之能冒险耐苦已如上述,而该局必欲设词阻塞其前进之路,偏见浅识,诚不可解,顾此恶例一开,不但影响于我妇女界之职业前途,且与政府战时积极提倡妇女职业之意相背。"论者指出"非常时期,人员调动频繁,固系实情;女职员比较男职

① 茂梓:《不用女职员检视》,《浙江妇女》1940 第 3 卷第 5/6 期,第 16—18 页;《小言:我们反对邮局拒用女职员》,《中美周刊》1939 年第 1 卷第 5 期,第 2—3 页;《妇女职业问题的两次座谈会》,《中央日报》(重庆版)1940 年 12 月 23 日第 4 版。

员不易调动,亦是事实。但局中在任用时,尽可事前严订办法,何必定此违背宪法草案之章程。"①

抗战初期,福建省政府因为减缩行政费,断然下令直属各厅处,女职员一律留职停薪——事实上就等于免职。当时各厅处女职员虽曾有过联合抗议的表示,"然而终因彼此不能团结一致,仅想图谋个人得到出路,未得到相当答复便就烟消云散,谁也不想坚持"。② 1940 年 8 月,福建省府再次通令省营事业单位停用女职员,发双薪遣散。贸易公司、运输公司女职员、政干团会计及女学员均辞退;省立高级商专停招女生;省立农学院录取名次在 10 名以外的女学生,不予录取。③ "福建妇女是被有计划地赶回家庭去,正如省立职业中学被改为女子家事学校,全省公务员训练所女生被限定受训家庭指导员,……以及最近开除省营事业机关的女职员和全省地方行政干部训练团被禁收女生等",有论者指出:"为了减缩行政费而实行裁撤不必要的行政人员,这是谁也不敢饶舌的,不过有一点却可以指出,便是正当合理的裁夺标准应根据个人的能力经验学识各方面条件,那末女职员就未见得百分之百都多余不必要的吧。"④

不仅如此,1939 年 10 月 5 日,陈仪在福建省新生活运动会第一次抗战讲座时演讲指出:所谓男女平等,决不是要男女都做一样的事情。相反,男女应该各安其职,男子在社会上服务,女子在家庭中教养儿女和家务劳动。他认为分工能够充分发挥双方的优势和特长。⑤ 对于妇女职业问题,1940 年 11 月,茂梓在文章中向政府当局及社会舆论呼吁:①保障职业妇女,取缔各处禁用,停用,或限制用女职员的举动。②普遍发展女子职业教育,培养女子服务国家社会的专长。③普遍创立职业妇女托儿所,使妇女能从育婴室里解放出来,专心为社会工作。⑥

1942 年,陪都各机关女公务员,请求修正国防最高委员会通过的《公务员战时生活补助办法》,其中的第六条上节内容,其理由为:①该条文的实施,有违国民党

① 《小言:我们反对邮局拒用女职员》,《中美周刊》1939 年第 1 卷第 5 期,第 2—3 页。
② 军:《岗哨:为福建职业妇女呼吁》,《浙江妇女》1940 年第 3 卷第 3/4 期,第 5—6 页。
③ 茂梓:《不用女职员检视》,《浙江妇女》1940 年第 3 卷第 5、6 期,第 16—18 页;林莹聪:《禁用女职员问题》,《关于限用女职员各方来往电文》,江西省妇女指导处编:《妇女职业问题讨论集》,1941 年,第 87—110 页。
④ 军:《岗哨:为福建职业妇女呼吁》,《浙江妇女》1940 年第 3 卷第 3/4 期,第 5—6 页。
⑤ 陈仪:《我们的理想国:一个民有民治民享的三民主义国家》,《闽政月刊》1939 年第 5 卷第 4 期,第 11—13 页;陈仪:《中国妇女的工作问题》,《改进》1941 年第 5 卷第 1、2 期,第 2—6 页。
⑥ 茂梓:《不用女职员检视》,《浙江妇女》1940 第 3 卷第 5/6 期,第 16—18 页。

男女平等之原则。②女子为报父母养育之恩,应负仰事之责,况在法律上已有继承财产权。③夫妻同为公务员者,为数甚少,为奖励女子服务起见,应使男子待遇平等。陪都各机关女公务员,复感本身实际之需要,特组织"女公务员同盟会"。参加者二十三个机关代表。经分别具呈最高当局后,该条文即改为:夫妻同为公务员时,"由任何一方领取食米"之规定。①

1940 年 7 月 6 日,端木露西发表《蔚蓝中的一点黯淡》,她提倡妇女要安心做好一个主妇,做好母亲的角色,安心地治理好一个家庭。② 此一观点即出,即引起了广泛的讨论。喻培厚、夏英喆等发文进行批驳,论述了中国妇女解放运动理论的基础、方向、任务、内容、目的等问题,中国妇女运动解放史的发展与评价问题,坚持持久抗战与反投降逆流的斗争,以及女子教育与职业等诸多问题。1940 年 7 月 22 日,喻培厚指出人类负有生命的延续和生命的保护两种责任,妇女除生育责任之外,还具有重要的社会责任,在做好一个母亲的同时,应该承担起社会赋予她的责任,换言之,作为母亲也需要有职业。③

紧接着,夏英喆发表文章讨论端木露西的这篇文章,她指出妇女要求获得平等的权利,必须参加工作和生产,获得经济上的独立,而不应该被束缚在家庭里面。更何况在民族国家危机的时刻,占全国人口半数的妇女,更应该积极参加妇女工作和抗战工作。夏英喆指出:"我们应当重视二万万二千多万妇女在抗战建国事业中伟大的力量和伟大的影响。"④她主张妇女应该走出家庭,为民族国家贡献自己的力量,既可以获得锻炼,也能使自身获得解放。

1940 年 8 月 12 日,邓颖超在《关于"蔚蓝中的一点黯淡"的批判》一文中,批驳端木露西的观点,她主张妇女应积极反对日本的暴虐侵略,应成为抗日的先锋模范。邓颖超指出:"我们主张,无论男女,都应该在'献身大我国家''抗战''救国'的原则下,致于'贤妻良母',生活有秩,整理有条,善于管理自己的生活,这是每个人应遵守的卫生之道与新生活。"她指出妇女应该以整个民族国家的利益为根本出发点,从小我的家庭走上大我的国家社会去,因而她反对新贤妻良母主义的

① 《妇女动态:特讯:国内:女公务员要求待遇平等》,《妇女共鸣》1942 年第 11 卷第 7/8 期,第 61 页。
② 端木露西:《蔚蓝中的一点黯淡》,《大公报》(重庆版)1940 年 7 月 6 日第 4 版。
③ 喻培厚:《"蔚蓝中的一点黯淡"之商榷》,《大公报》(重庆版)1940 年 7 月 22 日。
④ 夏英喆:《怎样认识现阶段的中国妇女运动——"蔚蓝中的一点黯淡"读后感》,《大公报》(重庆版)1940 年 7 月 27 日、28 日。

观点。①

二、妇女界对职业问题的回应

由于很多地方撤销女职员,停用女职员,邮政局不用已婚妇女,福建省的省营机关停用女公务员等等事实,引起各方对"妇女职业"问题的关注,重庆举行"妇女职业问题讨论会",到会的有妇女问题专家和妇女界领袖如史良、胡子婴、韩幽桐、张晓梅等人,各大报刊和妇女期刊都登载有关于妇女职业问题的讨论。

社会上出现新的职业群体,女打字员打入社会群

资料来源:《展望》1940年第15期,第18—19页。

为了研究并解决我们妇女的切身问题,为了不甘放弃争取最后胜利的一半力量,1940年,新运妇女指导委员会召开重庆市各妇女团体谈话会,决定举行重庆市妇女界妇女职业问题座谈会,并拟定妇女职业问题的讨论大纲。②《妇女职业问题讨论大纲》具体内容为:①妇女职业的重要性,如"妇女职业与反封建运动"、"妇女职业与民族解放运动"、"妇女职业与民主政治运动"、"中国妇女职业解放运动与世界妇女解放运动";②各国妇女职业运动对中国妇女职业运动的影响:"资本主义国家妇女的职业解放"、"法西斯主义国家妇女的'回到家庭去'"、"社会主义国

---

① 邓颖超:《关于"蔚蓝中的一点黯淡"的批判》,《新华日报》1940年8月12日第4版。
② 《妇女职业问题的两次座谈会》,《中央日报》(重庆版)1940年12月23日第4版。

家妇女的职业平等","第二次世界大战中各国妇女职业的动向";③三民主义的妇女职业政策:"全国代表大会宣言中对妇女运动的指示""国民党政纲中的妇女职业政策""抗战建国纲领中的妇女工作纲领""宪法草案中的保护妇女劳工政策";④关于中国妇女职业发生问题的原因:"中国社会的本质与妇女的地位""新贤妻良母主义的抬头""抗战相持阶段的形势及妇女问题上的反应""协助妇女解除家事牵累之设施(如托儿所)缺乏";⑤妇女职业问题的解决办法:"政治方面""社会设施方面""舆论方面"等。①

社会上出现女摄影记者,战时女性参加的职业种类有所拓展(穆一龙摄)

资料来源:《健康家庭》1939 年第 5 期,第 1 页。

第一次妇女职业问题座谈会于 1940 年 11 月 16 日在重庆求精中学举行,一百多位妇女参加,以重庆市妇女团体代表居多。1940 年 12 月 8 日召开第二次职业妇女座谈会。② 两次座谈会对于如何认识妇女职业问题,指出必须认识到妇女职业问题是社会问题的一部分,资本主义的经济使大多数的妇女,不可能再依赖丈夫过日子,她们必须走出家庭,然而资本主义制度本身的限制,又不能给她们充分从事职业的机会,使她们受到失业的痛苦。"中国要彻底解决妇女职业问题,必须要从抗建与实现三民主义中去解决"。①妇女职业问题是争取经济地位平等的问题,是必须争取与男子同等的经济权的问题。②妇女争取职业地位平等,不仅是要争取经济地位平等,同时也必需争取政治地位平等。③要解决妇女职业问题必须进行反帝反封建的斗争运动。④妇女职业问题是整个妇女问题的核心,而不是少数知识妇女的问题而已。⑤妇女职业问题不是和男子职业问题相对立的。⑥妇女职业问题不是和政府相对立的。③

对于妇女职业问题的努力方向,两次座谈会指出:①必须注意的就是思想的

① 《广泛普遍的举行妇女职业问题座谈会》,《湖南妇女》1941 年第 3 卷第 1 期,第 30 页。

② 玲:《一月来陪都妇女界动态:(一)妇女职业问题座谈会》,《妇女生活(上海 1935)》1941 年第 9 卷第 6 期,第 24—25 页。

③ 《妇女职业问题的两次座谈会》,《中央日报》(重庆版)1940 年 12 月 23 日第 4 版。

解放,要扫除一切旧的观念,这是妇女解放的前提。②必须加紧学习。"我们要求得妇女职业的不受压制,必须在工作上求其进步,必须建立自己正确的理论基础,必须吸收丰富的常识。"③加强妇女的团结。④我们必须要求政治地位平等,要求妇女在行政机构里的平等权之后,才可以求得同工同酬,保护母婴等设置的实现,才可以要求政府注意便于职业妇女的社会设施如托儿所、公共食堂等的设立,使妇女能够从事直接的生产事业。⑤我们必须注意的就是职业妇女要尽可能地参加抗战工作,以争取民族解放,但在民族尚未得到解放与民主政治尚未实现之前,我们还得做一点一滴的争取,因为部分的成功,也可以加速整个问题的解决。①

一般人对妇女职业问题的见解有以下几种:①是认为妇女的聪明才智体力不及男子,妇女的性情懦弱,不能管理国家大事,只适合于家庭琐务及抚养子女等事务。②是承认女子的能力可以参加社会事业,以家务应为女子的重要任务。③是认为女子的体力并不是天生比男子弱,而是由于社会环境及教育的差别使女子不如男子,如果这些条件改变,女子的才力是与男子同等的。但是因为女子要担负生育的任务,所以女子在享受同等社会权利之外,应当更享受保护母性的特殊权利。②

妇女座谈会指出解决妇女职业问题的方法:①要彻底实现女子参政,女子在各级参政机构里有与男子相等的地位,妇女的切身要求才有机会向政府提出,妇女在职业上的地位才有政治力量的保障。②现在各机关虽然已有女职员,但是数量与男子相差太远,而常常有被排挤的现象。所以我们要求各机关尽量提拔有能力的女干部。同时要给以职业的保障,不能歧视女性,无故免职及声言不用女职员等情事发生。③舆论对于妇女职业问题有很大影响,我们应当唤请文化团体、报章杂志多多发表有利妇女职业问题的文章,纠正一些忽视妇女职业者的错误观念。④举办托儿所、公共食堂、洗衣所等等的设备使职业妇女解除家庭职务的拖累,将整个精力贡献给国家社会。③

1941年11月29日,安徽省妇女运动委员会召开妇女职业问题座谈会,袁干芬、李素珍、李士洁、李剑霞、高云舫、王文如、张壁如、李城、彭轶群、邵剑真、丁澄芳、钟炳衡、高献楠、谢醒民、陈荟芳、宁坤顺、浦淦侠、李城、朱邦霞、蒋声镛等人参

---

① 《妇女职业问题的两次座谈会》,《中央日报》(重庆版)1940年12月23日第4版。
② 《座谈会:妇女职业问题座谈会》,《安徽妇女》1942年第2—3期,第61—70页。
③ 《座谈会:妇女职业问题座谈会》,《安徽妇女》1942年第2—3期,第61—70页。

与讨论。指出妇女职业问题的产生：①因为各国的自由平等民主主义的输入中国，使中国封建社会男尊女卑的传统观念渐渐改变，同时妇女本身也有了觉悟。②因为帝国主义的经济侵略，使中国农村破产，生活困难，妇女们不得不自谋生活，参加社会事业，而又得不到社会权利的保障。③总理的三民主义学说深入民心，使人们对于男女平等的意义有着深刻的认识。④自从抗战军兴在动员全国人民参加抗建工作号召之下，全国妇女加入了前线各方各部门工作，因为妇女职业领域日益扩大与需要，所以保障妇女职业的口号，便成为目前迫切重要的问题。①

沈兹九指出，治家和育儿并非永远是妇女的天职，她反对妇女回家，指出："实际上到现在来说妇女的天赋是在相夫育儿，过美满的家庭生活，就简直是一种残忍的冷嘲。你看不看见三年来我们大多数的妇女同胞，在日寇的疯狂侵略下，到底我们能有几个安全的家，有几双夫妇能舒舒服服的在家'休息'?"同时她认为现代的贤妻良母应该是直接为民族国家出力。"因为现在是国家至上民族至上的时候，家庭是应该从属于国家和民族的，在此民族国家危殆到极点的时候，怎么还容许我们仅做辅助丈夫或扶植子女的工作呢?"②

胡子婴指出我们要扫除"黯淡"，①必须从改革社会运动做起，改革造成"黯淡"的社会制度；②必须教育广大的劳苦群众妇女，启发她们的思想觉悟，以此作为扫除"黯淡"的力量。③ 1939 年，怀白在《回厨房还是上战场?》中也反对妇女回到厨房，她指出："抗战的洪流已冲开了妇女的狭小生活圈，为了要求得自身的解决，妇女决不能再伏在家庭里，英勇地走上战场，积极地参加抗战工作，正是妇女本身的要求。"④

王坪在《妇女职业的面面观》指出，妇女职业问题的解决，①还在妇女界本身的团结和有组织，有组织才能发生力量。②已有的妇女团体及妇女领袖，应切实地要求党政协助，以争取妇女职业的自由。③希望地方当局能特别强调地招考女职员，广泛地扶助妇女就业，以起模范的作用。④各地的妇女刊物，及妇女工作者，多多反映这一问题的严重性，并具体地提出解决方法，引起各方面的注意；⑤在有些地方，甚至可以用请求的方法，希望当局撤销"停用女职员"的命令；⑥在

---

① 《座谈会：妇女职业问题座谈会》，《安徽妇女》1942 年第 2—3 期，第 61—70 页。
② 兹九：《关于女子的天职问题》，《妇女生活》1940 年第 8 卷第 11 期，第 1—3 页。
③ 胡子婴：《怎样扫除"蔚蓝中的一点黯淡"》，《妇女生活》1940 年第 9 卷第 2 期，第 2—3 页。
④ 怀白：《回厨房还是上战场?》《浙江妇女》1939 年第 2 期，第 67 页。

政治上起着领导作用的妇女先进如女参政员,各省女参议员等,应多多呼唤,以身作则地表示妇女的有力和团结。⑦目前没有被撤退的妇女同胞,在工作的本位上,应加倍的努力,勿使人们轻视,也要尽力地争取主管机关对妇女的普遍信任。⑧文化界与舆论界多作正义的呐喊!揭穿反对者的无知和阴谋,并发挥模范女性的工作作风。①

1942年王宾孙在《对于"妇女回家去"之我见》中指出:"我对于妇女回家去之意见,因为我根本就未承认我国妇女已走到社会上来,所以认为还谈不到妇女回到家庭去这个问题。"对于善于处理家务愿为贤妻良母者,即任其静处家中,助夫教子,不必勉强其服务社会,其有志从事社会事业,甘愿为国家尽力者,则量材在用,亦不必强迫其回到家中,对于既不能服务社会尽力国家又不甘操作家事而耽于安逸者,宜设法纠正享乐之念,如此,社会方能有新兴气象,国家亦可有长足进展。"②

职业妇女的图像

资料来源:《新民报半月刊》1940年第2卷第8期,第55—58页

---

① 王坪:《妇女职业的面面观》,《浙江妇女》1940年第3卷第5/6期,第14—15页。

② 王宾孙:《对于"妇女回家去"之我见》,《妇女杂志(北京)》1942年第3卷第2期,第8—11页。

有论者指出：妇女职业问题的发生是有其社会原因和背景的。[1] 对于妇女职业问题，妇女界发表反对禁用女职员的呼声，"为求战争胜利民族独立和妇女的自由解放，我们反对当前禁用女职员，裁撤女职员和妇女回家去的呼声，我们求民主的实施，要求和盟国妇女一样的与男子同样有训练教育和参加各种战时工作的机会"。[2] 有论者认为：职业妇女应有很好的修养，这样才能担负起组织与领导广大妇女走向解放的重任。[3]

王昆源甚至认为民主政治的实现有利于妇女职业问题的解决，"职业妇女的生活和命运是和民主政治缔结在一起的。只有民主政治才能给予我们教育机会、工作机会，给予妇女合理的待遇，和妇女应得的待遇。为着追求为国家服务的工作，家庭的合理生活，和培育优良的下一代，我们首先应当追求民主政治，推进民主政治，实现并发扬民主政治。[4] 1944 年，重庆"宪政月刊"社第四次宪政座谈会召开，张肖梅、史良、曹孟君、刘清扬等 30 多人参加，主题是关于妇女与宪政问题。[5]

三、女性精英与《职业妇女》期刊

1944 年，中共南方局妇委在《职业妇女》发刊词指出："职业妇女是在历史上最先觉悟而最能进步的一群妇女。她们不愿依赖丈夫和家庭的给养，走出厨房，向社会服务，付出一定的劳力，换取一定的报酬以确保经济上的独立生活。她们以堂堂的一个社会人的资格为国家效劳，为民族效忠，所以，在社会上，在家庭中要取得同男子一样独立的权利。"职业妇女是妇女解放运动的先锋和主力，是妇女界的先知先觉。中国以及世界各国的妇女运动，都是由职业妇女发起和推进的。《职业妇女》杂志的创办，"首先就要成为这一群忠于职守，忠于民族国家，忠于妇女解放事业的我国职业妇女的喉舌。这刊物的第一等任务，就是要正确地反映她们的要求，切实地代表她们的利害，充分地提出她们对于国家民族以及妇女解放者的一切意见和主张。其次，本刊要成为职业妇女相互学习，切磋琢磨以充实自

① 《妇女职业问题的两次座谈会》，《中央日报》（重庆版）1940 年 12 月 23 日第 4 版。
② 阳：《短评：民主政治与妇女动员》，《现代妇女》1944 年第 3 卷第 6 期，第 1 页。
③ 达捷：《略谈职业妇女的修养》，《新华日报》1943 年 6 月 6 日第 4 版。
④ 崐源：《妇女职业问题与民主政治》，《现代妇女》1944 年第 4 卷第 3/4 期，第 3 页。
⑤ 《"宪政月刊"社座谈妇女和宪政，主张妇女要有社会活动的权利，目前应有研究宪草的各种权利》，《新华日报》1944 年 4 月 10 日。

身的知识技能的自修大学。本刊要成为职业妇女相互交换意见,报告生活,讨论问题,讲信修睦的自由的讲坛。"《职业妇女》期望成为保卫一般妇女尤其职业妇女切身利益的"干城",从而反对一切歧视和排斥职业的言行。①

《创刊的话》中指出,职业妇女负担的历史任务既有民族的任务,也有妇女自身的任务。因为"没有民族的解放,决不会有妇女的解放","我们必须积极号召和动员全国妇女同胞参加各部门的抗战工作,帮助男子和接替男子",打倒日本侵略势力,彻底消灭法西斯主义。②《职业妇女》反对将职业之门向妇女们关闭起来,一方面有千万个妇女要求踏入社会,跨进职业的大门,发展才能,为国家民族尽点儿责任,而另一方面是各机关在裁撤女职员,或是暗中规定不要任用女职员,把妇女弃在职业的门外,这是一种悖论。处在抗战大环境下的中国,需要进行更广泛、更深入地动员,也需要鼓励妇女们从家庭里走出来,参加一切抗战工作。③

1946年1月,刘清扬《八年来职业妇女在抗战中的贡献》一文中,希望《职业妇女》期刊克服过去的缺点,给职业妇女们解决问题,成为她们生活上和学习上的密友,使它成为每个职业妇女都认为是与生活攸关的东西。"希望它的第一是不脱期,第二是能帮助读者的研究和深入学习,第三要能解答职业妇女的困难,并作为她们前进的指南针。"刘清扬总结抗战以来职业妇女在抗战中的贡献,她将战时的职业妇女分为三种类型:①抗战开始之际,妇女们为了争取民族的生存,便参加了对抗战有直接或间接关系的工作,以服务抗战成为职业化,如青年学生从学校里走了出来,抛弃了她们的学习的机会,走到工作的岗位上,家庭妇女,也抛弃了家庭、丈夫、儿女,走进社会,为了国家而努力!在前方组织了各种战地服务团,慰劳团,而且她们在战区抢救了几万民族的儿童,在后方她们创办训练了战时民众教育工作,以加强抗战思想和民族意识,为提高人民大众的政治水准,而开发了文化事业,都是这些青年知识妇女担当起来的。②第二部分是原有自立觉悟而站在职业岗位上的妇女,她们虽然不是为了临时参加抗战而工作,但他们同样地在艰苦地协助、支持抗战事业,她们在待遇恶劣、职位低劣、工作能力不及发挥的情况下,在百折不回的艰苦忍耐中,协助抗战事业,更在物价高涨的情况下,她们一人须身兼数任。③第三部分的职业妇女,因为生活在物价高涨下,家庭妇女不能专靠丈

---

① 《创刊的话》,《职业妇女》1944年12月创刊号,中共南方局妇委,第1页。
② 《创刊的话》,《职业妇女》1944年12月创刊号,中共南方局妇委,第2页。
③ 筠:《妇女职业问题》,《职业妇女》1944年12月创刊号,第3页。

夫生活而工作的。这类职业妇女可分为两种：一种是尝过了生活的磨难觉悟了自力更生的道路，她们有向上的意识，在职业岗位上会格外地努力，因为她认识自己应该努力工作的意志；第二种工作都是依仗自己的丈夫或其他背景。[①]

抗战时期，社会上出现了的妇女职业问题，妇女参加社会事业受到一定的限制，引发了关于"妇女回家"的讨论。女性精英普遍地积极争取妇女参加社会工作的权益，她们从民族解放战争的大局出发，从争取妇女权益实现男女平等的角度出发，积极主张妇女参与社会事务，反对政府机关和社会各界对妇女职业的限制。她们向政府部门及社会各界呼吁颁布和实施各种保障妇女就业的条文，希望政府及社会各界注重女子教育，充分保障妇女就业的权利。抗战时期的妇女职业运动积极支持了抗战事业和民族解放战争的顺利进行，也培养了广大职业妇女吃苦耐劳的职业风貌。

抗战时期妇女领袖还积极推动战时的妇女职业运动，在民族危机与社会救亡的情况下，动员全国人力支持抗战成为大势所趋，妇女也不例外。抗战初期，通过妇女领袖的示范作用以及妇女组织的网络作用，努力地动员全国各党各派各界各个阶层的妇女参与战时妇女工作，妇女得以走出家庭，参加救济、慰劳、募捐、儿童保育、乡村服务、战地服务、文化宣传甚至是生产事业等各项工作，然而到了抗战中期和后期，社会却出现一股"妇女回家的"声音和禁用已婚女职员、裁撤妇女职员的逆流，为此也引起知识界、妇女界一场关于"妇女回家"的争论，一些社会名流和妇女精英参与了此次讨论。国民参政会女参政员也在参政会上提出议案表示反对，重庆妇女界多次召开妇女职业问题座谈会，一方面要向政府部门及社会各界争取妇女职业的权利，同时提出儿童公育，增设托儿所等保障妇女职业的设施；另一方面，职业妇女也要适当地改善一些不良的作风。很多妇女领袖从战时妇女动员的必要性与紧迫性出发，明确反对社会各界对妇女职业的限制。

---

① 刘清扬：《八年来职业妇女在抗战中的贡献》，《职业妇女》1946 年第 1 期，第 3—4 页。

第六章
战时女性精英与各地妇女运动

抗战时期女性精英分布在全国各地,成立各类妇女组织,从事战时妇女动员,并领导各地战时妇女工作。福建、湖南、四川、浙江等地都曾出版妇女刊物,对战时妇女领袖领导下的妇女工作进行汇报。妇女领袖一方面关注妇女问题,进行妇女文化教育,破坏传统观念,注重各地实际情形,另一方面积极鼓励动员妇女参加战时工作。

第一节　抗战时期《福建妇女》与战时妇女动员

抗战时期,福建省涌现出大量的妇女组织,既有国民党的妇女会、妇女运动委员会,也有与国民党关系密切的其他妇女组织。各妇女组织在福建省总会外,还设有各县市分会。在抗日救亡的大背景下,福建妇女被动员起来参加劝募捐献、慰劳救济、文教宣传、妇女从军、妇女识字与扫除文盲等各方面的工作。抗战时期福建省妇女在支持抗战的过程,加速了维护自身权益的意识觉醒,一定程度上改变了福建省妇女的社会习俗和精神面貌。抗战时期福建省妇女解放运动主要服务于民族国家解放的需要。然而,国民党深受"男主外、女主内"的传统观念影响,大力提倡"贤妻良母"和"新贤妻良母"的观念,对于妇女争取自身权益的运动始终保持在可控范围之内,使得妇女主体性没有得到积极地发挥,国民党政府对妇女运动经费、人事等投入的不足,导致战时福建省妇女运动存在诸多局限。然而风吹过的水面,必定留下波澜。

抗战时期,中国共产党领导的敌后根据地妇女组织普遍建立起来。与此同时,国统区妇女抗日热情空前高涨,妇女界抗日团体纷纷成立。① 游海华指出东南各省国统区内的妇女组织主要有国民党系统的妇女组织、中国妇女慰劳自卫抗战将士总会及分支机构、新生活运动促进总会妇女指导委员会及其分支机构、中国妇女慰劳自卫抗战将士总会战时儿童保育会等四种类型。② 王微对抗战时期重庆妇女慰劳会进行研究时指出,抗战时期国统区的妇女组织虽然存在"先天的历史局限性",但能够不断地在困境中挣扎,积极发动女性投身民族救亡洪流,凝聚抗战力量,为民族解放做出了重要贡献。③ 夏卫东指出,战时妇女运动中的妇女会既是抗战的被动者,也是呼吁妇女参加国家政治生活的动员者。④ 关于抗战时期各省市的妇女组织,学术界已有初步研究,但是鲜少讨论到抗战时期福建省妇女组织情况。沈惠芬曾讨论抗战时期福建侨乡留守妇女参与革命活动及政治活动的原因及表现,⑤《福建省志·妇女运动志》(福建省地方志编纂委员会编纂,福建人民出版社 2008 年版)对 1840—1997 年以来的福建省妇女工作进行梳理和讨论,有助于全面了解福建省妇女运动,可惜涉及抗战时期内容不多,特别是对于国民党从事的妇女工作语焉不详。笔者拟以《福建妇女》期刊为中心,探讨抗战时期国民党在妇女动员方面的努力与贡献,同时结合相关资料文献突显战时福建妇女动员的特殊性与地域性特点。

一、抗战时期福建省妇运组织的兴起

1. 战时福建省妇女会

福建省妇女会于 1939 年 9 月成立,1940 年 11 月改选,工作同志悉由省党部调用,会址附设于省党部内,1942 年 3 月省社会处成立,积极调查各人民团体机构,本会以经费无着,会址未能迁永安,乃派常务理事张淑英为该会驻永安代表,指导福建省会妇运,并负责筹备迁址事宜。福建省妇女会经费由省党部,省政府

---

① 抗战时期各种妇女组织有 570 个,加上各分会,总数可达 819 个。参见梁惠锦:《抗战时期的妇女组织》,鲍家麟:《中国妇女史论集续集》,新北稻乡出版社 1992 年版,第 379—380 页。

② 游海华、叶潘虹:《全面抗战时期中国东南区域的妇女动员与救亡》,《日本侵华南京大屠杀研究》2019 年第 3 期。

③ 王微:《战争与性别视域下的妇女组织——以抗战时期重庆妇女慰劳会为中心的考察》,《重庆交通大学学报(社会科学版)》2021 年第 6 期。

④ 夏卫东:《抗战时期的浙江妇女会》,《杭州师范大学学报(社会科学版)》2019 年第 2 期。

⑤ 沈惠芬:《抗日战争时期福建侨乡留守妇女参与革命活动探析》,《党史研究与教学》2013 年第 6 期。

每月各津贴办公费 50 元,本会职员理监事,概为义务职,助干录事则由省党部调用,每月更由省社会处事业费项下津贴 900 元。"经费虽有限,而大部分皆用于扩充事业,至年来发动各项劝募数达 10 余万元,概解送政府或专作慰劳用途,并设立保管委员会专责保管,不与本会经费混淆。"①

1942 年福建省妇女会在指导方面的主要工作有:①健全各县市妇女会组织:各县市妇女会成立者有 57 单位,会员人数五千余人,然间有组织未臻健全,工作尚欠充实者,本会特颁发各县市妇女会调查登记表,饬令重新登记,并考核实际工作情形,分别予以指示;②考核各县市妇女会工作:本会为明了各县工作实况,特颁发各县市妇女会工作月报表,令每月填送,以凭考核,并予指导奖惩;③充实各县妇女会经费:各县市妇女会经费本无确定,本年经常务理事陈中英、张淑英、刘西绮等向省府及社会处数度商洽结果,由省府通令各县市政府按其等级分别拨助各该县妇女会经费,规定甲等县 200 元,乙等县 150 元,丙等县 100 元。②

1942 年,福建省妇女会第二届理事任期已满,准备改选事宜,并举行各县市妇女总会登记。③ 福建省妇女会主要工作成就有:①县市妇女会成立者已 57 单位,经调整后,工作渐见充实;②推行妇女号献机运动经募 8.7 万元,于双十节捐献妇女号滑翔机两架,余款募集成数后明两年"三八"节续献一架;③办理各项"妇运调查"及"妇运通讯纲"对于各地妇女动态均加以详细统计,与正确指导;④办理家事讲习所以改良妇女家庭生活传授普通技能。④

1944 年,连城县妇女运动筹备会,自整理以来各项工作已在着手进行,兹悉该县县府为健全县妇女会组织,特规定每保应选择 16 岁以上之优秀妇女 10 人至 15 人,限于 10 月 25 日以前造具名册,送由县府核转,介绍为妇女会会员。⑤ 1944 年海澄县府推行组织乡镇妇女会中,以优秀妇女未能遍布农村,领导乏人,全县 19 乡镇已组织七个,其余 12 乡镇尚未阙如。⑥

各地分会也纷纷成立,比如建宁县妇女会成立于 1940 年 3 月。早在 1939 年

---

① 《妇运通讯:福建省妇女会卅 ·年度工作概况》,《福建妇女》1942 年第 1 卷第 2 期,第 18—22 页。
② 《妇运通讯:福建省妇女会卅一年度工作概况》,《福建妇女》1942 年第 1 卷第 2 期,第 18—22 页。
③ 《妇女动态:福建省妇女会准备改选第三届理事》,《福建妇女》1942 年第 1 卷第 2 期,第 42 页。
④ 《妇运通讯:福建省妇女会卅一年度工作概况》,《福建妇女》1942 年第 1 卷第 2 期 18—22 页。
⑤ 《妇运纪要:连城县府充实县妇女会规定每保选送会员人数》,《福建妇女》1944 年第 3 卷第 2—3 期,第 57 页。
⑥ 王莲英:《各地妇运工作的检讨:回顾海澄妇运工作》,《福建妇女》1944 年第 4 卷第 5—6 期,第 24—25 页。

冬建宁县妇运工作已经开始,"范毓华奉委为妇运干事后,鉴于本县妇运工作之开展需从健全县妇女会组织着手,而该会会员及内部负责人员年来又多变动,殊有重新整理之必要,爰经建议建宁县党政当局,派员整理,以臻健全。""3月8日整理完竣,继妇女节纪念大会之后,改选第二届理监事,范毓华被选为理事长,会员此次较前增加,组织亦较前严密,现有会员62人,党员及本籍妇女占据多数。选举完成后,即于1944年3月13日召开第一次理监事会议,敦请县政府派民政科科长陈冠三,县党部派秘书张文焕列席指导。"①

再比如泰宁县,1939年春间,"县里的几位同志感于最高领袖的抗战工作是人无分男女老幼的昭示和认为妇女同胞要参加这种神圣抗战工作,发起组织泰宁县妇女会……在成立的初期,因为经费困难,人力有限,工作的推进颇感困难,但经同人等五六年来的不断努力,虽不能尽如吾人所期,但凡协助政府推行社会教育,指导农村妇女改善生活,策动会员劳动生产,以求经济独立,从事国民教育以及宣传慰劳,劝募等工作队的组织,无不悉力以赴,且曾收到相当成效。"②

2. 战时福建省妇女运动委员会

1942年4月,国民党中央党部令各县市党部成立妇女运动委员会以推动各工作以来,福建省各县市妇运会成立者已有50单位,"其成绩卓著固然不少,而工作空虚者以占多数,这虽然因为缺乏专任人员与确定经费,而一般妇运工作者任事之热诚不足还是最大的原因。"1944年起,每县市妇女运动委员会皆设有专任人员一人,专责处理日常事务,又在党部事业费中划定若干以办理妇运事业。③

1942年,福建省执行委员会奉中央组织部电令,饬限未成立县市妇运会的县党部,于当年年底一律组织成立。④ 然而,事实上到1943年还有妇运委陆续成立。1943年1月20日,永安县妇女运动委员会,假永安县党部礼堂举行成立会,到者委员林淑慎、朱洁皓、曾韶秋、张佩玉、赵心灵、毛俊卿等6人,县党部派干事张震武参加讨论修正组织大纲,决议拟于历元旦动员知识妇女,出发宣传,并编印

① 范毓华:《各地妇运工作的检讨:建宁妇运工作之回顾》,《福建妇女》1944年第4卷第5—6期,第21—22页。

② 李细鸾:《各地妇运工作的检讨:泰宁妇运工作的概况》,《福建妇女》1944年第4卷第5—6期,第22—23页。

③ 英:《短评:燃烧起工作的热情》,《福建妇女》1944年第3卷第4期,第2页。

④ 《妇女动态:福建省各县市妇运会限期成立》,《福建妇女》1942年第1卷第2期,第42页。

特刊。①

1943 年,福建省妇女运动委员会,为便于组训家庭妇女党员,特先在永安县领成立妇女区分部,吸收附近优秀妇女及该会员工家属入党,计新征及转移登记妇女党员约数 10 人,拟组织直属霞领第 2 区分部,以为全省各县之示范,明年度将令各县妇运会仿照办理。② 同年,福建省执行委员会,为完成各县市妇运会组织,并充实妇运工作,经电请中央确定妇运经费,添设专任人员,近奉到中央组织部电复,准自 1944 年度起,各县市妇运会设专任人员一人,所需经费及人事编制,列入各县市党部预算及计划内,呈报中央核准实施。③

1944 年,每县市妇女运动委员会皆设有专任人员 1 人,专责处理日常事务,又在党部事业费中划定若干以办理妇运事业。④ 同年 8 月,松溪县妇运会发动当地妇女党员施行节约储蓄,每人最低限度应储 1 000 元以上⑤,县妇运会请卫生院训练助产士 10 余名,以保产妇健康安全。⑥ 同年 9 月 4 日,永安县妇运会举行第四次委员会议,赵雪岑、谢怀丹、毛俊卿、沈嫄璋、郑行健等 5 人出席,以该会主任委员甘贤因病辞职,原有委员人数亦不足法定人数,决议加聘吴如英,张菊庭,连问梅等 3 同志为委员,并推张安县县长夫人张菊庭为主任委员,据称其"学识优良,今出而领导,永安妇运咸深庆得人"。⑦

1944 年 8 月份,松溪县妇运会发动当地妇女党员施行节约储蓄,每人最低限度应储 1 000 元以上。⑧ 1944 年 8 月,松溪县妇运会请卫生院训练助产士 10 余名,以保产妇健康安全。⑨ 1945 年 4 月 5 日,福建省妇女运动委员会假省参议会举行妇女运动座谈会,出席陈中英、张淑英、邓超岑等人,讨论六全大会关于妇运方面之建议案四项,决定:①国民大会代表全国及全省妇女代表名额,应请中央核定。②呈请中央确定省县市民意机构妇女名额,县市妇女会工作人员及会员,应请准予参加各县市参议会竞选。③请求中央迅即成立妇女部。④请求中央转饬教育

---

① 《妇女动态:永安妇运会正式成立》,《福建妇女》1943 年第 1 卷第 3 期,第 40 页。
② 《妇运纪要:组织妇女区分部》,《福建妇女》1943 年第 3 卷第 1 期,第 50—51 页。
③ 《妇运纪要:各县市妇运会得设专任人员》,《福建妇女》1943 年第 2 卷第 5—6 期,第 50 页。
④ 英:《短评:平凡的成就》,《福建妇女》1943 年第 2 卷第 4 期,第 2 页。
⑤ 《妇运纪要:松溪县妇运会发动女党员节储》,《福建妇女》1944 年第 4 卷第 5—6 期,第 41 页。
⑥ 《妇运纪要:松溪县妇运会发动女党员节储》,《福建妇女》1944 年第 4 卷第 5—6 期,第 41 页。
⑦ 《妇运纪要:永安县妇运会主任委员易人》,《福建妇女》1944 年第 4 卷第 5—6 期,第 41 页。
⑧ 《妇运纪要:松溪县妇运会发动女党员节储》,《福建妇女》1944 年第 4 卷第 5—6 期,第 41 页。
⑨ 《妇运纪要:松溪县妇运会发动女党员节储》,《福建妇女》1944 年第 4 卷第 5—6 期,第 41 页。

部通饬各省教育厅，限期扫除妇女文盲，各项建议案，将由本省六全大会代表陈中英向大会提出。①

3. 战时福建其他妇女组织

1938年，新生活运动促进总会妇女指导委员会就已改组成立，而福建省妇女工作委员会于1943年4月才在永安宣告成立，由张萃青任主任委员，该会并很快成立古田、将乐等县分会，开办妇女简易第一工厂，集资2万元，从事工作有缝纫、刺绣、织袜等。② 同年，福建省新运妇女工作委员会称，最近要办2件工作：在永安城区开办示范妇女识字夜校1所。出版妇女月刊创设妇女工厂，充实家庭工业生产，经费由刘主席夫人张萃青认捐1万元，各常务委员各认捐一千元，并请省府辅助。③ 1944年2月7日，福建省新运妇女工作委员会，为募捐慰劳湘鄂大捷前线将士，假中山纪念堂公演平剧，其演员大半由省会各机关女职员担任，各界购票极形踊跃，计售4万余元。④ 为扫除妇女文盲，宣传三民主义，促进宪政之实施，特举办省会妇女识字班，期限为2个月或3个月，将全市21保划分为四区施教，在永安设立民众教育馆，由该会委员杨敏侬主持，刘凤祥担任班主任，分甲乙两班，以略识字者为甲班，不识字者为乙班，课程有国语、算术、常识、歌咏、职工精神讲话及国民军训等。⑤

1944年，福建省妇女运动委员会委员，联合省新运妇女工作委员会委员，省妇女会理监事及永安妇女名宿喻耕葆等17人，发起筹组福建省妇女宪政研究会，于本年5月20日在福建省参议会开第一次筹备会，6月3日开成立大会，会员人数计221人，陈中英、沈嫄璋、刘西绮、杨敏侬、谢俊、赵雪岑、邓超岑、李于妫、杨锦瑶、张莹生、杨光华、薛石兰、刘葆德、余沅、张钟英、郑行健、谢怀丹、许如珍、喻耕葆当选为理事，张华青、文智圆、萨本祥、黄懿、周之中当选为监事。6月6日开第一次理事会议，推定陈中英、刘西绮、杨敏侬、沈嫄璋、余沅为常务理事，邓超岑为总务组组长，张莹生为宣传组组长，赵雪岑为研究组组长，杨光华为书记，该会工作拟分期进行，如举办宪政演讲会，发动妇女研究“五五宪草”及宪政问题，举行宪

① 《妇运纪要：省妇运会召开座谈会决定四项建议案》，《福建妇女》1945年第5卷第5—6期，第32页。

② 《各省及海外新运妇女工作委员会工作概况》，《妇女新运》1943年第5卷第7期。

③ 《妇运纪要：本省党部驻永员工眷属组织自治会》，《福建妇女》1943年第2卷第1期，第45页。

④ 《妇运纪要：福建省妇工会募慰劳金公演平剧》，《福建妇女》1944年第3卷第4期，第31页。

⑤ 《妇运纪要：闽妇工会举办妇女识字班》，《福建妇女》1944年第4卷第5—6期，第41页。

政问题座谈会等,并拟扩大征求会员,务期妇女对于宪法有深刻之认识,俾努力协助政府实施宪政。①

1944年11月28日,福建省妇女宪政研究会假省参议会开第二次全体会员大会,计到薛石兰、周之中、黄懿、陈中英、李于妫等90余人,首由主席陈中英报告会务后,请主任委员李雄,参政员石磊演讲宪政问题,继讨论提案多起,重要者如:①请政府增设托儿所,以利从军青年家属;②会员分成小组研究"五五宪草"等,至五时散会。②

1943年,福州中外名流女界为联络国际友谊,交换东西知识,成立一福州国际妇女联谊社,已有社员50余人,中国女界占五分之四,其分子有:长官之夫人,各机关女职员,各中小学教职员及传道医妇等。社所设于仓前山乐群路,社内备有中外乐器及书报,供给社员消遣与阅读,每人一月纳费五元,规定每月集会一次,每星期自由集会两次,开会时需讲用中国及英国两种语言,已举行泛舟会一次及演讲会各一次。③ 福建长汀知识妇女界先进,发起组织"长汀妇女工艺合作社",集合长汀妇女界之人力财力,以缝纫、编织等工作为中心开本省妇女界自动组织合作社从事生产工作之先河。④

1943年12月5日,三民主义青年团永安分团部假省参议会礼堂举行1943年度第二次女青年写作竞赛,参加者计有学校组赖锡嘉等三名,普通组金宣婉等二名。学校组题目为"中国之命运与女青年",普通组题目为"职业学校与家庭"。⑤1944年,三民主义青年团福建支团干事会为加强女青年组织,积极展开女青年工作起见,特召开在永安各团队女干部谈话会,该会书记韩文溥亲临指导,讨论要案多件,现已分头积极进行,兹探悉重要工作如下:①组织女青年体育会,推举王淑安、周淑莺负责组织篮球队,业已筹备就绪,昨在省立公共体育场举行女青年篮球比赛;②举办燕南燕北等妇女识字班,定10月开学上课;③《女青年月刊》创刊号刻已集稿,定本月31日出版,此外尚待举办女青年辩论会、女青年论文竞赛、演讲精神及青年团女团员总集合等项,均在积极筹备中。⑥

---

① 《妇运纪要:闽省妇女筹组宪政研究会》,《福建妇女》1944年第4卷第1—2期,第43页。
② 《妇运纪要:闽省宪会开会员大会》,《福建妇女》1944年第5卷第1—2期,第33页。
③ 《妇运纪要:福州中外女界组联谊社》,《福建妇女》1943年第3卷第1期,第51页。
④ 《妇女动态:长汀妇女工艺合作社》,《福建妇女》1943年第1卷第3期,40页。
⑤ 《妇运纪要:永安女青年写作竞赛》,《福建妇女》1943年第3卷第1期,第51页。
⑥ 《妇运纪要:青年团闽支团部展开女青年工作》,《福建妇女》1944年第5卷第1—2期,第33页。

1945 年,福建省会各界组织慰劳团,该会主任委员陈中英参加该团慰劳,并以慰劳女青年军余款五万元,充作慰劳金。[①] 2 月 18 日,福建省妇女福利社召开第一次社务会议,出席邓超岑、张琼等十余人,讨论保婴事务所章程,并决议筹设妇女工艺传习所。[②] 同年抗战胜利,福建省会各界妇女团体特组织妇女队,准备参加庆祝胜利大会及提灯游行,省妇运会妇女会各捐助千元,为灯烛费用。[③]

抗战时期,福建省涌现出大量的妇女组织,既有国民党内的妇女会,也有国民政府内的妇女运动委员会,还有和党政关系密切但又不隶属于党政管辖的妇女组织,各妇女组织总会之外,在福建省各县市设有分会。抗战时期在国民党系统的妇女组织,在福建省各县市设有分会,它们不少是成系统、有建制的,扎根到县级甚至区乡一级,使得福建省妇女在一定程度上被动员起来了,做了不少战时妇女工作。各系统的妇女组织独立运行,却又为抗日救亡这一总体目标相互配合、相互协作。

二、全面抗战时期国民党在福建的妇女动员

1. 调查、宣传与出版

在调查方面,1942 年福建省妇女会的主要工作有:①调查优秀妇女人才:已报者有漳平、龙岩、上杭等 28 县,人数共计 320 人;②调查公私救济团体:已报者有松溪、霞浦、明溪、德化等 23 县,救济对象难童最多,贫民次之;③调查女党员活动情形:已报者有南洋、将乐、顺昌、建宁、屏南、漳平、福清、古田、松溪等 9 县活动情形,教育界最多,卫生界次之,政界甚少;④调查女党员人数资历:已报者有将乐、屏南、浦城等 38 县,人数 1 234 人,其中受中等教育者最多,初等次之,高等又次之;⑤调查各县妇女会理事略历:已报者有云霄、仙游、闽清等 31 县,学历以中等教育程度最多,初等次之,高等又次之;⑥调查本省教育概况:已报者有福鼎、罗源、三元等 38 县专门以上女生有 202 人,中等 2 354 人,初等 102 863 人;⑦调查各县政府女职员人数:已报者有闽侯、云霄、上杭、南平等 42 县,就中统计以教育界最占多数,卫生界次之,党政机关又次之;⑧调查生产事业:已报者有将乐、浦城等

---

① 《妇运纪要:省妇运会主任委员陈中英出发慰劳闽海将士》,《福建妇女》1945 年第 6 卷第 3—4 期,第 37 页。
② 《妇运纪要:闽妇女福利社筹设工艺传习所》,《福建妇女》1945 年第 5 卷第 3—4 期,第 29 页。
③ 《妇运纪要:省会各界妇女组织妇女队准备参加胜利游行》,《福建妇女》1945 年第 6 卷第 3—4 期,第 37 页。

17县,其操作生产以纺织最多,缝制次之;⑨调查保育事业:已报者有屏南、浦城、龙岩等15县,除建瓯战时儿童保育会福建省分会第一保育院收养沦陷区儿童285人外,其他各县设立之保育院,教养院、育婴堂等皆系收容贫苦及被弃女婴;⑩调查本省政干团受训女学员状况:该团1939年至1940年度受训女学员计159名,教育系占60%强,政治宣传人员班15%,公共卫生人员班%12强,会计系20%。①

在宣传方面,1942年福建省妇女会的主要工作有:①发动全省各县市庆祝国际妇女节,使全省各界明了国际妇女节意义并提倡妇女运动,同时本会出版三八特刊,召集纪念大会,举行运动会游艺会及组织宣传慰劳队等,藉扩宣传;②建立妇运通讯纲,明了各县市妇女会动态,加强工作联系,指派通讯员报告各该地工作情形;③协助编印"福建妇女"省妇女运动委员会编辑"福建妇女"以宣扬本党主义政纲政策,提倡妇女运动改良家庭生活为目的,由本会常务理事长陈中英担任总编辑暨发行人;④动员妇女协助政令:本会通令各县妇女会切实宣传协助征实,购粮,及举行妇女总动员讲座等;⑤倡导母教运动,发扬民族精神,分期举办母教运动讲座与专题研讨会,各县均经呈报举行经过情形。②

为配合国民党妇运政策的需要,国民党在福建省提倡新贤妻良母主义。1943年11月20日,漳平县妇运会及妇女会举行母教运动讲演,每户派妇女1人参加,计到会妇女124人,首由陈民康专题讨论,继由贺耀奎、陈佩芳、星辉等6人轮流演讲,听众情绪极见兴奋。③"惠安妇女会提倡以各县旧有天后宫庙址,改设贤母祠,凡有民间深明大义,教子尽忠者,均由当地乡保长,具实转呈上级机关,予以奖励,死后并予入祠,此项建议,业已由县转省备查。"④永安县还设立母教会,1944年5月20日开母教演讲会,请卢院长伯欣讲家庭卫生,县党部邵锦凤干事讲家庭教育。⑤

1942年福建省国民党妇女运动委员会创办了《福建妇女》,发表大量关于战时妇女动员和妇女解放的文章,既关注妇女动员问题,也关注女性解放。希望通过《福建妇女》这本刊物,"我们福建的妇女将不再如散沙,将不再愚昧,将不再有有

---

① 《妇运通讯:福建省妇女会卅一年度工作概况》,《福建妇女》1942年第1卷第2期,第18—22页。
② 《妇运通讯:福建省妇女会卅一年度工作概况》,《福建妇女》1942年第1卷第2期,第18—22页。
③ 《妇女动态:漳平县妇运会及妇女会联合举行母教》,《福建妇女》1943年第1卷第3期,第40页。
④ 《妇女动态:惠安妇女会提倡奖励贤母运动》,《福建妇女》1942年第1卷第1期,第38页。
⑤ 许兰先:《各地妇运工作的检讨:同安县妇运工作之经过》,《福建妇女》1944年第4卷第5—6期,第27页。

话无处诉说的苦闷。我们福建妇女艰苦奋斗,努力工作的精神也会通过她而为全国姐妹们所知晓,我们将以此来激励自己,也以此与全国的姐妹们相互淬励,俾在日益雄伟的起来的抗建大业中携手并进。"①该刊物在一定程度上激励了福建省的妇女界,使福建省妇女运动走上新台阶的第一步。刊物的内容虽不能说完全充实丰富,但多多少少反映了战时妇女的形貌与动态,报导了一些妇女参加抗建工作的艰难奋斗的苦干精神,充分表现出福建省妇女的特性,成为福建省妇女同胞的喉舌,有助于宣传、组织、训练该省妇女起来参加创建工作。

2. 劝募、捐献与慰劳

在征募方面,1941 年 12 月,福建省妇女会发动捐款"福建妇女号"飞机,然而直到 1942 年仅收各方募款国币 84 186 元,献机一架金额至少需要 15 万元,为数相差尚多,福建省妇女会第二次理事谈话会决议:改献闽妇女号滑翔机,于 1942 年双十节先捐献两架,余款俟收足成数,再行续献,该会已将该款呈缴省执委会转汇重庆中国滑翔总会,并请该机命名为:"闽妇女号一","闽妇女号二"。其中,中国滑翔总会滑翔机劝募委员会福建分会名誉理事刘张翠青,献国币一千元以资倡导。② 1942 年福建省妇女会还饬令各县市妇女会,协助各县市政府劝募战时公债及同盟国胜利公债等。③ 1942 年,征募工作成绩最优者为福州、南平、连江、龙溪、东山、邵武、莆田、福清等县,办理各项工作均有成绩且对于妇运多建树者则为惠安、龙溪、邵武、福清等。④ 1943 年,福建省龙溪妇女界集资献"龙溪妇女号"飞机一架。⑤

1944 年,南靖县妇女会假县党部召开临时理监事会议,讨论献机募捐等事宜,主席黄如政,经决议通过筹募南靖妇女号飞机一架,次拟定该会今年度中心工作:①征求会员,设立妇女识字班;②筹设妇女合作社及妇女农场;③改善家庭教育,并举行模范家庭比赛等项。⑥ 同年,福建省征集委员会妇女服务队举行第一次全体队员大会,出席陈中英、梁启岑、陈赐玉、赵雪岑、邓超岑等 78 人,由主席陈中英报告该队组织经过,由李雄,韩文溥,郑杰民相继演讲,对于工作多所指示,最后讨

① 茂梓:《友声:祝"福建妇女"的诞生》,《福建妇女》1942 年第 1 卷第 1 期,第 23 页。
② 《妇女动态:福建省妇女会献滑翔机》,《福建妇女》1942 年第 1 卷第 1 期,第 38 页。
③ 《妇运通讯:福建省妇女会卅一年度工作概况》,《福建妇女》1942 年第 1 卷第 2 期,第 18—22 页。
④ 《妇女动态:福建省各县市妇女会办理征募成绩》,《福建妇女》1942 年第 1 卷第 2 期,第 42 页。
⑤ 《妇运纪要:龙溪妇女献机祝寿》,《福建妇女》1943 年第 2 卷第 5—6 期,第 51 页。
⑥ 《妇运纪要:南靖县妇女会献机募款》,《福建妇女》1944 年第 3 卷第 4 期,第 31 页。

妇女捐献服务抗战

资料来源:《太平洋周报》1943 年第 1 卷第 63 期,第 1 页。

论要案多起,如发动各机关学校组织服务会,普遍劝献手帕,讨论该队各分队长。[1]

　　1944 年"三八"节,福建省妇女运动委员会发动劝募福建省妇女号飞机捐,各县妇女热烈响应,现已收 10 余万元,其中最多者为永安各界妇女,计献金 49 817 元,次多者为莆田,14 000 余,邵武 13 900 余,仙游、云霄各 1 万,其余数千元不等,多数尚在筹缴中,该会已经先将收到者汇 10 万元交中央航空委员会,余则俟凑集成数,再行续汇,并拟于结束时,制发纪念品,及登报公布详细细数。[2]

　　当年端午节,福建省政和县妇女会会同县政府县商会向各界募捐 7 000 余元,购买粽子 1 500 余只,分别慰劳各征属及各团队等。[3] 漳浦县妇女运动委员会为响应各地献金运动起见,利用该县乡村制佩香囊之旧价,发起香囊义卖献金,经该

---

① 《妇运纪要:妇女服务队第一次队员大会》,《福建妇女》1944 年第 5 卷第 1—2 期,第 33 页。

② 《妇运纪要:"三八"节妇女号飞机捐数达十余万元》,《福建妇女》1944 年第 4 卷第 1—2 期,第 43 页。

③ 《妇运纪要:端午节劳军运动》,《福建妇女》1944 年第 4 卷第 3—4 期,第 35 页。

会第三次委员会议决定,该会委员每人至少制备香囊十件,城区各学校并卫生院女教职员,每人至少制备香囊五件,布料阵线自备,香料由妇运会供给,于农历五月初三四五,3日由该会主任委员邵惠荃,委员雷安宁,各率妇女一队,分向城区各机关社团商店劝买,结果计得国币 8 700 元,悉数充作漳浦县"七七"献金大会之献金。①

1944 年"福建省的献金运动,自 5 月 1 日夜晚省立永安县中学初二甲同学捐献 1 万元的数目开出第一炮后,永安新闻界,各大中小学校学生、教职员、文化界纷起响应,献金运动正由永安一隅之地如火如荼地向全省各地推衍开去,省妇女会,新运妇工会,也起来激励全省每个妇女,各本良心,节衣缩食把金钱衣服首饰捐献出来。"②长乐妇女会聘该县县长夫人陈世英为妇女顾问。该会最近并拟增设办公地点,购置办公器具,并力求完成该县妇女福利社,已呈省妇女发筹备金 3 000 元以资筹备。又该县七七献金,妇女所组织劝募队共募得千五百元,成绩不逊于各机关。③ 1944 年 6 月 24 日,福建省宁化妇女会亦组织端午节慰劳军属慰劳队 2 队,出发慰劳,除由县府于优待费项下拨付五千元外,另经劝募物品及代金 1 132 元,依慰劳名册分配致送。④

1944 年,南靖县妇女运动委员会发动国庆劳军运动,由妇运主任委员黄煦策动城区妇女捐献 10 400,合各界捐款计 125 000 元,悉数交由县党政当局,于国庆纪念日奉献给县境驻军。⑤ 10 月 16 日,永安军委会军风纪巡查团张主委夫人邵文英女士,以闽海前方将士分身杀敌为尽后方国民责任起见,除自动捐献 5 000 元外,向永安官商眷属劝募慰劳金,计得主席夫人 5 000 元,叶精华女士 3 000 元,程秘书长夫人、丘委员夫人、黄委员夫人、严厅长夫人、石参政员夫人、林常委夫人、蔡萝仙夫人、叶道渊夫人、陈济民夫人、陈阙详夫人、贺秩夫人、王平女士、黄建国先生、甘贤先生、黄克继夫人各 2 000 元,张委员夫人、徐委员夫人、丘宏义先生各 1 000 元,合计 46 000 元,该款已募足即汇前方慰劳抗敌将士。⑥ 永安各界外女团

---

① 《妇运纪要:漳浦妇女界端午节义卖,香囊充"七七"献金》,《福建妇女》1944 年第 4 卷第 3—4 期,第 35 页。
② 非:《短评:凭着良心来捐献》,《福建妇女》1944 年第 4 卷第 1—2 期,第 2 页。
③ 《妇运纪要:长乐妇女会工作活跃》,《福建妇女》1944 年第 4 卷第 3—4 期,第 35 页。
④ 《妇运纪要:端午节劳军运动》,《福建妇女》1944 年第 4 卷第 3—4 期,第 35 页。
⑤ 《妇运纪要:南靖妇女国庆节献金劳军》,《福建妇女》1944 年第 5 卷第 1—2 期,第 33 页。
⑥ 《妇运纪要:张贞夫人发动妇女界慰劳闽海将士》,《福建妇女》1944 年第 5 卷第 1—2 期,第 32 页。

体捐募慰劳军鞋，夫人除自制 10 双捐献外，并代募代金 7 000 余元交妇女会代制。①

10 月 23 日，福建省妇运会召集省妇工会，省妇女会，青年团支分团女青年组，县妇女会、县妇运会、示范托儿所，妇宪会等 9 妇女团体开会，组织福建省会暨永安县各界妇女征募军鞋委员会，征募布底草鞋慰劳闽海抗敌战士，每队定额至少 100 双，俟收集齐全后，将直接送赠闽海将士。② 1944 年，长乐妇女会聘该县县长夫人陈世英为妇女顾问。该会最近并拟增设办公地点，购置办公器具，并力求完成该县妇女福利社，已呈省妇女发筹备金 3 000 元以资筹备。又该县"七七"献金，妇女所组织劝募队共募得 1 500 元，成绩不逊于各机关。③ 1945 年，大田县妇运会会同妇女会发动劝募知识青年从军慰劳金，她们于寒风呼呼，冷雨霏霏之下凭着热情向各界妇女劝募，于一星期内捐获 7 860 元，经妇运会妇女会联席会议决议，购置手帕 105 条，赠送各志愿军，由女党员分头制作。④

在慰劳方面，1942 年福建省妇女会的主要工作有：①发动各项劳军运动：本会每当旧俗佳节及国家纪念日，皆发动各县市妇女会领导当地妇女举行慰劳出征军人及抗属，通令切实办理，同时本会亦在驻在地举行；②发动慰劳归侨：以各地妇女应协助政府，办理救济归侨，并应随时切实举行慰劳侨眷，如指导生产指导就学，报告时事及其他服务等；③慰劳过境军队：率同省县妇女会携带当地土产如番薯干等前往慰劳将士无不感奋；④慰劳入伍壮丁：本会常率同县妇女会发动捐献竹笠草履，藉便壮士远征。⑤

1943 年，福清妇女会响应福建省妇女会，于旧历端午节发动劳军，慰劳对象为指挥部所属团队及县政府所属队警，慰劳物品为猪 6 头，酒 6 坛，面包 3 000 粒，以上物品以 2/3 送赠团队，以 1/3 赠送队警，⑥并发动各当地妇女组织空军节前后，出发协助政府调查及慰劳空军将士家属及殉难遗族。⑦

---

① 《妇运纪要：张贞夫人发动妇女界慰劳闽海将士》，《福建妇女》1944 年第 5 卷第 1—2 期，第 32 页。

② 《妇运纪要：闽省妇运会策动省会妇女团体征募军鞋劳军运动》，《福建妇女》1944 年第 5 卷第 1—2 期，第 33 页。

③ 《妇运纪要：长乐妇女会工作活跃》，《福建妇女》1944 年第 4 卷第 3—4 期，第 35 页。

④ 《妇运纪要：大田女党员亲制手帕赠送青年志愿军》，《福建妇女》1945 年第 5 卷第 3—4 期，第 29 页。

⑤ 《妇运通讯：福建省妇女会卅一年度工作概况》，《福建妇女》1942 年第 1 卷第 2 期，第 18—22 页。

⑥ 《妇运纪要：省妇女会发动端节劳军》，《福建妇女》1943 年第 2 卷第 1 期，第 45 页。

⑦ 《妇运纪要：闽省各县市妇女会组织防空节慰劳队》，《福建妇女》1943 年第 2 卷第 4 期，第 38 页。

　　1944 年,仙游县妇女会自妇运会委员张淑英拟创办一征属工厂,并拟募捐经费修理该会会所。[①] 福建省建昌妇运会策动该县城坊及童游妇女向城区工商农学各界募集慰劳金二万元,于端午节日,分别慰劳陆军医院将士及出征军人家属。[②] 同年 7 月 14 日,全国妇女慰劳总会电令湘、豫两省分会积极推进难民救济工作,并发动当地人民协助军队,于军队来往之沿途,设置服务站,予行军之士兵以及疏散之人民以茶水医药上种种便利,同时进行宣传慰问工作。[③]

妇女界努力参加救护工作

资料来源:《妇女界努力救护》,《抗战画报》1937 年第 4 期,第 9 页。

　　1945 年,南靖县妇女会,为发动七七慰劳征属,特组织慰劳队四队,分向各机关首长募款 8 300 元,扇 100 把,大闽中学募扇 120 把,省立南靖师范学校募肉包 100 枚,由妇女会委员苏美凤、许采杏等 7 人,分组慰劳县城四保之征属,受慰劳者 70 户,咸表感谢。[④] 同年 3 月 15 日,永泰县妇女会会员檀云昭及热心妇运的王秀

　　① 《妇运纪要:仙游县妇女会拟办征属工厂及修理会所》,《福建妇女》1944 年第 3 卷第 2—3 期,第 57 页。

　　② 《妇运纪要:端午节劳军运动》,《福建妇女》1944 年第 4 卷第 3—4 期,第 35 页。

　　③ 《妇运纪要:全国妇女慰劳总会进行救济难民工作》,《福建妇女》1944 年第 4 卷第 3—4 期,第 35 页。

　　④ 《妇运纪要:南靖妇女会慰劳征属》,《福建妇女》1945 年第 6 卷第 3—4 期,第 37 页。

贞、陈景娥、郑绿痕等,分别出发清溪、温泉、台口、爱竹口等乡,宣传最近战况,提高抗战情绪。[①] 3 月 18 日,南靖县青年军集中山城中心学校为临时营舍,妇女会会员轮流在营为青年军缝补衣裤,洗涤衣裳,并于 22 日备红柑百斤,洋饼千枚,赴营慰劳,当青年军出发之际,代为佩戴鲜花。[②] 7 月,永定县妇女会为加强抗建力量,表扬政府关怀征属起见,特组织慰劳队向本城各机关商号劝募慰劳金 4 600 元,于"七七"纪念会后,列队前往征属住所,挨户慰问,每名发给 300 元慰劳费。[③]

抗战时期,"各地的妇女抗敌后援队,战地妇女服务队等;她们奔走于飞机炸弹之下,深入到穷乡陋巷之中,从事救护、慰劳、宣传、劝募、救济等工作,宣力不让前方将士,论功固宜有口皆碑。然而此外尚有无数的农村妇女群众,终日埋头为抗战流汗,而社会并不曾加以注意。""抗战以后,壮丁多数抽赴前线,而田园不荒,工事不废者率皆无数妇女群众支持之力。""我们常见农村中妇女,背负着小孩手荷锄头在田间耕种,增加农业生产,有时军事紧急,她们也成群结队或破坏公路以阻止敌人侵入,甚至修筑飞机场,运送军需品,妇女也都贡献一份力量。"[④]在福建推行妇女运动的过程中,妇女同胞或是充当志愿者为前方战士服务,或是进行抗战宣传,激发国人的爱国之情,或是从事慰劳、劝募工作,亦或是在后方从事生产工作,在一定程度上推动了抗战的胜利。

3. 社会救济与社会福利

在社会救济与社会福利事业方面,1942 年福建省妇女会的主要工作有:①协助解放福州妓女,本年 2 月福建省下令禁娼,省赈济会设立"福州灾难妇女职业训练所"以收容址,并授以职业技能,常务理事陈中英赴榕筹备,计收容难女 200 余人;②举办妇女职业介绍登记,并拟简则刊载报端;③救济流亡妇女,或给予转徙路费,或为介绍工作,使其不至流离失所,前后救济 20 余人;④取缔家庭纠纷问题,或依法起诉,社会颇为悦服,当年受理 40 余件。[⑤] 1943 年 1 月 2 日,福建省妇女会为提倡敬老风气,尊敬征人家属,特会同省社会服务处在连城文庙举行连城城厢敬老会,表演几种游艺,并备寿面招待老人,到者约 70 余人,年龄最高者为 83 岁,并假明耻中学大礼堂举行出征军人家属恳亲会,除请抗建剧团演出话剧招

① 《妇运纪要:永泰妇女会会员下乡宣传》,《福建妇女》1945 年第 5 卷第 5—6 期,第 33 页。
② 《妇运纪要:南靖妇女会会员为青年军服务》,《福建妇女》1945 年第 5 卷第 5—6 期,第 32 页。
③ 《妇运纪要:永定妇女界募款慰劳征属》,《福建妇女》1945 年第 6 卷第 3—4 期,第 37 页。
④ 英:《短评:平凡的成就》,《福建妇女》1943 年第 2 卷第 4 期,第 2 页。
⑤ 《妇运通讯:福建省妇女会卅一年度工作概况》,《福建妇女》1942 年第 1 卷第 2 期,第 18—22 页。

待外,每人赠予食盐半斤,干点一袋,以示敬意,到者 200 余人。①

1944 年 9 月 12 日龙溪县妇运会举行委员会,决定数项计划:①在蔡同昌纺织厂内举办妇女讲习班,以该厂及青年工厂之女工为主要之施教对象,同时亦征收城区识字无多之家庭妇女;②筹设县妇女服务处及乡镇妇女服务处;③9 月 29 日举行第 2 次母教讲座,国际时事由黄文英主讲,家庭教育由黄红沛主讲,卫生常识由陈彩鸾主讲;④举办妇女座谈会,题目定为"妇女失业之原因","救济事业妇女之方法",请县妇运会委员会、妇女会理监事、城区妇女党团员、当地妇女名流参加;⑤建议县政府从速筹设托儿所。②

为保障妇女参加职业和生产,在儿童保育方面也有所努力。福建省社会处筹设示范托儿所,接受儿童 80 名。"其膳费由各家自备,学杂医药等费概免,但家境清贫者,得呈请社会处核准,酌减收膳费 50%。福州市政设计委员会常会亦决议在福州筹建托儿所"。③ 1945 年,福建省妇运会妇女福利社为提倡妇婴卫生,于 3 月 8 日成立妇婴保健事务所,聘请经验丰富之产科医师薛石兰为所长,邓超岑为医师,杨绿蒂为助产士,免费接生并治疗妇科小儿科等疾病,3 月份计接生 28 人,诊病 200 余人。④

4. 发展生产与妇女职业

1944 年,永安县提倡妇女福利专业,经办妇女家庭手工业训练班,人员 31 名。妇女习艺所,正在筹备,拟于下半年举办。⑤ 1944 年,福建省大田县妇运会委员及职员定于公余时间开辟荒地,种植杂粮及果树,饲养家畜如猪鸡鸭等,并从事洗衣、煮饭、砍柴等家庭劳务,藉以提倡勤俭,转移妇女之懒惰恶习,并择优经该县妇运会予以嘉奖。⑥ 1944 年,福建省各县市妇运会对妇女生产福利事业发动甚为热忱,各县纷纷筹设妇女生产事业组织,浦城县妇运会于 5 月 28 日正式成立妇女毛巾生产合作社,资本 20 万元,已开工出产成品。⑦

---

① 《妇女动态:福建省妇女会提倡敬老尊功》,《福建妇女》1943 年第 1 卷第 3 期,第 40 页。

② 《妇运纪要:龙溪妇运会委员商决九月份工作计划》,《福建妇女》1944 年第 4 卷第 5—6 期,第 41 页。

③ 《妇女动态:福建省社会处筹设示范托儿所》,《福建妇女》1942 年第 1 卷第 2 期,第 42 页。

④ 《妇运纪要:省妇女福利社附设保婴事务所》,《福建妇女》1945 年第 5 卷第 5—6 期,第 32 页。

⑤ 许兰先:《各地妇运工作的检讨:闽清扫除妇女文盲的经验》,《福建妇女》1944 年第 4 卷第 5—6 期,第 17 页。

⑥ 《妇运纪要:大田提倡妇女生产劳作》,《福建妇女》1944 年第 5 卷第 1—2 期,第 33 页。

⑦ 《妇运纪要:浦城妇女成立毛巾生产合作社》,《福建妇女》1944 年第 4 卷第 3—4 期,第 35 页。

在推动妇女职业方面,1942年长汀县妇女会筹设妇女互助社,长汀县妇女会联合该会会员集资2万元(分为40股,每股500元)作为基金,组设妇女互助社,专为供应日常用品,10月间开始营业,将来范围扩充,成绩甚可观。[1]"社会部合作事业管理局福建省建瓯合作试验区,最近发起设立妇女合作社,经拟定办法,分请当地党政机关,及妇女团体协力合作,以赴事功,该区并限令各驻乡办事处,应于各所在地,组织一社,以资示范,而利进行云。"[2]同年9月,福建妇女家庭纺织工业社由中央赈会,拨款2万元,补助办理以工代赈,妇女工特别优待,定有奖金条例。"凡本市清寒妇女,如愿受工赈者,可于11月20日以前,前往该社报名"。[3]

1943年,福建省妇女会为提倡妇女职业,增加后方生产,特在南平筹组妇女纺织缝纫合作社,股本10万,已开始筹募,并派该会干事会张琼,前往筹备。[4]11月,福州市妇女会筹备组织妇女空袭救护队,扩大征求队员,将先予各队员以短期技术训练,同时筹备基金及药品。[5]永春县组织成立妇女生产合作社,业务方面分纺织工艺部,缝纫部,粮食加工部,垦殖部,畜牧部,供销部等。于12月初再设消费部,"积极招收股金及筹备一切,终于本年元旦开业,部内设常川职工3名,经由本人兼任,诸同仁虽非经营能手,且待遇微薄,然尚能精神团结着过潦草简朴简陋之生活,相互勉励,期为一般妇女模范,故均力持简朴,不效时髦,布衣短发,此种生活能耐清苦之表现,实为妇运上可资欣慰之点。至营业成绩尚可,加工部延至本年4月开始工作,按所作重量发给工资。因赋谷难陆续拨到,时作时停,以是乃将两部支持、调整,辞用加工部专任职员,全由供销部工作人员兼任,此种工作不分彼此,共肩艰苦之精神亦颇难得。6月1日复设于供销部内,因内门面狭小,及开办伊始之故,营业尚未十分发达,预计择迁宽敞地址,秋冬时当能较有生气。"[6]

1943年,福建省府为提倡棉麻纺织,特在永安筹设妇女工厂,资本定25万元,由省府拨给,现正着手筹备。[7]5月,长汀知识妇女界先进厦大陈文藻教援夫人田

① 《妇女动态:长汀县妇女会筹设妇女互助社》,《福建妇女》1942年第1卷第1期,第38页。
② 《妇女动态:建瓯合作实验区设妇女合作社》,《福建妇女》1942年第1卷第1期,第38页。
③ 《妇女动态:福州妇女纺纱社以工代赈》,《福建妇女》1942年第1卷第1期,第38页。
④ 《妇运纪要:福建省妇女会筹组妇女纺织缝合作社》,《福建妇女》1943年第1卷第3期,第40页。
⑤ 《妇运纪要:榕市妇女会筹组空袭救护队》,《福建妇女》1943年第3卷第1期,第51页。
⑥ 苏苏:《各地妇运工作的检讨:永春妇运一年》,《福建妇女》1944年第4卷第5—6期,第25—26页。
⑦ 《妇运纪要:闽省会设立妇女工厂》,《福建妇女》1943年第2卷第4期,第38页。

璀室,连同长汀基督教会美籍教士及乐育小学教员范、刘两女士等,发起组织"长汀妇女工艺合作社",集合长汀妇女界之人力财力,以缝纫、编织等工作为中心,此举不特可服务社会,且可图自立自存。"此乃开本省妇女界自动组织合作社从事生产工作之先河,堪为本省各县妇女效仿之模范也"。①

1944 年,永安妇女会为明了该县家庭妇女职业技能,及教育程度、生活情形等起见,特组织家庭访问队,由毛俊卿、连问梅、卓骥何等分别领导于 28 日起在燕江镇第一、第二中心学校,大溪国民学校等处访问,该会对于妇运工作推动颇有成效。② 1945 年福建长乐县妇女会提议"扩展妇女手工业以增加生产,拟就该县前妇女职业学校旧址,设立妇女手工业工厂 1 所,施以技术教育,并于各中小学手工科内划出时间,聘请具有编制竹笠竹器及草鞋技术之人教授女生"③。南靖县妇女会理事叶添德,苏美凤等发起组织妇女织工合作社,业经筹备就绪,已招收技工及购买缝衣机等,闻初步业务,暂以缝纫、刺绣及织造毛衣 3 项为范围。④在福建妇运会及各组织的努力之下,福建妇女在生产发展方面,取得了一定的成效。

5. 妇女识字与扫除文盲

抗战前,福建省妇女知识水平落后,福鼎县"全县大学毕业生男子不及 20 人,女子无一人,女性高中生最近始有数人考入师范及护士学校,旧制中学人有一二人,初中卒众暨肄业者不出 50 人,其知识程度之低浅,及日常生活之守旧,可以想见。热心从事妇运之人,更属踏破铁鞋无觅处。"⑤政和县,"位居闽北之东隅,癖处山区,交通不便,全县人口大约有七万余,妇女虽然占了半数,但是受过教育的真是寥若星辰。统计起来,本县小学以上毕业者,不过数十人,因为文化水准太低,所以妇女界大多数遭受种种束缚与压迫。"⑥古田"地处闽江流域,在抗战前公路未行破坏,交通颇为便利,以故文化水准较闽北各地略高,但一般妇女所受到之教育,大多数均属教会学校之教育。"⑦闽清县"因交通与地方环境的影响全国各地教

① 《妇女动态:长汀妇女工艺合作社》,《福建妇女》1943 年第 1 卷第 3 期,第 40 页。
② 《妇运纪要:永安妇女会举行家庭访问》,《福建妇女》1944 年第 4 卷第 5—6 期,第 41 页。
③ 《妇运纪要:长乐县扩展妇女手工业》,《福建妇女》1945 年第 6 卷第 3—4 期,第 37 页。
④ 《妇运纪要:南靖妇女会组织妇女织工合作社》,《福建妇女》1945 年第 5 卷第 3—4 期,第 29 页。
⑤ 德镕:《各地妇运工作的检讨:福鼎妇运概况》,《福建妇女》1944 年第 4 卷第 5—6 期,第 26—27 页。
⑥ 郑淑清:《各地妇运工作的检讨:谈谈政和的妇运》,《福建妇女》1944 年第 4 卷第 5—6 期,第 20 页。
⑦ 龚微珂:《各地妇运工作的检讨:由古田一般社会风习谈到古田妇女》,《福建妇女》1944 年第 4 卷第 5—6 期,第 17—18 页。

育水准的高低比率太远,都市妇女受教育或与男子相等,多量的农村妇女却已处于交通不便的穷乡僻壤,而得不到受教育的机会,让人停滞于无知识状态下。"①永吉城市的妇女所受知识水平都有限,而各穷僻乡镇的妇女的知识水平,更可想而知,"所以要组织各乡镇的妇女会推动妇运工作,工作人员必须亲身下乡,费尽九牛二虎之力,才能把她们从厨房里请出来,组织成妇女会,要这种妇女会训练妇女才能够健全地来行四权,恐怕一时还谈不到。"②

泰宁是远处闽赣的偏辟小县,地方经济贫乏"全县五万多人当中,受过高等教育的人可说是凤毛麟角,即中学毕业生也不到1%,这个数字已经是相当可怜,如果一问这个数字中间有多少女性的话,那更可怜了。因为地方的一般人是囿于女子无才便是德的传统观念,不让女子求知的缘故,不但受过高等教育的女子绝无鲜有,受过中等教育的也是寥若星辰。""泰宁的女子教育近年来虽然较前进步,但因交通、经济等的关系未能平均发展,以致许多乡保仍然缺乏知识妇女,出来担任干部领导妇运工作,因此大受限制,无法普遍展开。"③

而"女子教育在武平,简直是谈不到,就目前来说,城乡镇中心学校900余学生中,女生只有40余人,县立初中600余学生中,女生只有11人,肄业高中以上之女生,却未有所闻了。再统计过去毕业的女生,更会使人失望,城乡镇中心学校历届高小毕业者只有20余人,县立初中历届毕业者只5人。"导致武平妇运干部较少,"外县的知识妇女都不愿意来武平。被动而来的,也就不肯竭诚尽力去参加妇运的工作"。④

自福建省开始妇女运动以来,各地的文化教育与扫盲工作取得了一定的进步。1939年,闽清县妇运会正式成立,六年来妇运工作收获尚大,尤其对消除妇女文盲工作更来的顺利。到现在全县每一角落里的成人妇女均受过教育的熏陶,"本会干部人员不断深入农村联合乡村少数有知识妇女运用事实去宣传,同情她们的遭遇,设法为她们解除困苦阻碍,取得她们的信仰,然后吸引失学的她们进学

① 许兰先:《各地妇运工作的检讨:闽清扫除妇女文盲的经验》,《福建妇女》1944年第4卷第5—6期,第17页。
② 李宜琇:《各地妇运工作的检讨:永妇运工作的困难问题》,《福建妇女》1944年第4卷第5—6期,第20—21页。
③ 李细鸾:《各地妇运工作的检讨:泰宁妇运工作的概况》,《福建妇女》1944年第4卷第5—6期,第22—23页。
④ 吴玉梅:《各地妇运工作的检讨:谈武平的妇女运动》,《福建妇女》1944年第4卷第5—6期,第23—24页。

校,初步教育妇女不专靠书本文字,而是利用妇女日常生活来做教学的起点,转移她们不合理的习惯与风气,改善并促进她们的生活达到较美善的阶段,慢慢地下去,妇女教育便茁壮地发展起来了。现在扫除妇女文盲已不属于我们领导妇运者的要求,而成为一般失学妇女自发的请求,上学期本县各校所办的妇女班及白台示范乡纺织厂附设短期义工训练班,就学的妇女便极为踊跃。"①

泰宁县,近"十年以来,地方当局为了适应时代的需求,尤其是抗战军兴以后,为了要动员一切来支持这种神圣而艰巨的救亡图存的战争,曾经进入到很大的力量劝导学龄女子入校就读,举办妇女班实施短期教育,组织妇女对劝令青年妇女参加受训,如是乎,泰宁的妇女们才对时代和国家民族稍有认识。"②1942 年,福建省妇运会为提高妇女文化水准,增进妇女知识技能,对于职业妇女、家庭妇女、学校女生等拟分别举行各该中心问题座谈会或讨论会,每月规定举行两次,由该会主持,或委托妇女团体举办,并经拟定办法及题材分托各地举办。③

1944 年,永安县妇女会为普遍扫除妇女文盲,增进妇女知识见识,拟协助充实各乡镇中心学校及保育民国学校妇女班组织,先由燕江镇中学着手,除燕南燕北两区与闽支团部合办于 10 月 25 日开课外,大溪保妇女识字班已于 25 日开班,其他各乡镇正在继续进行中。④ 同年 8 月,尤溪县妇运会拟定妇女识字班实施办法,实施纲要,强迫入学委员会组织细则,经费预算书等,呈请县省级党部核准施行。查该班学员以纯良妇女年在 12 岁至 30 岁为限,一切学习所用之课本纸笔由班供给,每日下午授课 2 小时 20 分,课目定为国语、公民、常识、音乐、儿童卫生、算术、技能训练、家庭教育、精神讲话、整洁训练,1 月 1 期,修满 3 期为限,由县党部社会事业费项下拨用。⑤ 9 月底,龙溪县妇女讲习班开课,班主任由妇运会主任刘葆英兼任,学生人数 50 人,均为该县城区各工厂女工,所授科目为民众教本、歌咏、公民记练、时事,以增进工人知识,培养工人德性,推行党化教育三者为施教目的。该班兼任教师已聘有周宗敏等 14 人,各项科目均有详细之进度表。⑥

① 许兰先:《各地妇运工作的检讨:闽清扫除妇女文盲的经验》,《福建妇女》1944 年第 4 卷第 5—6 期,第 17 页。

② 李细鸾:《各地妇运工作的检讨:泰宁妇运工作的概况》,《福建妇女》1944 年第 4 卷第 5—6 期,第 22—23 页。

③ 《妇女动态:福建省妇运会按期举行妇运座谈会》,《福建妇女》1942 年第 1 卷第 2 期,第 42 页。

④ 《妇运纪要:永妇女会举办妇女识字班》,《福建妇女》1944 年第 5 卷第 1—2 期,第 33 页。

⑤ 《妇运纪要:尤溪妇运会筹设妇女识字班》,《福建妇女》1944 年第 4 卷第 5—6 期,第 41 页。

⑥ 《妇运纪要:龙溪妇运会委员商决九月份工作计划》,《福建妇女》1944 年第 4 卷第 5—6 期,第 41 页。

1945 年,晋江妇女会,为推进妇女识字教育起见,募款筹办妇女示范识字班。由该会委员李令运、杨爱华、林励志、邵桂生等,连日亲自出发劝募,各方踊跃捐输已达两万元,尚在继续劝募中。[①] 在福建省妇女运动努力之下,各地妇女的知识水平有所提升,扫盲行动取得较大进展。

三、抗战时期福建省妇运成就与不足

1. 成效

第一,抗战时期国民党在福建省的妇女动员,一定程度上改变着福建省妇女的精神面貌,在移风易俗方面发挥着重要作用。1943 年,国民党惠安县政府制定革除婚姻陋俗的办法,改革惠安妇女结婚一日返娘家至有孕方可回夫家的婚姻陋俗,制止妇女集体自杀事件继续发生。[②]

据载,过去福建省福鼎县大多数妇女均沉浸于迷信中,"去岁大刀会以封神榜上姜太公导演之手法演出叛乱。参加行为者故为男子,而女子更深信不疑,时至大刀会消灭经年之今日,尚有因骗霍乱鬼跳神之盛会,公然在大街开演,愚夫愚妇跪地求救。""福鼎在社会上服务之女性大多数为国教人员及各机关职员,亦有一部分在烟草公司卷烟之女工,此外皆系家庭妇女,事实上,家庭妇女所负责之工作,亦颇繁重,除甚少数较为有闲之太太们,以装饰、赌博为消遣外,泰半均能适应抗战时代之生活,不过真能认识自己是人而做一个所谓人者为数实不多。想此为整个中国妇女之情形,亦不独福鼎为然也。"[③]

政和县"男尊女卑的旧礼教和观念,即施以九牛二虎之力也难冲破,妇女崇尚迷信,到了 40 多岁,万事不管,天天都在厅堂里或往寺庙中念经拜佛,终日喃喃不休,以为此法可以修身得道,家中媳妇,如在生产临盆时,遇有 13 万分的危险,做婆婆的也都不管,好像外人一般,绝对不肯近前援助一手,究其原因,就是恐怕进了产妇的房中,必定会受晦气,将来死后就不能上西天了。这种深固的迷信,极为可笑。"[④]

"古田社会轻女重男的恶习仍根深蒂固,在城郊及乡村溺死女孩之风时有所

---

① 《妇运纪要:晋江妇女会募款筹办识字班》,《福建妇女》1945 年第 5 卷第 5—6 期,第 33 页。
② 福建省地方志编纂委员会编纂:《福建省志·妇女运动志》,福建人民出版社 2008 年版,第 299 页。
③ 德镕:《各地妇运工作的检讨:福鼎妇运概况》,《福建妇女》1944 年第 4 第 5—6 期,第 26—27 页。
④ 郑淑清:《各地妇运工作的检讨:谈谈政和的妇运》,《福建妇女》1944 年第 4 卷第 5—6 期,第 20 页。

闻,唯此种辣手还是归罪于吾国妇女本身思想不健全。女孩出生以后即不遭遇溺死,亦被送赠为童养媳、等郎妹,过非人的生活,今年因物价日渐高涨,收养童养媳之风因之减少,但生女者更感愁怜,致街头巷尾常有发现弃婴"。"成家之妇女多成其丈夫的附属品,如意见不睦,则有被转卖之虑,丈夫可将之卖出或立契租人为妻,坐享其利。""对于儿女之教养,不知如何注意,常常生了好几个孩子,结果仅留下少数,如此高度的夭亡率,不特使个人财力体力受损失。"① "每逢星期日,街头巷口均有成群成对的妇女,抱着圣经赞美诗,不辞风霜雨露,投向各保里拜堂,举行教友聚会,共同崇拜上帝,祈求保佑,此种对宗教之热忱现象,在古田特别显着。"②

长乐县"本县民情风俗颇异,民性彪悍,同时甚为迷信,尤其妇女,每当家中有人生病之时,并不延医整诊治,只是求神供佛,甚至病已危急,尚在乞求木偶,县城迷信现象较少,僻野乡村教育力量所不能及的地方则极普遍。"③ "惠安县妇女会常务理事陈兆英近感于该县一般无知青年妇女结队投水之事,月必数次,似此无故死于非命,对于民族前途,不无影响,特定取缔妇女投水办法,呈请政府采择施行"。④ 泰宁县"受过教育的妇女数量上到底太少,加上泰宁社会的陈旧和数千年传习下来的三从四德的观念仍然牢不可破地占领着妇女们整个的脑海,而一般妇女的依赖怯懦的心理更不能屏除,对于应该怎样来做大时代的女性,怎样来争取自由平等,怎样来解放自己还是不大明了,也没有勇气。"⑤

武平县"女子无才便是德"的信条,虽已开始动摇了,然而"重男轻女"的恶习仍是根深蒂固的。"他们认为女子读书,只要认识几个字,懂得算钞票就好了,用不着高深的学问,更粗鄙的就说女人读书是多余的,他们深怕她们年纪大了,读多了书就会谈起'自由恋爱',败坏他们的家风呢。"她们不赞成妇女运动,也有女人自己误解"妇女解放"的意义,以为"妇女解放"就可以为所欲为,以致行为浪漫失检,成为妇运的阻力了。而且武平县"迷信的恶行风行——武平的民众多半很迷

---

① 龚微珂:《各地妇运工作的检讨:由古田一般社会风习谈到古田妇女》,《福建妇女》1944年第4卷第5—6期,第17—18页。

② 龚微珂:《各地妇运工作的检讨:由古田一般社会风习谈到古田妇女》,《福建妇女》1944年第4卷第5—6期,第17—18页。

③ 黄兰英:《各地妇运工作的检讨:长乐县妇运工作的检讨》,《福建妇女》1944年第4卷第5—6期,第16—17页。

④ 《妇女动态:惠安妇女会取缔陋习》,《福建妇女》1942年第1卷第1期,第38页。

⑤ 李细鸾:《各地妇运工作的检讨:泰宁妇运工作的概况》,《福建妇女》1944年第4卷第5—6期,第22—23页。

信,以为现在人畜都在遭劫运,国难世乱皆属天数。固有了疾病灾难、困难就求神保佑,一切都听天由命。她们敬神唯恐不够虔诚,更无暇来管什么妇女运动。所以这种听天由命的消极心理,不但阻碍了妇女运动,也成为戕害民族生命的利刃,有人能不言之心痛"。①

然而,通过福建省妇运工作者的努力,社会风气有所改观。比如政和县,妇运工作队通过家庭访问、个别谈话等方式,对妇女进行教育,力求破除其封建迷信的思想,"我们推行妇运工作的人,处此妇女沉迷未醒的环境下,乃不得以循循善诱的方式。举行家庭访问,个别谈话,趁机破除迷信,有时召开母亲座谈会,和她们说明婴儿保健的方法,儿童教育的注意,把她们唤醒起来,将实行三民主义的责任分担在自己的肩上,来积极扫除一切男女间不平等的障碍。"②1943 年,福建省妇运会,"审核各县妇运会及妇女会工作报告,就中以长汀、永春、邵武、莆田、海澄颇有具体成绩表现,特予嘉奖,又惠安妇女会改良妇女投入陋习运动,以及解决家庭纠纷事项,等著有成绩,该会常务理事陈兆英努力负责特予嘉奖"。③ 通过采取一系列的措施,在一定程度上改变了当地妇女较为迷信的社会风气。

抗战时期的福建妇女动员,极大的改变了福建妇女落后迷信的状态,最大程度动员广大妇女。抗战时期,福建省妇女运动在改变社会风气、革除陋习、促进妇女解放以及促进社会进步等方面取得了一定的成效。"抗战提醒了大部分妇女同胞,这些觉醒了的姐妹们,在抗战各部门的工作里,有惊人的进步了,那些默默无声的在每一种艰苦的抗建工作里努力的姐妹们,我们只有从实地的考察中才能看出她们努力与成绩,觉出她们工作精神的伟大。"④

第二,抗战时期国民党在福建省的妇女动员,调动了福建省妇女从军的积极性,在一定程度上促进了抗战的胜利。抗战后期,福建妇女也积极支持妇女从军运动。龙溪县妇女运动委员会假青年团会议厅,举行女青年座谈会,出席参加者有进德女中学生暨城区女教职员计 30 余人,由主任委员刘葆英报告座谈会意义。开始讨论知识女青年从军应有之准备:①女青年如何要从军;②怎样的女青年才

①　吴玉梅:《各地妇运工作的检讨:谈武平的妇女运动》,《福建妇女》1944 年第 4 卷第 5—6 期,第 23—24 页。

②　郑淑清:《各地妇运工作的检讨:谈谈政和的妇运》,《福建妇女》1944 年第 4 卷第 5—6 期,第 20 页。

③　《妇女动态:福建省妇运会嘉奖各县妇女会》,《福建妇女》1943 年第 1 卷第 3 期,第 40 页。

④　茂梓:《友声:祝"福建妇女"的诞生》,《福建妇女》1942 年第 1 卷第 1 期,第 23 页。

可以从军;③如何开展女青年从军。① 通过辩论会及座谈会,使妇女明了自身的责任,增加爱国的热情,进而支持从军运动。1945年,安溪县妇女会监事叶曼黎,毕业集美艺专,现任集美初中女生指导员,平素抱负大志,此次该县妇女会召开妇女问题讲座,并发动妇女报名从军,叶女士当场首先签名,继叶女士而签名者,有前任安溪县长女公子石慕英及安中学生王秀兰,王文金等6人。②

1944年,福建省妇女运动委员会林念慈,毕业于国立北平师范大学,现服务福建省立永安师范学校,平生志切报国,5月初旬曾联合该校员生16人签名投效远征军。③ 11月26日,三民主义青年团福建支团干事会,集中省会各团队女青年举行"青年应否参加志愿军"辩论会,辩论结果如下:团队优胜永师分团,个人优胜第1名农学院郭荣钦,第2名永师胡凤云,第3名永师陈飞。④

1945年,福建省妇女运动委员会,假省党部大礼堂,联合招待省党部志愿从军同志陈敬修、胡秀等15人,由妇运会主任委员陈中英主席报告招待意义后,各来宾相继演说,对各志愿军多所勉励。⑤ 2月25日晨,福建省会参加东南政工班受训青年志愿军,搭班车离永赴延转某地入班受训,妇女服务队至南门车站欢送,队员为各参加政训青年暨献国花1枝,高唱"青年从军"曲以惜别,并壮行色。⑥ 同年,福建省会暨各县男女青年军,分别于3月4月集中茅坪营舍服务外,并另推驻营服务者把人,招待茶水,安顿行李,布置营舍,缝补衣裤,寄送信件,及其他志愿军委托事项,服务周到,态度亲切,深得各界好评,令志愿军满意。⑦ 3月15日,永泰县妇女会会员檀云昭及热心妇运的王秀贞、陈景娥、郑绿痕等,分别出发清溪、温泉、台口、爱竹口等乡,宣传最近战况,提高抗战情绪。⑧ 4月25日,龙溪妇运会假县党部礼堂举行同乐会,招待从军女青年,参加团体10数单位,人数千余人,由主席刘葆英致词并介绍从军女青年芳名后开始表演,计有唱游、学艺、舞蹈、话剧等节目,甚为精彩,最后由妇运会代表各界妇女致送各女青年金戒指1枚,银筷子

① 《妇运纪要:龙溪女青年座谈会讨论从军问题》,《福建妇女》1945年第5卷第3—4期,第29页。
② 《妇运纪要:安溪妇女会监事叶曼黎投效远征》,《福建妇女》1945年第5卷第3—4期,第29页。
③ 《妇运纪要:闽妇运会委员林念慈投效远征》,《福建妇女》1944年第4卷第1—2期,第43页。
④ 《妇运纪要:女青年举行从军辩论会》,《福建妇女》1944年第5卷第1—2期,第33页。
⑤ 《妇运纪要:省妇运会暨妇女会联合招待省党部从军同志》,《福建妇女》1945年第5卷第3—4期,第29页。
⑥ 《妇运纪要:新战士上征途妇女服务队献花惜别》,《福建妇女》1945年第5卷第3—4期,第29页。
⑦ 《妇运纪要:妇女服务队殷勤为青年军服务》,《福建妇女》1945年第5卷第5—6期,第32页。
⑧ 《妇运纪要:永泰妇女会会员下乡宣传》,《福建妇女》1945年第5卷第5—6期,第33页。

1 双,以资纪念。① 1945 年,福建省征集委员会妇女服务队队员分区访问从军青年军,如访问《民主报》《中央日报》,永安电厂、航空协会、省赈济会、省府人事室及寿山高等法院检查处、乡公所等。②

第三,抗战时期国民党在福建省的妇女动员,吸收了一批优秀女党员加入国民党的队伍,推动了妇女参与宪政。抗战时期福建省妇运工作特别注重加强国民党意识形态,注重发展国民党女党员。1942 年,福建省执委会以本年度本省征求新党员性别比率,规定妇女党员应占 15%,"检讨各县市直属党部实施进度与原定比率相差甚远,兹以年度瞬将届满,前项工作亟应加紧推进,爰特再分令所属限于本年底内,遵照前定性别比率积极征求优秀妇女入党"。③

1943 年,国民党中央组织部为尽量吸收妇女界优秀分子为党员,特规定百分比,通令各级党部于每月报告新征党员数量时,列明妇女党员人数,以凭审核,其征求对象为农村中之纯良能干妇女,产业界妇女员工,各职业之妇女从业者,各学校训练班之妇女教职员,生产机关团体之妇女工作人员,及各职业部门从业人员之妇女等,福建省妇女运动委员会据此订定福建省各县市妇运会协助征求妇女党员办法,通令各县市妇运会切实办理,闻月来妇女党员人数激增且有数县超出比率。④

事实上,福建省原先很多地方是苏区所在地。国民党在接管、占据福建省大部分地区后,特别注重加强对当地民众的思想管控,对福建妇女也有这方面的要求。然而,福建省妇女政治意识较为淡薄,比如古田县,"谈到女党员现况,除现任各机关女职员均已入党外,其余妇女入党者,为数实寥寥,征求彼等入党时,大多数均觉惊奇骇异,吞吞吐吐莫敢答复,好像入党会招致意外,或者有人认为做党员的须常开会,认为极端麻烦,虽经竭力解释,仍是半知不解,一部分愿意参加,一部分则推辞待丈夫回来时再填入党申请书。"⑤

再如"永吉的女子,近年来虽有被先觉的女性感化觉醒的。但也只有千分之

---

① 《妇运纪要:龙溪妇运会举行同乐会招待从军女青年》,《福建妇女》1945 年第 5 卷第 5—6 期,第 32 页。

② 《妇运纪要:妇女服务队遍访志愿军》,《福建妇女》1945 年第 5 卷第 3—4 期,第 29 页。

③ 《妇女动态:福建省执委会催征优秀妇女入党》,《福建妇女》1942 年第 1 卷第 2 期,第 42 页。

④ 《妇运纪要:闽省大量征求妇女党员》,《福建妇女》1943 年第 2 卷第 4 期,第 38 页。

⑤ 龚微珂:《各地妇运工作的检讨:由古田一般社会风习谈到古田妇女》,《福建妇女》1944 年第 4 卷第 5—6 期,第 17—18 页。

一二受小学或国民教育,其余大部分,不但家庭顽固,严抱闭关主义,就是年轻的她们自己,亦仍是足不出户,妇运工作人员和宣传队,虽说到舌疲唇焦,她们仍坚持着女生入党会是笑话,她们的脑筋里,只有油盐柴米缝纫等,因此,在永吉征求女党员非常困难。"①不仅是永吉存在征求女党员困难的现象,很多地方也都有此现象,妇女的文化水平较低,思想未觉醒,对于入党多不理解。

1940 年三八节,福建妇女积极参加生产

资料来源:《纪念三八妇女节》,《良友》1940 年第 153 期,第 9 页。

1944 年,每月所征求妇女党员人数每县约数十人,内以同安,古田,惠安,长乐,浦城,成绩最为优良,兹据各县市五六两月份介绍 240 人入党,惠安妇女会五月份 77 人,六月份 78 人;古田妇运会五月份 112 人,六月份 38 人;长乐妇运会六月份 68 人,浦城妇运会五月份 84 人,闽侯妇运会五月份 44 人,其他各县市皆在 23 人,各县妇女党员人数激增之后,纷纷组织妇女区分部,已成立者计有 20 县。② 永安县广大征求妇女党员,1944 年 4 月份起至 7 月份止,已超过预定限度,得 505 人。③

---

① 李宜琇:《各地妇运工作的检讨:永吉妇运工作的困难问题》,《福建妇女》1944 年第 4 卷第 5—6 期,第 20—21 页。

② 《妇运纪要:大批妇女申请入党》,《福建妇女》1944 年第 4 卷第 3—4 期,第 35 页。

③ 许兰先:《各地妇运工作的检讨:同安县妇运工作之经过》,《福建妇女》1944 年第 4 卷第 5—6 期,第 27 页。

1944 年,永春县女党员一年来由 67 名增至 173 名。"健全妇运机构方面,亦拟具计划,按序筹组乡镇妇女会,经决议指定各乡镇筹备员,积极策动组织,已成立者有湖洋、达埔二乡,嗣因乡镇缩编,其他未成立之各乡镇亦暂影响进行,一俟调整完竣,当即继续次第组成。"[1]1944 年半年来,政和县"各乡镇优秀女党员,已征求 118 名,已超过女党员 20%比率。"[2]

福建省妇女运动委员会积极推动妇女参政。1942 年,福建省妇女运动委员会称,前呈请中央组织部设法使各县妇女会与职业团体享受同等待遇,得参加县参议员选举,经中央组织部函准中央秘书处函复,称:"1934 年 5 月中央第一二三次常会通过之妇女运动指导纲要中有:①一切集会结社,应尽量使唤妇女参加;②利用结社集会之机会,练习四权之行使;③使妇女积极参加地方自治活动等条。"抗战建国纲领亦有:"训练妇女俾能服务于社会事业,以增加抗战力量之规定,则各级民意机关自应有妇女参加。"福建省妇女运动委员会"为鼓励妇女参政以实现抗战建国纲领在各县市设立临时参议会时,应设法使资历相当之妇女独有入选机会",并函商行政院饬各省市政府切实注意。[3]

福建省妇女会也积极推动妇女参政,1942 年其在推动妇女参政方面的主要工作有:①发动各县妇女参加临参竞选:特令饬县市妇女会,策动各该县市优秀妇女参加县市临时参议员及乡镇民代表之检定,以取得候选人资格,为他日竞选准备;②电请中央补充县临参选举办法:为争取妇女实际政权,经呈请福建省妇女运动委员会转呈中央,请求设法补充妇女选举办法,俾妇女会得与各职业团体享受同等选举权;③拥护重庆妇女公务员同盟会主张:重庆各机关女公务员为请求修正 10 月间国防最高委员会通过之公务员战时生活补助法第 6 条,夫妻同为公务员,妻子不得领平价米,乃成立女公务员同盟会,该会曾经召集各女公务员开会,讨论结果,以该会名义,通电拥护该会主张。[4]

2. 不足

第一,抗战时期的福建妇女动员,没有充分调协福建妇女的主体性。抗战时期福建省妇女动员,主要为抗战服务,为国民党服务,对于妇女解放的诉求顾及不

① 苏苏:《各地妇运工作的检讨:永春妇运一年》,《福建妇女》1944 年第 4 卷第 5—6 期,第 25—26 页。
② 郑淑清:《各地妇运工作的检讨:谈谈政和的妇运》,《福建妇女》1944 年第 4 卷第 5—6 期,第 20 页。
③ 《妇女动态:县参议会设立时妇女有机会入选》,《福建妇女》1942 年第 1 卷第 2 期,第 42 页。
④ 《妇运通讯:福建省妇女会卅一年度工作概况》,《福建妇女》1942 年第 1 卷第 2 期,第 18—22 页。

够。抗战时期,福建妇女为抗战做出了重要的贡献和牺牲,但是妇女的地位仍然没有多大的变化。这就导致当地妇女对于妇运工作不够配合,妇女基层组织发展相对困难。永吉县"对于扫除妇女文盲,更感到非常棘手,她们的家庭大都顽固如上述,况且她们白天的工作的确是忙地很,煮饭、洗衣、缝纫、抚育孩子、侍候公婆及丈夫,全都是青年妇女的职责,夜间她们虽然稍闲,可以读夜书,但是要叫她们那刚放的小脚来跑暗路,她们自己也不愿意的,又因放荡的女人太多,她的家庭更不愿年轻的她们,晚间在外面乱跑,所以妇运工作人员和宣传队,虽尽多方劝导,仍收效极微,那一部分放荡的她们呢,更使妇运工作人员感到十分困难,如果妇运工作人员抱着不顾一切的精神,带了宣传队到了社会公认为有污点的人家去宣传,这般堕落的女人,不但不会觉悟,反以胡言乱语来耻笑宣传队,工作毫不生效,而且宣传队员的家长因此常向妇运主管人员啰嗦,真使妇运工作人员想不出其他良善方法能促使愚昧无知的妇女早日觉悟。"①

长乐县"妇女一切行动大都要受着男子的指挥,有的怕羞,有的怕训练或开到前方作战,也有的因为担着家务的重担,或在家里抚育婴儿分不出时间来,这一切的一切都是我们妇运工作困难的原因所在,症结所在。"②福建省"各县市成立参议会,就本省而论,当举行选举时,全省各县市统计妇女当选者尚不及 3 人,可见今日社会男性中心的传统心理并未打破,妇女参政目的尚未彻底到达,还得我们用一番力量去推动,不过此次妇参运动自不必如过去的采取袭击参议院,打破玻璃窗等手段,乃是:①提醒党政局选拔优秀妇女指派为参议员;②唤起一般社会对于妇女参政的同情;③鼓励妇女参政的兴趣。"③

第二,由于男权思想的束缚,男女不平等观念的影响,国民党对于妇女工作的重视仍然不够。福建省妇女工作存在组织不健全、妇女干部缺乏、经费缺乏及发展妇女基层组织的困难等一系列的问题。其主要的工作困境表现在:

(1)组织不健全,干部缺乏。郑淑清指出:"永安妇运却深深地感到这组织不健全的苦楚。近年来,妇运工作总算是渐渐地上了正道且有统一领导的组织,可是这组织却不太健全了,其中不是靠着少数人去负责,就是整个地压在一个人身

---

① 李宜琇:《各地妇运工作的检讨:永吉妇运工作的困难问题》,《福建妇女》1944 年第 4 卷第 5—6 期,第 20—21 页。

② 黄兰英:《各地妇运工作的检讨:长乐县妇运工作的检讨》,《福建妇女》1944 年第 4 卷第 5—6 期,第16—17 页。

③ 英:《短评:关于妇女参政》,《福建妇女》1943 年第 2 卷第 1 期,第 2 页。

上,本来属于群体性的活动,怎能由少数人或一两个人来担负这种重则?"①组织、经费的问题与行政的效率也有关联。游海华、叶蟠虹的研究也指出,全面抗战初期成立的妇女组织很多,进入相持阶段以后,尤其是1939年以后,大多数妇女组织逐渐被具有党政系统或拥有党政背景的妇女组织所融合吸纳。这种应付战争需要的战时管控手段,无疑使得妇女组织有党化或行政化的趋向,自主性和活力明显不够。②

妇女干部也较为缺乏,比如1944年海澄县府推行组织乡镇妇女会中,以优秀妇女未能遍布农村,领导乏人,全县19乡镇已组织七个,其余12乡镇尚未阙如。③长乐县"是海滨之区,但因教育不发达,初中毕业的妇女亦可算是凤毛麟角,为此一般妇女思想非常浅陋,将来能够做一位太太便心满意足,对于妇女工作,好似没有切身的关系,本县最健全的妇运干部都是各机关的女职员。然而,这群女同志都是从别的地方跑到这里来工作的最近各机关裁汰冗员,女职员均在被裁之列,所以流动性很大,对于工作的推行颇受影响。"④

(2) 政府社会对妇运工作重视不够,经费欠缺。如长乐县"本县妇运同志会开一个座谈会,讨论如何筹备妇女合作社一案,经决议,请求本县政府就预备金向下拨3 000元以充本会筹备购置等费部署,不敷之数,由每个同志向外劝募,当时曾记录在卷,谁料县政府方面不但没有协助这一工作的开展,反倒我们花样百出,竟以县库支出的大题目来批驳我们,这就证明了县府当局对于妇运工作的秦越相视。"由于经费不足,长乐县妇女会"每月约250的津贴费还是从县府事业费项下开支,此区区之数只够本会购买公文,纸张和文具用,其他活动所需的经费均短绌,不能自设妇女班夜校,只好用口头劝导妇女入国民学校妇女班读书。"⑤

---

① 白霞(郑淑清):《各地妇运工作的检讨:一页通讯:永安妇运》,《福建妇女》1944年第4卷第5—6期,第18—20页。

② 游海华、叶潘虹:《全面抗战时期中国东南区域的妇女动员与救亡》,《日本侵华南京大屠杀研究》2019年第3期。

③ 王莲英:《各地妇运工作的检讨:回顾海澄妇运工作》,《福建妇女》1944年第4卷第5—6期,第24—25页。

④ 黄兰英:《各地妇运工作的检讨:长乐县妇运工作的检讨》,《福建妇女》1944年第4卷第5—6期,第16—17页。

⑤ 黄兰英:《各地妇运工作的检讨:长乐县妇运工作的检讨》,《福建妇女》1944年第4卷第5—6期,第16—17页。

又如建宁县妇女会,1944 年 3 月 13 日,召开第一次理监事会议,敦请县政府派民政科科长陈冠三,县党部派秘书张文焕,列席指导。其目的在请求政府派遣专任书记一人,赞襄会务,以求妇运工作之进展,按期拨发补助费,俾充办公必需之费用,以改进过去缺憾。奈事实至今,设书记既未蒙邀准,补助费亦迟至不发,会务因之窒碍,困难仍是发生。且该县处闽西北,交通闭塞,文化落后,知识妇女廖若星辰,目前妇运中心工作,则为审办妇女补习班,以培养干部,及提高妇女文化水准,惟限于财力,独立难能举办。①

王莲英在回顾海澄妇运工作时指出,“现在妇运经费大有困难之感,每欲举办一事,动辄需费,公家固定预算不敷供给,而各妇女同胞本身或以财力圉,又或以社会观念未深,捐输之款不免杯水车薪之感,不能应付实际,我以为妇运经费,除尽量编入省县市党部预算外,对于广大妇女的意识,要把它改正过来,把浪费在迷信奢侈无谓应酬之金钱转移到妇运事业方面来,则经费困难问题,当可迎刃而解。”②

经费缺乏不仅使妇运的发展受限,在一定程度上也导致发展社会生产事业及合作事业的困难。“处此工商凋衰的永吉,对于妇女合作生产事业,不但政府没有这笔扶助经费的预算,而且妇运会的办公费至今还是没有着落,虽屡次向当局求助,仍是等于零,谁都知道要发展社会合作生产事业,若是没有经费,决不能成功,在这情况之下,真使妇运工作人员对于合作生产事业弄到心有余力不足的境地。”③福建建宁“交通闭塞,文化落后,知识妇女,廖若星辰,目前妇运中心工作,则为审办妇女补习班,以培养干部,及提高妇女文化水准,惟限于财力,独立难能举办”④。因为经费的短缺,很多事业的发展都受限制。

抗战时期福建省妇女解放运动主要服务于民族国家解放的需要,妇女被动员起来参加抗战工作,然而,国民党政权“新贤妻良母主义”的主张,又试图控制妇女运动的规模和限度,妇女主体性没有得到很大的发挥,对妇女运动经费、人事等投

---

① 范毓华:《各地妇运工作的检讨:建宁妇运工作之回顾》,《福建妇女》1944 年第 4 卷第 5—6 期,第 21—22 页。

② 王莲英:《各地妇运工作的检讨:回顾海澄妇运工作》,《福建妇女》1944 年第 4 卷第 5—6 期,第 24—25 页。

③ 李宜琇:《各地妇运工作的检讨:永吉妇运工作的困难问题》,《福建妇女》1944 年第 4 卷第 5—6 期,第 20—21 页。

④ 范毓华:《各地妇运工作的检讨:建宁妇运工作之回顾》,《福建妇女》1944 年第 4 卷第 5—6 期,21—22 页。

入的不足,导致战时福建省妇女运动存在诸多局限,然而风吹过的夏天一定不会被遗忘,福建省妇女动员在移风易俗、妇女文化水平提升等方面的作用,必将在福建妇女心中留下一道烙印,静待下一次的风吹草动。

抗战时期,福建省涌现出大量的妇女组织,既有国民党内的妇女会,也有国民政府内的妇女运动委员会,还有和党政关系密切但又不隶属于党政管辖的妇女组织,各妇女组织总会之外,在福建省各县市设有分会。抗战时期在国民党系统的妇女组织,在福建省各县市设有分会,它们不少是成系统、有建制的,扎根到县级甚至区乡一级,使得福建省妇女在一定程度上被动员起来了,做了不少战时妇女工作。各系统的妇女组织独立运行,却又为抗日救亡这一总体目标相互配合、相互协作。

抗战时期福建省妇女组织在动员妇女参加抗战,进行战时劝募捐献、慰劳救济、文教宣传、妇女从军等各方面发挥着积极的作用;同时也改变着福建妇女的生活习俗,在妇女职业与生产、社会救济、儿童保育、妇女识字、移风易俗甚至是妇女参政方面都发挥着积极的作用。尽管在推行过程中遇到诸如组织不健全、妇女干部缺乏、经费缺乏及妇女基层组织发展困难等问题,但是福建省妇运工作者们努力克服工作中存在着的问题,促进了战时福建省妇女动员和妇女解放运动,推动了战时福建妇女运动和抗战事业的发展。

抗战时期,国民党政府迫于抗战的形势,放松了对妇女运动的政治管制,积极动员妇女参加抗战。抗战时期国民党政府在福建省设立了妇女运动委员会、妇女会等妇女组织。这些组织既是抗战的被动员者,也是呼吁妇女参加国家政治生活的动员者。抗战时期福建省妇女在支持抗战的过程,加速了维护自身权益的意识觉醒,一定程度上改变了福建省妇女的社会习俗和精神面貌。然而,国民党受深"男主外、女主内"的传统观念影响,以传统文化治理国家,大力提倡"贤妻良母"和"新贤妻良母"的观念,对于妇女争取自身权益的运动始终保持在可控范围之内。甚至连留学美国多年,具有女性独立意识和男女平权观念的蒋夫人宋美龄的性别观念,也在民族国家的框架下,努力宣传"新贤妻良母"的观念,以图维护国民党的统治。国民党政权既努力动员妇女,又将妇女运动牢牢控制在一定的限制之内。问题在于,传统的愚民政治是否真的能维护国家政权的稳定,妇女所代表的民众素养在多大程度上成为国家的核心支撑力量,这些都非常考验国民党政权的智慧。

第二节　抗战时期四川妇运领袖与妇女组织

抗战时期四川省妇女领袖领导下成立各类各级妇女组织,对四川省妇女进行初步的教育与组训,动员四川省妇女从事抗战建国及妇女生产等工作,组织妇女参加战时妇女工作、教育、宣传、捐献、救济、慰劳甚至耕作等工作,取得了一定的效果。但由于地域文化的限制,妇女知识水平和教育水平的限制,传统观念的束缚,国民政府党政部门仍然是建立在男权中心基础上的,对于妇女工作重视度不够,在经费分配、人事安排协调等方面存在着一定的问题。

一、抗战时期四川省妇女组织

1. 抗战前四川妇女生活概况

抗战时期,受战争影响,四川妇女组织程度较高,"四川位置僻处西南,交通异常不便。所以外面除去对于军事或重要消息有点零碎的记载而外。其地方而外面很难明白真相。关于妇女的消息,更是寥寥可数。"[①]

在妇女教育方面,"数年来,四川因为军阀的专横苛捐杂税重重增加(按四川粮税已征至民国六十余年),在这种情形之下老百姓只求能够过一点太平日子就算幸事了。那还有精神来提倡另外的教育呢? 而军阀对于所勒索的钱财,除了拿来作为军费与置备产业留给子孙外,绝未顾及到几千万人教育的重要。又因由川险阻,交通不便,外边的文化不易输入,男子受教育的机会就很难与外面并驾齐驱。所以女子的教育要想普遍更是不可能。以七千多万人口的四川,女子占二分之一而能够稍给女子比较有规模有组织的教育机关,仅有省一女师省二女师及嘉陵第三师范而已。并且对于已婚的女子是不能招收的。"[②]

妇女的职业方面,"在外面读书回去的妇女,或当地毕业的妇女,大都在教育界服务。其他各界妇女能够插入的实在很少。女子在商界服务的,除在重庆成都两地有几家妇女工业社而外,其他商店妇女去工作的,简直可说没有。都市上没有受过教育的妇女,只知倚赖丈夫,终日沉醉在烟赌里面。职业一层完全说不上。

---

①　实繁:《四川妇女的生活状况》,《妇女青年》1933 年第 49 期,第 1 页。
②　实繁:《四川妇女的生活状况》,《妇女青年》1933 年第 49 期,第 1 页。

乡间的妇女大多数从事于农业或纺纱织布,尤其是荣昌隆昌两县的妇女粗腰赤脚,在田间工作的时候完全与男子一样。"① 抗战前妇女的思想也比较保守。

2. 抗战时期共产党四川妇女组织

1937 年 7 月 16 日,共产党成都地下组织指示赵世兰、甘棠、陶帆浦(陶桓馥)、周源江等人,在"成都妇女救国会"的基础,成立四川妇女抗敌后援会。该会骨干成员有贺敬挥、鲜国学、周源江、袁广仲、黄梦谷、吴筠、胡一哉、甘佩雯(甘露)、王石煤、肖玲等人。② 并吸收杨荣向夫人傅淑梅、林翼如夫人吴碧霞、于渊夫人、朱若华、曾方群、邓名方等人参加。③ 同时联合成都市妇女救国会、妇女界周刊社、成都市女子联合读书会等团体成立"成都市华北妇女抗敌后援会"。短短三个月,会员发展到六百人。1937 年 8 月 16 日,更名为"四川省妇女抗敌后援会"。

该会设总务部、宣传部、组织部三组。总务部负责文书、交际、事务;组织部负责组织、调查、交通;宣传部负责宣传、训练、编辑。贺敬挥任主任,邓名芳、朱若华担任副主任,胡一哉、王石煤、黄梦谷、甘佩文、肖玲、袁广忠等担任委员。④ 该会的主要工作有:①组织后方妇女和教育落后妇女;②给前方将士以物质和精神上的援助,并抚慰战士家属,救济灾区难民;③组织救护班,训练救护人员;④协助政府安定后方。⑤

此外,四川省妇女抗敌后援会还曾于 1937 年 8 月 5 日在《四川日报》开辟《妇女园地》专栏,由胡一哉、肖玲担任主编,负责编辑的先后有周源江、甘佩文、王石煤、朱若华、邓名方等人。⑥《妇女园地》从创刊到 1938 年 4 月 16 日,共出刊 33 期。1937 年 10 月 10 日,四川省妇女抗敌后援会又创办了《妇女呼声》刊物,由朱若华任主编,只出刊 8 期就停刊了,曾于 1938 年 3 月 8 日复刊,1939 年下半年彻底停刊。

1938 年 1 月,四川省妇女抗敌后援会曾组建四川妇女战地服务团,选出团长肖玲,副团长吴华,团员有彭澈(彭玉梅)、白筠(白静)、周世芳(金苗)、艾文凤(艾

---

① 实繁:《四川妇女的生活状况》,《妇女青年》1933 年第 49 期,第 1 页。
② 四川省妇女联合会:《妇女之路》,四川人民出版社 1991 年版,第 64 页。
③ 中国人民政治协商会议四川省成都市委员会文史资料研究委员会编:《成都文史资料选辑——纪念抗战四十周年专辑之四》,四川省卫生管理干部学院 1985 年,第 8 页。
④ 四川省妇女联合会:《妇女之路》,四川人民出版社 1991 年版,第 64 页。
⑤ 中国人民政治协商会议四川省成都市委员会文史资料研究会编:《成都文史资料选辑——纪念抗战四十周年专辑之四》,四川省卫生管理干部学院 1985 年,第 9 页。
⑥ 四川省妇女联合会:《妇女之路》,四川人民出版社 1991 年版,第 118 页。

琳菲)、高俊、陈歧、陶素清、黄俊林、罗为群在内的 11 名女青年。该会对第一批团员进行集中训练,训练内容包括思想训练、工作能力训练、集体生活训练、实践锻炼等环节。1938 年 3 月 27 日,四川妇女战地服务团出发前线服务,7 月由于国民党的破坏,被迫停止工作。

1938 年 5 月 30 日,四川省妇女抗敌后援会还成立"妇救会",由共产党员郑育之、李铁夫夫人何念庄、共产党员王一苇等人负责。[①]"妇救会"设理事会,理事多为上层军官夫人,在理事会下设总务部、组织部、救济部等机构。王一苇负责总务部,郑育之负责组织部,救济部和募捐部均由军官夫人担负。由国民党官太太出面有利开展工作。不过,1940 年初,妇救会陷入停顿。

1938 年,四川省妇女抗敌后援会还成立了共产党的支部,王石煤任支部书记,甘露任宣传委员,郑玉堚任组织委员,后由胡一哉接替王石煤担任支部书记。支部下设两个党小组,陈福荫、袁广仲任小组长。曾组织过党员学习班,除学习党的基础知识外,还学习了统一战线政策和妇女工作的重要意义。[②] 四川省妇女抗敌后援会于 1940 年被国民党查封,后转入地下工作。

3. 抗战时期国民党四川妇女组织

1931 年九一八事变后,国民政府逐渐意识到西南战略地位的重要性,国民政府逐渐加强对四川的建设,再加上全面抗战爆发,南京保卫战失利,国民政府将都城从南京迁往长沙,最后定都重庆,西南的战略地位更加重要。国民政府在四川成立了很多妇女组织。值得一提的是,即便是国民党的组织,也有很多共产党地下党员在其中服务。

抗战时期,四川省早期的妇女组织如救国以债四川妇女劝募团。1937 年该团成立,以劝导妇女将所有金银饰物器具及财币,购买救国公债,以尽妇女救国之责任为宗旨。该团设主席一人副主席一人,由大会公推领导该团办理劝募事务。设劝募队十队以至 20 队,每队设队长一人,副队长二人,由主席聘任,分任劝募事务,每队设干事若干人,由队长提请主席聘任,襄助队长,办理劝募事务。该团设总务、文书、宣传、交际四股,每股设主任干事一人,干事三人至五人,承主席副主席之命,办理各该股事务。该团征募各项金银饰物器具财币,由救国公债四川劝

---

① 四川省妇女联合会:《妇女之路》,四川人民出版社 1991 年版,第 65 页。

② 中国人民政治协商会议四川省成都市委员会文史资料研究委员会编:《成都文史资料选辑——纪念抗战四十周年专辑之四》,四川省卫生管理干部学院 1985 年版,第 12 页。

募分会发给临时收据,将上项物品交中央银行换取正式收据。①

抗战初期,建立了包括"省妇抗""妇救会""重庆妇慰分会""战训女同学会""四川新运妇女工作委员会""四川妇女战地服务团""四川保育分会""成都保育分会"等在内的四川妇女抗敌后援组织。1939年4月9日在四川成立四川省新运会妇女工作委员会。1939年,四川省新运会妇女工作委员会分为总务组、文化事业组、生产事业组三组。② 总务组负责妇女训练工作,"为推进工作并参加会外有关抗战工作起见,特开办训练班以训练中下级干部人员",该训练班组织如下:①定名为战时妇女服务训练班;②招收初中程度年在16岁以上25岁以下之妇女三千名,施以短期训练,培养成为妇女干部;③课程:以救护科目为主如急救法,药物,生理解剖等;军事与政治之训练如军训,防空,军事学,公民等;灌输赏识除国文外,并授以应用文,薄记,保育法等;④教员:除救护科目系聘各医院专门医师讲授,军事防空等科系聘请政治部教官讲授外,其他各科均由四川省新运妇委会职员担任;⑤每日作息时间:上午七时升旗,七时半上课,下午五时降旗;⑥管理纯系军事化:养成学生吃苦耐劳,服从命令,严守纪律的习惯,以为日后尽忠责守的良好公务员;⑦经费:总计320元。每人制服一套140元,中午每日一餐120元,纸

四川省新运会妇女工作委员会成都女青年会妇女救护训练班毕业合影
资料来源:《四川省新运会妇女工作委员会成都女青年会妇女救护训练班毕业纪念摄影》,《新运导报》1938年第13期,第12页。

---

① 《救国公债四川妇女劝募团组织规则》,《广汉县政周刊》1937年第26期,第12页。
② 《四川省妇女工作委员会的工作情形》,《妇女新运》1939年第4—5期,第93—94页。

笔书籍 40 元,杂费 20 元,教职员是义务职;⑧考试:成绩及格者发给毕业证书,优良者留会工作或分发属会工作。①

四川省新运妇女指导委员会文化事业组的主要工作有:(1)①刊物:出定期刊物一种——妇女工作。内容分"论著""文艺""专题研究"及"工作报告"等栏,先拟刊印月刊,后改为两月刊。②平民识字班:地点系借用协进中学,有学生 60 余人,分初高级班各一。初级班中拟于学生入学后一月中举行测验,然后分为初级第一级初级第二级,采取复式教学法。初级第一级毕业后升入初级第二级,初级第二级毕业后升入高级。高级毕业时即由会中发给平民识字班毕业证书。教师系四川省新运妇委会派选妇女训练班中有教学经验之学生二人担任。每月由会致送车资三元。初高级各上课二小时,课程分国语、算术、书法、唱游及谈话,间或敦请该会委员作精神讲话。课本方面:初级采用市政府编印之民众读本第一二册,高级则采用市民高级文艺课本。各级以读完指定教本外,初级一级以能写自己姓名年龄籍贯住址,初级二级以能写自己及家中人姓名年龄籍贯住址,能记帐写便条,高级以能记帐、写信、写便条等应用文时,即分别准予升级或毕业。③与本市各机关团体联合举行一切纪念日宣传事宜。②

该会还设置生产事业组。为增加后方生产及训练妇女生产技能,使能自立,特筹设一工厂,先设染织部,招考学生 10 名训练三月后,即作为该厂基本工作人员。1939 年,已购置织布机三架,织毛巾机三架,聘请技师三人。采用当地材料,随时销售。半月中已织就布匹 15 匹,毛巾 75 打。③ 从以上情况可知,四川省妇委会已由四川省新运妇委会初步进行组织。而四川省新运妇委会也在积极培训四川省内的妇女干部人才,以用于进一步的组织教育工作。

为发展生产,新运妇女指导委员会还成立淞溉纺织实验区。其推进方法,就地方原有纺织重业,指导组织合作社,共同购买原料,运销成品,并使用新式机械,以改进其技术,务使农村妇女生产与组织力量,确能有所增进,现政治、经济、文化各部门事业,均将与本组密切联系,加以整个改进。④

抗战时期,四川省还成立了妇女救护队,"一向落后而被封闭在夔门三峡以内

---

① 《四川省妇女工作委员会的工作情形》,《妇女新运》1939 年第 4—5 期,第 93—94 页。
② 《四川省妇女工作委员会的工作情形》,《妇女新运》1939 年第 4—5 期,第 93—94 页。
③ 《四川省妇女工作委员会的工作情形》,《妇女新运》1939 年第 4—5 期,第 93—94 页。
④ 《永川松溉筹设纺织实验区》,《四川经济月刊》1938 年第 10 卷第 4/5 期,第 33 页。

妇女参加纺织生产,图为纺织品运输

资料来源:邝光:《纺织工厂遍布四川各地》,《中华(上海)》1941年第101期,第24页。

四川妇女救护队训练中

资料来源:《四川妇女救护队》,《大美画报》1938年第2卷第5期,第1页。

的四川妇女,已被中国抗战的炮声警醒了起来,用急速的步伐,与其他各地的姊妹们,一齐踏上抗战建国,复兴民族的大道,肩荷起国民应尽的责任,他们最近已将妇女救护队组织了起来,且已受训完毕,不久就要出发到各地去救护伤兵,以应前线的需要。"①

二、抗战时期四川省妇女会成立

抗战时期,国民政府在四川省成立妇女会及其分会,搭建初步的战时妇女动员组织体系。1943 年四川全省妇女代表大会召开,提出一系列加强妇女工作的建议和提案,内容涉及抗战工作、儿童保育、妇女教育、优待征属、政府经费等诸多方面。抗战时期的四川妇女会试图将四川妇女组织和动员起来,参加战时妇女工作、宣传、捐献、救济、慰劳甚至生产耕作等工作,对抗战胜利及妇女解放产生积极的影响。国民政府虽然做出了战时妇女动员的积极努力,但是由于建立在男权为基础上的国民政府党政部门对于妇女工作重视不够,妇女工作者对妇女主体及主体意识认识有限,妇女自身受到传统观念影响,对男女平等尤其是女性自主意识缺乏使四川省战时妇女动员及妇女解放的程度受到限制。

全面抗战爆发,国民党放松了对妇女运动的政治管制,积极动员妇女参加抗战。抗战时期的妇女组织,除了普遍性的新生活运动总会妇女指导委员会、中国妇女慰劳自卫抗战将士总会、中国战时儿童保育会等外,还有国民党在全国各省市县设立的妇女会的组织,但是妇女会这重要的妇女组织,学术界鲜少讨论。洪宜嫃曾经对抗战时期的妇女组织和妇女工作进行研究,涉及新运妇女指导委员会等组织,然而对各省市县妇女会讨论很少。② 四川省妇女联合会曾经对新民主主义革命时期的四川妇女组织和妇女工作进行细致的介绍,涉及成都妇女救国会、四川省妇女抗敌后援会、四川妇女战地服务团、四川省新运妇女工作委员会、中国妇女联谊会等战时妇女组织,然而对于四川妇女会的组织及主要工作鲜少涉及。③

学界对于抗战时期国民党领导下的妇女会的研究,洪宜嫃在《中国国民党妇女工作之研究》中涉及对国民党领导下的妇女会介绍,④夏卫东曾对浙江妇女会进

---

① 《四川妇女救护队》,《大美画报》1938 年第 2 卷第 5 期,第 1 页。
② 洪宜嫃:《中国国民党妇女工作之研究》,台北"国史馆"印行 2010 年版,第 195—225 页。
③ 四川省妇女联合会编:《妇女之路:新民主主义革命时期的四川妇女》,四川人民出版社 1991 年版,第 58—143 页。
④ 洪宜嫃:《中国国民党妇女工作之研究》,台北"国史馆"印行 2010 年版,第 195—225 页。

行研究,①然而,对于四川妇女会的个案研究,学界尚无涉及。抗战时期四川妇女会偏处西南大后方,在战前四川经济发展相对落后,男女平等观念并未普及,而在战时四川省对于抗战的战略地位日益突显。笔者拟以战时组织系统相对完善的四川妇女会为例,希望探讨作为战时工作中非常重要的妇女组织及妇女工作的发展情况,国民党开展妇运工作的经验及教训,以及战争对四川妇女带来的改变等议题。

1. 四川妇女会缘起

抗战时期四川处于西南大后方,急需进行战时动员,正如 1942 年 6 月 21 日宋美龄赴成都时所指出的,她希望成都市妇女今后特别注重于生产事业,尤须时时顾念前方浴血抗战将士及出征军人家属之生活,应鼓励各界妇女服务抗战征属,从事慰劳救济等项工作。② 抗战时期四川省处于西南大后方,具有重要的重要战略地位。正如 1943 年 8 月,四川省妇女代表大会通过的宣言所述:"溯自民二十六年政府西迁,四川实为复兴民族根据地;川人在抗战建国国策之下,尽所有人力财力之蓄藏,踊跃输将。妇女工作,因亦积极展开,于救募、宣传等工作不遗余力;本会为达成历史使命与环境之急切需要,自应加速健全组织,动员全川妇女。"③

抗战前四川省的妇女组织和动员极为有限,特别是抗战中后期,四川妇女动员迫在眉睫。国民党中央社会部部长谷正纲曾指出:"组训妇女不但有助战时动员,并关建国基础,今后应注意唤起农村妇女,健全乡镇组织,倡导新生活,以转移社会风俗,注意儿童保育,以健全下代国民,发展家庭工业,推进补习教育,以改善经济生活,提高知识水平,希本此旨,制成方案,积极推行。"④而"在整个四川的史绩里,不但是妇女没有召集各县代表来省,正式选出省级负责人,就是一般的民众团体,也找不出先例。"⑤妇运领袖陈颖希望四川妇女"有计划有组织地高度地培植与发挥妇女的抗战力量,以适应第四期抗战的需要。"⑥

---

① 夏卫东:《抗战时期的浙江妇女会》,《杭州师范大学学报(社会科学版)》2019 年第 2 期。
② 《国内外妇女动态(1942-4-1 至 7-31):国内:蒋夫人在蓉发起百万献金运动,蓉市妇女界一致赞助成立川妇女界献金会》,《妇女工作》1942 年第 4 卷第 2—3 期,第 39 页。
③ 《四川省妇女代表大会特刊》,四川省妇女代表大会编印 1943 年,第 54—55 页。
④ 《四川省妇女代表大会特刊》,四川省妇女代表大会编印 1943 年,第 17 页。
⑤ 《四川省妇女代表大会特刊》,四川省妇女代表大会编印 1943 年,第 105—106 页。
⑥ 陈颖:《妇女之路:迎接抗战新形势的四川妇女运动》,《战潮》1938 年第 2 卷第 2 期,第 11—12 页。

四川省新运会妇女工作委员会家事讲习所第五期毕业合影

资料来源:《四川省新运会妇女工作委员会家事讲习所第五期毕业纪念》,《新运导报》1938年第13期,第11页。

　　抗战时期,妇女在国家民族抗战和复兴中担负着艰巨的任务,正如国民党中央指导委员刘天素1943年在8月17日的发言所指出:妇女应充分认识到自身的使命,"现在我们中国处在抗战建国复兴民族的运动期中,妇女的使命就是要把这种责任放在肩上,更要进一步的要求妇女自身各种智能的进展。"他指出妇女应进一步的发展自身的各种智能,加强自身能力的发展,争取提高中国在世界上的地位,稳固本民族的生存。具体来说就是积极参加前后方的妇女工作,积极参加前线战地的勤务工作和后方生产抗建工作。[1]　然而,绝大多数省份的妇女会组织仍不健全。[2]　为推动战时地方妇女会的组织,朱家骅曾表示:应积极组织各地妇女会,其方式"最好采取自下而上的顺序,但有事实困难的时候,也不妨由上而下,可是不能因为上级组织成立,即不求下级组织的普遍发展,因为下级组织的工作最实际,最能有效发动组织,最好唤起妇女群众自动组织。"[3]妇女工作者也表

---

　　① 《四川省妇女代表大会特刊》,四川省妇女代表大会编印1943年,第20—21页。
　　② 中国国民党中央执行委员会社会部编:《妇运法规方案民众运动法规方案第6辑》,中国国民党中央执行委员会社会部1940年,第1—9页。
　　③ 国民党中央组织部编印:《妇运干部工作讨论会纪要》,陈鹏仁主编,林养志编辑:《中国国民党党务发展史料——妇女工作》,第250—284页。

示应“完成妇女会整个系统,妇女会为法定妇女组织,亟应普遍成立。”①应该说在那时,国民党妇运领袖开始重视妇女会的组织,积极推动战时妇女组织和动员工作。

2. 四川妇女会组织

1940 年 6 月 1 日国民政府公布《非常时期人民团体组织纲领》,指出:“一切人民团体均应以抗战建国为共同目的”,“为整个民族利益而奋斗。”②社会部最初仅计划筹组四川、贵州、广西、湖南、浙江、陕西等省各重要城市妇女会,并组织三处实验乡村妇女会。但截止 1939 年 11 月,各地妇女会数目已超过规划,广西省成立妇女会 54 处,福建省成立妇女会 29 处,浙江省 78 处,甘肃省 8 处,河南省 41 处,贵州省 30 处,四川省 53 处,云南省 17 处,湖南 16 处,江西省 1 处,陕西省 1 处。③

抗战时期的四川省各县市妇女会纷纷成立,1936 年四川省各地成立的妇女会有 8 个,会员人数 1 300 人,1937 年成立 11 个,会员人数 3 486 人,1938 年 17 个,会员人数 2 367 人,1939 年 32 个,会员人数 4 551 人,1940 年 12 个,会员人数 1 258 人,1941 年 14 个,会员人数 1 921 人,1942 年 5 个,会员人数 105 人,1943 年 1 个,合计四川省妇女会共 100 个,会员人数共 15 938 人。④ 到 1943 年,四川省妇女会在各县市设立成都市、自贡市、成都县、华阳市、灌县、崇庆、新都、郫县、彭县、新津县、新繁、崇宁、资中、资阳、仁寿、威远、简阳、巴县、江津、荣昌、眉山、蒲江、邛崃、大邑、彭山、青神、名山、乐山、宜宾、长宁、沪县、隆昌、叙永、古宋、右兰、酆都、南川、万县、大竹、岳池、武胜、中江、蓬溪、射洪、绵阳、绵竹、广汉、什邡、金堂、罗江、广元、江油、阆中、彰明、平武、达县、巴中妇女会等 57 处。⑤

1938 年,国民党中央社会部接管妇女工作后,修改《妇女会组织规程》与《妇女会组织规程施行细则》,并持续推动各地成立妇女会。到 1940 年 5 月底,四川省妇

① 国民党中央组织部编印:《妇运干部工作讨论会纪要》,陈鹏仁主编,林养志编辑:《中国国民党党务发展史料——妇女工作》,第 250—284 页。

② 《四川省妇女代表大会特刊》,四川省妇女代表大会编印 1943 年,第 109—110 页。

③ 《五届六中全会中央社会部工作报告中有关妇女工作(1939 年 1 月至 11 月)》,陈鹏仁主编,林养志编辑:《中国国民党党务发展史料——妇女工作》,第 192 页。

④ 《统计资料:四川省妇女会历年成立统计(截至 1943 年底止)》,《社会行政》1944 年第 1 卷第 1 期,第 92 页。

⑤ 四川省妇女代表大会编:《四川省妇女代表大会特刊》,四川省妇女代表大会编印 1943 年,第 64—84 页。

女会有了长足的发展,县妇女会从原有 30 处增加至 45 处,另有市妇女会一处。①
1942 年四川省社会处成立,四川省民众团体改由政府管辖,1942 年 11 月四川省
社会处委派筹备委员九人,重新筹备改组,按月拨发经费,办理会员登记。② 到
1943 年 7 月底,"合法申请入会的县市妇女会有七十单位"。③ 1943 年 8 月 16 日,
四川全省县市妇女领袖集于一堂,召开全省妇女代表大会。因交通不便的关系,
大会初始有 67 位代表出席,代表中既有五十多岁的老太太,也有二十岁以下的女
青年。④ 四川全省县市妇女领袖集于一堂,"其任务为完成省妇女会组织,并讨论
现阶段妇女问题,县以下妇女组织问题及女子教育问题。"⑤

3. 四川妇女会的工作内容

据《省妇女会会员名册章程工作计划大纲》,抗战时期四川省妇女会的主要工
作内容包括:①关于组织方面,组织各县市妇女会,普遍妇女组织;设立托儿所;保
健儿童之生命,继承民族之生存;设立妇女就济所;介绍贫穷妇女的职业及救济妓
女等;设立妇女图书馆;发展妇女求知的机会;组织劳动服务团;发扬妇女服务的
精神。②关于宣传方面,设妇女平民学校;补救失学及贫苦妇女读书的机会;推广
识字运动;提高妇女知识,完成普及教育;组织妇女文艺研究会;砥砺学养,健全母
性;组织妇女俱乐部;提倡正当娱乐,革新妇女生活。③关于调查方面,调查各市
县妇女组织事项;组织妇女服装取缔委员会;设立妾婢调查委员会;调查本会会员
事项。④临时工作,组织战时组织;组织救护训练队;组织制造捐输团;组织战地
服务队;设立保姆训练班;成立妇女体育会;发行妇女刊物。⑥

除四川省妇女会外,四川省各县市妇女会工作也取得较大的进展,表现在妇
女教育、妇女职业、征属优待、儿童保育、战时妇女工作等各方面。在妇女教育及
职业方面,四川省各市大多都设有女子学校,注重妇女教育。如成都市有公私立
女子学校 20 余所;自贡市有女校数所;华阳有女子中学一所,职业学校,国民中心
学校,保国民学校也收女子;彭县有女子中学四所;新津县有女子中学及师范各一

---

① 《五届七中全会中央社会部工作报告中有关妇女工作(1939 年 11 月至 1940 年 7 月)》,陈鹏仁主
编,林养志编辑:《中国国民党党务发展史料——妇女工作》,第 194 页。
② 《四川省妇女代表大会特刊》,四川省妇女代表大会编印 1943 年,第 3 页。
③ 《四川省妇女代表大会特刊》,四川省妇女代表大会编印 1943 年,第 18—19 页。
④ 《四川省妇女代表大会特刊》,四川省妇女代表大会编印 1943 年,第 104—105 页。
⑤ 《四川省妇女代表大会特刊》,四川省妇女代表大会编印 1943 年,第 100 页。
⑥ 《省妇女会会员名册章程工作计划大纲》,四川省档案馆馆藏档案,档号:民 186-01-1723。

1940 年三八节妇女改制绷带

资料来源:《纪念三八妇女节》,《良友》1940 年第 153 期,第 9 页。

所;资中有女子中学两所,女子小学一所,此外新津、资中、仁寿、威远、简阳、江津、邛崃等县也有女子中学。但也有许多市县妇女教育不普及,如灌县、崇庆、新都、新繁、郫县、眉山、浦江等县教育水平落后。妇女职业多以务农和居家为多,学界和手工业次之,公务员及从事商业者又次之。①

　　四川省各市县征属生活贫苦者居多,政府每逢纪念日会规定慰劳及优待办法,以及发动游艺募捐,所得均分配给征属,如成都市、自贡、灌县、郫县、彭山、长宁等。② 成都市、荣昌县、威远县、古宋县等每年参加各种抗战纪念,各种宣传、捐献、劳军、慰问征属等工作;大邑县妇女会曾办识字班及征募慰劳,并积极协助兵役、粮政、宣传等工作;郫县妇女会曾募棉背心九十件,草鞋三万双,送前线战士及保育院儿童;名山县妇女会曾发起游艺募捐与征属贺年,均获党政当局嘉奖;资阳县募银饰 60 余两曾,募妇女号飞机捐款 7 511 元,应交省妇女工作委员会转中央,并积极参加各种纪念活动;简阳县妇女会从事宣传劝募,随时在纪念日发动会员

---

　　① 《四川省妇女会各县市妇女工作报告简表》,《四川省妇女代表大会特刊》1943 年 12 月,第 64—84 页。

　　② 《四川省妇女会各县市妇女工作报告简表》,《四川省妇女代表大会特刊》1943 年 12 月,第 64—84 页。

募捐劳军及慰问征属；古宋县妇女会参加各种集会劝募捐献等工作；万县妇女会曾募寒衣棉背心一千件，大衣五百件，传送前方等等。[1]

重庆妇女界缝制寒衣

资料来源：《重庆妇女界积极参与寒衣运动》，《展望》1940 年第 12 期，第 11 页。

在优抚工作方面，新都县、资中县等妇女会举行调查征属、慰问征属、社会救济等妇女服务工作，此外每年参加慰问征属工作，取得社会人士好感；新津县妇女会曾组织慰问队深入农村给与向征属精神上的安慰，该县妇女赴前线参加政训看护工作者颇不乏人；新繁县妇女会每逢纪念日组织宣传队、慰问队代征属写信；彭县妇女会曾办征属代笔处、征属慰问队；绵竹县妇女会曾作组调妇女及救济优待征属；罗江县妇女会每三月举行慰问征属一次等。[2] 成都、华阳、新都、新津、新繁、崇宁、仁寿、简阳等县每年还会发放优待谷、代金。[3]

在儿童保育方面，四川省各市县大多都有孤儿院、育婴室。如成都市原有孤儿院育婴堂及女婴教养所各一所，现新增保婴事务所三所，救济院数所托儿所四所；绵竹、叙永有救济院一所，育婴堂一所；宜宾有保育所及儿童教养所，及难童教

---

① 《妇运纪要：川省妇女会训练干部》，《福建妇女》1944 年第 3 卷第 4 期，第 31 页。

② 《妇运纪要：川省妇女会训练干部》，《福建妇女》1944 年第 3 卷第 4 期，第 31 页。

③ 《四川省妇女会各县市妇女工作报告简表》，《四川省妇女代表大会特刊》1943 年 12 月，第 64—84 页。

养所一所;仁寿有儿童教养所收容所各一所;崇宁、新津、威远、郫县等都设有救济院。但也有部分县市未设儿童保育所,如巴中、金堂、绵阳、武胜、右兰、古宋、乐山、邛崃、眉山、蒲江等,阆县、彰明、名山市等市儿童均由家庭保育,贫苦不能养育者送亲友或卖给他人。①

关于组织妇女参加抗战工作方面,成都市妇女会每年各种纪念,宣传、捐献、劳军、慰问亲属等工作,无不参加;自贡市、灌县妇女会组织宣传游行,征募寒衣及文化劳军等工作;崇庆妇女会协助政府办妇女训练班,组织劳动服务队、慰问队、劝募队等;新都、郫县、新繁妇女会每年参加慰问征属工作;新都妇女赴前线参加政训看护工作;仁寿妇女参加前线战时工作有 20 余人,其余从事战时教育宣传工作甚多。② 四川省妇女会为加强工作,自 1944 年 6 月起,分三期调训各级干部,每期训练八周,以训练妇女对妇女动员和抗战的认识,提升服务技能。③

重庆妇女界积极参与寒衣运动

资料来源:《重庆妇女界积极参与寒衣运动》,《展望》1940 年第 12 期,第 11 页。

四川省妇女会在参加抗战工作方面,多从事各种宣传、捐献、劳军、慰问征属、征募寒衣及文化劳军、劝募、代征属写信等工作,具体来说,还包括代替出征男子从事耕种、宣传,激发民气,组织慰劳队深入农村宣传抗战,协助政府在国民兵团内办妇女训练班组织劳动服务队、慰问队、劝募队、组织宣传队等,参加战地服务团,募集衣鞋赠送前方将士,设征属纺织产销合作社,参加前线战时工作者,代替出征男子工作,发动妇女募捐,办救护班识字班,慰劳荣誉军人,协助政府从事劝导壮丁出征调查及慰问征属捐献寒衣劝募公债,发动女生教育组织歌咏队宣传队

---

① 《四川省妇女会各县市妇女工作报告简表》,《四川省妇女代表大会特刊》1943 年 12 月,第 64—84 页。

② 四川各县县报三八妇女节遵办经过情形及加强统制同业公会组织情形(1943 年 2 至 8 月),四川省档案馆馆藏档案,档号:民 186-02-2425。《四川省妇女会各县市妇女工作报告简表》,《四川省妇女代表大会特刊》1943 年 12 月,第 64—84 页。

③ 《妇运纪要:川省妇女会训练干部》,《福建妇女》1944 年第 3 卷第 4 期,第 31 页。

等工作,为抗战动员和妇女解放做出积极贡献。

三、四川省妇女代表大会召开

1. 召集全省妇女代表大会

1943 年 8 月,四川省妇女代表大会选举范琼英、刘天素、范寓梅、文哲卿、郭凤鸣、董淑华、曾传清、丁秀君、李泽春、李孝颖、董靖华、赵友兰、彭赞、赵安萱、余恒星等 15 人为理事,其中刘天素、范寓梅、董靖华等人为常务理事,选出张茂华、傅春华、冯若斯、刘淑华、胡玉屏、范希纯、张映书等 7 人为候补理事。① 四川省妇女代表大会选举周梅君、喻培厚、胡元梓、张平江、李亚君、马联辉、王学绪等七人为四川省妇女会监事,其中周梅君为常务监事,②另选出候补监事 2 人,她们都是四川妇运工作的领导人物。四川省妇女会当选的理事和监事均为知识女性,且是本科或专科毕业,受教育水平相对较高,对四川省妇女运动必然有深刻的认识,同时她们的年龄大都在三十岁至四十岁之间,工作经验较丰富,精力也相对充沛,③能够对领导四川省妇女运动起到很好的促进作用。

四川省妇女代表大会的主要任务除通过省妇女会章程,选举理监事外,“就在集思广益,交换意见,集中力量,以谋全川妇女运动的开展”。大会主席范寓梅在开会词指出,会议讨论的中心问题有:如何开展县市妇女运动;健全县市妇女会组织;妇女教育及职业问题;妇女会经费问题;其他妇女问题,如监狱里的女犯,禁烟所的女烟犯,卖淫的娼妓,茶坊酒肆旅馆里的女茶房,蓄婢溺婴童养媳等等。④ 四川省妇女代表大会的职权主要有:翻译理监事会之会务报告;通过本会章程;选举理监事;决定经费预算;其他重要事项。⑤

1943 年 8 月 17 日下午,四川省妇女代表大会通过妇女会章程,18 日由教育厅长青年团主任讲演,19 日为改选大会,选举理监事并讨论提案,主席范寓梅报告选举条例,并对候选人的履历逐一进行介绍。候选人中,“她们多半都是各县的参议员,妇女会的常务委员,女子中学的校长,小单位的领袖,一方面的负责人,她们不

① 《四川省妇女代表大会特刊》,四川省妇女代表大会编印 1943 年,第 94—96 页。
② 《四川省妇女代表大会特刊》,四川省妇女代表大会编印 1943 年,第 96 页。
③ 《四川省妇女代表大会特刊》,四川省妇女代表大会编印 1943 年,第 94—96 页。
④ 《四川省妇女代表大会特刊》,四川省妇女代表大会编印 1943 年,第 18—19 页。
⑤ 《四川省妇女代表大会特刊》,四川省妇女代表大会编印 1943 年,第 97—99 页。

仅为社会服务多年,而且在妇女运动上也有着不可漠视的功绩。"①8月20日讨论并通过提案。21日上午为各县市妇女会工作报告,下午为四川省女会理监事就职宣誓及开幕式。22日全体与会代表参观育婴堂和女青年会、农改所等,大会结束。②

四川省妇女代表大会成为妇女们交换意见联络感情的平台,对于推动战时妇女动员意义重大。四川省妇女代表多为教育界人士,事实上"在外面读书的回去的妇女,或当地毕业的妇女,大都在教育界服务,其他各界妇女能够插入的实在很少女子。"③大会的成员多为中小学教员、县参议员,多数具有大学本科或专科学历,应该说是四川省各县市的知识妇女中的杰出代表,对于妇女工作具有相当的能力。

四川省妇女会召集各县市妇女会代表参加讨论,并加强全川妇女工作者和妇女组织的联络与交流。四川省妇女会不仅关注战时妇女工作的开展与推动,而且关注妇女自身权益的争取和实现。对于怎样获得男女的平等,论者认为应该"在工作上来表现妇女的力量,能力与负荷平等,权利自然亦能平等。在战时正是妇女表现能力的时候,男子上前线打仗,妇女应该在生产上加倍努力,从而领导妇女运动,尤其在战时生产方面努力。"④四川省妇女代表大会尤其强调女子教育对妇女工作的重要性。论者认为"关于女子教育问题,尤其重要;因为家庭教育的责任,女子所负的比较重,而且女子性情要较男子柔和,也适宜于教育幼年子女,假使女子教育发达,训普及教育问题即可以解决大半。"⑤

2. 四川全省妇女大会内容

截止到四川省妇女代表大会开幕时,收到工作报告47件,提案45件。⑥ 提案内容涉及妇女教育、妇女动员、妇女刊物、妇女生产、戒赌等方面。黄仲翔表示"妇女要以最大毅力与鸦片烟战,肃清家庭中的烟犯烟匪。"周梅君勉励妇女自身要自省,多提高自身修养。⑦ 眉山、隆昌、泸县、彰明、崇庆、灌县、江津等妇女会指出:

---

① 《四川省妇女代表大会特刊》,四川省妇女代表大会编印1943年,第105—106页。
② 《四川省妇女代表大会特刊》,四川省妇女代表大会编印1943年,第56页。
③ 实繁:《四川妇女的生活状况》,《妇女青年》1933年第49期,第1页。
④ 《四川省妇女代表大会特刊》,四川省妇女代表大会编印1943年,第100页。
⑤ 《四川省妇女代表大会特刊》,四川省妇女代表大会编印1943年,第100页。
⑥ 《四川省妇女代表大会特刊》,四川省妇女代表大会编印1943年,第18—19页。
⑦ 《四川省妇女代表大会特刊》,四川省妇女代表大会编印1943年,第104—105页。

"欲使吾国占半数妇女参加抗战建国,达到理想目的,非与政治力量配合不可"。①
仁寿、达县妇女会提出"请组织四川妇女刊物以利宣传案","请设法举办全省性妇
女刊物"。② 全体会议代表提请"省训团添设妇女干部训练班,各县市举办乡村训
练班案",会议决议"请省妇女会呈四川省社会处核办"。③ 江涧、沪县、江津、崇庆、
资阳等妇女会提请全省"普遍设立托儿所案","其经费在社会事业及救济专款项
下拨给",并创办保育专科学校或训练班。决议"由省妇女会通令各县市妇女会自
行创办"。④ 全体代表提请"募集全川妇女会事业基金案",决议"由省妇女会拟具
办法,通令各县市妇女会办理。"⑤到大会闭幕时,共提出议案 50 件,通过了 49 件,
保留 1 件,临时动议 4 件。⑥

四川省各县妇女会代表普遍建议:女子在家庭应与男子享同等权利;提高女
子政治地位具有学历资历之女子应优先应用;广设妇孺医院;多办福利事业;县参
议会增加女参议员名额;提倡职业教育;组织合作社;加强战时社会服务;健全组
织;训练干部;筹办各种福利事业及儿童保育;党政机关应由妇女科专司妇运事
宜;妇运经费应列入县预算内;妇女教育均等;职业机会均等;保障妇女职业;以大
量经费交由妇女会组织小手工业及征属生产合作社;拟上级妇女会转呈省政府发
的款补助妇女会,以利工作并请调训妇女干部;积极提倡女子教育及训练女子干
部等等。⑦

1943 年 8 月,四川省妇女代表大会"审度时事准绳,遵照中央指示改良妇女生
活,促进妇女教育,培养妇女道德,发展妇女职业,建立妇女经济独立基础,提倡妇
女研究科学兴趣,加强儿童保育事业等原则法规,检讨过去,策励将来。"确定其工
作重心和原则为:"健全全川各级妇女会组织;励行禁烟禁赌及节约运动;切实自
负齐家任务;推动保育工作,普遍设立托儿所;推行生产教育,开办征属工厂;筹办
各项救济事业"。⑧ 四川省妇女会的成立充实了四川的妇女组织,它致力于组织和

---

① 《四川省妇女代表大会特刊》,四川省妇女代表大会编印 1943 年,第 92—93 页。
② 《四川省妇女代表大会特刊》,四川省妇女代表大会编印 1943 年,第 93 页。
③ 《四川省妇女代表大会特刊》,四川省妇女代表大会编印 1943 年,第 91—92 页。
④ 《四川省妇女代表大会特刊》,四川省妇女代表大会编印 1943 年,第 88—89 页。
⑤ 《四川省妇女代表大会特刊》,四川省妇女代表大会编印 1943 年,第 86 页。
⑥ 《四川省妇女代表大会特刊》,四川省妇女代表大会编印 1943 年,第 30—31 页。
⑦ 《四川省妇女代表大会特刊》,四川省妇女代表大会编印 1943 年,第 64—84 页。
⑧ 《四川省妇女代表大会特刊》,四川省妇女代表大会编印 1943 年,第 54—55 页。

动员四川妇女,从事战时妇女工作,并改善妇女生活,促进妇女教育。

四川省妇女会主要任务有:改良妇女生活习惯;发展女子教育;提倡和指导妇女职业;健全和改善家庭组织;健全妇女与儿童保育;保障妇女人权;妇女救济;妇女活动调查统计;妇女问题研究及建议;政府咨询及委托事项等。四川省妇女会分为三组,第一组掌管文书印信,编拟预算决算,会员登记;第二组掌管改善妇女生活习惯,发展妇女教育及职业,妇女人权保障,妇女问题研究及建议;第三组掌管妇女活动调查统计,妇女救济,社会公益,母性健全,儿童保育等。① 比如,1943年三八节,四川省妇女会参与筹备妇女节相关纪念活动,"召集机关法团学校及全市妇女1 000余人在县城中心球场开纪念大会,由地方各首长讲演,散会后分组出发宣传,同日利用周刊及各学校发行特刊壁报标语、传单等,午后分组慰问全市征属,晚间在女中校表演游艺"。②

1943年四川全省妇女代表大会召开,提出一系列加强妇女工作的建议和提案,内容涉及抗战工作、儿童保育、妇女教育、优待征属、政府经费等诸多方面。四川省搭建初步的战时妇女动员组织体系,对于抗战时期的妇女战时动员意义深远。

抗战时期,四川省曾召开全省妇女代表大会,四川省党政部门的妇运领袖、妇女名流及各县市妇女代表出席四川省妇女代表大会,对于抗战时期四川省的妇女工作进行总结、部署和动员,一定程度上推动了四川省的妇女组织和动员工作。

四、四川省妇女工作成效评价

如果说,抗战前期,四川省新运妇女工作委员会在四川发挥了重要的影响,那么在抗战中后期国民党领导四川妇女运动的组织,则主要是依靠四川省新运妇委会、四川省妇女会及各分会的组织。抗战中后期,四川的特殊重要位置,使四川妇女会承担了抗战动员的重要角色,她们以妇女识字教育、妇女职业、妇女参政来唤醒妇女抗战意识,以宣传、捐献、劳军、慰问征属、征募寒衣及文化劳军、劝募、代征属写信的形式开展战时工作。抗战时期的四川妇女会在努力组织妇女,推动战时妇女工作和妇女动员以及妇女参政运动方面做出了积极的努力和尝试。四川省妇女会的妇女动员不仅仅应该让妇女参与战时各项工作,在动员妇女的过程中,

① 《四川省妇女代表大会特刊》,四川省妇女代表大会编印1943年,第97—99页。
② 《四川省妇女代表大会特刊》,四川省妇女代表大会编印1943年,第97—99页。

也应该加强妇女教育和职业培训,使四川妇女的传统观念、生活习惯、自身修养、知识水平甚至是参政意识等等发生变化。

抗战时期,四川省新运妇女工作委员会、四川省妇女会等妇女组织将四川妇女组织动员起来,参加战时妇女工作、教育、宣传、捐献、救济、慰劳甚至耕作等工作。但由于地域文化的限制,妇女知识水平和教育水平的限制,传统观念的束缚,国民政府党政部门仍然是建立在男权中心基础上的,对于妇女工作重视度不够,在经费分配、人事安排协调等方面存在着一定的问题。

四川妇女积极参加生产

资料来源:邝光:《纺织工厂遍布四川各地》,《中华(上海)》1941 年第 101 期,第 24 页。

从国民党党政系统来看,由于根深蒂固的男性中心意识,对于妇运工作的重视不够,他们在经费的分配方面,分配给妇女工作的经费非常有限,四川妇女会能够获得的经费也非常有限。1943 年 8 月,范寓梅主持四川省妇女代表大会时曾指出"川省妇女会,为经费困难所阻,以至数次流产,至今日始告成立,其他困难情形,使人为之表同情"。[1] 在工作报告中,四川省华阳市、新都县、成都市、郫县、彭县、新津县、资阳县、叙永、邛崃、江津县、仁寿县、威远等妇女会都表示"经费无着,

—————————

[1] 《四川省妇女代表大会特刊》,四川省妇女代表大会编印 1943 年,第 104—105 页。

无法推动工作",自贡市妇女会表示"因经费不充足,工作上稍感困难,以致工作未能尽量发展"。各县市妇女会希望上级切实指导,在经费上能够提供固定辅助费,在工作上分别是非,实行奖惩;妇女本身应力除猜忌、内讧等恶习等。各县妇女会希望其经费及人事由县府尽量协助,同时在地方预算内列明妇女补助费及事业费。①

妇女参加纺织生产工作

资料来源:邝光:《纺织工厂遍布四川各地》,《中华(上海)》1941 年第 101 期,第 24 页。

领导妇运工作的党政部门负责人,有的是男性,他们对于男女平等观念和妇女解放运动甚至存在着一定的误解和偏见,在人事安排和协调等方面也存在一定的问题。叙永县妇女会在全省妇女代表大会上有反应"党政当局不协助指导",她们希望今后能够提倡职业教育,组织合作社,加强战时社会服务等。② 四川省各县妇女工作需要党政部分的协助,妇女工作应该"取得社会人士对妇女会的同情,对当地妇女问题切实谋求合理的解放。"③青神、新都县妇女会工作上的困难为"乡区干部缺乏",她们建议:训练妇运干部;给予各级妇运干部以社会服务之优越地位;

① 《四川省妇女代表大会特刊》,四川省妇女代表大会编印 1943 年,第 64—84 页。
② 《四川省妇女代表大会特刊》,四川省妇女代表大会编印 1943 年,第 64—84 页。
③ 《四川省妇女代表大会特刊》,四川省妇女代表大会编印 1943 年,第 32—33 页。

今后意见以先训练干部发展女子教育为原则。资中县妇女会工作上往往感到社会重男轻女之积习为阻止。仁寿县妇女存在着社会重男轻女心病未除,妇女机会太少等问题,表示希望集训妇女干部,建设妇女行政机构。威远妇女会表示干部及技术人员缺乏。简阳妇女会表示"工作上多以工作同志居住地不集中,社会人士多歧视女子,以致工作不易推动。"①

男外女内的经济生产和生活方式没有得到根本改变,男性中心的思想也没有改变,妇女解放受到比较大的阻碍,妇女会任务艰巨,正如其宣言所称:"惟我国妇女因受数千年习俗束缚,女子教育尚在幼稚时期,组织训练缺乏才智,担此重任,不无艰巨难胜之感。我妇女固须群策群力昭勉奋进,切望各界人士指导协助,川省妇运工作,得以顺利进展,尽到完成抗建大业之使命。"②四川处于内陆省份,长期以来妇女知识水平不高,受到落后观念的影响。四川省一般妇女生活多清苦节俭,自贡市、新都、郫县、彭县、新津、新繁、崇宁、资中、资阳、仁寿等县市妇女生活普遍都比较艰苦,除少数女子能生产外,大多数均靠男子生活,农村妇女除料理家务、抚育儿女外,并协助男子,生活极忙苦。③

在实际开展工作的过程中,由于四川普通妇女的知识水平比较有限,对于男女平等基本观念的理解也比较有限,四川妇女解放运动开展存在一定的困难。在全省妇女代表大会中,华阳县妇女会称:因县治中心未决,会员不易召集;一般妇女知识太低,宣传从事妇女运动颇不容易;"现阶段妇运空虚,一般妇女不愿做此种运动,反影响其生计";江津妇女会工作存在的问题为:妇女知识幼稚,不能了解本身责任,她们表示希望"今后妇运应以农村为对象,举办托儿所、妇女补习学校、职业介绍所等为急务"。崇宁县、资阳县等妇女会都表示"妇女知识低落,工作不易推动"。邛崃妇女会表示女子教育不发达、中坚分子缺乏等存在很大问题。彭山县妇女会"工作上之困难以动员各阶层妇女为最难"。新繁县、自贡市等妇女会表示:"一般妇女对妇运极漠视,以致工作不易推动"。④总之,四川妇女的知识水平、教育水平,一定程度上限制了妇女工作的开展。

执政党及政府在开展妇女动员和妇女工作的同时,应该加强妇女的主体性,

---

① 《四川省妇女代表大会特刊》,四川省妇女代表大会编印 1943 年,第 64—84 页。

② 《四川省妇女代表大会特刊》,四川省妇女代表大会编印 1943 年,第 54—55 页。

③ 《四川省妇女会各县市妇女工作报告简表》,《四川省妇女代表大会特刊》,四川省妇女代表大会编印 1943 年,第 64—84 页。

④ 《四川省妇女代表大会特刊》,四川省妇女代表大会编印 1943 年,第 64—84 页。

加强妇女自主意识、男女平等意识的宣传和动员,寻求妇女自身权利和男女平等的意识的觉醒,保障妇女工作经费,加强妇女参加工作的积极性主体性,才能赢得妇女进一步的积极。

第三节　抗战时期浙江省妇运领袖与妇女团体

抗战前后的浙江省的妇女组织较为完备,在浙江妇女协会到浙江妇女会的发展过程,浙江省妇女协会和浙江省妇女会在组织、人事及主要工作的推动方面,有着积极的作为。浙江省妇女会在工作方面主要谋求妇女解放,实现男女平等,以及进行妇女战争动员、推动妇女参政运动等方面。抗战前后的浙江妇女协会和浙江妇女会为浙江省的妇女解放运动和战时妇女动员工作提供了组织力量和妇女领导力量,积极推动了浙江省妇女解放运动和战时妇女动员。对抗战前后浙江省妇女团体的研究,有助于探讨抗战前后各省市县等地方妇女运动的开展状况,也有助于探讨地方女性精英在地方妇运工作中的角色和作用。

抗战时期的妇女组织,除了普遍性的新生活运动总会妇女指导委员会、中国妇女慰劳自卫抗战将士总会、中国战时儿童保育会等外,还有全国各省市县设立的妇女会的组织。对于这一重要的妇女组织,学术界鲜少讨论。[1] 洪宜嫃在《中国国民党妇女工作之研究》中主要介绍了抗战时期国民党领导下的国民党中央妇女运动委员会、新生活运动促进总会妇女指导委员会、三民主义青年团女青年处等妇女组织,对各省市县妇女会较少讨论。[2] 贺艳秋在《浙江妇女发展史》中分析了近代浙江妇女在婚姻家庭生活、经济地位、政治觉悟中的变化,而对抗战前后的妇女组织及妇运领袖鲜少涉及。[3] 夏卫东在研究抗战时期浙江的妇女会时认为,浙江各级妇女会是领导当地妇女运动的主要组织,并分析了其在抗战动员中的作用和角色。然而,他对浙江省妇女会的历史沿革及组织运作、人事关系、妇女领袖等

　　① 夏蓉:《妇女指导委员会与抗日战争》,北京人民出版社 2010 年版;宋青红:《抗日战争与女性动员:新运妇女指导委员会研究》,上海大学出版社 2018 年版;张纯:《抗日战争时期战时儿童保育会研究》,北京团结出版社 2015 年版;黎秀娟:《抗战时期妇女慰劳总会研究》,西南大学 2015 年硕士学位论文。
　　② 洪宜嫃:《中国国民党妇女工作之研究》,台北"国史馆"2010 年版,第 195—225 页。
　　③ 贺艳秋:《浙江妇女发展史》,杭州出版社 2013 年版。

层面并未进行细致的分析。① 事实上，抗战时期的妇女工作离不开全国各地的妇女组织和妇运精英。对以宋庆龄、邓颖超、史良、宋美龄为代表的上层女性精英的角色和作用，学术界已经有较多的研究和论述，②然而对于各省市县层面从事妇女工作的中下层的女性精英在妇女工作中所发挥的作用和角色，鲜少研究。笔者拟将研究视角下移到省市县的妇女工作和妇女领袖，聚焦抗战时期浙江省妇女团体，描述和分析地方女性精英的妇运工作及妇运角色，会发现他们共同构筑起民族解放和妇女解放的双重图谱。

一、抗战时期浙江省妇女组织

抗战时期浙江省妇女组织，有浙江省新运促进会妇女工作委员会、浙江儿童保育会、浙江妇女会等组织。浙江省新运促进会妇女工作委员会成立较早，1937 年的工作有：①游艺大会：为扩充新运起见，该会特于 11 月 12 日在西湖大礼堂举行游艺大会。招待各界妇女。参加表演的有国立艺专剧社、建设厅公余社、省立女中、书农小学、弘道女中。②妇女救护训练班：以灌输妇女救护常识，及技能之学习，俾便应付非常时期之需要。由该会第一次干事会议，推定杨佩金、陶虞笙二委员负责筹备。③女庸训练班：以灌输女庸常识，及励行家庭新生活为目的。会中由第一次干事会议，推定委员负责担任教师。假杭州市党部大礼堂为训练场所，初报名者甚为踊跃。③

浙江儿童保育会有儿童保育会浙江分会、碧湖第一保育院、云和第二保育院等。1940 年，儿童保育会浙江分会的工作如，该会在金华民众教育馆举行婴儿健康比赛之时赠予获奖者银瓶一对，以资鼓励；组织出征将士家属访问队，分三组出发，访问金华城区征人家属计 80 余家；出版儿童节纪念壁报数张；举行招待征人家属子弟茶会到会者 40 多人，首由该会报告儿童节与招待征人子弟的意义，继由台湾少年团唱歌、演讲，情绪激昂，征人家属颇受感动，最后发给该会小朋友每人各糖果一袋，国旗徽章一只以资纪念。碧湖第一保育院的工作有：举行隆重纪念

---

① 夏卫东：《抗战时期的浙江妇女会》，《杭州师范大学学报（社会科学版）》2019 年第 2 期。

② 参见尚明轩主编：《宋庆龄年谱长编 1893—1948》，北京出版社 2002 年版；中共中央文献研究室编：《邓颖超》，中央文献出版社 2004 年版；周天度、孙彩霞著：《史良》，群言出版社 2013 年版；沈丽娅：《宋美龄战时妇女工作研究》华中师范大学硕士 2008 年学位论文。

③ 《浙江省妇女工作委员会三种活动》，《妇女新生活月刊》1937 年第 3 期，第 65 页。

仪式,并由黄绍竑夫人蔡凤珍①亲自莅院检阅童子军技术表演一;全院七百余院童每人出去交一个小朋友并邀请他们当晚来院看戏;举行婴儿健康比赛;当晚公演抗敌话戏,高年级担任演剧,幼稚班负责歌咏。观众二千多,情绪非常高涨。②

1939 年,《浙江妇女》记载浙江省先进有:"女参议员吴曼倩已赴沪,毛彦文则回江山原籍领导妇女工作。省妇女会整理员办事处主任为黎沛华,副主任兼秘书为邹稚蕙。省妇女会常务理事梁杰,近日到金华来召开前方将士鞋袜征募委员会结束会议。"③国民党善于用官太太进行妇女工作,比如宋美龄领导新运促进总会妇女指导委员会的工作,亲自担任指导长。各省妇女工作委员会也多由官太太担任,比如浙江省妇女工作委员会由黄绍竑夫人亲自领导。浙江省妇女会由浙江省财政厅长的黄祖培的夫人黎沛华等人领导。

浙江省也用社会名流参加妇女工作,比如吴曼倩(生卒年不详),女,浙江东阳人。1928 年春任杭州市立天长初级小学校长。该校初在竹竿巷天长寺内,房屋阴暗潮湿,不宜办学。后觅得孝女路空地,得杭州市政府支持,在该地新建校舍;因建房款不足,她曾向社会募捐并以自己积蓄款支助。1931 年,原三个复式班迁入新校舍,并增办高年级和幼稚园,学校改名天长小学,成为兼有幼稚园的完全小学。1932 年,学校被杭州市政府指定为市实验小学。她注重聘请学识丰富、工作踏实的教师,制订各项规章制度,并组织对教学方法的试验研究,使教学质量不断提高,学校逐渐成为在杭州市有影响的小学之一。④

二、浙江省妇女协会组织成立

1. 浙江省妇女协会的成立

抗战前后,浙江省妇女团体经历了从妇女协会到妇女会的发展过程。1927 年,浙江省妇女协会宣告成立"为什么要组织妇女协会?"正如范爱伦所言,"简单的说便是要借团体的力量来负起妇女运动的工作,妇女运动便是要解决妇女问题,而妇女问题的中心目的便是要摧毁这以男子独裁的畸形社会,打破妇女的奴隶地位,建设起一个完全男女平等的新世界,换一句话说,就是再求妇女在法

---

① 杭州市教育委员会编纂:《杭州教育志 1028—1949》,浙江教育出版社 1994 年版,第 620 页。
② 《浙江儿童保育会暨保育院本年儿童节活动简报》,《浙江妇女》1940 年第 2 卷第 3/4 期,第 37 页。
③ 《本省先进妇女近况》,《浙江妇女》1939 年第 2 期,第 70 页。
④ 杭州市教育委员会编纂:《杭州教育志 1028—1949》,浙江教育出版社 1994 年版,第 620 页。

律上、政治上、经济上、教育上及社会上一切地位,与男子享有平等的权利。为要图谋达到上述目的起见,便产生了妇女参政、妇女教育、妇女职业等等具体运动。"①

浙江省妇女协会"以团结妇女共谋解放,并参加国民革命,促进平民主义之实现为目的",地址设于浙江省党部省政府所在地,设执行委员会和监察委员会,并下设各县市妇女协会。根据《浙江省妇女协会章程》,浙江省妇女协会设执行委员五人,候补执行委员二人,组织执行委员会;设监察委员三人,候补监察委员一人,组织监察委员会。执行委员会下设总务、组织、宣传、训练、救济等五科,由总务科掌理文书交际庶务会计等事项;组织科掌理所属各县市妇女协会之组织指导及调查统计等事项;宣传科掌理一切宣传及出版事项;训练科掌理妇女之思想的行动的政治的经济的各种训练及创办各种妇女补习学校暨其他娱乐事项;救济科掌理被压迫妇女的救济事项。② 它的最高权力机关为全省代表大会,每年举行一次,其职权有:①接纳各县市妇女协会的意见,审查前执行委员会及监察委员会的会务报告;②修订本会章程;③决定该会妇运进行方案;④审查浙江省妇女协会的财政;⑤选举或罢免该会执监委员。③ 其义务顾问有秦绥章、张烈范、万德懿、朱启辰、汤蔼吉、何涬等律师。④

1927 年 6 月,浙江省党部改组委员会妇女部部长徐宝驹委派毛彦文、许碧筠、王薇、陆翰琴、张洁等 11 人为浙江省妇女协会筹备委员,先后成立 22 县妇女协会。1927 年 12 月 26 日在浙江省党部举行浙江省各县妇女代表大会,到会者有宁波、余杭、武义、东阳、泰顺、崇德、平湖、临安、上虞、黄岩、永嘉、瑞安、杭县、永康、衢县、寿昌、江山等十七县,到会代表有钱英、刘澄宇、吴文澜、韩亚兰等 20 人。大会选举毛彦文、钱英、许碧筠、王薇、褚寿康、郑素侠、刘澄宇、倪华、陈秾、吴文澜、潘韵琴等 11 人为浙江省妇女协会执行委员,选举蔡叔慎、高帼英、谢瑞卿、陆翰琴、王沸冰、李振夫为候补执行委员,并推毛彦文、王薇、褚寿康三人为常务委员。浙

---

① 范爱伦:《妇女协会结束后本省妇女运动应该怎样》,《浙江省妇女协会工作汇刊》,浙江省妇女协会 1930 年 12 月编印,第 30—36 页。

② 《浙江省妇女协会章程》,《浙江省妇女协会工作汇刊》,浙江省妇女协会 1930 年 12 月编印,第 228—231 页。

③ 《浙江省妇女协会章程》,《浙江省妇女协会工作汇刊》,浙江省妇女协会 1930 年 12 月编印,第 228—231 页。

④ 《浙江省妇女协会现任义务顾问一览表》,《浙江省妇女协会工作汇刊》,浙江省妇女协会 1930 年 12 月编印,第 243 页。

江省妇女协会内部分为总务、组织、宣传、调查、交际、游艺等六股,并聘傅郁兰为秘书。①

1928年9月复由浙江省党务指导员委员会根据国民党中央法令指派冯兰馨、傅郁兰、王薇、王璧华、钱匡权、林松、诸华仙等六人为整理委员,成立整理委员会,并赴各县,会同县党部办理登记,同时指导各县县妇女协会改组成立。② 1928年11月20日,浙江省妇女协会各县代表大会在浙江省会召开,选举吕云章、夏同文、任芝英、钱匡权、王璧华、林松、王逊仙、褚闺秀、诸华仙、顾瑛等为执行委员。1929年10月16日又召集浙江省各县代表大会,选举夏同文、任芝英、王薇、范爱伦、刘芸影、胡春姣、李含英、沈明志等十四人为候圈执行委员,并选黄佩秋、张冠坤、林松等八人为候圈监察委员,经浙江省执行委员会圈定,夏同文、任芝英、王薇、范爱伦、刘芸影为执行委员,曹咏裳、钱匡权为候补执行委员,林松、黄佩秋、张冠坤为监察委员,牟宝铨为候补监察委员,于1929年11月9日在浙江省党部大礼堂宣誓就职。③

1929年11月,浙江省妇女协会执行委员会第一次临时会议,刘芸影、范爱伦、任芝英出席,曹咏裳、陈文祝、省党部训练部长李超英列席,任芝英主持会议,决议事项主要有:①准予王薇产假两星期,职务暂由第二候补委员钱匡权代理;②公推任芝英,范爱伦负责起草浙江省妇女协会工作计划大纲案;③公推刘芸影、曹咏裳负责起草浙江省妇女协会办事细则案;④公推任芝英、刘芸影负责起草浙江省妇女协会预算标准案;⑤规定该会办公时间暂定上午8点至11点,下午1点至四点半。④

同月,浙江省妇女协会执行委员会第一次会议召开,刘芸影、任芝英、王薇、范爱伦、夏同文等人出席,曹咏裳列席,夏同文主持会议,报告此次圈定执监委员及代表大会经过情形。决议事项有:①决定11月4日推定刘芸影、范爱伦负责接收

---

① 《本会成立之沿革》,《浙江省妇女协会工作汇刊》,浙江省妇女协会1930年12月编印,第49—51页。

② 《本会成立之沿革》,《浙江省妇女协会工作汇刊》,浙江省妇女协会1930年12月编印,第49—51页。

③ 《本会成立之沿革》,《浙江省妇女协会工作汇刊》,浙江省妇女协会1930年12月编印,第49—51页;《浙江省妇女协会执行委员兼各科主任一览表》,《浙江省妇女协会工作汇刊》,浙江省妇女协会1930年12月编印,第243页。

④ 《浙江省妇女协会执行委员会历次委员会议录:浙江省妇女协会执行委员会第一次临时会议录》,《浙江省妇女协会工作汇刊》,浙江省妇女协会1930年12月编印,第133页。

前届省妇女协会。②决定 11 月 4 日浙江省妇女协会开始办公及启用钤记。③经票选,王薇担任常务委员兼总务科主任,任芝英担任执行委员兼组织科主任,范爱伦担任执行委员兼训练科主任,刘芸影担任执行委员兼宣传科主任,夏同文担任执行委员兼救济科主任。后因夏同文因事不及兼顾辞职,由曹咏裳递补。④经王薇同志提议,拟聘陈文祝为干事。①

1929 年 11 月 19 日,浙江省妇女协会执行委员会第二次会议,钱匡权、范爱伦、任芝英、曹咏裳等人出席,钱匡权主席,讨论和决议事项有:①推范爱伦担任杭州各界反俄宣传委员会会计;②由救济科调查缪王氏被夫遗弃案;③令新昌县妇女协会查明该县陈香芬"被夫强勒为娼及虐待"案;④照原案通过任芝英、刘芸影拟定的该会预算书案;⑤推王薇审查由范爱伦、任芝英拟具的该会工作计划大纲;⑥推任芝英审查由刘芸影、曹咏裳拟具的该会办事细则;⑦决议通过"任芝英同志提请省党部从速颁发本会钤记案";⑧通过代理常务委员钱匡权提议的"请追任范爱伦同志为出席杭州各界对俄外交后援会委员案";⑨决议通过"代理常务委员钱匡权同志提议请追任慰劳东北将士赠品案"。②

1929 年 12 月 11 日,浙江省妇女协会执行委员会临时会议,范爱伦、王薇、曹咏裳、任芝英等人参加,候补执委钱匡权和浙江省训练部民训科总干事张万鳌列席,王薇主持。主要事项有:①刘芸影因事请假,由候补执委钱匡权替补,有临时表决权;②报告各处来文;③钱匡权报告代理常务兼总务时经费收支情形;④各科报告工作情形。决议事项有:①该会新预算未经省党部核准之前,照原定 300 元编造预算书,并推定任芝英负责办理;②推范爱伦代表该会出席杭州市各界对俄外交后援委员会;③继续聘请朱启辰,汤蔼吉,万德懿,张烈范为该会义务律师并推往王薇、钱匡权备函面请接洽;④照准呈请浙江省党部转函省政府,通令各属遵办,并祈转呈中央从速颁发废妾法令;⑤由救济科查明孔雪雅被夫虐待及遗弃案。③

1929 年 12 月 14 日,浙江省妇女协会执行委员会第四次会议,刘芸影、曹咏

① 《浙江省妇女协会执行委员会历次委员会议录:浙江省妇女协会执行委员会第一次会议录》,《浙江省妇女协会工作汇刊》,浙江省妇女协会 1930 年 12 月编印,第 131—133 页。

② 《浙江省妇女协会执行委员会历次委员会议录:浙江省妇女协会执行委员会第二次会议录(十一月十九日)》,《浙江省妇女协会工作汇刊》,浙江省妇女协会 1930 年 12 月编印,第 133—136 页。

③ 《浙江省妇女协会执行委员会历次委员会议录:浙江省妇女协会执行委员会临时会议录(十二月十一日)》,《浙江省妇女协会工作汇刊》,浙江省妇女协会 1930 年 12 月编印,第 136—137 页。

裳、范爱伦、王薇、任芝英出席,讨论和决议事项主要有:①推刘芸影出席杭州市政府国货运动;②"杭县党部来函为钱赵氏诉盛康氏食言,不予赔偿被灾损失,请求援助",决议函杭县党部将钱赵氏住址查明函复;③孔雪雅被家庭遗弃,已查明,决议交救济科调解;④照原稿通过任芝英所提该会预算书;⑤通过刘芸影所提该会刊物因经费关系,兹由周刊改为月刊;⑥推定范艾伦负责剪报。[①]

1929年12月21日,浙江省妇女协会执行委员会第五次会议召开,范爱伦、王薇、刘芸影、曹咏裳、任芝英出席,王薇报告上次会议决议案及执行经过情形,各科报告工作经过情形。讨论事项主要有:①交救济科切实调查关于"王沈氏来呈为被翁强迫作妻"案;②推曹咏裳出席浙江省执委会12月25日云南起义纪念活动;③派干事陈文祝出席12月21日下午召开的总理诞辰纪念筹备会;④推范艾伦、刘芸影为浙江省识字运动宣传委员会委员;⑤通过王薇所提"本会证章多数业经遗失,拟予重制,当否请公决案",由常务委员负责办理;⑥关于范艾伦同志所提关于"报载拱宸桥商民呈请市府从缓取缔娼妓",决议函市府应予不准所请,并呈请省执委会转呈中央令饬外交部制止日租界收容娼妓。[②]

1929年12月28日,浙江省妇女协会执行委员会第六次会议召开,王薇、刘芸影、范爱伦、曹咏裳等出席会议,报告事项主要有:训练科报告出席庆祝元旦筹备会工作经过情形并推定本会为委员兼会计主任,宣传科报告出席国货提倡委员会工作经过情形并推定本会委员兼审查科主任。之后,1930年的1月4日、1月11日、1月25日、2月13日及2月22日,分别召开了浙江省妇女协会执行委员会第七次、第八次、第九次、第十次及第十一次会议。[③]

1939年12月28日,浙江省妇女协会第二次全省代表大会召开,重要决议有:①呈请省党部转呈中央取缔侮辱女性之文字案;②呈请省党部转呈中央从速实行男女同工同酬案;③呈请省党部转函浙江省政府教育厅,通令各县教育局设立全

---

① 《浙江省妇女协会执行委员会历次委员会议录:浙江省妇女协会执行委员会第四次至三十八次会议录(1929年12月14日至1930年11月7日)》,《浙江省妇女协会工作汇刊》,浙江省妇女协会1930年12月编印,第137页。

② 《浙江省妇女协会执行委员会历次委员会议录:浙江省妇女协会执行委员会第四次至三十八次会议录(1929年12月14日至1930年11月7日)》,《浙江省妇女协会工作汇刊》,浙江省妇女协会1930年12月编印,第138页。

③ 《浙江省妇女协会执行委员会历次委员会议录:浙江省妇女协会执行委员会第四次至三十八次会议录(1929年12月14日至1930年11月7日)》,《浙江省妇女协会工作汇刊》,浙江省妇女协会1930年12月编印,第137—171页。

省平民学校案;④各县应急设妇女工艺所以救贫苦妇女案,决议呈请省党部转函省政府,令饬各县政府从速设立等案。① 浙江省妇女协会在开展各项活动期间,各项收支较为紧张,并曾呈请浙江省执行委员会,称:1928 年 12 月,浙江省执行委员会核准每月开支三百元,按月支给,"惟现值妇女运动力求发展之时,一举一动在在需款,而生活程度又愈趋愈高,所有核定数目虽遵节开支,仍不足以敷支出,照目前生活程度似非增高预算不能应付,为此造具新预算书一份。"②1930 年三八妇女节,浙江省妇女协会呈请浙江省执行委员会训练部拨款补助,三八节游艺大会经费需款 200 元,"除由属会余存款项下支付外,尚差一百元,呈请钧部临时津贴以资开支。"③然而事实上,浙江省执行委员会训练部只拨款 50 元,各项收支核算后,只结存 8.769 元。④ 浙江省各县妇女协会先后成立,据 1930 年 12 月的《本会所属之各县妇女协会》统计显示,已正式成立者有宁海、遂安、东阳、江山、镇海、绍兴、寿昌、诸暨、常山、永嘉、鄞县、衢县、兰溪、上虞、淳安、平阳、龙游、建德、黄岩、临海、永康、平湖、嘉兴、金华、慈溪、崇德、嘉善、奉化、萧山、余姚、新昌等 31 县,尚在整理者有余杭、吴兴、瑞安、昌化、开化、松阳、分水、天台、桐庐、缙云、丽水、临安、富阳、杭县、德清等 15 县,已正筹备新登、乐清、长兴等 3 县。⑤ 据浙江省妇女协会组织科制作的《浙江省各县妇女协会会员人数比较图》,1930 年浙江省各妇女协会会员人数如下:富阳县 40 人,龙游县 50 人,诸暨 78 人,鄞县 105 人,江山 45 人,宁海 126 人,平阳 112 人,昌化 15 人,余姚 72 人,遂安 42 人,镇海118 人,衢县 94 人,缙云 108 人,嘉兴 28 人,奉化 95 人,德清 22 人,兰溪 155 人,永嘉 635 人,淳安 188 人,萧山 185 人,丽水 112 人,东阳 75 人,绍兴 89 人,新昌18 人。 ⑥

① 《呈浙江省执行委员会:为呈送第二次全省代表大会决议案四件请予核转由》,《浙江省妇女协会工作汇刊》,浙江省妇女协会 1930 年 12 月编印,第 118 页。
② 《呈浙江省执行委员会:为呈请增加预算由》,《浙江省妇女协会工作汇刊》,浙江省妇女协会1930 年 12 月编印,第 110 页。
③ 《呈省执行委员会训练部:为呈请拨给三八节游艺大会经费由》,《浙江省妇女协会工作汇刊》,浙江省妇女协会 1930 年 12 月编印,第 111 页。
④ 《收支对照表(1930 年 3 月份三八节)》,《浙江省妇女协会工作汇刊》,浙江省妇女协会 1930 年12 月编印,第 226 页。
⑤ 《本会所属之各县妇女协会》,《浙江省妇女协会工作汇刊》,浙江省妇女协会 1930 年 12 月编印,第102—103 页。
⑥ 《浙江省各县妇女协会会员人数比较图》,《浙江省妇女协会工作汇刊》,浙江省妇女协会 1930 年12 月编印,第 241—242 页。

到浙江省妇女协会请求援助的妇女中,有婢仆 20 人,学界妇女 8 人,农妇 14 人,工妇 98 人,军政界妇女 48 人,商家妇女 43 人。[①] 其中,被遗弃的 77 人,强迫婚姻 6 人,被人诱卖 14 人,被人占夺财产 5 人,请求离异 42 人,被迫致死 2 人,请求脱离婢女 7 人,请求脱童养媳 9 人,请求脱离小妾 9 人,请求脱离妓女 1 人,隐瞒重婚 5 人,为赘婚不顾赡养请求援助者 2 人,为夫死遭翁强奸请求分居 1 人,为夫疯癫请求分居 1 人,为家庭压迫禁止求学 1 人,被翁姑虐待请求分居 42 人。[②]

2. 浙江省妇女会改组成立

1930 年,浙江省妇女协会组织内容已与国民党中央颁布的妇女团体组织大纲的规定略有不合,所以经省党部呈准,国民党中央予以一律改组,其更名为妇女救济会。然而"妇女救济会的范围是多么狭小,不能包括妇女运动的全部工作"。[③]于是,根据《浙江省各县市党部指导妇女救济会改且及组织妇女会办法》规定,"凡本省各县市旧有之妇女协会妇女救济会等妇女团体一律改组为县市妇女会,其未组织妇女团体者亦应分别依法组织,各县妇女会概由当地高级党部直接指导督促改组或组织成立。"1932 年,在经过登记会员、拟订章程、举行改组成立大会之后浙江省各县市妇女会改组成立。[④]

1934 年,国民党中央变更民众团体组织法,规定妇女协会一律改称为妇女会并提出妇女会要以唤起妇女之国民责任心,提高其道德与智能参加国民革命,增进自身及国家之福利为宗旨。至此,沉寂已久的各省市县妇女运动又渐渐活跃起来,树立起妇女会的旗帜。妇女会的任务有:改良妇女生活及习惯;发展女子教育;发展女子职业;妇女运动各种调查;妇女运动宣传;健全家庭组织及改善;民族生存之母性健全;保障妇女人权;妇女救济;发展社会公益等事项。[⑤]

浙江省丽水、临安等十五县发起组织浙江省妇女会,推定临安、嘉兴、鄞县三县为申请代表,吕晓道、蔡云湄、章兴亚、何汇莲、沈湘为筹备员,经浙江省执行委

---

① 《本届请求援助之各阶级被压迫妇女比较表》,《浙江省妇女协会工作汇刊》,浙江省妇女协会 1930 年 12 月编印,第 253 页。

② 《本届请求援助之被压迫妇女案情比较表》,《浙江省妇女协会工作汇刊》,浙江省妇女协会 1930 年 12 月编印,第 255—257 页。

③ 范爱伦:《妇女协会结束后本省妇女运动应该怎样》,《浙江省妇女协会工作汇刊》,浙江省妇女协会 1930 年 12 月编印,第 30—36 页。

④ 《浙江省各县市党部指导妇女救济会改组及组织妇女会办法》,《浙江党务》1933 年第 147 期,第 18—19 页。

⑤ 雯翼:《浙江省妇女会代表大会纪》,《妇女共鸣》1934 年第 3 卷第 6 期,第 42—50 页。

员会第 67 次委员会议决议,准予备案,并派浙江省民众运动指导科主任蒋卿云为浙江省女会组织指导员。1934 年 2 月 21 日开第一次筹备会议,推吕晓道为筹备委员、章兴亚为秘书,1934 年 3 月 1 日正式开始办公。内部组织原设干事一人,后以经费关系裁撤。①

浙江全省妇女会成立大会留影

资料来源:吴嘉生:《浙江全省妇女会成立大会留影》,《中华日报新年特刊》1934 年新年特刊,第 13 页。

浙江省妇女会成立之初的三个月,主要工作有以下几个方面:①完成全省妇女会组织:已成立妇女会者有 42 县市,尚有 33 县未成立妇女会,分别函请未成立妇女会之县党部督促指导成立,并呈请省党部转饬限期指导成立;②征求会员,函征各县妇女会一律加入为会员。计函复加入为会员者有杭州市海宁、富阳、余杭、临安、于潜、昌化、嘉兴、嘉善、海盐、崇德、平湖、鄞县、慈溪、镇海、绍兴、萧山、诸暨、上虞、嵊县、新昌、温岭、宁海、金华、兰溪、东阳、武义、永康、义乌、浦江、汤溪、衢县、龙游、江山、建德、淳安、寿昌、永嘉、瑞安、平阳、丽水、缙云、遂昌、庆元、云合等 45 县,会员总数共 2 890 人;③拟定章程草案;④拟定大会法规召开代表大会,经拟定者有浙江省妇女会会员代表大会组织规程、主席团组织规程、代表资格审

①　雯霙:《浙江省妇女会代表大会纪》,《妇女共鸣》1934 年第 3 卷第 6 期,第 42—50 页。

查、审查委员会组织规程、议事规则,以及浙江省妇女会理事选举条例、选举细则、选举规则等九种。

三、浙江省妇女会全员代表大会

1. 浙江省妇女会第一次会员代表大会

1934年6月14日,浙江省妇女会第一次会员代表大会在浙江省党部大礼堂召开,到会代表有龙游余琰卿,平阳曹咏裳,衢县郑佩玉,瑞安彭雅兰,汤溪何美菊,昌化徐陈斌、谢玉翠,兰溪徐梅英、钟兰珍,东阳韦静研,建德胡占先,淳安洪冬香,鄞县蔡云湄,嵊县查庄华、丁素卿,海宁丁曾岑,浦江张月生,富阳陈树信,温岭阮诗观,平湖陆毓林,於潜张翠,义乌赵淑媛,武义陈梅仙、汤文卿,嘉善夏同文,嘉兴褚惠子、汪淑先,崇德孙纺云,慈溪俞昭,新昌俞希昭、杨雪梅,余杭章荫松,杭市吕坤英、曾淑仪、顾彤光、陈文祝、梁杰,金华朱旦露,江山王者香,镇海詹乃箴,临安叶佩菁,寿昌吕爱香,绍兴杨芝轩、任芝英,缙云杜菊卿等48人。[①]

此外,浙江省党部省政府及各团体均有代表参加。于是浙江省妇女运动重新复活了,正如大会主席吕晓道所指出的:"今天是浙江省妇女运动复活开始的第一天","我浙妇女运动,在过去虽然没有多大成绩,但是轰轰烈烈,曾经一度努力"。[②]

浙省会各校女生参加三八国际妇女节纪念会

资料来源:徐雁影:《浙省会各校女生参加三八国际妇女节纪念会》,《学校新闻》1937年第51期,第2页。

---

① 雯霙:《浙江省妇女会代表大会纪》,《妇女共鸣》1934年第3卷第6期,第42—50页。
② 雯霙:《浙江省妇女会代表大会纪》,《妇女共鸣》1934年第3卷第6期,第42—50页。

吕晓道指出浙江妇女运动努力的方向：第一，今后是应当参加国民革命，从事努力建设工作；第二，应当注意到多数农工妇女及家庭妇女，特别要训练家庭妇女，领导她们来参加我们的队伍，努力于新生活运动；第三，二十世纪时代的新妇女的责任，不仅仅限于做贤妻良母，还应与男子共同负担服务社会与救国的责任；第四，努力于生产事业，要多做生产工作；第五，要努力实现以上的愿望，先要培植妇女自己的能力，一方面自己要多读书，一方面还要多教书，多做识字运动工作，扫除妇女文盲，在知识技能上求平等。"①

6月14日下午，由筹备员章兴亚报告筹备经过，并推选曾淑仪、叶佩菁、胡占先三人为主席团主席，吕晓道、胡占先、任芝英、章兴亚、曾淑仪等5人为提案审查委员，夏同文、章兴亚、蔡云湄三人为宣言起草委员。15日，通过决议案19件，包括：呈请中央通知各地党政机关按月补助妇女会经费案；县市妇女会应设立职业介绍机关案；厉行教育普及，并切实注意男女教育机会均等案；呈请省党部转呈中央规定国民大会妇女代表案；呈请中央筹设各省县托儿所案；定期举行妇女问题展览会案；呈请中央设立民用航空学校，兼招女生，造就女子飞行人才案；各县节孝祠田产应由妇女会经管配用案；筹设女子平民工厂，以资救济贫苦妇女，俾得增加生产效力案；确定今后妇运工作方针案；各项妇女会应负责组组织妇女服用国货会案；禁止以妇女为商标案；切实推行新运，以尽妇女责任完成生活革命案；筹设各县妇女救济所，以救济被压迫妇女案；呈请省政府通令，各县筹设助产学校案；呈请中央严令，全国禁止纳妾案；分呈省党部省政府通令所属各机关，在可能范围内任用女职员，以符定章而振女权案；改善保良所及育婴所现行制度案。

1934年6月16日选举理事后，浙江省妇女会第一次会员代表大会宣告闭幕。选举理事分别为曾淑仪（兼常务理事）、章兴亚（兼常务理事）、夏同文（兼常务理事）、梁杰、叶佩菁、胡占先（兼总务科主任）、蔡云湄、吕晓道、任芝英、顾彤光（候补理事）、徐璧君（候补理事）、吕坤英（候补理事）、曹咏裳（候补理事）、陈文祝（候补理事）等人。② 到1934年6月，浙江省各市县妇女会会员人数统计如下：余杭妇女会38人，嘉兴妇女会51人，海盐县妇女会51人，崇德县妇女会42人，新昌妇女会64人，温岭妇女会47人，兰溪妇女会88人，金华妇女会21人，汤溪妇女

---

① 雯冀：《浙江省妇女会代表大会纪》，《妇女共鸣》1934年第3卷第6期，第42—50页。

② 鹃鹃：《浙江省妇女会组织概况及整理经过（附图表）》，《浙江民众》1940年第1卷第3期，第36—39页。

87人,寿昌妇女会73人,永嘉妇女会109人,瑞安妇女会29人,丽水妇女会32人,合计妇女会成员732人。① 1936年5月,浙江省各县市妇女会负责人分别为:杭州市妇女会负责人何家瑜,杭县殷珂、海宁丁曾岑、富阳李云生、余杭杨逸轩、平湖夏苹芳、孝丰邵文冠、鄞县蔡云湄、慈溪俞昭、镇海金尚荣、嵊县丁素卿、新昌高桂华、临海朱霞卿、黄岩牟宝瑨、温岭叶培卿、永康朱宝研、义乌李含英、浦江陈兰棠、宣平潘翠楼、汤溪邵如金、永嘉胡可追、乐清石雪鸿、瑞安林贞华、平阳曹咏裳、丽水杨春翠、临安周菊英、于潜黄秀珠、昌化陈柳仙、嘉兴褚惠子、嘉善夏剑飞、海盐沈蕴华、崇德孙纺云、南田朱维清、绍兴任芝英、云和徐梅萼、萧山王菊英、诸暨何晓梅、余姚毛体健、上虞高淇轩、宁海项德培、天台王晓霞、仙居孔娟兰、金华朱旦霞、兰溪何侠琴、东阳程葵珠、武义汤文卿、衢县郑佩玉、龙游陈璐卿、江山王者香、建德洪宝春、淳安汪鸾姣、寿昌吕爱香、分水陈玉兰、青田陈英、缙云杜菊卿、松阳何娇如、遂昌童举任、龙泉张福珠、庆元姚傅姚、雪和徐梅萼。② 可见,浙江省各县市妇女会有非常严密的组织。1936年,浙江省妇女会为使一般失学妇女觅得求学之机会,特于性存路十四号开办妇女补习学校,招收妇女失学四十名,每日下午一时半至五时为上课时间,所有学费杂费等一律免收。③

2. 浙江省妇女会第二次会员代表大会

浙江省妇女会第一届理事会会址,在杭州性存路十四号,自抗战军兴省会沦陷后,即迁往兰溪办公,1938年秋奉命改迁金华,1939年春,浙江省党部战时推进民众团体工作员会举办省妇运干部训练班,该会负责人被派往担任重要职务。浙江省妇女会随妇训班迁往方岩,会址设在方岩五峰路。1939年,浙江省党部以浙江省妇女会职员星散,陷于会务停顿的状态,为健全妇女会组织,加强妇运工作起见,由战时推进民众团体工作委员会,拟订浙江省妇女会调整计划草案,派黎沛华、钱英、邹稚蕙、徐若萍、李家应、魏冰如(其后辞职,改派顾华元充任)、梁杰、曾淑仪、褚寿康等九人为整理员,方青儒、毛彦文、吴曼倩、田春霞为整理指导员。1939年7月6日召开整理员会议,互推黎沛华、邹稚蕙为正副主任,成立浙江省妇女会整理员办事处。整理期间为三个月,需完成登记旧会员,征求新会员,指导各

① 《浙江省各市县妇女会佛教会及自由职业团体会员数一览表(1934年6月)》,《浙江民政月刊》1935年第5卷第4期,第16—17页。

② 鹃鹃:《浙江省妇女会组织概况及整理经过(附图表)》,《浙江民众》1940年第1卷第3期,第36—39页。

③ 《省妇女会补习校定期召开》,《浙江省民众教育辅导半月刊》1936年第3卷第5期,第306页。

县分会健全,召开会员代表大会,并选举理事等任务。后因理事工作延长,1939 年 12 月 28 日才正式举行第二次会员代表大会。①

　　1939 年 12 月 28 日,浙江省妇女会在永康县方岩程振兴旅馆大礼堂召开第二届会员代表大会,互推黎沛华、邹稚蕙、褚寿康为大会当然主席,并由大会代表中推选周曼硕、乌宗清担任主席,组织成立主席团。后因褚寿康代表省妇女会参加浙江省前线慰劳团未能担任大会主席,改由钱英担任。大会秘书长由徐若萍负责,于 1939 年 12 月 22 日成立大会秘书处,聘任伍华麟担任总务股股长,姜梅英担任文书股股长,沈如琛为大会秘书,钱行之为议事股股长。大会秘书处办公地点在永康方岩程振兴旅馆,开会地点即在该处大礼堂。② 浙江省妇女会第二次会员代表大会各县代表出席会议有共 51 人,列席省党政机关,团体代表新闻记者及旁听者 40 余人。如下表所示:

浙江省妇女会会员录

会员名称	常务理事姓名	出席大会代表姓名	会员名称	常务理事姓名	出席大会代表姓名
富阳县妇女会	李云珍	杨文郁	南山县妇女会	张惟清	江彩云
遂昌县妇女会	王瑾如	童举任	寿昌县妇女会	陆清苑	潘鹤仙
云和县妇女会	高采芹	高华娟	龙泉县妇女会	周治	周治
景宁县妇女会	李月新	李月新	平阳县妇女会	陈皎萍	陈士巾
新昌县妇女会	吕小娟	俞希照	瑞安县妇女会	陈绮湘	陈绮湘
永康县妇女会	吴秋枚	吴秋枚	汤溪县妇女会	姜朗华	宋素贞
常山县妇女会	余芝华	余定真	绍兴县妇女会	任芝英	王玉振
淳安县妇女会	应友	鲁冰	兰溪县妇女会	胡占先	胡玉凤
安吉县妇女会		许斐然	建德县妇女会	胡亦庄	胡亦庄
开化县妇女会	王世英	徐爱媛	临海县妇女会	朱蓉菊	曹素青
缙云县妇女会	包萃	包萃梅	昌化县妇女会		凌文英
乐清县妇女会	周品华	周品华	江山县妇女会	王式昭	郑丽芝

---

　　① 鹃鹃:《浙江省妇女会组织概况及整理经过(附图表)》,《浙江民众》1940 年第 1 卷第 3 期,第 36—39 页。

　　② 徐若萍:《浙江省妇女会整理经过》,《浙江省妇女会第二届会员代表大会特刊》,浙江省妇女会编印 1940 年版,引自《人民团体概况,附浙江省妇女会第二届理事会职员录》(1940—1945 年),浙江省档案馆馆藏档案,档号:L035-001-0398。

(续表)

会员名称	常务理事姓名	出席大会代表姓名	会员名称	常务理事姓名	出席大会代表姓名
奉化县妇女会	王瑶	周志成	萧山县妇女会	王雅仙	谢绥真
宁海县妇女会		吴其良	诸暨县妇女会	朱越薪	杨幼芬
武义县妇女会	陈再男	陈再男	浦江县妇女会	楼秀英	楼美霞
桐庐县妇女会	叶佩菁	方素贞	余姚县妇女会	戚行之	宋铮
衢县县妇女会	张菊英	周碧玉	义乌县妇女会	金如玉	金如翠
丽水县妇女会	杨春翠	张文先	东阳县妇女会	卢菊仙	卢菊仙
青田县妇女会	朱雪英	陈美和	镇海县妇女会	周曼硕	周曼硕
金华县妇女会	李渶	绍秀桂	鄞县县妇女会	乌宗清	乌宗清
松阳县妇女会	徐婉卿	方旭东	象山县妇女会	蒋蕴卿	蒋蕴卿
天台县妇女会	阎振玉	戴振华	慈溪县妇女会	俞昭	俞昭
宝平县妇女会	潘翠柳	钱书芝	永嘉县妇女会	胡可追	胡可追
泰顺县妇女会		高妙贞	玉环县妇女会		蔡聪陶
上虞县妇女会	张娟听	张娟聪	仙居县妇女会	王宝裳	张乃文
龙游县妇女会	陈璐卿	余剑雄	黄岩县妇女会	牟宝飞	
德清县妇女会	胡乐		温岭县妇女会	曹慕华	
余杭县妇女会	方秀娟		分水县妇女会	陈玉兰	
新登县妇女会	罗翠英		孝丰县妇女会	夏静贞	
嵊县县妇女会	马肖云		定海县妇女会	万力	

资料来源:《浙江省妇女会会员录》,《浙江省妇女会第二届会员代表大会特刊》,浙江省妇女会编印1940年版,引自《人民团体概况,附浙江省妇女会第二届理事会职员录》(1940—1945年),浙江省档案馆馆藏档案,档号：L035-001-0398;楚珍:《大会始末》,《浙江省妇女会第二届会员代表大会特刊》,浙江省妇女会编印1940年版,引自《人民团体概况,附浙江省妇女会第二届理事会职员录》(1940—1945年),浙江省档案馆馆藏档案,档号：L035-001-0398。

如上表所示,浙江省各县成立妇女会的有60县,其中参加第二届会员代表大会的有来自51县的代表。各县妇女会组织机构相对完备,基本上都有独立的负责人在领导各县妇女会的妇女工作。

经1939年浙江省妇女会第二次会员大会第三次会议,黎沛华(理事兼常务理事)、徐若萍(理事兼秘书)、钱英(理事兼常务理事)、邹稚蕙(理事兼常务理事)、伍华麟(理事兼总务科主任)、李家应、周曼硕(兼指导科副主任)、田春霞(兼指导科主任)、乌宗清(辞职后由姜梅英替补)当选为理事。姜梅英(兼救济科副主任)、胡可追、褚寿康(兼救济科主任)、吴秋枚、张乃文、张文先、沈如琛(兼总务科副主任)当选为候补理事。① 浙江省妇女会第二次会员大会秘书处职员有16人,分别为:秘书长徐若萍、沈如琛(秘书)、伍华麟(总务股长)、姜梅英(文书股长)、钱行之(议事股长)、童建人(议事股干事)、于文筠(文书股干事)、朱宝菁(文书股干事)、乐济美(总务股干事)、周淑芳、刘慧姬、江鸿卿、王采蕙、俞翠云、孔宪琪、池洌冰等人。②

在浙江省妇女会第二次会员大会时,吴望伋指出:浙江省妇女会在抗战开始以后,积极动员妇女参加战时妇女工作,"在省里,曾举办了省妇运干部人员训练班,省党部青年工作团的几次集训中,参加的妇女同志也是不少的,在抗卫总司令部那边也曾举办了好几次的妇女干训班,此外在各县方面,关于妇女的训练,普遍的积极的展开",对于妇运干部人员的训练,已达五千人以上。③

浙江省妇女会现任工作人员一览表(1940年)

姓名	年龄	籍贯	学历	经历	党员	现任职务
黎沛华	42	广东	广东省立女子师范毕业	曾任中国国民党中央党部妇女部秘书	是	理事兼常务理事
钱英	32	江苏武进	浙江公立法政专门学校毕业		是	理事兼常务理事
邹稚蕙	28	浙江嘉兴	警官学校四期正科毕业		否	理事兼常务理事
徐若萍	22	浙江永康	永康女师毕业、南京艺专毕业	曾任江苏省会妇女会常务理事,江苏妇女新生活运动工作委员会常务理事,江苏提倡国货会理事、江苏文艺协会理事、妇女与家庭主编,江苏评论编辑委员、江苏省党部助理干事等职	是	理事兼秘书

---

① 《浙江省妇女会第二届理事会职员录》,《浙江省妇女会第二届会员代表大会特刊》,浙江省妇女会编印1940年版,引自《人民团体概况,附浙江省妇女会第二届理事会职员录》(1940—1945年),浙江省档案馆馆藏档案,档案号:L035-001-0398。

② 《浙江省妇女会第二届会员代表大会秘书处职员录》,《浙江省妇女会第二届会员代表大会特刊》,浙江省妇女会编印1940年版,引自《人民团体概况,附浙江省妇女会第二届理事会职员录》(1940—1945年),浙江省档案馆馆藏档案,档案号:L035-001-0398。

③ 吴望伋:《训词战时妇运实际努力之路》,《浙江省妇女会第二届会员代表大会特刊》,浙江省妇女会编印1940年版,引自《人民团体概况,附浙江省妇女会第二届理事会职员录》(1940—1945年),浙江省档案馆馆藏档案,档案号:L035-001-0398。

（续表）

姓名	年龄	籍贯	学历	经历	党员	现任职务
任华麟	28	鄞县	鄞县县立女中,高等师范科毕业,浙江省党部青年工作团受训	曾任鄞县县立醋务桥小学等校校长及教员,鄞县妇女会常务理事兼鄞卫妇宣队队长及妇女会整理办事处总务组长兼组训干事	是	理事兼总务科主任
田春霞	30	浦江	浙江省立高中毕业	浙江省新生活运动促进会妇女工作委员会委员	否	理事兼指导科主任
姜梅英	28	象山	上海中国女体专毕业	曾任中学教员六年	是	理事兼救济科副主任
周曼硕	24	镇海	宁波效实中学毕业	曾任小教及民运指导员	是	理事兼指导科副主任
李家应	29	安徽翕山	中央大学毕业	保育院院长	是	理事
胡可追	26	永嘉	南京市立高中	永嘉县妇女会理事	是	候补理事
褚寿康	45	杭州	杭州女师毕业	曾任蕙兴中学校长及省救济会秘书	是	候补理事、救济科主任
张文先	27	浙江桐乡	前浙江省立女子中学师范科毕业	曾任小学教师七年建设厅办事员二年	是	
张乃文	22	浙江仙居	浙江省立民众教育实验学校毕业,上海中国医学院肄业	流动施教团干事,县立中心民校校长,县党部妇运指导员	是	候补理事
吴秋枚	30	平阳	永嘉女子中学毕业,浙江省建设人员养成所毕业	曾任中央政治学校编辑部助理员,鄞县县政府科员等职,现任永康妇女会常务理事,永康妇女会服务团副团长	是	候补理事
沈如琛	23	江苏武进	国立上海商学院毕业		否	候补理事兼总务科主任
乐济美	36	镇海	宁波甬江职业中学毕业	曾任小学教员	是	省妇女会助理干事
朱提亚	25	缙云	浙江省杭抗州师范毕业	曾任杭州市小学教师、浙抗卫第一支队政工人员,大风周社助理编辑等职	否	省妇女会助理事
余婉容	22	江苏无锡	无锡县立女子中学毕业	曾任临海沿岸中学小学教员二年	否	省妇女会服务员

参见《浙江省妇女会现任工作人员一览表》,《浙江省妇女会第二届会员代表大会特刊》,浙江省妇女会编印,1940年2月,引自《人民团体概况,附浙江省妇女会第二届理事会职员录》(1940—1945年),浙江省档案馆馆藏档案,档号：L035-001-0398。

从浙江省妇女会工作人员的学历和简历来看,浙江省妇女会的妇运领袖具有中学以上学历,曾经从事妇女工作或教员、编辑等职业,她们是知识精英,大多都为党员,要么具有妇运工作的实践经验,要么具有较高的觉悟和认识,在浙江省的妇运工作中发挥着积极的领导和组织工作。

浙江省妇女代表大会收到大会提案 147 项,内容可分为十类,分别关于妇女教育、妇女文化妇运机构、妇运经费、妇女战时组织、政治、妇孺救济、儿童教养、妇女生产、社会服务等。其中,浙江省妇女会第二届会员代表大会通过的重要决议案件主要有:推广妇女战时教育案;呈请省政府通令各县筹设妇女习艺所以增生产案;呈请省党部转呈中央规定国民大会妇女代表案;建议中央建立全国妇女团体领导机构,以统一妇运集中力量案;呈请省党部建议中央确定各级妇女会监察制度案;各县妇女会应确定会址,设立专任人员,并编列独立经费预算以利工作案;提高妇女工资使与男工同等待遇案;呈请中央转呈各地邮局,海关举行等尽量任用女职员案;应如何切实取消童养媳以维人道而重女权案;建议各地社调总队所举办之妇女壮丁训练应与当地县妇女会,绝对取得合作案;呈请国民政府,修改新颁县各级组织纲要,将妇女会仍与法团并列,以利妇运工作案;请省政府通令各县今后尽量推广优秀妇女,担任乡镇保甲长案;呈请中央从速确定奖励生育案;积极吸收优秀会员加入本党三民主义青年团案;积极展开游击区妇运工作案;提高妇女参政地位案;各级妇女会应设立妇女职业介绍所;设立妇女合作社案;请省妇女会续办第二期妇运干训班案;鼓励妇女积极参加生产事业案;应如何发动妇女参政以利妇运案;各县市育婴所应由主管机关委托各县妇女办理案;发展妇女职业案;动员各县妇女参加战时勤务案;各县市筹设托儿所,使妇女得以从事职业,增加生产案;请出版妇女定期刊物案;普办妇女工读学校案;应如何使各县适合妇女入会案;积极推进全省妇运,并推进各县工会联系案;建议省妇女会转呈省政府减免避难及贫困妇女学费案;应如何造就并培养妇女助产人才和干部以推行保婴工作案;发动全省妇女会协助政府组织,出征军人家属会案;救济沦陷区及流浪他乡之妇孺案;领导全省妇女举行廓清和平思想运动,坚强抗战意识案;呈请中央收容各地妇女志愿兵,编列成军,以增强抗战力量案。① 从以上提案,大致可知浙江

① 楚珍:《大会始末》,《浙江省妇女会第二届会员代表大会特刊》,浙江省妇女会编印,1940 年 2 月,引自《人民团体概况,附浙江省妇女会第二届理事会职员录》(1940—1945 年),浙江省档案馆馆藏档案,档号:L035-001-0398。

省妇女会战时妇女工作的重点为推动妇女解放和妇女动员工作。

《浙江省妇女会第二次会员代表大会宣言》强调,"妇女会组织的宗旨,规定妇女组织在唤起妇女之国民责任心,提高其道德与知能,参加国民革命,而增进国家及自身福利。"①"我们今后工作,当然要在开展妇运中迎合抗战需要,凡游击区域内各县份,应以召集流亡妇女加以训练,使其担任游击工作,及建立各种情报间谍破坏之组织,以实行卫乡保国责任,凡接近战区各县份,应以组织洗衣、炊事、缝纫、救护等组织,以推进妇女军训,举行战时宣传,以协助政治军事之不足。凡非战地各县份,应以策动妇女从事生产,扩大妇女组织,励行节约运动与精神总动员,以增进国家资源与抗战力量,务使所有妇女同胞皆能自动参加组织,服从指挥,以达到抗战建国工作完成。以外如注意卫生,健全家庭,壮丁上前线后,各种劳力的接济与补充,我们更需要把握实际,着着做到。"②

《浙江省县妇女会战时工作纲要》也指出战时工作方针:①战时省县妇女会以推进妇女运动为主要工作;②改良妇女生活习惯,增进其家庭福利,提高其道德知能,并积极参加战时工作,以完成战时妇女应负之使命;③养成妇女独立生活能力,增进其政治知识,使其能参加社会事业,行使四权,而成为完善之国民;④推进妇女启蒙教育及家庭教育,提高妇女文化之水准,强固民族生活的基础。③

四、浙江省妇女会工作概况

浙江省妇女会经费来源,由浙江省政府月拨四百元,浙江省党部每月拨补伍拾元。所需制服费,由该会在积余金项下津贴,每人每套许 6.5 元;举行三八妇女节所需经常费,由该会在积余金项下指拨 40 元。浙江省妇女会 1940 年 1 月份经费实支 160.14 元,实存 339.66 元;1940 年 2 月经费实支 257.13 元,实存 532.73 元;1940 年 3 月实支 233.56 元,实存 749.13 元;1940 年 4 月实支 349.65 元,实存

---

① 《浙江省妇女会第二次会员代表大会宣言》,《浙江省妇女会第二届会员代表大会特刊》,浙江省妇女会编印,1940 年 2 月,引自《人民团体概况,附浙江省妇女会第二届理事会职员录》(1940—1945 年),浙江省档案馆馆藏档案,档号:L035-001-0398。
② 《浙江省妇女会第二次会员代表大会宣言》,《浙江省妇女会第二届会员代表大会特刊》,浙江省妇女会编印,1940 年 2 月,引自《人民团体概况,附浙江省妇女会第二届理事会职员录》(1940—1945 年),浙江省档案馆馆藏档案,档号:L035-001-0398。
③ 《浙江省县妇女会战时工作纲要》,《浙江省妇女会第二届会员代表大会特刊》,浙江省妇女会编印,1940 年 2 月,引自《人民团体概况,附浙江省妇女会第二届理事会职员录》(1940—1945 年),浙江省档案馆馆藏档案,档号:L035-001-0398。

849.48 元；1940 年 5 月实支 371.67 元，实存 927.81 元；1940 年 6 月实支 350.89 元，实存 1 018.9 元。①

由于浙江省位于国防前线，地临战区，浙江省妇女会开展动员工作显得至为重要，其中心工作与任务是战时工作和生产工作，战时工作包括征募、慰劳、救护、保育儿童、侦查、宣传、救济等项工作，生产工作包括农业以及战时工业生产。各县各市妇女也都共同致力于"团结精神，统一意志，加紧训练，健全组织"，以达抗战建国必胜必成的目标。② 此外更有推行战时节约运动，成立妇运通讯处，举办妇运论文比赛，成立妇女干部训练班等举措。浙江省妇女会不断健全组织，充实力量，领导全浙妇女齐一步调，不仅为改良妇女生活习惯，而且为解救国家民众存亡生死做出重要贡献。③

浙江省妇女会推派理事徐若萍、伍华麟、姜梅英三人参加民众团体战地联合工作团，出发前往萧山、诸暨、绍兴、余姚、鄞县、慈溪、镇海等县工作，为期四月。浙江省妇女会理事周曼硕参加春礼劳军运动筹备委员会筹备工作，乐济美、朱宝清担任劝募慰劳等工作，并送礼品代金十元。周曼硕参加新生活运动促进会清洁检查工作。浙江妇女会派徐若萍、姜湘娥、乐济美参加端午节劳军运动，担任劝募、慰劳工作，并由浙江省妇女会赠糯米棕子 400 只。④

浙江省妇女会为确实明了各县妇女会现实情况并与各级妇女会取得密切联系，经理事会议决通过，分区推派邬稚蕙、徐若萍、周曼硕、姜梅英、张乃文、褚寿康、吴秋枚等七位理事出发视察。视导完毕后，计有鄞县、镇海、奉化、东阳、新昌、嵊县、仙居、临海等县，大致情形均为优异，尤以鄞县妇女会推行战时教育，发动慰劳劝募工作，奉化办理优待出征家属，镇海推行节约运动，主办集团结婚，创办女子公寓，新昌妇女会办理妇女消费合作社等工作，最著成效。⑤

1939 年冬，浙江省妇女会为响应蒋夫人宋美龄扩大征募寒衣运动的义举，召

---

① 《浙江省妇女工作报告(1940 年 1 月至 6 月)》,《浙江省妇女会第二届会员代表大会特刊》,浙江省妇女会编印,1940 年 2 月,引自参见《人民团体概况,附浙江省妇女会第二届理事会职员录》(1940—1945 年),浙江省档案馆馆藏档案,档号：L035-001-0398.

② 曹爱堂：《战时浙江的妇女动员问题》,《决胜》1939 年第 18 期,第 35—37 页.

③ 曹爱堂：《战时浙江的妇女动员问题》,《决胜》1939 年第 18 期,第 35—37 页.

④ 《浙江省妇女工作报告(1940 年 1 月至 6 月)》,《浙江省妇女会第二届会员代表大会特刊》,浙江省妇女会编印,1940 年 2 月,引自参见《人民团体概况,附浙江省妇女会第二届理事会职员录》(1940—1945 年),浙江省档案馆馆藏档案,档号：L035-001-0398.

⑤ 周曼硕：《二年来之浙江妇运：省妇女会工作报导》,《浙江妇女》1941 年第 4 卷第 2 期,第 7 页.

集省会各届妇女先进成立分会，并推蔡凤珍、王美珍为浙江分会正副主任委员，黎沛华、钱英、邬稚蕙为常务委员，编印捐册，广为劝募，计总共募得现款2万余元，现已少数解汇中央，交由蒋夫人代制棉衣，赶送前方。此外在1940年三八节、七七节，该会曾发动义卖献金等运动，为数亦甚可观，现已制就布鞋，分批交由慰劳工作委员会，输送前方将士应用。①

1940年1月，浙江省妇女会推定徐若萍、伍华麟、姜梅英等三理事，参加省党部发起的组织战地联合工作团，赴前线工作任务，推进战地民众组织训练工作，在地区积极组训妇女，伍华麟理事等抢救大批难童，输送至永康芝英难童教养团与天台慈幼院等处保育者，先后达数百人。七七事变后，浙江省妇女会为救济失业女工，并适应前方将士之需要，已提拔积余款项五百元，筹设小规模之制鞋工厂，并推周曼硕理事为该厂主任，于1940年5月1日正式成立，招收女工数10人，日出布鞋30余双，均经发售，输送前方。②

浙江省妇女会积极促进妇女教育发展，比如王薇在《我之妇女观》中也谈到："要之我同志姐妹务须真得解放，真得自由，赶紧在教育上要有深造学问。"③可见教育对战时妇女之重要。然而方岩县的妇女民众知识程度极低，浙江省妇女会为推行战地妇女教育，指拨积余经费，于1940年9月，设立民众学校，以资倡导，推邬稚蕙理事为主任，来校求学者极为踊跃，并为普遍推行起见，除函请教育厅令饬各县教育当局迅即策动成立战时妇女教育推行委员会外，并分令各县妇女会普设战时妇女识字班。④ 除此之外，省妇女会还强调妇女教育除了正规的被动的教育以外，更需要注意实际的工作经验作为教育的题材，一方面使各种学识能实际运用，一方面能在实际的工作中得到更多的经验和学识，⑤这更加注重了教育的实用性。另外妇女会还努力宣传妇女教育，打破重男轻女的传统思想。⑥

浙江省妇女会策动各县妇女会于经费可能范围内成立各种服务团队，开赴前线参加战地工作。1940年7月，日军在镇海强行登陆，乌宗清队长率领鄞县

---

① 周曼硕：《二年来之浙江妇运：省妇女会工作报导》，《浙江妇女》1941年第4卷第2期，第7页。

② 周曼硕：《二年来之浙江妇运：省妇女会工作报导》，《浙江妇女》1941年第4卷第2期，第8页。

③ 王薇：《我之妇女观》，《浙江省妇女协会工作汇刊》，浙江省妇女协会1930年12月编印，第24页。

④ 周曼硕：《二年来之浙江妇运：省妇女会工作报导》，《浙江妇女》1941年第4卷第2期，第8页。

⑤ 度：《地方通迅：浙江省妇女干部训练班》，《浙江妇女》1940年第3卷第2期，第27页。

⑥ 范爱伦：《妇女协会结束后本省妇女运动应该怎样》，《浙江省妇女协会工作汇刊》，浙江省妇女协会1930年12月编印，第30—36页。

妇女会直属妇女工作队的全体同志于烽火连天中参加救护工作,成效卓著。镇海县妇女会下辖的龙山、团桥等乡镇分会于击退敌人后的第二天捐募现款三千余元采办粮食,以慰劳杀敌出力将士。① 为了实现浙江省三年施政计划以及加紧准备反攻,浙江省妇女会发动全省妇女共同努力,为实现浙江省新三年计划而努力。②

在指导员团体训练活动方面,主要工作有:①1940 年三八国际妇女节,经过通饬所属举行纪念外,并视各县环境之不同分别举行女教比赛、火炬游行、化装宣传及三八节妇女节的鞋袜献金各项运动,是项献金活动各县先后汇转者计,东阳县妇女会 50 元,江山县妇女会 115.41 元,奉化县妇女会 26.82 元,武义县妇女会40 元,诸暨县妇女会 34.01 元,上虞县妇女会 50 元,开化县妇女会 38 元,黄岩县妇女会 16.7 元,青田县妇女会 7.25 元,仙居县妇女会 23.7 元,新昌县妇女会43 元,平阳县妇女会 42 元,乐清县妇女会 108.3 元,由浙江省妇女直接劝募者447 元,共计 1 071.69 元。② 上虞县妇女会呈报组织战地服务团看护队。③诸暨县妇女会呈报举办战时妇女救护讲习会,必要时集中出发救护。④ 永嘉县妇女会呈报成立出征军人家属服务组。③

关于妇女参政运动指导事项:①为推行宪政运动及商讨妇女如何竞选国大代表,1940 年 4 月 26 日下午二时假浙江省党部民运推进会召开各界妇女座谈会,计到丁娴等 50 余人,省党部指导员林建中列席,座谈会结果:推林邹稚蕙、田春霞、黎沛华、钱英、徐若萍、李家应、吴曼倩、应时秀、毛彦文、褚寿康、任芝英、张冰如、胡可追等 15 人为竞选分会委员,策动浙江妇女国民大会竞选,展开妇女参政运动;②分呈浙江省党部省政府,全国妇女竞选会,于浙江成立国民大会全国妇女竞争会浙江分会,举行妇女竞选扩大宣传,审核各县市国大代表妇女候选人资历,决定邹稚蕙、钱英、徐若萍、毛彦文、褚寿康、应时秀、姜坚如、黎沛华、李家应、吴曼倩、王味秋、田春霞、乌宗清、陈晓菁、周仙美、许碧筠、任芝英、王守梅、周曼硕、胡可追、汪宝琴、乔盈、金如翠、沈贻芗、姜梅英、伍华麟、顾华元、陈盘、卢继芳、陈自

① 周曼硕:《二年来之浙江妇运:省妇女会工作报导》,《浙江妇女》1941 年第 4 卷第 2 期,第 8 页。

② 韵焦:《发动全省妇女为实践新浙江三年计划奋斗》,《浙江妇女》1940 年第 2 卷第 1 期,第 1 页。

③ 《浙江省妇女工作报告(1940 年 1 月至 6 月)》,《浙江省妇女会第二届会员代表大会特刊》,浙江省妇女会编印,1940 年 2 月,引自参见《人民团体概况,附浙江省妇女会第二届理事会职员录》(1940—1945 年),浙江省档案馆馆藏档案,档号:L035-001-0398。

在等 30 人为候补人。①

关于参加抗战建国工作指导事项：①推浙江省妇女会理事徐若萍、伍华麟、姜梅英等参加浙江省民众团体战地联合工作团，赴萧山、诸暨、绍兴、余姚、宁波、慈溪、镇海等各县视导妇运，并积极展开各县妇女会乡分会组织及指导乡村妇女防空常识、家事卫生、儿童保育、兵役宣传等实际工作。；②通令各县妇女会参加各该县战时民众团体联合工作团，并将工作情形随时具报备案；③通令各县妇女会举办救护训练或举行救护常识短期讲习会及编组各项义务队，以应战时需要。②1939 年 8 月 25 日，浙江省妇女会联合中机关女性工作人员，组织党政军各级人员子弟服役劝导团，从事劝导工作。③

到 1940 年 6 月，关于会员团体之调查统计事项有：①为明了各县妇女会之现有会员及全省现有会员之总数起见，经印发会员调查表，令饬各县限期呈报，业经送到者计鄞县 180 人，富阳 133 人，江山 283 人，浦江 123 人，开化 70 人，景宁 50 人，孝丰 58 人，嵊县 65 人，仙居 93 人，温岭 160 人，丽水 326 人，云和 72 人，余姚 264 人，上虞 85 人，建德 77 人，瑞安 249 人，青田 325 人，宣平 83 人②全省各县未成立妇女者计临安等十六县，已呈请省党部通知各该县党部分别策动筹组。④

在社会事业方面：①设立方岩临时制鞋厂，资本五百元，由该会积余金项下支拨，并推周曼硕为该厂主任，并经呈准省党部省政府核备；②开展女子教育职业事项；③举办战时民众夜校，经第五次理事会议，推定邹稚蕙为该校负责人预算 60 元，由该会积余金项下支拨，4 月 20 日起借建国小学开课学生 60 余人，杨望春为该校教师，业于 6 月 20 日正式结束；④电请省教育厅推广妇女识字教育，策动各界热心教育妇女成立战时妇女教育推行委员会；⑤呈请省政府转呈中央饬各地邮局海关银行等尽量任用女职员奉复，准财政部咨复，业已函知四行联合办事处总

① 《浙江省妇女会工作报告(1940 年 1 月至 6 月)》《浙江省妇女会第二届会员代表大会特刊》，浙江省妇女会编印，1940 年 2 月，引自参见《人民团体概况，附浙江省妇女会第二届理事会职员录》(1940—1945 年)，浙江省档案馆馆藏档案，档号：L035-001-0398。

② 参见《人民团体概况，附浙江省妇女会第二届理事会职员录》(1940—1945 年)，浙江省档案馆馆藏档案，档号：L035-001-0398。

③ 《妇女动态：一、国内妇女动态：浙江省妇女会组服役劝导团》《江西妇女》1939 年第 2 卷第 1 期，第 32 页。

④ 《浙江省妇女会工作报告(1940 年 1 月至 6 月)》《浙江省妇女会第二届会员代表大会特刊》，浙江省妇女会编印，1940 年 2 月，引自参见《人民团体概况，附浙江省妇女会第二届理事会职员录》(1940—1945 年)，浙江省档案馆馆藏档案，档号：L035-001-0398。

处暨令海关总务司查办,并经本会令饬各县妇女会知照。①

其他方面的工作还有:①电请省党部转请中央建立全国妇女团体领导总机构,以统一组织,集中力量,业已奉复转呈中央核办;②电请省党部转知各县市县党部积极在各县市妇女会中大量吸收优秀会员入党或三民主义青年团;③呈请省政府转呈国民政府,从速确定奖励生育奉复,业已转呈行政院核办;④电请省党部转呈中央规定国民大会妇女代表额,自20%至30%;⑤查各县妇女会图记式样不一,尺寸大小亦多不合法,为整饬所属印信起见,令饬各县依照中央规定式样,重新刊就旧印,撤销奉令遵办者,计嵊县、淳安等多县。② 除此外,1940年,浙江省妇女会为鼓励妇运工作同志,研讨妇女问题,及启发妇运工作同志认识现阶段妇运工作之重要性,并谋妇女文学之深入,经理事会决议举行妇女运动论文比赛,除欢迎个人参加外,得以各县妇女会为单位,每单位至少参加1人,最多参加3人。征文题目为“抗战建国时期策进本省妇运工作之商榷”,或“建国与建家”。③

浙江省妇女会持续活动到抗战之后。1945年10月30日,浙江省妇女会常务理事徐若萍与教师尤端、东南日报编辑陈椒生、东南日报电务员沈荷贞、浙江日报总务课长周曼硕、浙江日报出纳王超群、浙江省党部助干倪静波、浙江省政府办事员蒋洁如等人发起组织杭州市妇女会,旨在联络当地妇女,加强妇女工作,唤起全市妇女提高民族认识与责任心,促使其参加国民革命,促进其自身及国家社会之福利。1945年11月,杭州市妇女会召开第一次筹备会,章一苹、倪静波、朱淇绿、周曼硕、陈椒生、郭成瑛、金爱慈、俞与宏等人出席,会议由周曼硕临时主持,卢亚君记录。此次会议决议呈请杭州市政府指拨经费数额暂定一万二千元,会员分八处分别办理登记,第一处市党部由叶梅婷负责,第二处省田粮处由金爱慈负责,第三处市政府由朱淇绿负责,第四处省党部由倪静波负责,第五处省妇女会由徐若

① 《浙江省妇女会工作报告(1940年1月至6月)》,《浙江省妇女会第二届会员代表大会特刊》,浙江省妇女会编印,1940年2月,引自参见《人民团体概况,附浙江省妇女会第二届理事会职员录》(1940—1945年),浙江省档案馆馆藏档案,档号:L035-001-0398。

② 《浙江省妇女会工作报告(1940年1月至6月)》,《浙江省妇女会第二届会员代表大会特刊》,浙江省妇女会编印,1940年2月,引自参见《人民团体概况,附浙江省妇女会第二届理事会职员录》(1940—1945年),浙江省档案馆馆藏档案,档号:L035-001-0398。

③ 《妇女动态:(八)浙江省妇女会举行妇运论文比赛》,《江西妇女》1940年第4卷第3/4期,第50—51页。

萍负责,第六处青年团由章一苹负责,第七处浙江日报由周曼硕负责,第八处浙江省社会处由卢亚君负责。①

五、浙江省妇女组织及工作评价

抗战时期,浙江省有着较为严密的妇女组织,各市县都有大量的妇运领袖在从事妇女的领导和动员工作,浙江省的妇女运动和战时妇女工作被积极的推动起来。他们在妇女参政、妇女解放、妇女慰劳、妇女救护、战地服务等方面发挥了积极的作用。领导战时妇女组织的妇运领袖,具有中学以上学历,曾经从事妇女工作或教员、编辑等职业,作为地方女性知识精英,在浙江妇运工作中发挥着积极的领导和组织作用。抗战前后的浙江妇女协会和浙江妇女会为浙江省的妇女解放运动和战时妇女动员工作提供了组织力量和妇女领导力量,积极推动了浙江省妇女解放运动和战时妇女动员工作的发展。抗战前后,各省市县等地方层面有大量的中层女性精英在领导妇女解放和战时妇女动员工作。浙江省透过妇女协会和妇女会的组织,搭建起一个迥异于新生活运动妇女指导委员会的组织,其活动经费主要源自各地政府和党部。浙江省妇女会在鼓励优秀女性成为国民党女党员从事抗战建国工作的同时,也承担起战时妇女动员和妇女解放的重要职责,充分践行浙江省妇女会宗旨,"唤起妇女之国民责任心,提高其道德与智能参加国民革命,增进自身及国家之福利"。浙江省妇女会和浙江省各级妇女领袖,在实际的工作过程中,也在积极思考浙江省妇女运动和妇女工作中存在的问题及改进的地方,有效的推动了抗战时期的地方妇女解放和妇女组织与动员工作。

---

① 《本会抄录伪妇联材料及妇女会章程草案》(1949 年),杭州市档案馆馆藏"杭州市民主妇女联合会"档案,全宗号:127,目录号:1,案卷号:2。

第七章
战时妇女界与女性精英人际网络

抗战时期的妇女界作为一股独立的力量,已经登上历史的舞台,在民族危机与社会救亡的情势下,发挥着独特的历史作用。抗战时期的妇女界不仅是传统政治视野下团结抗日的重要力量,而且也是作为具有独立主体性,积极参与抗战时期的各项政治运动的女国民。她们不仅是抗战时期领导和动员妇女群众参与抗日救亡的抗战工作和妇女工作的妇女领袖,也是能够形成相互交织的人际关系和组织网络的命运共同体。

第一节 妇女界抗日民族统一战线的形成

抗战不仅促成抗战时期妇女界的团结与统一,而且随着国共两党偶有摩擦发生,妇女界也会时有矛盾和斗争。抗战时期的女性精英的活动也正是在这样的关系网络中展演,在民族国家危机的情境下发生的。

一、妇女界庐山谈话会召开

为了团结合作,统一步骤,1938 年 5 月 20 日,宋美龄召集各党各派各界妇女领袖在庐山召开妇女界庐山妇女谈话会。

大会主要是研讨妇女在抗战期间应尽的责任和工作进行的方法。讨论的主题有:如何完成战时妇女的任务,如何增强抗战的效能以及如何动员与发扬中国妇女的力量。会议日期共计五天,在这次会议上,宋美龄指出各党各派各界的妇

妇女界庐山谈话会全体合影

资料来源：《蒋夫人照片资料辑集（一）》。

妇女界庐山谈话会妇女领袖合影

资料来源：《蒋夫人照片资料辑集（一）》。

女应该顾全国家利益,抛弃党派的偏见,促成抗战妇女大团结。①

1938 年 5 月 20 日,邓颖超等中共代表应邀参加宋美龄召集的全国妇女领袖庐山谈话会。对于庐山谈话会讨论所讨论的组织动员妇女参加战时妇女工作,成立全国性的妇女组织等问题,邓颖超早有认识。邓颖超指出:"环绕着抗战的总方针之下,动员广大的妇女群众,参加抗日战争动员各方面,是目前妇女运动总的任务。"她主张各界各党派妇女应注意团结,集中力量去打击与战胜日寇。② 妇女界谈话会上,邓颖超做了"陕甘宁边区妇女运动概况的报告",宋美龄则亲致开幕词和闭幕词。

在这次会议上,宋美龄亲自出席,全国各界妇女领袖一致通过了《动员妇女参加抗战建国工作大纲》,详细规定了动员妇女参加抗战的工作原则与方法。③ 有论者指出:"在这次会议中充分地表明了全国各党派各阶层妇女领袖团结的伟大力量","这次全国妇女界领袖会议,对于目前正在继续进行的民族自卫战争和战时妇女运动问题是有上无限重大的意义的"。④

参加谈话会的名单分别是宋美龄、王世秀、王世静、史良、安娥、伍智梅、沈兹九、沈慧莲、何艾龄、吴贻芳、李德全、宋竞华、林友梅、周美玉、郝映青、俞庆棠、唐国桢、徐闿瑞、陈纪彝、陈逸云、陈翠贞、阳永芳、高君珊、曹淑贞、许梅丽、许雅丽、傅以睿、劳君展、程孝福、闵彬如、黄卓群、黄翠凤、彭道真、张肖梅、张素我、张维桢、张蔼真、曾宝荪、杨崇瑞、邓裕志、邓颖超、雷洁琼、雷砺琼、赵懋华、郑毓秀、熊芷、刘玉霞、刘清扬、刘蘅静、钱用和、罗有节、顾柏筠等 53 人。⑤

1938 年 5 月参加妇女界庐山谈话会的女性精英

姓名	祖籍、出生年月、所属党派、团体、职业、职务等
宋美龄	广东文昌人,1897—2003 年,国民党员、蒋介石夫人、航空委员会秘书长、新运妇女指导委员会总会指导长兼常务委员、中国妇女慰劳总会主任委员、战时儿童保育会理事长

① 宋美龄:《妇女谈话会开会词》,《妇女谈话会工作报告》,1938 年,第 1 页。
② 邓颖超:《对于现阶段妇女运动的意见》,《妇女生活(上海 1935)》1938 年第 5 卷第 6 期,第 1—3 页。
③ 《运动妇女参加抗战建国工作大纲》(1938 年 5 月 20 日),《新运导报》1938 年第 17 期,第 49—50 页。
④ 蒋莱:《短论:全国妇女界大团结》,《浙江潮(金华)》1938 年第 16 期,第 301—302 页。
⑤ 参加妇女谈话会的名单,除被邀请到会的 48 名妇女领袖,外加大会筹备委员张蔼真、熊芷、雷洁琼、曹淑贞等 4 人,及大会主席宋美龄,共有 53 人参加。参见《申报》(汉口版)1938 年 6 月 8 日第 2 版。

(续表)

姓名	祖籍、出生年月、所属党派、团体、职业、职务等
王世秀	福建闽县人、王世静之姊、华南女子文理学院校董事会主席、闽中基督教教育协会主席
王世静	福建闽县人,1897—1983年,福州华南女子文理学院院长
史良	江苏常州人,1900—1985年,上海律师公会执行委员、上海妇女救国会理事、全国各界救国联合会执行委员、战时儿童保育会常务理事、新运妇女指导委员会联络委员会主任委员
安娥	河北鹿县人,1905—1976年,诗人、剧作家、战时儿童保育会常务理事
伍智梅	广东台山人,1898—1956年,国民党员、广州市党部第一届妇女部长、设计委员、国创办广东女界联合会、新运妇女指导委员会总会委员、国民参政会参政员
沈兹九	浙江德清人,1898—1989年,上海妇女救国会理事、《妇女生活》主编、战时儿童保育会常务理事、新运妇女指导委员会文化事业组组长
沈慧莲	广东番禺人,1891—1974年,国民党、马超俊夫人、新运妇女指导委员会总会常务委员、南京新运促进会妇女工作委员会主任委员、中国妇女慰劳总会常务委员、战时儿童保育会常务理事、国民党中央妇女运动委员会委员
何艾龄	1904—2007年,中国妇女慰劳总会香港分会成员
吴贻芳	浙江杭州人,1893—1985年,新运妇女指导委员会总会常务委员、中国妇女慰劳总会常务委员、金陵女子文理学院院长、中华基督教全国协进会会长、国民参政会参政员
李德全	北京通县人,1896—1972年,冯玉祥夫人、新运妇女指导委员会总会常务委员、首都女子学术研究会常务委员、中国妇女慰劳总会常务委员、中国战时儿童保育会副理事长
宋竞华	不详
林友梅	不详
周美玉	浙江慈溪人,1910—2001年,河北省定县平民教育促进会卫生部护理主任、江西省妇女生活改进会设计委员
孟庆树	安徽寿县人,1911—1983年,中共党员、王明夫人、中共中央长江局妇女委员会委员、战时儿童保育会理事
郝映青	湖北麻城人,1885—1965年,金陵大学文理学院毕业
俞庆棠	江苏太仓人,1897—1949年,江苏省立民众教育学院教授、江西省妇女生活改进会设计委员
唐国桢	湖南衡山人,生于1905年,国民党员、南京新运妇女工作委员会常务委员、中国妇女慰劳总会执行委员、战时儿童保育会常务理事、国民参政会参政员
徐阆瑞	国民党员、国民党中央社会部民众组织处妇女科科长、南京新运妇女工作委员会常务委员、战时儿童保育会常务理事

（续表）

姓名	祖籍、出生年月、所属党派、团体、职业、职务等
陈纪彝	上海市人，1900—1990 年，汉口基督教女青年会总干事、战时儿童保育会常务理事、新运妇女指导委员会总会副总干事兼儿童保育组组长
陈逸云	广东东莞人，1908—1969 年，国民党员、妇女共鸣社编辑、南京新运妇女工作委员会常务委员、中国妇女慰劳总会执行委员、战时儿童保育会常务理事、国民参政会参政员
陈翠贞	北京市人，1898—1958 年，南京新运妇女工作委员会委员、儿科专家
阳永芳	广西桂林人，曾与宋庆龄创立桂林妇女联合会
高君珊	福建长乐人，中央大学教授
曹淑贞	南京新运妇女工作委员会常务委员
许海丽	江西省妇女生活改进会董事、新运妇女指导委员会总会委员
许雅丽	广东台山人，1895—1980 年，晏阳初夫人、河北省定县平民教育促进会工作者
傅以睿	江西省妇女生活改进会常务董事
劳君展	湖南长沙人，1900—1976 年，许德珩夫人、北平妇女救国会委员、江西妇声社社长
程孝福	江西省妇女生活改进会常务董事
闵彬如	江西省妇女生活改进会董事
黄卓群	福建人，1904—2002 年，国民党员、战时儿童保育会常务理事
黄翠凤	岭南大学副教授、广东女界联合会设计委员
彭道真	北平妇女救国会成员、北平文化界抗日救国会成员
张肖梅	浙江镇海人，生于 1905 年，经济学家、张禹九夫人、国任中央银行研究室主任、新运妇女指导委员会总会委员、国民参政会女参政员
张素我	安徽巢县人，生于 1915 年，张治中之女、湖南省妇慰会成员、湖南地方行政干部学校妇女训练班副主任
张维桢	辽北西丰人，1912—2000 年，国民党员、罗家伦夫人、金陵女子文理学院教授、新运妇女指导委员会委员、中国妇女慰劳总会常务委员、国民参政会参政员
张蔼真	上海市人，1898—1974 年，基督教女青年会全国协会董事兼会计、南京新运促进会妇女工作委员会委员、中国妇女慰劳总会执行委员、战时儿童保育会常务理事、福建省立实验学校校长、上海清心女子中学学校校长、南京国际妇女会副会长、国际友仁社南京支会副会长、新运妇女指导委员会总会总干事
曾宝荪	湖南湘乡人，1894—1978 年，曾国藩曾孙女、长沙艺芳女校校长、湖南第二女子中学校长、新运妇女指导委员会总会常务委员、国民参政会参政员
杨崇瑞	北京通县人，1891—1983 年，妇幼保健专家
邓裕志	湖北沙市人，1900—1996 年，基督教女青年会全国协会劳工部主任

姓名	祖籍、出生年月、所属党派、团体、职业、职务等
邓颖超	河南光山人,1904—1992 年,中共党员、周恩来夫人、中共中央长江局妇女委员会委员、中共中央南方局委员、国民政府军事委员会政治部设计委员、战时儿童保育会常务理事、国民参政会参政员
雷洁琼	广东台山人,生于 1905 年,北平燕京大学社会系教授、江西省妇女生活改进会设计委员
雷砺琼	广东台山人,生于 1908 年,国民党员、广州市参议员、广州中等女子职业学校校长
赵懋华	四川南溪人,1896—1985 年,国民党员、新运妇女指导委员会总会委员、立法院第四届立法委员、中国妇女慰劳总会执行委员
郑毓秀	广东新安人,1891—1959 年,国民党员、魏道明夫人、立法院第一届立法委员、上海地方审判厅厅长、上海地方检察厅厅长、上海地方法院院长、上海法政学院校长
熊芷	湖南凤凰人,熊希龄之女、北平香山慈幼院院长、江西省妇女生活改进会常务董事兼指导员
刘玉霞	基督教女青年会全国协会乡村部主任
刘清扬	天津市人,1894—1977 年,中国共产党早期党员、北平妇女救国会主席、全国各界救国联合会执行委员、国民政府军事委员会政治部设计委员、战时儿童保育会理事、新运妇女指导委员会训练组组长
刘蘅静	广东番禺人,生于 1902 年,国民党员、江苏省立南京女子中学校长、南京新运妇女工作委员会常务委员、国民政府军事委员会政治部设计委员、国民参政会参政员
钱用和	江苏常熟人,1897—1990 年,国民党员、上海暨南大学教师、金陵女子文理学院教师、南京市政府社会局第三科科长、国民参政会参政员
罗有节	广州真中学校长
顾柏筠	熊式辉夫人、江西省妇女生活改进会常务董事

资料来源:《申报》(汉口版)1938 年 6 月 8 日第 2 版;《附录》,《首都妇女新运年刊》1937 年 3 月第 1 期,第 25 页;《江西省妇女新生活改进会董事顾问及设计委员姓名一览》,《江西妇女》1937 年 3 月第 1 期,第 12 页;《本会职员名录》,《妇女新运》1938 年 12 月第 1 卷第 1 期,第 1—6 页。

二、新运妇女指导委员会扩大改组

新运妇女指导委员会最初成立于 1936 年 2 月 10 日,由宋美龄担任指导长,管梅瑢担任总干事。[①] 抗战开始后,为响应动员妇女参加抗战的需求,经妇女界庐山谈话会上的妇女领袖们的讨论,妇女领袖决议改组新运妇女指导委员会成为全国性的妇女动员总机构。1938 年 7 月 1 日,新运妇女指导委员会在汉口扩大改组,

---

① 《会务纪要:本会成立之经过》,《妇女新生活月刊》创刊号 1936 年 10 月,第 34—36 页。

改组成立后的新运妇女指导委员会,设有委员 46 人,其中常务委员为蒋介石夫人宋美龄、陈诚夫人谭祥、孔祥熙夫人宋蔼龄、魏道明夫人郑毓秀、冯玉祥夫人李德全、马超俊夫人沈慧莲、曾宝荪、吴贻芳、张肖梅、刘蘅静等 10 人。委员为马书城、李定荫、黄梅仙①、张群夫人马育英、王伯群夫人保志宁、许雅丽、许梅丽、孙仲连夫人罗毓凤、黄琪翔夫人郭秀仪、潘光迥夫人张郁真、王世杰夫人萧德华、何应钦夫人王文湘、余汉谋夫人上官德贤、朱德夫人康克清、董燕梁、颜昭、伍智梅、罗有节、王世静、赵懋华、罗家伦夫人张维桢、高君珊、毛云琴②、熊芷、陶玄、徐闾瑞、朱纶、邓颖超、冯云仙、陈纪彝、陈翠贞、郝映青、陈婉慈、曹孟君、陈建晨等 36 人。③

新运妇女指导委员会委员情况简介(1938 年 7 月)

姓名	职务	学历	政治身份
宋美龄	常务委员	美国韦尔斯利学院(Wellesley College)	国民党总裁、国民政府主席蒋介石夫人,航空委员会秘书长
谭祥	常务委员	上海圣玛利亚女子学校毕业	第九战区司令长官陈诚夫人,国民党元老谭延闿女儿
宋蔼龄	常务委员	美国乔治亚州卫斯理安学院(Wesleyan College)留学	国民政府行政院长孔祥熙夫人
郑毓秀	常务委员	巴黎大学法学博士	国民政府行政院秘书长魏道明夫人,曾任上海法政大学校长、江苏省政务委员会委员
李德全	常务委员	北京私立协和女子大学毕业	第三、第六战区司令长官冯玉祥夫人,中国战时儿童保育会副理事长

---

① 黄梅仙,江苏省上海县人,国民政府考试院副院长钮永建夫人。她毕业于上海中西女子中学,曾任上海县俞塘妇女自助学社社长(1929—1936 年)、私立强恕中学董事(1929—1936 年)、上海县立农业改良场场厂(1929—1937 年)、新运妇女指导委员会委员、国民政府考试院新运妇女工作队队长、台湾妇联会委员等职。她"对家庭手工艺和农业园艺农产品略有经验和浓厚兴趣"。参见《钮黄梅仙》,台湾"国史馆"馆藏军事委员会侍从室文件史料,馆藏号:129000061854A.黄梅仙在台湾参加革命实践研究院妇女第十四期分院,对她的评价是"私生活严谨,奉公守法,不求表现,尚能勤于自修,缺乏果断力,遇事犹疑"。参见《黄梅仙》,台湾"国史馆"馆藏军事委員會侍从室文件史料,馆藏号:129000091609A。

② 毛云琴,金龙章夫人,曾留学美国蒙德里大学,专攻经济及劳工问题,毕业后担任全国妇女青年会协会劳工部干事。1934 年,毛云琴担任上海女青年会会长、博美公司经理。参见《毛云琴女士留美专攻经济及劳工问题,已由蒙德里大学毕业,现任全国妇女青年协会劳工部干事(照片)》,《图画时报》1929 年第 589 期,第 1 页;《走在社会第一线的女性(上):金龙章夫人毛云琴女士现任上海女青年会会长,博美公司经理(照片)李尊镛(摄)》,《妇人画报》1934 年第 14 期,第 35 页。

③ 见《附录》,《妇女新运》1938 年创刊号。

(续表)

姓名	职务	学历	政治身份
沈慧莲	常务委员	广东南华医院和上海亚东医科大学毕业	国民党员,国民党中央党部社会部副部长马超俊夫人。
曾宝荪	常务委员	英国伦敦大学理科学士	曾国藩曾孙女、国民参政会女参政员、长沙艺芳女校校长
吴贻芳	常务委员	美国密歇根大学生物学博士	金陵女子文理学院校长、国民参政会女参政员、著名社会活动家
张肖梅	常务委员	英国伦敦大学经济学博士	国民参政会女参政员。
刘蘅静	常务委员	毕业于北京女子师范大学、美国哥伦比亚大学	历任中国国民党中央党部秘书、江西省党部妇女部长、上海市党部委员、江苏省立南京女子中学校长、中央党部妇女运动委员会主任委员、国民参政会女参政员等职
马书城	委员		宁夏省政府主席马鸿逵之母
李定荫	委员		陕西省政府主席孙蔚如夫人,中国妇女慰劳自卫抗战将士会陕西分会会长
黄梅仙	委员		考试院副院长钮永建夫人
马育英	委员	毕业于上海圣玛利亚女校	行政院副院长张群夫人,曾任四川省妇委会主任委员、新生活妇女工作队成都行辕队队长、中国妇女慰劳总会监察委员等职
保志宁	委员	先后就读于沪江大学、大夏大学	国民政府交通部部长王伯群夫人
许雅丽	委员	哥伦比亚大学体育系毕业	平民教育家和乡村建设家晏阳初夫人
许梅丽	委员		江西省妇女生活改进会董事
			1910—1986
罗毓凤	委员	孙连仲夫人	第五战区第三兵团总司令孙仲连夫人,后兼任北平市新运妇委会主任委员
郭秀仪	委员	上海文艺女校	军事委员会政治部副部长黄琪翔夫人,中国战时儿童保育会常务理事兼征募部副部长、国民党第十一集团军总司令部妇女工作队队长
张郁真	委员	金陵女子文理学院	交通部参事潘光迥夫人,中国战时儿童保育会候补常务理事
萧德华	委员		国民参政会秘书长王世杰夫人

（续表）

姓名	职务	学历	政治身份
王文湘	委员		军事委员会参谋总长何应钦夫人,后担任军政部队妇女工作队队长
上官德贤	委员		第四战区副司令官兼任第十二集团军总司令官余汉谋夫人。
康克清	委员		朱德夫人、中共中央妇女运动委员会委员、晋东南妇女救国会名誉主席
1911—1992			
董燕梁	委员		银行家周苍伯夫人,曾任湖北省妇女联合会副主任、湖北省政务院参事
颜昭	委员		原北京政府外交总长颜惠庆之妹,舒厚仁夫人,中国战时儿童保育会常务理事
伍智梅	委员	留学美国夏葛医科大学、芝加哥大学医学院	妇国民党员,国民参政会参政员
罗有节	委员	哥伦比亚大学文学硕士	女基督徒
王世静	委员	美国康尼尔大学文学学士、密歇根大学化学硕士、美国波士顿大学文学荣誉博士	女基督徒、福建华南女子文理学院院长
赵懋华	委员	北洋女师学校毕业,北京大学毕业,德国柏林大学哲学博士	国民党军事委员会委员长蒋介石行营秘书、行政院副秘书长梁颖文夫人,1935 年 1 月 12 日曾任训政时期第四届立法院立法委员;中国妇女慰劳总会常务委员
1896—1985			
张维桢	委员	沪江大学政治系毕业,美国密歇根大学硕士	中央大学校长罗家伦夫人、中国战时儿童保育会理事、国民参政会参政员
高君珊	委员	美国哥伦比亚大学毕业	曾任燕京大学副教授,中央大学等校教授
毛云琴	委员	曾留美	曾任云南省政府委员、云南省参议员金龙章夫人
熊芷	委员		熊希龄之女,时任航空委员会第二飞机制造厂厂长朱霖夫人,江西省妇女生活改进会常务董事兼指导员

(续表)

姓名	职务	学历	政治身份
陶玄	委员	山西第一女子师范,北京女子高等师范学校	著名女教育家、第一届中华民国训政时期立法委员、国民参政会参政员
徐闿瑞	委员		曾任国民党中央社会部民众组织处妇女科科长,南京市新运妇委会常务委员、战时儿童保育会常务理事
朱纶	委员		国民党员,中国战时儿童保育会候补常务理事
邓颖超	委员	直隶第一女子师范学校	中国共产党中央革命军事委员会副主席周恩来夫人、中共中央长江局妇女委员会委员、国民政府军事委员会政治部设计委员
孟庆树	委员	莫斯科中山大学	中共中央长江局书记王明夫人、中共中央长江局妇女委员会委员、战时儿童保育会常务理事
冯云仙	委员	雅安汉源女子第一师范学校毕业	西康(管辖区包括今四川省西部和西藏自治区东部)著名学者、社会活动家、中央社女记者
1909—1979			
陈纪彝	委员	美国哥伦比亚大学教育学硕士	战时儿童保育会常务理事,曾任汉口基督教女青年会总干事
陈翠贞	委员	美国约翰霍布金斯医学院医学博士	儿科专家,南京新运妇委会委员,外科专家沈克非(1898—1972)夫人
郝映青	委员	金陵女子文理学院毕业	后曾留学美国,基督徒,中国战时儿童保育会成都分会理事
陈婉慈	委员		国民党员,中国战时儿童保育会名誉理事
曹孟君	委员	周南女校,北京大学	王昆仑夫人,中共党员,救国会成员,战时儿童保育会理事,《现代妇女》杂志主编
陈建晨	委员	1933年毕业于日本早稻田大学政治经济学部经济系	曾任北平中国大学、朝阳大学、西安临时大学、西北农学院教授,国民党陕西省党部委员

资料来源:《本会职员名录》,《妇女新运》,新运妇女指导委员会编印,1938年12月,第1—6页;《附录》,《首都妇女新运年刊》1937年3月,第25页;《江西省妇女新生活改进会董事顾问及设计委员姓名一览》,《江西妇女》1937年3月,第12页;吴梓明编:《基督教大学华人校长研究》,福建教育出版社2001年版。

除总会常务委员和委员外,新运妇女指导委员会由总干事、副总干事及各组组长负责实际的工作。新运妇女指导委员会总干事张蔼真,副总干事陈纪彝。从1938年7月到1946年3月,先后担任各组组长的分别为谢兰郁、刘清扬、张蔼真、沈兹九、李曼瑰、谢冰心、钮珉华、熊芷、陈纪彝、胡惇五、俞庆棠、张惠文、黄佩兰、唐国桢、黄翠峰、谢纬鹏、王敏仪、史良、刘我英、陈逸云等人。① 国难当头，新运妇女指导委员会吸收各党派各阶层的女性，共同参与战时妇女工作。

在新运妇女指导委员会各委员、组长与主任人选中，既有国民党高级官员的夫人如何应钦夫人王文湘等人，也有国民党妇女干部如陈逸云、唐国桢等人；既有共产党员如邓颖超、康克清、郭建等人，也有左派进步人士沈兹九、刘清扬、史良等人；既有基督教会人士如张蔼真、张纪彝、王世静等人，也有留美人士如张维桢、高君珊、郝映青、熊芷、吴贻芳等人；既有宋美龄的私人秘书钱用和，妇女名流如曾宝荪，也有妇女各行各业的专家学者如俞庆棠、沈骊英等人。钱用和曾表示：新运妇女指导委员会既有社会贤达，与亲共分子，也有国民党党员及其他无党无派的女性，她们抛弃政治的分歧，思想的分歧，熔汇一炉，和衷共济地推动战时妇女工作。② 宋庆龄也称新运妇女指导委员会"一开始就是一个真正的统一战线组织"。③

抗战时期，新运妇女指导委员会扩大改组成为包括各党各派各界妇女参加的全国性的妇女组织，新运妇女指导委员会接受邓颖超等人意见，决定定期召开各妇女团体的联席会议。④ 陆慧年曾回忆说，新运妇女指导委员会是一个统一战线性质的组织，它包括了各方面人士，开展每一项工作都充满了复杂而尖锐的斗争。史良运用其个人人脉、才能及丰富的斗争经验，在会内起到了重要作用，新运妇女指导委员会联系委员会成为组织和动员国统区妇女参加抗战工作的重要枢纽，起着广阔而重要的作用。⑤

总体而言，新运妇女指导委员会广泛吸收各党各派各界妇女参加战时妇女工作，大量国民党政要夫人、女国民党员、女中共党员及左派进步人士、社会贤达、女

① 《本会职员名录》，见《妇女新运》1938 年第 1 卷第 1 期，附录 1—6 页。《新运妇指会工作概况表》（1943 年 5 月制），《妇女新运》第 5 卷第 7 期，1943 年 7 月，附录；《新运妇指会概况表（1943 年 12 月）》，《妇女新运》第 6 卷第 7 期，1944 年 7 月，附录；《新运妇指会概况表》（1945 年 12 月制），《新运妇指会工作八年》，1946 年，第 283—285 页；《新运妇指会概况表》（1946 年 2 月 18 日填），中国国民党中央社会部档案，中国第二历史档案馆藏，馆藏号：十一/907；《新运妇女干部训练班历届职员名录》（1940 年 6 月编），《妇女新运》第 2 卷第 6、7 期合刊，1940 年，第 84—91 页；《本会职员名录》，《妇女新运》创刊号，1938 年 12 月，附录第 1—6 页；《妇女指导委员会留沪同工名单》（1949 年），上海市档案馆馆藏新运妇指会档案，档号：Q9—1—1—1；《本会点滴》，《中央日报》副刊《妇女新运》周刊 119 号，1941 年 9 月 2 日第 4 版。

② 钱用和：《半世纪的追随》，台湾：撰者自刊，1976 年，第 63 页。

③ 宋庆龄：《中国妇女争取自由的斗争》（1942 年 7 月），《为新中国奋斗》，人民出版社 1952 年版，第 132 页。

④ 杨行：《我所知道的党组织在广东新运妇委会的活动》，中共广东省委党史资料征集委员会、中共广东省委党史研究委员会办公室编：《广东党史资料》第四辑，广东人民出版社 1985 年版，第 191 页。

⑤ 陆慧年：《史大姐，请无憾地安息吧!》，《群言》月刊 1985 年第 8 期，第 20 页。

基督徒、妇女专家学者参与其中。各位女性精英通过参与新运妇女指导委员会,积极从事战时妇女培训、妇女生产、妇女慰劳、儿童保育、生活指导、乡村服务、战地服务、荣军服务等事业,为战时妇女工作乃至抗战的胜利做出了积极的贡献。

三、女性精英对统一战线的认识

1938 年武汉妇女界举行"三八"节纪念大会,史良倡导团结和统一的重要性,她指出我们国家过去因为内乱和纷争,给敌人可乘之机,抗战开始后,两党密切合作。正是因为有了国家的统一和内部的团结,才能抗击外敌的侵略。推动、扩大和巩固统一阵线是当前我们救国的唯一道途,我们应对和制裁一切破坏统一阵线的人民公敌。[1]

四、抗战时期重庆妇女界

抗战时期的重庆,形成各党各派各界齐聚一堂的妇女界。抗战时期的"重庆妇女界",又称"渝妇女界","陪都妇女界"。抗战时期重庆作为战时陪都,既是政治中心,又是军事重心。随着国民政府官员大量来到重庆,这些政府女职员及女性眷属也来到重庆。抗战时期的重庆妇女在妇女领袖的组织和动员下,广泛地参与新运妇女指导委员会、中国妇女慰劳总会重庆分会、中国儿童保育会、重庆市妇女会、中苏妇女文化协会等妇女团体的活动。在抗日民族统一战线的号召下,抗战时期的重庆,不仅聚集着国民党方面以宋美龄为代表的妇女领袖,中共妇女领袖邓颖超以及中共中央南方局妇委也在重庆广泛活动。特别是抗战中后期,民主爱国妇女名流史良、刘清扬等人,各党各派各界妇女精英,甚至是小麦专家沈骊英、女作家谢冰心等也广泛活跃在战时陪都重庆。抗战时期的妇女界相较于男性而言,成为一个相对独立的群体。

抗战时期,重庆妇女界已初步联结为一个整体。"重庆妇女界"这一名词,大量出现在报刊杂志上。比如"在第二次参政会前夕,渝市妇女界的主干——妇女慰劳会重庆分会,为了更透彻地了解国民参政会的意义,为了听聆参政员关于这次开会的意见,特于昨日(1939 年 10 月 26 日)下午四时,假座本市社交会堂,敦请刚由武汉来渝的女参政员邓颖超、史良、刘蘅静三先生讲演。到会的妇女同胞约

---

① 史良:《今年"三八"纪念中的特殊任务》,《新华日报》1938 年 3 月 8 日第 2 版。

汉口妇女行动队

资料来源:《中苏文化杂志》1938 年第 1 卷第 8 期,第 48 页。

汉口妇女行动队

资料来源:《中苏文化杂志》1938 年第 1 卷第 8 期,第 48 页。

五百余人。"①史良强调中国抗战在国际与国内的形势,我们应把抗战利益、民族利益放在第一位,拥护政府抗战到底。刘蘅静解释国民参政会和参政员的职责,邓颖超强调当前的任务是克服困难,坚持抗战到底,并指出中国在抗战十五个月来的进步,以及中国取得抗战胜利的有利条件。②

参加重庆市各界妇女国民公约宣誓大会之妇女群众

资料来源:《良友》1939年第143期,第6页。

抗战时期,重庆出现了大量的妇女团体,重庆市妇女界聚在一起的重要时间节点,是1938年12月召集的重庆市妇女大会。1938年12月,宋美龄到重庆,对重庆市妇女界发表演讲,她说:"我四年前到过重庆,现在是第二次了,重庆的面目,我已几乎不能认识,进步之速,实觉可惊,四川物产丰富,人口众多,可以做复兴中国的基础,是毫无疑义,日本全国只有七千万人口,我们四川一省就有七千万人,只要我们大家抱定决心,共同努力,只要四川一省,就足以和日本抗战,而且最后胜利,一定属于我们的,凡外来的人,应该认识,为四川做事,就是为中国做事,

---

① 《渝妇女界昨欢迎女参政员,邓颖超、史良、刘蘅静演说》,《新华日报》1938年10月27日第2版。
② 《渝妇女界昨欢迎女参政员,邓颖超、史良、刘蘅静演说》,《新华日报》1938年10月27日第2版。

四川人更应该认识建设四川就是建设中国。要知道我们大家全是中国人,不应该有省界的观念,我们到外国去,没有人要知道你是哪一省的人,只知道你是中国人,所以我们无论生在哪一省,都要同心同德为中国争气。"①宋美龄充分肯定和强调重庆对于中国抗战的重要意义。

宋美龄鼓励重庆妇女界积极为抗战做出贡献,她说:"其余如华侨妇女捐款的踊跃,各省主席夫人在各地领导棉衣运动的热心,都是表现妇女对国家服务的精神,在抗战期间,有许多工作等着我们去做,只要我们肯努力,自然能够充分发展我们的伟大力量。""我们妇女要求男女平等,便先要负起和男子同等的义务来。"宋美龄指出妇女工作应该注意:①应该认识我们自己是民众的一分子,是属于民众的,无论做什么事,应以服务民众为目的,要爱护民众,不要忘记民众的痛苦;②各妇女团体要有合作精神,不必多组团体,分散力量,应该集中人才共同努力;③应有宽宏的度量,不可狭隘;④我们要服从纪律,有纪律才能使行动敏捷,步骤不乱,才能使工作更有效果;⑤我们必须有忍苦的决心和牺牲的精神;⑥应该打破爱面子的习惯,在抗战期间,只要有利于国家的,无论粗细工作,都应该去做。宋美龄希望重庆妇女界团结合作,共同努力。②

1939 年 1 月 14 日,新运总会妇女指导委员会召集重庆市妇女界的大集会,参加团体学校四十多个单位,两千多名知识女性。"新运总会妇女指导委员会是一个专司组训全国妇女的总枢纽"。在这次集会上,宋美龄向参加的妇女们介绍了新运妇女指导委员会的性质、缘起和工作概况,她希望重庆的知识妇女承担起动员和组织重庆市妇女参加抗战的责任,她呼吁重庆妇女组织和动员起来,积极参加抗战工作。正如报刊所述:"动员整个重庆市的妇女,组训整个重庆市的妇女,已经是刻不容缓的事情,怎样来动员呢? 怎样来组训呢? 正是妇女指导委员会的使命和责任,也是重庆市智识妇女义不容辞的当前重大工作,重庆市的知识妇女这一次的大集合,正是重庆市妇女团结的象征,动员的先声。"③

1939 年 3 月 8 日,重庆市妇女界举行"三八"妇女节纪念活动,宋美龄发表演讲指出:"只讲妇女解放还不够,要达到全民族的解放。"她指出妇女解放,"是要由

① 《渝妇女界欢迎大会中蒋夫人训词原文,以六事助妇女界努力抗战工作》,《中央日报》1938 年 12 月 19 日第 3 版。

② 《渝妇女界欢迎大会中蒋夫人训词原文,以六事助妇女界努力抗战工作》,《中央日报》1938 年 12 月 19 日第 3 版。

③ 《抗战建国中之妇女问题,蒋夫人昨对重庆市妇女界演讲》,《中央日报》1939 年 1 月 15 日第 4 版。

我女界同胞的努力,增进我们民族的地位,要使民族生活受到女子的影响,因而提高它的精神物质两方面的标准,使大多数乃至全体的同胞,都得到独立自由平等的幸福。"宋美龄指出:妇女解放不仅是作为一种权利,也是一种责任。"我们要真正求得女子的解放。首先就要我们先能负起责任。"宋美龄进一步对女子本身提出要求,她说:"女子解放,要看我们女子本身的努力,如果我们女子的知识能力,有不断的进步,我们女子对于国家民族和世界人类的有确实的贡献,女子的地位,不自然而然的提高,现在或者有人以为女子参与政治,是求得女子解放的第一步,这句许也许是对的,现代的国家都不能否认女子要有参政权,可是女子解放真正的意义,并不是只求得女界少数人得到政治上和经济上的地位,乃是要解放大多数妇女的痛苦,改善大多数女同胞的生活,从教育和组织着手,来增进妇女的能力,提高妇女的地位,而且实际说来,只讲妇女解放还不够,还要用我们妇女的力量来达到全民族同胞的解放,才算尽了我们的责任。"①

1939 年重庆妇女节大会情形

资料来源:《展望》1939 年第 5 期,第 7 页。

---

① 《只讲妇女解放还不够,要达到全民族的解放,蒋夫人在"三八"节纪念会演讲》,《中央日报》1939 年3 月 9 日第 3 版。

1938 年 10 月 25 日,重庆市中外妇女界,为联络情感,举办城市公共事业及学术研究,与参加战时工作,发起组织妇女国际联欢社。社内设有国际关系、儿童保育、社会服务、烹饪、手工业、运动、文学、语言、美术、音乐、戏剧等 13 组,千人以上为一组,由各社员自由选择参加。① 1938 年 11 月 17 日,莫国康主持妇女抗战建国协会第六次常务理事会,决议发动进制第二批寒衣八千件。② 1938 年 11 月 27 日,重庆市各妇女团体欢迎印度救护队和拥护持久战,并积极参加抗敌救亡工作的藏族同胞。谭惕吾代表儿童保育会,朱纶代表妇女抗战建国协会,张玉麟代表天主教妇女战时服务会,陈奇雪代表妇女慰劳分会致词。③ 1938 年 12 月 31 日,妇女界向宋美龄献旗,妇女团体代表及来宾数千余人参加,朱纶主持大会,并报告开会意义,张蔼真代表宋美龄受旗。④

1939 年 1 月 10 日,国际妇女会在国际联欢社集合中外妇女近二百人,举行欢迎宋美龄大会。⑤ 1939 年 1 月 23 日,为发动家庭妇女参加战时工作,宋美龄召集国民党中央各院部长官夫人及妇女界领袖,商讨组织事宜,到会张默君、黄佩兰、莫国康等 80 余人。宋美龄主持并致开会辞,详细阐述抗战时期妇女的责任问题。谢冰莹报告战地妇女工作情形,黄薇报告华北妇女组织及抗战工作,俞庆堂报告妇女战时生产事业。陈诚夫人谭祥提出组织妇女工作队,当即决定由马超俊夫人沈慧莲负责中央社会部妇女工作队,陈诚夫人谭祥负责政治部妇女工作队,陈立夫夫人负责教育部妇女工作队,赵懋华负责立法院妇女工作队,吴景超夫人负责经济部妇女工作队,罗家伦夫人张维桢负责中央大学妇女工作队,陈继承夫人负责中央军校妇女工作队。⑥

1939 年 3 月 5 日为妇女节约献金日,"千万的妇女,从家庭来,从学校来,从医院来,从办公室来,集合在市商会的大礼堂,他们要在这里做一件惊人的事业,给全中国以至全世界的人们看。"当天妇女界献金 632 359 元。⑦ "伟大的献金运动,

① 《渝中外妇女界成立联欢会》,《中央日报》1938 年 10 月 27 日第 3 版。
② 《妇女抗战建国会发动家庭妇女赶制大批寒衣》,《新华日报》1938 年 11 月 18 日第 3 版。
③ 《渝市各妇女团体昨欢迎藏族代表团及印度来华救护队》,《新华日报》1938 年 11 月 28 日第 3 版。
④ 《妇女宣传日妇女界向蒋夫人献旗》,《中央日报》1939 年 1 月 1 日第 3 版。
⑤ 《国际妇女会,欢迎蒋夫人,中西妇女情谊交融记》,《中央日报》1939 年 1 月 11 日第 4 版。
⑥ 《发动家庭妇女参加战时工作决定组织妇女工作队蒋夫人昨招待妇女界》,《中央日报》1939 年 1 月 24 日第 4 版。
⑦ 《本报特稿伟大的女性妇女界献金日记实突破银钱业记录》,《中央日报》1939 年 3 月 6 日第三版。

妇女日这一天的收获,打破最高纪录。"①1939 年 4 月,重庆市妇女座谈会前经大会决定扩大组织并改,选举段超人、黄薇、吕润璧、庐竞如、寄洪、王枫、郑瑛等七人为第二届干事。座谈会于 1939 年 4 月 16 日举行春季旅行,并请邓颖超、史良主讲妇女精神总动员问题。②

1939 年 4 月 19 日,重庆市各界妇女在重庆市商会举行国民公约宣誓典礼,到新运总会妇女指导委员会、中国妇女慰劳总会、中国国民外交协会妇女工作委员会及女青年会等各界妇女五百余人,宋美龄参加宣誓并发表讲话,内容包括:①对国民公约的宣誓,就是表示个人对于爱国有了基本的认识,亦就是实行精神总动员的起点;②要认识国格就是爱国的精神;③如何由精神动员达到最后胜利;④如何爱国。③ 1939 年 4 月 23 日,重庆妇女举行座谈会,由总干事黄薇负总责,邓颖超演讲"精神总动员"问题。④

1939 年 9 月 7 日,重庆市妇女界举行茶会招待女参政员,邀请在渝的女参政员史良、罗衡、伍智梅、陶玄等人参加,积极倾听妇女群众之意见。女参政员讲演强调抗战时期应加强民众动员工作及妇女动员工作。与会的十个团体联名向女参政员提出关于动员全国妇女,普遍设立托儿所,加紧优待抗属,切实保障妇女权利等要求与建议。⑤ 1939 年 9 月 10 日,重庆市妇女会召开成立大会,徐闿瑞主持并宣称:"我国抗战建国,已进入艰难困苦之阶段,亦即更接近于胜利之阶段,抗建工作之完成,有赖妇女界尽力之处甚多,重庆妇女会之组织成立,无异在抗建中新加一支生力军。"大会通过宣言及会章,并电呈蒋介石夫妇致敬,通电全国声讨汪逆。⑥

1939 年 9 月,国民外交协会妇女工作委员会发起征募寒衣运动,该会主任委员傅学文曾连日召集会议多次,决定于 9 月 30 日在重庆青年会举行义卖,同时在唯一戏院演剧募捐,节目经排定者计有电影《抗战特辑》《中华儿女》,话剧《天津黑暗》《时候到了》,以及歌咏杂要等。傅学文、沈慧莲等还亲赴各大菜馆推销游券。⑦

---

① 《短评:妇女界最光荣》,《中央日报》1939 年 3 月 8 日第 3 版。
② 《妇女座谈会举行效游会,邓颖超、史良演讲》,《新华日报》1939 年 4 月 12 日第 3 版。
③ 《渝妇女界昨举行国民公约宣誓蒋夫人莅会参加并致训》,《中央日报》1939 年 4 月 20 日第 3 版
④ 《妇女座谈会昨游清水溪》,《新华日报》1939 年 4 月 24 日第 3 版。
⑤ 《妇女界的要求,请政府协助妇女动员工作,解决妇女生活普设托儿所》,《新华日报》1939 年 9 月 8 日第 2 版。
⑥ 《渝妇女会昨成立,电呈蒋委员长暨夫人致敬,并通电全国声讨汪逆》,《中央日报》,1939 年 9 月 11 日第 2 版;《渝市妇女会本月十日成立》,《新华日报》1939 年 9 月 8 日第 2 版。
⑦ 《渝妇女界积极募衣明日举行义卖,同时演戏募捐》,《中央日报》1939 年 9 月 29 日第 3 版。

1937 年 7 月 1 日全国妇女代表大会后徐闿瑞向各记者报告开会宗旨

资料来源:《女子月刊》1937 年第 5 卷第 7 期,第 1 页。

1939 年 9 月 28 日,重庆市妇女会全体理监事,在重庆市永年春餐馆联名招待各界人士,席间由妇女代表陈婉慈致辞,报告"九一八"义卖经过,及今后中心工作,继由各来宾分别致辞,情况较为热烈。①

1939 年 11 月 1 日,重庆市妇女界首次国民月会,假中宣部礼堂举行,参加各界妇女数百人,情绪热烈,会议由沈慧莲主持,她首先领导全体宣读誓词,后由陈立夫讲演救国道德,讲演,并阐述总理遗训、忠孝仁爱、信义和平等内容。② 1939 年 11 月 11 日,重庆市妇女界在中宣部礼堂集会,慰劳自前线归来的蒋夫人宋美龄及妇女指导委员会战地服务队全体工作人员。③ 重庆市妇女界举行著名女性纪念会议,以进一步动员和积累抗战力量,服务抗战。比如 1939 年 12 月 9 日,重庆市妇女界在重庆求精中学内新运总会妇女指导委员会礼堂,举行追悼李峙山大会。"李峙山女士努力妇运,奔走革命,垂二十年,早已蜚声国内,今晨以积劳致

---

① 《渝妇女界积极募衣明日举行义卖,同时演戏募捐》,《中央日报》1939 年 9 月 29 日第 3 版。

② 《渝市各界昨举行国民月会妇女界首次国民月会陈部长讲演救国道德》,《中央日报》1939 年 11 月 2 日第 3 版。

③ 《市妇女界欢迎蒋夫人今日下午在中宣部》,《中央日报》1939 年 11 月 11 日第 3 版。

疾，以七日逝世韶关。"①

1940年1月27日，中苏文化协会邀集重庆市各界妇女，举行欢迎苏联大使潘友新夫人及苏方旅华女友茶会。到苏联驻华大使夫人等十余人，及各界妇女代表沈兹九、傅伯群等百余人，邵力子夫人傅学文主持会议致欢迎词，曹孟君报告中国妇女参加抗战建国工作情形，潘友新大使夫人讲演，表示"很希望将来中国妇女团体组织起来，不断的努力，工作，而且要在抗战一切部门中努力，尤其是保育儿童等工作妇女界颇为注意。"后由刘清扬、唐国桢等讲演，并由中苏双方到会女士各唱两国国歌及其他许多中苏名曲。② 1940年2月13日，重庆妇女座谈会举行第二十五次座谈会，钱俊瑞演讲"最近欧洲战争与远东"。③

1940年2月13日，为扩大征求社员，重庆妇女界发起二十万双军鞋运动，由伤兵之友社妇女队队长冯夫人李德全，假座外宾招待所，招待重庆市妇女名流，商讨进行工作，到有吕超夫人、马超俊夫人沈慧莲，市长吴国桢夫人黄卓群、刘蘅静

1940年重庆三八妇女节李德全演讲

资料来源：《良友》1940年第153期，第9页。

---

① 《渝市妇女界追悼李峙山今晨在求精中学举行》，《中央日报》1939年12月10日第3版。

② 《渝妇女界欢迎苏使夫人》，《申报》1940年1月28日第3版；《渝妇女界欢迎苏大使夫人昨日举行茶会》，《中央日报》1940年1月28日第3版。

③ 《妇女座谈会今午后举行》，《新华日报》1940年2月13日第2版。

暨各妇女团体代表等六十余人。首由李德全报告伤兵之社妇女队应征求大批队员作伤兵服务,盼大家踊跃参加,并广为散求。继由张蔼真报告二十万双军鞋运动的意义,盼大家出钱出力,于最短期间募足额数。最后由唐国桢、史良报告及解释征求伤兵之友与募订军鞋详细办法,旋即分发捐册。① 1940 年 2 月 23 日,为重庆新运六周年纪念第五日,新运妇女指导委员会在重庆发动军鞋运动,沿街劝募,成绩极佳,拟继续劝导,以期达到 20 万双之数目。②

1940 年 2 月 18 日,重庆市 67 团体,通电讨伐汪精卫,指出"重庆市各妇女团体,誓死反对日汪密约,决以失地收复之日,作为讨逆完成之时",积极展开妇女讨逆除奸运动。③ 1940 年 2 月 25 日,重庆市妇女界联合重庆市妇抗会等在川东师范大学操场内举行扩大兵役宣传大会,沈慧莲担任总主席,会后即出发开始宣传,闻有歌咏、美术、化装、流动及广播等宣传队,约五十余队(每队约五六人),分别前往市郊各处工作,此外尚携有幻灯照片及其他文字宣传品。④

1940 年 3 月 31 日,宋蔼龄、宋庆龄暨宋美龄联袂来渝,共同从事抗建工作。4 月 3 日,三夫人到新运妇女指导委员会视察一切,并与受训女生同进午膳。午后还参观孤儿院及刺绣训练班,由宋美龄介绍宋庆龄、宋蔼龄与诸生相见,继由宋庆龄、宋蔼龄分别发表演说。宋蔼龄力言发展生产之重要,宋庆龄盛赞孤儿训练成绩之优异,并谓诸位孤儿既受良好训练,将来必不致产生汪精卫一类之人物。新运妇女指导委员会受训女生及孤儿等,面聆三夫人训迪,"精神无限振奋"。⑤

1940 年 4 月 3 日,重庆市各妇女团体,假新运总会妇女指导委员会会议室,举行第 22 次谈话会,到新运妇女指导委员会、重庆市妇女会、重庆妇慰分会、政治部工作队、军政部工作队等 35 个团体,由史良主席,商讨如何筹备欢迎宋庆龄宋蔼龄事。当经决定,举行盛大欢迎会。除时间另定外,并推定 21 单位负责筹备,旋又讨论招待参政员及筹备妇女宪政协会等事宜,至四时半始散。⑥

1940 年 5 月 3 日,重庆市各妇女团体召开座谈会,史良报告该会各项赈目,并

---

① 《征求伤兵之友劝募廿万军鞋,渝妇女界积极进行》,《中央日报》1940 年 2 月 14 日第 2 版。
② 《渝妇女界劝募军鞋》,《申报》1940 年 2 月 24 日第七版。
③ 《华北敌后新闻界奋起声讨汪逆,全国妇女界通电除奸》,《新华日报》1940 年 2 月 18 日第 2 版。
④ 《妇女界宣传兵役今日分队出发市郊工作赵老太太将赴各县讲演》,《中央日报》1940 年 2 月 25 日第三版。
⑤ 《欢迎孙孔两夫人渝妇女界筹备盛大举行》,《中央日报》1940 年 4 月 4 日第 2 版。
⑥ 《欢迎孙孔两夫人渝妇女界筹备盛大举行》,《中央日报》1940 年 4 月 4 日第 2 版。

讨论欢迎宋庆龄、宋蔼龄，欢送新任驻苏大使邵力子夫妇等。[1] 1940 年，史良指出"妇女组织，已打进了任何一个区域"，单是新运妇指会就已经全国各地 258 家妇女组织发生经常联系。[2] 1940 年，国民大会广东省妇女竞选分会负责人名单分别为吴菊芳、郭顺清、冯樵霞、陈明淑、雷砺琼、萧家珍、罗慕班、李志文、陈逸云、李雪英、林宝权、林苑文、陆叔英、黄养存、邓不奴、赵淑嘉、陈秋明、徐芷龄、黄翠凤、戴若瑄等 20 人。[3]

1940 年 8 月 13 日，重庆妇女界举行座谈会，20 多妇女团体派代表参加。刘清扬主持并代表重庆妇女慰劳分会报告三年来国际形势。曹孟君代表中苏文协妇委会报告三年来的国内形势，她概述三年来我国在外交、内政、经济、军事等等方面的方针及设施，表示不仅要在内政、外交等方面要求进步，同时要在群众工作中求得成果。韩幽桐进一步指出，过去我国的外交政策的基础是建立在国联盟约、非战公约以及九国公约上，今后我们的外交路线应重在亲苏及联美。[4] 邓颖超指出我国执行以"不变应万变"的外交政策，虽然掌握住了"不变"，却恰恰没有能应付五花八门的"万变"。邓颖超指出投降危险表现在敌人诱降、劝诱、召诱和迫诱等四种方式上，主张要消灭一切妨碍团结的摩擦。[5] 史良汇报了抗战三年的妇女工作，指出全国妇女工作在慰劳、保育、生产、武装自卫、参加行政工作、战地服务、协助抗属、妇女训练、文化教育等方面取得了明显的成绩，然而妇女工作存在着本身的缺点和客观的障碍。[6] 李昆源指出一般妇女对于妇女问题的理论研究不够。曹孟君特别指出妇女应该加强对客观环境的认识，不要把妇女工作与政治工作分开来，必须密切注意政治的情势，争取民主政治的实施。刘清扬指出今后妇女工作要做到：加强政治领导；掌握过去妇运路线，努力向前；推进妇女群众教育；妇女工作应扩张到沦陷区中去；加强和突击落后方面；加强妇女大团结；加强妇女组织的群众基础；大批培养干部等。[7]

1940 年 10 月 3 日，重庆市各妇女团体十多个单位举行谈话会，商讨如何纪念

① 《渝妇女界筹备欢送邵大使欢迎孙夫人》，《新华日报》1940 年 5 月 3 日第 2 版。
② 史良：《全国妇女组织现状与我见》，《妇女生活》1940 年第 8 卷第 10 期，第 4—6 页。
③ 《妇女动态：本省妇女参政第一声》，《广东周(曲江)》1940 年第 10 期，第 34 页。
④ 《渝妇女界座谈会，检讨三年来妇女工作》，《新华日报》1940 年 8 月 14 日第 2 版。
⑤ 《渝妇女座谈会，检讨三年来妇女工作》，《新华日报》1940 年 8 月 14 日第 2 版。
⑥ 《渝妇女座谈会，检讨三年来妇女工作》，《新华日报》1940 年 8 月 14 日第 2 版。
⑦ 《渝妇女界座谈会，检讨三年来妇女工作》，《新华日报》1940 年 8 月 14 日第 2 版。

国庆日,各妇女团体联合参加双十节各界举办的成绩展览会,筹备双十节远足。①
会上,韩幽桐指出妇女职业问题,是争取经济地位平等的斗争;邓季惺认为目前中
国法律仍存在着维系男性为社会中心的内容,因此妇女一定要从政治上取得修改
法律的权利。② 与会代表表示,职业妇女要更艰苦负责的工作,努力学习提高自己
的能力,使人无所借口;政府和社会人士应该设立各种托儿所,解除她们的痛苦和
妇女职业的障碍,使职业妇女紧密地团结起来。③

　　1940 年 12 月 7 日,重庆市各界妇女举行联欢晚会,李德全指出该会不仅使中
国和苏联的妇女们得到相互交流,还曾发动中国妇女儿童写了七百封信给苏联的
妇女儿童,并组织过一次外交问题座谈会和一次关于女青年问题的演讲等,参加
了重庆各妇女界发动的各种运动如节约储蓄、防空防务及各种座谈会等等的工
作。中苏文化协会可以将散漫的姐妹们组织起来,把许多个体聚为集体。她希望
女性多关注国内外经济问题,过去因为女性不关注国内外经济问题才会受社会的
压迫。李昆源代表妇女文化委员会做“苏联妇女斗争简史”的报告。④

　　1941 年 2 月,新运七周年妇女纪念日,陶玄主讲“妇女新运”,下午举行妇女家庭
工作竞赛、女子球类比赛以及抗属难童联欢会,晚间宋美龄广播“妇女新运”工作竞
赛,并请刘峙夫人杨庄丽主持给奖典礼,妇女会公演《未婚夫妻》话剧。⑤ 1941 年
2 月 5 日,全国慰劳总会招待各妇女团体领袖,由该会代会长谷正纲、副会长马超
俊亲自招待,讨论动员妇女参加出钱劳军运动。公推沈慧莲为妇女动员指导长,
并推定刘王立明、唐国桢、杨庄丽、吴国桢夫人黄卓群、陈逸云、钱用和、史良等人
为副指导长。⑥ 1941 年 12 月 21 日下午三时,重庆妇女界追悼沈骊英女士,冯夫
人李德全主祭致词,述沈骊英生平及改进小麦之功绩,冯委员玉祥演说,指陈沈之
认真精神,堪为模范。至五时礼成。⑦

　　1942 年 3 月 19 日,重庆妇女界慰劳访印归来的宋美龄,沈慧莲、李德全、黄兴

---

① 《渝妇女团体开谈话会,商讨纪念国庆办法》,《新华日报》1940 年 10 月 4 日第 2 版。
② 杨慧琳:《妇女界一个严肃的座谈会——重庆妇女职业问题讨论》,《新华日报》1940 年 11 月 13 日
第 3 版。
③ 杨慧琳:《妇女界一个严肃的座谈会——重庆妇女职业问题讨论》,《新华日报》1940 年 11 月 13 日
第 3 版。
④ 《重庆妇女界一个愉快的晚会》,《新华日报》1940 年 12 月 8 日第 2 版。
⑤ 《庆祝大会第四日新运妇女日,宋指导长今晚播讲》,《中央日报》,1941 年 2 月 22 日第 3 版。
⑥ 《响应出钱劳军渝文化界号召全国捐输,妇女界亦热烈参加动员》,《中央日报》,1941 年 2 月 6 日第 3 版。
⑦ 《渝妇女界追悼沈骊英》,《申报》1941 年 12 月 22 日第 2 版。

1941 年全国妇女代表

资料来源：《正言报复刊纪念特辑》1941 年第 5.21 卷，第 8 页。

夫人徐宗汉、商震夫人安田作子及各界妇女两百多名参加，黄卓群主持会议，指出宋美龄此次访印度，"站在反侵略阵线的立场说，世界局势的关键在于印度，而在印度内部千钧一发的当儿，能使印度清楚地认清了自己的任务，成为反侵略阵营里有力的盟友"；"就中国立场来说，这次的访印是历史上最光荣的一页"；站在妇女的立场说，"由于蒋夫人的才干和人格，受到国际友人格外的信仰和器重，给妇女界争来了无比的光荣。"宋美龄并介绍印度妇女工作情况。① 1942 年 6 月 28 日，成都妇女会召开理监联席会议，响应宋美龄发起的"七七"百万献金运动，发动工界妇女、家庭妇女扩大募捐。②

　　1942 年 11 月，中国妇女举行茶会招待英国议会访华团，参加招待会的有曹孟和、邓颖超、吴国桢夫人黄卓群、刘清扬、孙科夫人陈淑英、李德全、史良、张晓梅、刘王立明、陶玄、陈逸云、唐国桢、罗衡等人。"吴市长夫人是到得很早的一个。孙院长夫人是带着她的小姐同来。冯夫人依然是短短的头发，朴素无华的样子，一进门，就忙着和这个招呼，和那个握手。""史良律师也抽空来参加盛会，刘清扬、曹孟和、邓颖超、张晓梅等人一面参观妇女指导委员会各组的成绩，一面又忙着与许多难得碰见的姊妹们握手言欢。""女参政员们也来得不少：刘王立

---

① 《陪都妇女界慰劳蒋夫人昨举行盛大茶会》，《中央日报》1942 年 3 月 20 日第 2 版。
② 《蓉妇女界响应献金运动》，《中央日报》1942 年 6 月 29 日第 2 版。

明、唐国桢、陶玄、陈逸云、还有罗衡。刘王立明先生带着笑谢谢董显光夫人送赠的一支别针，绿色的光在她胸前闪烁着。""妇女指导委员会的女主人们，不仅用茶点来款待贵宾，她们这用成绩来衬托茶点的丰盛。宾馆的客厅作了她们的成绩展览室。"①

1944 年 10 月 25 日，徐闿瑞、费侠、吕晓道等邀请请妇女界热心人士唐国桢、黄佩兰、沈慧莲、庄静、吕云章、伍智梅、朱纶、张岫岚、熊芷、王秀卿、朱保良、赵丽楣、冯碧华、毛淑清等人，讨论推动妇女从军运动。到妇女月刊社报名服役的有国民党中央妇运会委员张岫岚、游击队之母赵老太太、知识女青年陈养和等109 人。② 1944 年 10 月 29 日，妇女共鸣社开会讨论"如何响应知识青年志愿从军运动"，陈逸云主持，吕云章、庄静、张岫岚及女公务员、女学生等百余人到会。③ 1944 年 12 月 15 日，陪都妇女界举行劳军献金游行，沈慧莲、倪斐君担任正副总指挥，孙科夫人陈淑英、刘峙夫人杨庄丽等分任劝募队长。④ 1944 年 12 月17 日，陪都妇女界劳军献金游行第二日，沈慧莲、倪斐君、张继、马超俊、黎剑虹、费侠、包德明⑤、杨宝琳等二百余人参加游行，收到献金共约二百万元。⑥

抗战时期，妇女界成为一个相对独立的群体，包含各党各派各方面的妇女领袖和女性精英人物，她们多次发动妇女团体座谈会、"三八"妇女节纪念大会、组织成立各妇女团体等。妇女界不仅在动员广大女性从事战时妇女动员工作，积极参与战时妇女工作方面作出了重要的努力，女性精英群体通过"三八"节纪念活动，能有效地对妇女进行战时动员。

1939 年 3 月 8 日，重庆市妇女界，召开"三八"国际妇女节纪念大会，重庆市各

---

① 《中国妇女招待英访华团，蒋夫人邀妇女界举行茶会欢迎（本会特写）》，《新华日报》1942 年 11 月17 日第 2 版。

② 《妇女界奋起，拟征求十万女青年》，《中央日报》1944 年 10 月 26 日第 3 版。

③ 《指导会正式决定登记入伍办法，妇女界讨论从军，决向政府提供七项具体意见，要求独立编为远征军妇女队》，《中央日报》1944 年 10 月 30 日第 3 版。

④ 《山城人人争献金，妇女界劳军大游行，备有鲜花赠送献金人》，《中央日报》1944 年 12 月 16 日第3 版。

⑤ 包德明，1910 年生，四川南溪人，北平大学经济系毕业，曾任中国大学附中女生部主任、遂宁女子师范校长、国民党中央组织总干事、国民党中央妇女运动委员会委员、妇女志愿从军促进会理事、"中华妇女福利社"理事长、"宪政实施促进委员会"常委、台湾"妇联会"委员、私立铭传女子商专校长、"中国国民外交协会"常务理事等职。据军事委员会对其调查，称其"浮躁不实，言语杂乱无味，好虚荣，善阿谀，学识无用，才具平常，当有活动能力，唯其活动方式，易使人厌恶"。参见《包德明》，台北"国史馆"藏军事委员会侍从室文件史料，馆藏号：129000104441A。

⑥ 《陪都妇女劳军游行，昨日献金二百余万》，《中央日报》1944 年 12 月 18 日第 3 版。

重庆出钱劳军竞赛大会情形

资料来源:《良友》1937 年第 128 期,第 5 页。

工厂学校停工暂课半日,同时全市电影院,在上午十时至十二时招待全市妇女界自由参观,并举行火炬游行,"表示这是妇女最快乐的一天,也是最光荣的一天"。①这一天下午,重庆市妇女界在市商会广场举行盛大的纪念活动,"是重庆妇女界空前的大集合,也是空前的大检阅,昨天的三八国际妇女节纪念大会充分表现了中国妇女的觉醒进步和力量,无疑的她们已经找到通往自由和解放的正确的道路,而且已经勇敢地跨出最初的同时也是最艰难的一步了。"②

　　1939 年"三八"节,重庆市妇女界召开纪念大会,③张蔼真把妇女节的历史意义和中国妇女们远在 1924 年就开始纪念妇女节的活动。她指出此次"三八"节纪念,应该扩大和巩固妇女的团结;广泛地动员各界妇女;加强抗战建国工作;提高妇女文化水平,改善妇女生活。④　宋美龄发表演讲,提出要改善大多数妇女同胞的

　　① 《渝妇女界纪念三八》,《中央日报》1939 年 3 月 8 日第 4 版。
　　② 《重庆妇女界昨纪念"三八"节,蒋夫人讲演纪念意义,国际妇女会代表同情我抗战》,《中央日报》1939 年 3 月 9 日第 3 版。
　　③ 《渝妇女界纪念三八》,《中央日报》,1939 年 3 月 8 日第 4 版。
　　④ 《纪念"三八"妇女节,中国妇女大团结,蒋夫人号召参加抗战工作,抗属女工女生等踊跃参加》,《新华日报》1939 年 3 月 8 日第 3 版。

生活,鼓励男子从军协助战士家属,指出抗战胜利之日妇女才是真正的解放。宋美龄指出妇女节的意义,不仅在于谋求妇女解放,在于为民族争生存权利,在于提高物质和精神生活,妇女应该承担起对国家的责任,应该一致动员起来,才能获得民族国家和妇女自身的自由与独立,才能对抗战有所贡献。①

1939 年"三八"妇女节纪念大会

资料来源:《蒋夫人照片资料辑集(一)》。

1940 年 3 月 8 日,重庆妇女界举行盛大纪念妇女节活动,晨八时全国妇女慰劳总会,率同市妇女团体,分五队,由邹鲁夫人等领队,慰劳新军。午后由妇女团体 73 单位共一万余人举行纪念会。首由冯夫人李德全领导行礼,并向抗战阵亡将士及死难同胞,默念致哀,旋即席报告。次由社会部副部长洪兰友致训,美籍梅福达夫人、日籍绿川英子女士及抗战家属代表演说,旋通过大会宣言及致电慰劳前方将士。②

1940 年"三八"妇女节,作为抗战进入相持阶段以后的第一个妇女节纪念,大后方各地虽仍行纪念,但其盛况较之一九三八年已显逊色。在重庆召开的纪念大

① 《蒋夫人演讲奋斗中纪念"三八"节》,《新华日报》1939 年 3 月 9 日第 3 版。

② 《渝妇女界盛大纪念三八节,参加纪念会者一万余人,通过宣言电蒋委长致敬》,《申报》1940 年 3 月 9 日第四版。

会上,李德全代表大会向政府提出了四项殷切的要求:"①切实领导妇女运动;②实行宪政,真正提高妇女地位;③普遍设立保育院、托儿所、妇女医疗室,以减轻妇女的负担与痛苦;④保障妇女权益。"会后并举行游行示威化装表演等。① 到各机关学校工厂妇女团体及新运各妇女工作队等 73 单位约一万人。由重庆各妇女团体代表推派出大会主席团,总主席李德全,主席团成员有傅学文、沈慧莲、史良、沈兹九、刘清扬、唐国桢、朱纶、张晓梅等 58 人。全国妇女慰劳总会率重庆市妇女团体,分五队慰劳新军,由邹鲁夫人、刘纪文夫人及唐国桢、吕润璧等分别领队,献赠锦旗、慰劳金及慰劳品,表演游艺。李德全主持大会,分别由国民党中央社会部副部长洪兰友、中宣部代表鲍容、沈慧莲、国际妇女梅福莲夫人、日本友人绿川英子等人致词。朱纶、刘清扬、张晓梅发表讲话。沈慧莲对抗战以来全国妇女集中力量,努力建国工作,表示钦敬,希望今后加倍努力。② 张晓梅代表陕甘宁边区介绍边区妇女怎样奠定她们的民主基础与获得自由平等,大会通过大会宣言,并向蒋介石、宋美龄致敬,发表讨汪通电,慰劳前方将士函电,致全世界妇女电以及通过了十三条提案。③ 是日,由国际宣传处国际广播电台播送特别节目,中国妇女节制协会总干事刘王立明以英语对欧美播讲《中国妇女对抗战建国之贡献》。④

1940 年 3 月 8 日,重庆市妇女界召开妇女节纪念大会,发表宣言:揭穿汪伪卖国阴谋,积极推进妇女宪政运动;加紧动员妇女参加抗战,向国际社会争取同情。⑤ 大会决议向政府提出以下要求:①在宪法上明文规定妇女在政治上、经济上、教育上和社会上一律平等,并确实保障妇女地位;②在国民代表大会及各省市县参议会妇女代表,均应占百分之三十;③除实行地域、职业、特种、政府指定四种选举法外,增添妇女选举;④通令全国工厂,实行男女同工同酬,保护童工,并切实保护母性于产前后休假两月,工资照给;⑤明文规定妇女不能因结婚而失去职业;

---

① 舒琪:《"三八"流年——中国几个有历史意义的"三八"节》,《解放日报》1942 年 3 月 8 日第四版。

② 《渝市妇女界盛大纪念"三八"节,一万余人会后游行市区,大会电蒋委员长暨夫人致敬》,《中央日报》1940 年 3 月 9 日第 3 版。

③ 《重庆万余妇女热烈纪念"三八"节,冯夫人力言抗战必须团结,应肃清公开的隐藏的汉奸》,《新华日报》1940 年 3 月 9 日第 2 版;《渝市妇女界盛大纪念三八节,一万余人会后游行市区,大会致电蒋委员长暨夫人致敬》,《中央日报》1940 年 3 月 9 日第 3 版。

④ 《渝市纪念"三八"妇女节蒋夫人特举办文学奖金,奖励妇女写作选拔新进作家》,《中央日报》1940 年 3 月 8 日第 3 版。

⑤ 《重庆万余妇女热烈纪念"三八"节,冯夫人力言抗战必须团结,应肃清公开的隐藏的汉奸》,《新华日报》1940 年 3 月 9 日第 2 版。

⑥严令各级行政机关切实取缔人口买卖、童养媳、纳妾、蓄婢、溺女及狎妓等;⑦普遍设立免费的托儿所;⑧规定各级学校及训练班的女生生数量应在30%以上;⑨普遍设立妇女补习学校及识字班;⑩提倡妇女参加生产事业;⑪优待抗属,普遍设立抗属工厂并确定抗属优待经费;⑫通令各地普遍建立妇女组织,并于各级行政机关中设立妇女工作部门,并确定经费;⑬要求蒋夫人宋美龄加强妇女工作,召开全国妇女代表大会等。①

1941年3月,重庆市妇女界举行妇女节扩大纪念大会,到各界妇女50余单位近万人,各工商职业妇女、各机关学校、各妇女工作队、新运妇指会、抗属等五区列队。沈慧莲主持宣称:纪念妇女节,"首要谋国家民族之幸福,国家有自由,妇女始能有自由,民族能生存,妇女亦始能生存。故纪念妇女节必须万众一心,坚强团结,拥护统一,牺牲一己之利益,而顾全国家利益。"宋美龄勉励全国女同胞从事耕稼,强调"女子应以务农耕稼为荣"。② 3月8日晚,沈慧莲主持重庆市妇女界广播聚餐会,邀请刘纪文夫人、梁寒操夫人、邹鲁夫人、陆晶清③及女参政员伍智梅、刘蘅静、陈逸云等妇女领袖参加并发表演说。④ 李德全对苏联播讲宣称:"年年有一次妇女节,凡我女界同胞,不要以为每次开会纪念是一种惯例的仪式,应明了妇女节之所以要纪念的意义,且要脚踏实地做去,行动思想一致的去谋妇女解放。"⑤

1942年3月8日,重庆各界妇女节纪念大会由宋美龄担任总主席,宋庆龄、宋蔼龄、李德全、王文湘、沈慧莲、黄卓群、张默君、商震夫人、黄克强夫人、孙科夫人等13人为主席团成员,宋美龄向世界广播,李德全、沈慧莲向全国广播,张露贞、黄卓群、商震夫人、黄克强夫人向南洋广播,张默君向日本广播。⑥ 1942年3月8日,国民党中央妇女运动委员会组织重庆市各界举行妇女问题广播演讲,张默君播讲"智仁勇的中华民族与妇女",她从中国妇女的品性上,说明智仁勇的中华民

① 《三八节纪念大会决议提案十三条》,《新华日报》1940年3月9日第2版。
② 《妇女应务农,参加经济生产,宋指导长在妇女节训词》,《中央日报》1941年3月9日第3版。
③ 陆晶清(1907—1993),云南昆明人,1922年入北京女子高等师范文科班学习,1927年3月到汉口参加国民党妇女部工作。英国皇家学院研究部,任国民党中央妇女部干事,汉口市妇女秘书,《京报》《河北民报》副刊编辑,《世界日报》副刊编辑主任,神州国光社编辑,国民政府军委会战地党政委员、设计委员,国民外交协会常务理事兼妇工委员会副主任委员,文艺界抗敌协会国际宣传委员等职。1940年国民政府军事委员对她的调查称她"个性摇动不坚,过去为本党同志,后加入共产党,参加闽变,与李济琛接近,长文字,做事经验尚丰富,其夫为王礼锡,宜任宣传工作"。《妇女人才调查一览》,《吕云章》,台北"国史馆"藏军事委员会侍从室文件史料,馆藏号:129000098271A。
④ 《纪念妇女节,今午在新运广场举行,明日慰问抗属及荣誉军人》,《中央日报》1941年3月8日第3版。
⑤ 《妇女应务农,参加经济生产,宋指导长在妇女节训词》,《中央日报》1941年3月9日第3版。
⑥ 《今日妇女节,陪都举行纪念会,蒋夫人任总主席》,《中央日报》1942年3月8日第3版。

"三八"妇女节游行活动

资料来源:《蒋夫人照片资料辑集(一)》。

族,同时希望妇女界努力去发扬中华民族的智仁勇的品性。张蔼真演讲《妇女与新运》,新运已经开始了八个年头,但至今尚有许多妇女上在这个运动的圈子外,没有接受适当的训练和组织,她认为新运为民族复兴的基础,今后全国妇女必须努力于新运工作。

陆翰芩(1906—1990,又名陆寒波)演讲《妇女解放与职业地位》,她说我国妇女在教育上虽已获得平等,但在职业上尚没有得到平等,如果妇女没有职业,则必无独立生活,无独立生活则即无自由。从权利方面说来,妇女应该获得职业上的平等,从义务方面说来,妇女亦应该对国家与男子有同样的贡献。[1] 沈慧莲播讲"妇女与经济",妇女建立独立的经济基础,对于获得解放之必要,主张在生产方面妇女须努力纺织,料理家政,代替出征男子耕作,在消费方面,当节约各项不必要的消费。

刘蘅静演讲《妇女与教育》,指出从前把女子受教育是以辅助丈夫的事业为目的,然而这是一种教育观念的错误,希望知识妇女多去从事教育工作,她认为教育

---

① 《妇女问题座谈,讲演的全是妇女界名流,每个人都有宝贵的意见》,《中央日报》1942 年 3 月 9 日第2 版。

1940 年重庆三八节大会,纺织女工友参加游行

资料来源:《良友》1940 年第 153 期,第 9 页。

是妇女最适宜于做的工作。劳君展①播讲《妇女与科学》,她首先说明女子亦与男子一样,适宜学科学,她指出现在欧洲各国的妇女,所以能够代替男子在后方工作,是由于平时已经受到科学训练。林苑文演讲《妇女与国防》,指出现代的战争已无前方后方之分,妇女在后方必须从事救护消防运输等工作,尤其要鼓励丈夫儿子去当兵。②

李秀之演讲"妇女与节约储蓄",她说全国有九千万个家,妇女如果在家庭内领导储蓄,则全国的节约储蓄款项必大可观,这样,不仅个人能养成节约的美德,政府也得到了款项以用于从事建设。傅岩演讲"妇女与儿童",她希望政府及社会注意妇女与儿童的健康保护问题,战时妇女在精神上有流离之苦,在物资上生活困难,身体每不健康儿童遂亦衰弱,所以对于职业妇女必须多给予优待,对于儿童

① 劳君展(1900—1976),湖南长沙人,毕业于周南女校,留法巴黎大学理学院毕业,曾任中山大学教授、北京大学讲师、暨南大学教授、巴黎留欧总支部执行委员、"国立"编辑馆编辑。据 1940 年国民政府对她的调查,称她"性温和学,甚有根底,思想过去曾左倾,现甚少参加政治活动,斗争精神较差,适做内部工作,其夫为参政员许德珩"。参见《妇女人才调查一览》,《吕云章》,台北"国史馆"藏军事委员会侍从室文件史料,馆藏号:129000098271A。
② 《妇女问题座谈,讲演的全是妇女界名流,每个人都有宝贵的意见》,《中央日报》1942 年 3 月 9 日第 2 版。

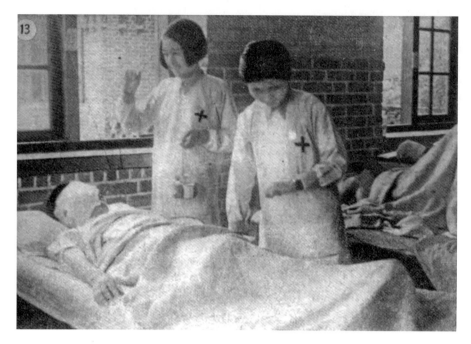

1940 年重庆三八妇女节大会，妇女从事救护工作

资料来源：《良友》1940 年第 153 期，第 9 页。

必须多加爱护，要使妇女与儿童在营养上获得最低的营养标准此外，还有谢冰莹播讲"妇女与创作"。[1]

　　1943 年"三八"妇女节纪念活动的中心是促进宪政的实施。正如张蔼真所指出："现在，陪都妇女界决定以促进宪政实施为纪念本届'三八'节的中心工作，并且号召全国妇女一致进行。这是今日朝野上下一致努力的事情，我们妇女对此尤有殷切希望，希望宪政实施之日，即妇女解放之时。"[2]1943 年 3 月 8 日，重庆各界妇女节纪念大会由沈慧莲主持，她对妇女界强调，"吾人固应求本身之解放，尤须求民族国家之解放，以谋国际地位提高"。宋美龄被邀赴美参众两院发表演讲，不仅为我国妇女的光荣，也是民族国家的光荣，此乃由于平等新约订立与我国际地位增高之缘故。吴铁城回顾国民党领导之下妇女所取得成就，号召妇女继续努力，承担抗战建国的责任。吴贻芳演讲指出，1943 年妇女节具有特殊的意义，[1]中

---

①　《今日妇女节，陪都举行纪念会，蒋夫人任总主席》，《中央日报》1942 年 3 月 8 日第 3 版。

②　张蔼真：《纪念"三八"与促进宪政实施》，《妇女新运》1944 年第 6 卷 3 期，第 1 页。

国国际地位已得到真正平等；②同盟国家妇女为解脱民族国家之苦难，对付同一敌人已成为患难之交。她勉励中国妇女同胞，善用固有特长如忍耐力、牺牲精神与适应环境力等。大会致电林森、蒋介石、宋美龄及前方将士、联合国家抗敌将士表示致意，各界妇女献金总数达 1 244 000 元。①

1945 年妇女节的主题是团结妇女以争取民主，李德全指出民主政治是必须靠自己来争取的。史良认为民主就是以人民为根本，尊重人民。刘清扬发表意见一致要求民主，最后由李德全征求大家意见，概括为：实现民主政治；增进妇女力量，检讨自己；到乡村去。② 1945 年"三八"节，中国女青年会总干事、陈望道夫人蔡葵在复旦大学发表公开演讲。③

抗战时期，女性精英群体通过共同参与战时的各项妇女工作和抗战工作，从而形成较为紧密的联系。与男性精英相比，女性精英群体有着对于男女平等的基本诉求，在抗战时期进行了妇女参政运动、妇女宪政运动、妇女职业运动等等对于女性权利的追逐，女性精英由于抗战的需要走出家门，有了一个相对广泛的活动舞台，也有了寻求自身解放的空间。相较于男性对于民族国家的解放，女性群体有着自身对于妇女解放的诉求。

第二节　抗战时期妇女界的团结与斗争

抗战时期各党各派各界妇女领袖在抗战前期由于抗日民族统一战线的建立，妇女界也建立了统一战线，在民族危机与社会救亡的特殊时期，在妇女动员的紧急情况下，各党派各界的妇女领袖能够维持相对较好的合作和团结，共同从事于战时妇女动员的工作，很多女共产党妇女干部在战时各大妇女组织中积极从事妇女工作和党的工作。而在抗战中后期，特别是"皖南事变"爆发之后，国民党开始掀起"反共"高潮，国共之间摩擦的增加，女性精英群体之间也产生了不少纠纷和摩擦，很多中共妇女干部在邓颖超的指示下逐渐撤离了新运妇女指导委员会等战

---

① 《陪都妇女界三八》，《中央日报》1943 年 3 月 9 日第 3 版。
② 《纪念三八节团结妇女力量，争取民主政治，这是妇女的真正呼声——在一个纪念晚会上，李德全、史良、刘清扬等先生大声疾呼，要让人民说话，要为人民做事》，《新华日报》1945 年 3 月 9 日第二版。
③ 《"三八"节在夏坝》，《新华日报》1945 年 3 月 11 日第四版。

时妇女组织。

一、国民党与新运妇女指导委员会

抗战时期新运妇女指导委员会作为全国性的妇女统一战线性质的女组织,在该组织内部存在着各党各派各界的妇女领袖。抗战初期,基本上是在执行国共抗日民族统一战线的方针,随着1938年5月妇女界庐山谈话会的召开,妇女界的抗日民族统一战线逐步形成、巩固并扩大。新运妇女指导委员会内部各党派妇女领袖及各界妇女领袖之间,团结合作,共同从事战时妇女动员工作。在新运妇女指导委员会内,存在着大量的国民党妇女干部,如新运妇女指导委员会总会委员谭祥、宋蔼龄、郑毓秀、李德全、沈慧莲等,各省新运妇女工作委员会主任委员洪希厚、方少文、龙文娱、蔡文援、皮以书、马凤歧、吴菊芳、倪斐君等,各机关新生活妇女工作队队长王文湘、萧德华、傅学文、洪希厚等人。

早在1938年,新运妇女指导委员会在宋美龄领导之下,"对于为抗战将士征募寒衣运动,除由该会之新生活妇女工作团日夜赶制棉背心外,并号召各省主席夫人,努力征募",湖南省主席夫人洪希厚代金6万元,背心2万件;江西省主席夫人顾柏筠代金52 900元;江苏省代主席韩得勤夫人代金5万元;广东省主席夫人马凤歧代金4万元;贵州省主席夫人陈适云代金2万元。① 1939年1月24日,《大公报》评论说:"过去一年半之中,大多数的高级长官太太们除了流徙以外,至多只尽了出钱的任务,(但如张继夫人,冯玉祥夫人……是出钱又出力的。)力量太分散,这以后,却要有组织地参加后方工作,动员广大的妇女群众,丢开一切无谓的队费,丢开一切消耗金钱的娱乐,作妇女群众的表率了。"② 随着抗战形势的发展,国民党要员夫人对新运妇女指导委员会的贡献不再仅仅局限于征募和捐献,她们参加到更广泛的妇女新运的工作中去。

1938年9月14日,宋庆龄抵达广东省,"将作较长时期之逗留,俾便指导此间妇运"。③ 1940年4月3日,宋庆龄、宋蔼龄由宋美龄陪同,到新运妇女指导委员会视察,并与妇女干部训练班学员共进午餐,参观孤儿院及刺绣训练班,宋蔼龄发

---

① 《新运妇女指导委员会募的大批寒衣,各省主席努力征募》,《大公报》1938年10月4日第2版。
② 《太太们站起来了》,《大公报》1939年1月24日第3版。
③ 《宋庆龄抵粤指导妇运》,《新华日报》1938年9月16日第2版。

表演说,"力陈发展生产之重要,盛赞孤儿训练成绩之优异"。① 4月7日,宋庆龄与宋蔼龄出席宋美龄主持召开的重庆各界妇女欢迎会,②宋庆龄和宋蔼龄来到重庆,积极指导新运妇女指导委员会推进工作。1940年6月,宋美龄在演讲中称赞宋蔼龄对生产事业的贡献,宋美龄指出:宋蔼龄"曾特别关心苎麻纤维的改进"。③宋蔼龄对于新运妇女指导委员会的生产事业尤为关心并积极推进。

1938年,郭秀仪曾在《我愿献身于战时儿童保育事业》中认为:"救济和收容由战区流亡出来的难民,是整个政府和我们后方民众的责任,尤其对于那些流离失所被难的儿童,是我们女界同胞应有的天职。我相信在这长期抗战的时期中,在前方,执干戈以卫祖国的男同胞们,正在前仆后继地与敌人肉搏死拼,我们后方的女同胞,决不应仍度着安闲的生活,而不谋对国家作有力的贡献。"对于儿童保育事业,她主张保育儿童的全面工作,应注意儿童的教养与保卫,兼顾到管、教、养、卫的四种范围。而且,她曾敏锐地指出,由于"据最近向难民救济所调查,难民中占80%以上的儿童是男性,可见当时一般难民由战区逃亡时遗弃的女孩,必然甚多"。由此,她希望女界同胞争取妇女在社会上的平等地位。④

1940年3月底宋蔼龄由香港飞抵重庆,积极为新运妇女指导委员会经费筹集资金。自宋蔼龄抵渝后,新运妇女指导委员会生产事业组工作,"已有长足进展,孔夫人曾代该组借得价值百万元以上之信用借款,为川省蚕丝及棉花生产之用。近该组以缝制伤兵及难童寒衣,急需缝衣机器,孔夫人乃委托中国红十字会国外辅助会名誉秘书西尔温克拉克夫人,代购四十具,捐赠该组,兹闻西尔温克拉克夫人致函孔夫人,谓该项缝衣机,拟由香港英国救济中国基金会及红十字会国外辅助会捐赠,并谓嗣后苟能略效机薄,如供给工具物品等,当乐于应命,且引为荣。"⑤

党史编纂委员会新运妇女工作队队长崔震华,因热心儿童保育工作,被妇女工作者季洪称为模范太太。季洪以"难童的祖母"盛赞崔震华为战时儿童保育事业所做的贡献。⑥ 抗战时期,王文湘担任新运妇女指导委员会委员、军政部新运妇女工作队队长等职。1941年她发文称赞新运妇女指导委员会在保育、慰劳、救济、

① 《欢迎孙孔两夫人,渝妇女筹备盛大举行》,《中央日报》1940年4月4日第2版。
② 《蒋夫人邀渝市妇女欢迎孙孔两夫人,蒋委员长致词欢迎》,《新华日报》1940年4月8日第2版。
③ 宋美龄:《我将再起——中国妇女工作》,袁伟、王丽平选编:《宋美龄自述》,第187页。
④ 郭秀仪:《我愿献身于战时儿童保育事业》,《妇女生活》1938年第5卷第11期,第4页。
⑤ 《英救济中国基金会捐助缝衣机》,《申报》1941年11月3日第7版。
⑥ 季洪:《两位模范的太太》(1939年2月1日),《妇女生活》1939年第8卷第1期,第17页。

募捐等工作上取得的成绩。① 1941 年 1 月，全国慰劳总会发动慰劳竞赛运动，王文湘、李德全分别担任妇女组指导长及副指导长。②

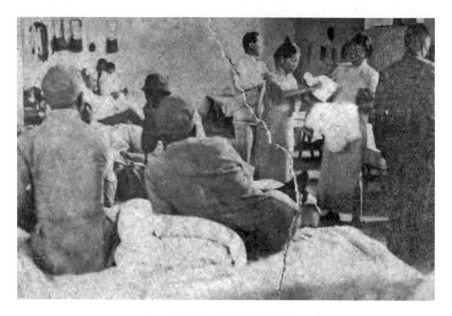

1937 年伤兵医院中妇女慰问伤兵

资料来源：《抗战画报》1937 年第 2 期，第 18 页。

　　吴菊芳自 1936 年起担任广东省新运妇委会主任委员，抗战伊始，吴菊芳曾在香港组织"妇女慰劳会"，募物募款支持抗战。③ 1938 年，吴菊芳曾代表香港妇女慰劳会带队到江西德安前线慰劳抗日将士。1938 年 8 月，邓颖超到香港联系宋庆龄、何香凝，鼓励吴菊芳出来筹组广东省新运妇委会，并推荐区白霜（原名区梦觉）协助吴菊芳。④ 1939 年 2 月，吴菊芳亲赴战时陪都重庆，向新运妇女指导委员会指导长宋美龄请示营救广东战区难童、及筹建广东省新运妇委会等有关事宜，并面见行政院副院长兼财政部部长孔祥熙及中赈会委员长许世英，陈述举办广东儿教事业方案。在面见孔祥熙时，孔祥熙当面拨给开办费 10 万元，名额先定为 1 000 人，

　　① 王文湘：《对指导委员会成立三周年纪念献词》，《妇女新运》1941 年 3 卷第 2 期，第 22 页。
　　② 《沪市一致推行慰劳竞赛》，《申报》1941 年 1 月 30 日第 10 版。
　　③ 吴慎：《吴菊芳女士》，《茂林春秋》1994 年 12 月第 1 版，第 95 页。
　　④ 杨行：《我所知道的党组织在广东新运妇委会的活动》，《广东党史资料》第 4 辑，广东人民出版社 1985 年版，第 192 页。

每月发给经费 6 000 元。①

1938 年 8 月,香港妇女慰劳会,积极筹募慰劳品物数十万件,派出慰劳队伍,由吴菊芳领队带备慰劳品北上南浔线宣慰,经过一月之时间,完成慰劳全线将士之任务,"计路程,自香港出发到广州,转乘粤汉车而株州达南昌,再赴德安前线,辗转到各战地司令部,其间经过,有时遇敌机空袭仓惶走避,有时受酷暑厉蒸,汗流如雨,有时饮食不给,饥渴交迫,有时长途步行,跋涉疲劳"。②

1937 年妇女代表慰问伤兵

资料来源:《汗血周刊》1937 年第 9 卷第 19 期,第 1 页。

1939 年 3 月 8 日,广东省新运妇委会在战时省会曲江成立,吴菊芳担任主任委员。区白霜评价吴菊芳能够深入了解抗战国策,罗致妇女人才,关注难民妇女及难童。③ 罗慕班称赞吴菊芳到处奔走,关心无家可归的难童,"为人聪明、睿智,既有能力又有魄力",是个爱国且热心事业的人。④

广西省新运妇委会主任委员、第五战军新运妇委会主任委员郭德洁曾在《广西妇女》上发表了不少文章,如《为保卫西南告广西女同胞书》《抗战第四年的三八节》《纪念三八节的两个特殊任务》《谨为难童请命》《女学生在新生活运动中应负

---

① 关尔强:《难忘的岁月》,中山大学出版社 2009 年版,第 88 页。

② 何香凝:《序言》,《南浔线慰劳特刊》1938 年特刊,第 5 页。

③ 区白霜:《华南战争爆发后的广东妇运》,《妇女生活》第 7 卷第 6 期,1939 年 5 月,第 14 页。

④ 罗慕班:《我与吴菊芳》,孙竞宇、王大川、陈嘉祥主编,天津市文史研究馆编:《津门史缀》,中华书局 2005 年版,第 157 页。

的使命》《寄广西省各界妇女慰劳南路将士代表团》《告各县妇女工作同志书》《三八感言》《双十节与妇运》《发展妇女生产事业的意义》《现阶段广西妇女运动的方针》《战时儿童的教养问题》《三年的回顾与今后的努力》《今年纪念三八节应有的认识》《中国之命运与中国之青年》等,号召妇女参加战时妇女工作,总结广西妇女新运工作的成就与不足。

广西省妇女领袖郭德洁、李德全等人

资料来源:《展望》1939年第1期,第9页。

1939年2月1日,郭德洁应邀在中央广播电台演讲"抗战新阶段中的妇女运动"。① 1939年,谢冰莹与郭德洁交谈之后,谢冰莹极力赞赏郭德洁的为人及工作精神,她说:"为着李夫人亲切诚恳的态度,和正确而痛快的言论,使我不想离开她,实在的,她的工作精神太令我钦佩了,整天的忙碌,都是为了妇女的前途和国家民族而努力奋斗,对于妇女参政,她有特殊的见解:'我们并不是像过去的妇女一般只争取政权,而不争取工作;自抗战开始以来,我们女同胞贡献了不少的力量,在一面抗战一面建国的今天,她应当和男子一样享受同等待遇! 这并不是为少数妇女争取参政的位置,而是为全中国被压迫的妇女辟开一条参政之路。'"②

贵州省新运妇女工作委员会主任委员陈适云,曾随同吴鼎昌在贵州"办理各项救济事业,担任战时儿童保育会贵州分会理事长,贵州省妇女工作委员会主任

---

① 《抗战新阶段中的妇女运动》,《中央日报》1939年2月3日第4版。

② 谢冰莹:《学习德洁先生的精神》,《战区妇女》,第五战区妇女工作委员会新生活运动促进会文化组出版,1940年第1期,1940年1月1日,第6页。

委员等职,并创办二四托儿所,成绩优异,胜利后曾由政府颁给胜利奖章"。① 陈适云主张:"动员全国妇女,要使家庭生活简单化,举办公共食堂、托儿所、幼稚园、妇女职业介绍所、妇女工厂、妇女一般干部训练班,及各种技术训练班,以及普及女子教育,使妇女在家庭一方面的责任,由社会来分担,而自己有个固定的职业与经济权,使能直接服务国家,参加抗战。"②据杨文亚观察,陈适云"个子矮小,作风泼辣,对保育分会的工作认真负责,对学童的成长还是关心的,每学期都要到保育院来视察一次。她一到院里,就忙着检查孩子们的头脸、手脚,身体的清洁,并询问吃肉的次数、蔬菜的品种、学习的情况,还清点孩子们的衣、被、鞋、帽,通过孩子了解教师的教学情况。"③

陕西省妇女工作委员会委员皮以书"除去照料自己的家外","还把大部分时间用在妇女工作上"。④ 皮以书曾"亲自冒着敌人的炮火,在枪林弹雨的第一线,奔走郑州、洛阳新乡一带,抢救无家可归的难童,转运西安儿童保育院收养,先后达三千多个,为国家民族抚育不少的幼苗。"抗战后期盟军来华,皮以书"发动西安各界妇女,举办各种文化康乐活动,藉以增进中美两国军民的友谊与合作,博得盟军官兵及眷属一致赞佩。"抗战胜利之后,不仅获得了国民政府颁发的胜利勋章,还获得了由美国政府颁给的自由勋章。⑤

1942 年 10 月 6 日,皮以书致电宋美龄,"渝蒋夫人钧鉴:务密○闻威尔基先生将莅陕,此间妇女界暨保育院正准备热烈欢迎,藉以表示在钧座领导下之事业,对国家及世界之贡献,与中国抗战之决心。保育院儿童衣物亦从新换制,以壮观瞻。谨请先将陕省保育情形向威尔基先生介绍,并乞指示一切为祷。"⑥作为陕西省妇女工作领袖,皮以书与宋美龄保持着较密切的关系。

---

① 《申报》1946 年 10 月 5 日第 12 版;《中国战时抢救保育战灾难童职员名录》,翟明战等主编:《民族之魂:中国战时儿童保育会抢救抗日战争三万难童纪实》,珠海出版社 2004 年版,第 357 页。

② 《访问吴鼎昌夫人——模范的贵州妇女工作》,《中央日报》副刊《妇女新运》周刊第 83 号,1940 年 12 月 2 日第 4 版。

③ 杨文亚:《贵州战时儿童保育院》,中国人民政治协商会议西南地区文史资料协作会议:《西南民众对抗战的贡献》,贵州人民出版社 1992 年版,第 335—336 页。

④ 皮以书:《我的自述》,《新运妇女》第 6 卷第 10 期,1944 年 12 月,第 18 页。

⑤ 张朴民:《记皮以书女士》,萧继宗主编:《革命人物志》第 14 集,中国国民党中央委员会党史委员会 1975 年版,第 75—76 页。

⑥ 《对美关系(三)》,台湾"国史馆"馆藏蒋中正文物,入藏号:002000002093A,典藏号:002-090103-00004-038。

抗战时期,傅学文曾担任陕西省新运妇女工作委员会主任委员、新生活妇女工作队国民参政会队队长、重庆中苏文化协会妇女工作委员会副主任等职。对于妇女职业问题,1943 年傅学文认为:第一,妇女本身就锻炼身体,增进学识,提高品格,以求对于职业有胜任愉快之可能。第二,男子应尊重妇女在职业上的地位,勿稍存歧视或自私的心理。第三,政府应尽量设法解决妇女从事职业之困难,并助进妇女在职业方面之发展。她认为:"妇女与男子同为人类,同为国民,受过教育的妇女不能从事职业决非只是妇女本身吃亏,而男子也必受累,且使国家与社会丧失一半力量,所以这个问题必须大家共同努力速谋解决。"①

1944 年,对于妇女宪政认识,傅学文认为:第一,我们应将宪政的意义及对于妇女的关系,向妇女群众广为解释,引起广大妇女对于宪政的关心。第二,宪政是抗战的收获、建国的基础。抗战中对于实施宪政的准备工作,乃与发动民力,加强抗战力量不能分离。第三,动员、训练和领导各地妇女,来努力完成地方自治,准备宪政之实施,为当前妇女运动的重要工作。第四,动员妇女,是要动员最广大的妇女。② 湖南省新运妇女工作委员会主任委员龙文娱毕业于中央军校武汉分校。1938 年 3 月,龙文娱从贵州出发,带了数千元的慰劳品,从安徽起到前线一带的伤兵医院里去慰劳。③

1941 年"三八"节前后,皮以书在《一九四一年"三八"妇女节在中国的意义》中,肯定妇女在抗战中的贡献,她说:"民族抗战五年以来,全中国的妇女同胞,不分职业,不分老幼,在前线,在大后方,都一致英勇地参加了抗战建国的神圣工作,无数的青年妇女和男子同样的荷起抗敌的武器,走上前线战场,杀敌致果,南北战场到处洒遍了妇女的热血,无数的战地妇女服务团,在南北各战场,尽到了看护、抢救、宣传、慰劳的妇女任务,在大后方,每一个都市和乡村,到处有着战时妇女工作者的踪迹,征募寒衣,征募药品,为响应每一个抗建的号召而宣传,抢救难童,保育难童,慰劳伤兵,参加生产,一切大后方抗建工作的各部门,到处表现出战时妇女的惊人的成绩,这一方面固由于有全国妇女工作者统一正确的领导,但一方面也正表现了中华民族妇女在民族抗战建国中的共同觉悟!"同时,皮以书指出战时

---

① 傅学文,曹孟君,王立明等:《我对于妇女职业问题的意见》,《社会服务》1943 年第 5 期,第 1 页。
② 傅学文:《实施宪政与我国妇女》,《现代妇女》1944 年第 3 卷第 1 期,第 6 页。
③ 寄洪:《军人家族应赴前线服务,第×军军长夫人龙文娱女士访问记》,《妇女生活》1938 年第 6 卷第 5 期,第 26 页。

妇女工作存在的问题：①组织尚未普遍，使得许多有工作能力的妇女，没有参加到战时妇女工作的机构中，和乡村的农民妇女也没有予以适当的动员工作。②妇女干部的培养与训练，赶不上工作的需要，妨碍了整个妇女工作的推动与发展。③妇女工作的横的联系不够，在全面抗战中，缺乏工作的全面性与统一性。皮以书认为：纪念"三八"妇女节，需要做到：①扩大战时妇女的工作范围；②扩大妇女组织；③加紧后方生产。①

抗战时期，部分国民党要员夫人参与新运妇女指导委员会，他们积极参与抗战救亡的妇女工作，对妇女新运事业的发展起了很大的推进作用。除国民党要员夫人外，在新运妇女指导委员会内，还有一批国民党妇女干部，她们早年曾积极参加妇女运动，抗战时期积极参与新运妇女指导委员会的实际工作，如钱用和、陶玄、罗衡、陈逸云、伍智梅、李曼瑰、唐国桢等人。

以钱用和为例，1929年钱用和从哥伦比亚大学回国，后受好友陶玄推荐，先到北平一女中任教，后又到江苏省教育厅任编审，并兼任江苏省立镇江中学教师。之后，受上海暨南大学教育学院院长谢循初邀聘，钱用和辞去镇江中学兼职，赴上海担任暨南大学兼职教师。1931年7月，再次受陶玄推荐，被宋美龄聘请担任国民革命军遗族女校校务主任，并兼任金陵文理学院教师工作。秋后改任遗族女校校董会秘书，襄助处理校政，年底改任蒋介石与宋美龄官邸秘书。② 1938年，中国战时儿童保育会筹备成立之时，宋美龄嘱钱用和草拟章程，推进抢救战区难童工作，钱用和还被选为儿童保育会常务理事。③

新运妇女指导委员会扩大改组后，钱用和兼任新运妇女指导委员会常务委员会指导长秘书，"襄助指导长处理各会重要事宜。"④八年，钱用和先后参与的工作主要有：第一，举办蒋夫人文学奖金。第二，视察保育院。与吕晓道"乘夫人赴港，工作稍暇的机会，由渝到自流井，五通桥，乐山，新津等地，转成都视察保育院"，"抵达新津，越一月有余"。第三，曾短暂保管慰劳会经费，"在短时期内将保管款项整理清楚"。⑤ 第四，代儿童保育会物色总干事人选。1941年，钱用和向宋美龄递交了一

① 皮以书：《妇女论谈：一九四一年"三八"妇女节在中国的意义》，《战时妇女（西安）》1941年第10期，第7—9页。
② 钱用和：《半世纪的追随——钱用和回忆录》，东方出版社2011年版，第12页。
③ 钱用和：《半世纪的追随 钱用和回忆录》，东方出版社2011年版，第39—40页。
④ 钱用和：《半世纪的追随 钱用和回忆录》，东方出版社2011年版，第42页。
⑤ 钱用和：《半世纪的追随 钱用和回忆录》，东方出版社2011年版，第44—46页。

封长长的辞职信,辞去了新运妇女指导委员会的任职,赴白沙任教。钱用和在辞职信中,直陈新运妇女指导委员会"行政纷乱,人事复杂之原因,与改进之方针"。

钱用和一针见血地指陈新运妇女指导委员会行政纷乱,"在行政或分或合之现象下,无一致之办法与标准,重对人而不重对事,又因人事安排之方法不同,集在一处办公,致潜伏不平则鸣之心理"。"会中暴露骄横傲慢及排挤人才之现象,使已有人才渐退去,外界人才裹足不入,工作自难开展"。① 对于统一战时妇运领导机构,真正统筹战时新运妇女指导委员会、妇女慰劳总会和儿童保育会的关系,以促进战时妇女工作的展开。钱用和的这封呈函,宋美龄与蒋介石都曾阅及,蒋介石对钱用和的坦率直言表示赞赏。之后,钱用和离开了新运妇女指导委员会,成为战时国民参政会的女参政员,但仍担任宋美龄的私人秘书。② 战时期,国难危机关头,新运妇女指导委员会能够吸收大量的国民党要员夫人及女国民党员参与战时妇女新运工作,为抗战做出了积极的贡献。

二、中共在新运妇女指导委员会内的努力

中共党员郭建曾回忆说:新运妇女指导委员会训练组有四名党员,组成一个党小组。③ 罗琼回忆说:新运妇女指导委员会各组成员中有共产党和进步分子。冯光灌当时还没有加入中国共产党,但她的思想是进步的,她是正直无私的,她默默地为党为抗日做了大量工作。④

新运妇女指导委员会中有大量的共产党员,也有不少女党员在基层从事妇女工作。共产党员在新运妇女指导委员会的工作是与中共南方局展开合作的,因为在国统区的党的工作,是由中共中央南方局根据中共中央的指示开展工作的,妇女工作也是如此,邓颖超和其他一些同志也都是根据中共中央南方局的指示,配合着统战工作而进行的。⑤ 邓颖超曾说:妇女的工作艰巨而复杂,需要落实到人,落实到群众;要团结群众,不能强人所难,要取其所长。"台面上的事情让'夫人

① 钱用和:《半世纪的追随 钱用和回忆录》,东方出版社 2011 年版,第 49 页。
② 钱用和:《半世纪的追随 钱用和回忆录》,东方出版社 2011 年版,第 50 页。
③ 郭建:《不该被历史遗忘的往事》,金瑞英主编:《邓颖超——一代伟大的女性》,山西人民出版社 1989 年版,第 263 页。
④ 罗琼谈,段永强访:《罗琼访谈录》,中国妇女出版社 2000 年版,第 44 页。
⑤ 《邓颖超同志致函郭建同志谈战时儿童保育会有关问题》,直属第七保育院院史编委会,四川南川市委党史研究室合编:《中国战时儿童保育会直属第七保育院史料选》(1939 年 7 月—1946 年 6 月),第 7 页。

们'去做；基层的辛苦活，我们来承担。"①

　　黄柳玲曾评价指出，以邓颖超为首的陕甘宁边区妇女救国联合会驻渝代表团，对上层知名妇女做了许多工作，她们在孤立顽固分子、争取中间分子、团结进步分子的工作中取得了显着的成绩。她们除与宋美龄打交道外，还与傅伯群、朱瑜、唐国桢、吕晓道、庄静、刘蘅静、陈逸云、沈慧莲等国民党人打交道。邓颖超经常带领中共妇女领袖们做好国民党中上层妇女们的工作，她指出，我们不能急躁图痛快，不能执行关门主义，要有宽阔的胸怀和坚忍不拔的精神。② 邓颖超指出中间分子的态度往往是冷淡的，争取相对也是比较困难的，但是对于中间分子的争取也都是非常重要的。比如在开会和通过决议的时候，首先要考虑积极做好中间分子的工作，要争取她们对我们的支持与赞同，我们应该从政治大事着想，不要计较生活中的小事，对有些国民党要员太太们的争取，使她们同情我们的工作，在关键时候可能会产生别人无法起到的特殊的效果和作用。③

　　邓颖超特别强调对于国民党中上层妇女们的统战工作，在邓颖超的领导下，中共女党员在争取和团结国民党上层妇女的工作中取得了一定的成绩，比如贺耀组的夫人倪斐君在抗日战争时期和解放战争时期，在协助中共的统战工作方面，在战时救济及妇女工作方面都做出了积极的贡献。

　　在邓颖超的领导下，女性共产党员在新运妇女指导委员会内进行了抗日救亡宣传工作。七七抗战一周年之际，新运妇女指导委员会在武汉市开展全民抗战大宣传活动，向民众演讲保卫大武汉、保卫全中国、坚持抗战团结进步的意义；同时在女工集中的地区开办了几十所女工学校、女工夜校和女工训练班，以培养妇女界领导抗战的骨干人才。④ 新运妇女指导委员会文化事业组委员徐鸿（原名徐培影）也曾回忆说：文化事业组、联络委员会和乡村服务组的负责人都是很有声望的进步女性精英，她们的工作开展得有声有色。宋美龄很想把新运妇女指导委员会

　　① 郭建：《不该被历史遗忘的往事》，金瑞英主编：《邓颖超——一代伟大的女性》，山西人民出版社1989年版，第264页。
　　② 黄柳玲：《南方局妇女组统战工作的回顾》，中共中央党史研究室科研管理部，中共重庆市委党史研究室编：《见证红岩——回忆南方局（下）》，重庆出版社2004年版，第656页。
　　③ 黄柳玲：《南方局妇女组统战工作的回顾》，中共中央党史研究室科研管理部，中共重庆市委党史研究室编：《见证红岩：回忆南方局（下）》，重庆出版社2004年版，第656页。
　　④ 罗琼：《沈兹九在上海和武汉的日子里》，董边主编：《女界文化战士沈兹九》，中国妇女出版社1991年版，第39页。

的文化事业组、联络委员会和乡村服务组抓在自己手里,但又感到很难以插手。①换言之,新运妇女指导委员会的文化事业组、联络委员会和乡村服务组中有很多的女性共产党员和进步人士,国民党妇女领袖没有办法完全控制这三个组。

罗叔章对新运妇女指导委员会文化事业组组长沈兹九参与的新运妇女指导委员会活动有过一段生动的描述:1938 年 5 月,沈兹九和罗叔章参加了宋美龄在庐山召集的妇女领袖谈话会。为团结各党派的上层妇女领袖,沈兹九、罗叔章随同邓颖超一起参加妇女界庐山谈话会。当时沈兹九的公开身份为知名文人,她在宋美龄召开的妇女界庐山谈话会上,配合着邓颖超做了大量的工作。沈兹九在会上仗义执言,会下为了党的妇女工作广交朋友,以扩大中国共产党的影响,会后运用主管指导新运妇女指导委员会会刊《妇女新运》的权力,尽力宣传中国共产党的统一战线方针和抗日救国的主张。沈兹九利用特殊身份与罗叔章一同负责新运妇女指导委员会文化事业组的工作。在新运妇女指导委员会内,罗叔章她们与蒋介石、宋美龄他们算是同床异梦,国民党贪图虚名,共产党重视做一些实事,因此难免经常产生一些摩擦。当遇到有他人刁难中共女党员的工作时,罗叔章她们便遵照邓颖超传授的经验,"搬出指导长宋美龄的虎皮,令其下属奈何不得"。②沈兹九、罗叔章虽然同样在新运妇女指导委员会内工作,但是会尽力地做一些实事,宣传中国共产党抗日救国和统一战线的方针政策,在工作中与国民党妇女领袖产生摩擦的时候,搬出宋美龄这张"虎皮",能够暂时的相安无事。换言之,宋美龄对于抗战时期各党各派各界妇女的团结,持宽容和积极的态度,正是在宋美龄等人的容许下,新运妇女指导委员会能够成为抗战时期统一战线性质的妇女组织。

罗琼也曾回忆:1938 年 5 月,沈兹九应邀参加宋美龄在庐山召开的各界妇女领袖谈话会,沈兹九在会上表现得非常活跃,她以著名文化人的身份,配合邓颖超等人进行活动,广交朋友,主张抗战和妇女团结。不仅如此,沈兹九对于团结和联络全国妇女,起着重要的作用。季洪回忆说:筹备召开中国战时儿童保育会成立大会的时候,是由沈兹九偕同史良去会见宋美龄,她们一同请宋美龄出来主持中国战时儿童保育会的工作。在征得宋美龄的同意后,以宋美龄为会长的中国战时

① 徐鸿:《"阿妹头"自述》,解放军文艺出版社 1991 年版,第 88 页。
② 罗叔章:《我与兹九》,董边主编:《女界文化战士沈兹九》,中国妇女出版社 1991 年版,第 8—9 页。

儿童保育会于 1938 年 3 月 10 日在武汉正式成立。之后也是通过沈兹九与史良同宋美龄之间的联系和交往，从而促成了由宋美龄出面在庐山召集的妇女谈话会，妇女界庐山谈话会有全国各地和各党派、各界妇女领袖参加。在妇女界庐山谈话会上，经过沈兹九和史良的创议和经大会讨论，决定改组和扩大新运妇女指导委员会，使之成为团结全国各党派、各界妇女代表人物参加的领导全国各界广大妇女进行战时妇女动员的统一战线性质的妇女组织。① 由此可见，沈兹九和史良在促成宋美龄出面领导战时妇女工作，参加中国战时儿童保育会，以及召集妇女界庐山谈话会等工作中的作用。沈兹九和史良以著名文化人、救国会成员的身份，积极联络宋美龄参与战时妇女领导工作，实际上也起到了沟通国民党与共产党妇女领袖的作用。

新运妇女指导委员会文化事业组股员郑还因也曾回忆说：新运妇女指导委员会迁到重庆后，邓颖超和沈兹九等每周召开一次研究妇女工作形势的会议，邓颖超强调要坚定地遵照中国共产党的要求，运用我们的岗位去推进工作，重点要对有层次的出版刊物强调党的方针政策。② 在新运妇女指导委员会内，沈兹九为宣传统一战线做出积极的贡献。郑还因回忆说：有一次有一篇发来的稿件中竟然有"谩骂共产党制造磨擦"的词句，沈兹九一笔把相关内容勾掉了。出版以后，新运妇女指导委员会某组组长在组长联席会议上对沈兹九兴师问罪。沈兹九从容不迫地说，这是作为新运妇女指导委员会的会刊，应该遵循的是抗日民族统一战线的基本原则，对违反这个原则的内容，我们有权进行编辑和做相应的删改。沈兹九这样一说，当时主持会议的指导长宋美龄也没说什么。③ 1940 年，沈兹九到皖南新四军，辞去新运妇女指导委员会文化事业组组长一职，后代理组长暂时由李昆源担任。④

1939 年春，沈兹九写信邀请徐鸿到新运妇女指导委员会文化事业组工作。沈兹九与徐鸿的结识最初是因为徐鸿的丈夫柳湜，徐鸿与柳湜结婚后，因为柳湜和

① 季洪：《兹九老师〈妇女生活〉》，董边主编：《女界文化战士沈兹九》，中国妇女出版社 1991 年版，第 47—48 页。
② 郑还因：《沈大姐在妇指会》，董边主编：《女界文化战士沈兹九》，中国妇女出版社 1991 年版，第 83—84 页。
③ 郑还因：《沈大姐在妇指会》，董边主编：《女界文化战士沈兹九》，中国妇女出版社 1991 年版，第 84 页。
④ 郑还因：《沈大姐在妇指会》，董边主编：《女界文化战士沈兹九》，中国妇女出版社 1991 年版，第 85 页。

沈兹九都是文化界知名人士,又都是救国会同事。特别是徐鸿去伤兵医院服务后,沈兹九对徐鸿的情况有了比较多的了解。[①] 受到沈兹九的邀请后,徐鸿请示邓颖超经她同意后,徐鸿以中共秘密党员的身份参与新运妇女指导委员会文化事业组的工作,期间受到沈兹九的很多照顾和保护。在新运妇女指导委员会文化事业组,徐鸿主要负责编辑三天一期的《壁报资料》,从编写、排版、刻蜡纸、印刷到封卷,全由徐鸿一个人负责,当时工作量相当大,主要工作是进行编写工作。[②] 其实新运妇女指导委员会文化事业组编辑的这份《壁报资料》,主要源于中国共产党的党报,但是由于它挂的牌子是宋美龄担任指导长的新运妇女指导委员会,所以无论是新运妇女指导委员会所属的各层妇女组织,还是国民党以及三民主义青年团的各级机关单位,都纷纷来函索取这份《壁报资料》,有的还要求增加资料的份数,徐鸿都尽量予以满足。用徐鸿的话来说:"谁也没有对它政治上的微妙关系有过什么怀疑。"这些《壁报资料》原是供出版壁报时作为参考的资料,但后来发现有许多单位都只是原原本本地照抄贴出《壁报资料》中的内容,有的还张贴到闹市街口群众最多的地方,因而也就扩大了对中国共产党抗日主张的宣传。[③] 因为新运妇女指导委员会文化事业组有徐鸿等女性共产党员,她们在沈兹九的护旗下,积极宣传中国共产党抗战方针政策。

为开展妇女抗日民族统一战线,中共中央长江局妇委和中共中央南方局妇女委员会,在新运妇女指导委员会内安插了大量的中共秘密党员。中共妇女干部邓颖超、康克清、曹孟君等以中共党员的公开身份进入新运妇女指导委员会的高层,担任了新运妇女指导委员会委员的职务,其他大量的中共党员则以秘密身份积极参加新运妇女指导委员会的各项工作。曾在中共中央南方局妇女组工作的黄柳玲(1921—1984)曾回忆说:中共中央南方局妇女组先后在新运妇女指导委员会中安排的党员有新运妇女指导委员会妇女干部训练组乡村服务队的指导员郭见恩(原名郭建)、新运妇女指导委员会联络委员会股长陆慧年、《妇女新运》的编辑夏英喆,新运妇女指导委员会联络委员会成员杜子明等人。在新运妇女指导委员会工厂服务队和乡村服务队中工作的中共女党员还有左岫泉(从延安出来的)、陈晓鸣、陈毅巧(原名李冰洁)、胡文经、樊毓明、沈纪云(原名姚纪云)、李

---

① 徐鸿:《"阿妹头"自述》,解放军文艺出版社 1991 年版,第 87 页。
② 徐鸿:《"阿妹头"自述》,解放军文艺出版社 1991 年版,第 89—90 页。
③ 徐鸿:《"阿妹头"自述》,解放军文艺出版社 1991 年版,第 89、90 页。

植青等人。① 另外还有一部分直接是接与中国共产党的妇女工作有联系的进步女性,如担任新运妇女指导委员会工厂服务队指导员的左诵芬等人,在这些服务队的中下层人员中,中共女性党员和爱国进步女性占比较多数。用邓颖超的话来说是,"台面上的事情让'夫人们'去做;基层的辛苦活,我们来承担。"②中共的妇女工作者与国民党的妇女工作者最大的差别也在于此,中共妇女领袖和妇女干部们对于中下层妇女群众尤其是落后乡村妇女群众的妇女动员、宣传等战时妇女工作较为积极和热心,相对来说有了较好的群众的基础。

据黄柳玲的回忆:中共中央南方局妇女组在做好新运妇女指导委员会的工作的同时,注意加强在重庆市的各妇女团体及各有关单位的妇女工作。南方局妇女组为此安排并发展了一批中共地下党员和进步分子。如重庆市基督教女青年会的中共地下党员有杨蕴、卢琼英、邵漪容等人。在中苏文化协会及其妇女工作委员会中的中共地下党员有林琼、蒋燕、李蓝漪、黄静汶、曹孟君等人。在中华妇女节制会中的中共秘密党员有黄华冰等人。在《妇女生活》社和《现代妇女》杂志社的中共秘密党员有戴绣虹、黄慧珠、林琼、朱爱江(原名朱红)、彭子冈、陆慧年、曹孟君、杜慧君、季洪、沈兹九等人。在中国妇女联谊会的中共秘密党员还有杜子明、梁柯平、国渝、韩幽桐、彭子冈、胡绣枫等人。

在汉口基督教女青年会战时服务团的中共秘密党员有王戈、吴瀚、瞿堪、林靖、陈维清、贝海燕、杨淑珍(原名张素贞)、李鸿英(原名李琼)、冯业芹(原名白彦)、张效凯、杨易立、王顺英、何奇、彭涵(原名彭玉梅)、饶净植、于晓星(原名李觐锽)、黄梅棣、马正于、邹得心、邓波、林恒等人。在重庆新知书店中共秘密党员有刘云波等3人,在重庆江津女中的中共秘密党员有胡润如,在重庆音乐学校的中共秘密党员有黄品素,在南开中学的中共秘密党员有王华冰、易理文等人,在民生公司的中共秘密党员有黄音贞,在小龙坎纱厂子弟学校的中共秘密党员有李丕荣,甚至搞豆代乳粉的行业内也出现了中共秘密党员康若愚等。③

新运妇女指导委员会内部有大量的女性共产党员,她们在其中多半以秘密的

---

① 黄柳玲:《南方局妇女组统战工作的回顾》,中共中央党史研究室科研管理部,中共重庆市委党史研究室编:《见证红岩:回忆南方局(下)》,重庆出版社2004年版,第652—653页。

② 郭建:《不该被历史遗忘的往事》,金瑞英主编:《邓颖超——一代伟大的女性》,山西人民出版社1989年版,第264页。

③ 黄柳玲:《南方局妇女组统战工作的回顾》,中共中央党史研究室科研管理部,中共重庆市委党史研究室编:《见证红岩:回忆南方局(下)》,重庆出版社2004年版,第654页。

1939 年妇女集会

资料来源：《大美画报》1939 年第 3 卷第 5 期，第 1 页。

身份开展战时的妇女工作，并推动抗日民族统一战线的巩固和发展。比如广东省新运妇女工作委员会，会内集中了工作人员百余人，而中国共产党的地下党员就有三十四人，主要是聚集在该会各组及各下属单位的骨干干部，如广东省新运妇女工作委员会总务组的区白霜、陈纳卓（原名陈海云）、曾纪文、何礼闲、冯容生（吴菊芳秘书）；文化事业组的郑鲁秀（原名郑平）、杨蘅芬；训练组的苏少芝；生产事业组的史润如；儿童保育组的杨瑾英（后去了儿童教养院总院）；战时服务工作总队的关景霞（从总务组调任总队长）、蔡锦屏、余志生（原名余珍，中共地下党支部书记）、麦曼英（原名麦克）、刘德容（原名刘思）、江丽华、程佩贞、叶婉香、冯娱修、张慧英、蔡绍文、陈爱好；战时妇女干部训练班教导股长张妙灵、战时妇女干部训练班训育股长梁渭容（不久撤离后由杨蘅芬接替）、战时妇女干部训练班指导员刘凤歧、战时妇女干部训练班训育员刘燕如；妇女生产工作团秘书兼教导组长伍坤顺、业务组长张馥茵、廖嫣红、陈冠莹、陈咏椒、邓毅如；黄岗妇女消费合作社的陈凤鸣、李家珍等。①

---

① 杨行：《我所知道的党组织在广东新运妇委会的活动》，《广东党史资料》第 4 辑，广东人民出版社 1985 年版，第 194—195 页。

除以上中共秘密党员,广东省新运妇女工作委员会后来又陆续来了一些中共地下党员,比如第二期战时妇女干部训练班的学员中就有黄玉卿、骆灼桃、黄惠芳、林毅等人,这些人结业后都留在广东省新运妇女工作委员会的系统里工作;妇女生产工作团的中共地下党员还有卢海珊、刘素然、陈仲冰、黎孟欢(原名黎曼)。在广东省新运妇女工作委员会总会、曲江县新运妇女工作委员会、连县新运妇女工作委员会、韶关市新运妇女工作委员会等组织中也有黄蕊秋、陈坤仪、霍凌、张依帆(原名张慧明)、魏佩玉、陈学贤、黄健、李秋英等中共地下党员。除以上正式的中共地下党员外,还有一些未转关系的地下党员,以及一批进步女青年也在广东省新运妇女工作委员会工作。广东省新运妇女工作委员会成为一个真正包容各党各派各界妇女领袖和妇女干部的统一战线性质的妇女组织,极大地推动了当时妇女界抗日民族统一战线的巩固和发展。

广东省各地下党支部有计划地吸收了一批党员参加广东省新运妇女工作委员会,如战时妇女工作队的中共地下党员有张月华、陈妙慈、曾洁馨、何其珍等人;妇女生产工作团的中共地下党员有冯玉真、刘桂真、招展轩、李志筠、林友焕(原名林楚)等人;在曲江县新运妇女工作委员会内有中共地下党员梁洁纯、杨瑞贞(农村女青年)、候定桂(农村女青年)黄瑞华、杨佩云、李瑞庄等人;在连县新运妇女工作委员会内的中共地下党员有钟惠清、黄惠卿等人。由于大量中共地下党员的存在,1939 年中共地下党员在广东省新运妇女工作委员会组织成一个党小组,小组成员包括史润如、郑鲁秀、陈纳卓等人;在广东省新运妇女工作委员会的战时工作队成立了一个党支部,余志生担任支部书记,与其他党员都是单线个别地进行联系。1940 年 5 月,还成立妇女工作党部支部,直属北江特委妇女部领导。[①] 在广东省的新运妇女工作委员会内,已经存在着党的地下组织,在会内做一些党的工作。新运妇女指导委员会作为抗战时期统一战线性质的组织,在宋美龄的默许下,中国共产党的力量有了较大的发展。这些女性共产党员、党的妇女干部,积极从事一些基层的妇女工作,工作扎实、认真苦干,极大地推动了战时妇女动员与妇女组织工作,对抗战和党的统一战线工作做出了积极的贡献。

除中共女性共产党员外,一些左派进步妇女领袖如史良、刘清扬等人也在宋美龄的延揽下,加入新运妇女指导委员会,为战时妇女工作及妇女界的团结做出

---

① 杨行:《我所知道的党组织在广东新运妇委会的活动》,《广东党史资料》第 4 辑,广东人民出版社1985 年版,第 194—195 页。

了积极的贡献。1938年5月,刘清扬曾应邀参加妇女界庐山谈话会,后被宋美龄聘为新运妇女指导委员会训练组组长,在刘清扬的主导下,先后培训了五个班级的妇女干部,人数一千多人,学员在接受培训后,被分散到抗战大后方各地从事乡村妇女动员工作。① 1939年,刘清扬曾领导新运妇女指导委员会妇女干部训班学生在湘南从事妇女乡村工作,刘清扬在致校友宗惟宝的信函中,曾介绍其从事乡村妇女工作的情形,她说正在湖南省祁阳县从事乡村服务工作,在这里生活还很安适,并不算很清苦,到祁阳休养后,刘清扬的身体精神都已恢复,半个月来她被分发到各县各乡进行视察,每日奔波四五十里,或乘轿或步行,且常在凄风冷雨的山路中艰苦跋涉,半个月来跑了八个地方,虽然各乡间僻壤的饮食起居不算安舒,但各地从事乡村服务工作的学员们能吃苦、努力而肯干,她们的工作对于后方民众的影响不浅,刘清扬对此表示"堪以自慰",她们不久又要去湖南省东安县视察。② 刘清扬做了新运妇女指导委员会训练组组长,不仅组织了五次妇女干部培训活动,而且带领这些队员一同前往湖南乡村从事妇女乡村服务,条件较为艰苦而清贫,但对于湖南乡村民众的抗战宣传也起到了一定的作用,为此她心生安慰。

除刘清扬外,史良也参与了新运妇女指导委员会的工作,她担任新运妇女指导委员会总会委员兼联络委员会主任委员。史良通过新运妇女指导委员会的联络委员会,广泛地联系并团结全国各地各种妇女团体和妇女组织,加强对全国各中上层妇女的联络工作,对于巩固、扩大和加强妇女抗日民族统一战线起到了积极的作用。史良与文化事业组组长沈兹九、训练组组长刘清扬等人,在新运妇女指导委员会内遇到重要的事情,也都会与中共中央南方局妇女委员会的书记、陕甘宁边区各界妇女联合会驻渝代表团团长邓颖超商量,也同张晓梅等中共妇女领袖一同商量。无论是史良、沈兹九还是刘清扬,她们都比较支持和依靠新运妇女指导委员会内的中共地下党员以及进步妇女人士,积极贯彻中国共产党坚持抗战和统一战线的方针,在广大农村、各大工厂和报纸刊物上进行抗日宣传与教育活动。③

---

① 岚英:《依然挺立着的刘清扬女士》,《职业妇女》1946年第4期,第14页。
② 《刘清扬在湘南工作》,《南开校友》1939年第5期,第13页。
③ 罗琼、左诵芬:《抗日救国的女君子 妇女群众的良师益友——忆史良大姐》,罗琼主编:《启迪集:女界的杰出前辈》,中国妇女出版社1997年版,第111页。

三、新运妇女指导委员会内的斗争

在新运妇女指导委员会内部,国民党、共产党内部女性精英之间出现不少的纷争与争斗。徐鸿曾回忆道:新运妇女指导委员会的下设机构很多,其中史良负责联络组,沈兹九负责文化事业组,刘清扬负责乡村服务组,虽然宋美龄很想把这三个组抓在自己手里,但这三个组的负责人都是很有声望的进步人士,工作也都做得有声有色,所以宋美龄也感到很难插手。但是国民党后来加大了对文化事业组的审查,比如《妇女新运》周刊是《中央日报》的一个副刊,由魏郁(原名何文)主编,许多稿子是她写的。在何文的负责下,《妇女新运》周刊编辑得比较生动活泼,受到人们的广泛欢迎,为此引起了宋美龄等人的注意。到《妇女新运》周刊后期,几乎每一期的大样都要送去审查,凡是有和中国共产党的论点相似的内容,都要被抽掉,不允许发表。[1]

黄柳玲曾指出:在抗战时期各界妇女联席会议性质的新运妇女指导委员会内,有大量的国民党的妇女干部参加,其中有不少是顽固派,在会上中共妇女干部与国民党的妇女干部们之间经常有交锋、有斗争。她们反对中国共产党的抗战政策,限制中共妇女运动的发展,并且排斥进步分子。[2] 特别是在皖南事变之后,中共妇女领袖逐渐退出了新运妇女工作委员会,比如1939年4月底,广东省新运妇女工作委员会主任委员吴菊芳找到该会成员共产党员区白霜,对她说:有人对我用共产党员有意见,"我本来很愿意同你一起工作",但形势正在发生变化,如果我继续同你一起工作,不但对你不利,对我也不利。[3] 在这之后,区白霜被迫离开了广东省新运妇女工作委员会,转移到广东省妇女部从事秘密工作,1939年8月,区白霜接替张月霞担任广东省委妇女部部长,由罗敏坤、朱瑞瑶等人协助工作。1939年12月区白霜被选为党的"七大"女代表,因此离开广东前往延安。

谢冰心也曾回忆说,新运妇女指导委员会文化事业组组长沈兹九认为文化事业组应该做些抗日救国的工作,因此同宋美龄展开了多次斗争。不过因为宋美龄

---

① 徐鸿:《"阿妹头"自述》,解放军文艺出版社1991年版,第88—89页。
② 黄柳玲:《南方局妇女组统战工作的回顾》,中共中央党史研究室科研管理部,中共重庆市委党史研究室编:《见证红岩:回忆南方局(下)》,重庆出版社2004年版,第652—653页。
③ 杨行:《我所知道的党组织在广东新运妇委会的活动》,《广东党史资料》第4辑,广东人民出版社1985年版,第196页。

仍是固执己见,沈兹九最后愤而辞职。① 罗叔章也指出:沈兹九在妇女界庐山谈话会上,配合邓颖超做了许多工作。沈兹九不仅在会上仗义执言,在会下为中国共产党广交朋友,扩大她个人及中国共产党的影响,会后利用负责新运妇女指导委员会会刊《妇女新运》的职务之便,尽力地宣传中国共产党的统一战线方针和抗日救国的主张。沈兹九利用她作为著名文化名人的特殊身份与中共党员罗叔章共同负责新运妇女指导委员会文化事业组,在会内她们与宋美龄等国民党员可谓是同床异梦。在罗叔章看来,在新运妇女指导委员会会内,国民党妇女干部们贪慕虚名,中国共产党妇女干部们注重实事,双方之间难免经常发生摩擦。但是遇有他人刁难罗叔章等人的工作,她们便遵照中共中央南方局妇委书记邓颖超所授,搬出作为新运妇女指导委员会指导长的宋美龄这张虎皮,国民党妇女干部也不能奈何。中共妇女干部在武汉还开办几十所女工学校、训练班及夜校,为此曾引来宋美龄陪同洋人前来访问。至少在形式上,在抗战前期,宋美龄尽量地延揽各党各派各界的妇女领袖,参加新运妇女指导委员会内的工作,而且也大致能够维持国共及各党派之间表面上的团结,在一定程度上鼓励了中国共产党在新运妇女指导委员会内的发展。罗叔章也曾表示,在新运妇女指导委员会内等机构中,中国共产党保护与培养了可观的抗日骨干力量,其中许多人从此奔赴抗日前线或投身延安,这是宋美龄始料未及的事情。②

在新运妇女指导委员会平时的工作中,国共妇女人士之间的斗争也很尖锐。史良曾回忆说:在新运妇女指导委员会里的斗争是很尖锐的,主要表现在宣传工作和联系群众工作方面。比如每年三八节,都要为宣传口号问题而发生严重争执,唐国桢、陈逸云等女国民党员,连"动员全国妇女参加抗战工作"之类的口号都表示反对,因为在国民党妇女干部们看来,动员妇女起来参加抗战,就需要唤起广大妇女群众的积极性与主动性,然而国民党妇女干部们害怕群众起来。而中共妇女干部在动员底层妇女民众方面表现得尤其积极。另外,在组织乡村服务队的问题上也会发生一些争论,但几乎每次争论都是中共方面的妇女干部胜利了。史良表示国民党妇女干部们和中共妇女干部及进步妇女人士经常发生争持,争论的也

---

① 冰心:《我记忆中的沈兹九大姐》,董边主编:《女界文化战士沈兹九》,中国妇女出版社1991年版,第12页。

② 罗叔章:《我与兹九》,董边主编:《女界文化战士沈兹九》,中国妇女出版社1991年版,第8—9页。

很厉害,但是宋美龄本人却不公开表态,①表现出相对开明的做法。宋美龄不公开表态,实际上有利于新运妇女指导委员会内的中共及左派妇女们工作的积极开展。

当然,宋美龄也不是没有党派立场的,相反她有着鲜明的国民党的政治立场,但是作为抗战时期战时"第一夫人",她对战时的妇女工作,也需要从全国的情况出发,维持各党派各界妇女间的相对平衡。因为宋美龄作为国民党的政治立场,她曾不失时机地拉拢和诱惑史良等人,甚至表示希望史良等人能够加入国民党,为国民党输送新鲜的血液。有一次宋美龄请史良吃饭的时候,宋美龄对史良表示,希望史良能够加入国民党,对国民党进行一番新的改造,但马上被史良给拒绝了。史良曾表示说,抛开政治见解,她个人对于宋美龄的印象是好的,在史良眼中,宋美龄不仅大方、能干,而且说话、做事都很得体。② 抗战时期,由于史良与宋美龄都在新运妇女指导委员会内工作,她们的联系相对较为密切。后来由于1942年重庆市公安局强占民房的事件,史良卷入其中导致其被迫退出新运妇女指导委员会,从此也大致断了与宋美龄之间的联系。

据邓颖超回忆,1941年皖南事变之后,中国战时儿童保育会的院长和教员将会受到限制与逮捕,于是大部分中共党员纷纷从战时儿童保育院中撤退或转移,虽然中国战时儿童保育会仍然继续工作,但是沈兹九、罗叔章、史良、曹孟君、刘清扬、李德全等人都退出了中国战时儿童保育会,而在各保育院的院长和教员如杜君慧、陶承、罗叔章、赵君陶等人,也都先后撤离出战时各保育院的组织。③

皖南事变之后,国民党掀起反共高潮,南方局妇女组坚决执行党中央关于"隐蔽精干、长期埋伏、积蓄力量、等待时机"的正确方针,转移了一批已经暴露或可能暴露的党员,有的到延安、新四军,有的到安全地带。一批中共党员被迫转移和撤离新运妇女指导委员会,新运妇女指导委员会的郭见恩、夏英喆、陈毅巧、左岫泉都及时地转移,沈兹九和刘清扬也先后被迫离开新运妇女指导委员会。但在新运妇女指导委员会内还是留下了个别没怎么暴露的中共女党员如冯光灌,同时还插入了一些原来没露面的中共女党员和进步女性,比如中共女党员杜子明就进入到

---

① 史良:《史良自述》,中国文史出版社1987年版,第48—49页。
② 史良:《史良自述》,中国文史出版社1987年版,第50页。
③ 《邓颖超同志致函郭建同志谈战时儿童保育会有关问题》,直属第七保育院院史编委会,四川南川市委党史研究室合编:《中国战时儿童保育会直属第七保育院史料选》(1939年7月—1946年6月),第6页。

新运妇女指导委员会的联络委员会。①

由于中共党员特别是一些中共秘密党员大量地加入新运妇女指导委员会，引起了包括何应钦、唐纵、王世杰等国民党高层人士的极大不满。1941 年 3 月 13 日下午，国民党召开党政联席会议，何应钦在报告中指出重庆的中共女性党员主要集中在战时儿童保育院和新运妇女指导委员会。② 1942 年 1 月 20 日，唐纵也在日记中表达了对中共妇女干部把持战时儿童保育会的不满，他写道：中国战时儿童保育会的负责人邓颖超、李德全、张晓梅等人每个月经费达 180 万元，各地的流浪儿童一万八千人，多半都在中共妇女干部的把持中。③ 国民党中央党部社会部妇女运动委员会委员吕云章也曾抱怨说新运妇女指导委员会中教会派的女性和中国共产党妇女干部参加的很多④。作为宋美龄的私人秘书，曾任战时儿童保育会总会常务理事的钱用和在回忆战时的妇女工作时，似乎也颇有难言之处，她曾感叹地说道：抗战时期的妇女组织，表面上看是妇女大团结，打破了各党派之间的分裂与龃龉，各党各派各界为抗战而共同努力。她欲言又止地说道，"我在此环境中，自然孤掌难鸣，不免动辄得咎。"⑤但是钱用和自称她抱着容忍精神，忠诚态度，直道而行，克服困难，而且又得到蒋夫人宋美龄的理解和支持，才算做了一些工作。言语之间多有憋屈之处，这也反映了抗战时期在执行抗日民族统一战线的过程中，国共之间的这种摩擦和相互的排斥还是难免的。

第三节　抗战时期女性精英人际关系网络

在抗日民族统一战线下，无论是共产党的妇女干部，国民党的妇女干部，还是中间党派的妇女干部，其他各党各派各界的女性精英，大多能致力于团结抗战。作为抗战时期的一个群体，女性精英群体之间的人际关系网络是怎么形成的，女

---

① 陆慧年：《我对"新生活运动妇女指导委员会"的一些看法》，中共重庆市委党史工作委员会编：《回忆南方局》，重庆出版社 1986 年版，第 122 页。

② 唐纵记；公安部档案馆编注：《在蒋介石身边八年——侍从室高级幕僚唐纵日记》，群众出版社 1991 年版，第 195 页。

③ 唐纵记；公安部档案馆编注：《在蒋介石身边八年——侍从室高级幕僚唐纵日记》，群众出版社 1991 年版，第 251 页。

④ 吕云章：《吕云章回忆录》，台湾龙文出版社股份有限公司 1990 年版，第 156 页。

⑤ 钱用和：《半世纪的追随 钱用和回忆录》，东方出版社 2011 年版，第 44 页。

性精英群体又是怎样运用人际关系来开展战时的妇女工作，这是很值得探讨的一个话题。女性精英群体之间的关系，有的是通过旧识或旧日的工作伙伴关系在抗战时期得到进一步的联系；有的是师生关系，对彼此有较多的了解，或是通过熟人介绍在战时的妇女工作中发生联系；有的是因为参加了抗战时期的各类妇女组织，如全国性的新运妇女指导委员会、战时儿童保育会、中国妇女慰劳总会等，身在同一个妇女组织而发生工作上的联系；有的是因为在同一妇女运动机构或部门，如中共中央南方局妇委、中共中央长江局妇委、中共中央妇女运动委员会，或是国民党组织部妇女运动委员会，由于属于同一党派且工作上经常性地发生联系，因而在战时有了较多的接触和交往，这种关系甚至一直影响到抗战结束后，甚至是新中国成立以后的工作关系和人际关系。有些女性精英甚至透过女性精英背后的男性配偶建立起一定的人际关系网络，而这些男性配偶在女性精英群众人际关系中也发挥了或明或暗的作用。对抗战时期女性精英群体的研究，有助于讨论抗战时期的妇女工作组织是怎样组织起来，也有助于了解抗战时期的妇女界抗日民族统一战线的形成过程。

一、中共妇运干部人际网络

抗战时期，中共妇女领袖在南方局妇委领导下进行工作，南方局妇委委员卢竞如曾回忆说，当时中共中央南方局妇委书记邓颖超要求中共妇女干部们多交朋友，她们按照邓颖超的指示，和这些妇女同志后来都成了好朋友，有些甚至还入了中国共产党。

卢竞如评价说邓颖超领导的妇女工作是有成绩的，她说邓颖超不仅很有工作能力，而且她生活俭朴，待人平易近人。[1] 徐鸿也曾表示邓颖超是代表中国共产党领导党的妇女工作，徐鸿当时有什么疑难问题都向她请示，邓颖超都给出耐心的指点。[2] 宋庆龄也曾指出当年出席妇女界庐山谈话会的妇女代表中有许多是国共第一次合作失败后被迫转入地下活动，又遭到通缉的极能干的妇女，邓颖超就是其中的一个。在1938年妇女界庐山谈话会上，邓颖超向新运妇女指导委员会做了一个报告，详细地报道了正在游击区轰轰烈烈地进行着的初期试验阶段的妇女工作。宋庆龄指出1938年，当时妇女界花了很大的力量来把所有党派及无党派

---

① 卢竞如：《南方局妇委领导的中上层妇女统战工作的片断回忆》，中共重庆市委党史工作委员会编：《回忆南方局》，重庆出版社1986年版，第124—125页。

② 徐鸿：《"阿妹头"自述》，解放军文艺出版社1991年版，第88页。

的妇女活动统一在新运妇女指导委员会的领导之下,新运妇女指导委员会的改组扩大,也就奠定了中国各党派各阶层妇女友好合作的基础,形成了妇女界抗日民族统一战线的基础。①

在抗战时期,邓颖超领导下的南方局妇女运动委员会运用各种方式同宋美龄进行斗争,卢竞如曾回忆说:"我还记得,1940年宋庆龄从香港来到重庆,蒋介石和宋美龄在官邸设宴招待,妇女界知名人士去了,我们也去了,结果宴会成了座谈会,大家都很拥护孙夫人,而反对蒋夫人。解放时,我们的工作对象一个也没有跟宋美龄她们走,这也说明了当时妇委的工作是很有成绩的。"②卢竞如充分肯定了当时中共中央南方局妇委在妇女统战工作方面的成绩。邓颖超领导南方局妇委的妇女干部从事抗战时期的妇女工作和统战工作。

黄柳玲也曾回忆说,当年各界妇女中与陕甘宁妇女代表团的妇女干部们经常在一起商讨问题,交换意见的有曹孟君、罗叔章、韩幽桐、季洪、黄薇、刘清扬、史良、沈兹九等人,王枫有时也参加商讨。中共中央南方局妇委还经常与国民党官员夫人如邵力子夫人傅学文、国民党海军财会部长夫人郑英、贺耀组夫人倪裴君等商讨问题。作为陕甘宁边区妇女代表团的团长,邓颖超总是把联席会议上要讨论的问题,事先去向她们征求意见,以便统一思想,集思广益,共同行动。③1937年冬,邓颖超与罗叔章初次相识于武汉,但邓颖超对罗叔章的情况早已经有一定的了解。1938年武汉沦陷前夕,邓颖超推荐罗叔章去担任均县保育院院长。从抗战时期开始,邓颖超与叔章同志共同战斗了半个多世纪,可谓是建立了深厚的"革命友谊"。④

罗琼与罗叔章第一次见面是1936年初在史良的寓所里,当年的罗叔章正风华正茂,怀着满腔的抗日救亡热情,与在座的上海妇女救国会的几位朋友谈对时局的看法及对妇女抗战救国的主张。从那以后,罗叔章成了上海妇女救国会一员新的领导骨干。30年代为唤醒女同胞参加抗日救亡,争取民族解放、妇女解放,罗琼与罗叔章并肩战斗,奔走在上海、长沙、武汉之间。罗琼回忆起与罗叔章之间的

① 宋庆龄:《中国妇女争取自由的斗争》(1942年7月),《宋庆龄选集》,第355、359页。
② 卢竞如:《南方局妇委领导的中上层妇女统战工作的片断回忆》,中共重庆市委党史工作委员会编:《回忆南方局》,重庆出版社1986年版,第125页。
③ 黄柳玲:《南方局妇女组统战工作的回顾》,中共中央党史研究室科研管理部,中共重庆市委党史研究室编:《见证红岩:回忆南方局(下)》,重庆出版社2004年版,第653页。
④ 邓颖超:《悼念罗叔章同志》,罗叔章:《罗叔章文选》,人民出版社1992年版,第187页。

革命友谊让人动容,对于罗叔章在儿童保育方面的贡献,罗琼在心中也是充满了感激、亲切和尊敬。①

1938年春,罗琼与罗叔章一同任教于湖南省行政干部学校女生训练班。1938年7月1日,罗琼与罗叔章一同在新运妇女指导委员会文化事业组工作,沈兹九担行组长,罗叔章主管训练工作,罗琼主管宣传工作,内部合作得很好。罗叔章一贯忠实执行党的抗日统一战线,在实践中显示她善于广交朋友。1939年起在重庆期间,她已开始从事工商界上层妇女的工作。她还参加筹建民主建国会。罗琼评价罗叔章"从晨光年月到晚霞时刻,总是学到老,干到老,为党、为社会主义、为人民增添光辉"。②

罗叔章曾在上海市林荫路上的中国女中教书,她成为很多学生走向革命的启蒙人,方俊评价她上课的风格,"罗老师讲课总是联系实际,深入浅出。上历史课时,她既讲过去,也讲现在。有时她打着手势,讲得很幽默,同学们听她讲课时,个个都聚精会神。"罗叔章经常介绍一些课外书籍给学生,这些书籍有邹韬奋的《萍踪忆语》,斯诺的《西行漫记》,萧军的《八月的乡村》,鲁迅的《彷徨》,还有如《生活》周刊、《妇女生活》等刊物。③ 她培养学生的爱国主义精神,同时她对学生的家庭情况也很了解。④

全面抗战爆发后,罗叔章在上海法租界塞浦路创办一所女子职业学校,聘请上海天厨味精厂厂长吴蕴初夫人吴戴仪担任校长,高静宜任总务长,罗叔章任教务长。她的学生冯烨评价罗叔章办校有着丰富经验,她一方面忙于妇女界上层活动,另一方面邀请许广平、沈兹九、胡子婴、胡兰畦等名人来学校演讲。⑤ 罗琼回忆说1941年夏是在蔡畅的培育下从事中央妇女运动委员会的妇女工作。⑥ 曾经担任中共中央妇委秘书的尹璋回忆她在蔡畅身边工作的日子,蔡畅经常给她讲自己的革命家史和革命斗争故事,"随时随地对身边工作的同志进行实际而生动的教育"。尹璋回忆称蔡畅向来注重深入群众进行调查研究,从实际出发指导党的妇

---

① 罗琼:《晨光、晚霞连生辉》,罗叔章:《罗叔章文选》,人民出版社1992年版,第191页。

② 罗琼:《晨光、晚霞连生辉》,罗叔章:《罗叔章文选》,人民出版社1992年版,第194—196页。

③ 方俊:《难忘的岁月——回忆和罗叔章老师在一起的日子》,罗叔章:《罗叔章文选》,人民出版社1992年版,第208页。

④ 冯烨:《敬爱的老师——罗叔章》,罗叔章:《罗叔章文选》,人民出版社1992年版,第213页。

⑤ 冯烨:《敬爱的老师——罗叔章》,罗叔章:《罗叔章文选》,人民出版社1992年版,第215页。

⑥ 罗琼:《学习蔡大姐开创妇女解放新局面的革命精神》,罗琼主编:《启迪集:女界的杰出前辈》,中国妇女出版社1997年版,第60页。

女运动工作,为妇女干部做出了表率作用。①

董边回忆她早在延安时期认识区梦觉,当时区梦觉在中共中央妇委担任秘书长,董边在中共中央政治研究室工作,"虽不在一个机关,但都在杨家岭大灶吃饭,晚饭后在延河散步时,常看到区大姐,她穿着一身黑布衣服,戴着深度的近视眼镜,身体健壮,年纪30多岁,边走边和妇委的同志笑谈,我悄悄加入她们的队伍,听区大姐谈话"。② 雷洁琼曾回忆与蔡畅的第一次见面始于1949年3月召开的中国妇女第一次全国代表大会,她称在这次大会上蔡畅给她留下的是一位有着坚强、刚毅的无产阶级政治家的风度和谦虚的品格的印象。③

中国妇女领袖蔡畅(陈芳摄)
资料来源:《翻身乐》1949年
第17期,第14—16页。

新运妇女指导委员会文化事业组委员徐鸿与沈兹九会面是在一次妇女问题的座谈会上,与会的有女工、女知识分子和家庭妇女,沈兹九在会上做了一篇关于妇女问题的长篇报告,给徐鸿留下了深刻的印象。徐鸿回忆说当年沈兹九不到四十岁,小巧玲珑,"一对炯炯有神的大眼睛,浓重的浙江口音"。后来徐鸿与沈兹九的熟识缘于徐鸿的丈夫柳湜,因为柳湜和沈兹九都是文化界知名人士,而且都是救国会同事。特别是在徐鸿去伤兵医院工作后,沈兹九对她的情况了解也更多了。1939年春,沈兹九写信介绍徐鸿到新运妇女指导委员会文化事业组工作,徐鸿当时还有些顾虑和为难,但是徐鸿请教邓颖超后,邓颖超表示"那里党员少,你去正好。但是你一定要注意,不要暴露你的党员身份"。④ 在邓颖超的授意下,徐鸿加入了新运妇女指导委员会的工作。

据徐鸿回忆:"在'妇指会'中,以沈、史、刘三位大姐为组长的一部分同志,在朝夕相处、共同斗争中,相互结下了深厚的友谊。白天我们一起上班,到了晚

---

① 尹璋:《循循善诱 教育领先》,董边等编:《我们的好大姐蔡畅》,中央文献出版社1992年版,第155—156页。

② 董边:《丹心一片映人间——怀念区梦觉大姐》,罗琼主编:《启迪集:女界的杰出前辈》,中国妇女出版社1997年版,第224页。

③ 雷洁琼:《深切怀念中国妇女运动的先驱蔡大姐》,罗琼主编:《启迪集:女界的杰出前辈》,中国妇女出版社1997年版,第59页。

④ 徐鸿:《"阿妹头"自述》,解放军文艺出版社1991年版,第88页。

上,都愿意到集体宿舍来住宿,连市内有家的联络组的陆慧年、左岫,文化事业组的大魏、夏英喆,乡村服务组的刘莫京和我,也很少回家去住。每到晚餐后,就寝前,同志们就一个个来到大宿舍,有说有笑,非常亲热。如果谁想看看写写,可到楼下办公室,也很方便。有了不同意见,都能直言不讳,互相砥砺。至于国民党为组长的组内成员,也有不少是真正主张抗日、拥护共产党政策的,多数也能互相尊重。"①

山西女兵

资料来源:《战斗画报》1937 年第 6 期,第 13 页。

在新运妇女指导委员会内的妇女干部之间培养了深厚的感情。徐鸿曾回忆在新运妇女指导委员会内与刘莫京的交往:刘莫京是山西人,大学毕业,中共党员,比徐鸿大四五岁。"她个人生活很不幸,和丈夫关系不好。我很同情她的遭遇,她也把我看作最好的朋友,并对我产生了深厚的感情。不久由于政治形势进一步恶化,许多进步人士离开重庆,组织决定他们夫妇二人去香港。"不过徐鸿也嫌太缠绵,故意和她疏远些,"连我当时已准备去延安的具体日期、路程等不敢告诉她,怕她哭哭啼啼,难以对付。"得知刘莫京离开重庆后不久去世的消息,徐鸿

---

① 徐鸿:《"阿妹头"自述》,解放军文艺出版社 1991 年版,第 92—93 页。

"真是后悔莫及,我只能抱怨自己那时太不善于理解知识分子的心态。"①

早在三十年代的上海,杜君慧经常在报刊上发表关于妇女问题的文章。徐鸿与杜君慧认识缘于徐鸿的丈夫柳湜,杜君慧和柳湜算是老相识,经柳湜介绍,徐鸿与杜君慧曾有过见面。但是她们二人熟识是在新运妇女指导委员会工作期间。1939年在新运妇女指导委员会内,她们二人"真有一见如故的感觉"。杜君慧在新运妇女指导委员会保育组所属保育院担任保育院院长,常有机会来到新运妇女指导委员会办事,办完事情后,又常到文化事业组来聊天。当新运妇女指导委员文化事业组那两个三青团成员不在的时候,杜君慧就与文化事业组其他成员一起"大谈形势"。徐鸿还经常给《妇女生活》杂志撰稿,她和沈兹九关系甚为密切。杜君慧也知道徐鸿做过女工,很喜欢和她交谈,因此徐鸿与杜君慧渐渐成了莫逆之交。② 在新运妇女指导委员会内,从武汉至重庆,陆慧年与史良"更是朝夕相处,直到1942年,我们相继离开了新运妇女指导委员会"③。

二、国民党女性精英人际关系

抗战时期,在国共合作的大的背景下,全国各界妇女共同致力于抗战及妇女动员工作,宋美龄与邓颖超多次出现在同一场合。中国战时儿童保育会成立时,她们之间还有过密切的合作。史良曾受邓颖超的委托,偕沈兹九、刘清扬一同去拜见宋美龄,请她出面一同主持战时儿童保育工作,1938年3月10日中国战时儿童保育会成立大会,宋美龄担任理事长兼常务委员,史良担任常务委员兼设计委员会主任,在一系列的工作场合有所接触。

1938年5月宋美龄召集的妇女界领袖庐山妇女谈话会,史良也曾参加,并在之后扩大改组的新运妇女指导委员会中担任联络委员会主任委员,做了大量团结和联络妇女及妇女组织的工作。抗战时期,宋美龄与邓颖超不仅因公事聚在了一起,她们之间还有一定的私谊。只是公情私谊之间很难完全区分。1940年11月,邓颖超的母亲杨振德逝世后,宋美龄派代表备花圈吊唁,并慰问邓颖超、周恩来同志。④ 在抗战时期的大舞台上,各党各派各界妇女领袖之间不仅有着公谊,也有着

---

① 徐鸿:《"阿妹头"自述》,解放军文艺出版社1991年版,第93页。
② 徐鸿:《"阿妹头"自述》,解放军文艺出版社1991年版,第93页。
③ 陆慧年:《史大姐,请无憾地安息吧!》,《群言》月刊,1985年第8期,第20页。
④ 《蒋夫人吊唁邓母之丧》,《新华日报》1940年11月21日第2版。

一定的私谊,她们之间的联系比较密切。

1938 年 5 月 20 日,宋美龄柬邀全国妇女界精英赴庐山召开妇女界谈话会,邓颖超等中共代表应邀参加。庐山谈话会讨论组织动员妇女参加战时妇女工作,成立全国性的妇女组织等问题,对此邓颖超早有共识。邓颖超指出"环绕着抗战的总方针之下,动员广大的妇女群众,参加抗日战争动员各方面,是目前妇女运动总的任务"。她主张各界各党派妇女应注意团结,集中力量去打击与战胜日寇。① 在妇女界谈话会上,邓颖超做了《陕甘宁边区妇女运动概况的报告》,宋美龄则亲致开幕词和闭幕词。战时儿童保育会成立之时,宋美龄与邓颖超还有很密切的合作。

在宋美龄的延揽下,参加战时妇女工作的,有不少留美的基督徒如张蔼真、王世静、罗有节、陈纪彝、吴贻芳等人。同时作为留美基督徒的宋美龄,对于留美人士和基督徒大加延揽,而基督徒的奉献、务实的精神,更容易引导其对妇女工作做出贡献。胡兰畦曾回忆:"宋美龄领导的新生活运动会的张蔼贞(真)、陈逸云、唐国桢,我也接触",而且她们对于妇幼工作很负责任。② 由于宋美龄其自身的宗教背景,吸收大量基督教人士参与新运妇女指导委员会的工作。

宋美龄能够将留美的和基督教会的妇女领袖延揽,共同从事抗战时期的妇女工作,对于推动战时的妇女动员和各界妇女的联系与交流,起到了积极的作用。正如 1939 年史良所评价的那样,说宋美龄是"优秀贤明的妇女运动领袖","她一向是妇女中的杰出者",过去宋美龄的才能和魄力,她对工作的热情,只表现在一般的工作特别是航空和慰劳的工作上,但是 1938 年这个伟大的年头,激发着宋美龄将她的注意力转移到二万万妇女同胞身上来,她把全副的精力贯注在妇女抗战的事业上。③ 史良的这段评价,充分表达了抗战以来,宋美龄积极参与了妇女工作。

抗战时期的女性精英既有因为工作的关系,处于同一党政系统或妇运机构而结识,也有因为处于同一社会团体或组织而相互结识,也有因此前一些旧识或同学关系介绍而发生联系。比如 1925 年夏,谢冰心在美国康奈尔大学暑期学校,收到北平燕京大学同学的信,请她照应一下毕业于燕大,刚转学进入威尔斯利大学

---

① 邓颖超:《对于现阶段妇女运动的意见》,《妇女生活(上海 1935)》1938 年第 5 卷第 6 期,第 1—3 页。
② 胡兰畦:《胡兰畦回忆录(下)》,四川人民出版社 1987 年版,第 165 页。
③ 史良:《妇女工作的回顾与展望》,《妇女生活(上海 1935)》1939 年第 6 卷第 11 期,第 1—3 页。

的沈骊英同学。谢冰心从暑期回校后,便打听沈骊英的宿舍,即刻去找她。"说不到几句话,我们便一见如故了。"1940年底,谢冰心从昆明来到重庆,沈骊英去看她,她们谈起别后生活,谈起抗战后的流离,也谈起对于战时各自工作的热诚。1941年底,沈骊英去逝时,谢冰心著文悼念,称赞说"无论从哪一方面看,骊英都是一个极不平常的女子"。① 谢冰心与沈骊英因为校友、同学的关系,彼此之间有了较多的联系。

1940年,孙、蒋、孔三夫人宋蔼龄、宋庆龄、宋美龄联袂赴渝,来到抗战大后方,共同增进抗战力量,推动战时妇女工作。② 1940年4月7日,蒋介石、宋美龄在私邸举行茶会,招待宋蔼龄、宋庆龄,到会中外妇女界两百人,到会的还有王文湘、李德全、沈慧莲、黄卓群、董显光夫人、英国大使卡尔夫人、法国大使馆中文参事康栋夫人、美国大使馆参事贝克夫人、法国东方汇理银行渝行经理杜芒夫人、国际妇女俱乐部主席梅福义夫人、太古公司渝行经理麦克夫人及英使馆空军参赞艾德根上校夫人等,蒋介石致欢迎词,称孔孙两夫人赴渝,重庆各界和全国人士莫不表示欣慰。宋蔼龄致词:"刚才我说过,很感谢蒋夫人给我同孙夫人今日有这机会同各位重叙旧谊,并认识新朋友,我这次虽系第一次入川,但是我的心和精神是时常和各位在一起地,我曾听到我们内地的妇女,在应付战争的环境之下,做了许多新奇勇敢的工作,但是要完全了解这种工作的伟大和重要,须要亲自来接触视察,我在过去一星期中,亲眼看见到你们所做的工作,实在觉得非常愉快,我要趁此机会恭贺今日聚集此地的各位,恭贺各位,系抗战建国时代的各种工作领导者,恭贺各位已经成就的事业,我知道你们会继续努力,互相合作,完成抗战的最后胜利,敬祝你们身体健康,精神强壮,我现在以不屈不挠的信念与忠诚贡献与诸位和全中国的妇女界,以达成我们建设强盛统一新中国的共同目标。"③

1946年5月20日,蒋介石、宋美龄致宋庆龄亲笔函:"夫人二姊尊鉴,顷闻大驾莅平,不胜兴快恨,中正、美龄不克来平觖教,歉甚罪甚,兹派员送上便衣数件请烦收纳,中正、美龄必在途中恭候大驾也敬请大安。"④

国民党妇女干部之间也因为工作的关系和私下的交往,保持着较为密切的联

---

① 冰心:《悼沈骊英女士》,《妇女新运》1942年第4卷第1期,第34—35页。

② 《孙、蒋、孔三夫人抵渝》,《新华日报》1940年4月2日第2版。

③ 《蒋夫人昨招待孙孔两夫人,蒋委员长亲临参加》,《中央日报》1940年4月8日第2版。

④ 《总裁暨夫人致孙夫人函》(1946年3月4日),台湾"党史馆"馆藏一般档案,馆藏号:一般135/13.6。

系。比如沈慧莲和钱用和之间。抗日战争爆发后,1937 年 8 月 1 日中国妇女慰劳总会成立时,沈慧莲与钱用和都曾担任常务委员。

妇女界慰劳队全体合影

资料来源:《血战画报》1937 年第 3 期,第 17 页。

1938 年 3 月,中国战时儿童保育总会成立时,沈慧莲与钱用和同为常务理事,展开救济难童工作。国民党中央妇女运动委员会成立后,沈慧莲担任主任委员,钱用和任委员,共同主持全国妇运,策动妇女同胞参与抗战工作。两人还同时参加新运妇女指导委员会,担任战时妇女工作。1939 年初在长沙,宋美龄嘱钱用和约沈慧莲与唐国桢同来岳麓山小叙,并同随蒋介石夫妇乘专开火车,至祁阳途中,忽遇警报,急下车散避山谷。当时钱用和与沈慧莲躺卧树荫下,笑谈"如被炸,真是共患难,同生死,不可偶得的机会"。①

抗战胜利后,沈慧莲与钱用和因致力妇女运动功绩,由全国妇女界推选为国民大会制选代表,两人再度共事。后赴台后,一同追随宋美龄开展妇女工作,沈慧莲、钱用和、皮以书都被推为台湾妇联会常务委员,皮以书兼总干事。

---

① 钱用和:《半世纪的追随　钱用和回忆录》,东方出版社 2011 年版,第 157 页。

中国战时儿童保育院理事及职员合影

资料来源:《东方画刊》1938年第1卷第4期,第16页。

中国战时儿童保育会服务人员(夏晓霞摄)

资料来源:《中苏文化杂志》1938年第2卷第3期,第49页。

中国妇女慰劳总会部分负责人概况（1941 年 8 月）

姓名	职务	学历	政治身份
宋美龄	主任委员兼执行委员	美国韦尔斯利学院（Wellesley College）	国民党总裁、国民政府主席蒋介石夫人
李德全	执行委员兼常务委员	北京私立协和女子大学	第三、第六战区司令冯玉祥夫人
沈慧莲	执行委员兼常务委员	上海亚东医科大学	国民党社会部、组织部副部长马超俊夫人
吴贻芳	执行委员兼常务委员及保管委员	美国密歇根大学生物学博士	金陵女子文理学院院长、著名教育家、社会活动家
赵懋华	执行委员兼常务委员	德国柏林大学哲学博士	国民党中央政治委员会财政专门委员会委员梁颖文夫人
唐国桢	执行委员兼总干事	北平女子师范大学	国民党妇女干部
张蔼真	执行委员兼保管委员	美国密歇根大学硕士	宋美龄秘书、基督徒
陈逸云	执行委员兼保管委员	美国密歇根大学市政管理硕士	国民党妇女干部
钱用和	执行委员兼保管委员	芝加哥大学、哥伦比亚大学	宋美龄私人秘书
吕晓道	执行委员兼劳作部长及审查委员	留学美国	国民党妇女干部，宋美龄留美时好友
谢兰郁	执行委员兼慰问部长	北平大学女子文理学院	著名记者赵敏恒夫人
朱纶	执行委员兼宣传部长		国民党妇女干部
许淑珍	执行委员兼审查委员	上海晏摩氏女校	南京市市长刘纪文夫人
谢纬鹏	执行委员兼审查委员	金陵女子文理学院中文系	国民政府外交官厉昭文夫人
邓季惺	执行委员兼审查委员	北平朝阳大学法律系	《新民报》创始人陈铭德夫人、《新民报》成都版经理
崔震华	监审委员兼审查委员	天津北洋女子师范学堂	国民党党史编纂委员会主任张继夫人，1945 年当选国民党中央监察委员

资料来源：《中国妇女慰劳自卫抗战将士总会执监委员姓名录》，《慰劳专刊》，中国妇女慰劳总会编印，1941 年，第 67 页。

中国妇女慰劳总会很多女性精英同时担任其他妇女团体的工作。比如宋美龄负责新运妇女指导委员会，钱用和曾经参加国民参政会，张蔼真、唐国桢等人也是新运妇女指导委员会的成员。基本上战时各妇女组织负责人存在一定的重合关系。

三大妇女组织高层人员职务重叠情况简介(1938 年)

姓名	新运妇女指导委员会职务	妇女慰劳总会职务	儿童保育会职务
张蔼真	总干事	执行委员	常务理事兼秘书主任
沈兹九	文化事业组组长		常务理事
唐国桢	慰劳组组长	总干事	常务理事
谢兰郁	总务组组长	执行委员兼慰问部长	理事兼训练委员会主任委员
刘清扬	训练组组长		理事兼运输委员
陈逸云	战地服务组组长	执行委员	常务理事
史良	联络委员会主任委员	执行委员	常务理事
钮珉华	儿童保育组代理组长	总干事	
童肖予	慰劳组股长	干事	
杜连璧	总务组代理股长		文书干事
姚莲芬	联络委员会股员		设计委员会干事
陈慧君	总务组办事员		训练组干事

资料来源:《妇女新运》第 1 卷第 1 期,1938 年 12 月,"附录";《慰劳专刊》,中国妇女慰劳总会编印,1941 年,第 67 页。

抗战时期出现的三个全国性的妇女组织中国妇女慰劳总会、战时儿童保育会和新运妇女指导委员会,聚集了来自全国各党各派各方面的女性精英群体,她们积极参与了战时妇女动员和各项具体的战时妇女工作,特别在妇女慰劳、儿童保育、战地服务等方面发挥了积极的作用。比如邓颖超和宋美龄,她们在团结各自党派的妇女干部,以及推动抗战初期各党各派各界妇女干部之间的团结与合作,曾经做出了积极的努力和贡献。妇女干部之间或者由于同处一妇女机构,或同处于妇女组织,或同时被派赴某一具体工作,由于工作的关系,经常发生一些联系。有些是良性的互动关系,也有一些因派系和观念不同导致的纠纷。

抗战时期各党各派各界的妇女领袖,因为共同的家国情怀,因为面对民族危机,聚集一堂,共同从事战时的妇女工作及各项抗战工作。她们通过政党、同学、校友、熟人引介等方式,或共同参加某一党政机构或妇运机构,或者由于参加了抗战时期的全国性的妇女组织或各类妇女组织,因为工作上的联系,得以相识并熟知,在从事妇女工作和抗战工作的过程中,发生较多的联系,形成更为紧密的人际关系网络,甚至影响到战后的情谊。在国家危机、社会救亡之下,中国女性精英积极投入到抗战救亡行列,从事儿童保育、妇女慰劳和生产等各项战时工作。女性在服务国家、服从民族利益的同时,对女性自身的权利也给予了必要关注和重视,女性精英透过女性精英之间以及女性精英与其男性配偶之间建立起的人际关系网络,发挥了或明或暗的政治作用。

三、其他知名进步女性人际关系

沈兹九曾回忆说:在 30 年代接触的许多人士之中,最使她难忘和敬佩的是共产党员杜君慧。杜君慧比沈兹九小九岁。沈兹九在主编《妇女园地》和《妇女生活》之后,党组织派杜君慧主动找到沈兹九,杜君慧成为引导她走上革命道路的第一位老师。当时由于地下工作的纪律,杜君慧没有告诉沈兹九她是共产党员。但是,沈兹九在与杜君慧的接触过程中,从言行中意识到杜君慧是一位党内同志,既有马列主义理论,又有革命实践。沈兹九与杜君慧的关系就这样建立起来了。杜君慧认为所谓妇女问题就是怎样将妇女从政治的、经济的、社会的各种束缚下解放出来。沈兹九曾说,从《妇女园地》过渡到《妇女生活》,之所以能衔接得这么好,甚至还利用了最后几期的《妇女园地》,为将要诞生的《妇女生活》大登广告,不仅没有造成读者与我们联系的中断,而且还赢得了更多更广泛的支持和同情,沈兹九指出这一切的功劳都要归功于杜君慧。不仅如此,杜君慧还将沈兹九介绍给一些党内同志和进步青年男女。在一次功德林的妇女聚餐会上,杜君慧邀请罗琼同志参加,并特地带罗琼到沈兹九跟前介绍她们认识,从此罗琼成了《妇女园地》和《妇女生活》的主要撰稿人之一。[①]

邹韬奋先生夫人沈粹缜(1901—1997)在 1935 年见到沈兹九,对她的印象是"她娇小柔弱的身材,白净清瘦的脸颊,一双圆圆的大眼睛,透视出她特有的聪颖和机敏。""兹九大姐貌似文弱,内里却蕴藏着一团烈火,通过她主编的《妇女生活》杂志,通过她参加并领导的上海妇女救国联合会的活动,唤起民众,将抗日救亡的烽火点得更旺。"[②]罗叔章回忆说:"我初识兹九时,彼此方才年过'而立',志同道合

---

① 黄景钧:《风云岁月》,董边主编:《女界文化战士沈兹九》,中国妇女出版社 1991 年版,第 54—55 页。
② 沈粹缜:《深深怀念兹九大姐》,董边主编:《女界文化战士沈兹九》,中国妇女出版社 1991 年版,第 25—26 页。

加芝地之好,自是心犀有通,相见恨晚。"①罗叔章称沈兹九"才貌双全,柔中有刚,款款几句吴侬软语,细听来掷地有声,气度不凡。"②

1934年春夏之交,谢冰心看到沈兹九主编的《申报》副刊《妇女园地》,在宣传抗日救亡、民族解放、社会解放与妇女解放方面做出的努力,对沈兹九表示非常地钦佩。谢冰心认为沈兹九眼界高,见识广,并不是一般普通妇女编辑所能企及的。③ 1935年四、五月间,沈兹九邀请上海妇女界热心抗日救亡、妇女解放运动的朋友聚餐,罗琼参加,经杜君慧介绍与沈兹九认识。④ 沈兹九与杜君慧关系密切,在一起编辑《妇女园地》和《妇女生活》期间,培养了深厚的友谊,杜君慧给予沈兹九很多帮助,两人关系密切,沈兹九曾在回忆文章中高度称赞了杜君慧奉献精神。⑤

沈兹九是季洪就读松江女中时的老师,季洪多年在她身边协助编辑《妇女生活》,季洪曾回忆说"我是在她亲切培育下成长起来的"。淞沪会战爆发后,沈兹九接受潘汉年的布置,偕同史良去拜见宋蔼龄,请宋蔼龄出来领导中国妇女参加抗战。后来宋蔼龄推荐宋美龄出来领导妇女运动。从此以后,沈兹九与宋蔼龄、宋美龄建立起一定的联系与交往。后来沈兹九从上海撤退到武汉,在邓颖超的直接领导下开展上层妇女的抗日民族统一战线工作。沈兹九曾以《妇女生活》社名义,邀请各党各派各界妇女运动领袖召开了两次妇女座谈会,讨论现阶段的妇女文化工作,如何保卫大武汉以及怎样纪念"三八"妇女节活动。座谈会为妇女界的团结和统一,以及全国性妇女组织的成立做好了思想和舆论的准备。战时儿童保育成立之前,沈兹九还偕同史良、刘清扬去拜见宋美龄,征求宋美龄关于成立战时儿童保育会的意见。⑥ 总体而言,抗战初期沈兹九在促成妇女界的团结和统一方面作出了积极的努力和贡献。

---

① 罗叔章:《我与兹九》,董边主编:《女界文化战士沈兹九》,中国妇女出版社1991年版,第4—5页。

② 罗叔章:《我与兹九》,董边主编:《女界文化战士沈兹九》,中国妇女出版社1991年版,第5页。

③ 冰心:《我记忆中的沈兹九大姐》,董边主编:《女界文化战士沈兹九》,中国妇女出版社1991年版,第11页。

④ 罗琼:《沈兹九在上海和武汉的日子里》,董边主编:《女界文化战士沈兹九》,中国妇女出版社1991年版,第29页。

⑤ 沈兹九:《忆杜君慧同志》,罗琼主编:《启迪集:女界的杰出前辈》,中国妇女出版社1997年版,第302页。

⑥ 《悼念兹九老师》(1990年3月7日),《文选》编辑组编:《历史的足迹——季洪妇女工作文选》,中国妇女出版社1998年版,第340—342页。

罗琼、左诵芬称赞史良"为人豪爽慷慨,乐于助人"。1936 年 2 月间,罗琼已怀有八个月的身孕,但国民政府欲以"非法办刊物"为罪名加以逮捕,史良从有关方面得知此消息后,立即派人通知罗琼,因而得以幸免被捕的遭遇。而当年在汉口重庆时期,左诵芬还是个学生,也得到史良很多的教海。罗琼、左诵芬评价史良说:"最使我们深为感动和敬佩的,是史大姐坚持正义,不畏强暴,坚贞不屈的精神。"① 邓颖超曾回忆说,在中国战时儿童保育会筹备成立的时候,可能要遭到特务机关的破坏,邓颖超她们约请宋美龄一同参加成立大会并主持保育工作,宋美龄欣然同意,最终大会如期召开,没有受到特务的破坏。② 史良与邓颖超结识于三十年代,她们"共同经历过欢乐和患难,是互相信得过的朋友和同志"。③

邓颖超与宋庆龄有过较多的交往,1981 年邓颖超曾写回忆文章,向宋庆龄致敬,表达她对宋庆龄的景仰、钦佩、热爱与崇敬的革命情谊。邓颖超在文章中回忆第一次见到宋庆龄是在 1924 年宋庆龄陪同孙中山北上路过天津时,1926 年 1 月国民党二大召开的时候,宋庆龄呼吁国民党忠实执行孙中山三大政策,1927 年北伐战争期间宋庆龄积极从事慰劳工作。1938 年 8 月,邓颖超赴香港看望宋庆龄和何香凝等人。抗战中期,宋庆龄来到重庆,邓颖超与宋庆龄之间又有过几次见面和交往。④

宋庆龄曾回忆何香凝,称"何香凝的一生是异常丰富和有益于人民的","她的确是忠实地为人民服务"。⑤ 邓颖超回忆起何香凝,称她为革命献出了自己的一切,包括陪嫁的全部私蓄。她的一生遭受了无数挫折,但她勇敢地战斗了半个多世纪。廖仲恺遇刺后,宋庆龄赶到现场表示哀悼和慰问,她说何香凝"不愧是一位坚强的革命女战士"。⑥ 之后,邓颖超、蔡畅、区梦觉等人曾在何香凝的领导下从事广东的妇女运动,建立起亲密的工作关系和友谊。1927 年在武汉相遇,后直到

---

① 罗琼、左诵芬:《抗日救国的女君子 妇女群众的良师益友——忆史良大姐》,罗琼主编:《启迪集:女界的杰出前辈》,中国妇女出版社 1997 年版,第 113—114 页。

② 邓颖超:《继承和发扬抗日烽火中育才的光荣传统》,直属第七保育院院史编委会、四川南川市委党史研究室合编:《中国战时儿童保育会直属第七保育院史料选》(1939 年 7 月—1946 年 6 月),第 2 页。

③ 史良:《史良自述》,中国文史出版社 1987 年版,序。

④ 邓颖超:《向宋庆龄同志致崇高的敬礼》,罗琼主编:《启迪集:女界的杰出前辈》,中国妇女出版社 1997 年版,第 1—3 页。

⑤ 宋庆龄:《何香凝——一位坚定的革命者》,罗琼主编:《启迪集:女界的杰出前辈》,中国妇女出版社 1997 年版,第 24 页。

⑥ 邓颖超:《中国革命先驱杰出的女革命家何香凝——为纪念何香凝同志逝世十周年作》,罗琼主编:《启迪集:女界的杰出前辈》,中国妇女出版社 1997 年版,第 25—26 页。

1938 年在香港再相遇。邓颖超评价何香凝"始终是中国共产党最真挚的战友"。邓颖超特别关心妇女和妇女解放运动,她立场坚定,至死不移。①

宋庆龄、何香凝与史良也有一定情谊。特别是在"七君子"事件发生后,宋庆龄、何香凝等 16 人发表《救国入狱运动宣言》,赴苏州自请入狱,后又提出入狱探视"七君子"的要求。宋庆龄亲往监狱探望史良等人,给史良她们带去了水果和食品,并再三安慰和鼓励她们,史良被感动得热泪盈眶,宋庆龄并安慰她们说"民族危亡,爱国无罪,全中国人民都在支持你们。你们是一定能够获得自由的的。"②宋庆龄等人的举动,极大地支援了史良等人的爱国举动。

1944 年"五四"运动纪念之际,刘清扬着《纪念"五四"忆徐宗汉先生》一文纪念徐宗汉,称徐宗汉是参加黄花岗起义的女界革命前辈;而且她曾在这场起义中,负过掩藏军械,掩护同志,更掩救黄兴得脱险难的重大责任;而且徐宗汉不但坚毅果敢一直完成辛亥革命的任务,尤其在"五四"青年运动中,曾给与有力的支持,当时刘清扬在徐宗汉的领导下工作一年多。刘清扬将徐宗汉的生平及其伟大精神告之于众,希望"藉此表扬我女界革命前辈的光荣,也以作我后起妇女的典范,更永志不忘的哀念"③。

1944 年,刘清扬在《何香凝先生生平》一文中称:"何香凝先生是中国革命妇女的先驱,是封建时代促进妇女要求解放的星火,是引导妇女走上民族解放征途的火炬。何先生不但思想新颖,意识前进,而且是封建晚年,民族痛史中的杰出妇女,尤其富于文艺天才,诗文书画,均称绝笔。善于画虎,其神情活跃,栩栩如生;画牡丹更鲜艳可爱,枝叶秀美;写墨梅尤枝干坚挺而花殊幽雅,观之使人有玉洁冰清之感觉。所以何先生既不愧为是'中国革命之母',更不愧为是启示丰富人生的妇女典型。"④抗战时期的女性精英形成一定的人际关系网络,从而促进了抗战时期的女性动员,也充分体现了战时女性的主体性和能动性。她们不仅通过女性,也通过政党、国家权力和社会组织,并通过男性来延展自身的权利。

抗战时期宋美龄召集全国各党派各界妇女领袖召开的妇女界庐山谈话会,各界妇女充分交流和讨论以促成妇女界的合作,妇女领袖经过充分的商讨,决定扩

---

① 邓颖超:《中国革命先驱杰出的女革命家何香凝——为纪念何香凝同志逝世十周年作》,罗琼主编:《启迪集:女界的杰出前辈》,中国妇女出版社 1997 年版,第 30 页。

② 史良:《深切怀念宋大姐》,本社编:《红旗飘飘 27 集》,中国青年出版社 1983 年版,第 8 页。

③ 刘清扬:《纪念"五四"忆徐宗汉先生》,《现代妇女》1944 年第 3 卷第 5 期,第 2—5 页。

④ 刘清扬:《何香凝先生生平》,《现代妇女》1944 年第 3 卷第 2/3 期,第 2—4 页。

大改组新运妇女指导委员会作为全国妇女运动的总机构,吸收各党各派各界妇女参加,以加强战时各党各派各界妇女在工作上的合作与团结。除新运妇女指导委员会外,抗战时期成立的全国性的妇女组织还有战时儿童保育会、中国妇女慰劳总会,这些全国性的妇女组织无一例外的都广泛吸收各党各派各界妇女参加,促进抗战时期妇女界抗日民族统一战线的形成。为了动员各界妇女参加各项战时妇女工作,抗战时期的武汉和重庆妇女界每逢"三八"妇女节即举行盛大的庆祝和纪念活动,以加强妇女界的联合和促进对妇女的动员。本项目探讨的抗战时期的女性精英群体,即是以抗战时期参加战时妇女组织和领导工作的各党各派各界妇女为基础,在抗日民族统一战线的旗帜下,妇女界实行广泛的团结,抗战时期各党各派各界妇女领袖活动在战时陪都重庆这一历史舞台,也活跃在全国各地的妇女工作中。当然除了战时全国性和地区性的妇女组织外,中共和国民党党政领导系统和妇女工作部门的妇女干部们,对于领导抗战时期各自党派的妇女工作,也起到了积极的作用,而且各党派妇女领袖之间围绕妇女参政等问题展开了积极的合作。

女性精英群体通过共同参与战时的各项妇女工作和抗战工作,从而形成较为紧密的联系。与男性精英相比,女性精英群体有着对于男女平等的基本诉求,在抗战时期进行了妇女参政运动、妇女宪政运动、妇女职业运动等等对于女性权利的追逐,女性精英由于抗战的需要走出家门,有了一个相对广泛的活动舞台,也有了寻求自身解放的空间。相较于男性对于民族国家的解放,女性群体有着自身对于妇女解放的诉求。而抗战时期的妇女界如果从一个政治概念出发,应该是由各党各派各界甚至无党派的政治势力中妇女代表所构成,从这个意义上说,抗战时期的妇女界内部既有因为妇女的自身诉求而形成的女性群体,也有因为因应抗战时期抗日民族统一战线的需要而构成了一个性别与政治的群体。换言之,抗战时期的妇女界,它不是单一的性别群体,不是单纯为了实现妇女自身解放而结成的性别群体;而是同时有着为谋求抗战胜利,为实现民族国家的独立,同时也因应抗日民族统一战线的需要,有着不同政治派别的女性群体在抗日救亡的需求下进行的联合。这样一个抗战时期的妇女界,它是性别群体与政治群体的有机结合。

"中国各地的妇女,一致显示了她们对于爱国的热诚。有的把心爱的金珠首饰呈献国家,有的亲制棉衣鞋袜捐赠前方将士;或者自动地组织起来,到前线参加救死扶伤的工作,英勇的行为在民族史上留下光荣纪录。同时也证明了她们是如何关切国家的命运。中国妇女已不同往昔,在全国抗战时期,占国民半数之妇女同胞,她们也很快地同样踏上征途!"①

---

① 《中国妇女已非昔日可比: [照片多幅]》,《大华图画杂志》1945 年第 1 期,第 11 页。

结　语

　　她们在抗战的舞台上施展拳脚，发挥主观能动作用，积极影响到广大妇女甚至是男性群体。尤为重要的是，她们在民族危机的紧要关头，在大是大非面前有着明晰的判断力，有所为而又有所不为，她们对于民族国家的前途与出路有清醒的认识，对于抗战有积极的贡献。

一、抗战时期女性精英的出现

　　抗日战争是中国人民反抗日本帝国主义侵略的自卫战争，是中华儿女奋力抵御外侮的民族解放战争。在这场战争中，中华女儿绝非袖手旁观，而是与男性同仇敌忾，在各地开展如火如荼的抗日救亡运动，洗刷了百年来中国在反对外来侵略战争中的民族耻辱，创造了弱国打败强国的伟大壮举。在这一场战争中，中国女性与男子同仇敌忾，共同为抗战胜利作出了不可磨灭的贡献，没有妇女的贡献，没有女性精英的支持，也就不可能有抗日战争的伟大胜利。在抗日战争中，女性精英群体既受到战争的伤害和影响，又是这一场战争中的重要力量。她们积极支持抗战工作，既有与男子相互配合，从事各种抗战工作，也有其自身对于抗战的独特贡献，她们以女性独特的柔美和坚韧的气质，积极配合着男性，在抗战的舞台上发挥着独特的历史作用。在抗战的大舞台上，女性精英群体还开展了为适应抗战需要，争取男女平等的妇女职业运动，争取民主的妇女宪政运动，展现了多姿多彩的战时妇女情形。当然，在抗战的情况下，女性精英有了更加广阔而丰富多彩的活动舞台，战时的妇女与国家、与民族、与政党、与各类社会团体、与男性之间，都展现出复杂而动态的矛盾关系。然而女性精英群体时刻牢记民族国家利益高于一切，将战时妇女工作放在了首要的位置。

　　这里所指的抗战时期的女性精英群体,主要是指在民族危机与社会救亡的紧急关头,在民族解放战争的苦难岁月里,积极参加战时妇女组织和妇女动员工作,领导全国妇女从事抗战工作的各党各派各界妇女领袖和精英女性。其中包括在抗战时期积极参加战时各项妇女工作并做出重要贡献的女性精英人物,她们坚守在抗战的岗位上,对妇女界乃至全国民众起到鼓舞作用,对抗战的胜利也起着重要作用。比如农学专家沈骊英、经济学家陈建晨、经济学家张肖梅等。同时,也包括在抗战的大舞台上曾经发挥过重要影响的妇女领袖,比如像宋庆龄、何香凝、宋美龄等在国际社会都具有重要影响力的女性精英人物,她们对于坚持抗战和团结的重要性,对于抗战的前途,对于民族国家的前途都有着重要的认识。

　　正如李木兰所要证明的,中国妇女的参政权并不是因为共和国的建立就被赋予,而是建立在无数妇女的血泪之上。王政也通过对主流叙事之外的女性采访还原这样一个事实——中国的妇女运动也不是只由共产党来完成的,无数无党派人士、国民党妇女,都曾经参与过这一运动,她们虽然不被主流记载叙述,但她们做的事情却丝毫不少。① 抗战时期的女性精英,不仅涉及中共女性精英群体,还涉及抗战时期参与妇女工作的国民党女性精英群体、中间党派女性精英群体、各行各业的女性精英群体。特别是参与抗战时期国民参政会的女参政员群体,如伍智梅、张肖梅、吕云章、张维桢、罗衡、陶玄、陈逸云、钱用和、胡木兰、唐国桢、张邦珍、刘蘅静、曾宝荪、谢冰心等人,她们在推行抗战时期乃至民国时期的妇女运动方面做出了重要的贡献。如果说妇女运动需要几代甚至十几代人的努力,那么抗战时期的这些妇女参政运动者也是整个近现代妇女运动或女权运动中的重要一环,她们积极推动了当时的国民政府设立中央一级妇女运动委员会,也积极推动了抗战时期妇女运动的发展。国民党妇女工作者中间,有不少女权主义者,比如吕云章、刘蘅静等人,在提倡男女平等,推动女权运动方面不仅有思想还有实践。

　　除国民党和共产党的妇女领袖外,中间党派也有大量的女性精英,比如抗战时期救国会成员史良、刘清扬、沈兹九、曹孟君,民盟重要成员、妇女运动先驱刘王立明,教育界的吴贻芳、雷洁琼、俞庆棠等人。抗战时期的女性精英群体,不仅参加了服务于前后的各项妇女工作,如妇女慰劳、社会救济、妇女献金、儿童保育、乡

　　① 李木兰(Louise Edwards):《性别、政治与民主:近代中国的妇女参政》,江苏人民出版社 2014 年版;*Wangzheng*,*Women in the Chinese Enlightenment: Oral and Textual Histories*,University of California Press,1999.

村服务、前线慰劳、生产事业、妇女识字运动等,也参加了妇女教育、妇女文化工作、妇女战地服务、妇女职业运动和宪政运动等工作。抗战时期的妇女精英群体通过领导和动员广大妇女群众,有效地配合了前线战事,并或多或少地与前线男子互动,也有女性曾走上战场或参与前线作战,或从事战地服务工作。她们对抗日战争的胜利做出了重要的贡献。从某种程度上来说,没有女性精英领导广大妇女参加妇女工作和抗战工作,中国的抗日战争要获得胜利是不可能的。

　　抗战时期的女性精英群体经历过追求个性解放和妇女自由的五四时代,她们从五四时代走过来,有着对于个性独立的追求,对于男女平等的渴望,具有独立的人格魅力。这些女性精英在抗战前受到充分的历练,在抗战前的妇女运动中崭露头角,从事着一定的领导或组织工作,承担着特定的社会职务;这些女性精英受到过良好的教育,或毕业于国内高等院校,或曾经留学于国外各大高校,有着多种学历的教育背景,她们了解国际和国内形势,相对于普通妇女民众,对抗战形势有着更为明晰的判断力;这些女性精英大多能顺应时代的潮流,了解在民族国家的危难关头,应该服务于并服从于抗战形势的需要,至少在抗战前期,能够坚定的坚持抗日民族统一战线的方针和政策,领导妇女界进行团结与合作,响应国民政府坚持抗战的主张,促进妇女内部的团结与合作。这批女性精英有着鲜明的民族情怀,有着对于民族国家的责任感和使命感,有着为争取民族国家独立而不懈努力的精神动力,有着对民族国家的坚定热爱。她们活动于抗日救亡的大时代,她们又能以各自为起点,拼尽全力的奉献自身的力量,发挥生命的力量,照亮周围的普通妇女民众,也照亮民族国家的前途和未来。

　　在国家危机、社会救亡之下,中国女性精英积极投入抗战救亡行列,从事儿童保育、妇女慰劳和生产等各项战时工作。广大女性被动员参加民族解放与国家解放的战时妇女工作,并被认为妇女解放与民族解放密切相关,相较于国民党妇女领袖一再强调女性服务于服从于民族国家利益的战时动员,中共妇女领袖比较多的关注妇女参加战时妇女工作的积极性和主动性,因而进行不少实际的调查与研究工作,强调要改善妇女的生活状况,尤其是广大下层妇女的生活,进行必要的政治教育,以启发民族意识。抗战时期的女性精英在领导和动员妇女参加抗战工作,在对抗战形势及政治形势的判断方面,在促进抗战时期国内各党各派各界各阶层妇女的团结合作方面,在服务抗战前线进行后方生产方面,在儿童保育、社会救济、前线慰劳、战地服务、乡村服务、妇女培训、妇女文化工作、妇女联络工作等方面,做出了积极的贡献,从而为赢得这场反对日本帝国主义侵略的民族解放战争做出了重要的贡献。

二、抗战时期精英女性的家国情怀

中国的抗日战争至少存在两个版本的故事:一方面是官方版本公开宣扬、全国人民以高昂情绪投身于抗日战争的故事;另一方面则是鲜为人知的个人经历,以及被死亡和痛苦笼罩着的民族悲哀。长久以来,谈及战时女性,总难以避免将她们视为单纯的受害者和被动的受益者,李丹柯认为,普通妇女在抗战时期为生存而做出的努力不容忽视,"战争本身并不能赋予妇女力量,使唤她们变得强大;是反抗侵略、而非战争,使中国妇女经受了磨练,获得了力量,变得强大"。① 抗战时期的精英女性是动员、宣传、支持抗日战争和战时生产的积极分子。

人们常说,战争让妇人走开。可是在烽火连天的战场上,总能看到女子的身影。尤其是在大敌当前,国难当头的抗日战争中,她们纷纷走出家门。在前线,在敌后,都能看到她们的身影,听到她们的声音。全面抗战爆发以来,全国妇女迅速适应新的环境,勇敢的和男子站在同一阵线上为国家生存死亡做斗争。由于当时部分的妇女在受教育后,知识水准有所提高,她们的视野也较前广阔,于是如何运用妇女团体或组织,以普遍的提高一般妇女的知识及技能,俾能运用自身的力量和权利,发挥自身的所长,得以从事社会工作及生产事业,直接贡献于抗战,亦即如何唤起占全国人口半数的妇女,实际的参加抗战保卫国土,增加抗战力量,便成为这一时期妇女运动的中心。

在八年抗战期间,中国女性精英空前的团结与组织起来,成为打败日本侵者赢得抗战最终胜利的一支重要力量。中国女性精英在报刊、演讲等多个场合揭露日军野蛮的暴行,呼吁国际社会同情和支援中国抗战,呼吁妇女界团结,强调中国应该坚持持久战并保持抗战到底的决心;发表对抗战前途的看法,对抗战胜利抱有必胜的信念。中国女性精英以英勇的姿态,极大的热情,在抗战的各项工作中作出了卓越的贡献。抗战期间女性精英的作用主要体现在从事生产、慰劳救护、儿童保育、战地服务、妇女培训、参战杀敌、购买救国公债、优待抗属、妇女教育、妇女献金及动员下层妇女等各个方面。中国女性精英以极大的热情和勇气积极参

---

① 李丹柯:《女性,战争与回忆:三十五位重庆妇女的抗战讲述》,香港中文大学出版社 2013 年版,第 3 页。

与民族解放的抗日战争,改写了妇女只能是战争受害者的历史,她们也是战争的积极参与者。

沈兹九针对抗战时期的妇女工作,曾经指出:"这里有的是抗战女烈士的碧血忠魂,是女英雄的长征万里;有的是上火线抢救难童,加以保育;有的是出钱出力,慰劳救护前线将士,后方伤兵并优待抗属;有的是深入乡村,苦口婆心,唤起民众教育民众;有的从事生产事业,为国家树下经济基础;有的用笔杆子来扫荡敌寇及汉奸阴谋,教育妇女从事抗战建国工作;有的从事宪政运动,以期实现民主政治。"①对于新运妇女指导委员会的妇女战地服务,宋美龄也曾经指出,一年以来一直在湘桂边境的妇运工作者,在 86 个广大区域里,受她们知识训练的乡村妇女有11 388 人,受她们医药卫生方面服务的有 37 640 人;她们训练了 58 305 名儿童,1 570 名难民,15 738 名入伍壮丁;她们最令人满意的工作是救护了二万名伤兵,其中受到她们知识启导的伤兵达 12 284 名。②

在儿童保育方面,1938 年 3 月,中国战时儿童保育会宣告成立后,即开始筹备成立汉口第一临时保育院,并派员四处抢救难童。由唐国桢任队长,徐镜平任副队长,冯云仙、伍凤兰、汪树棠、徐宗绩分任第一、二、三、四分队队长,于汝洲任第五队队长兼理医护事宜。经过五、六天的努力,抢救了四百多名儿童。据估计,抗战时期中国儿童约有七千万名,被难者至少是万名,能够得到救济团体收容的仅二十万名左右。③ 为了抢救和教养这二十万难童,各保育团体工作人员已经是呕心沥血,妇女干部们不避危险,到各战区敌后抢救难童,不惜艰苦护送难童,辛勤劳苦教养难童,为国家民族保育了二十万幼苗。这些幼苗成长之后,或投身工商界服务社会,或效命疆场参加远征军、青年军、战地服务工作,或成为航空学校的优秀空军,实为难童保育工作对抗战的重要贡献。

在工作服务与生产建设方面,早在 1938 年七、八月间,撤退到武汉的女工踊跃加入救护慰劳的行列。从武汉撤退前,政府下令各大工厂,把资本和机械都迁到后方去。新运妇女指导委员会联合经济部、军委会政治部、赈济委员会等共同负责疏散工作女工到后方去,花费了 21 300 余元,于 8 月 31 日、9 月 17 日、29 日

---

① 兹九:《抗战以来妇女工作的成果》,《妇女生活》1940 年第 8 卷第 7 期,第 2—5 页。
② 宋美龄:《从湘北前线归来》,《妇女新运》1939 年第 4—5 期,第 4—9 页。
③ 朱幸流:《社会行政概论》,台湾中华书局 1943 年版,第 177 页;参见陈三井主编:《近代中国妇女运动史》,台湾近代中国出版社 2000 年版,第 331 页。

疏散了共 796 名女工。1939 年 4 月又将宜昌、沙市的 546 名女工及其家属疏散到了重庆并介绍各种工作或给予贷款经营小本生意。① 在生产建设方面,组织成立了松溉纺织实验区、重庆南岸妇女工艺社、江津白沙新运纺织厂、广东省妇女生产工作团、贵州二四妇女工厂等。

在征募与宣传方面,抗战时期组织的大规模的征募运动有:1937 年的南京献金运动,1938 年汉口的寒衣运动,1939 年 50 万件棉衣运动,1940 年百万单衣、布鞋、布袜运动,1940 年 8 月至 1941 年 3 月药品运动,1942 年七七百万献金运动,1943 年妇女节献机运动,1943 年 6 月至 1944 年 2 月鞋袜劳军献金运动,1944 年元旦大慰劳征募古董及艺术品运动,七七献金运动,8 月 10 日巾帕慰劳衡阳缅甸将士运动,1944 年 12 月至 1945 年 1 月慰劳过境国征募运动,1945 年胜利献金运动。② 在献金方面,1942 年 7 月,宋美龄到成都,召集妇女领袖指示工作。当场发起七七百万献金运动,并捐出五万元以为号召,成都妇女热烈响应。1943 年的献机运动,先后有 230 个团体响应,共收到捐款 3 057 573 元。1944 年的七七献金运动,到 8 月 3 日止,慰劳总会所催缴的款项接近六千万元。③

在文化宣传方面,为增强妇女民众对于抗战的意义的认识和民族意识,许多妇女团体出版了妇女杂志,以动员妇女参加抗战工作。中国共产党出版的妇女刊物以《中国妇女》为代表,该刊物刊载了大量关于抗战时期中共中央妇委开展妇女运动的文章,介绍广大妇女参加抗战的主要情况,蔡畅、罗琼、张晓梅等中共妇女干部在上面刊发了大量的文章。另外《新华日报》副刊《妇女之路》是中共中央南方局妇委宣传党的妇女工作方针,介绍妇女工作情形的重要刊物。而在国统区的

① 《生活指导组的工作与工作过程》,《妇女新运》1938 年 12 月创刊号,第 32—36 页;《生活指导组的工作》,《妇女新运》1939 年 3 月第 2 期,第 37 页;《生活指导组工作点滴》,《新运总会妇女指导委员会三周年纪念》,1941 年 7 月,第 38—39 页。
② 《三年来的慰劳事业》,《新运妇女指导委员会三周年纪念特刊》,第 41—42 页;《工作概述》,《慰劳专刊》,慰劳会总会,1941 年 8 月,第 22—23 页;张蔼真:《一年来的妇女工作》,《妇女新运》1943 年第 5 卷第 1 期,第 7 页;《三十二年度妇女工作概况》,《妇女新运》1944 年第 6 卷第 1 期,第 3 页;德明:《胜利献金妇女界的成绩》,《妇女新运》1945 年第 7 卷第 7 期,第 22—23 页;《妇女慰劳总会征募棉衣五十万件》,《中央日报》1939 年 9 月 17 日第 2 版;《妇女慰劳总会元旦扩大劳军征募古玩分赠空军》,《中央日报》1943 年 11 月 26 日第 2 版;《七省鞋袜劳军献金逾千四百万》,《中央日报》1944 年 2 月 12 日第 3 版;《各地七七劳军献金总数逾万万元》,《中央日报》1944 年 9 月 4 日第 2 版;《献手帕毛巾劳军,渝妇女界商定办法决募十万条决尽五日内送前方》,《大公报》1944 年 8 月 8 日第 3 版。
③ 李曼瑰:《从妇女献金献机看到妇女的力量》,《中央日报》1943 年 3 月 16 日第 6 版;《各地七七劳军献金总数逾万万元》,《中央日报》1944 年 8 月 4 日第 2 版;《妇女动态》,《妇女月刊》1942 年第 2 卷第 2 期,第 25 页。

妇女刊物中以新运妇女指导委员会出版的《妇女新运》月刊发行时间最长，数量也最大。同时还出版了《妇女新运周刊》《中央日报（副刊）》《妇女新运》《壁报资料》等刊物。另外妇女共鸣社出版的《妇女共鸣》杂志，妇女生活社出版的《妇女生活》杂志，中央大学中国女青年社出版的《中国女青年》，妇女文化社的《妇女文化》，中国妇女慰劳总会的《中国妇女慰劳总会专刊》，中央妇女运动委员会的《妇女月刊》都是比较受欢迎的全国性的妇女杂志。在省市范围比较突出的有浙江儿童保育会的《浙江妇女》，重庆各机关公务员眷属生产合作推广部的《妇女合作运动》，江西省妇女指导处出版的《江西妇女》，贵州省新运妇女工作委员会出版的《妇女工作》，广东省新运妇女工作委员会出版的《广东妇女》，广西省新运妇女工作委员会出版的《广西妇女》，湖南省新运妇女工作委员会出版的《湖南妇女》，甘肃省新运妇女工作委员会出版的《甘肃妇女》等。这些刊物既宣传政府政策，说明抗战的重要意义，也响应各项征募慰劳工作，呼唤妇女参与抗战工作。

1945 年中国妇女

资料来源：《大华图画杂志》1945 年第 1 期，第 11 页。

在乡村服务方面,自1938年7月至1944年12月,新运妇女指导委员会总会共派出四百多人从事乡村服务工作,各省市县级妇女团体也都派出妇女干部下乡服务。她们刚到农村的时候,受到农村妇女强烈的排斥,怀疑是来抽女壮丁的。透过行政系统的辅助,展开县、乡镇、保甲的妇女基层干部训练。县妇女干部训练结束后,组织县女工作委员会,除了组训基层妇女,她们还展开识字教育、医疗卫生、工艺教习、改善风俗等项工作,渐渐扭转农村妇女对她们的印象。①

在妇女慰劳方面,举凡到前线犒劳将士,到营地访问驻军,到军医院探视伤兵,馈赠军人衣被鞋袜、食品、药物、金钱、放映电影、举行军民同乐会,都是慰劳。中国妇女慰劳总会一直与军事委员会保持着密切的联系,总筹全局,拟定具体计划,推动工作。妇女领袖们多次亲自带队前往前线进行慰劳。1937年七七事变爆发后不久,中国妇女慰劳总会于8月17日派陈逸云、吕晓道、唐国桢等三人,携带大批的药品、风镜、衣裤、望远镜及锦旗等前往西、北两战场慰问将士。抵太原后又顺道慰问空军,鼓励该地妇女组织慰劳分会,其后陈逸云、徐闾瑞又奉派往淞沪慰劳将士。② 1938年9月16日,在保卫大武汉的紧要关头,武汉妇女界代表李德全、唐国桢、谢兰郁等,携带旗帜、慰劳信和物品往长江南岸第九战区劳军,后又于29日出发前往长江北岸第五战区劳军。慰劳时间虽然短促,但是她们冒着危险到前线,给予官兵物质和精神上相当大的鼓舞。她们从官兵口中得知,战地需要大批的男女青年去服务,帮助动员民众、组织民众及担任运输、救护、掩埋等工作。回武汉后,便发起了青年男女到战地服务的热潮。

1939年春,鄂北战事紧张,中国妇女慰劳总会为提升官兵士气,决定派驻祁阳的陈逸云和刘清扬到湖南一带慰劳,派唐国桢、吕晓道、黄佩兰三人前往鄂北第五战区慰劳。3月28日动身,携带白米、食盐、药品、毛巾、袜子、棉大衣、衬衣、锦旗和现金等,日行数十里,甚至常常夜宿马房中,或就猪圈牛栏的隔壁而眠,前往前线并亲自进入战壕体验作战生活。6月23日,中国妇女慰劳总会宣传组长朱纶参加南路慰劳团,向贵州、广西、湖南、江西、广东、福建、安徽等省各战区驻军致敬,行程二万数千里,历时四个月零七日。在慰劳活动中,将士们坦言慰劳品不合时

---

① 《乡村服务组工作报告》,《妇女新运》1940年第2卷第2期,第37—38页;《乡村服务组三月来工作报告》,《妇女新运》1941年第3卷第1期,第58—59页;《妇女指导委员会乡村工作》,《妇女新运》1942年第4卷第2期,第31—33页;《我们在四川的乡村工作》,《妇女新运》1943年第5卷第2期,第24—26页。

② 沈慧莲:《中国妇女慰劳自卫抗战将士总会工作报告》,林养志编辑:《中国国民党党务发展史料妇女工作》,第420—423页。

不适用等,朱纶回重庆后,传达了此项讯息,因而有了 1940 年的征募药品运动。①

　　1940 年 10 月 5 日,湘北第一次大捷,宋美龄亲自率领沈慧莲、唐国桢、钱用和一行,往湘北劳军。宋美龄眼见湖南地形崎岖,国军从事运动及游击战的中队,却赤着脚或穿着草鞋在山地乡野中行进。于是指示湖南、江西、广西三省的妇女领袖,倡导制造五十万双军鞋,分赠三省士兵穿用。1941 年 10 月 8 日,湘北二次大捷,宋美龄带领唐国桢、张蔼真、吴漱真等人,再次前往湘北劳军,馈赠慰劳金十万元。又亲自往衡阳、邵阳各伤兵医院探视伤兵,并以二十万元作为犒劳。1942 年 1 月,第三次湘北大捷,由罗衡、薛岳夫人方少文携带十万元,前往慰劳。宋美龄则带着印币五万卢比,前往缅甸慰劳盟军作战人员,还拨款 55 万元,交由云南省政府主席龙云夫人顾映秋,代制衬衫,馈赠入缅国军。②

　　1944 年年初,反攻缅甸奏捷,中国妇女慰劳总会派何应钦夫人王文湘率团慰劳滇缅战区将士,3 月 15 日出发,4 月底回渝,前往昆明、八莫、腊戍、畹町、芒市、龙陵、松山、保山、永平、下关、大理、云南驿、楚雄等地进行共计 78 次的慰劳,接受慰劳的单位达一百多个,部队 30 余万人,伤病官兵二万人,盟军数百人,馈赠慰劳代金 1 600 万元,印币八万卢比;大小实物共计 67 201 件。③ 前线的慰劳活动,可以说很受将士们的欢迎,特别是在精神上慰藉方面,率领远征军入缅作战的孙立人将军亲口对慰劳代表们表示:“三年没看见国内的父老姐妹了,今天看到慰劳团的到来,颇感到些家人的亲切。”④

　　广大妇女领袖不仅领导妇女从事后方各项妇女工作,也有亲自前往前线工作。1939 年 19 日,岳阳新开塘地方自卫中队长阎蕙兰,率所部壮丁 70 人,袭击新开塘附近之敌,当时冲破丝网两层,不料被敌发觉,以机枪扫射,阎及班长 2 人不幸竟以身殉。阎蕙兰“年甫 18 岁,诚今之木兰,闻政府将予褒扬,以励来兹”。周尹锐志哀阎蕙兰,“杜鹃啼满岳阳潮,英魄悠悠白帝招。壮丁挥戈杀敌处,行人犹

---

①　《慰劳组工作纪要》,《妇女新运》1939 年第 2 期,第 43 页;《慰劳组工作概摘》,《妇女新运》1939 年第 3 期,第 46—47 页;《慰劳组工作纪要》,《妇女新运》1939 年第 4、5 期合刊,第 59—60 页。
②　《妇女慰劳总会概况》,《妇女新运》1942 年第 4 卷第 2 期,第 29 页;《妇女慰劳总会一年来工作概要》,《妇女新运》1942 年第 4 卷第 8 期,第 51 页;宋美龄:《从湘北前线归来》,《慰劳专刊》,第 43 页。
③　《工作概述》,《慰劳专刊》第 18—19 页;《慰劳前线将士及过境国军》,《中国妇女慰劳总会专刊》,第 2—6 页。
④　《慰劳前线将士及过境国军》,《中国妇女慰劳总会专刊》,中国妇女慰劳总会,1943 年版,第 4 页。

觉血胜遥。"①冯玉祥咏阎蕙兰称:"古有木兰女,从军立大功!今有阎蕙兰,故乡从军戎,岳阳新塘为队长,统率七十余壮丁。本年三月十九日,率队袭敌猛冲锋,杀死敌兵真不少,攻破铁栏有两层。不幸敌阵将要溃,阎及班长皆牺牲。为国拼一死,民族大英雄。"②

1940年"三八"节之际,《新华日报》指出:"自七七抗战开始以来,许多妇女不分阶层地位,不分职业老少,热烈地担负起了抗战建国伟大工作,不论在前方或后方都有妇女活动的地方。她们组织战地服务团,活跃在各个战线上,慰劳和教育伤兵,慰问和协助抗战军人家属,鼓励壮丁上前线,收容并保育儿童,动员组织和教育难民,厉行节约运动,几万女工参加战时生产,征募寒衣,义卖献金,尤其是去年重庆妇女献金日,突破了一切纪录,有些地方还有妇女自卫团,协助政府侦察汉奸活动,尤其在敌后方由于日寇空前的烧杀奸淫掠夺的野蛮政策,更激荡起妇女英勇奋斗的姿态,造成许多可歌可泣的壮烈牺牲事迹。"③

1941年"三八"节,《中央日报》发表社论,指出:三年以来,妇女对于国家的贡献,是值得颂赞的,表现在:①全国妇女战时组织,已经成立了261个团体;②蒋夫人创办的战时儿童保育会,已设分院四八所,现有儿童二万余名,所有的经费,全赖夫人向国外募捐得来的;③中国妇女慰劳抗战将士总会在国内外设立的分会达58个;④新运妇女指导委员会已训练妇女干部1018人,新运妇女指导委员会妇女工艺社两年来运往国外的手工挑绣产品约15 000件,指导疏散女工一万多人前往川陕后方从事生产事业;⑤战时出版《妇女共鸣》、《妇女新运》等刊物数种;⑥动员当地妇女修筑湘桂铁路和甘川公路;⑦三民主义青年团妇女服务队,在湖南组织伤兵招待站,由长沙至沅陵共有九站,计招待难民儿童伤兵约13万余人;⑧武汉三镇有女工识字学校十八所,受教育的女工约2万人。④

1940年,史良接受记者采访,发表她对于抗战三年来的妇女运动的意见和感想,史良认为抗战三年来,中国妇女运动在各方面有着显著进步,主要表现在:①奠定了妇女界统一战线的基石,成立了包含各党派各方面人才的中国战时儿童保育会。②1938年5月,宋美龄召集全国各地的妇女领袖和妇女工作代表在庐山

---

① 周尹锐志:《哀阎蕙兰(见中央社汨罗十四日电)》,《兵役月刊》1939年第1卷第2—3期,第46页。
② 兹九:《抗战以来妇女工作的成果》,《妇女生活(上海1935)》1940年第8卷第7期,第2—5页。
③ 文晖:《"三八"与劳动妇女》,《新华日报》1940年3月7日第4版。
④ 《社论:"三八"节的认识》,《中央日报》1941年3月8日第2版。

开会,使与会的各地妇女代表能有机会互相认识和交换意见,加强了妇女界的团结,并决定制定全国妇女的工作纲领和成立全国性的妇女组织机构。③建立了全国妇女组织的总机构,于1938年7月扩大并改组了新运妇女指导委员会作为全国性的组织。④得到了部分的民主权利,这表现在参政会及参议会里面有妇女代表的参加,以及在华北有民选的女村长等等,但最显著的进步地方是矫正了过去妇女对参政的错误观点,民国成立后,妇女参政的呼声甚高,可是参政目的仅仅是为个人牟利,而现在则不仅有注意妇女大众利益的倾向而且能反映妇女大众要求。此外,妇女对宪政运动的关心注意和热情也是抗战三年来的一大进步,如重庆、上海、延安、桂林地妇女热烈展开宪政运动的研究和讨论都是抗战后妇运的进步。⑤妇女工作散布在各个部门,抗战三年来,妇女工作在各方面都有了相当的成绩,如儿童保育工作已经有49个保育院,全国各地已成立15个保育会,收容了两万多难童;如参加生产事业的工作,在华北,妇女垦了五万多亩田,在四川以及其他各省妇女参加各种手工业的生产工作等。如妇女的武装自卫也有着良好的成绩,在浙江有妇女营、妇女大队、华北有妇女自卫军二十余万,山东的妇女游击队,广西的女学生军等等都表现出了妇女和男子一样有捍卫国家的力量。征募工作,妇女的成绩总是很好,一般妇女都能改掉重视金钱的习惯,而以手饰及私蓄捐献国家。如训练工作,各省成立了妇女干部训练班。如帮助抗日军人家属的工作,不仅给优待费,而且还积极培养抗属的生产能力等等。而缺点主要有:①觉得抗战三年来女学生发挥的力量太不够了,因为环境没有积极地领导她们工作,反而束缚得她们没有发挥力量的余地;②知识妇女还没有能尽她们最大的力量,在对唤醒妇女大众,教育妇女大众的工作做得很不够。①

　　抗日战争在一定程度上激发了女性之潜力,促进了妇女运动的发展,从而推动了妇女的进步。"抗战开始之后,全国人民的抗战热情,如沸如腾,妇女们也卷入这一热烈的高潮里。几十年的仇恨爆发了,而且由于战火的蔓延,日本兵所到之处,奸淫、掳掠、残杀、焚烧种种暴行,罄竹难书,日本的飞机更深入我国后方滥施轰炸,我国妇女直接间接受到之痛苦,真是无法形容。由于这个强烈的刺激,使全国妇女都深切地感觉到民族的危急与自身的被蹂躏,这大大提高了她们的民族意识与抗战的热情,自觉自动地加入抗战建国的序列,从都市到农村,从腹地到边

---

① 《史良先生谈三年抗战妇运,各方有进步缺点正待克服,女生受束缚力量无从发挥》,《新华日报》1940年7月4日第2版。

陲,妇女从来没有像这样为着一个目标,共同的努力过。现在她们都在抗战的旗帜之下,为着一个共同的目标的胜利而努力了。"日军的暴行,"使我们的妇女高度发挥了她们的潜力。前方的妇女,参加了杀敌,后方的妇女不能赴前方杀敌者,就在后方参加战时服役的工作,诸如慰劳、救护、募捐、救济。特别重要的是战时生产与各种国防工程,妇女也尽了最大的力量。战时后方生产工作,妇女们负着一大半的责任,各种国防工程,大部分是妇女们的力量完成的。在这些默默无闻的女英雄们,能发挥如此伟大的力量,岂止为敌人始料所不及,连我们自己在最初也有点估计不到哩"。"经过抗战的锻炼,妇女们自己也有了极大的进步。妇女们的组织较之过去更健全,也更巩固,在每一部门中,都涌现了许多优秀的妇女人才与妇女干部。而且她们的服务,赢得了社会的信任和同情,妇女的社会地位,无形的提高,更为胜利以后妇女权利之进步的发展,奠定基础。这一时期是妇运工作最辉煌的时期,贡献最大,收获也最丰富"。[1]

抗战时期的宋美龄,对空军建设、遗族学校、战时外交、争取外援等各方面都发挥了积极重要的作用。宋美龄受到奖章最多,奖章级别也最高。1940 年 1 月 5 日,国民政府颁给宋美龄"二等云麾勋章"。1942 年 11 月,国民政府授予宋美龄"一等宝鼎勋章";1943 年 10 月,国民政府授予宋美龄"一等复兴荣誉勋章";1943 年 12 月,国民政府授予宋美龄"青天白日勋章",1944 年 1 月,国民政府授予宋美龄"一等卿云勋章",1945 年 10 月,国民政府授予宋美龄"胜利勋章"。[2]

抗战胜利后,国民政府对救助保育有显著劳绩的 116 名人员予以表彰,分别是新运妇女指导委员会常务委员宋美龄、宋蔼龄、宋庆龄、洪希厚、沈慧莲、刘蘅静、谭祥、吴贻芳、李德全、王文湘,委员王世静、陈翠贞,总干事张蔼真,副总干事陈纪彝,组长王敏仪、谢兰郁、李曼瑰、黄佩兰、谢纬鹏、张惠文、俞庆棠,广东分会主任委员吴菊芳,湖南分会主任委员方少文,贵州分会主任委员陈适云,陕西分会主任委员皮以书,甘肃分会主任委员陈白坚,广西分会主任委员郭德洁,四川分会常务委员邓淑仪,贵州分会总干事翟枕流,云南分会主任委员顾映秋,绥远分会主任委员刘芸生等人。新生活妇女工作队队长马育英、崔震华、孙禄卿、吴慕墀、倪斐君、杨光宇、张令仪、周长临、陈淑英、萧德华、唐冠玉、张维桢,副队长赵铁玫。

---

[1] 皮以书:《中国妇女运动》,台湾妇联画刊社会 1973 年版,第 73—74 页。

[2] 《蒋宋美龄勋奖》(1936 年 10 月 10 日—1942 年 11 月 28 日),台北"国史馆"藏国民政府档案,入藏号:001000003462A,典藏号:001-035100-056。

新运妇女指导委员会股长周翊、彭昭仪、陈慧君、陈文耀、文思荣，指导员费马利，顾问黄梅仙、薛明剑、郑辟疆，乐山蚕丝实验区主任费达生，松溉纺织实验区主任潘道昌，白沙新运纺织厂厂长袁保珠，新运妇女指导委员会会计室主任方萃霞、秘书冯光灌。中国妇女慰劳总会执行委员黄振华、劳君展、许淑珍、陈杏容，常务委员赵懋华、赵淑嘉，香港分会负责人胡木兰，广东慰劳分会热心工作者伍智梅，重庆慰劳分会负责人黎剑虹，妇女慰劳总会荣誉军人自治实验区主任罗衡，妇女慰劳总会股长程亚兰。中国战时儿童保育会总干事熊芷、黄翠峰、张佳璇，儿童保育会股长屠文瑜、彭训，常务理事史良、黄卓群、庄静、曹孟君、唐国桢、徐镜平、董燕梁、陈逸云、刘清扬、徐阄瑞、邓颖超、张郁真、安娥、吕晓道、钱用和、朱纶、郭秀仪，广东保育分会负责人王孝英，成都保育分会负责人岳宝琪，保育院长刘尊一，热心保育事业的冯云仙、杨崇瑞，香港保育分会热心捐款者何艾龄，曾参加儿童保育工作的周之廉、赵一恒、金家骥，儿童保育院院长徐篆、赵郁仙、曹克勋、杜彦桐、燕重子、陈肖松、陈庆云、李家应、刘绮文、陈瑞玉，蒋夫人秘书陈纯廉，游击队之母赵老太太洪文国。①

基于女性在抗战时期的突出表现，在战后国民党政权或是新中国政权中担任了重要的角色。不少女性成为战后"国大"选举中的妇女代表候选人，比如在各妇女团体代表中推选出"国大代表"候选人24人，分别为中国妇女服务社唐国桢、陪都妇女福利社包德明、"中国妇女宪政研究会"张岫岚、国民大会全国妇女竞选会劳君展、东北建设协会妇女工作委员会朱纶、中国《妇女生活》社王立文、重庆市妇女会傅伯群、中国女青年社杨俊、女青年月刊社张雯、中国妇女抗战建国协会费侠、妇女共鸣社叶蝉贞、华北妇女联谊会崔纫秋、中国妇女实业社廖温音、妇女救国同盟会冯云仙、妇女月刊社陆翰芩、妇女建国学会李雪荔、女公务员工作策进会左玖瑜、抗属妇女工业社潘素、中国职业妇女互助会黎剑虹、天主教妇女福利社蔡洁珊、上海妇女协进会蔡金瑛、妇女文化月刊社向玉梅、重庆市中等小学女教员联谊会方冀达、女青年会卞煦孙等人。②

抗战时期宋美龄召集全国各党各派各界妇女领袖召开的妇女界庐山谈话会，

---

① 《胜利勋奖章案》(1945年10月9日至1946年3月5日)，台北"国史馆"藏国民政府档案，入藏号：001035100121055a—001035100121066a。

② 《国大妇女代表候选人名单及履历表》(1946年3月10日)，台湾"党史馆"馆藏会议记录，馆藏号：会6.2/8.4.4。

促成了各党各派各界妇女在充分交流和讨论的基础上进行团结合作。经过妇女界精英们的充分商讨,决定扩大改组新运妇女指导委员会作为全国妇女运动的总机构,全面吸收全国各党各派各界各方面妇女参加,从事抗战妇女动员工作和各项战时妇女工作,以加强战时各党各派各界妇女在工作上的合作与团结。除新运妇女指导委员会外,抗战时期成立的全国性妇女组织还有战时儿童保育会、中国妇女慰劳总会,这些全国性的妇女组织无一例外地都广泛吸收各党各派各界妇女参加,促进抗战时期妇女界抗日民族统一战线的形成。妇女精英在抗战时期,在民族国家的家国情怀下,广泛地发动妇女建立妇女组织,从事抗战工作。在组织和领导妇女工作方面,女性精英们发挥了带头和领导作用,她们认为到民族国家的抗战关头,只有动员全国的人力物力,包括妇女界巨大的力量,来同仇敌忾,支持这一场全民族的解放战争。

为了动员各界妇女参加各项战时妇女工作,抗战时期的武汉和重庆妇女界每逢"三八"妇女节即举行盛大的庆祝和纪念活动,以加强妇女界的联合和促进对广大妇女群众的宣传和动员,使广大妇女能够更加积极地参加对日抗战,以求得国家和民族的解放。抗战时期的妇女界,已然是一个有着民族国家情怀,热心妇女解放和民族解放的优秀妇女领袖群体,已然是一个包含各党各派各界妇女领袖的大集合,在各界妇女领袖的共同领导和努力下,抗战时期的"三八"妇女节纪念活动,变成一个广泛动员国内各党各派各界妇女参加民族解放的抗日战争的重要方式。抗战时期各党各派各界妇女领袖活动在战时陪都重庆这一历史舞台,也活跃在全国各地的妇女工作中。除了战时全国性和地区性的妇女组织外,中共和国民党党政领导系统和妇女工作部门的妇女干部们,对于领导抗战时期各自党派的妇女工作,也起到了积极的作用,而且各党派妇女领袖之间围绕妇女参政等问题展开了积极的合作。

作为抗战时期的一个群体,女性精英群体之间的人际关系网络是怎么形成的,女性精英群体又是怎样运用人际关系来开展战时的妇女工作,这是很值得探讨的一个话题。初步研究可以看出,女性精英群体之间的关系,有的是通过旧识或旧日的工作伙伴关系在抗战时期得到进一步的联系;有的是师生关系,对彼此有较多的了解,或是通过熟人介绍在战时的妇女工作中发生联系;有的是因为参加了抗战时期的各类妇女组织,如全国性的新运妇女指导委员会、战时儿童保育会、中国妇女慰劳总会等,身在同一个妇女组织而发生工作上的联系;有的是因为在同一妇女运动机构或部门,如中共中央南方局妇委、中共中央长江局妇委、中共中央妇女运动委员会,或是国民党组织部妇女运动委员会,由于属于同一党派且工作上经常性地发生联系,因而在战时有了较多的接触和交往,这种关系甚至一直影响到抗战结束后,甚至是新中国成立以后的工作关系和人际关系。有些女性精英也透过背后的男性配偶建立起一定的人际关系网络,而这些男性配偶在女性精英群体的人际关系中也发挥了或明或暗的作用。

值得注意的是,各党各派各界妇女领袖在抗战前期由于抗日民族统一战线的建立,妇女界也广泛地建立起妇女界抗日民族统一战线。在民族危机与社会救亡的特殊时期,在妇女动员的紧急情况下,各党各派各界的妇女领袖能够维持相对的团结与合作,共同从事于抗战时期的妇女动员和各项妇女工作。然而在抗战中后期,特别是"皖南事变"爆发以后,国共之间的摩擦开始加剧,女性精英群体之间也产生了不少的纠葛和摩擦,很多中共妇女干部在以邓颖超为首的南方局妇委的领导和指示下逐渐撤离了新运妇女指导委员会、战时儿童保育会等抗战时期统一战线性质的妇女组织。

抗战时期党的妇女工作者积极进行战时妇女动员,从事战时妇女工作。从这些中共妇女领袖的言论及实践活动中,大致可以了解到战时党的妇女工作特点。抗战时期党的妇女工作比较注重对中下层特别是普通女工和农村妇女的动员,中共所领导的战时妇女动员工作非常细致,她们注重对妇女特别是下层妇女实际情况的调查与研究,并在此基础上,针对具体情况开展妇女工作。中共妇女领袖的妇女运动观念是阶级观与妇女观、民族观的结合,中国共产党的妇女运动者认为妇女受压迫的根源在于其所处的阶级与社会地位,提倡妇女解放与阶级解放、民族解放同时并行,认为在抗战的特殊时期,只有民族和阶级获得解放,妇女自身的社会地位才能得到提高,才能实现妇女自身的解放。

抗战时期国民政府有专门负责妇女运动的机构,先后从属于社会部和组织部的妇女运动委员会,国民党女党员沈慧莲、任培道、陈逸云、吕云章、张岫岚、傅岩、唐国桢、刘巨全、罗衡、朱纶、喻维华、莫国康、刘蘅静、廖温音、陆翰芩、庄静、陶寄天、童肖予、冯云仙、崔绱秋等成为妇女运动委员会委员,她们负责国民党的妇女运动和妇女工作,她们也为成立中央一级的妇女部积极努力,最终于1945年10月中央妇女运动委员会正式成立。她们既是妇女运动领袖,也是国民党的主要妇女干部,对战时的妇女动员起到积极的作用。全面抗战爆发以后,妇女界组织成立了战时儿童保育会、中国妇女慰劳总会、新运妇女指导委员会等全国性的妇女组织，这些妇女组织吸收了国民党、共产党、救国会、基督教会及其他各党各派各界妇女领袖参加。其中，国民党妇女领袖及妇女干部也在妇女新运工作中做出了积极的贡献，如冯玉祥夫人李德全、李宗仁夫人郭德洁、马超俊夫人沈慧莲、薛岳夫人方少文、商震夫人崔震华、贺耀组夫人倪斐君等人，她们本身也是著名的妇女干部或妇女领袖，也在妇女新运工作及妇女动员工作中起到了表率和领导作用。

作为抗战时期中国的"第一夫人"宋美龄对抗战的胜利起到了积极的作用。她不仅广泛宣传和动员妇女参加抗战，向国际社会发出中国的声音，而且还通过报刊、书信、广播等方式，向西方社会宣传中国抗战，谴责日本侵华暴行，并呼吁国际社会制裁日本和支持中国抗战，对抗战胜利做出了积极的贡献，并赢得国内外人士的广泛赞许。宋美龄一方面借由"蒋夫人"的身份，在各种演讲场合呼唤并号召妇女参与抗战宣传，动员广大女性积极到前线慰劳以鼓舞战士，并在大后方做好后勤与辅助工作，消除战士们的后顾之忧。同时借由新运妇女指导委员会等妇女组织的组织力量扩充妇女的活动参与，并通过妇女领袖以及妇女教育培训加强对妇女的组织和动员。

除国共之外的其他女性精英通过抗战期间的言论及行动，介绍抗战时期救国会等左派及进步女性精英在抗战时期的表现及贡献，包括史良、宋庆龄、何香凝、刘清扬、沈兹九、曹孟君、雷洁琼、季洪等妇女领袖的妇女解放思想及实践。既涉及她们所发动的战时妇女动员，也包括她们所领导的战时妇女慰劳、救济、儿童保育工作等各项工作。无论是史良还是宋庆龄、何香凝等人，对于抗战前途都有着清醒的认识，她们纷纷着文或通过广播演说的形式谴责日本对中国的侵略，希望西方国家能够支持中国抗战，同时对抗战表达必胜的信念。她们认为抗战最后的胜利一定是属于中国，但是需要广泛地动员广大民众起来为民族国家独立和解放而贡献力量；她们谴责汪伪等汉奸悲观投降的行径，鼓舞民众对抗战前途保持坚定信念；她们代表中国在国际社会发声，希望获得国际社会对中国抗战的理解、同情与支持。同时宋庆龄、何香凝、史良等女性精英呼吁巩固抗日民族统一战线，反对中国内部的分裂和派系斗争，积极推动和维护统一与团结。这些左派、进步女性，对抗战的胜利，对抗日民族统一战线的巩固，对战时的妇女动员与妇女工作作出了积极的贡献。

除左派妇女领袖外，抗战时期参加新运妇女指导委员会、中国妇女慰劳总会、战时儿童保育会等妇女组织的妇女领袖还有各行各业的妇女专家学者名流,她们虽然不是中共党员,但是在抗战时期急需动员全国人力物力支持艰苦抗战的年代,她们积极参与战时的妇女动员和领导工作,并积极实际地参与各项战时工作,对抗战也尽了自己的绵薄之力。特别如农学专家沈骊英,她"助夫之事业成功为第一,教养子女成人为第二,自己事业之成功为第三",在抗战时期还时不时出现"妇女回家"的逆流和相关讨论的年头,沈骊英不仅协助丈夫取得事业的成功,成功抚养教育四个子女成人,而且长期从事小麦改良,成功选育出 9 个小麦新品种,产量较当地农家品种高 20%—30%。1941 年底沈骊英因劳累病逝,社会各界给予她高度的评价。

在妇女参政方面,抗战时期为集思广益,动员各界为国家出谋划策,召集了四届国民参政会,国民参政会中当选的女参政员有邓颖超、喻维华、史良、伍智梅、刘王立明、吴贻芳、刘蘅静、罗衡、张肖梅、陶玄、曾宝荪、吕云章、陈逸云、张维桢、谢冰心、钱用和、张邦珍、胡木兰、唐国桢等 20 人,这些女参政员并不是完全靠民选选出来的,但都具有一定的学历知识背景和社会地位,也具有一定的社会工作经历和妇女运动经验。她们在抗战前集思广益,召开妇女界谈话会,积极听取妇女界的意见和建议,形成提案在国民参政会上建言献策。这些女参政员提出的议案多达近百条,内容涉及政治、经济、教育、文化、卫生、战争动员、妇女动员与女性问题等各个方面,她们通过国民参政会参政议政,其提案内容大多经国民参政会决议通过,送请政府采择施行。战时女参政员的提案,反映了她们自身对于战时各问题的思考。女参政员不仅仅关注妇女本身的问题,也涉及战时其他问题。有些议案反复提出,比如"动员妇女参加抗战建国"提案,这也反应了国民参政会上的提案,真正执行和落实下去的效果并不明显,不过确也能形成一定的声势,有些提案能够当场通过。国民参政会妇女参政运动推动了妇女对参政、宪政问题的认识,也有效地锻炼了女参政员。

抗战时期妇女领袖积极领导和发动战时妇女运动,如妇女参政运动、妇女宪政运动、妇女职业运动等。在抗战中、后期,围绕宪政问题,妇女界发动了第一次及第二次妇女宪政运动,围绕宪政与民主的关系,妇女与民主的关系展开激烈的争论。当时呼吁要定期召开国民大会制定宪法,实行宪政,组织国民参政会宪政期成会。妇女界也积极参与,重庆各女团体的宪政问题座谈会每星期举行一次,以期早日制定宪法,实施宪政。妇女在参政运动中希望能够提高妇女对政治的认识,妇女应该选出代表参加政治活动,动员妇女积极争取民主权利。特别是中共妇女领袖们,她们希望积极推动妇女关心政治,了解政治,参与政治,能学会运用四权,希望政府对于妇女组织、言论、出版、集会、结社等予以充分自由之便利和保障;积极普及女子教育,男女教育平等,同时提高女子在政治上的认识。在国民党妇女领袖看来,实施民主政治,必须先提高人民的知识水平和训练人民的政治能力,国共两党对此问题有着显著的区别。

抗战时期妇女领袖还积极推动战时的妇女职业运动,在民族危机与社会救亡的情况下,动员全国人力支持抗战成为大势所趋,妇女也不例外。抗战初期,通过妇女领袖的示范作用以及妇女组织的网络作用,努力的动员全国各个阶层的妇女参与战时妇女工作,妇女得以走出家庭,参加救济、慰劳、募捐、儿童保育、乡村服务、战地服务、文化宣传甚至是生产事业等各项工作,然而到了抗战中期和后期,社会却出现一股"妇女回家"的声音和禁用已婚女职员、裁撤妇女职员的逆流,为此也引起知识界、妇女界一场关于"妇女回家"的争论,一些社会名流和妇女精英参与了此次的讨论。国民参政会的女参政员也在参政会上提出议案表示反对,重庆妇女界多次召开妇女职业问题座谈会,一方面要向政府部门及社会各界争取妇女职业的权利,同时提出儿童公育,增设托儿所等保障妇女职业的设施;另一方面,职业妇女也要适当地改善一些不良的作风。很多妇女领袖从战时妇女动员的必要性与紧迫性出发,明确反对社会各界对妇女职业的限制。

女性精英在推动战时妇女教育方面,也起了积极的作用,抗战时期动员广大妇女从事战时妇女工作,需要对广大妇女民众进行思想启蒙和政治引导,也需要授以妇女工作的方针和技能,为此,战时各界妇女领袖广泛开设各类妇女干部培训班、妇女训练班等。在女子教育方面,一些女子学校不仅进行正常的知识教育,而且引导女学生积极参加社会实践和战时妇女工作,抗战时期的妇女教育、女子教育呈现出一些战时的特点。

抗战时期,沈兹九、季洪、彭子冈等妇女文化工作者,积极思考和关注妇女问题。抗战时期,沈兹九主要负责《妇女生活》和《妇女新运》的编辑工作,团结和动员各界妇女参加和支持抗战工作,同时还参加救国会和战时儿童保育会的组织领导工作。季洪作为文艺工作者,也曾协助《妇女生活》的编辑工作,在抗战时期写作了大量的文艺作品,她团结在党组织周围,在邓颖超同志领导下从事妇女统一战线工作。彭子冈与沈兹九、季洪编辑的身份不同,彭子冈在抗战时期主要担任

《大公报》驻外记者,广大采访各界名人、妇女儿童,写了大量通讯报道,以敏锐细腻的文笔,通过鲜活的个体和片断去捕捉抗战情形及普罗大众的战时生活。这些女性文艺工作者普遍地以女性独特的视角和主体意识,对妇女问题和弱势群体比较关注,对社会现象进行公正的报道和批露。这些妇女文艺工作者也是作为抗战时期女性精英群体中的一个重要组成部分。

对于抗战时期的妇女战地服务,既有胡兰畦领导下的上海劳动妇女战地服务团,也有谢冰莹领导的湖南妇女战地服务团和丁玲领导的西北地战地服务团。抗战时期的妇女战地服务团成为军队和社会士气的鼓动者,成为军民联系的桥梁和军民关系的滑润剂。谢冰莹和丁玲都是女作家,是妇女文艺工作者。她们在抗战时期,分别组织了妇女战地服务团,到前线去不仅进行物质的慰劳,还进行文艺汇演、刊登街头壁报、撰写采访通讯等工作。如丁玲领导的西北战地服务团内部组织分秘书处及宣传、通讯两股。秘书处管理总务与对外交际事项以及布置救亡室等,工作琐碎一些。宣传股分话剧、歌咏、杂耍、跳舞、漫画等小组。通讯股专管街头壁报,对内采访消息,对外写、寄通讯。妇女战地服务团在鼓舞将领与士兵方面也起着重要的作用。

三、抗战时期女性精英历史地位

抗战期间,精英女性承担了包括慰劳、救济、儿童保育、战地服务、农村服务、妇女培训以及生产事业等诸多妇女工作,在参加妇女工作的同时,也提高了妇女在社会上在政治上的地位,而战时环境下也增加了妇女参加抗战工作的自由和选择。[①]事实上,战争带给女性的不仅是苦难,也有机遇和挑战,在战争中女性参加社会活动的机会更多了,这也有助于减弱传统性别规范中对女性的诸多约束和限制。

中国女性精英将与男子并肩抗战视为争取妇女解放的一个大好时机,为了获得妇女真正的解放,与男子并肩负担起历史上的使命。正如有论者所指出,民族主义对妇女而言是一把双刃剑。国民政府以抗战救国为名出台一系列规章制度与政策,力图将妇女运动纳入战时体系之中;同时民族主义也可以成为妇女突破传统性别规范、争取自身权利的利器。[②] 宋美龄在力邀谢纬鹏不随夫出国、留下协

---

① 邓颖超:《对于现阶段妇女运动的意见》,《妇女生活》1937年第5卷第4期,第1—2页。
② 《第二届参政会二次大会讨论妇女问题旁听记》,《妇女共鸣》1942年第11卷第1期,第122页。

助其工作时,以"民族大义""共赴国难"为由。① 中国女性精英在民族解放战争中表现出的责任担当和高度能动性,部分超出了国家主义给她们框定的行动范围;尽管她们没有也无力从根本上改变国家父权制的权力结构,但在一定程度上充分发挥了女性的主体性和能动性,在一定程度上触及和部分改变了旧有的性别秩序。这些女性精英在民族国家危难的关头,书写了自己的抗战史。

不仅如此,在这个抗战大舞台中的女性精英群体,由于她们的家国意识,她们对于民族国家的责任意识,在反对外来侵略的过程中,她们同仇敌忾,对抗战做出了重要的贡献。抗战时期,中国女性在参与抗战活动的过程中,团结全国劳动妇女,反对妇女回家逆流,将自身解放与民族解放相结合,对妇女运动本身进行反思,其深层意识觉醒,开创出女性解放的新路子新思想。抗战时期,中国的知识女性与全国民众一起投入民族保卫战争中,她们因对于民族国家的强烈认同,因女性知识分子强烈的责任感和使命感,表现出特有的担当,她们以自身的专业知识和影响力为赢得这一场中华民族解放战争的胜利做出了特有的贡献。与此同时,抗战时期女性精英群体领导的妇女抗战工作和妇女解放事业,提高了广大妇女的政治觉悟和作为女性的主体意识,她们积极投身于民族解放和妇女解放的伟大事业中,她们积极从事生产,她们重视女子的教育,关注女性的婚姻家庭问题和健康问题。很多女性精英深入到前线从事战地服务和前线采访,救济医疗服务工作,她们忠于职守,宣传坚持抗战和服务抗战的理念。

在民族危机与社会救亡的紧急时刻,国民党、共产党及各中间党派、无党派的妇女领袖,在抗日民族统一战线的口号下,聚集在抗战的大舞台上,各党各派各界各阶层妇女领袖之间维持了基本的团结与合作,成立了包括中国战时儿童保育会、中国妇女慰劳总会、新运妇指会在内的大大小小妇女组织,总计达 819 个之多。② 各党派各界妇女通过这些社会组织密切的组织和联系起来,其中妇女领袖在组织和动员全国各界、各阶层妇女方面发挥了积极的作用。抗战时期女性精英所领导的战时妇女工作,主要包括募集捐款、伤兵慰劳、工厂服务、战地服务、战时妇女生产、文化事业、儿童保育、妇女培训、缝制征衣、服务抗属、动员农村妇女、社

---

① 谢纬鹏:《天涯忆往——一位大使夫人的自传》,台湾商务印书馆 1980 年版,第 213 页。
② 据梁惠锦的研究,抗战时期的妇女组织 570 个,将其大大小小的分会计算在内,共有 819 个妇女组织。梁惠锦:《抗战时期的妇女组织》,鲍家麟:《中国妇女史论集选刊》,台湾稻乡出版社 1991 年版,第 379—380 页。

会赈济等各个方面。

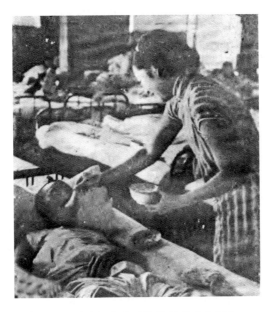

后方医院中妇女自动为伤兵喂食之妇女

资料来源:《中央时事周报》1937年第6卷第42/43期,第1页。

抗战时期的女性精英们强烈地感受到日本对中国的野心和暴虐行径,她们迫切要求改变自己国家遭受日本侵略和凌辱的悲惨境地,具有高度的爱国主义热忱。国共两党女性精英在战时的情况下,既关注民族国家解放问题,也关注妇女解放问题,而且她们大多认为在战时情况下,妇女解放应服从并服务于民族解放这一主题,而在坚持为民族国家服务的前提下,女性干部们也应积极解决现实中的妇女问题,诸如职业平等、参政平等和教育平等诸问题。她们在关注战时女性精神动员,女性为国家服务,及自身为国家民族努力贡献的同时,这些女性精英也关注如何为女性自身权利而奋斗。在民族危机与社会救亡的关头,女性精英对于妇女解放与民族解放的关系,基本认为妇女解放离不开民族解放,只有民族解放才能实现妇女自身的解放。同时在争取民族解放的同时,也要谋求妇女自身的利益,只有这样才能更好的动员妇女为民族解放服务。

作为国共两党的妇运领导者,她们积极领导并参与战时妇女运动。正如柯惠铃所观察到的:北伐时期的妇女运动最显著的是城市女工,而对于农妇的动员,由于农民运动是群众运动的主轴之一,解放农妇易引起农民的敌意,因此农妇运动往往无疾而终。除了剪发、放足等一度在两湖地区沸沸扬扬之外,农妇根本仍与国家、社会无所关联。[1] 抗战时期的妇女动员,除女知识分子、女学生、女工外,在救亡图存的旗帜下,占据妇女人口多数的农妇、家庭妇女也被列入妇女工作亟需发展的对象。正如杜隆元所说:"过去的妇女运动,对象完全是知识分子的上层妇女,现在的妇女工作的对象则除了知识妇女外,更着重于未受教育的广大农村妇女,对象既有此不同,工作方式也就各异,过去的妇女运动,是表现在都市的上层社会里,现在的妇女工作,是普遍于农村,达到每一个农村的角落,走向广大姊妹群中去适应她们的需要,去为她们服务。"[2]当沿海城市——沦陷,农村的资源就成了补充人力、物力、财力的后备基地。北伐时期所标榜的群众动员,政治力虽介入,仍强调由下而上的民众自发性,在各种妇女运动的文献中,甚少出现"妇女工作"的字眼。到了抗战时期,为配合抗战建国国策需要,以及尽可能挖掘更广大的妇女群众力量,因此由上而下的妇女工作便成为时代主流,"妇女运动"、"妇女动员"及"妇女工作"在抗战时期成为可以互相替换的同义词。[3]

国共两党妇女干部对妇女运动的认识有所差别。抗战时期国共两党由于各自的指导思想和目标并不完全一致,各自对于妇女运动的理解也不尽相同。从战时国共两党实际的妇女动员情形而言,抗战时期国民党的妇女动员,更多地针对中上层的女性精英,对于下层妇女民众,实际上动员仍然极为不够。妇女工作多难以下达到基层,宋美龄及妇运干部常为此感到担忧,并一再强调农村妇女动员的重要性。而在已有的妇女组织内部,组训及下层妇女工作多由中共党员或民主党派女性负责,比如新运妇指会内,负责组训工作的是刘清扬。相对而言,共产党的妇女干部更加重视对农村妇女之动员,并为此采取了大量的举措。在妇女政策方面,国民党既强调女性的家庭角色与责任,又鼓励女性提高自身的智识,担当"国民"责任。与国民党对妇女的双复位位相符,国民党妇女干部,像皮以书、钱剑秋、沈慧莲等人,基本上体现了这一特点,他们强调动员妇女为国家服务,为社会服务同时,仍希望做好母职或扮演贤妻良母的角色。

抗战时期国共两党的妇女运动与妇女工作有着较大的差异。中共妇女领袖

---

① 柯惠铃:《性别与政治:近代中国革命运动中的妇女(1900s—1920s)》,山西教育出版社 2012 年版。

② 杜隆元:《江西省妇女指导处成立两周年——妇工会议开幕词》,《江西妇女》第 6 卷第 1、2 期合刊,1941 年 10 月 10 日第 7 页。

③ 柯惠铃:《抗战初期的知识女青年下乡——以江西为例的研究》,《近代中国妇女史研究》第 19 期(2011 年 12 月),第 33—35 页。

注重实践，注重对下层妇女群体的实际调查，了解她们的生活、家庭活动等状况，充分地调动她们参加抗战工作的积极性与主体性。而且中共妇女干部到抗战后期，根据中共中央"四三指示"的精神，尤其注重妇女从事生产工作，经过实地的调查研究，充分调动广大妇女群众，尤其是农村妇女群众参加生产工作的积极性和主动性，即便是在"三八"妇女节的活动中，也大量地表彰妇女劳模，以带动战时农村妇女参加生产工作的积极性。她们关心广大妇女群众的生活，也鼓舞她们摆脱各种束缚，调动她们参加抗战及生产工作积极性。国民党的妇女干部，尤其是上层的妇女，她们在妇女组织中发挥了一定的积极作用，也积极动员广大官员眷属，上层妇女参加战时妇女工作，比如募捐、捐款、慰劳、儿童保育等，但是国民党的妇女干部更关注上层妇女的动员，国民党妇女干部在"三八"节等活动中，也非常积极地在动员妇女，但是她们多是发表一些口头的演讲，在实干性方面，远不如中共的妇女干部积极和苦干，也不如中共的妇女干部注重基层的工作。

抗战时期，除中共女性精英和国民党女性精英外，还有大量的各界妇女领袖，特别如救国会的史良、刘清扬、曹孟君，国民党左派宋庆龄、何香凝等人。她们在抗战时期，在民族国家危机的关头，对于抗战前途和抗战形势有着较为清醒的认识，她们对于国际和国内形势有着较明晰的判断，在号召国共两党精诚团结，号召抗战时期的妇女界大团结方面起重要带头和示范作用。这些除国共之外的各界女性精英，积极领导并参与战时妇女工作和抗战工作，她们同样认识到相对于妇女自身的解放而言，在国难当头时，民族国家的解放更值得妇女界为之努力。她们积极关注民族国家的前途，积极投身抗战时期的妇女工作和各项抗战工作，同时积极争取妇女自身的权益，也在自身的工作岗位上努力付出。相比于共产党妇女干部更加关注对于底层妇女群众的鼓励和动员，国民党妇女干部更加重视中上层妇女的动员。对于妇女新运的关注，这些独立于国共之外的各界女性精英，更关注的是抗战的形势抗战的前途，国内各党各派各界的团结，妇女内部的团结和加强妇女内部的联系。她们希望积极组建起抗战时期的妇女组织及妇女组织网络，通过妇女组织和妇女培训的方式开展妇女动员，各妇女同仇敌忾。

当然，无论是国民党的妇女干部，还是共产党的妇女干部，还是中间党派，无党派的女性精英，她们在国家民族危机的关头，都积极动员妇女为国家民族的解放而努力，都清醒地认识到妇女解放的实现，是以民族国家的解放为前提的，没有民族国家的解放也不可能有妇女的解放，而妇女解放也有助于推动民族国家的解放,她们主张二者相结合,但她们坚定地认为民族国家的解放毫无疑问是应当放在首位的,这是国民党妇女领袖与共产党妇女领袖们的共识。

抗战时期,还有一批杰出的女性,她们能够参加抗战时期的国民参政会,作为国民参政会女参政员参政议政,对妇女问题及抗战时期各问题出言献策。抗战时期当选的国民参政会女参政员有邓颖超、喻维华、史良、伍智梅、刘王立明、吴贻芳、刘蘅静、罗衡、张肖梅、陶玄、曾宝荪、吕云章、陈逸云、张维桢、谢冰心、钱用和、张邦珍、胡木兰、唐国桢等20人,这些女参政员并不是完全靠民选选出来的,但都具有一定的学历知识背景和社会地位,也具有一定的社会工作经历和妇女运动经验。她们在抗战前集思广益,召开妇女界谈话会,积极听取妇女界的意见和建议,形成提案在国民参政会上建言献策。这些女参政员提出的议案多达近百条,内容涉及政治、经济、教育、文化、卫生、战争动员、妇女动员与女性问题等各个方面,她们通过国民参政会参政议政,其提案内容大多经国民参政会决议通过,送请政府采择施行,战时女参政员的提案,反映了她们自身对于战时各问题的思考。女参政员不仅仅关注妇女本身的问题,也涉及战时其他问题。有些议案反复提出,比如"动员妇女参加抗战建国"提案,这也反应了国民参政会上的提案,真正执行和落实下去的效果并不明显,不过确也能形成一定的声势,有些提案能够当场通过。国民参政会妇女参政运动推动了妇女对参政、宪政问题的认识,也有效地锻炼了女参政员。

抗战时期女性精英与男性精英相比,除了在战时与男性精英在抗战中所从事的工作和所扮演的角色有较大差别外,女性精英也积极关注妇女自身的权利,抗战时期女性精英参政了妇女职业运动,妇女宪政运动,反对"妇女回家"的言论,反对政府当局对妇女权益的限制。当邮局及福建省公务系统裁撤女职员及已婚妇女时,女性精英们以各种座谈会等方式表达不满,展开了抗战时期的妇女职业运动。抗战时期,女性精英以民族国家利益为重,在此前提下也不放弃对于女性自身权利的追求,特别是当抗战时期出现"妇女回家"逆流,限制和阻碍妇女参加抗战工作参与社会工作的时候,女性精英群体不遗余力的进行批判。

在中国近现代历史的舞台上,女性精英活动在抗日救亡的广大舞台上,勇敢而努力的追逐着生命的历程,在抗战的舞台上崭露头角。她们或与民族国家的话语体系相吻合,或主动或被动的嵌入民族国家的框架和体系之中,这批近代女性或多或少地受到女性主义思潮的影响,成为独立的近代女性,也进入到女性主义的历史书写中。这些女性精英具有家国情怀,同时又努力追寻个人生命的历程,包括婚姻家庭和个人心灵的自由,但是更重要的,她们时时不忘家国情怀,时时不忘抗战时期的民族危机,在抗战的大舞台上,努力找寻服务于民族国家的方式,她们坚守着对民族国家的忠诚,对抗战的前途充满的信心,并保有坚持抗战的决心,将她们对于民族国家的情怀,化身于实际的内在的行动。在抗战的艰苦年代,她们付出了多于平常年代的常人多倍的艰辛和努力,那份坚韧和信念也感染了下层女性,启发了后来者。她们本身是一批具有独立主体意识和坚韧性格的女性,是五四一代成长起来的女性群体,因为时代的洪流和抗战的需要,适应战时形势的需要,有所隐忍和牺牲,成就民族国家的大我。这样一个抗战的舞台,更好地淬炼了这批女性精英,成为一批能够与时代和命运相抗衡的女性群体。她们在全力塑造自我的同时,尽全力地将个人命运与民族国家的命运联结在一起。在战争的年代,她们具有女性的柔美也有男性气质中刚强的一面,她们在战火的年代里,在国家命运和个人运动的交织中,努力追寻民族性和现代性。

参 考 文 献

一、档案资料

[1] 台湾"国史馆"藏馆藏档案

台湾"国史馆"馆藏"蒋中正文物"档案

台湾"国史馆"陈诚副总统文物档案

台湾"国史馆"蒋经国、严家淦文物档案

台湾"国史馆"藏军事委员会侍从室文件史料

台湾"国史馆"新店馆区馆藏个人史料

[2] 台湾"党史馆"(台湾中国国民党文化传播委员会党史馆)馆藏档案

[3] 美国韦尔斯利学院档案馆馆藏"埃玛·德隆·米尔斯"档案

[4] 台湾"中央研究院"近代史研究所馆藏档案

[5] 中国第二历史档案馆馆藏档案

[6] 重庆市档案馆、浙江省档案馆、湖南省档案馆、四川省档案馆等馆藏档案

二、报刊资料

晚清民国报刊《申报》《中央日报》《大公报》《新华日报》《解放日报》《新中华报》《星岛晚报》《北华捷报(North-China Herald)》《大陆报(The China Press)》《教务杂志(The Chinese Recorder)》;

晚清民国期刊《解放》《中国妇女》《妇女生活(上海1935)》《世界知识妇女生活中华公论国民周刊战时联合旬刊》《妇女共鸣》《现代妇女》《职业妇女》《妇女文献》《中华基督教妇女节制会季刊》《妇女月报》;《慰劳专刊》《妇女新运》《妇女新运通讯》《中央日报(副刊)》《妇女新运》《妇女新生活月刊》《首都妇女新运年刊》《湖南妇女》《江西妇女》《浙江妇女》《战时妇女》《时代妇女》《战区妇女》《妇女工作》《西北妇女》《当代妇女》;《现代教育评论》《青年战线(西安)》《全民周刊》《国立暨南大学校刊》《重庆各报联合版》《师中季刊》《广东文献季刊》《新妇女》《红十字月刊》《青荟月刊》《星岛画报》《艺文画报》《海星(上海)》《华北战事画史》《香港青年》《铁道半月刊》《现代

540

评论》《时事月报》《新社会》《现代评论》《江苏教育》《快活林》《时事类编》《伉俪月刊》《节制月刊》《天文台》《墨梯》《战线》《现代父母》《民众运动》《人物杂志》《农村服务通讯》《青年向导》《读书通讯》《现代文丛》《妇声半月刊》《良友》《全民周刊》《教育与职业》《现代父母》《共产党人》《传记文学》等。

三、期刊论文

［1］钮先铭：《师母王文湘女士：兼祝何敬之先生贤夫妇五十金婚纪念》，《中国与日本》1967年第85期。

［2］卓遵宏：《身兼宗教家与教育家的曾宝荪女士》，《近代中国》1978年第7期。

［3］胡有瑞、方鹏程、刘本炎：《"张默君先生百年诞辰"口述历史座谈会纪实》，《近代中国 张默君先生百年诞辰纪念专辑》（台北），1983年第37期，第71页。

［4］《张默君亲撰邵元冲墓门联》，《近代中国》（台湾），1983年第37期。

［5］蒋励材：《张默君先生的革命精神》，《近代中国》（台湾），1983年37期。

［6］蝉贞：《妇女先进崔震华女士访问记》，《近代中国》1985年第50期。

［7］马振犊：《邵元冲与张默君》，《民国档案》1986年第1期。

［8］傅岩：《忆故友立法委员刘蘅静女士》，《传记文学》1986年第48卷第4期（总第287期）。

［9］游鉴明：《中国国民党改组后的妇女运动》，《"国立"台湾师范大学历史学报》1990年第18期。

［10］游鉴明：《中国国民党改组后的妇女运动》，《"国立"台湾师范大学历史学报》1990年第18期。

［11］《中华民国七十九年届满百龄先烈先进事略——沈慧莲》，《近代中国》1990年第75期。

［12］陈立文：《曾宝荪传》，《近代中国》1992年第88期。

［13］邵铭煌：《中国现代一女杰——胡木兰》，《近代中国》1992年第91期。

［14］周亚平：《论辛亥革命时期的妇女参政运动》，《历史档案》1993年第2期。

［15］严庄：《刘王立明是一位高举爱国主义大旗的女性》，《党史纵览》1994年第6期。

［16］林秋敏：《张默君传》，《近代中国》（台湾）1994年100期。

［17］舒云：《出身微寒的"政治夫人"李德全》，《炎黄春秋》1995年第10期。

［18］朱坤泉：《1942—1945宋美龄访美与抗战后期的中美关系》，《抗日战争研究》1996年第3期。

［19］石之瑜：《蒋夫人与中国的国家性质——后殖民父权文化的建构》，《近代中国妇女史研究》1996年第4期。

［20］杨奎松：《张学良与西安事变之解决》，《中国社会科学》1996年第5期。

［21］王文鸾：《宋美龄在和平解决西安事变中的地位和作用》，《史学月刊》1996年第6期。

［22］黎叔平：《宋美龄与谭祥》，《世纪》1996 年第 5 期。

［23］余力文：《民国女杰张默君》，《文史春秋》1997 年第 4 期。

［24］唐曼珍、李军晓：《宋美龄抗战时期的外交活动述论》，《史学月刊》1997 年第 6 期。

［25］冯月华：《民初女杰郭坚忍和张默君》，《民国春秋》1999 年第 5 期。

［26］苏杭：《邵力子在莫斯科》，《民国春秋》2001 年第 4 期。

［27］张莲波：《1922 年前后中国妇女参政的特点》，《山西师大学报（社会科学版）》2001 年第 3 期。

［28］蒋婷薇：《民国元年的妇女参政运动》，《江海学刊》2001 年第 4 期。

［29］杨天石：《张学良及其西安事变回忆录（上）——我读张学良档案之一》，《百年潮》2002 第 9 期。

［30］杨天石：《张学良及其西安事变回忆录（下）——我读张学良档案之一》，《百年潮》2002 年第 10 期。

［31］刘新初、许遂龙：《终身未嫁的知名女教育家曾宝荪》，《文史博览》2002 年第 6 期。

［32］王惠姬：《刘王立明与民国初中国的妇女运动》，《中正历史学刊》2002 年第 5 期。

［33］杨天石：《美国所藏档案新发现——杨虎城是西安事变主角》，《档案》2003 年第 3 期。

［34］薛恒：《国民参政会性质之辨》，《南京社会科学》2003 年第 4 期。

［35］谷鸣：《宋美龄领导抢救抗战中的难童》，《炎黄春秋》2003 年第 6 期。

［36］张俊义：《宋子文〈西安事变日记〉》，《百年潮》2004 年第 7 期。

［37］何艺兵：《民国才女张默君》，《文史春秋》2004 年第 12 期。

［38］黄道炫：《西安事变：不同抗战观念的冲突》，《历史教学》2004 年第 3 期。

［39］宋少鹏：《民族主义与女权主义：民族国家观念的建构与女性个体国民身份确立》，《妇女研究论丛》2005 年第 6 期。

［40］李净昉：《刘王立明与民国时期中国妇女节制运动》，《史林》2005 年第 5 期。

［41］李细珠：《略论民初女性对性别歧视的觉醒与反思——以女子参政权运动为中心的考察》，《中华女子学院学报》2005 年第 5 期。

［42］周锦涛：《抗战时期延安女性知识分子及其革命化——以陈学昭为例》，《学术论坛》2005 年第 1 期。

［43］郭岱君、林孝庭：《从〈宋子文档案〉看西安事变》，《民国档案》2006 年第 2 期。

［44］金一虹：《民国时期女子高等教育的性别议题——以金陵女子大学为个案》，《妇女研究论丛》2006 年第 3 期。

［45］左双文：《西安事变后的南京讨伐派——以戴季陶、何应钦为中心的再探讨》，《近代史研究》2006 年第 6 期。

［46］李宁：《中国妇女慰劳自卫抗战将士总会八年工作总报告》，《民国档案》2007年第1期。

［47］周天度、孙彩霞：《蒋介石〈西安事变日记〉》，《百年潮》2007年第10期。

［48］张军亭：《20世纪初中国妇女参政运动兴起探析》，《武汉大学学报（人文科学版）》2008年第4期。

［49］戴雯婷、杜毅：《论1942—1943宋美龄访美之影响》，《湘潭师范学院学报（社会科学版）》2008年6期。

［50］莫世祥：《"上梁盖顶"——宋美龄调解西安事变评析》，《深圳大学学报（人文社会科学版）》2008年第6期。

［51］贺萧、王政：《中国历史：社会性别分析的一个有用的范畴》，《社会科学》2008年第12期。

［52］罗用龙：《我的姑姑罗衡其人其事》，《黄埔》2009年第2期。

［53］申晓云：《蒋介石"领袖集权"制下的外交用人方式转换透视》，《浙江大学学报》（人文社会科学版）2009年第5期。

［54］于丽、田子渝：《台湾地区对西安事变与张学良研究述评》，《抗日战争研究》2009年第3期。

［55］张玉法：《战争对中国妇女的影响（1937—1949）》，《近代中国妇女史研究》2009年第17期。

［56］陈红民：《蒋介石遗嘱知多少》，《近代史研究》（京）2010年第3期。

［57］侯杰：《媒体·性别·抗战动员——以20世纪30年代〈世界日报〉副刊〈妇女界〉为中心》，《南开学报（哲学社会科学版）》2010年第2期。

［58］侯杰、傅懿：《女性主体性的媒体言说——对20世纪30年代〈世界日报〉专刊〈妇女界〉的解读》，《安徽大学学报（哲学社会科学版）》2010年第4期。

［59］曾静：《宋美龄抗战时期的中国妇女职责思想及其实践》，《江西社会科学》2010年第11期。

［60］柯惠铃：《抗战初期的知识女青年下乡——以江西为例的研究》，《近代中国妇女史研究》第2011年第19期。

［61］游鉴明：《是为党国抑或是妇女？1950年代的〈妇友〉月刊》，台湾中央研究院近代史研究所编辑：《近代中国妇女史研究》第19期，台北："中央研究院"近代史研究所，2011年。

［62］柯倩婷：《诸教同理 力行证道：曾宝荪的基督信仰与践履之路》，《书屋》2011年第2期。

［63］盛渝夫：《宋美龄在和平解决西安事变中的作用》，《理论界》2012年第11期。

［64］付辛西：《对抗战时期宋美龄赴美游说的再评价》，《抗战史料研究》2012年第2辑。

［65］何立波：《张申府、刘清扬的婚姻和人生》，《党史文汇》2012年第5期。

［66］马藜、石潇纯：《湖南近代女子教育的范例：艺芳女校》，《湖南教育（上）》2013年第1期。

［67］秦方:《新词汇、新世界:清末民初"女界"一词探析》,《清史研究》2014 第 4 期。

［68］石潇纯:《曾宝荪教育思想溯源》,《湖南社会科学》2014 年第 1 期。

［69］张瑾:《宋美龄视野中的重庆——以 1935 年着〈西南漫游〉为例》,《史学月刊》2014 年第 9 期。

［70］张瑾:《重庆大轰炸期间的宋美龄》,《重庆大学学报(社会科学版)》2015 年第 1 期。

［71］王小丁、王琳:《曾宝荪教育思想研究探析》,《黄冈师范学院学报》2015 年第 4 期。

［72］吴廷俊:《中国抗战时期一次成功的外宣活动——宋美龄 1942—1943 年访美性质辨析》,《学术交流》2015 年第 7 期。

［73］秦燕春:《简谈曾宝荪与吴贻芳》,《书屋》2015 年第 12 期。

［74］陈蕴茜:《性别/民族国家视域中的宋美龄男女平等思想》,《江海学刊》2016 年第 1 期。

［75］肖如平:《抗战时期英国邀访宋美龄再考察》,《近代史研究》2016 年第 3 期。

［76］冯兵:《西安事变后蒋介石对其形象的重塑——〈西安半月记〉再研究》,《厦门大学学报(哲学社会科学版)》2016 年第 6 期。

［77］侯杰、孙巍溥:《性别视域中的家国权力——以慈禧太后为例》,《烟台大学学报(哲学社会科学版)》2017 年第 4 期。

四、中文著作

［1］夏承尧:《各国妇女参政运动史》,上海启智书局 1929 年版。

［2］森口繁治著、刘絜敖译:《妇女参政运动》,商务印书馆 1932 年版。

［3］吕云章:《妇女问题论文(第一集)》,女子书店发行,1933 年。

［4］刘王立明:《快乐家庭》,商务印书馆 1933 年版。

［5］刘王立明:《中国妇女运动》,商务印书馆 1934 年版。

［6］李藕丹:《世界各国妇女参政运动概述》,上海女子书店,1935 年。

［7］谈社英:《中国妇女运动通史》,妇女共鸣社,1936 年。

［8］蒋介石:《西安半月记》,正中书局 1937 年版。

［9］《妇女谈话会工作报告》,妇女谈话会编印,1938 年。

［10］国民参政会 国民参政会秘书处:《国民参政会第二次大会纪录》,国民参政会秘书处编印,1938 年。

［11］国民参政会 国民参政会秘书处:《国民参政会第三次大会纪录》,国民参政会秘书处编印,1939 年。

［12］国民参政会 国民参政会秘书处:《国民参政会第四次大会纪录》,国民参政会秘书处编印,1939 年。

［13］国民参政 国民参政会秘书处:《国民参政会第五次大会纪录》,国民参政会秘书处编

印,1940 年。

［14］第九战区司令部长官司令部编纂组编:《第二次长沙会战纪实》,1941 年。

［15］国民参政会　国民参政会秘书处:《国民参政会第二届第一次大会纪录》,国民参政会秘书处编印,1941 年。

［16］国民参政会　国民参政会秘书处:《国民参政会第二届第二次大会纪录》,国民参政会秘书处编印,1942 年。

［17］朱家骅:《怎样做妇女运动》,中央组织部编印,1942 年。

［18］《国民参政会第三届第一次大会纪录》,国民参政会秘书处编印,1943 年。

［19］《国民参政会第三届第三次大会提案原文》(上册),国民参政会秘书处编印,1945 年。

［20］国民参政会　国民参政会秘书处:《国民参政会第四届第一次大会纪录》,国民参政会秘书处编印,1946 年。

［21］重庆市妇女联合会妇运史研究组编:《妇女之路(上、中、下)》,重庆市妇女联合会妇运史研究组编印。

［22］刘蘅静著、陆翰芩编:《妇女问题文集》,妇女月刊社,1947 年。

［23］丁玲:《我在霞村的时候》,生活、读书、新知三联书店 1950 年版。

［24］张默君:《中国政治与民生哲学》,台湾省政府秘书处承印考试院发行,1951 年。

［25］《蒋夫人思想言论集 函电》,台北:中央文物供应社,1966 年。

［26］《蒋夫人思想言论集　论著(一)》,台北:中央文物供应社,1966 年。

［27］《蒋夫人思想言论集　演讲(一)》,台北:中央文物供应社,1966 年。

［28］胡颂平:《朱家骅先生年谱》,台北:传记文学出版社,1969 年。

［29］张默君:《张默君先生纪念集》,台北:张默君先生纪念集编印委员会编印,1970 年。

［30］廖梦醒:《我的母亲何香凝》,香港朝阳出版社 1973 年版。

［31］皮以书:《中国妇女运动》,台北:妇联画刊社会,1973 年。

［32］萧继宗主编:《革命人物志》第 14 集,中国国民党中央委员会党史委员会,1975 年。

［33］胡汉民:《不匮室诗钞》第 1 卷,台北:华冈出版部,1975 年。

［34］钱用和:《半世纪的追随》,台北:撰者自刊,1976 年。

［35］陈逸云:《近代中国史料丛刊续编 第 43 辑 逸云诗词遗稿》,台北:文海出版社 1977 年版。

［36］《曾宝荪女士纪念集》,台北:曾宝荪女士治丧委员会,1978 年。

［37］鲍家麟编著:《中国妇女史论集》,台北:牧童出版社 1979 年版。

［38］周恩来著,中共中央文献编辑委员会编辑:《周恩来选集》,人民出版社 1980 年版。

［39］董显光英文原著,曾虚白译:《董显光自传——一个中国农夫的自述》,台北:台湾新生报社,1981。

［40］陈公博:《苦笑录》(1925—1936),现代史料编刊社,1981年。

［41］李云汉:《西安事变始末之研究》,台北:近代中国出版社1982年版。

［42］秦孝仪主编:《革命文献 第九十四辑 西安事变史料》,台北:中央文物供应社,1983年。

［43］中国国民党中央党史委员会编:《张默君先生文集》,台北:编者印行,1983年。

［44］高梦弼:《大凝堂年谱》,《张默君先生文集》,台北:编者印行,1983年。

［45］吴贻芳:《金女大四十年》,江苏省金女大校友联谊会,1983年。

［46］［美］尤恩森(R. Eunson)著,赵云侠译:《宋氏三姐妹 宋蔼龄,宋庆龄,宋美龄》,世界知识出版社1984年版。

［47］黄仁霖:《黄仁霖回忆录》,台北:传记文学出版社1984年版。

［48］彭子冈:《子冈作品选》,新华出版社1984年版。

［49］张健:《志同道合——邵元冲、张默君夫妇合传》,台北:近代中国出版社1984年版。

［50］杨仲揆:《中国现代化先驱——朱家骅传》,台北:近代中国杂志社,1984年。

［51］中国人民政治协商会议浙江省绍兴县委员会文史资料工作委员会编:《绍兴文史资料选辑》第3辑,1985年。

［52］［美］哈恩(Hahn, E.)著,李豫生等译:《宋氏家族——父女·婚姻·家庭》,新华出版社1985年版。

［53］中共广东省委党史资料征集委员会　中共广东省委党史研究委员会办公室编:《广东党史资料》第4辑,广东人民出版社1985年版。

［54］荣孟源主编,孙彩霞编辑:《中国国民党历次代表大会及中央全会资料》(上、下),光明日报出版社1985年版。

［55］孟广涵:《国民参政会纪实》(上下卷),重庆出版社1985年版。

［56］谢纬鹏:《天涯忆往——一位大使夫人的自传》,台北:台湾商务印书馆股份有限公司1985年版。

［57］Emily Hahn:《宋氏家族:父女·婚姻·家庭》,新华出版社1985年版。

［58］上海市文史馆文史资料工作委员会编:《上海地方史资料(五)》,上海社会科学院出版社1986年版。

［59］李秀文口述,谭明整理:《我与李宗仁》,漓江出版社1986年版。

［60］中共重庆市委党史工作委员会编:《回忆南方局》,重庆出版社1986年版。

［61］重庆市政协文史资料研究委员会、中共重庆市委党校等:《国民参政会纪实续编》,重庆出版社1987年版。

［62］胡兰畦:《胡兰畦回忆录》,四川人民出版社1987年版。

［63］史良的《史良自述》,中国文史出版社1987年版。

［64］秦孝仪主编：《中华民国重要史料初编——对日抗战时期 第四编战时建设　四》，台北：
中国国民党中央委员会党史委员会，1988 年。

［65］《青田文史资料第 3 辑　陈诚专辑》，青田县政协文史委员会，1988 年。

［66］中华全国妇女联合会编：《蔡畅、邓颖超、康克清妇女解放问题文选》，人民出版社，
1988 年版。

［67］陈启文：《宋美龄》，中国文联出版公司 1988 年版。

［68］中共中央文献研究室编：《文献和研究：一九八六年汇编本》，人民出版社 1988 年版。

［69］《中国战时儿童保育会历史资料选编》，中国战时儿童保育会云南省会友联谊会重庆会友
联谊会筹备组发行，1989 年。

［70］约瑟夫・W・埃谢里克：《在中国失去的机会：美国前驻华外交官约翰・S・谢伟思第二
次世界大战时期的报告》，国际文化出版公司 1989 年版。

［71］卢燕贞：《中国近代女子教育史》，文史哲出版社 1989 年版。

［72］任桐君：《一个女教师的自述》，三联书店出版社 1989 年版。

［73］金瑞英主编：《邓颖超——一代伟大的女性》，山西人民出版社 1989 年版。

［74］司马桑敦：《张学良评传》，台湾：传记文学出版社 1989 年。

［75］黄德均主编：《人 历史 社会》，南开大学出版社 1989 年版。

［76］刘巨才：《中国近代妇女运动史》，中国妇女出版社 1989 年版。

［77］卢芳、陈丽珠等编：《广东妇女运动历史资料 4》，广东省妇女联合会、广东省档案馆，
1990 年。

［78］吴景平：《宋子文评传》，福建人民出版社 1990 年版。

［79］谈社英：《中国妇女运动通史》，《民国丛书》编辑委员会：《民国丛书》，上海书店出版社
1990 年版。

［80］傅学文：《永恒的纪纪念》，团结出版社 1990 年版。

［81］吕云章：《吕云章回忆录》，张玉法、张瑞德主编：《中国现代自传丛书第二辑》，台北：龙文
出版社股份有限公司 1990 年版。

［82］桂林市政协文史资料委员会：《桂林文史资料》第 15 辑，漓江出版社 1990 年版。

［83］黄秀华、高惠平等编：《广东妇女运动历史资料 5》，广东省妇女联合会、广东省档案馆，
1991 年。

［84］政协浙江省委员会文史编辑部编，《陈诚传》，华艺出版社 1991 年版。

［85］鲍家麟：《中国妇女史论集选刊》，台北：稻乡出版社 1991 年版。

［86］逸石辑：《革命先辈后人的回忆》，新蕾出版社 1991 年版。

［87］唐纵记、公安部档案馆编注：《在蒋介石身边八年——侍从室高级幕僚唐纵日记》，群众出

版社 1991 年版。

［88］［美］尼姆·威尔斯著,陶宜、徐复译:《续西行漫记》,生活·读书·新知三联书店 1991
年版。

［89］陶行知:《陶行知全集》第 9 卷,四川教育出版社 1991 年版。

［90］中华全国妇女联合会妇女运动历史研究室编:《中国妇女运动历史资料 1840—1918》,
中国妇女出版社 1991 年版。

［91］中华全国妇女联合会编:《中国妇女运动历史资料 1937—1945》,中国妇女出版社 1991
年版。

［92］全国妇联编:《抗日烽火中的摇篮 纪念中国战时儿童保育会文选》,中国妇女出版社
1991 年版。

［93］徐鸿:《"阿妹头"自述》,解放军文艺出版社 1991 年版。

［94］董边主编:《女界文化战士沈兹九》,中国妇女出版社 1991 年版。

［95］中国人民政治协商会议西南地区文史资料协作会议:《西南民众对抗战的贡献》,贵州人
民出版社 1992 年版。

［96］中国人民政治协商会议北京市委员会文史资料研究委员会:《文史资料选编 第 42 辑》,
北京出版社 1992 年版。

［97］冯玉祥:《冯玉祥日记(第 5 册)》,江苏古籍出版社 1992 年版。

［98］郭廷以、王聿均、刘凤翰:《马超俊先生访问记录》,台北:"中央研究院"近代史研究所,
1992 年。

［99］中国人民政治协商会议湖北省建始县委员会文史资料委员会:《建始文史资料 第 5 辑
吴国桢博士及其父兄》,1993 年。

［100］郑永福、吕美颐:《近代中国妇女生活》,河南人民出版社 1993 年版。

［101］万仁元,方庆秋主编,中国第二历史档案馆整编:《中华民国史史料长编》,南京大学出版
社 1993 年版。

［102］凌其翰:《我的外交官生涯——凌其翰回忆录》,中国文史出版社 1993 年版。

［103］闫肃,董峻峰:《孔祥熙和宋霭龄》,中国档案出版社 1994 年版。

［104］杨者圣:《未加冕的女王宋霭龄》,上海人民出版社 1994 年版。

［105］葛兆铣主编,中国人民政治协商会议安徽省泾县委员会文史资料委员会编:《茂林春秋》,
1994 年。

［106］雷洁琼著,民进中央宣传部编:《雷洁琼文集》,开明出版社 1994 年版。

［107］陈立夫:《成败之鉴——陈立夫回忆录》,台北:正中书局 1994 年版。

［108］黄秀华、陈丽珠编:《中山日报 妇运资料选辑(1937—1948)》,广东省妇女联合会、广东省

档案,1994 年。

[109] 中国人民政治协商会议天津市委员会文史资料委员会编,《天津文史资料选辑》1994 年第 1 辑(总第 61 辑),天津人民出版社 1994 年版。

[110] 陈鹏仁主编,林养志编辑:《中国国民党党务发展史料——妇女工作》,中国国民党中央委 员会党史委员会,1995 年。

[111] 杨宝霖、钟百凌、张明光:《东莞文史》第 23 辑,1995 年。

[112] 乐山市政协文史资料委员会:《乐山文史资料》第 14 辑,1995 年。

[113] 杨奎松:《西安事变新探——张学良与中共关系之研究》,台北:东大图书馆公司, 1995 年。

[114] 林家有、李吉奎合著:《宋美龄传》,河南人民出版社 1995 年版。

[115] 胡兰畦:《胡兰畦回忆录》,四川人民出版社 1995 年版。

[116] 《潜江文史资料　第七辑　烽火奇葩》,潜江市委统战部、潜江市政协学习文史委员会、潜 江保育生联谊会编印,1995 年。

[117] 唐曼珍主编:《抗日烽火中的宋氏三姐妹》,中国社会科学出版社 1995 年版。

[118] 罗苏文:《女性与近代中国社会》,上海人民出版社 1996 年版。

[119] 楚雄彝族自治州地方志编纂委员会编:《楚雄彝族自治州志》第 6 卷,人民出版社 1996 年版。

[120] 周叙琪:《1910—1920 年代都会新妇女生活风貌——以〈妇女杂志〉为分析实例》,台北: 台湾大学出版委员会,1996 年。

[121] 杜芳琴:《发现妇女的历史:中国妇女史论集》,天津社会科学院出版社 1996 年版。

[122] 陈鹏仁主编,林养志编辑:《中国国民党党务发展史料——妇女工作》,中国国民党中央委 员会党史委员会出版,台北:近代中国出版社 1996 年版。

[123] 孙宅巍:《陈诚别传》,上海人民出版社 1998 年版。

[124] 石之瑜:《宋美龄与中国》,台北:商智文化事业股份有限公司 1998 年版。

[125] 楼文渊编辑:《蒋夫人宋美龄女士言论选集》,近代中国出版社 1998 年版。

[126] 陈廷一:《宋氏三姊妹全传》,青岛出版社 1998 年版。

[127] 吴雁南、冯祖贻等:《中国近代社会思潮:1840—1949》(第二卷),湖南教育出版社 1998 年版。

[128] 邢小群编:《凝望夕阳》,青岛出版社 1998 年版。

[129] 金冲及主编,中共中央文献研究室编:《周恩来传》(第 1 册),中央文献出版社 1998 年版。

[130] 杨天石:《近代中国史事钩沉——海外访史录》,社科文献出版社 1998 年版。

[131] 王大鲁等编:《流金岁月　郭秀仪传》,中国文史出版社 1999 年版。

[132] 中国人民政治协商会议四川省永川市委员会文史资料委员会:《永川文史资料选辑　第15辑》,1999年。

[133] 德本康夫人、蔡路得著,杨天宏译:《金陵女子大学》,珠海出版社1999年版。

[134] [美]明妮·魏特琳著,南京师范大学南京大屠杀研究中心译:《魏特琳日记》,江苏人民出本社2000年版。

[135] 袁冬林、袁士杰编:《浦熙修记者生涯寻踪》,文汇出版社2000年版。

[136] 《陈布雷先生从政日记稿样(1943—1945)》,台北:东南印务出版社,无出版年份。

[137] 中国第二历史档案馆编辑:《中国国民党中央执行委员会常务委员会会议录(22)》,广西师范大学出版社2000年版。

[138] 吴修平:《李文宜纪念文集》,群言出版社2000年版。

[139] 罗琼谈,段永强访:《罗琼访谈录》,中国妇女出版社2000年版。

[140] 陈三井主编:《近代中国妇女运动史》,台北:近代中国出版社2000年版。

[141] 秦孝仪主编、陈鹏仁副主编:《蒋夫人宋美龄女士与近代中国学术讨论集》,台北:财团法人中正文教基金会发行,2000年。

[142] [美]斯特林·西格雷夫(Steling Seaglave):《宋家王朝:本世纪最杰出的家族传记》,内蒙古文化出版社2001年版。

[143] 中央研究院近代史研究所编:《王子壮日记 手稿本》第3册,台北:"中央研究院"近代史研究所,2001年。

[144] 《王子壮日记》(手稿本)第6册,台北:"中央研究院"近代史研究所编印,2001年。

[145] 吴景平、曹振威:《中华民国史　第九卷　1937—1941　上》,中华书局2002年版。

[146] 游鉴明:《倾听她们的声音:女性口述历史的方法与口述史料的运用》,台北:左岸文化事业有限公司,2002年。

[147] 衣若兰:《三姑六婆:明代妇女与社会的探索》,台北:稻乡出版社2002年版。

[148] 朱峰:《基督教与中国女子高等教育——金陵女大与华南女大比较研究》,福建教育出版社2002年版。

[149] 尚明轩主编:《宋庆龄年谱长编》(1893—1948),北京出版社2002年版。

[150] 李小江主编:《让女人自己说话》,生活·读书·新知三联书店,2003年版。

[151] 贺萧:《危险的愉悦——20世纪上海的娼妓问题与现代性》,江苏人民出版社2003年版。

[152] 吕芳上主编:《无声之声1　近代中国的妇女与国家(1600—1950)》,台北:"中央研究院"近代史研究所,2003年。

[153] 游鉴明主编:《无声之声2　近代中国的妇女与社会(1600—1950)》,台北:"中央研究院"近代史研究所,2003年。

[154] 罗久蓉、吕妙芬主编：《无声之声 3 近代中国的妇女与文化（1600—1950）》，台北："中央研究院"近代史研究所，2003 年。

[155] 王正华编注：《蒋中正总统档案·事略稿本》第 1 册，台北："国史馆"，2003 年。

[156] 周美华编注：《蒋中正总统档案·事略稿本》第 2 册，台北："国史馆"印行，2003 年。

[157] 吴淑凤编注：《蒋中正总统档案·事略稿本》第 6 册，台北："国史馆"印行，2003 年。

[158] 周琇环编注：《蒋中正总统档案·事略稿本》第 7、8 册，台北："国史馆"印行，2003 年。

[159] 秦孝仪主编：《蒋夫人宋美龄女士与近代中国学术讨论集》，台北：财团法人中正文教基金会，2003 年。

[160] 谢冰莹：《我的回忆》，台北：三民书局，2004 年。

[161] 袁伟、王丽平选编：《宋美龄自述》，团结出版社 2004 年版。

[162] 陈廷一：《孔祥熙与宋蔼龄》，团结出版社 2004 年版。

[163] 罗久蓉、游鉴明、瞿海源访问，罗久蓉等人纪录：《烽火岁月下的中国妇女访问纪录》，台北：中央研究院近代史研究所，2004 年。

[164] 政协广西临桂县委员会文史资料委员会编：《临桂文史》第 16 辑，2004 年。

[165]《走向近代》编辑小组主编：《走向近代：国史发展与区域动向》，台北：东华书局，2004 年。

[166] 夏晓虹：《晚清女性与近代中国》，北京大学出版社 2004 年版。

[167] 周琇环编注：《蒋中正总统档案·事略稿本》第 9 册，台北："国史馆"印行，2004 年。

[168] 高素兰编注：《蒋中正总统档案·事略稿本》第 10 册，台北："国史馆"印行，2004 年。

[169] 中共中央党史研究室科研管理部、中共重庆市委党史研究室编：《见证红岩——回忆南方局》，重庆出版社 2004 年版。

[170] 瞿明战等主编：《民族之魂：中国战时儿童保育会抢救抗日战争三万难童纪实》，珠海出版社 2004 年版。

[171] 龚陶怡编著：《黄薇纪念集》，中国致公出版社 2004 年版。

[172] 程德培、郜元宝、扬扬：《1926—1945 良友人物》，上海社会科学院出版社 2004 年版。

[173] 王政：《越界：跨文化女权实践》，天津人民出版社 2004 年版。

[174] 王政、杜芳琴主编：《中国历史中的妇女与性别》，天津人民出版社 2004 年版。

[175] 王大川、陈嘉祥主编：天津市文史研究馆编：《津沽旧事》，中华书局 2005 年版。

[176] 张宪文主编：《中华民国史》第 3 卷，南京大学出版社 2005 年版。

[177] 王政、陈雁主编，复旦-密歇根大学社会性别研究所编：《百年中国女权思潮研究》，复旦大学出版社 2005 年版。

[178] 孙竞宇、王大川、陈嘉祥主编，天津市文史研究馆编：《津门史缀》，中华书局 2005 年版。

[179] 陈姃媛：《从东亚看近代中国妇女教育：知识分子对"贤妻良母"的改造》，稻乡出版社

2005 年版。

[180] 高彦颐、李志生译:《闺塾师:明末清初江南的才女文化》,江苏人民出版社 2005 年版。

[181] 乔素玲:《教育与女性:近代中国女子教育与知识女性觉醒(1840—1921)》,天津古籍出版社 2005 年版。

[182] 刘国铭主编,黄晋明、陈予欢、王叔凯副主编:《中国国民党百年人物全书》,团结出版社 2005 年版。

[183] 蔡德金:《讨逆集》,兰州大学出版社 2005 年版。

[184] 高明芳编注:《蒋中正总统档案·事略稿本》第 18 册,台北:"国史馆"印行,2005 年。

[185] 周美华编注:《蒋中正总统档案·事略稿本》第 24 册,台北:"国史馆"印行,2005 年。

[186] 张莲波:《中国妇女思想解放历程(1840—1921)》,河南大学出版社 2006 年版。

[187] 中国三自爱国运动委员会:《中国基督教协会.基督教爱国主义教程试用本》,宗教文化出版社 2006 年版。

[188] 成晓军:《曾国藩家族》,重庆出版社 2006 年版。

[189] 罗久芳:《罗家伦与张维帧:我的父亲母亲》,百花文艺出版社 2006 年版。

[190] 高素兰编注:《蒋中正总统档案·事略稿本》第 26 册,台北:"国史馆"印行,2006 年。

[191] 许高飞编:《河北民政机构沿革》,方志出版社 2006 年版。

[192] 陶飞亚:《性别与历史:近代中国妇女与基督教》,上海人民出版社 2006 年版。

[193] [美]艾米莉·洪尼格:《姐妹与陌生人:上海棉纱厂女工(1919—1949)》,江苏人民出版社 2006 年版。

[194] 萧孝居编辑:《蒋中正总统档案·事略稿本》第 42 本,台北:"国史馆",2006 年。

[195] 陈诚:《陈诚先生书信集·家书》(上、下),台北:"国史馆",2006 年。

[196] 游鉴明、罗梅君、史明主编:《共和时代的中国妇女》,台北:左岸文化事业有限公司 2007 年版。

[197] 杨剑利:《女性与近代中国社会》,中国社会科学出版社 2007 年版。

[198] 石光树、李汉秋主编:《岁月如歌史如峰》,中国医药科技出版社 2007 年版。

[199] 周美华编注:《蒋中正总统档案·事略稿本》第 28 册,台北:"国史馆"印行,2007 年。

[200] 张素玲:《文化、性别与教育:1900—1930 年代的中国女大学生》,教育科学出版社 2007 年版。

[201] 玛格丽特·沃特斯:《女权主义简史》,朱刚、马晓蓉译,外语教学与研究出版社 2008 年版。

[202] 高素兰编注:《蒋中正总统档案·事略稿本》第 38 册,台北:"国史馆"印行,2008 年。

[203] 李晓虹:《新编冰心文集》第 4 卷,商务印书馆国际有限公司 2008 年版。

[204] 吴景平、郭岱君主编:《宋子文与他的时代(全彩版)》,复旦大学出版社 2008 年版。

[205]《女性的声音——民国时期上海知识女性与大众传媒》,学林出版社 2008 年版。

[206] 周蕾著,蔡青松译:《妇女与中国现代性:西方与东方之间的阅读政治》,上海三联书店 2008 年版。

[207] 侯艳兴:《上海女性自杀问题研究》,上海辞书出版社 2008 年版。

[208] 游鉴明:《她们的声音:从近代中国女性的历史记忆谈起》,台北:五南图书出版股份有限公司 2009 年版。

[209] 关尔强:《难忘的岁月》,中山大学出版社 2009 年版。

[210] 金以林:《国民党高层的派系政治:蒋介石"最高领袖"地位是如何确立的》,社会科学文献出版社 2009 年版。

[211] 张秀枫主编:《历史为谁"变脸"》,远方出版社 2009 年版。

[212] 陈布雷:《陈布雷回忆录》,东方出版社 2009 年版。

[213] 张友坤、钱进、李学群编著:《张学良年谱》,社会科学文献出版社 2009 年版。

[214] 高素兰编注:《蒋中正总统档案·事略稿本》第 39 册(1936 年 10 月下至 12 月),台北:"国史馆",2009 年。

[215] 王建明、曾景忠:《中国近代通史 第九卷 抗日战争(1937—1945)》,江苏人民出版社 2009 年版。

[216] 胡春惠、陈红民主编:《宋美龄及其时代国际学术研讨会论文集》,香港:香港珠海书院亚洲研究中心,2009 年。

[217] 陈衡哲主编:《中国文化论集》,福建教育出版社 2009 年版。

[218] 尚明轩:《宋庆龄年谱长编》,社科文献出版社 2009 年版。

[219] 吴景平主编:《宋子文生平与资料文献研究》,复旦大学出版社 2010 年版。

[220] 姜进等:《娱悦大众:民国上海女性文化解读》,上海辞书出版社 2010 年版。

[221] 黄丽安:《朱家骅与中央研究院》,台北:"国史馆",2010 年。

[222] 杨树标、杨菁:《宋美龄传》,浙江大学出版社 2010 年版。

[223] 翁文灏:《翁文灏日记》,中华书局 2010 年版。

[224] 胡健国:《中华民国褒扬令集续编(十二)》,台北:国史馆,2010 年。

[225] 高文伟:《婚姻的年轮 1900—1949 年中国名人婚姻实录》,上海文化出版社 2010 年版。

[226] 曾景忠编注:《蒋介石家书日记文墨选录》,团结出版社 2010 年版。

[227] 洪宜嫃:《中国国民党妇女工作之研究(1924—1949)》,台北:国史馆印行,2010 年。

[228] 夏蓉:《妇女指导委员会与抗日战争》,人民出版社出版 2010 年版。

[229] [日]须藤瑞代:《中国"女权"概念的变迁:清末民初的人权和社会性别》,社会科学文献出

版社 2010 年版。

[230] 万琼华:《近代女子教育思潮与女性主体身份建构》,中国社会科学出版社 2010 年版。

[231] 萧孝居编辑:《蒋中正总统档案·事略稿本》第 43 册,台北:"国史馆"印行,2010 年。

[232] 吴景平、曹振威:《中华民国史(第九卷,1937—1941)》,中华书局 2011 年版。

[233] 王惠姬:《中国现代化的推手:以留美实科女生为主的研究(1881—1927))》,新北:花木兰文化事业有限公司,2011 年。

[234] 程舒伟、郑瑞峰、李冰梅主编:《蒋介石的人际世界》,团结出版社 2011 年版。

[235] 中华全国妇女联合会妇女研究所、中国第二历史档案馆编,肖扬、郭必强主编:《中国妇女运动历史资料 民国政府卷(1912—1949)》,中国妇女出版社 2011 年版。

[236] 钱用和:《半世纪的追随 钱用和回忆录》,东方出版社 2011 年版。

[237] 黄自进、潘光哲:《蒋中正总统爱记》,台北:"国史馆"印行,2011 年。

[238] 潘光哲编辑:《蒋中正总统五记·爱记》,台北:"国史馆"印行,2011 年。

[239] [法]西蒙娜·德·波伏娃著,邓克鲁译:《第二性》,上海译文出版社 2011 年版。

[240] 忻平:《危机与应对:1929—1933 年上海市民社会生活研究》,上海大学出版社 2012 年版。

[241] 杨莲福、陈谦主编:《民间私藏民国时期暨战后台湾资料汇编 政治篇续篇 第十册》,博扬文化事业有限公司,2012 年。

[242] 贺麟:《现代西方哲学讲演集》,上海人民出版社 2012 年版。

[243] [美]帕库拉(Hannah Pakula):《宋美龄新传——风华绝代一夫人》,东方出版社 2012 年版。

[244] [美]李台珊(Laura Tyson Li)著,齐仲里、郭骅译:《宋美龄——一个世纪女人的梦想、辉煌和悲剧》,华文出版社 2012 年版。

[245] [英]汤尼·白露:《中国女性主义思想史中的妇女问题》,上海人民出版社 2012 年版。

[246] 柯惠铃:《近代中国革命运动中的妇女(1900—1920)》,山西教育出版社 2012 年版。

[247] 季家珍、胡缨、游鉴明主编:《重读中国女性生命故事》,江苏人民出版社 2012 年版。

[248] 王世杰著,林美莉编辑校订:《王世杰日记》,台北:中央研究院近代史研究所,2012 年版。

[249] 张宪文、姜良芹等:《宋美龄、严倬云与中华妇女》,台北:黎明文化有限公司,2012 年。

[250] 游鉴明访问,吴美慧等记录:《走过两个时代的台湾职业妇女访问纪录》,台北:中央研究院近代史研究所,2013 年。

[251] 邵雍:《社会史视野下的近代上海》,学林出版社 2013 年版。

[252] 周和平:《永远的吴贻芳:纪念吴贻芳先生诞辰 120 周年》,江苏人民出版社 2013 年版。

[253] 张文灿:《解放的限界:中国共产党的妇女运动(1921—1949)》,中国政法大学出版社

2013 年版。

[254] 张秀枫主编：《历史为谁"变脸"》，二十一世纪出版社 2013 年版。

[255] 《张学良口述历史（访谈实录）》第 2 册，当代中国出版社 2013 年版。

[256] 罗久蓉：《她的审判：近代中国国族与性别意义下的忠奸之辨》，台北："中央研究院"近代史研究所，2013 年。

[257] 张喜海：《大张人诗词集 华夏女子群英汇》，三秦出版社 2013 年版。

[258] 李怡主编、周红著：《性别、政治与国族视野下女性解放的言说——〈妇女共鸣〉（1929—1944）研究》，台湾：花木兰文化出版社 2013 年版。

[259] 徐锋华：《身份、组织与政治：宋庆龄和保盟·中福会研究（1938—1958）》，上海书店出版社 2013 年版。

[260] 周廷勇、张兰：《中国女子高等教育》，中国传媒大学出版社 2014 年版。

[261] 林博文：《跨世纪第一夫人宋美龄传》，国际文化出版社 2014 年版。

[262] 金光耀、栾景河主编：《民族主义与近代外交》，上海古籍出版社 2014 年版。

[263] 刘维开编辑：《中国国民党职名录》（1894—1994），中华书局 2014 年版。

[264] ［澳］李木兰（Louise Edwards）：《性别、政治与民主：近代中国的妇女参政》，江苏人民出版社 2014 年版。

[265] 钱焕琦：《吴贻芳　金陵女子大学校长》，中国传媒大学出版社 2014 年版。

[266] 陈雁：《性别与战争：上海 1932—1945》，社会科学文献出版社 2014 年版。

[267] 王晓慧：《近代中国女子教育论争史研究》，中国社会科学出版社 2015 年版。

[268] 李丹柯：《女性、战争与回忆：35 位重庆妇女的抗战讲述》，重庆出版社 2015 年版。

[269] 杨帆：《国民党高官败逃台湾真相》第 2 部，人民日报出版社 2015 年版。

[270] 张宪文、武菁主编：《宋美龄文集》，台北：苍璧出版有限公司 2015 年版。

[271] 周蕾、刘宁元：《抗战时期中国妇女运动研究》，首都经济贸易大学出版社 2016 年版。

[272] 萧虹主编：《中国妇女传记辞典·二十世纪卷》（1912—2000），悉尼大学出版社 2016 年版。

[273] 马振犊、陆军：《八一三淞沪会战》，航空工业出版社 2016 年版。

[274] 重庆市政协文史资料研究委员会、中共重庆市委党校编，孟广涵主编，周永林、周勇、刘景修副主编：《国民参政会纪实：1938—1948 武汉·重庆·南京》，重庆出版社 2016 年版。

[275] 柯惠铃：《她来了：从五四新文化女权观，激起时代的妇女与革命，1920—1930》，台湾商务出版社 2018 年版。

[276] 连玲玲：《打造消费天堂：百货公司与近代上海城市文化》，社会科学文献出版社 2018 年版。

五、英文著作

［ 1 ］Bobby Siu, *Women of China: imperialism and women's resistance* 1900—1949. zed press,1982.

［ 2 ］Barlow, Tani E. , *Gender Politics in Modern China: Writing and Feminism*, Duke University Press, 1993.

［ 3 ］Barlow, Tani E. , *The Question of Women in Chinese Feminism*, Duke University Press Books, 2004.

［ 4 ］Christina Kelley Gilmartin, *Engendering the Chinese Revolution: Radical Women*, Communist Delia Davin, Woman-Work: *Women and the Party in Revolutionary China*, Oxford. 1976.

［ 5 ］*Delong, Madame Chiang Kai-Shek and Miss Emma Mills — China's First lady and her American Friends*, Mcfarland & Company, Inc. , pushlishers, 2007.

［ 6 ］Elshtain, Jean Bethke, *Women and War*, University of Chicago Press,1995.

［ 7 ］Goldstein, Joshua S. , *War and Gender*, Cambridge: Cambridge University Press, 2003.

［ 8 ］Helen M. Schneider. *Keeping the Nation's House: Domestic. Management and the Making of Modern China*. Vancouver: University of British Columbia. Press, 2011.

［ 9 ］Johnson K. A. , *Women, the family, and peasant Revolution in China*, Chicago: University of Chicago Press, 1983.

［ 10 ］Kazuko Ono, *Chinese Women in a Century of Revolution*, 1850—1950, Stanford, 1988.

［ 11 ］Louise Edwards, Gender, Politics, and Democracy: *Women's Suffrage in China*, Stanford, CA, Stanford University Press, 2008.

［ 12 ］Ono, Kazuko, *Chinese Women in a Century of Revolution*, 1850—1950, Stanford University Press, 1989.

［ 13 ］*Politics and Mass Movements in the* 1920s, Berkeley/ Los Angeles/ London, University of California Press, 1994.

［ 14 ］Wangzheng, *Women in the Chinese Enlightenment: Oral and Textual Histories*, University of California Press,1999.

［ 15 ］Wang Zheng, *Finding Women in the State: A socialist Feminist Revolution in the People's Republic of China*, 1949—1964,2016.